D1693924

Le devoir d'une ville unique est de survivre.
Paul Morand.

PATRICE DE MONCAN ET CHRISTIAN MAHOUT
présentent

LE PARIS
DU BARON
HAUSSMANN

Paris sous le Second Empire

Centenaire du baron Haussmann 1891-1991
Les Mémoires

Editions SEESAM - RCI

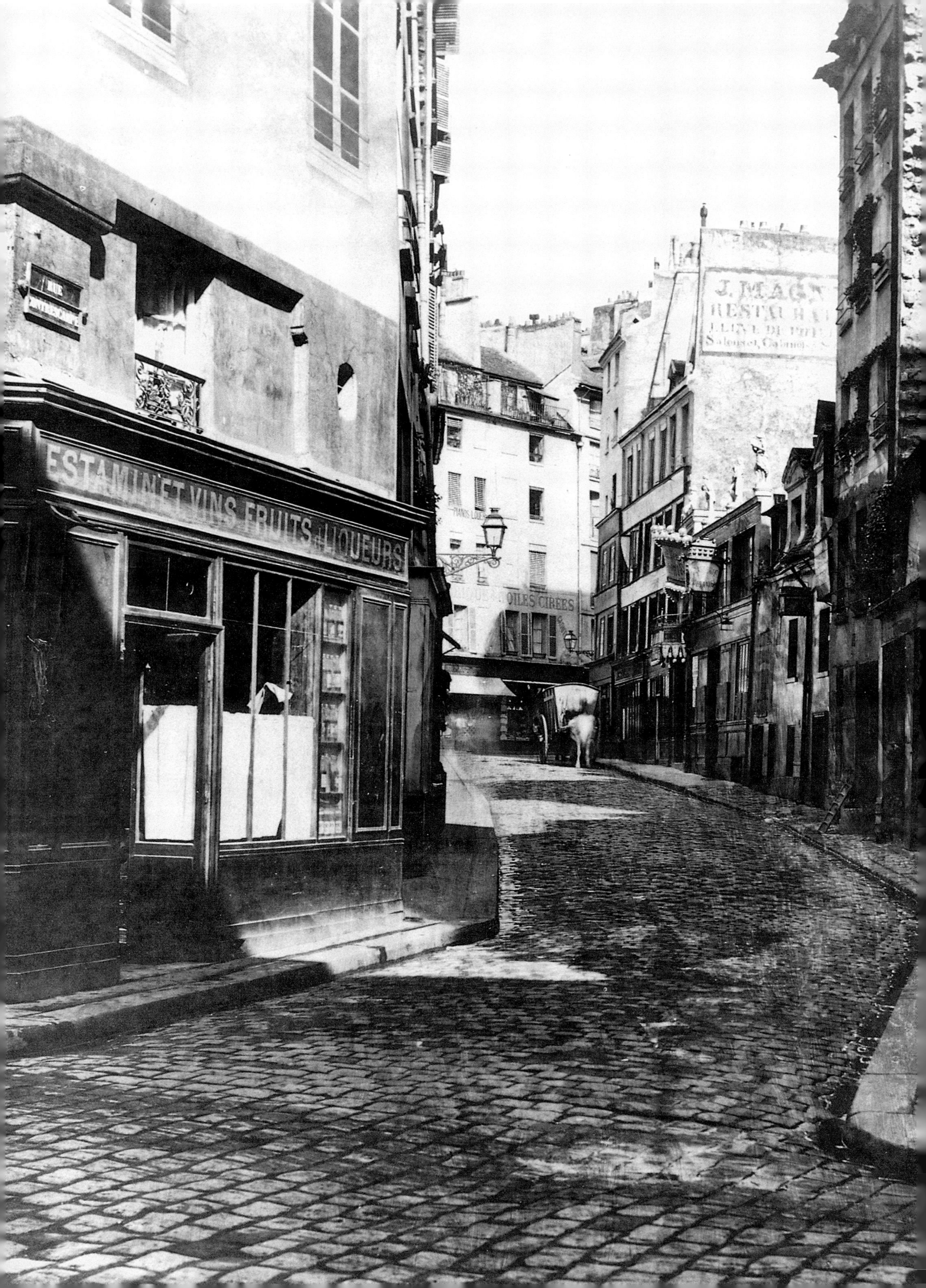
ESTAMINET VINS FRUITS LIQUEURS
TOILES CIRÉES

AVANT-PROPOS

A l'occcasion du centenaire de la mort du baron Haussmann, nous avons tenu à rendre un hommage à cet homme dont le nom, s'il semble aujourd'hui connu de tous, est pourtant trop souvent lié à la seule évocation d'avenues bourgeoises et monotones, d'austères façades en pierre de taille, et à la destruction du vieux Paris.

Aussi présentons-nous aujourd'hui la réédition illustrée du 3e tome[1] de ses Mémoires, le plus intéressant, où il recense l'ensemble des travaux qu'il a fait réaliser.

Le Tome 1, relatait son enfance et son ascension politique depuis les sous-préfectures et préfectures où il fut en poste, jusqu'à son accession à l'Hôtel de Ville de Paris, en 1853.

Et le Tome 2 retraçait sa nomination et sa vie à la préfecture de Paris, ses relations avec le Conseil Municipal et la Préfecture de Police, l'annexion de Paris de 1860 et ses méthodes financières.

Enfin dans ce Tome 3, il décrit, dans le détail, l'élaboration du nouveau plan de Paris, l'amélioration de la voie publique, les créations des promenades et des parcs, l'assainissement des eaux et des égouts, l'éclairage public, les transports en commun et les problèmes d'inhumation.

Ingénieurs et architectes de la Ville y sont également évoqués.

Le lecteur pourra parfois être surpris de trouver des états comptables des différents travaux engagés.

Nous les avons le plus souvent laissés, car ils illustrent une des motivations principales de la rédaction de ces *Mémoires* : Haussmann voulait répondre aux attaques de ses ennemis sur sa gestion, et tout particulièrement aux *Comptes fantastiques d'Haussmann*, pamphlet de Jules Ferry, qui avait précipité sa chute.

---

[1] *Dans ce livre, nous avons supprimé, pour faciliter la lecture, le chapitre sur le service des ingénieurs, les chapitres sur le projet de Méry-sur-Oise, et quelques paragraphes du chapitre « Architecture et Beaux-Arts », lesquels se trouvent dans la réédition du texte intégral des Mémoires d'Haussmann, publiée aux Editions Seesam.*

Page de gauche : la rue Mazet vers 1866.

Les *Mémoires* sont aussi celles d'un homme honnête, resté fidèle à Napoléon III, et persuadé d'avoir « bien fait » en ayant servi une juste cause : « l'empire démocratique ».

Ecrit sur la fin de sa vie, et achevé vingt ans après qu'il fût le « Ministre de Paris », Haussmann n'a pas eu le temps de voir la parution intégrale de son livre. Il ne fut plus jamais réédité et est devenu presque introuvable.

Iconographie.

Nous avons augmenté cette réédition d'illustrations datant exclusivement du Second Empire, rares ou inédites, provenant d'œuvres dues, plus ou moins, à l'instigation d'Haussmann : les photos de Charles Marville, les gravures de *Paris dans sa splendeur,* et des *Promenades de Paris.* Enfin nous y avons ajouté quelques dessins extraits de *Paris de 1800 à 1900.*

A - *Photos :*

Charles Marville (collection BHVP).
Haussmann créa le *Service des Travaux historiques* que Napoléon III accueillit avec enthousiasme : « Il permettra de suivre à travers les siècles », écrira l'Empereur, « les transformations de la ville qui, grâce à votre infatigable activité, est aujourd'hui la plus splendide et la plus salubre des capitales de l'Europe. »

Charles Marville fut l'un des photographes qui collabora à ce service. Dès 1858, on le pria de réaliser un reportage sur le bois de Boulogne. Vers 1860, il signait ses clichés « photographe ordinaire de la Ville de Paris ».

Celui que Nadar évoquait avec tant d'admiration, nous a livré, à travers les huit cents photos laissées à la Ville, – dont soixante sont ici reproduites –, un aspect de Paris qui serait sans doute resté inconnu : les images de la capitale au cours de la première moitié du XIXe siècle.

B - *Gravures :*

Paris dans sa splendeur (collection particulière).
C'est, sans conteste, le plus bel ouvrage réalisé sur le Paris de Napoléon III. Nous en présentons près de 50 gravures, œuvres des plus grands artistes du Second Empire. Elles sont ici pour la première fois aussi largement reproduites. (Editions H. Charpentier - trois volumes - Paris 1866.)

Promenades de Paris de Alphand (collection particulière).

Aujourd'hui devenu introvable, cet ouvrage, tiré à 500 exemplaires seulement, était un présent destiné à Napoléon III et à l'ensemble des souverains d'Europe, ainsi qu'aux membres du gouvernement et aux personnalités de l'époque. Les textes en sont d'Alphand, ingénieur chargé par Haussmann de diriger le Service des Promenades, et les gravures d'Hochereau. (Editions I.J. Rothschild - deux volumes - Paris 1868).

Paris de 1800 à 1900 de Charles Simond. (collection particulière).

De cet ouvrage en trois volumes, nous avons sélectionné les illustrations - imprimées d'après des gravures du temps - sur les percements des rues. (Editions Plon - trois volumes - Paris 1900 .)

Le baron Haussmann, préfet de la Seine.

LE PARIS DU BARON HAUSSMANN

Le Paris d'Haussmann, ce fut avant tout un formidable pari que le nouveau préfet de la Seine accepta de lancer, en 1853, avec l'empereur Napoléon III.

Quand le 22 juin de cette année il fut nommé à la tête de Paris en remplacement de Berger qui avait refusé d'accomplir les directives du nouvel empereur, les jugeant ruineuses et irréalisables, Haussmann savait que non seulement il ne pouvait pas se tromper, mais encore qu'il devait réaliser sans délai l'œuvre qu'on lui confiait.

Depuis le début du XIXe siècle, Paris devenait inhabitable. Napoléon Ier, puis ses successeurs, notamment Louis-Philippe, tentèrent de rénover la capitale. Le premier n'en eut pas le temps, trop occupé qu'il fut à guerroyer avec l'Europe entière, le second ne s'en donna pas véritablement les moyens, tant les dépenses lui semblèrent, ainsi qu'à son préfet Monsieur de Rambuteau, trop lourdes. Le choléra, né d'une insalubrité croissante, avait pourtant par deux fois endeuillé la Monarchie de Juillet !

Pour Napoléon III, il était grand temps de s'attaquer à l'assainissement de Paris. Il s'inquiétait avec Maxime du Camp, que « Paris allait devenir inhabitable, ... [et que] sa population étouffait dans les ruelles putrides, étroites, enchevêtrées où elle était forcément parquée, » et que « tout souffrait de cet état de choses, l'hygiène, la sécurité, la rapidité des communications, la morale publique. »

Son but n'était pas tant de poursuivre l'œuvre de ses prédécesseurs que de renouveler totalement Paris.

Ses motivations ne relevaient guère d'un souci d'esthétique. Son ami le docteur Evans ne prétendait-il pas qu'il « n'aimait guère l'art pour l'art et ne savait apprécier à leur juste valeur les œuvres dues au

Napoléon III et l'impératrice aux Tuileries.

sens artistique ou à l'imagination poétique... Il n'aimait que les études tendant à des buts utilitaires. »

« Pour lui, tout était moyen de gouvernement » ajoutait Arsène Houssaye. Reconstruire la capitale, devait rendre aux Parisiens des conditions de vie plus acceptables. Cela passait par un assainissement de la ville, où l'air, l'eau et la lumière faisaient cruellement défaut.

Il fallait aussi procurer au peuple de Paris du travail, pour garantir la prospérité économique de la ville et pour écarter les risques d'émeutes engendrées par le chômage.

Enfin, les somptueuses percées qui dégageaient de grandioses perspectives, devaient illustrer la grandeur de l'Empire aux yeux du peuple de France et des souverains étrangers, tout en réduisant les risques de barricades.

Pour Napoléon III la transformation de Paris, tout comme sa politique étrangère, était un moyen de s'inscrire dans la postérité.

Comme l'écrit Michel del Castillo, « là où la pure finance n'obéit qu'à la rentabilité, la puissance publique, elle, y ajoute un rêve de gloire et d'éternité. Bâtir, pour l'Etat, c'est certes, résorber le chômage dans la capitale, mais c'est, surtout, en appeler contre l'oubli devant les générations futures[1]. »

Le véritable pari d'Haussmann est bien là. Au-delà des travaux gigantesques que Napoléon III lui demandait d'assurer, au-delà des dépenses énormes qu'il lui fallait engager et gérer, étaient avant tout la gloire de l'empire et celle de son souverain qu'il devait édifier. On comprend que l'empereur resta toujours très attentif à la transformation de sa capitale.

L'image du baron Haussmann

L'image du baron Haussmann reste floue, quand elle n'est pas négative, dans l'esprit des français, comme celle du Second Empire. A la haine de la Troisième République pour cet empire, a succédé l'ignorance volontaire des Quatrième et Cinquième Républiques. Ce ressentiment, mêlé d'indifférence, fausse encore l'idée que l'on se fait du baron Haussmann. Un sondage - tout à fait aléatoire - effectué en septembre 1991 sur les trottoirs parisiens auprès de deux cents personnes montre bien que le baron reste quasiment inconnu du grand public.

Piètre notoriété qui engendre de telles réflexions : « Il porte le nom d'un boulevard », ou encore : « il a construit beaucoup d'avenues et d'immeubles à Paris ». Quand l'avis semble plus fondé, l'opinion n'est guère flatteuse : « Il a fait fortune de façon malhonnête ! Il a profité des travaux qu'il avait à réaliser pour se remplir les poches ».

Son œuvre est réduite, dans l'esprit du public, à une succession d'avenues « plus monotones les unes que les autres », avec des « immeubles cossus.». Enfin, dernière critique, et non des moindres, « il a détruit le vieux Paris ! »

Pourtant Haussmann, fonctionnaire modèle, d'une intégrité parfaite, mourut sans fortune. Quant à son œuvre, elle est loin de se limiter aux seules avenues rectilignes bordées d'immeubles bourgeois en pierre de taille. Loin s'en faut !

Il est stupéfiant que les gigantesques travaux effectués sous le Second Empire, d'où devait naître le Paris du XXe siècle, soit à ce jour encore si méconnus ! Les kilomètres de boulevards, avenues, rues et ponts créés, qui ont permis à la capitale, plus d'un siècle durant, de vivre en absorbant l'évolution fantastique de la circulation, l'ensemble des parcs, jardins et squares qui furent alors dessinés, les dizaines de milliers d'arbres plantés, la restructuration complète des systèmes des

---

[1] *Michel del Castillo, préface à D'une Bastille l'autre, 1989.*

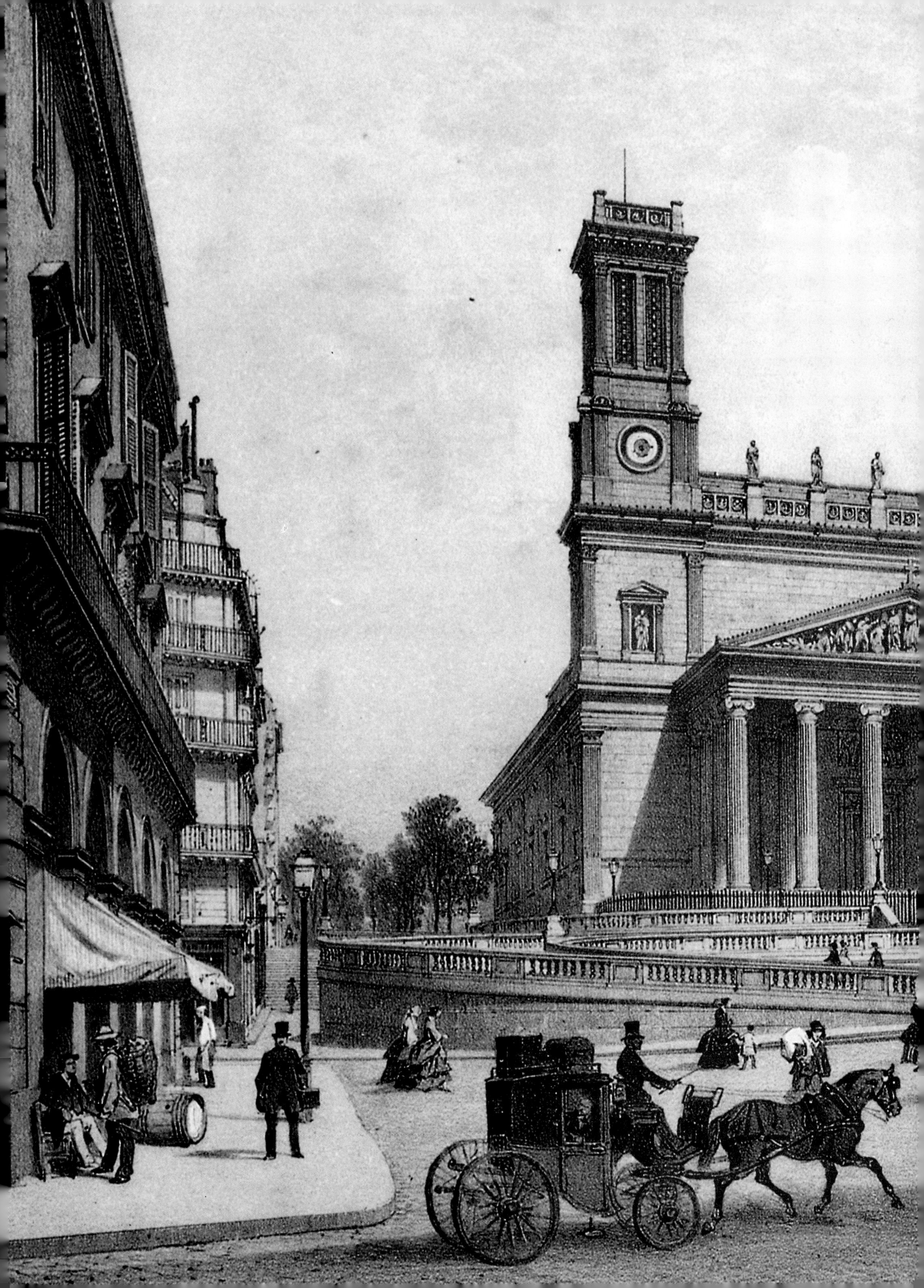

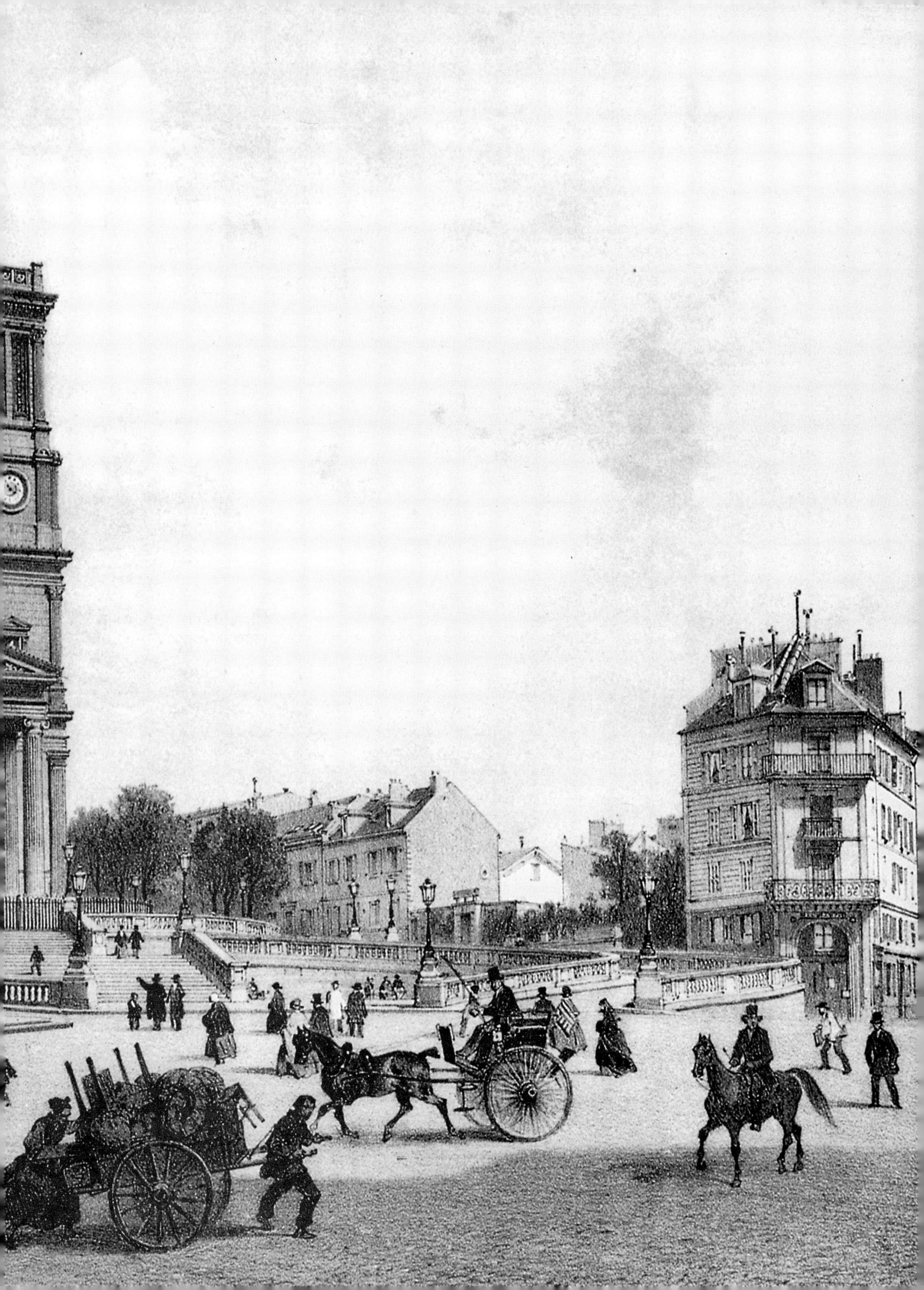

égouts et de l'approvisionnement en eau, tout cela semble de nos jours oublié. La reconnaissance de la métamorphose accomplie a sombré en même temps que la gloire de l'Empire.

Pourtant Haussmann n'est pas responsable de la défaite de Sedan ! Et son œuvre est considérable ! Aucun chantier, d'une telle ampleur, ne fut jamais entrepris au monde. En dix sept années seulement, avoir réorganisé de fond en comble une ville plus que millénaire, peuplée de deux millions d'habitants, le fait est unique !

Alors pourquoi un tel oubli frappe-t-il Haussmann et ses collaborateurs Alphand, Belgrand, Davioud, Deschamps, et tant d'autres ?

Homme tout-puissant sous le règne de Napoléon III dont il était l'un des protégés, Haussmann ne dépendait de personne d'autre que de l'empereur. Tout au long de son mandat de préfet de Paris, il agit à sa guise et dépassa de loin, avec l'accord de son maître, les objectifs qui lui avaient été assignés lors de son investiture.

Mais quand, vers la fin des années mil huit cent soixante, l'opposition vint à renaître, le préfet qui symbolisait les travaux dont une partie des Parisiens commençait à se lasser, devint le bouc-émissaire idéal pour les opposants au régime qui n'osaient pas s'en prendre directement à l'empereur. En attaquant Haussmann, ils ébranlaient l'œuvre de l'Empire, ils ternissaient sa gloire ! En le détruisant, ils tentaient de détruire l'image la plus prestigieuse du régime... et avec elle celle du souverain.

Jules Ferry et « les Comptes fantastiques d'Haussmann »

La mort du plus habile conseiller de Napoléon III, le duc de Morny, survenue le 10 mars 1865, puis le désastre militaire de Sadowa, face à la Prusse le 2 juillet 1866, eurent pour conséquence le réveil de l'opposition politique en France. Réveil d'autant plus virulent que dès 1867, la politique extérieure française ne cessa d'accumuler défaites et camouflés, qui devaient mener, trois années plus tard, au désastre de Sedan et à la chute de l'Empire.

Ce fut alors que Jules Ferry, encore inconnu, décida de publier le plus terrible et le plus brillant réquisitoire jamais écrit contre l'empire : *Les Comptes fantastiques d'Haussmann,* dans les colonnes du journal *Le Temps*. Ce pamphlet assura immédiatement la célébrité à son auteur. Là encore seul Haussmann était attaqué. Napoléon III n'était guère mis en cause !

Jules Ferry répondait à travers ce texte à la publication du Mémoire dans lequel le préfet de Paris, en 1867, expliquait sa politique financière. Pour mener à bien la troisième partie des travaux de Paris,

Pages précédentes : l'église Saint-Vincent-de-Paul.

Jules Ferry.

il lui fallait créer un nouvel emprunt de trois cent millions de francs, portant ainsi la dette totale de la ville à près de deux milliards de francs. Ce qui scandalisait véritablement Jules Ferry, ce n'était pas tant la réalisation de ces travaux, que la manière dont ils étaient financés, et le pouvoir énorme détenu par le seul Haussmann. « Les folies de la Ville font partie de la raison d'Etat » écrit-il dans ses *Comptes*.

Mais sa critique, trop technique, prouve une nouvelle fois que les plaidoyers politiques, où seul le désir d'affaiblir l'adversaire conduit l'argumentation, ne résistent pas à l'épreuve du temps.

Aujourd'hui, qu'importe le prix de ces transformations ! Et à qui d'Haussmann et de Ferry, l'histoire donne-t-elle raison ? Au premier qui, pour sa défense, invoquait dans ses *Mémoires* l'amélioration de la qualité de vie des Parisiens et la plus-value qu'avait créé ses travaux, ou au second qui accusait son adversaire « d'avoir englouti, dans des œuvres d'une utilité douteuse ou passagère, le patrimoine des générations futures » ?

« Des œuvres d'une utilité douteuse » qui permirent pourtant de rendre à Paris tout son lustre, – Paris aurait-il pu être le centre culturel de la fin du XIXᵉ siècle sans ces transformations ? – mais aussi d'en faire une ville à nouveau belle et viable. De nombreux monuments anciens, arrachés à l'oubli furent dégagés et rénovés, l'hygiène fut rétablie, l'eau assainie, des jardins et des allées plantées. Et le choléra fut enfin chassé.

Il n'empêche que le pamphlet fit mal. Son titre brillant amusa tant la critique que le grand public. Il laissa au baron une image de « tripoteur financier » totalement fausse et diffamatoire.

Les nombreuses caricatures de l'époque l'affublent d'adjectifs plus insultants les uns que les autres : « Voleur » est-il écrit sur son front, dans un dessin de H. Mailly qui le présente comme le « receleur de Paris vendu à la destruction. » Une gravure de la *Ménagerie Impériale* le présente comme « le castor » ayant pour toute activité le lucre. Ailleurs on le voit, les poches pleines de sacs d'argent, truelle et pioche à la main, en train de vider le coffre-fort de la Caisse des Travaux de Paris avec cette légende : « Haussmann, gâcheur ». A ces images liées à son rôle de bâtisseur, s'ajoutent celles, plus traditionnelles, attachées à un préfet. Il devient alors le « policier », le « sabreur » ou encore le « méchant » quand on ne l'appelle pas tout simplement « le valet », allusion à son nom qui, en allemand, signifie l'homme (*mann*) de la maison (*hauss*).

Pourtant, tous ceux qui l'approchèrent, ennemis ou compagnons, lui reconnaissaient d'indéniables qualités, et s'inclinaient devant son honnêteté, son courage et son efficace sens de l'organisation.

Persigny qui le fit venir aux côtés de Napoléon III le décrivait ainsi, dans ses *Mémoires*, lors de leur première entrevue : « J'avais devant moi un des types les plus extraordinaires de notre temps... il était souple, retors, avec un esprit plein de ressources... Avec cette personnalité absorbante, il faisait étalage d'une sorte de cynisme à la fois gentil et brutal. Je ne pus contenir ma satisfaction... Je me réjouis immédiatement à la perspective de jeter ce lion au milieu de l'arène des renards et des loups et de le déchaîner pour l'exécution de nos projets. » Emile Ollivier, par qui Haussmann chutera en 1870, ne pouvait s'empêcher de reconnaître qu'il possédait les qualités d'un « administrateur de premier ordre ». Quand à Rouher, il trouve que « tout est grand en lui, les qualités et les défauts ».

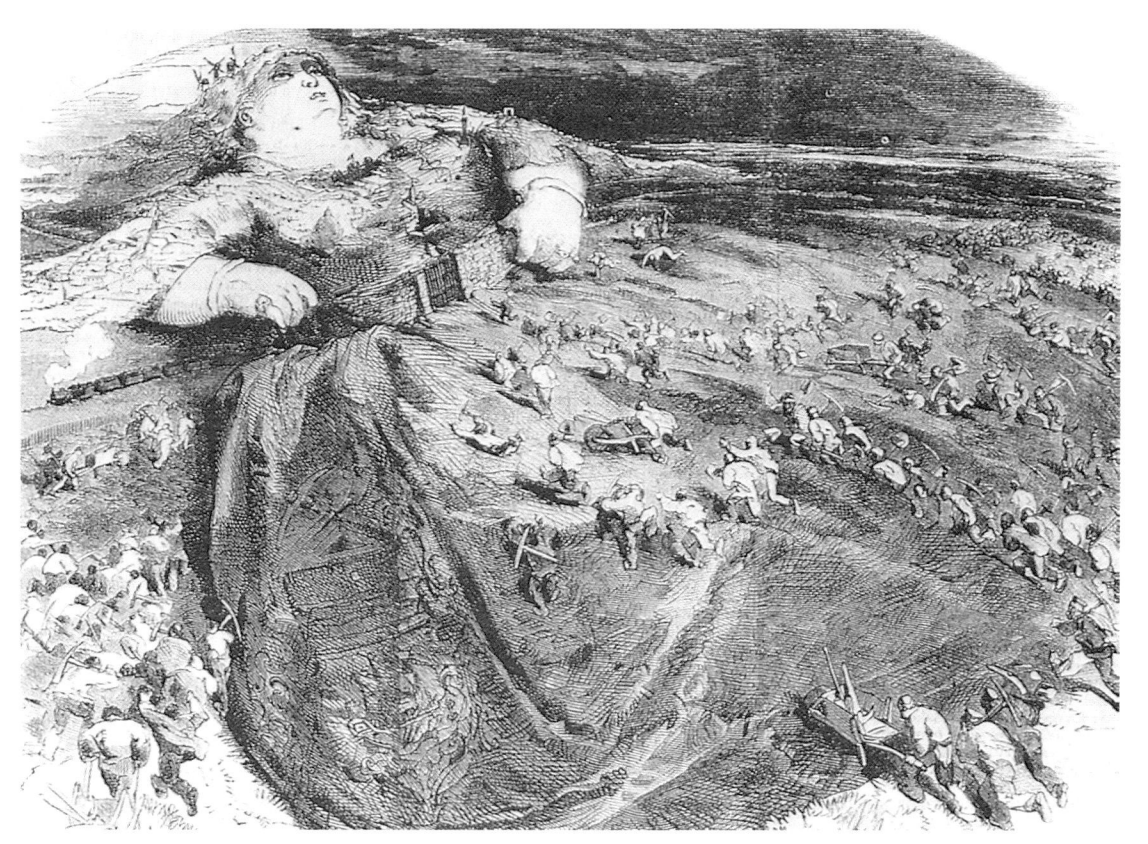

Paris assiégé.

Mais c'était son énergie prodigieuse qui faisait l'unanimité. Et Félix Mouttet, journaliste, pouvait, en 1868, écrire cet éloge de l'infatigable baron : « D'abord convenons-en, un homme qui étreint Paris comme l'étreint Monsieur Haussmann, qui secoue l'ancienne Lutèce aux demeures malsaines comme un vieux prunier malade, et en fait tomber des quartiers entiers comme s'il ne s'agissait que de quelques pauvres masures ; qui retourne la moderne Babylone à l'égal d'un gant, jetant bas, de droite et de gauche des millions d'innocents ; qui par de son droit, de la solidité de ses calculs établis avec une froide persévérance, marche résolument, et avec la sévérité d'un missionnaire à son but régénérateur, acceptant sans jamais reculer la responsabilité de sa tâche immense ; un homme qui a fait plus en quinze années pour la gloire, le bien-être, la postérité de Paris et des Parisiens, que tous ses prédécesseurs, les édiles réunis, en dix-huit siècles et qui joue ce rôle imposant sans rechercher les vaines satisfactions d'un puéril orgueil ; un tel homme n'est pas, à coup sûr, un homme ordinaire, mais bien une puissance de premier ordre sur laquelle il est glorieux de compter. »

Haussmann et sa fille.

Haussmann et le vieux Paris

Ni gâcheur ni voleur, Haussmann ne le fut ! L'autre critique à laquelle il doit répondre, la seule méritant d'être considérée, est celle de « pourfendeur du Vieux Paris ».

Jules Ferry, dans ses *Comptes* écrivait : « Ce vieux Paris, le Paris de Voltaire, de Diderot et de Desmoulins, le Paris de 1830 et de 1848, nous le pleurons de toutes les larmes de nos yeux, en voyant la magnifique et intolérable hôtellerie, la coûteuse cohue, la triomphante vulgarité, le matérialisme épouvantable que nous léguons à nos neveux. »

Voltaire pouvait s'indigner « de voir les marchés publics établis dans les rues étroites, étaler leur malpropreté, répandre l'infection et

Page de droite : une rue dans le vieux Paris.

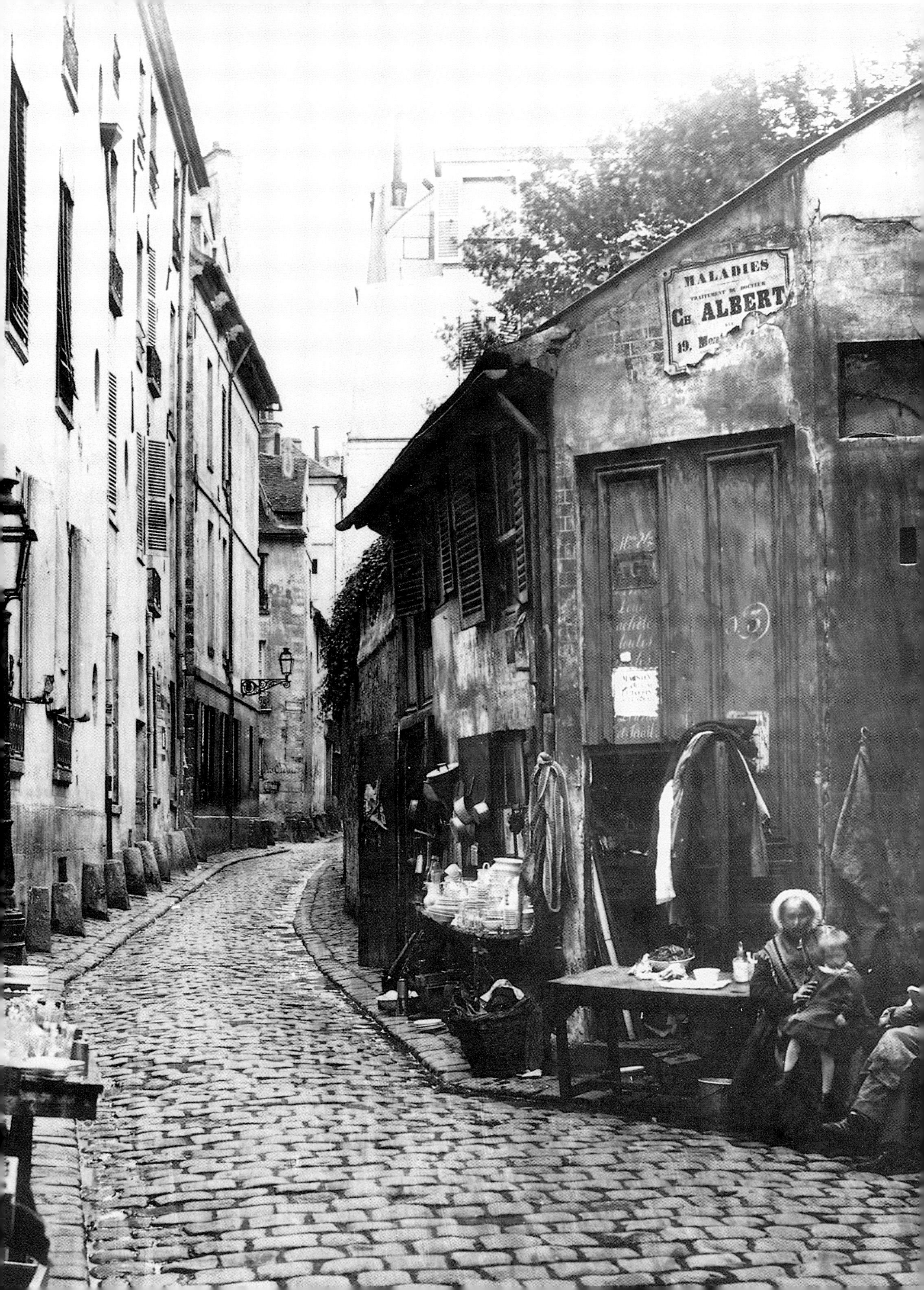
MALADIES
TRAITEMENT DU DOCTEUR
Ch. ALBERT

causer des désordres continuels », avant d'ajouter que « le centre de la ville, obscur, resserré, hideux, représente le temps de la plus hideuse barbarie».

De tout temps il est vrai, on cultiva la nostalgie de ce qui s'enfuit. En 1830, certains déploraient déjà que le Paris d'entre Restauration et Monarchie de Juillet ne fût plus tout à fait aussi charmant que ce qu'il avait été. Ainsi Merle écrivait-il en 1832 : « Le vieux Paris disparaît devant nous ; ses monuments font place à des rues longues, larges, froides et insignifiantes, comme celles de Berlin ou de Saint-Pétersbourg ; la poésie de ses anciennes traditions, de ses superpositions populaires s'efface chaque jour ; bientôt il ne nous restera plus de la bonne ville de Louis XII et d'Henri IV, qu'un Paris moderne, qui n'aura rien d'historique, et qui ressemblera à une ville prise d'assaut par les architectes et les maçons[1] ».

C'est que Paris n'a jamais cessé, comme il ne cessera jamais, de disparaître au fur et à mesure de son évolution.

Et « sans doute le penseur sent naître en son âme une mélancolie, » écrit Théophile Gautier, « en voyant disparaître ces édifices, ces hôtels, ces maisons où les générations précédentes ont vécu. Un morceau du passé tombe avec chacune de ces pierres [...], l'alignement coupe en deux plus d'un souvenir qu'on eût aimer garder, [...] où maintenant passe une rue, habitait un homme illustre [...]. De chères mémoires se perdent au milieu de ce remue-ménage universel ; mais qu'y faire ?... L'écorce terrestre n'est qu'une superposition de tombeaux et de ruines [...] Que de Paris se sont stratifiés l'un sur l'autre depuis Philippe-Auguste seulement, s'enfonçant couche par couche au-dessous de la croûte où nous vivons aujourd'hui ! Huit ou dix villes différentes d'aspect et de grandeur ont fondu tour à tour sur la même place, ne laissant que de rares vestiges de leur existence. » D'ailleurs « le Paris moderne serait impossible dans le Paris d'autrefois. Où passait la mule de l'homme de robe et le cheval de l'homme d'épée entre deux murailles qui se touchaient presque, faites donc circuler l'omnibus, ce Leviathan de la carrosserie, et ces voitures si nombreuses s'entre-croisant avec la rapidité de l'éclair ! La civilisation, qui a besoin d'air, de soleil, d'espace pour son activité effrénée et son mouvement perpétuel, se taille de larges avenues dans le noir dédale des ruelles, des carrefours, des impasses de la vieille ville ; elle abat les maisons comme le pionnier d'Amérique abat les arbres[2]. »

---

[1] *Article de J. T. Merle, Mademoiselle Montansier, son salon et son théâtre in Le livre des Cent et Un, Stuttgart 1832.*
[2] *Th. Gautier, préface à Paris démoli de Fournier.*

Page de droite : la rue du Haut Moulin vers 1865.

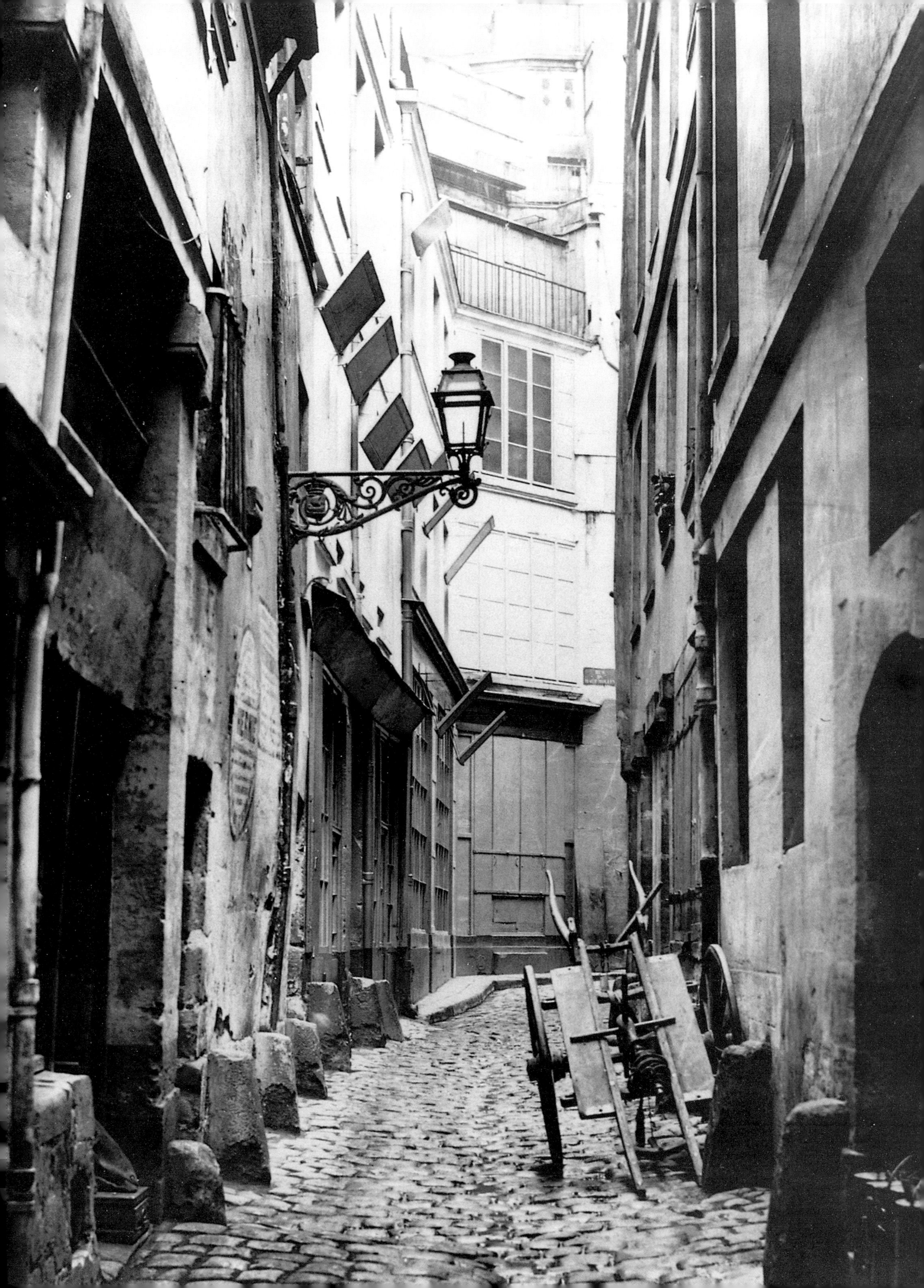

Quel était donc ce Vieux Paris que le Baron Haussmann aurait tout simplement détruit, pour ne pas dire assassiné ?

En fait, c'est une ville gravement malade que le baron Haussmann est chargé de transformer quand il arrive au pouvoir en 1853. Une ville qui, depuis Louis XVI, n'a non seulement connu aucune amélioration, mais a du subir, en moins de soixante dix ans, les outrages de trois révolutions et les invasions des armées étrangères.

Napoléon disait à Sainte-Hélène que, s'il en avait eu le temps, il aurait tout détruit pour tout reconstruire à Paris. Sous la Monarchie de Juillet, Louis-Philippe et son préfet, Monsieur de Rambuteau, tentèrent d'améliorer les conditions de vie dans la capitale.

« De l'eau, de l'ombre, voilà ce que je dois aux Parisiens » aimait à dire ce dernier.

Pour l'eau, il créa quelques fontaines monumentales, comme celles de la Concorde et de la place Saint-Sulpice. Il fit passer le nombre des bornes fontaines de 146, en 1830, à environ 2.000, en 1848. Le volume d'eau par tête dont les Parisiens pouvaient disposer chaque jour fut multiplié par quatre sous son influence, - 28 litres en 1830, 110 litres en 1848.

L'ombre, lui doit de nombreux arbres, pour lesquels il avait, dit-on, une véritable passion. Il créa le premier jardin public de Paris dans l'île de la Cité .

Mais ce sont plus l'apparition des gares et la création de nouveaux quartiers tels ceux de Beaujon, François Ier, la Nouvelle Athènes et de l'Europe, dûs à l'initiative privée, qui marquèrent l'urbanisme parisien de la Monarchie de Juillet.

Quant aux conditions de vie dans le Vieux Paris, elles ne connurent en fait guère d'amélioration. Les épidémies de choléra, plus nombreuses et plus meurtrières que jamais, en témoignent tristement par deux fois, en 1832 et 1849. Si ce fléau sévissait avec la plus grande intensité dans les quartiers misérables, il se répandait néanmoins partout dans la ville. Daniel Stern se souvient, dans un article donné à *Paris Guide,* de la terreur du choléra, qui fit sa première invasion en 1832 au cœur du très aristocratique faubourg Saint-Germain.

Rambuteau avouera dans ses *Mémoires* n'avoir pas osé transformer plus profondément Paris par peur des dépenses à engager.

Passons donc en revue ce qu'était le Vieux Paris en 1850, avant l'arrivée du baron Haussmann, et que tant de politiciens et d'écrivains prétendirent plus tard regretter. Ces regrets commencèrent de s'exprimer à partir de 1867, plus de quinze années après le début du grand bouleversement.

Page de droite : une rue dans le vieux Paris.

AFFICHES Peintes
5. RUE TIR
MAGASI
BEZI
MAGASINS à BERCY
MAISON à BAYONN
OMNIBUS
entre PARIS VAUGIRA
Chemin de Fer
de PARIS à SÈVR
MAGASIN DE VINS
GARNIER
VINS
LIQUEURS
À 60
70
80
MAISON DARCHE
RUE DES BOURDONNAIS, 24
HESNE
HOTEL
HERBINIER
CHAUSSURES

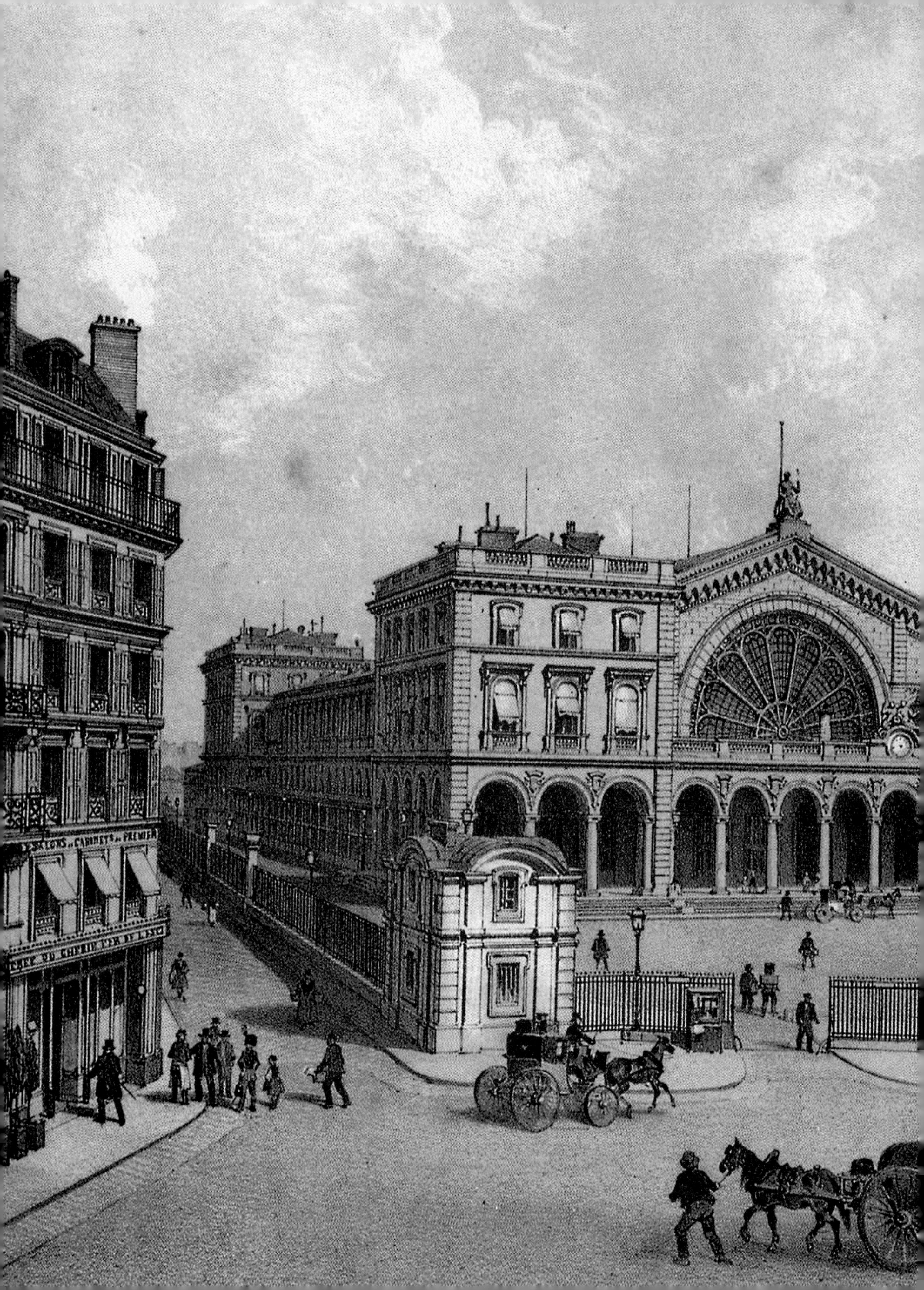
SALONS CABINETS PREMIER

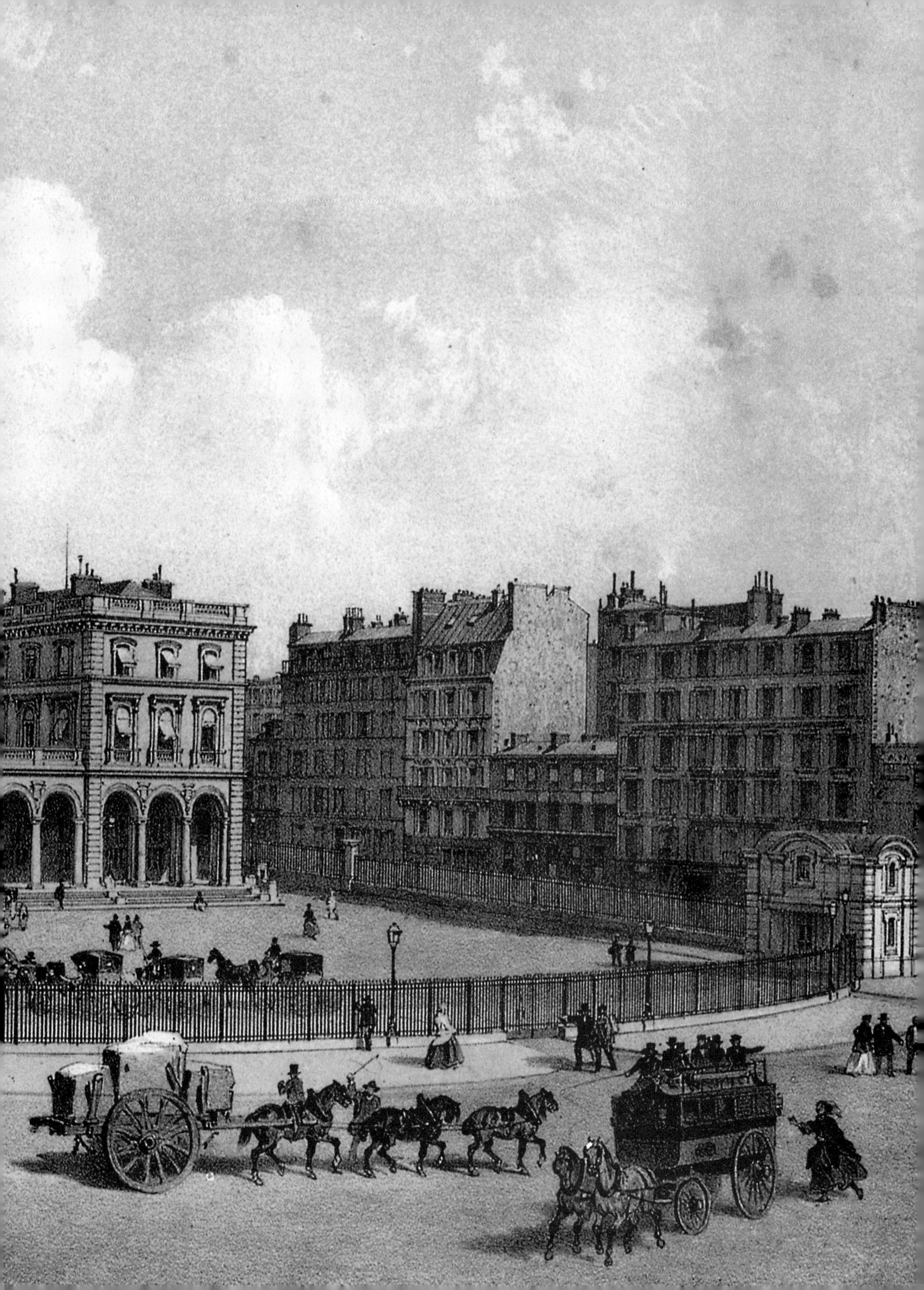

L'île de la Cité tout d'abord. Napoléon Ier souhaitait déjà sa destruction. « Ce n'est plus qu'une vaste ruine, » déclarait-il, « tout au plus bonne à loger les rats de l'ancienne Lutèce. » La description faite par Frégier en 1840 confirme les dires de l'empereur. « Ces rues étroites, sales, flanquées de maisons hautes de quatre étages et dont les allées sont presque toutes dépourvues de portiers, ont été abandonnées à la population la plus infime et la plus corrompue de la capitale. Le quartier de la Cité, notamment, a un aspect sinistre qui contraste singulièrement avec les quais et les monuments qui l'entourent. Il est sillonné de rues larges au plus de huit pieds et bordées de maisons noircies par le temps. Ces maisons très élevées rendent les rues tristes et humides, et elles sont elles-mêmes fort peu éclairées, surtout dans le rez-de-chaussée[1]. »

De la Cité on rejoint le Quartier Latin, par deux longues rues noires, étroites, tortueuses et interminables, la rue de la Harpe et la rue Saint-Jacques, toutes deux bordées de baraques de hauteurs inégales qui ressemblent « à des rangées de vieux livres de classe jaunis, déchirés, empilés au hasard[2] ». Ces baraques, abritant des boutiques, s'étaient logées à la diable entre les vieux hôtels et les maisons ventrues. Le palais des Thermes est « encastré dans des masures servant d'hôtelleries », ces garnis pour étudiants à trente francs par mois dont le quartier Latin est la mère-patrie et ces restaurants à vingt-cinq sous par jour, que nous retrouvons également rue Saint-Jacques.

De l'autre côté de la Seine, lui faisant face, se dresse le quartier populaire des Arcis, sillonné de ruelles étroites, malsaines, hideuses, mêlant un petit peuple d'ouvriers pauvres, de bohèmes et de prostituées.

M. Lalmand, commissaire de police, a laissé cette description des Arcis, en date du 28 octobre 1848 : « Ce quartier forme un carré long de peu d'étendue ; c'est un des plus petits de Paris, mais sa population qui n'est que de 15 000 habitants peut être évaluée, pour les locataires en garnis, à plus de 30 000. On doit ajouter à ce nombre énorme quantité de gens sous aveu des deux sexes qui ne vivent que de rapines, et n'ont, pour ainsi dire, d'autres asiles que les cabarets et les maisons de tolérance, qui pullulent dans ce quartier...

Compris entre le quai de la Grève et les rues de la Verrerie et des Lombards, il est entrecoupé d'une vingtaine de ruelles, sales et fétides qui s'enchevêtrent les unes dans les autres. Les plus grandes n'ont que cinq mètres de largeur, les autres ont de un à deux mètres... »

---

[1] *Des classes dangereuses...*, Tome 1, 1840.
[2] *G. Lameyre.*

Pages précédentes : la gare de l'Est.

Les ruines du quartier Latin en 1860.

A proximité, le Louvre, qui n'est toujours pas achevé. Dans son enceinte se dresse un pâté de maisons qui est pour Balzac « une de ces protestations que les Français aiment à faire contre le bon sens, pour que l'Europe se rassure sur la dose d'esprit qu'on leur accorde et ne les craigne plus. »

En effet, « depuis le guichet qui mène au pont du Carrousel, jusqu'à la rue du Musée, tout homme venu, ne fût-ce que pour quelques jours, à Paris, remarque une dizaine de maisons à façades ruinées, où les propriétaires découragés ne font aucune réparation, et qui sont le résidu d'un ancien quartier en démolition depuis le jour où Napoléon résolut de terminer le Louvre. La rue et l'impasse du Doyenné, voilà les seules voies intérieures de ce pâté sombre et désert où les habitants sont probablement des fantômes, car on n'y voit jamais personne... Ces maisons sont enveloppées de l'ombre éternelle que projettent les hautes galeries du Louvre, noircies de ce côté par le souffle du Nord. Les ténèbres, le silence, l'air glacial, la profondeur caverneuse du sol concourent à faire de ces maisons des espèces de cryptes, des tombeaux vivants.

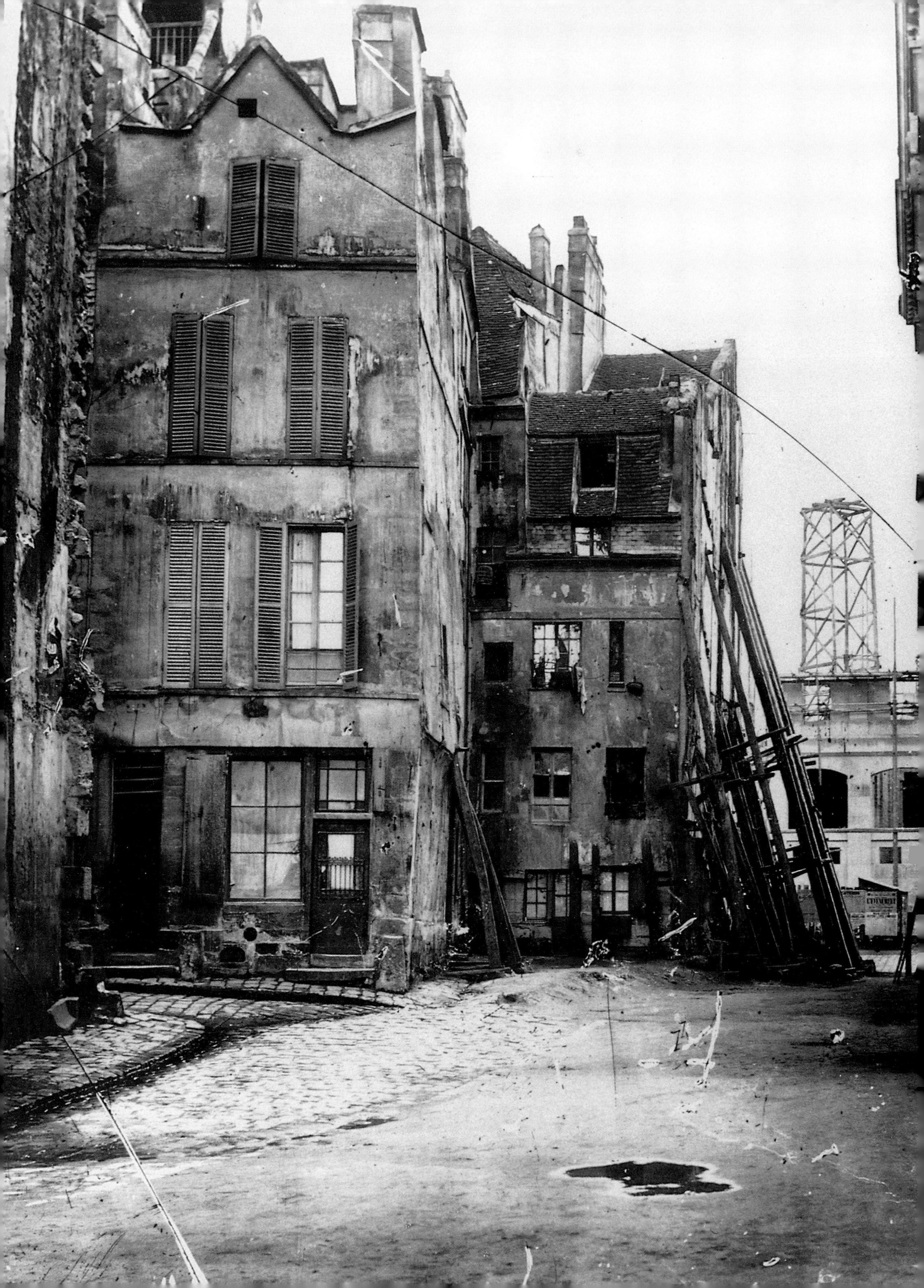

INTRODUCTION

Lorsqu'on passe en cabriolet le long de ce demi-quartier mort, et que le regard s'engage dans la ruelle du Doyenné, l'âme à froid, l'on se demande qui peut demeurer là, ce qui doit s'y passer le soir, à l'heure où cette ruelle se change en coupe-gorge, et où les vices de Paris, enveloppés du manteau de la nuit, se donnent pleine carrière...

Voici bientôt quarante ans que le Louvre crie par toutes les gueules de ces murs éventrés, de ces fenêtre béantes : Extirpez ces verrues de ma face ! On a sans doute reconnu l'utilité de ce coupe-gorge, et la nécessité de symboliser au cœur de Paris l'alliance intime de la misère et de la splendeur qui caractérise la reine des capitales. Aussi ces ruines froides, les infâmes baraques de la rue du Musée, l'enceinte en planches des étalagistes qui la garnissent, auront-elles la vie plus longue et plus prospère que celles de trois dynasties peut-être[1] ! »

A la place de ce qui deviendra sous le Second Empire le boulevard Malesherbes, se dressait au milieu du XIXe siècle une immense « cour des miracles » appelée la Petite-Pologne, que décrit ainsi Pique-Vinaigre, un des filous imaginé par Eugène Sue dans les *Mystères de Paris* :

« C'était des cassines[2] du côté de la rue du Rocher et de la rue de la Pépinière ... et le quartier de la Cité, qui n'est pourtant pas composé de palais, serait comme qui dirait la rue de la Paix ou la rue de Rivoli, auprès de la Petite-Pologne ; quelle turne ! Mais du reste, fameux repaire pour la pègre ; il n'y avait pas de rues, mais des ruelles ; pas de maisons, mais des masures ; pas de pavés, mais un petit tapis de boue et de fumier, ce qui faisait que le bruit des voitures ne vous aurait pas incommodé s'il en avait passé ; mais il n'en passait pas. Du matin jusqu'au soir, et surtout du soir jusqu'au matin, ce qu'on ne cessait pas d'entendre, c'étaient des cris : « .A la garde ! Au secours ! Au meurtre ! » mais la garde ne se dérangeait pas. Tant plus il y avait d'assommés dans la Petite-Pologne, tant moins il y avait de gens à arrêter ! »

Au nord de la Petite-Pologne, la plaine Monceau. A en croire Claude, futur chef de la police de Sûreté, c'était « le coin le plus noir de la banlieue de Paris ». Et Lameyre d'ajouter : « D'odieuses baraques, aux fenêtres louches, aux portes assassines, faisaient face aux fossés de l'épais et sombre parc. Les taudis étaient tenus par des revendeurs-receleurs, par des marchands de vin qui ne valaient guère mieux que leurs pratiques. Ils bordaient une immense plaine, accidentée, houleuse comme une mer tourmentée par de capricieuses

---

[1] *La Cousine Bette*, Balzac.
[2] *Petites maisons, baraques.*

Page de gauche : des baraques qui ressemblent « à des rangées de vieux livres de classe jaunis, déchirés, empilés au hasard ».

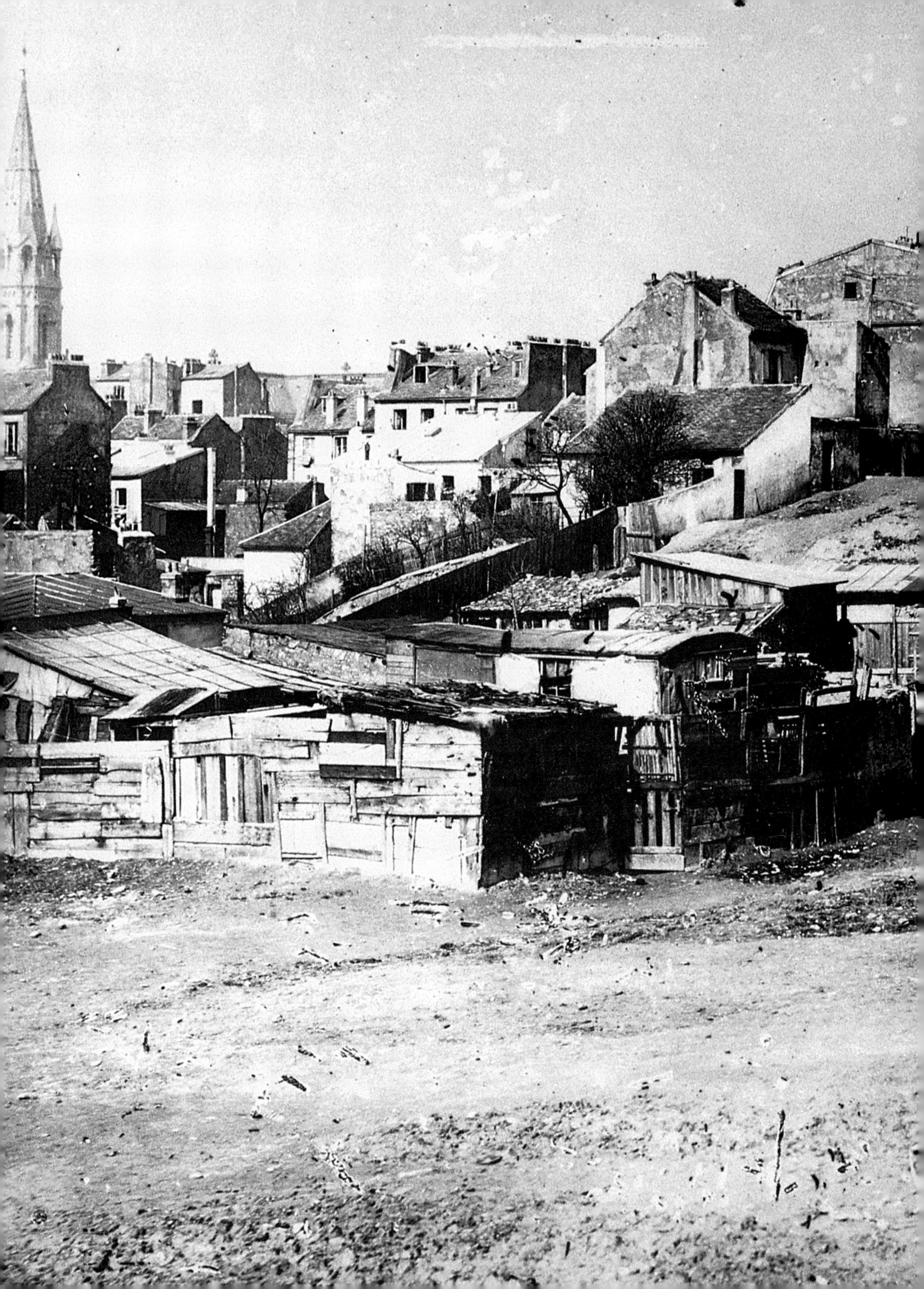

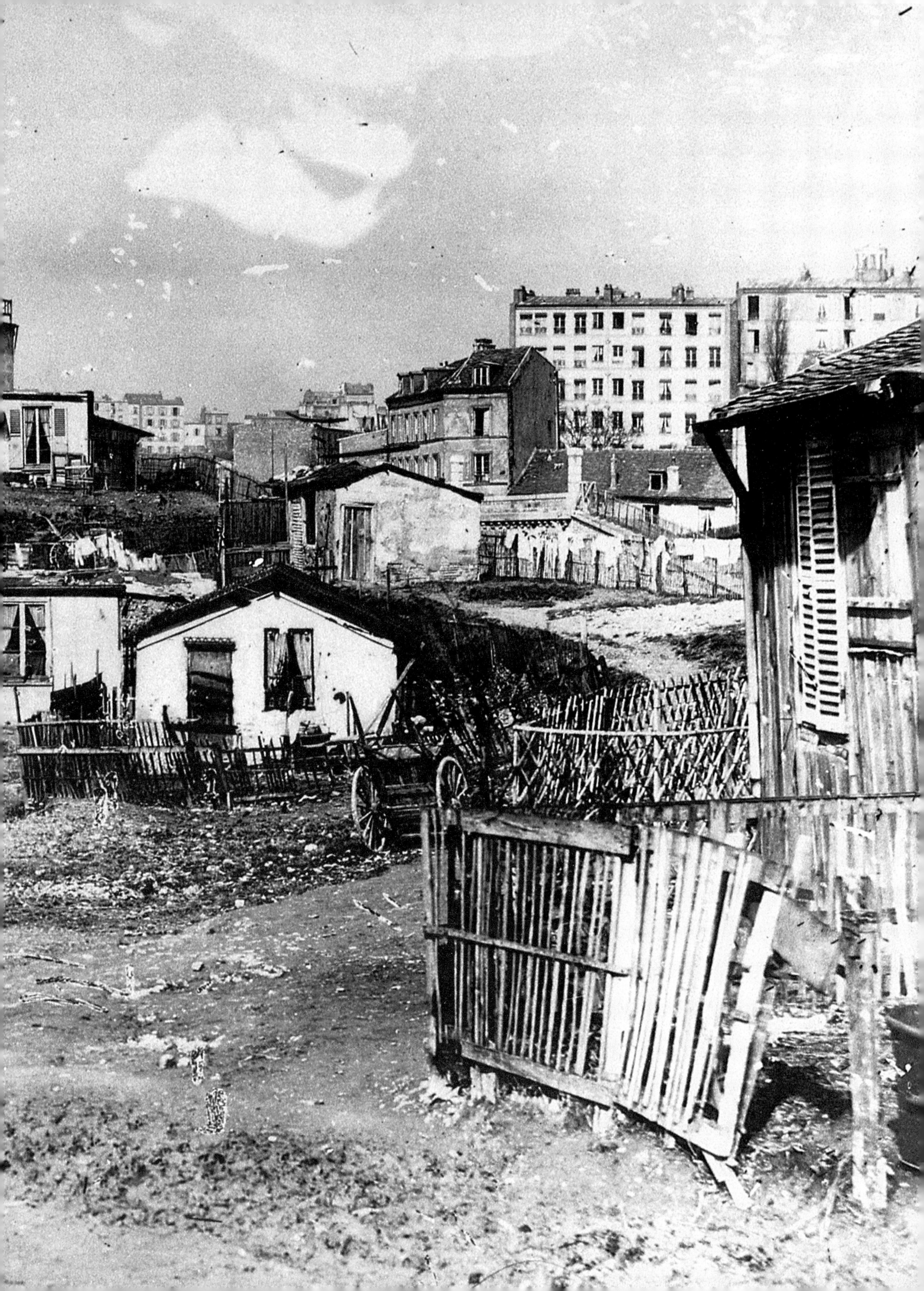

rafales. Tout y était sinistre, tout y sentait la misère, la débauche et le crime. »

Un rapport au préfet de police du quartier témoigne que la misère en 1854 régnait encore cruellement dans le quartier de Monceau. « Nous avons vu » rapporte-t-il « un établissement de création nouvelle, que, par une amère dérision, on avait baptisé du nom de passage Véro-Dodat[1], et ensuite, passage du Soleil. Là, un marchand a fait construire quarante cabanons ou bouges en plâtre de cinq pieds carrés, en terre-plain, sans cheminées, et n'ayant pour couverture que du papier goudronné... Il loue chaque taudis 2 francs à 2 francs 50 par semaine, payables tous les dimanches, ... prélevés sur de pauvres locataires réduits au plus affreux dénuement : quelle infamie !

Il est impossible de respirer dans ces réduits, plus dignes des porcs et des chiens que des hommes. En été, ce sont des fournaises, et, en hiver, des tombes anticipées.

Ajoutez à cela les immondices d'os, de papier, de chiffons, de peaux d'animaux entassés pêle-mêle aux quatre coins de ces cahutes, et vous aurez une idée de ce qui peut résulter d'un pareil état de choses...

J'ai trouvé des femmes vêtues de guenilles couchant sur du fumier puant, sans draps, sans couvertures...

A trois habitants, en moyenne, par case, cela cote à cent vingt la population du passage du Soleil.

Ce n'est qu'un point dans la misère intérieure et extérieure ; et, comme toutes les barrières à peu près abritent des huttes analogues, on peut, sans exagération, évaluer à plusieurs milliers le nombre de personnes appartenant à la population la plus intelligente et peut-être la plus laborieuse du monde, qui campent et vivent de la sorte[2]. »

Le comportement des habitants de ces taudis laissait autant à désirer que les lieux qu'ils occupaient, - ce qui n'améliorait guère l'insalubrité ambiante -, comme en témoigne la pétition suivante des sieurs Puech, Bartaut et Dupain au préfet de police de la Seine en date du 19 avril 1858, qui malgré une syntaxe approximative, n'en est pas moins évocatrice.

« Les soussignés ont l'honneur de vous exposer qu'en vertu de l'une de vos ordonnances concernant les chiens, l'article premier ainsi conçu :

« Il est défendu à tout individu de tenir une quantité de chiens dans un espace de terrain trop peu étendu qui porterait préjudice à ses voisins » ;

---

[1] *Le passage Véro-Dodat était célèbre pour son luxe.*
[2] *Félix Normand in Paris de 1800 à 1900.*

Pages précédentes : la Petite-Pologne.

Au mépris de cette ordonnance et autres arrêtés de police, le sieur Dupré, chiffonnier de profession, dans un espace de quatre mètres carrés lui et 14 chiens sont logés dans un chenil, chétif réduit, ce qui procure de mauvaises odeurs et exhalations infectes. Ses animaux étant trop resserrés font un tapage par les aboiements et hurlements jour et nuit qui épouvantent, ils annoncent un symptôme de rage, ils sont attaqués de maladies contagieuses comme la galle, le rouget et chancre aux oreilles.

En outre cet individu puise de l'eau dans un puits qui est pour nous un bienfait de la nature tant l'eau est bonne à boire, avec le seau dont il fait barboter ses animaux, et trempe les guenilles avec lesquelles il frotte les plaies de ses chiens.

Sénateur préfet, nous espérons de votre intègre bonté qui direz droit à notre demande et ferez cesser ses abus qui sont hors toute convenance. »

La liste serait longue de tous les témoignages qui décrivaient les conditions épouvantables dans lesquelles vivaient en ce milieu du XIXᵉ siècle, le centre et des quartiers entiers de Paris et de sa banlieue.

Les secteurs industrieux ne valaient guère mieux. Aux alentours de la rue Quincampoix, qui joint les Halles au quartier Saint-Martin, ce ne sont que des « sentiers humides, où les gens pressés gagnent des rhumatismes ... Il y a là plusieurs cloaques industriels » rappelle Balzac. Rue Greneta « toutes les maisons, envahies par une multitude de commerces, offrent un spectacle repoussant. Les constructions y ont un caractère horrible. L'ignoble malpropreté des fabriques y domine[1] ».

Les barrières de Paris, les quartiers de la Roquette et du Père-Lachaise, sont des repaires de malfrats, comme la plupart des quartiers périphériques qui sont reliés au centre par « des sentes bordées par des masures en bois au milieu de terrains fangeux[1] ».

Pour ajouter au tableau de ce Paris sinistre, il ne faut pas oublier que les marchés, et plus particulièrement les abattoirs se tenaient en plein air. Et si Napoléon Iᵉʳ les avait voulus à la périphérie de la ville, celle-ci ayant grandi, ils se retrouvaient en plein centre sous la Monarchie de Juillet. Les abattoirs du Roule, de Montmartre, de Popincourt, de Vaugirard et de Villejuif répandaient sur le pavé de Paris le sang mêlé à la boue, et laissaient échapper l'odeur et les cris des bêtes qu'on égorge ! « Le gâchis du pavé ... sous un lac de fange liquide « écrira Zola[2] ! Et au sang des abattoirs se mêlait, dès la

---

[1] *César Birotteau.*
[2] *Le Ventre de Paris.*

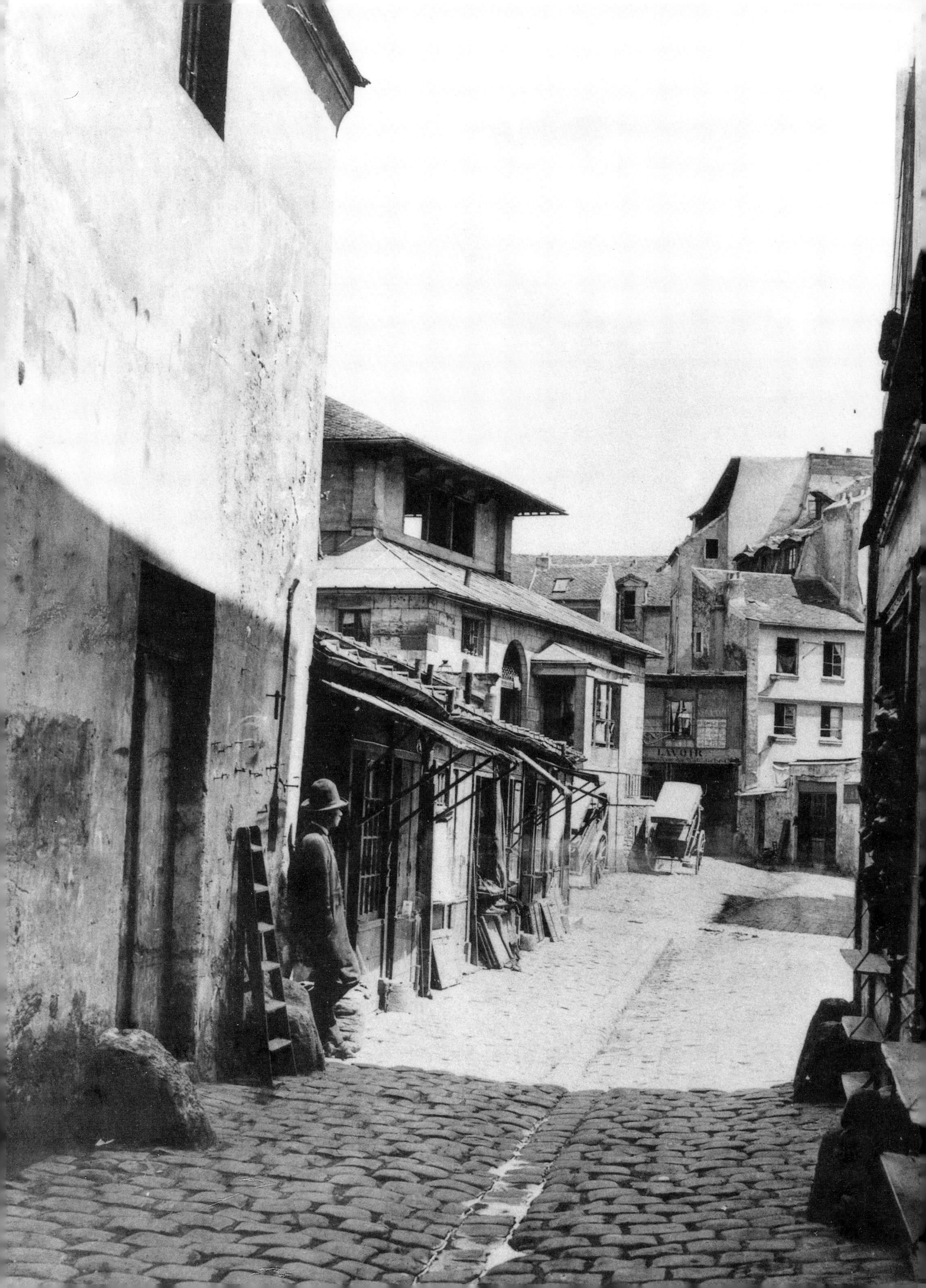
LAVOIR

première averse, la boue qui prenait possession de la rue au point qu'il était fréquent que les roues des voitures s'y enfonçaient jusqu'aux essieux.

Frégier, commissaire de Police sous Louis-Philippe publia en 1840 une étude[1] qui révèle les terrifiantes conditions de vie et d'insalubrité, dans le Paris d'avant Haussmann.

« Le caractère le plus frappant de toutes ces maisons, » écrit-il à propos des garnis de Paris, « est une excessive malpropreté qui en fait de vrais foyers d'infection. Celles qui contiennent des lits sont les plus relevées. Mais il en est qui, au lieu de lits, ne renferment que des grabats dégoûtants ; les chambres donnent sur des corridors privés d'air et de lumière ; les plombs et les latrines, à chaque étage, exhalent une odeur suffocante ; les marches des escaliers sont chargées d'une boue permanente et constamment humide, laquelle les rend presque impraticables. On a remarqué dans la cour d'une de ces maisons, des débris d'animaux, des intestins et tous les résidus d'une gargote, en pleine putréfaction.

Ailleurs, la cour du garni n'a que quatre pieds carrés et se trouve remplie d'ordures. C'est sur elle que s'ouvrent les chambres qui sont encombrées de monde ; les latrines crevées au cinquième étage laissent tomber les matières fécales sur l'escalier, qui en est inondé jusqu'au rez-de-chaussée. Beaucoup de cabinets n'ont pas d'autre ouverture que la porte qui donne sur cet escalier. Les habitants sont des filous, des voleurs, des souteneurs, les plus sales prostituées, et tout ce qu'il y a de plus abject en hommes et femmes... La plus grande malpropreté règne partout ; les fenêtres n'ont au lieu de vitres que du papier huilé. Les chambres sont infectes ; à chaque étage, les ordures qu'on jette sur les lieux d'aisance, refluent sur l'escalier ; en un mot, c'est le séjour le plus repoussant du vice et de la misère[1]. »

Le sort de l'ouvrier n'est guère plus enviable que celui des locataires de ces garnis. A la misère et l'indigence s'ajoutent des conditions d'habitat dramatique.

« Le loyer étant une des dépenses domestiques les plus indispensables, » ajoute Frégier, « l'ouvrier, père de famille, pressé par d'autres besoins de première nécessité, doit naturellement rechercher les habitations les moins coûteuses. Or ces habitations, n'existent que dans certains quartiers et dans certaines rues de ces quartiers : ce sont des maisons vieilles, délabrées et mal tenues. Les propriétaires, pour en tirer parti, en mettent les logements à bas prix et y attirent ainsi des

---

[1] *Les classes dangereuses...*, Tome 1, Frégier, 1840.

Page de gauche : une rue du vieux Paris.

familles pauvres. Si ces logements étaient salubres, s'ils étaient suffisants pour tous les membres de la famille, la critique n'y aurait rien à reprendre ; mais ils sont sales, mal éclairés, mal fermés. Ils sont étroits, et comme les parents et les enfants vivent et couchent dans la même chambre, l'encombrement qui en résulte est une cause d'insalubrité en même temps qu'il offense les bonnes mœurs. D'un autre côté, le mauvais état et la malpropreté des allées, des latrines et des cuvettes où sont versées les eaux ménagères, donnent lieu à des exhalations infectes qui vicient l'air de ces humbles demeures et altèrent la santé de leurs habitants d'une manière d'autant plus fâcheuse, que la plupart de ceux-ci travaillent toute la journée dans des ateliers mal aérés et pleins de nombreux ouvriers... Ils passent en effet chaque jour d'un logement infect dans un atelier, qui, le plus souvent, n'est pas moins insalubre, et ils se trouvent ainsi prédisposés à contracter aisément des maladies contagieuses.

La construction mal ordonnée de ces maisons et leur état de vétusté, ne permettent guère de les assainir complètement. D'ailleurs les propriétaires, n'en retirant qu'un faible revenu, ont toujours des prétextes plus ou moins spécieux à alléguer pour refuser ou pour ajourner des réparations qui viendraient encore en atténuation de leurs produits[1]. »

Bien sûr, toutes les maisons et tous les quartiers de Paris ne sont pas ainsi. Le Faubourg Saint-Honoré comme le Faubourg Saint-Germain où se trouvent les hôtels de l'aristocratie française, ne ressemblent en rien au centre ou au quartier Latin. Pas plus que la « Maison rose » acquise en 1851 par la comtesse d'Agoult sur les Champs-Elysées, qu'elle nous décrit « plantée d'acacias, entourée de terrains vagues où paissaient les animaux ; isolée de toute construction, elle recevait en plein la lumière des cieux[2] ».

Mais les chiffres de l'époque permettent de penser que la moitié des maisons de Paris étaient insalubres.

Ainsi d'après les statistiques du paiement de la contribution personnelle et mobilière, Paris compte en 1851 environ 31 000 maisons, comprenant 294 000 logements occupés par une population totale de 945 000 âmes.

387 000 d'entre elles, réputées indigentes, occupaient des baraques insalubres. 300 000 autres, non imposables, habitaient des garnis et des combles misérables où les conditions d'hygiène étaient là encore déplorables[3].

---

[1] *Les classes dangereuses...*, Tome 1, Frégier, 1840.
[2] *Journal de la comtesse d'Agoult publié sous son nom d'auteur : Journal de Daniel Stern.*
[3] *Paris Guide*, Tome 2.

Dans de telles conditions, on ne peut s'étonner de voir les maladies contagieuses déferler sur Paris. Le choléra, entre autres, y fit des ravages. L'habitat misérable, l'eau trop rare et de mauvaise qualité souvent, le manque de lumière, l'air vicié et la verdure exsangue, tout à Paris était propice aux épidémies.

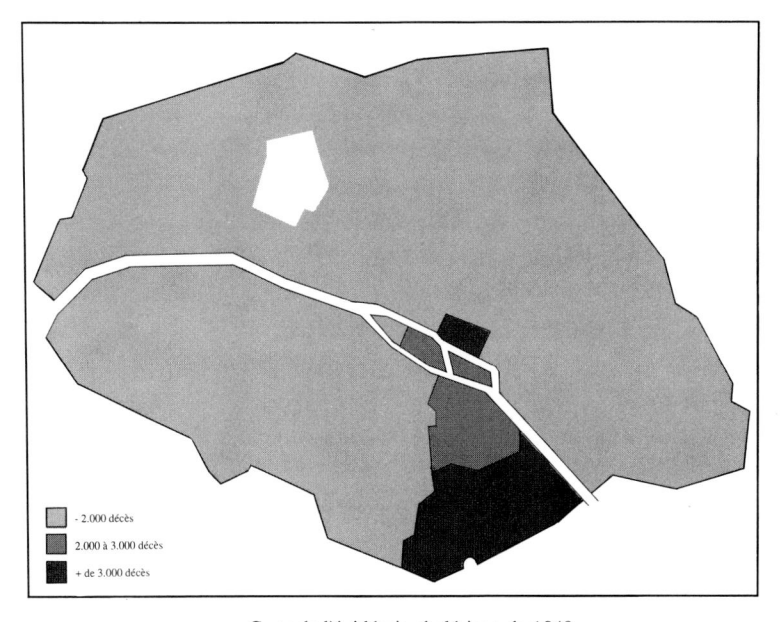

Carte de l'épidémie cholérique de 1849.

Quarante sept habitants sur mille dans certains quartiers particulièrement défavorisés tels les Arcis, moururent en cette année 1849 du choléra.

Dès 1842, Lanquetin considérait comme « de la dernière urgence » de remodeler le Centre, compte tenu de « l'étroitesse et la tortuosité de ses rues, l'ignoble état de ses constructions ». Une vie décente y était impossible. Déjà l'on constatait un déplacement certain de la population vers la Bourse et les nouveaux quartiers de l'ouest où l'on pouvait trouver « des logements propres, commodément distribués et faciles à meubler ».

Horace Say faisait remarquer qu'entre 1817 et 1841, la population ne s'était accrue dans le centre que de 9%, tant il y avait saturation, quand celle des quartiers extérieurs progressait de 52%. Si à la périphérie la densité d'habitation était par habitant supérieure à cent mètres carrés (Champs-Elysées : 186, Quinze-Vingts : 156, Saint-Marcel : 153, Popincourt : 148), dans le centre de Paris, les chiffres étaient catastrophiques. Dans le quartier des Lombards la densité était de 9 mètres carrés par habitant.

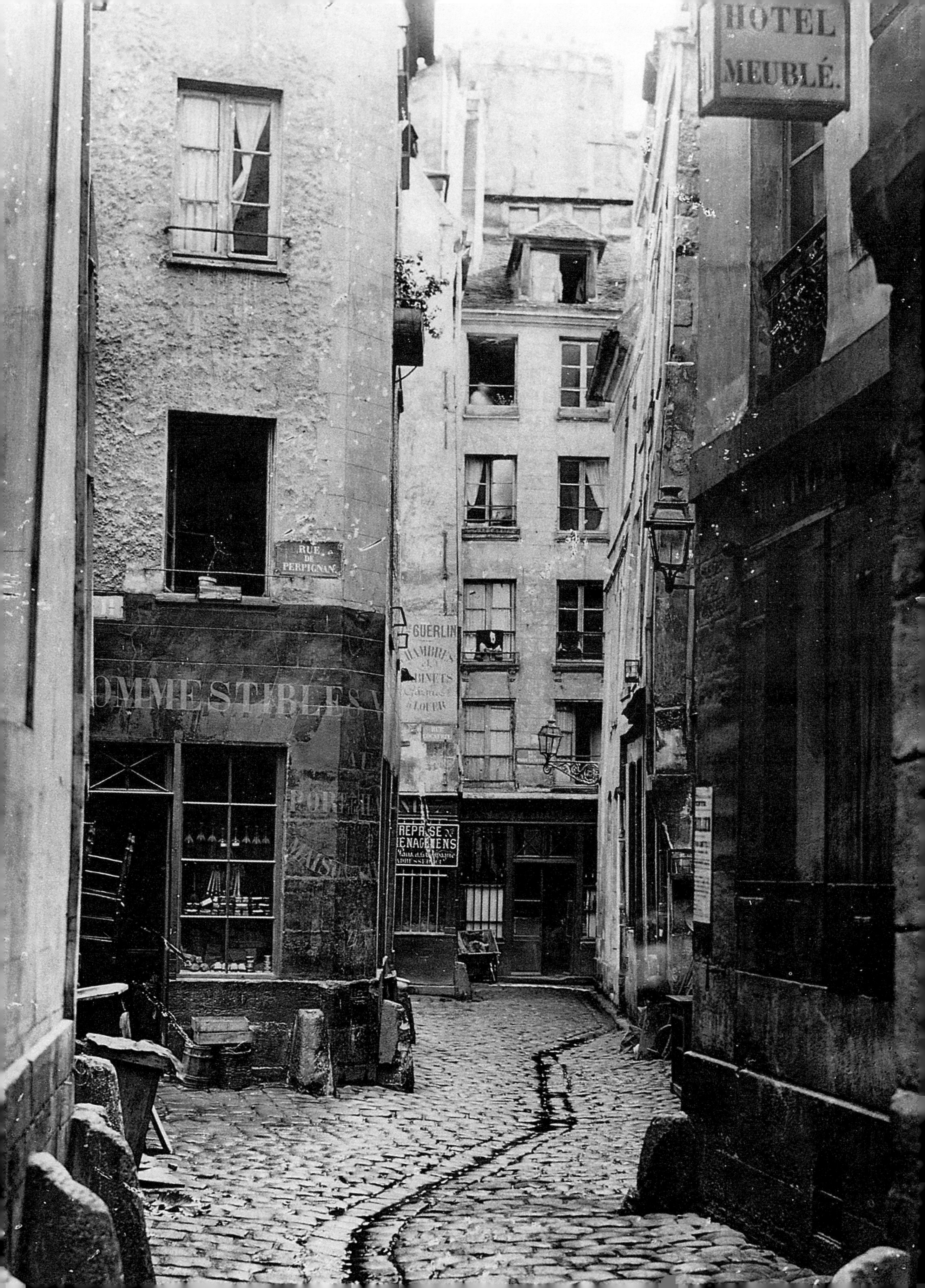
HOTEL
MEUBLÉ.
RUE
DE
PERPIGNAN
GUERLIN
REPRISE

Le record de surpopulation fut détenu par les quartiers des Arcis et de Sainte-Avoye, – l'actuel IIIe arrondissement –, avec une densité de 3 mètres carrés par habitant ! Ce fut là bien sûr que le choléra sévit le plus durement en 1849.

La population s'échappait, quand elle le pouvait, hors du centre de Paris qui, en ce milieu du XIXe siècle, n'était plus qu'un taudis misérable.

Et si Marjolin et Cadine, les deux enfants du Ventre de Paris, « préféraient encore les tronçons du vieux Paris restés debout, [...] surtout la rue Courtalon, une ruelle noire, sordide, qui va de la place Sainte-Opportune à la rue Saint-Denis, trouée d'allées puantes, » c'était simplement par nostalgie du temps passé, parce qu'au fond de ces rues là, « ils avaient polissonné, étant plus jeunes[1]. »

Mais tout le monde ne se plaint pas des transformations engagées par Haussmann, bien au contraire ! La lassitude engendrée par les travaux permanents et interminables, n'apparaîtra que progressivement chez les Parisiens, et surtout au sein de l'opposition. Avant 1867, les ouvertures des avenues, l'amélioration de l'éclairage public, la restauration des monuments, la destruction des quartiers les plus abjectes de Paris enchantèrent le peuple.

Jules Ferry lui-même reconnaîtra dans son pamphlet que « la grande croisée, la première partie des travaux de la Ville, la plus sérieuse, [...] la moins sujette à critique [...] n'a donné lieu à aucune difficulté ».

Théophile Gautier se fait l'écho de l'opinion publique du début du Second Empire. Les travaux d'amélioration de Paris sont les bienvenus. Il est temps de le proclamer, et avec quel enthousiasme ! « De profondes tranchées, dont plusieurs sont déjà de magnifiques rues, sillonnent la ville en tout sens » écrit-il, « les îlots de maisons disparaissent comme par enchantement, des perspectives nouvelles s'ouvrent, des aspects inattendus se dessinent, et tel qui croyait connaître son chemin, s'égare dans des voies nées d'hier. La physionomie de Paris est en beaucoup d'endroits changée de fond en comble.

Des monuments, dégagés des hideuses masures qui les masquaient, se montrent pour la première fois dans leur beauté complète ; d'autres sortent de leurs ruines inachevés et se terminent enfin, ajoutant des assises blanches à leurs assises noires déjà. »

Et d'ajouter plus loin, « le plan qui a effrayé tant de dynasties se poursuit et s'achève avec une rapidité merveilleuse, et bientôt sera terminé le plus immense travail architectural qui ait jamais étonné le

---

[1] *Zola, Le ventre de Paris.*

Page de gauche : rue des Trois-Canettes vers 1860.

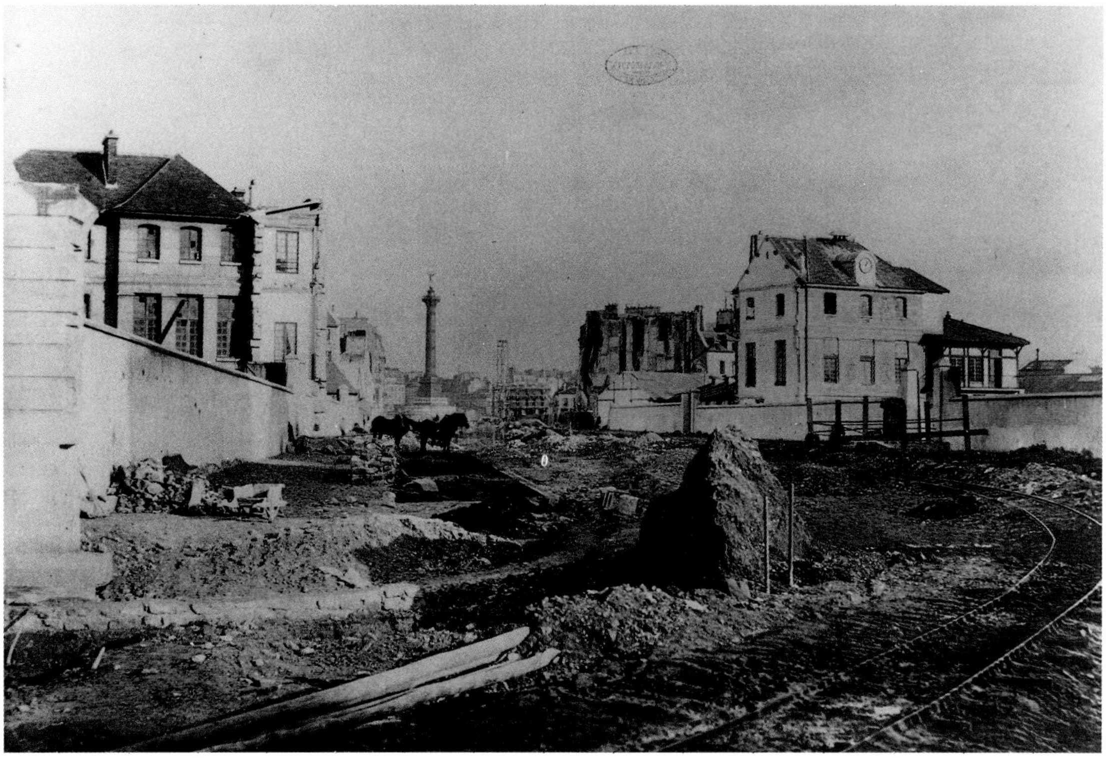

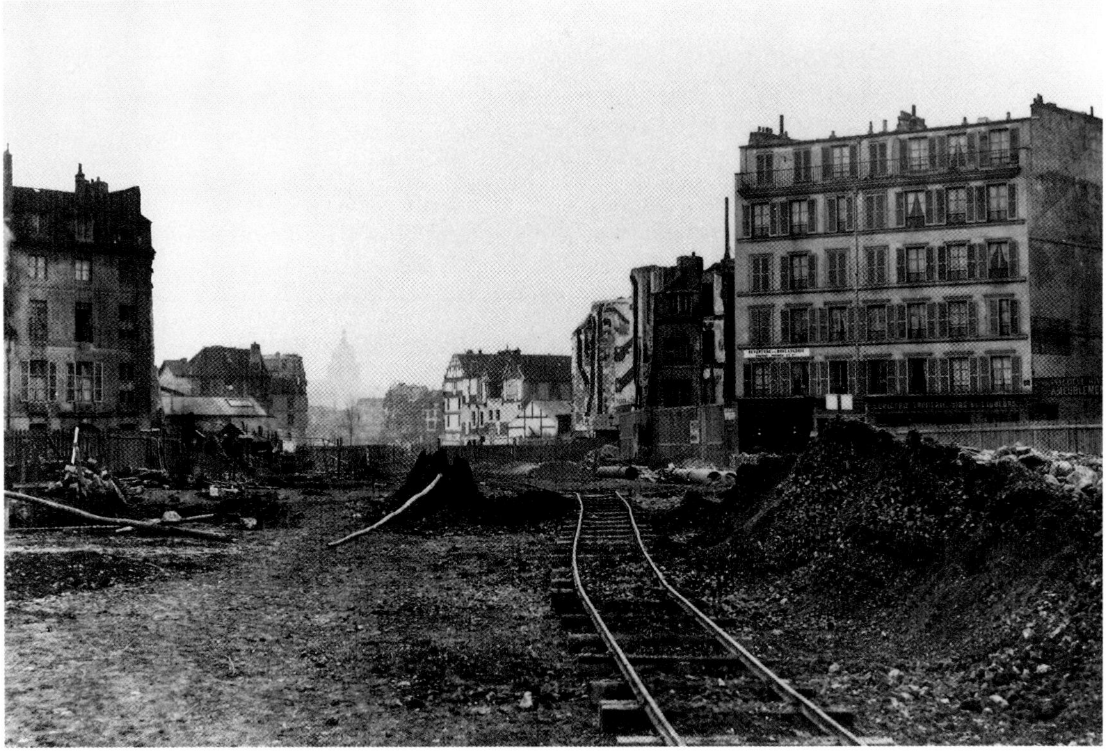

monde... Dans cette ville, centre de l'univers, le genre humain apporté et remporté par les veines et les artères des railways, comme le sang dans le cœur, circulera désormais sans embarras et sans confusion ; car ce n'est pas seulement le palais du souverain qui s'embellit, la ville aussi s'aère, se nettoie, s'assainit et fait sa toilette de civilisation : plus de quartiers lépreux, plus de ruelles miasmatiques, plus de masures humides où la misère s'accouple à l'épidémie, et trop souvent au vice. Plus de tanières immondes, réceptacles du rachitisme et des scrofules. Les murailles pourries, salpêtrées et noires sont marquées du signe purificateur et s'effondrent pour laisser surgir de leurs décombres des habitations dignes de l'homme, dans lesquelles la santé descend avec l'air, et la pensée sereine avec la lumière du soleil[1]. »

L'œuvre d'Haussmann

Pour la première fois sans doute dans l'histoire, sous l'influence de Napoléon III et d'Haussmann, la ville est perçue dans son ensemble. C'est une des originalités de l'urbanisme du Second Empire. On ne rénove plus des îlots, on ne crée plus quelques quartiers nouveaux comme sous la Monarchie de Juillet. C'est toute la ville qu'on transforme, les communications (la voie d'eau, les routes et les gares), les espaces verts, les conditions d'hygiène, l'architecture enfin.

« Cet urbanisme se caractérise par certaines réalisations significatives, » écrit Louis Girard. « L'avenue haussmannienne d'abord, large et droite, à la pente aplanie, un monument dans sa perspective. Les amples trottoirs sont plantés d'arbres (auparavant seuls les boulevards et les quais avaient cet agrément) ; des immeubles cossus la bordent, longue façade en pierre de taille, à porte cochère, à balcons et à décoration sculptée. [...] De part et d'autre de la grandiose percée, le quartier ancien peut subsister, mais elle prend son plein caractère au sein d'un ensemble neuf dont elle constitue l'axe. La grand place-carrefour, à l'intersection des avenues, est un lieu de convergence propre à devenir un centre commercial. Les gares, les Halles rénovées sont génératrices d'une énorme circulation. Enfin les espaces verts, non seulement les deux bois de Boulogne et de Vincennes mais les Buttes-Chaumont, les parcs Monceau et Montsouris, sans oublier les squares, sont vite essentiels à la vie des quartiers[2]. »

[1] *Th. Gautier - Préface à Paris démoli d'Edouard Fournier, Paris 1855.*
[2] *La Deuxième République et le Second Empire, Nouvelle Histoire de Paris, L. Girard.*

Page de gauche : l'ouverture du boulevard Henri IV.

Le nouveau Plan de Paris

L'ampleur de la transformation de Paris que le nouveau Plan engendra sous l'impulsion d'Haussmann est considérable.

Le centre, on l'a vu, était un des points les plus critiques de la capitale.

Napoléon III et son préfet supprimèrent la quasi totalité de l'habitat dans l'île de la Cité, (sauf dans la rue Chanoînesse et place Dauphine), pour y rassembler des bâtiments publics. Le Palais de Justice comme le parvis de Notre-Dame furent agrandis, la cathédrale rénovée par Viollet-le-Duc et l'Hôtel-Dieu déplacé. Le Tribunal de Commerce et la caserne de la Cité (aujourd'hui Préfecture de police) virent le jour. L'île ainsi se dépeupla, sa population chutant de 15 000 habitants à moins de 5 000 en 1890.

La croisée de Paris

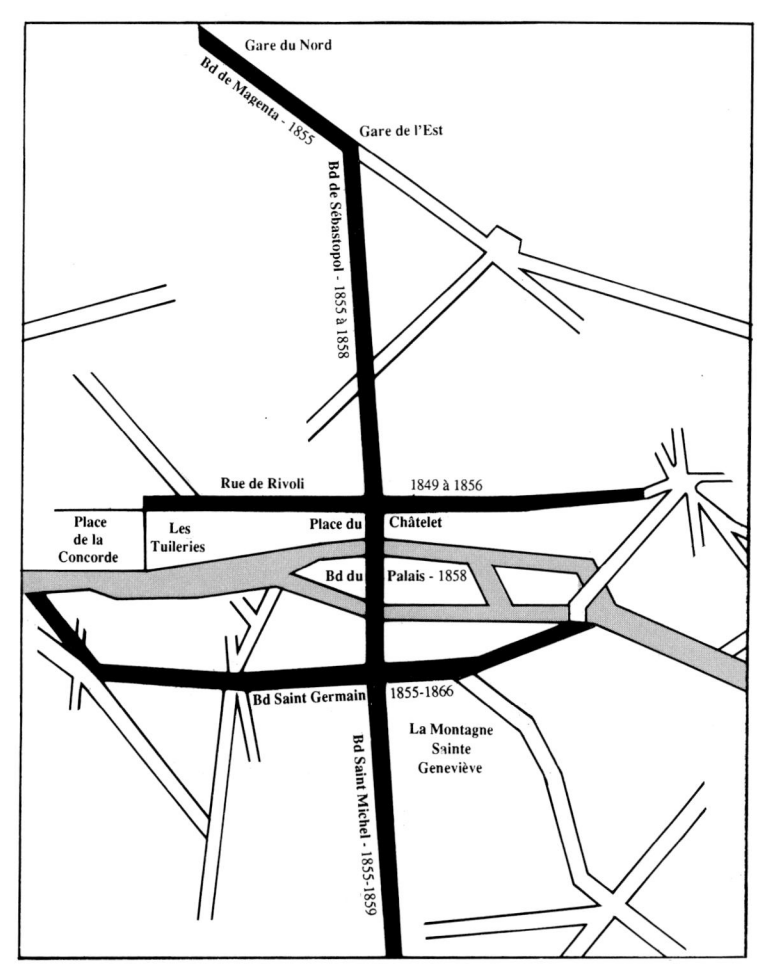

La croisée de Paris.

Le rétablissement de la croisée de Paris était ressenti comme un besoin prioritaire depuis Napoléon Ier. C'est à cet effet qu'il avait entrepris la construction de la rue de Rivoli qui se limita, sous son règne, au tronçon qui allait de la place de la Concorde au Pavillon de Flore.

En 1851, on décida de la prolonger jusqu'à l'Hôtel de Ville, où elle aboutissait à la rue Saint-Antoine qui fut à cette occasion élargie. L'axe Ouest-Est ainsi rétabli, permettait de relier directement la Concorde à la Bastille.

L'axe Nord-Sud était depuis longtemps assuré par les deux voies parallèles que formaient les rues Saint-Denis et Saint-Martin. Très étroites, elles encadraient des quartiers vétustes et peuplés d'indigents. Le boulevard de Strasbourg qui partait de la gare de l'Est venant d'être achevé, Haussmann perça dans son prolongement, et, entre ces deux rues, le boulevard de Sébastopol. « C'était l'éventrement du vieux Paris, le quartier des émeutes, des barricades, par une large voie centrale perçant de part et d'autre ce dédale impraticable » écrira-t-il.

Le boulevard de Sébastopol aboutissant à la nouvelle place du Châtelet, était relié, au-delà du nouveau Pont-au-Change, au boulevard du Palais nouvellement créé au cœur de la Cité.

Sur la rive gauche, le boulevard Saint-Michel, annoncé par une fontaine monumentale, œuvre de Davioud, fut percé de 1855 à 1859, à partir de la Seine, jusqu'au carrefour de l'Observatoire, d'où la rue d'Enfer, après avoir été élargie, permettait de rejoindre la route d'Orléans. L'axe Nord-Sud était bouclé.

En pendant de la rue de Rivoli, Haussmann fit tracer le boulevard Saint-Germain, assainissant en même temps, quelques îlots proches de la place Maubert, mais éliminant aussi plusieurs hôtels du XVIIIe siècle. A la croisée des boulevards Saint-Germain et Saint-Michel on traça le square de Cluny. Le boulevard Saint-Germain fut relié au boulevard Henri IV par un pont sur la Seine.

Cet axe, doublé par une sorte de rocade et contournant la Montagne Saint-Geneviève, permit de mieux relier les différents quartiers de la rive gauche. Haussmann prolongea les boulevards des Invalides et Montparnasse par ceux de Port-Royal et Saint-Marcel qui rejoignaient celui de l'Hôpital.

Enfin deux autres voies furent ouvertes pour raccorder ces boulevards à celui de Saint-Germain : les rues de Rennes et Monge, auxquelles s'ajoutaient, ceinturant la Montagne Sainte-Geneviève, les rues Gay-Lussac et Claude Bernard. La rue Soufflot, élargie, relia le Panthéon au boulevard Saint-Michel.

Parallèlement au percement de toutes ces voies, la création de places, édifices publics, églises, jardins et squares était au programme des grands travaux de Paris.

Pages suivantes : Paris en 1860, vue au-dessus du quartier de Saint-Gervais.

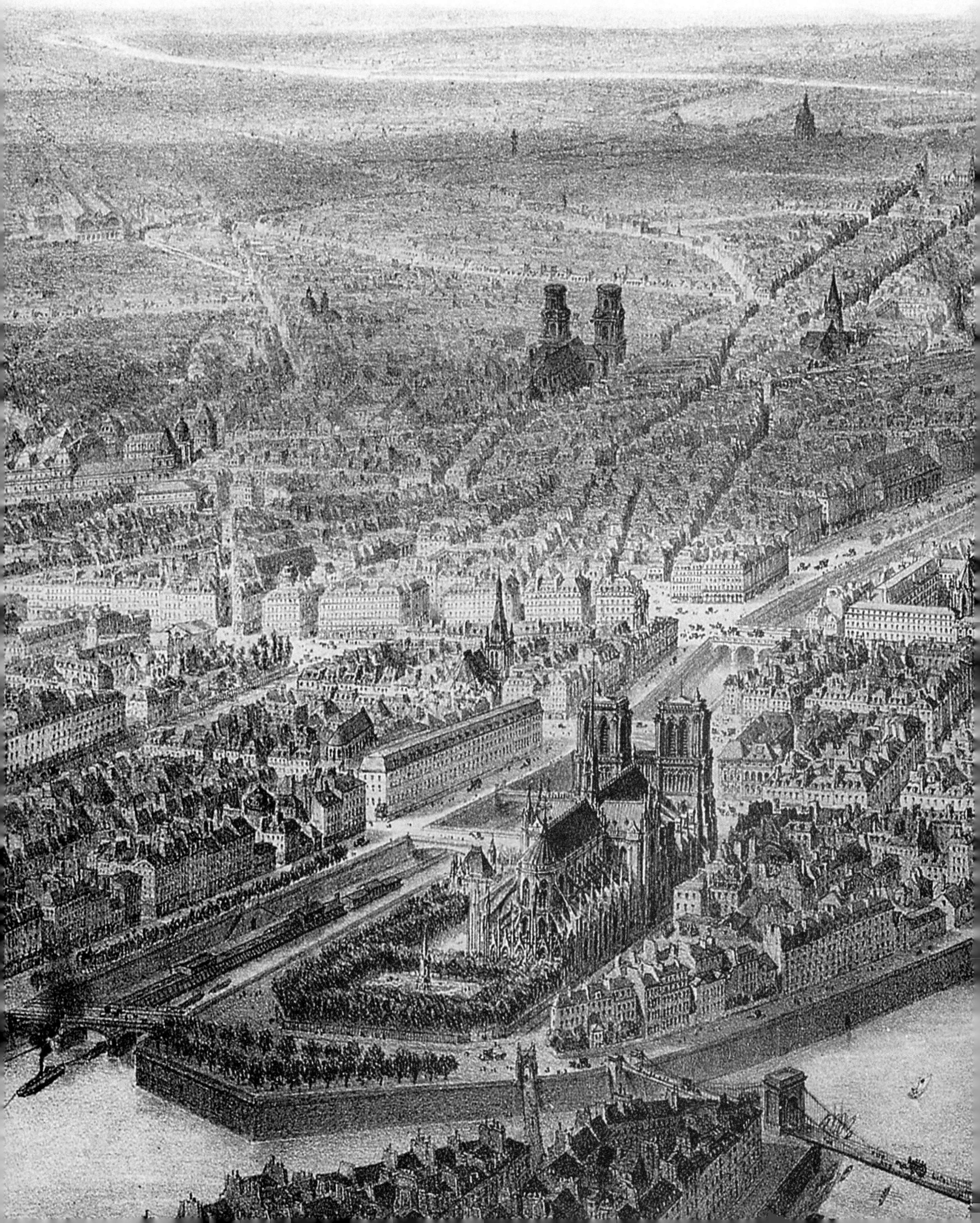

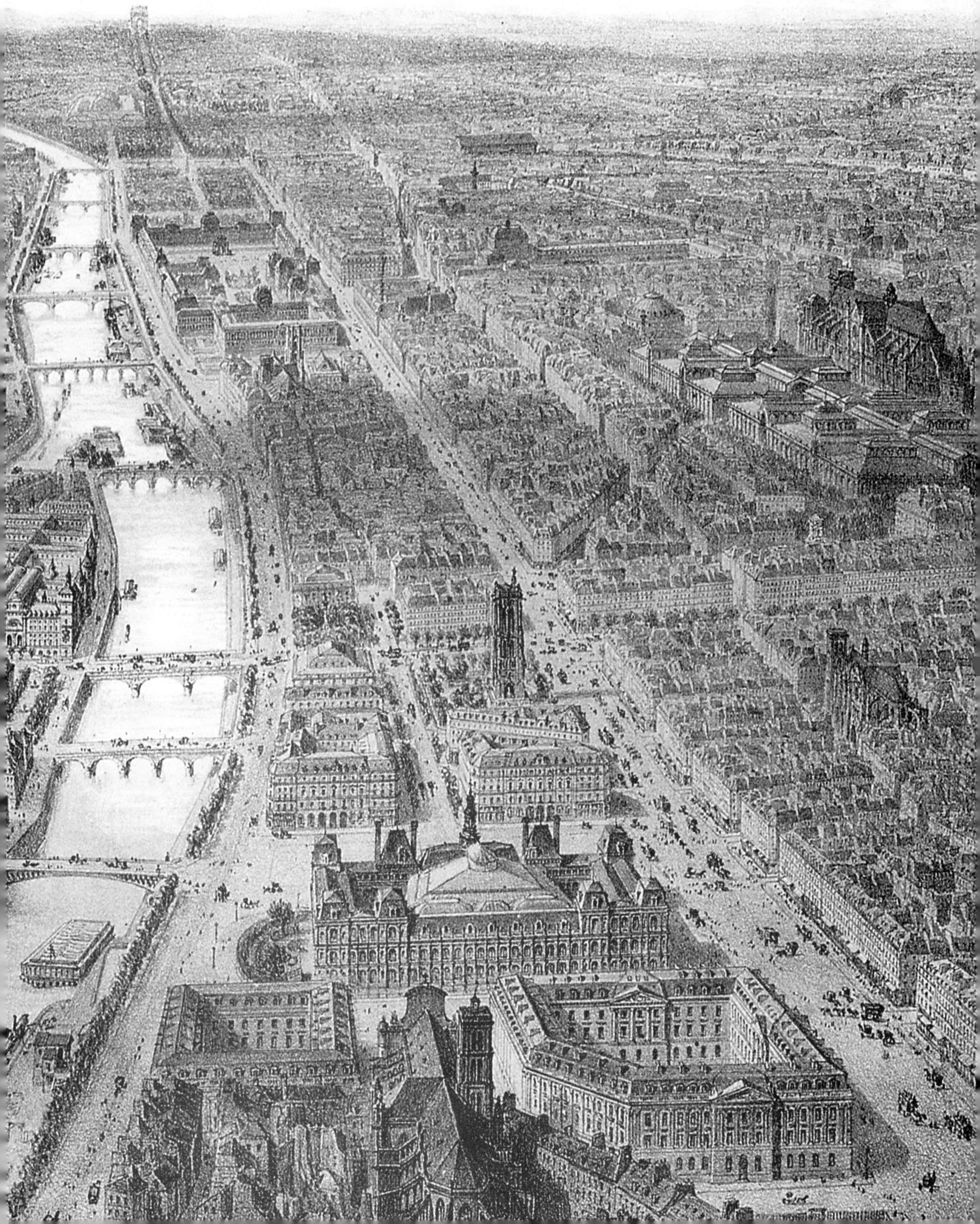

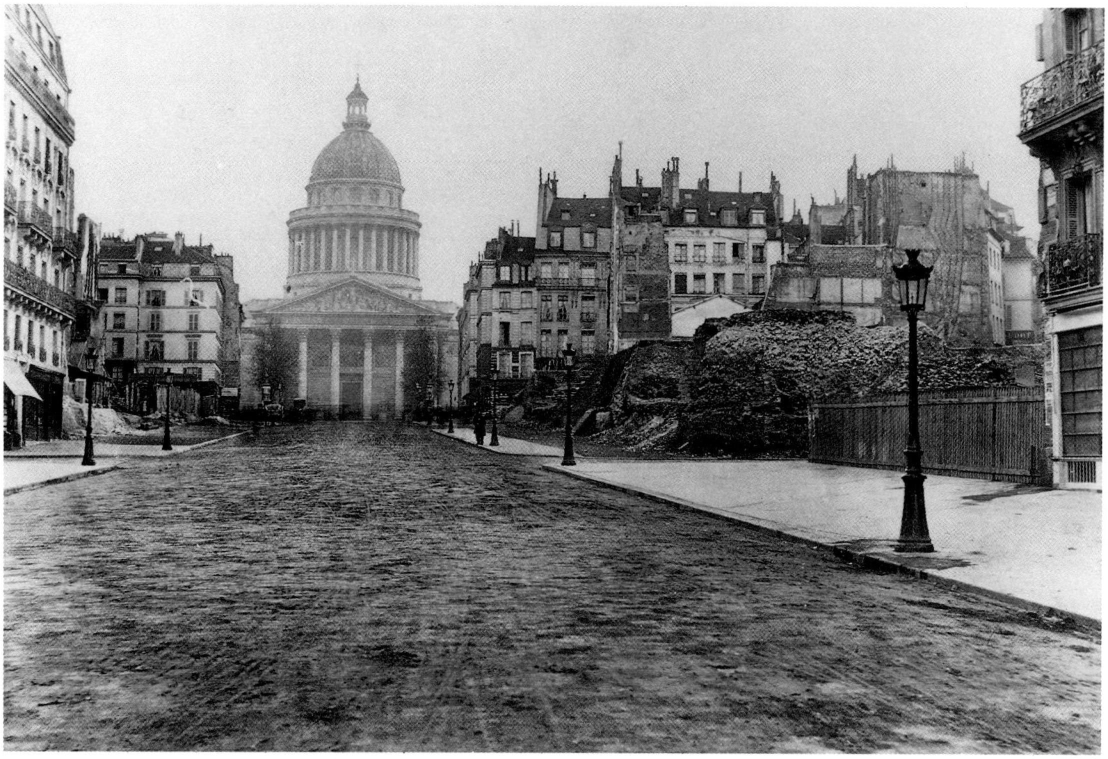

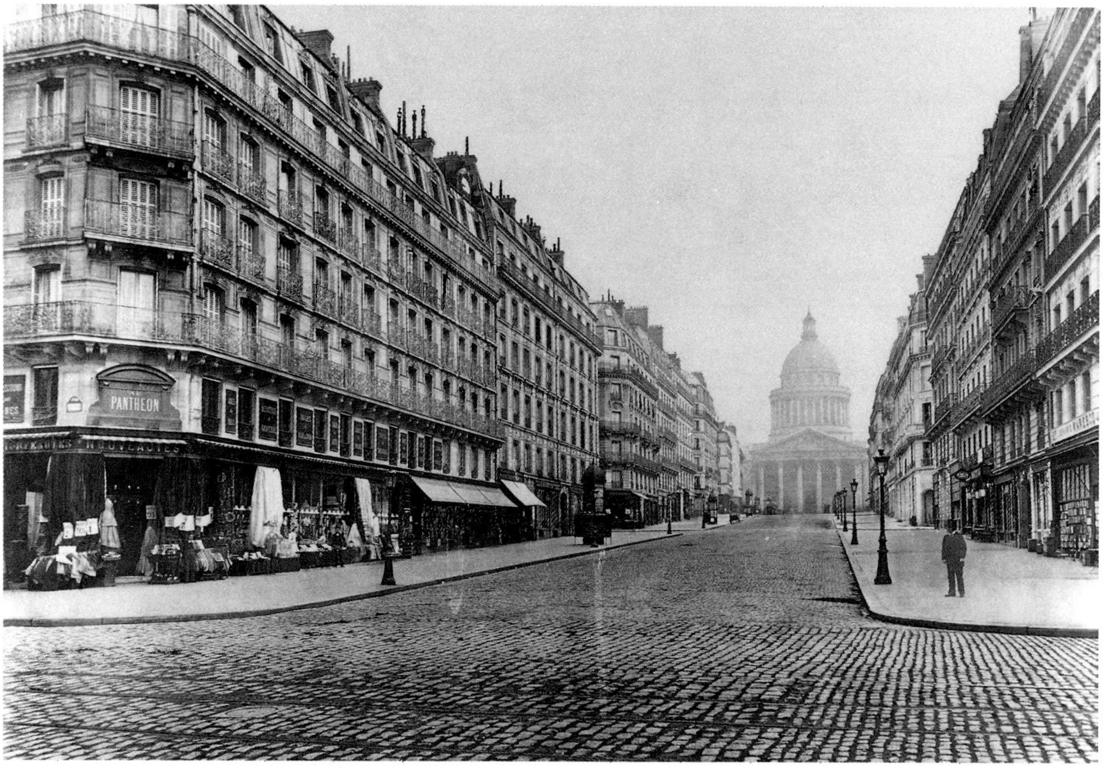
PANTHEON

Transformation de la Montagne Sainte-Geneviève.

L'achèvement du Louvre imposa quelques transformations. Ainsi, en reliant le Louvre aux Tuileries, « une dizaine de maisons à façades ruinées[1] » furent abattues pour permettre la création de la place du Carrousel.

Plus loin, les différents plans de prolongement de la rue de Rivoli prévoyaient, afin d'en briser la ligne droite, qu'elle repartît face à la colonnade du Louvre vers la Bastille, entraînant la destruction de l'église Saint-Germain-l'Auxerrois, d'où le tocsin avait été sonné pour annoncer le massacre de la Saint-Barthélémy.

Haussmann s'y opposa farouchement. « Je n'ai pas [...] le culte des vieilles pierres, lorsqu'elles ne sont pas animées d'un souffle artistique ; mais Saint-Germain-l'Auxerrois rappelle une date que j'exècre, comme protestant, et que par cela même je ne me sens pas libre d'effacer du sol parisien, comme Préfet[...] Personne au monde ne voudrait y voir autre chose qu'une revanche de la Saint-Barthélémy ! » avoue-t-il dans ses *Mémoires*.

Plus loin encore, le tracé de la rue se heurtait à la butte de la tour Saint-Jacques, reste d'une église disparue sous la Révolution. On rasa cette butte tout en conservant le monument sous lequel on glissa le piédestal que nous lui connaissons depuis. Un square fut ensuite créé alentour.

De nombreuses places furent tracées sous le Second Empire, dans le but de lier les différentes avenues qui y aboutissaient et d'en distribuer le trafic.

[1] *Balzac, La Cousine Bette.*

Page de gauche : la rue Soufflot (qui fut élargie et prolongée de 1846 à 1876).
Pages suivantes : le nouveau Louvre, vue prise du Palais des Tuileries.

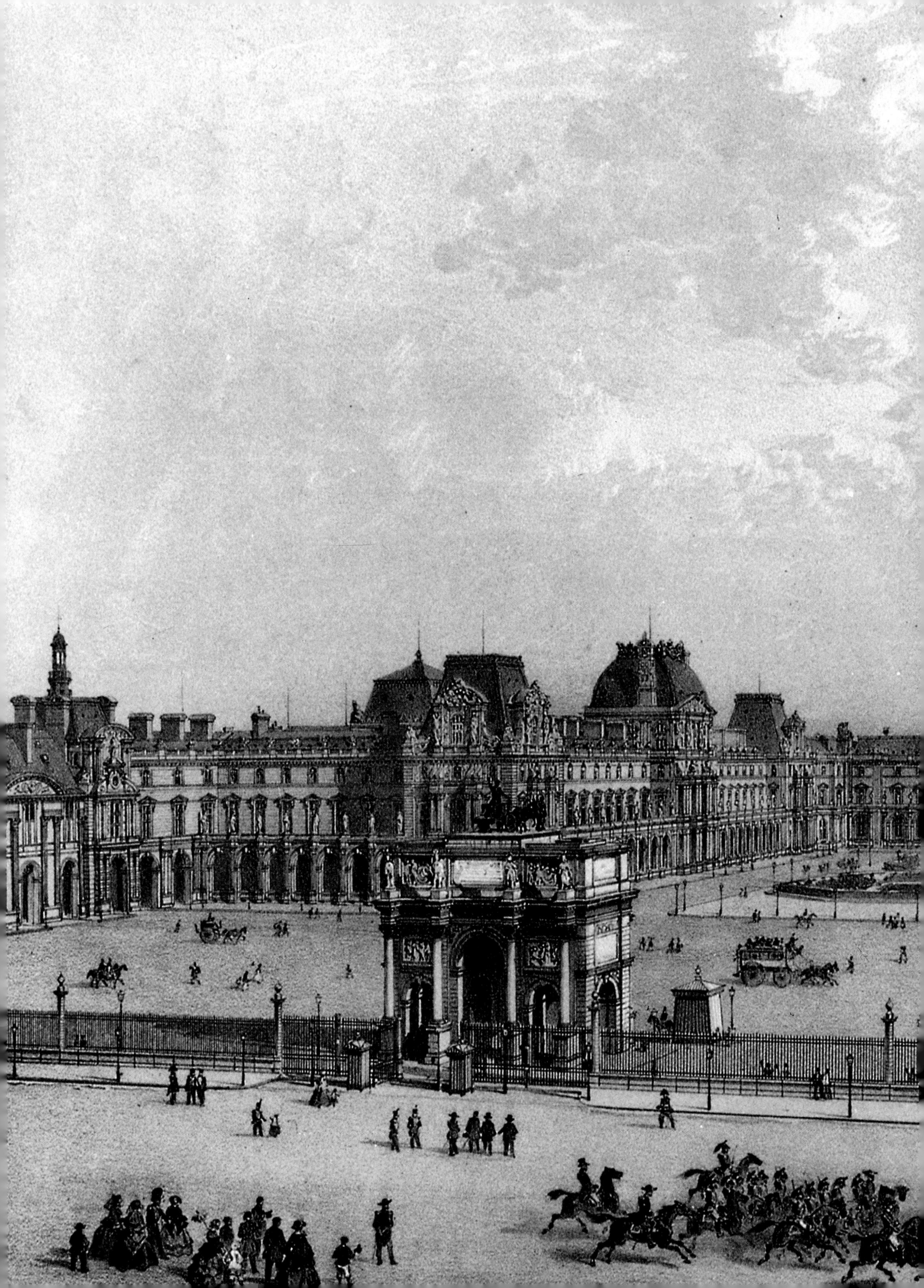

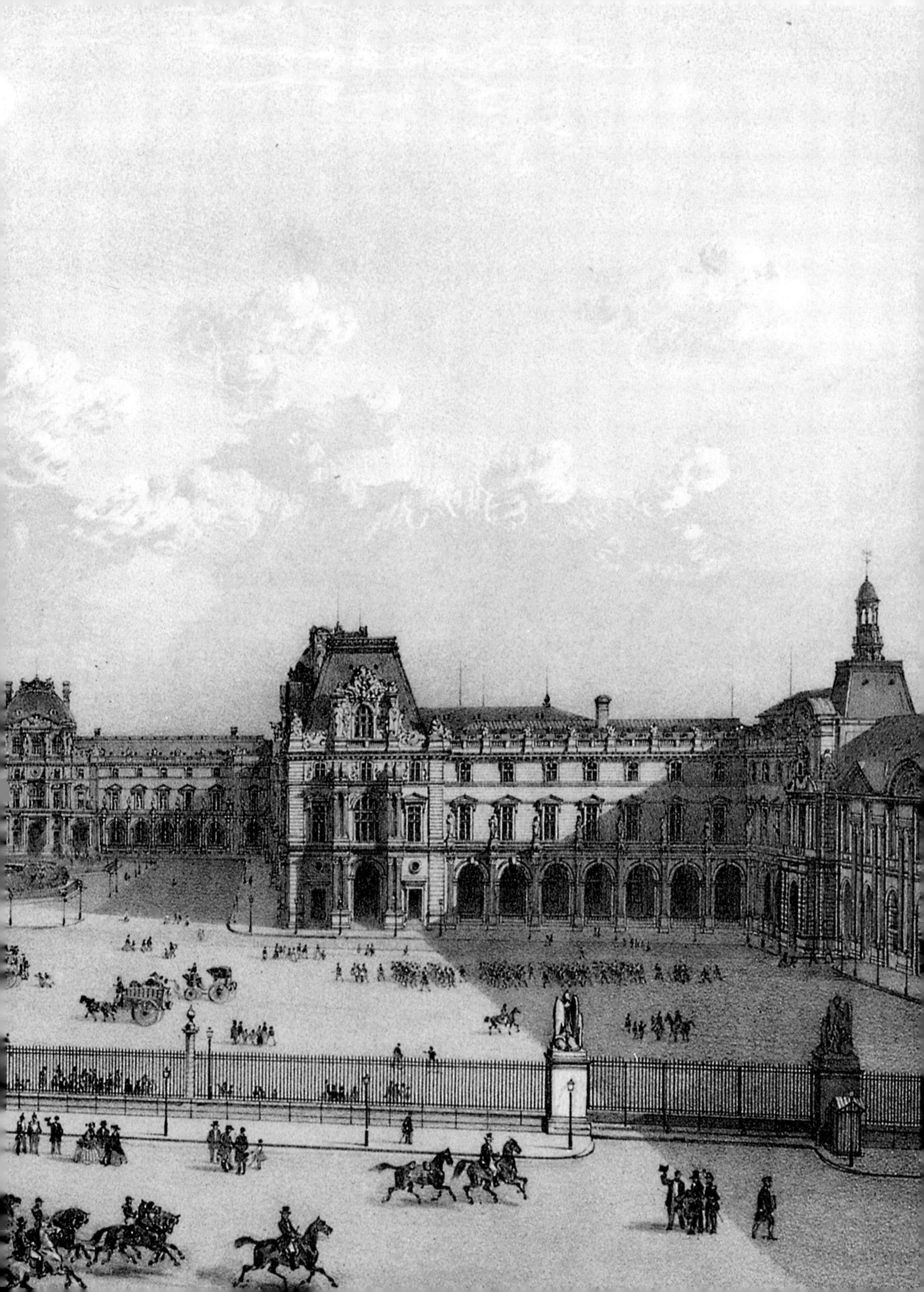

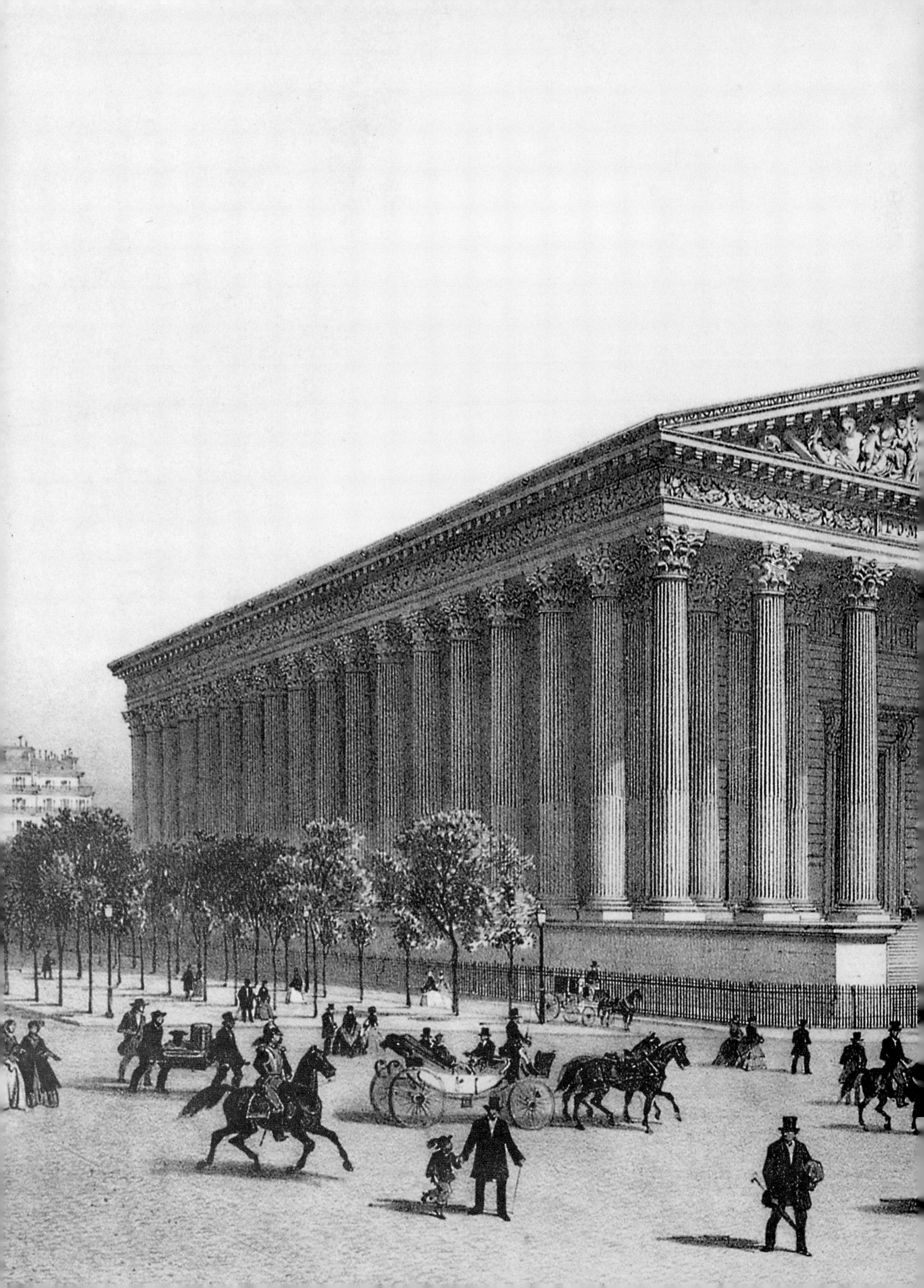

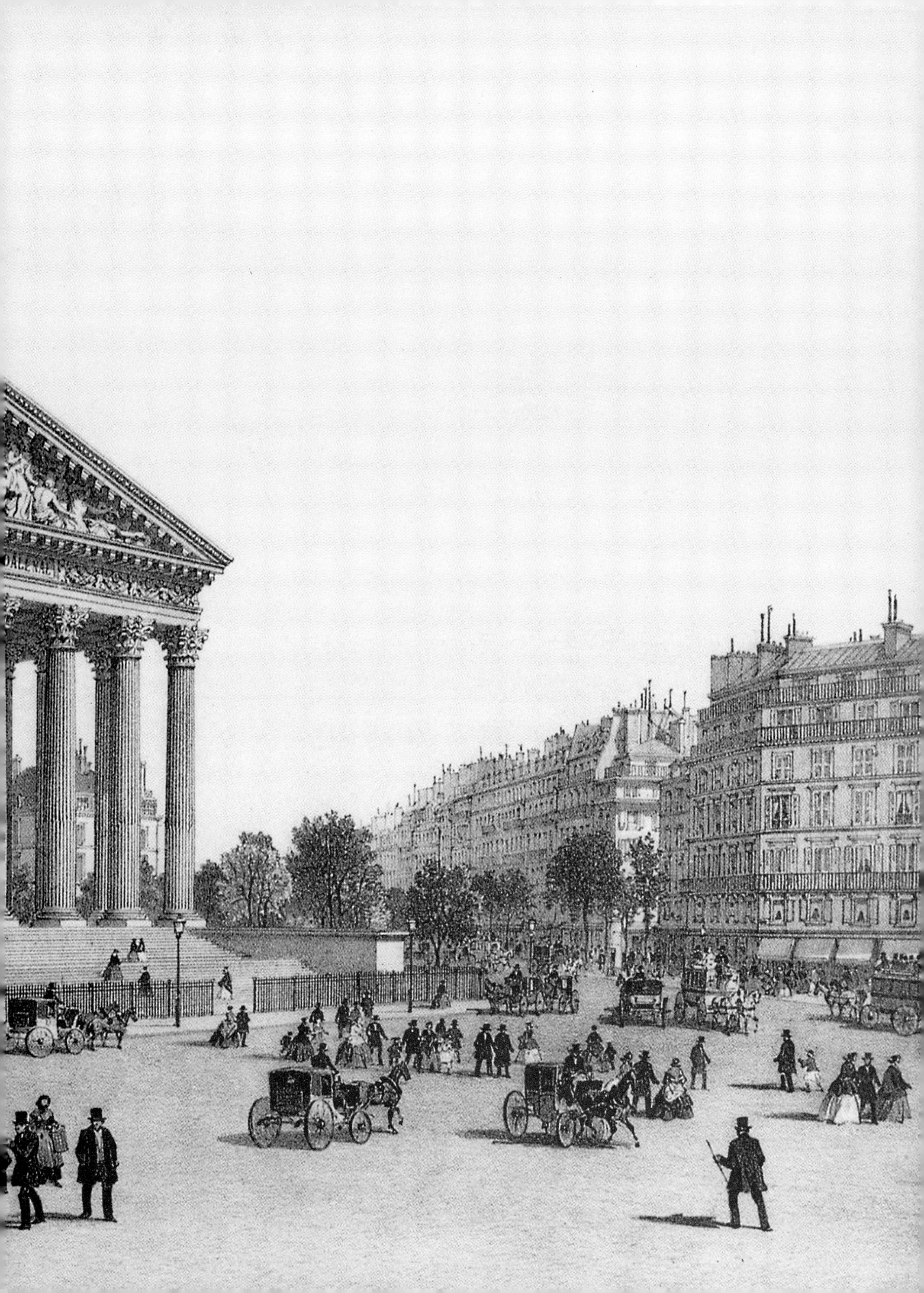

La place Lafayette devenue aujourd'hui le square Montholon.

Ainsi la Place du Châtelet, qui datait de Napoléon Ier, dut être agrandie pour recevoir les deux axes nord-sud et ouest-est de la nouvelle croisée de Paris. Elle fut encadrée du Cirque Impérial et du Théâtre Lyrique (aujourd'hui le Châtelet et le Théâtre de la Ville) et de la Chambre des Notaires faisant face à la Seine. La fontaine, qui se trouvait alors décentrée, fut transportée de façon spectaculaire au milieu de la place, dans l'axe du nouveau Pont-au-Change.

La place de la Madeleine fut achevée avec la création du boulevard Malesherbes. Le boulevard prévu depuis 1812, ne fut inauguré qu'en 1861. Baltard construisit l'église Saint-Augustin pour cacher la légère déviation dessiné par le tracé du boulevard Malesherbes. Sa percée entraîna la disparition d'hôtels particuliers du XVIIe siècle et la suppression de plusieurs îlots misérables, telle la Petite-Pologne.

Parmi toutes ces nouvelles places, celle de l'Opéra provoqua tout particulièrement l'admiration des étrangers.

Pages précédentes : l'église de la Madeleine.

En 1867, fut dessinée la place du Roi de Rome, aujourd'hui place du Trocadéro, pour relier six nouvelles voies.

A la place de l'Etoile n'aboutissaient que quatre avenues. Avec Haussmann douze s'y rejoindront, dont l'avenue de l'Impératrice, aujourd'hui avenue Foch. Elle devint l'une des promenades les plus en vogue de l'époque et que le monde entier enviait à Paris. Haussmann trouva les hôtels des maréchaux, dessinés par Hittorff, disproportionnés par rapport à l'Arc de Triomphe. Afin de les masquer, il fit planter les arbres qui l'ornent depuis.

Les bâtiments publics

Avec toutes ces transformations, de nombreuses mairies durent être reconstruites, ainsi celles des Ier, IIe, IIIe, IVe, VIIe et XIIe arrondissements ; d'autres furent simplement agrandies ou restaurées.

La Halle-aux-veaux.

Avant 1850, l'abattage des animaux se faisaient à même la rue, empoisonnant la vie du quartier. Haussmann construisit des abattoirs et créa le marché aux bestiaux de la Villette. Des marchés furent implantés dans de nombreux arrondissements. Enfin les Halles centrales furent totalement reconstruites, transformant la vie du cœur de Paris. Zola leur consacra un livre : *Le Ventre de Paris*. Pour lui, comme pour beaucoup de ses contemporains les Halles étaient un des symboles de la transformation de Paris sous le Second Empire.

Pages suivantes : vue intérieure des Halles.

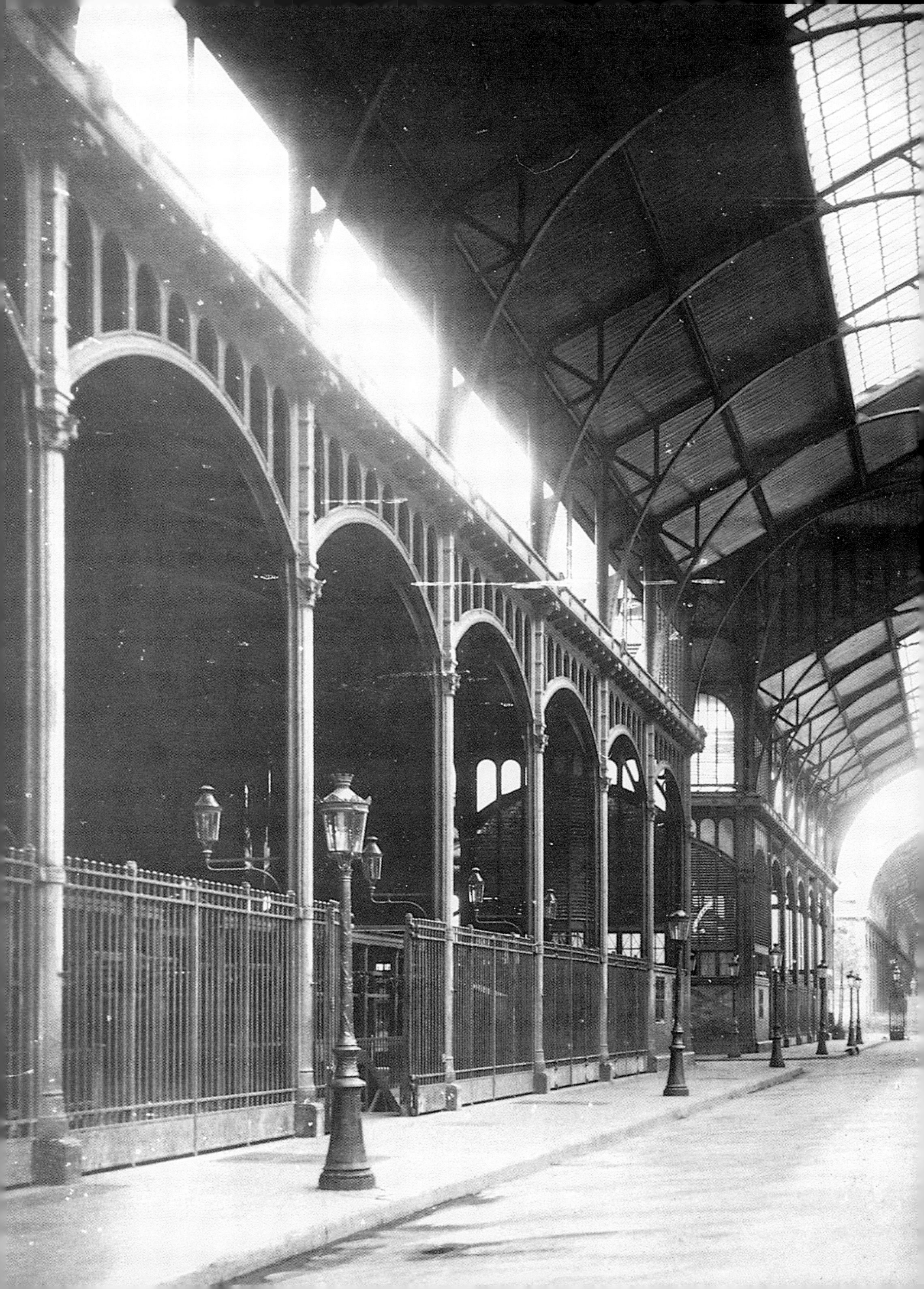

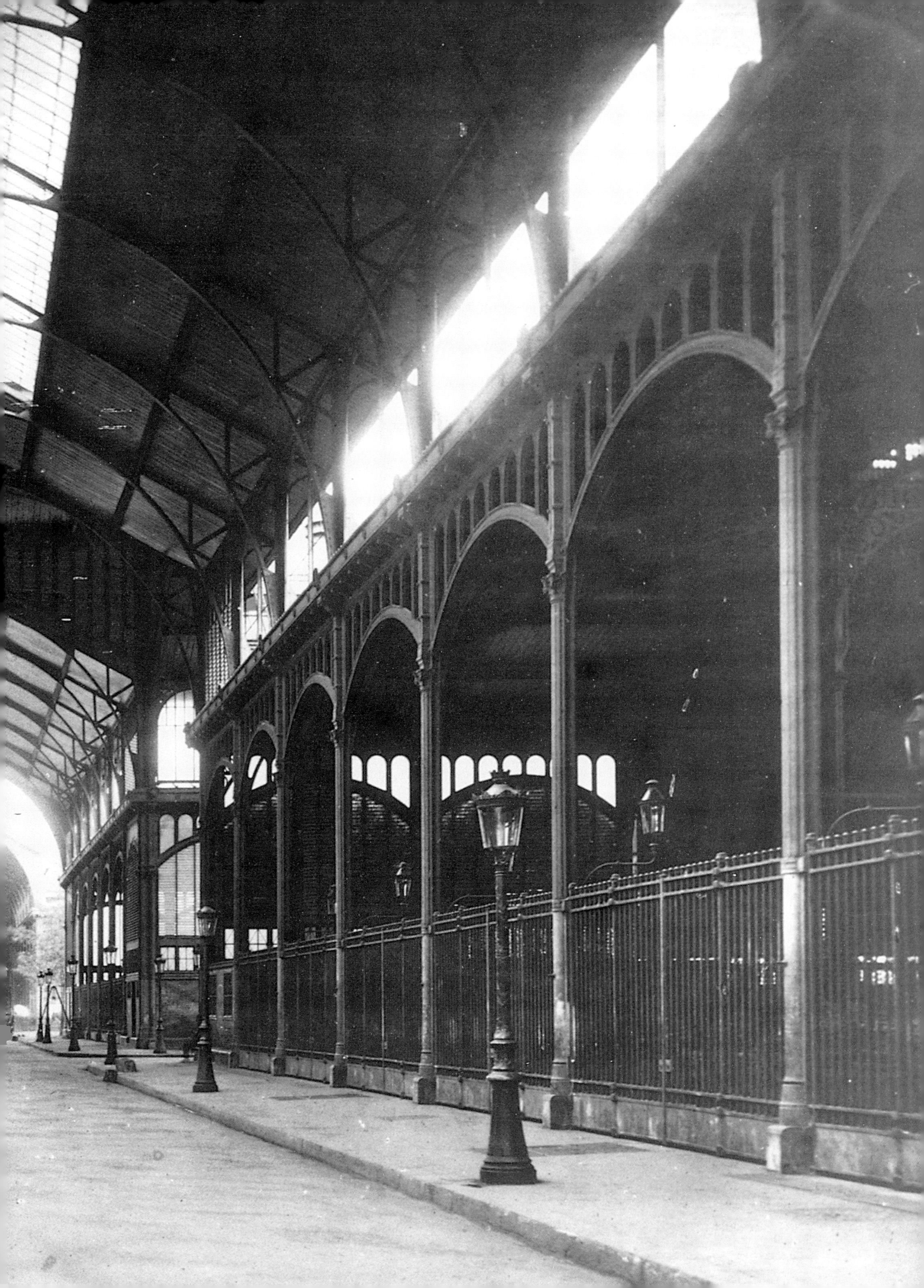

« En longeant les larges rues neuves, la rue du Pont-Neuf et la rue des Halles, il expliquait aux deux gamins la vie nouvelle, les trottoirs superbes, les hautes maisons, le luxe des magasins ; il annonçait un art original qu'il sentait venir, disait-il, et qu'il se rongeait les poings de ne pouvoir révéler[1]. »

Les Halles, dont la transformation restait en suspens depuis près d'un demi-siècle, révèlent aussi une architecture nouvelle, alliant la brique, le verre et le métal. Baltard, architecte de tradition avant tout classique et qui n'appréciait que la pierre de taille, s'inclina pour réaliser ce projet d'un modernisme audacieux devant le désir exprimé par Napoléon III de ne voir « que de vastes parapluies, ... rien de plus ! »

L'Annexion de 1860

Le 1er janvier 1860, les limites de Paris furent repoussées jusqu'au mur des fortifications que Thiers avait fait édifier pour protéger la capitale d'éventuelles invasions. Pour cela les onze communes qui étaient comprises entre les nouvelles et les anciennes limites, furent annexées à Paris, à savoir : Auteuil, Batignolles, Monceau, Belleville, Bercy, la Chapelle, Charonne, Montmartre, Passy, et la Villette sur la rive droite, Grenelle et Vaugirard sur la rive gauche. La superficie de

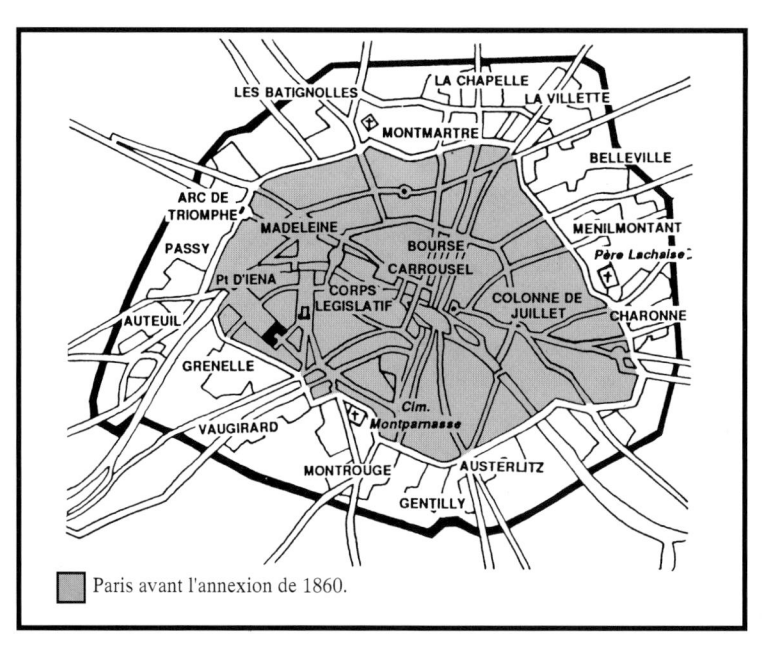

L'annexion de 1860.

[1] *Zola, Le Ventre de Paris.*

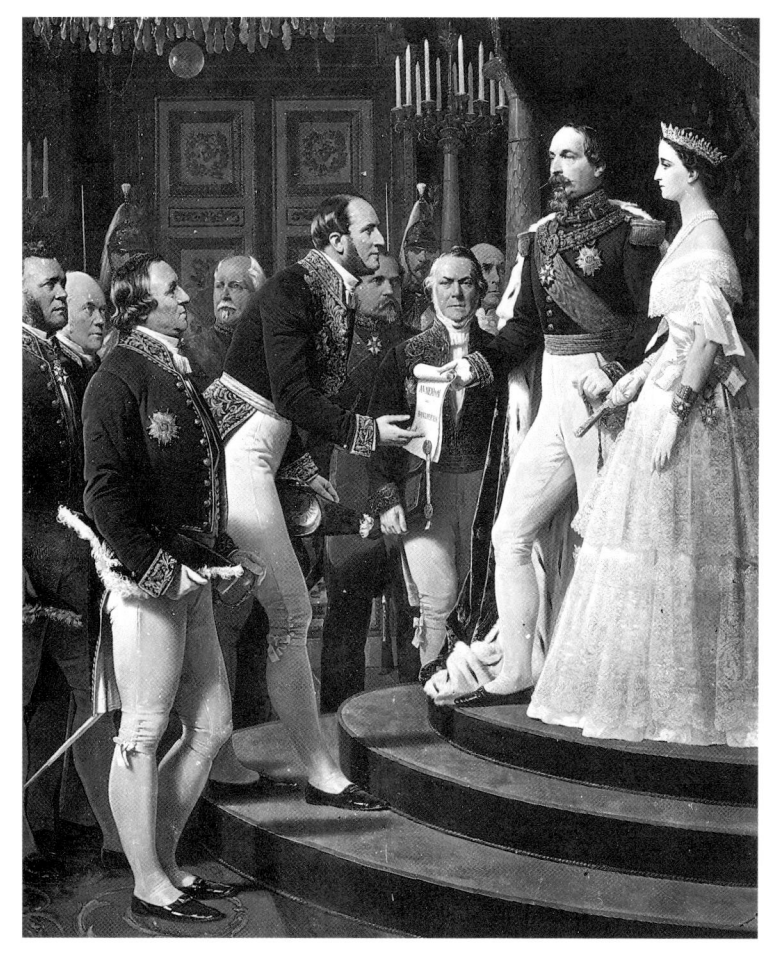

Napoléon III remet à Haussmann le décret d'annexion, le 16 juin 1859.

la capitale passa de 3 300 hectares à 7 100. Sa population s'accrue d'environ 400 000 âmes, pour atteindre 1 600 000 habitants.

Paris, totalement réorganisé administrativement, fut découpé en vingt arrondissements et quatre vingt quartiers, ceux que nous connaissons aujourd'hui.

Cette annexion fut inégalement acceptée. Le village d'Auteuil protesta avec véhémence contre cette décision ; le petit peuple de Billancourt, alors quartier d'Auteuil, en profita pour réclamer d'être une commune indépendante. Quant à la Villette, derrière son maire Antoine Prélard, elle tenta sans succès d'y résister.
Le maire de Bercy, monsieur Libert, après avoir essayé en vain de faire prendre en considération les convenances commerciales propres à sa commune, démissiona de son poste de Conseiller Général de la Seine.

La principale objection que rencontrait le projet d'annexion tenait à la différence existant entre les taxes perçues aux barrières de Paris et celles auxquelles était assujettie la zone suburbaine. Des particuliers, avaient « fondé sur cette différence dans les perceptions de l'octroi, le calcul de leur vie[1] ». Une masse d'ouvriers et de petits employés cherchaient dans la banlieue une existence économique et du travail. L'annexion eut pour conséquence d'en faire émigrer un grand nombre.

Pourtant l'idée n'était pas nouvelle, et depuis l'édification des fortifications de Thiers, Paris avait véritablement deux « murailles, celle de l'octroi et celle des forts ; celle des limites administratives et celle du bon sens ». En vertu de l'article 9 de la loi du 3 avril 1841, les limites de l'octroi ne pouvaient être modifiées que par une loi spéciale. Les conflits permanents avec l'opposition ne permirent pas au Gouvernement de Juillet de modifier les limites de Paris. L'autorité d'Haussmann, avec l'appui sans réserve de Napoléon III, y parvint.

« Cette œuvre considérable, » note Quentin Bauchart, « fit le plus grand honneur à l'Empire ; un autre gouvernement n'eut pas été de force à en poursuivre la réalisation et, d'ajournement en ajournement, la pensée même d'un tel effort eût fini par s'éteindre sans retour devant les mêmes difficultés toujours renaissantes. »

Tant pour des questions administratives que pour des raisons d'hygiène, l'annexion devenait urgente.

« Malgré le zèle et l'initiative intelligente des administrations locales, la plupart des services communaux de la Zone suburbaine étaient incomplètement dotés.

En dehors des routes impériales et départementales, la voie publique était mal pavée, souvent pas du tout. Couverte de fange en temps d'humidité, de poussière en temps de sécheresse, elle accusait l'absence de toute organisation régulière du balayage et surtout de l'arrosage publics.

L'eau circulait sous quelques rues seulement dans des tuyaux de petit diamètre qui, après avoir desservi des concessions particulières, ne dispensaient qu'un filet avare aux orifices d'assainissement ou d'incendie.

Le gaz se montrait à peine le long des principales voies et laissait dans une obscurité dangereuse les ruelles et les impasses. Les églises les plus nécessaires ne s'élevaient que par des moyens héroïques ou demeuraient éternellement en projet.

Les écoles manquaient, l'assistance publique était aux abois[2]. »

---

[1] *Haussmann.*
[2] *Gérard Lameyre.*

L. Veron, député et membre du Conseil général de la Seine, constatait en 1860 :

« Dans les communes annexées, presque toutes les rues sont encore à l'état de sol naturel ; beaucoup de sentiers et de ruelles. » On imagine le nombre de maisons insalubres qui y existaient alors.

Hormis les quartiers des Ternes et de Passy, c'est « une population essentiellement ouvrière et peu capable d'apporter de grandes ressources au budget municipal[1] » qui est annexée à Paris.

Delangle, Ministre de l'Intérieur, soulignait dans un rapport à l'Empereur l'accroissement très rapide de cette population passée de 114 315 habitants en 1841 à 351 596 en 1856.

« Cette progression est la conséquence des démolitions colossales qui ont lieu dans Paris[2]. » La population évincée du centre « a reflué dans les banlieues ; des familles entières dépourvues de toute ressource, sans vêtements et sans pain, viennent, à la fin de chaque terme, chercher un asile dans les communes suburbaines où quelques-unes arrivent dans un tel état de dénuement qu'elles périraient de faim, si la charité privée ou la bienfaisance publique ne leur venait en aide[3] ».

Pour Delangle, « chaque commune, en grandissant, a très peu songé à combiner ses percements avec ceux des communes voisines. Toutes ayant leurs tendances vers Paris, elles ont concentré leurs efforts dans la direction des barrières qui leur étaient respectivement ouvertes et elles ont peu fait pour se relier entre elles. Cependant déjà, elles se touchent, elles se confondent, et de leur juxtaposition résulte un informe assemblage de belles rues sans but, de ruelles et d'impasses immondes, de quartiers modernes plus ou moins bien dessinés, de groupes d'habitations entassées sans ordre et de lacunes impraticables. »

« C'est Paris qui paye et la banlieue qui régale », avait coutume de répéter M. de Rambuteau.

« Il n'est pas admissible, » surenchérit Haussmann dans son mémoire au Conseil municipal du 11 mars 1859, « que la capitale de la France soit composée d'une partie centrale, administrée avec unité, soumise à un certain régime financier, qui assure convenablement ses services municipaux, ouverte et reliée par un bon système de voies publiques, protégée par une police vigilante, et d'une zone extérieure, fractionnée légalement en 18 communes ou fractions de communes, abandonnées à autant de faibles administrations locales, divisées par 18 péages aussi divers qu'insuffisants, sans communications, bien entendu sans surveillance. »

---

[1] et [2] et [3] *Jules de Lamarque*.

D'autres, comme Napoléon III, auraient aimé que l'annexion soit poussée plus loin pour y intégrer non seulement l'ensemble du département de la Seine mais aussi d'autres villes de la périphérie comme Saint-Cloud... Ainsi le député Guyard-Delalain demanda l'annexion de Neuilly, afin de créer pour la capitale, une entrée monumentale vers l'ouest : « C'est le pont de Neuilly, chef-d'œuvre de Perronet, c'est la large et immense avenue partant de ce point et aboutissant à l'Arc-de-Triomphe de l'Etoile, qui est l'entrée naturelle de Paris. Continuées depuis le pont de Neuilly jusqu'aux Tuileries, des constructions monumentales, comme il en existe déjà sur une partie de ce parcours, donneraient à l'entrée de Paris un caractère de grandeur qui ne doit pas faire oublier la préoccupation des besoins purement administratifs. »

Charles Nodier écrivait dans « les Environs de Paris », en 1845, quelques lignes prémonitoires qui ne sont pas sans évoquer l'actuelle région de l'île de France.

« Où finira Paris ? Paris est un fleuve de pierres, qui tend, chaque jour, à sortir de son lit... C'est un perpétuel débordement d'hôtels, de casernes, de palais, de théâtres, d'églises, d'édifices de tous genres et de monuments de toutes sortes... C'est en vain, croyez-le, qu'on essaie de resserrer Paris dans une enceinte continue...

Ce sera certes une grande et magnifique chose que Paris dans cent ans ! Jusqu'où s'étendra-t-il ?... qui sait si Paris ne comptera pas ses arrondissements par centaine ? Pour moi, j'imagine que Paris sera borné au nord par les pommiers de la Normandie et au sud par les vignobles du Loiret. La voie de fer aidant, Rouen et Orléans seront engloutis dans la banlieue parisienne. Les villes intermédiaires Etampes, Poissy, Mantes, Versailles, Saint-Germain, Saint-Denis et tant d'autres s'abîmeront au milieu de cet océan de maisons. »

Que sera Paris au XXIe siècle ? Celui du baron Haussmann existe déjà depuis cent trente années ! Statistiquement, depuis le seizième siècle, Paris s'agrandit au moins une fois tous les cent ans. La prochaine annexion ressemblera-t-elle à la vision de Charles Nodier ?

Dans les nouvelles limites de 1860, Haussmann s'appliqua à tracer les meilleures liaisons possibles.

Longeant les fortifications, il créa donc les boulevards extérieurs et la ligne de chemin de fer de la Petite Ceinture.

Pour relier Auteuil et Passy, les rues de Michel-Ange, Molitor et Mirabeau furent ouvertes. Le quartier de la plaine Monceau fut bâti le long des nouvelles avenues de Villiers, de Wagram et du boulevard Malesherbes, ponctuées par les places Péreire, Malesherbes et du Brésil.

Le pont de Suresnes.

Au nord le boulevard Magenta était prolongé par celui d'Ornano jusqu'à la Porte de la Chapelle.

A l'est, la longue rue des Pyrénées reliait les quartiers de l'est.

En dix-sept années Haussmann avait démoli puis reconstruit 165 des 845 kilomètres de voirie que comportait Paris. Le nombre d'immeubles construits est tout aussi impressionnant. Pour la seule année de 1867, 3 809 maisons sortirent de terre pour 2 325 démolies.

De 1852 à 1870, 34 000 immeubles remplacèrent d'anciennes constructions, pour l'essentiel des taudis, et parfois des hôtels particuliers parmi lesquels celui de la famille Haussmann[1]. Le baron n'avait pas voulu qu'on puisse un jour lui reprocher d'avoir voulu épargner sa demeure.

Se promener dans Paris devenait téméraire, tant les pioches des démolisseurs n'épargnaient aucun quartier.

« J'avais entrepris un voyage moins long mais plus périlleux que le tour du monde : j'allais du passage Choiseul au Théâtre-Français

---

[1] A l'angle de l'avenue Friedland et de la rue du faubourg-Saint-Honoré.

par la butte des Moulins. A la moitié du chemin, je compris que je m'étais fourvoyé dans une démolition générale, mais il y avait presque autant d'imprudence à reculer qu'à poursuivre ou à rester. Devant, derrière, à droite, à gauche, partout, des pans de murs s'écroulaient dans un bruit de tonnerre, des nuages de poussière obscurcissaient le ciel, les ouvriers criaient gare en brandissant de longue lattes, les chariots chargés de décombres creusaient des vallées de boue entre des montagnes de plâtras ; la terre tremblait ; il pleuvait des moellons et des briques[1]. »

Promenades et plantations

« La création de promenades, parcs, jardins, squares, spécialement affectés à l'usage du public, est à peu près sans exemple, avant la seconde moitié de ce siècle. Constamment préoccupé de ce qui pouvait contribuer à l'amélioration du sort des classes les moins favorisées de la fortune, particulièrement soucieux des conditions de santé, comme aussi, de bien-être, des populations urbaines, l'Empereur Napoléon III donna l'impulsion que tout le monde connaît, à cette entreprise utile, dont les résultats sont visibles et font l'admiration des étrangers.

Antérieurement à son règne, [...] il n'y avait alors pour promenades que les jardins des Tuileries, du Palais-Royal et du Luxembourg, propriétés du Domaine de la Couronne ou faisant partie d'apanages princiers, et le Jardin des Plantes, affecté normalement aux collections de végétaux du Muséum d'Histoire Naturelle. On en jouissait en vertu de tolérances qu'il eût été difficile de faire cesser, j'en conviens, mais à titre essentiellement précaire.

Les contre-allées plantées de nos anciens boulevards intérieurs et de quelques autres larges voies servaient surtout de moyens de circulation ou de flânerie devant les étalages des magasins et boutiques.

C'est à l'initiative de l'Empereur Napoléon III, que sont dues les magnifiques donations des Bois Domaniaux de Boulogne et de Vincennes faites à la Ville par l'Etat, [...] ; c'est à ses inspirations qu'il faut attribuer la transformation en parcs, jardins et squares intérieurs, des terrains ménagés à cet effet par ses ordres, dans le lotissement de ceux que laissait disponibles le percement de nos voies nouvelles. C'est encore lui qui décida la plantation d'arbres sur les trottoirs de celles des voies dont la largeur permettait cette emprise.

Sa mémoire, tant calomniée, mériterait d'être bénie par la population entière de la ville qu'il a dotée de ces féconds embellissements,

---

[1] *Dans les Ruines, Edmont About, 1868, Paris Guide.*

Le lac du bois de Boulogne.

de tous ces espaces verdoyants, dispensateurs de salubrité, défenseurs de la vie humaine que leur influence bienfaisante prolonge, offrant par surcroît, des lieux de repos et de plaisance aux travailleurs et à leurs familles. »

Pour mener à bien cette tâche ambitieuse, le baron, après avoir congédié les équipes qui étaient en place à son arrivée, s'adjoint deux hommes auxquels il ne cessera de rendre hommage : Alphand, qu'il avait connu à Bordeaux et Barillet-Deschamps.

Encore une fois l'œuvre réalisée est impressionnante quoique totalement méconnue du public. Haussmann, l'homme des immeubles en pierre de taille, des longues avenues rectilignes de Paris, était aussi l'instigateur des parcs, jardins et squares de Paris.

Quelles étaient ces promenades qui faisaient sa fierté ? Les Bois de Boulogne et de Vincennes qui n'étaient avant lui encore que des forêts à l'abandon, les Buttes-Chaumont, le Parc Montsouris. Il avait également fait redessiner les jardins des Champs-Elysées et le Parc Monceau. Vingt-quatre squares furent distribués à travers Paris comme autant de jardins de quartiers. Enfin sur les trottoirs les plus larges, plus de cinquante mille arbres furent plantés. Des allées

Pages suivantes : le Cirque de l'Impératrice aux Champs-Elysées.

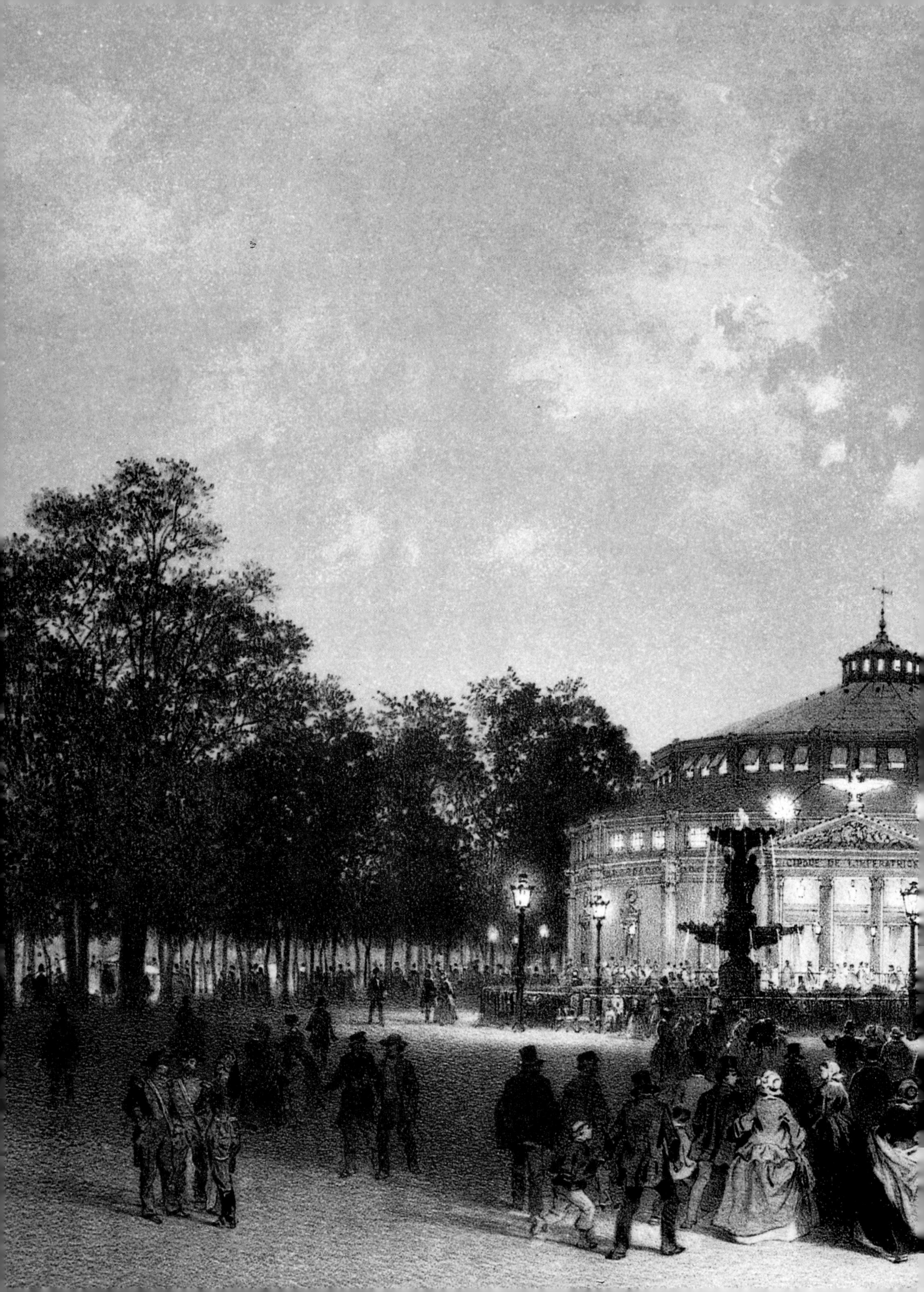
CIRQUE DE

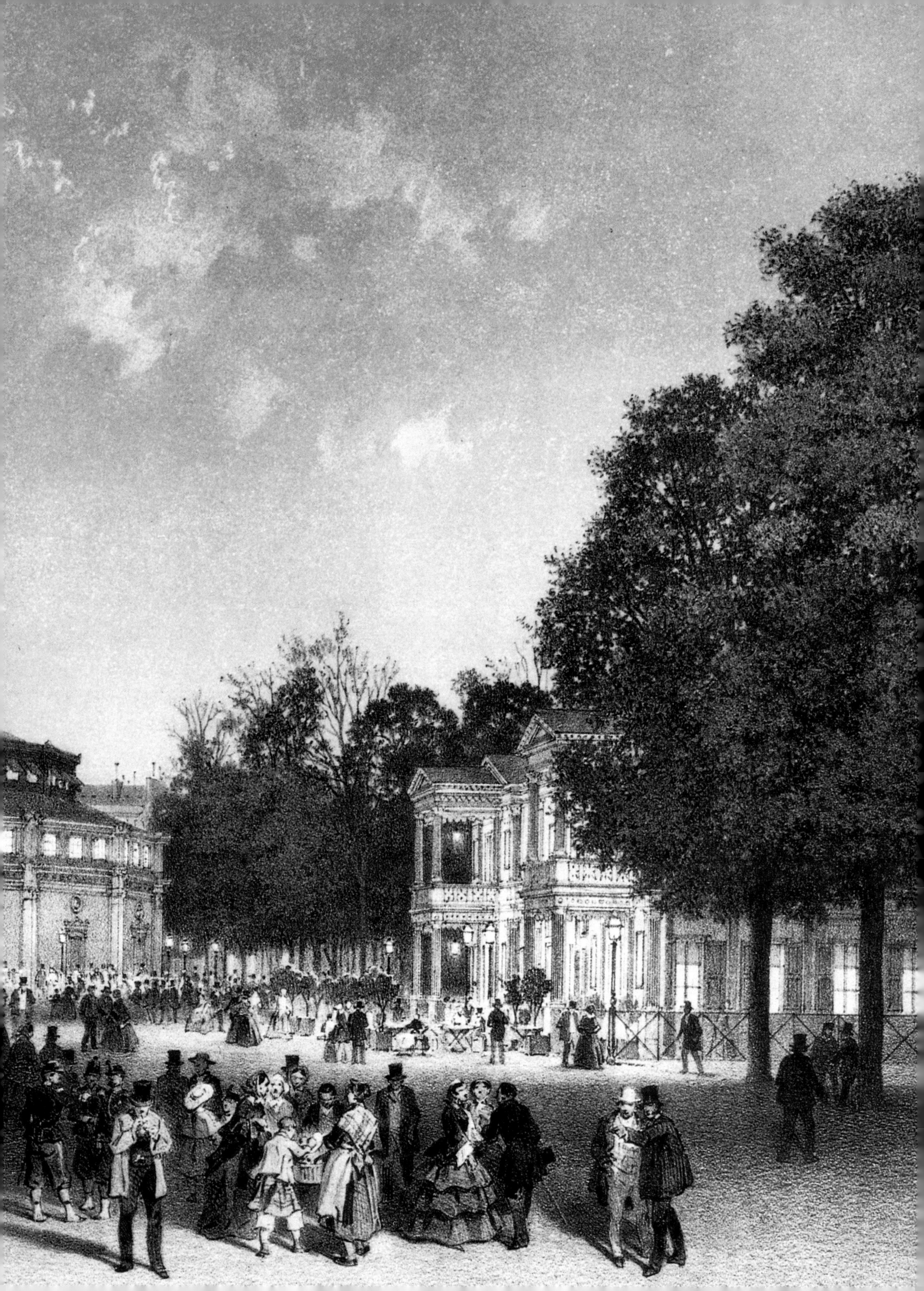

verdoyantes égayèrent Paris, ainsi l'avenue de l'Impératrice ou le boulevard de l'Observatoire dont les arbres tentaient d'effacer la cicatrice[1] faite au jardin du Luxembourg. Jamais on n'avait autant planté à Paris. Haussmann jardinier ne fut pas égalé depuis.

Les bois de Boulogne et de Vincennes offraient aux Parisiens près de 2 000 hectares de pelouses, de lacs, de cascades et de futaies. On y créa deux hippodromes, l'un pour le plat à Longchamp, l'autre pour l'obstacle à Vincennes.

Tout ou presque y était artificiel. Alphand creusa des lacs, et contrefaisant la nature, fit jaillir de fausses cascades au milieu de fausses grottes pour la plus grande admiration de tous. Il réorganisa les bois, redessina les allées, aux Buttes-Chaumont où il recréa les Alpes et imagina le parc Montsouris. Davioud cependant installait des pavillons et des chalets pour les gardes forestiers comme pour les promeneurs, des bancs, des embarcadères, des abris cavaliers, des cafés, des restaurants, des ponts suspendus qui donnaient le vertige, et ponctuait les parcs de grilles somptueuses. Sur les larges pelouses la « gentry » flânait en semaine, avant que l'ouvrier ne vint s'y détendre les dimanches et y déjeuner sur l'herbe.

Pour la première fois, la fréquentation des espaces verts ne dépendait plus du seul bon vouloir d'un prince. Si la famille d'Orléans acceptait jadis que le peuple vint s'ébattre et danser sous les charmilles du Palais-Royal, ce n'était jamais là qu'une tolérance princière. Les

Le restaurant de la Grande-Cascade au bois de Boulogne.

[1] *Le percement de la rue de Médicis amputa le jardin du Luxembourg, ce qui fit alors grand scandale.*

INTRODUCTION

Le square Louis XVI.

bois étaient désormais donnés à la Ville, qui les restructurait et les replantait afin que les Parisiens de toutes conditions pussent en jouir.

Napoléon III prescrivit à Haussmann « de ne manquer aucune occasion de ménager, dans tous les arrondissements de Paris, l'emplacement du plus grand nombre possible de squares, afin de pouvoir offrir avec largesse chez nous, comme on le faisait à Londres, des lieux de délassement et de récréation à toutes les familles, à tous les enfants, riches ou pauvres[1]. » Certain du bon effet qu'auraient ces créations sur la santé publique, le baron s'employa à planter des jardins dès que les démolitions le permettaient.

Le premier fut le square Saint-Jacques, aménagé lors du percement de la rue de Rivoli, au pied de la Tour Saint-Jacques-la-Boucherie. Plus de 6.000 mètres carrés de verdure remplacèrent les masures qui étouffaient le monument.

En 1859, lors de l'aménagement des nouvelles Halles, le square des Innocents entoura la fontaine qui venait d'être une nouvelle fois déplacée.

Après le percement du boulevard Haussmann, le square Louis XVI fut aménagé autour de la chapelle expiatoire construite par Louis XVIII à la mémoire de Louis XVI et de Marie-Antoinette.

Vingt-quatre squares furent ainsi créés à travers Paris. Dix-sept dans le Paris ancien, sept dans les nouveaux arrondissements, soit 150 000 mètres carrés d'arbres et de pelouses. Avant le Second Empire, il n'existait qu'un seul square, à la pointe de l'île de la Cité.

[1] *Mémoires d'Haussmann.*

L'eau

La population parisienne sans cesse croissante réclamait toujours plus d'eau. En 1767 déjà, Voltaire écrivait à Monsieur de Parcieux : « Je voudrais que toutes les maisons eussent de l'eau comme celles de Londres. » Or jusqu'au Second Empire, « l'eau du canal de l'Ourcq et celle de la Seine concouraient presque exclusivement à l'alimentation de Paris. Mais par suite du notable accroissement de la population, le service des eaux était devenu nettement insuffisant. En outre, l'eau distribuée dans Paris était d'une impureté notoire... et l'eau du canal de l'Ourcq passible du même reproche.

Le service des eaux de Paris exigeait donc toute une réforme. Il fallait consacrer les eaux dont jouissait la ville aux services publics, c'est-à-dire à l'arrosage des rues, au nettoyage des pavés, au lavage des égouts, à l'entretien des fontaines monumentales et décoratives, etc. ; en second lieu, amener à Paris une rivière ou une source très abondante et très pure, pour lui fournir la quantité d'eau potable qui lui était nécessaire.

C'était là le meilleur système, et c'est en effet celui qui fut adopté par le préfet de la Seine et le Conseil Municipal[1]. »

Les eaux des sources de la Dhuis et de la Vanne furent dérivées jusqu'à Paris par des aqueducs de plus de cent trente kilomètres chacun. « La dérivation des sources de la Dhuys, accrue sur son parcours des dérivations secondaires de quelques sources voisines du tracé, peut donner 40 000 mètres cubes nécessaires aux plus pressants besoins d'un service particulier; et le mètre cube d'une eau de très bonne qualité, constamment limpide et fraîche, amenée dans les réservoirs de la ville à une hauteur suffisante pour être distribuée dans tous les quartiers et à tous les étages des maisons, coûtera à peu près le même prix que le mètre cube de l'eau de Seine qui est très souvent trouble, froide en hiver, chaude en été, et notamment moins cher que le mètre cube de cette même eau filtrée[2]. »

Et Belgrand conclut ainsi son exposé :

« Il faut à Paris, avec l'air et la lumière, des eaux pures et abondantes, il faut donc lui en procurer de nouvelles, tout au moins pour satisfaire au service privé qui, pour 1 500 000 habitants, n'exigera pas moins de 100 000 mètres cubes par jour. »

La mise en service des réservoirs de Ménilmontant qui eut lieu le 1er octobre 1865, concrétisait les efforts réalisés par les services de la ville.

« Les admirables réservoirs de Ménilmontant, aujourd'hui un des plus beaux monuments de Paris » lit-on dans *Paris-Guide*, en 1867,

---

[1] *L'eau à Paris par Louis Figuier in Paris Guide, 1867.*
[2] *Belgrand.*

Les travaux du résevoir des eaux de la Vanne dans le parc de Montsouris.

« font le plus grand honneur à M. le Préfet de la Seine, à l'ingénieur en chef, M. Belgrand, et aux ingénieurs des eaux qui ont dirigé la construction. Sur un terrain de plus de deux hectares, qui est couvert d'un épais tapis de gazon, pour conserver une température constante de 12°, un petit rocher artificiel cache la porte qui conduit aux réservoirs. Ils ont la forme d'un fer à cheval, 21 000 mètres de surface sont occupés par l'eau. Ils se divisent en deux parties superposées : la partie supérieure, d'une contenance de 100 000 mètres cubes, reçoit les eaux de la Dhuys, la partie inférieure de 31 000 mètres cubes, reçoit les eaux de la Marne. A côté sont des dérivations destinées à l'écoulement du trop plein de l'eau, en cas de crue, pour l'amener dans les égouts.

On ne saurait trouver trop d'éloges pour cette remarquable construction ; c'est, sans contredit, un des plus beaux édifices que notre siècle ait produits[1]. »

A la fin de l'Empire, les travaux de l'aqueduc de la Vanne étaient déjà bien avancés, et furent terminés en 1875. Il parachevait l'œuvre la plus personnelle du baron Haussmann, l'assainissement de l'eau.

[1] *Louis Figuier, Paris Guide.*

« Je ne l'ai pas trouvé au programme de la Transformation de Paris, dressée par l'Empereur, et personne ne me l'a suggérée, » écrit-il dans ses *Mémoires*. Il ne cachait pas la fierté qu'il en tirait quand il ajoutait : « J'ai la conviction d'avoir encore plus fait pour justifier la confiance de l'Empereur, et bien mérité de la population, par la dérivation de la Dhuis et de la Vanne, comme aussi, par la mise en service d'un vaste réseau d'égouts qui draine cette ville de tous côtés. C'est dans mon œuvre une part aussi utile que les percements qui sillonnent la surface de la ville, y facilitent la circulation dans tous les sens, et font pénétrer, dans ses habitations, l'air et la lumière, ces deux éléments de la santé publique, insuffisants lorsque l'eau manque ou qu'elle est mauvaise. »

Les égouts

En 1850, le problème de l'évacuation des déchets et des eaux usées était devenu crucial. L'accroissement de la consommation d'eau et l'augmentation de la population ne firent que l'aggraver. Haussmann chargea les ingénieurs Mille et Belgrand d'analyser la situation avant de confier à ce dernier la réalisation du nouveau réseau d'égouts.

Cent quarante deux kilomètres d'égouts publics existaient en 1852. Ils se déversaient dans la Seine, près des machines chargées de pomper l'eau consommée par les Parisiens. Le tout-à-l'égout n'existait pas pour les matières solides. Elles étaient évacuées la nuit par des vidangeurs, qui salissaient et infestaient tout sur leur passage, vers les dépôts d'imondices de la périphérie de Paris (La Villette, Bondy, ...)

Un travail colossal fut mené à bien.

Le réseau total fut porté à 600 kilomètres, alors que seuls 15 kilomètres des 142 existants au début du Second Empire furent conservés. Ce chiffre était supérieur à celui des voies publiques.

Quand le 20 juin 1855 Haussmann présenta son projet au Conseil Municipal pour approbation, il désirait que les égouts pussent :

- Assurer l'évacuation immédiate de toutes les eaux, (eaux pluviales, eaux de lavage de la voie publique, eaux ménagères et eaux industrielles).

- Avoir un volume qui permette aux ouvriers d'y circuler et d'y travailler.

- Offrir un système qui fasse que les cunettes puissent être nettoyées par bateaux ou wagons-citernes.

Dans les égouts de Paris.

- Drainer la nappe d'eau du sous-sol parisien qui, dans le cas des grandes crues de la Seine, inondait de nombreuses caves.

Un égout fut construit sous chaque trottoir pour recevoir l'eau des immeubles riverains ; hauts de 2,30 m et larges de 1,30 m, ils aboutissaient dans des galeries plus grandes, elles-mêmes se déversant dans un collecteur principal, le « collecteur d'Asnières » qu'Haussmann appellera dans ses *Mémoires* le « cloaca maxima ». Ce dernier avait 4,40 m de hauteur pour 5,60 m de large à la naissance de ses voûtes. Les galeries secondaires variaient de 2,40 m à 3,90 m de hauteur, sur 1,50 m à 4 mètres de longueur. Plus de 200 kilomètres furent munis de rails avec wagons-vannes ou bateaux.

A titre indicatif, les plus grands égouts qui existaient avant Haussmann, n'excédaient guère 1,80 m de haut et 75 à 80 cm de largeur.

A partir de 1868, la Seine à Paris ne recevait plus que le trop-plein des pluies d'orages. On disait à l'époque que les eaux de la Seine avaient non seulement rejoint en qualité celles de la Tamise, mais les avaient dépassées.

»Elargis, les égouts servirent de passage aux canalisations d'eau, au télégraphe et aux pneumatiques. Celles du gaz n'y furent pas associées par crainte des explosions.

Comme les catacombes ils devinrent une curiosité à visiter.

Nadar dans *le Dessus et le dessous de Paris* nous décrit ces promenades d'une nouvelle nature.

« Vous êtes, Madame, dans les Egouts de Paris.

A la lueur des lanternes et au jour vague qui tombe, [...] nous distinguons une galerie sans fin, bâtie de meulière rougeâtre. On dirait que l'humidité rouille la pierre.

Un trottoir étroit borde de gauche et de droite une canalisation plus profonde que large : cette éclusée de liquide impur, à épiderme épais, est ourlée de chaque côté d'une marge de rails.

Dans ce petit wagon découvert, dont une lampe à l'avant doit éclairer la marche, nous attend déjà l'employé chargé de nous faire les honneurs de ces lieux, et les quatre convoyeurs, deux de ci, deux de là, qui feront office de locomotive, sont également à leur poste la main tendue sur les barres d'appui de notre wagon...

A peine avons-nous pris place sur le wagon, qu'un long coup de trompe, signal de marche, résonne, sous les voûtes pour être répété de loin en loin devant nous ; nos quatre coureurs nous poussent [...] avec un roulement de tonnerre qui ne nous empêche d'entendre [...] le grondement sourd des voitures qui circulent au-dessus de nos têtes[1]. »

Haussmann réalisa l'objectif qu'il avait ainsi décrit dans l'un de ses nombreux rapports.

« Les galeries souterraines, organe de la grande cité, fonctionneraient comme ceux du corps humain, sans se montrer au jour ; l'eau pure et fraîche, la lumière et la chaleur y circuleraient comme des fluides divers dont le mouvement et l'entretien servent à la vie ; les sécrétions s'y exécuteraient mystérieusement et maintiendraient la santé publique sans troubler la bonne ordonnance de la ville et sans gâter sa beauté extérieure. »

L'éclairage au gaz

Haussmann inscrivit dans son plan d'assainissement de la ville, l'amélioration de l'éclairage des rues. Cette décision était justifiée par le besoin de sécurité des habitants.

---

[1] *Nadar, Paris Guide.*

L'éclairage au gaz sur les grands boulevards.

A la fin de l'Ancien Régime comme sous la Révolution française, seuls 1 200 réverbères à huile éclairaient Paris. Ils étaient cinq fois plus nombreux en 1830. Sous la Monarchie de Juillet se généralisa l'éclairage au gaz qui, après avoir été utilisé à titre privé dans les passages de Paris, apparut pour la première fois en 1829 rue de la Paix et place de la Concorde en 1829.

En 1850, Paris ne comptait que trois mille réverbères à huile et neuf mille lanternes à gaz !

Au 1er janvier 1856, Haussmann, pour plus d'efficacité, regroupa les six compagnies chargées de la distribution du gaz en une seule : la Compagnie Parisienne d'Eclairage et de Chauffage par le Gaz en lui concédant un droit exclusif de cinquante ans.

Les travaux d'une commission de recherche, à la tête de laquelle il nomma le chimiste Dumas, permirent de doubler le pouvoir éclairant de chaque réverbère et de multiplier le nombre des candélabres.

La consommation du gaz tripla de 1855 à 1869. Alors qu'il n'y en avait aucun en 1850, Paris compta 43.000 abonnés au gaz en 1860, puis 87.000 en 1870 et 100.000 en 1873.

« Presque toutes les maisons neuves ont le gaz aujourd'hui ; il brûle dans les cours intérieures et dans l'escalier[1]. »

En 1867, les cinq théâtres les plus éclairés de Paris, le Grand-Opéra, le Théâtre Lyrique, le Châtelet, la Gaîté et le Cirque Napoléon possédaient à eux seuls, deux fois plus de becs de gaz que tout Paris à l'orée du Second Empire (15 000 contre 8 000). Haussmann avait transformé les nuits de Paris.

Le cimetière de Méry-sur-Oise : l'échec

Pendant bien longtemps, « on s'enterra un peu partout. Ceux qui aimaient les morts les plaçaient dans leur jardin ou sur la route, non loin du pas de la porte... Quand les religieux apportèrent les premiers semblants de civilisation... chaque église eut son champ de paix, et Paris posséda autant de cimetières que d'églises, ce qui n'est pas peu dire[2]... » En 1786, Paris éprouva le besoin de se débarrasser de l'immense « pourriture » que les générations successives, dix siècles durant, avaient accumulée dans le charnier que constituait le cimetière des Saints-Innocents. Les débris humains furent transférés à Montrouge.

L'idée de créer des cimetières loin du centre des villes n'était pas nouvelle, mais jamais elle n'avait été réalisée. Or une ville compte plus de morts que de vivants !

En 1790, l'Assemblée constituante interdit d'enterrer les morts dans les églises et les chapelles. Et en 1804 un décret, pour la première fois de l'histoire de Paris, ordonna la création de quatre cimetières hors de son enceinte. Seuls trois d'entre eux furent construits : le Père Lachaise à l'Est, Montmartre au Nord et Montparnasse au Sud.

Lors du Second Empire, chaque fois que l'on perçait une nouvelle avenue ou que l'on démolissait des immeubles, les ouvriers déterraient des squelettes. « Les bourgades des morts étaient disséminées à travers la ville des vivants » écrira Du Camp[3].

---

[1] *Maxime Du Camp, Paris.*
[2] *Jules Noviac, Paris Guide.*
[3] *Paris.*

INTRODUCTION

Le cimetière du Père Lachaise.

Depuis l'annexion de 1860, quinze cimetières des anciennes communes se retrouvaient dans Paris, et venaient s'ajouter aux trois cimetières créés sous le Consulat.

Haussmann avec le concours de Belgrand, évalua qu'une ville de trois millions d'habitants[1], aurait à faire face chaque année, à 75.000 inhumations. Il acquit en 1866 un emplacement à Méry-sur-Oise, entre Montmorency et Pontoise, qui devait permettre de vider les cimetières de Paris.

Un chemin de fer spécial, reliant Paris à Méry-sur-Oise, devait transporter les corps, à la nouvelle nécropole, en présence des familles. Haussmann espérait « mettre ainsi, définitivement, la Capitale de la France à l'abri [de ces] soucis, et permettre de réaliser l'idée, de prolonger la durée des inhumations gratuites jusqu'à 30 ans au moins, 50 ans, et plus encore si possible, afin de la rapprocher beaucoup de la perpétuité.

L'égalité des hommes dans la Mort étant la seule consolation que nous puissions donner à ceux qui souffrent de l'inégalité des faveurs du sort, en ce monde, nous devions, selon moi, tout faire pour la leur assurer[2]. »

---

[1] *Ce qui devait être le maximum pour Paris dans ses nouvelles limites.*
[2] *Mémoires.*

Le projet suscita de vives réactions dans l'opinion publique que les opposants politiques exploitèrent aussitôt, dénonçant la déportation des morts après celle des vivants.

Le préfet de la Seine dut différer son projet. Moins de quatre années plus tard il quittera l'Hôtel de Ville sans avoir pu les réaliser.

Il écrira dans ses *Mémoires* : « Depuis trente ans, le Service des Inhumations vit d'expédients indignes de la Capitale de la France. Il ne s'agit pas d'un de ces embarras dont le temps a raison et qu'on peut conjurer à force de tempéraments et de palliatifs. Le mal est de ceux qui s'aggravent implacablement par leur durée même et qui réclament l'application de remèdes héroïques. »

Un siècle plus tard, le problème reste en partie posé pour une agglomération parisienne de quinze millions d'habitants. Jules Noriac avait peut-être trouvé une solution quand il écrivait : « Le progrès ne vous a pas encore procuré l'immortalité, heureusement ; mais il vous a donné des chemins de fer qui vous permettent d'aller mourir où vous êtes nés ou dans l'endroit que vous avez choisi dans la grande vallée pour abriter votre toit et le berceau de vos fils[1]. »

L'Hôtel-Dieu

Un grand nombre d'églises ou d'hôpitaux furent, à cette époque, reconstruits ou agrandis. L'opération la plus importante et la plus controversée fut, dans le cadre de la réorganisation de l'île de la Cité, la reconstruction de l'Hôtel-Dieu.

Sa pénurie de lits et sa vétusté auraient dû depuis longtemps déjà, entraîner sa destruction. « Se souvient-on de l'ancien Hôtel-Dieu ?... » s'interroge Haussmann, « de cet ensemble de constructions disparates, sombres, tristes, sans aucun style ; à cheval, si je puis dire, sur le petit bras de la Seine [...] je n'ai jamais pu oublier l'aspect sinistre de ce bout de rivière encaissé entre deux corps d'hôpital, que reliait une galerie couverte, et pollué par les déjections de toutes sortes d'une agglomération de 800 malades et plus[2]. »

De nombreuses personnalités du monde scientifique étaient partisanes de son déplacement hors de l'île. Mais l'empereur voulut conserver l'hôpital, « à l'ombre de Notre-Dame, et l'opinion publique était visiblement avec lui[3]. »

On se contenta donc de le déplacer du nord du parvis de la cathédrale vers le sud. Il fallut raser tout l'immonde quartier des

---

[1] *Paris Guide, 1867.*
[2] et [3] *Haussmann, Mémoires.*

Page de droite : la rue de la Colombe vers 1865, vue prise de la rue Basse des Ursins.

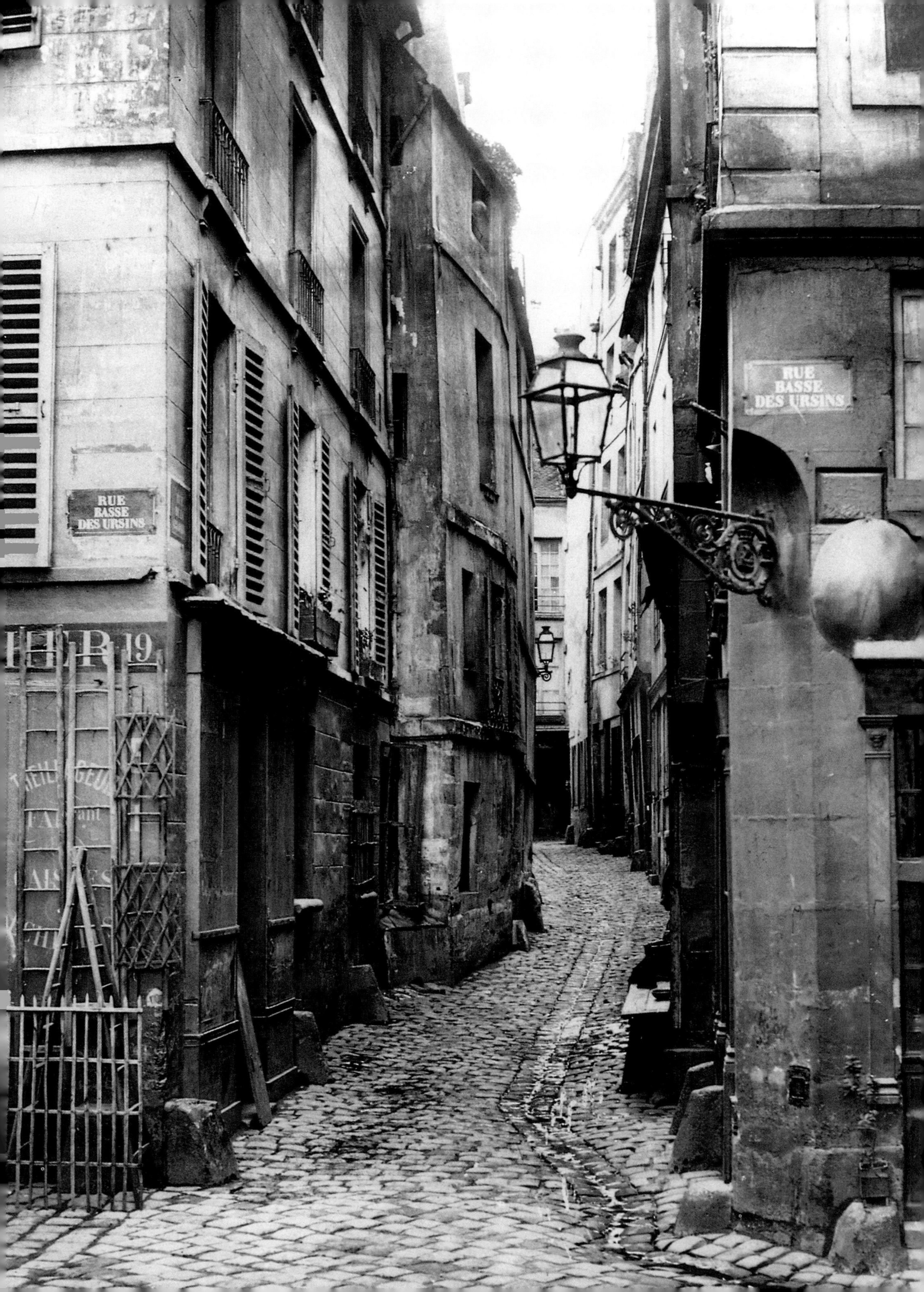
RUE
BASSE
DES URSINS
19
RUE
BASSE
DES URSINS

L'Hôtel-Dieu.

Ursins. Le nouvel hôpital, construit par Gilbert, architecte de la préfecture, haut de trois étages contenait six cents lits. Entre les préaux fut planté un jardin intérieur.

Architecture

Malgré toutes les réalisations et rénovations diverses, hôpitaux, églises, halles et marchés, Haussmann ne reconnaissait aucune qualité novatrice à la création architecturale de son temps.

A la tête de tout un groupe d'architectes dont il parlera abondamment dans ses *Mémoires*, il se définit lui-même comme un « artiste démolisseur, ... moins heureux, peut-être, en reconstruction, mais, « ajoute-t-il immédiatement, « par la faute de l'Académie plus que par la mienne. » Et de poursuivre : « En effet, si l'Ecole des Beaux-Arts a doté le pays d'architectes de grand talent et d'un goût irréprochable dont, pour ma part, je me suis fait un devoir et un honneur d'invoquer le concours en tant d'occasions, j'ai la hardiesse de dire, au risque de tout, que, parmi eux, ne s'est point révélé, sous l'Empire, un de ces artistes dont le génie transforme son art et l'appropie aux aspirations des temps nouveaux. »

Même les Halles, construites par Baltard, sans conteste l'une des réalisations les plus révolutionnaires de l'époque, sont dues bien d'avantage à l'inspiration de l'empereur qu'à Baltard lui-même qui d'ailleurs, dans un premier temps, les avait conçues en pierre de taille. Leur allure, lourde et massive leur avait valu le sobriquet ironique de « Fort des Halles », et Napoléon III, horrifié, exigea leur démolition, réclamant qu'on déploie à leur place ces fameux « parapluies » en fer !

A l'Ecole des Beaux-Arts Haussmann préférait celle des Ponts-et-Chaussées, « bien plus féconde, dans un siècle où les sciences positives, où l'art et le talent pratiques de l'Ingénieur ont fait des pas de géant, auxquels on ne peut rien opposer de comparable. » N'est-ce pas aux ingénieurs que l'on doit le « tracé de beaucoup de ces grandes voies nouvelles qu'on admire », c'est eux qui surent « donner, à toutes, la direction la moins dommageable, et cependant, la mieux appropriée aux dispositions du sol ; aux besoins de la circulation ; aux belles perspectives ; et déterminer sur place, les alignements et les

Napoléon III visite le chantier de l'Opéra.

points de niveau, avec une telle précision, que, jamais, la moindre erreur ne fut commise par les constructeurs des maisons édifiées avant l'ouverture des ces voies. »

Modeste, non, lucide, peut-être, Haussmann se dépeint lui-même au tome premier de ses *Mémoires*, cédant à un certain lyrisme, qui, s'il prête à sourire par sa grandiloquence, est tout emprunt cependant de l'enthousiasme et de l'ardeur qui le guidèrent dans ses travaux. « Oui, le préfet de la Seine de l'empire était un administrateur doublé d'un artiste ; épris de toutes les grandes choses ; facilement séduit par l'harmonie des vastes ensembles ; ravi par cette poésie de l'ordre et de l'équilibre. »

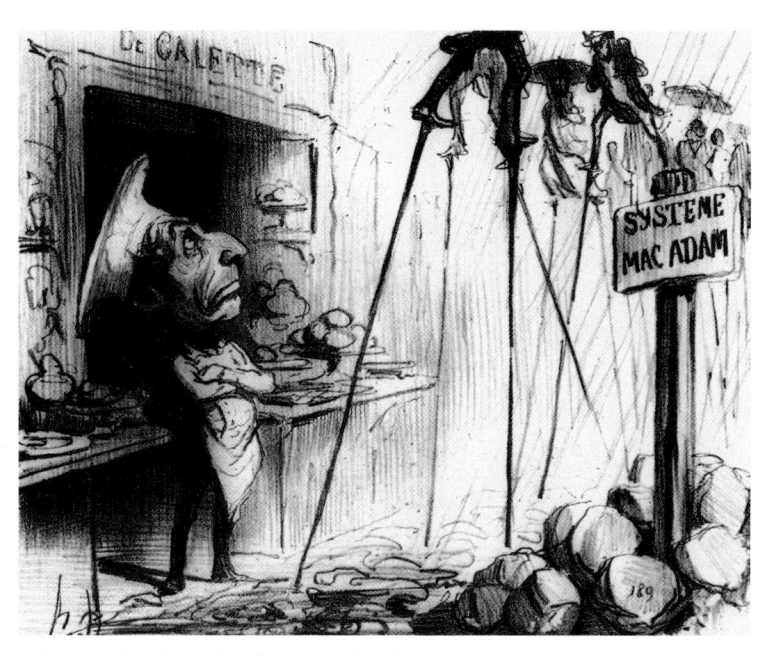

Fâcheuse situation mercantile des marchands de galettes du boulevard les jours où la boue ne permet plus aux Parisiens de circuler qu'à l'aide de grandes échasses.

Macadam et trottoirs

Dans les nouvelles avenues, le macadam remplaça la terre. Mélange de pierres concassées et de sable, il dégageait une épouvantable poussière par temps sec et se transformait en boue sous la pluie. Unanimement critiqué par les usagers, il devint un des sujets préférés des caricaturistes comme Cham ou Daumier. Haussmann lui préférait le bitume et les pavés de bois. Mais l'empereur, cavalier émérite, demanda que l'on privilégie ce revêtement car sa souplesse offrait un meilleur confort aux chevaux.

Page de droite : la rue Saint-Séverin vers 1868.
Pages suivantes : la place Vendôme et la rue de Castiglione.

EAUX de VIE de LIQUEURS
MAISON de COMMERCE
ÉPICERIES
BOUCHERIE
16
BOUILLON & ROSBIF

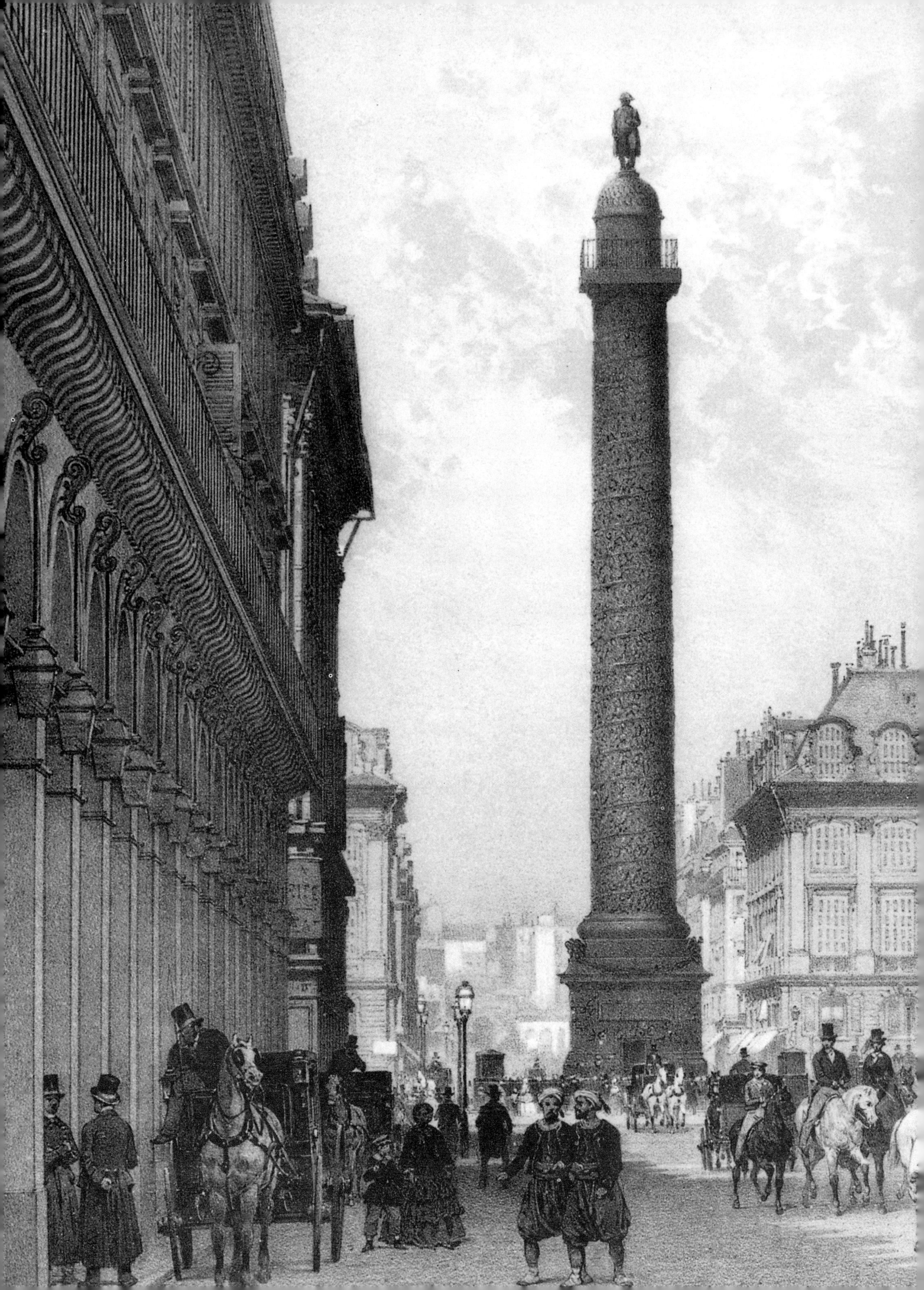

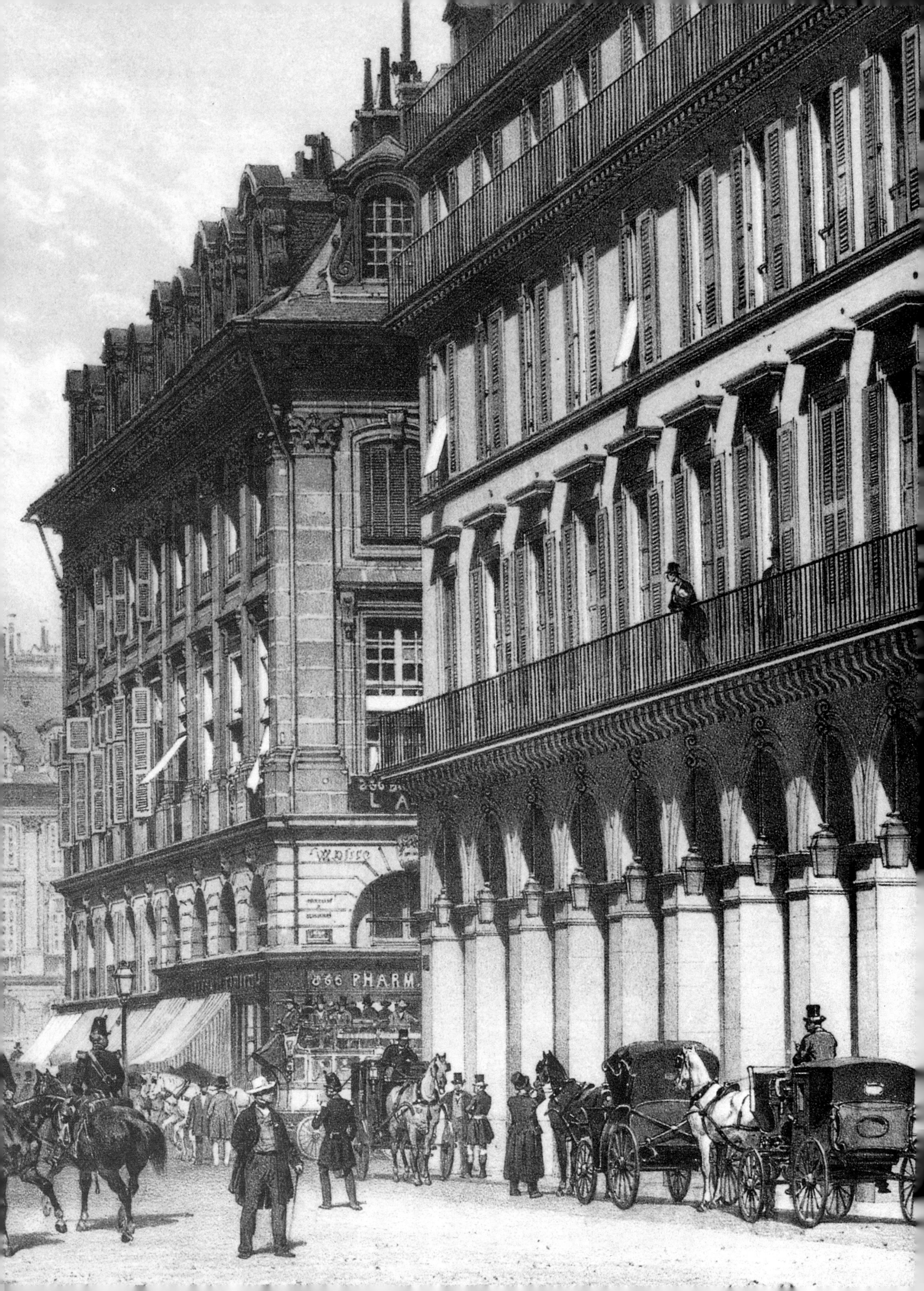
LA
866 PHARM.

« Jurons ! d'augmenter encore nos locataires au prochain terme !... »

Bordant les avenues, apparurent les trottoirs. Ils protégeaient les piétons des embarras de la circulation et de la boue de la chaussée. Quand leur largeur le permettait, des arbres les ornaient, offrant leur ombre aux passants. A la demande d'Haussmann, qui les aimait particulièrement, de nombreux marronniers furent alors plantés.

Loyers et déménagements

Le long de nouvelles avenues surgirent de somptueux immeubles dont la pierre de taille était souvent aussi ouvragée que le fer forgé des larges balcons qui ornaient leurs fenêtres. Parfois de hautes cariatides encadraient le porche d'entrée, accentuant encore l'aspect luxueux de cette architecture haussmannienne.

Cette esthétique n'était pas du goût de tout le monde, car ce luxe imposait des loyers élevés. Ainsi, Delord, Texier et Frémy, trois journalistes de l'opposition, critiquèrent dès 1854 la disparition des petits logements et des garnis.

« Dites-le donc une fois pour toutes, » écrivaient-ils dans *Paris Propriétaire*, « et nettement : vous voulez supprimer le petit logement de la société moderne ; vous ne voulez que le logement de luxe, celui qui ne s'adresse qu'aux gros budgets, envahit tout et monte jusqu'aux étages ?

Allez, allez, persistez dans cette voie funeste et vous verrez dans quelque temps quel beau résultat vous aurez obtenu !

Vous verrez ce que signifieront vos fières et somptueuses maisons, qui feront leur tête jusqu'aux combles, couronnées de tristes gens d'affaires, de banquiers au teint livide, au lieu de ces hôtes insouciants et joyeux qui n'avaient eux ni bahuts splendides, ni grooms écossais, ni mobilier de Boule, mais qui avaient en revanche la gaieté, l'insouciance, ces fleurs éternelles des mansardes.

Les petits locataires, n'est-ce pas le printemps et la jeunesse des grandes maisons ? [...] La gaieté parisienne quitte Paris tous les jours, elle est déjà aux Ternes, aux Batignolles, à Belleville, dans la petite banlieue, jusqu'à ce qu'elle émigre plus loin[1]. »

Et plus loin d'ajouter : « Partout des pierres de taille qui s'épanouissent, des merveilles architecturales, qui déjà sont noircies par la boue.

On s'occupe de détruire tous ces jolis balcons si frais, partagés entre cinq ou six locataires, que chacun festonnait à l'envie de pois de senteur, de jasmins et de clématites.

---

[1] *Delord, Texier, Frémy, Paris Propriétaire, pamphlet sur les relations entre locataires et propriétaires, 1854. Réédition en 1989, Seesam Edition.*

En fait d'illusions, de fleurs, de corbeilles et de printemps, il nous restera [...] la corbeille des agents de change[1]. »

Les augmentations des loyers furent un véritable fléau pour grand nombre de Parisiens. Elle leur imposait de déménager sans cesse, quand ce n'était pas les démolisseurs qui les chassaient.

L'accroissement de la population et la débauche de démolitions ne tardèrent pas à faire s'envoler les loyers de façon vertigineuse : plus de 300 % quand l'ensemble des salaires restait stable.

« Les loyers sont chers, ah ! les loyers sont bien chers.[1] » Ce leitmotiv fut celui de milliers de Parisiens.

A l'époque, seuls les plus riches avaient des baux de longue durée. Les autres louaient, terme après terme, sans aucune garantie de durée, et tous les trois mois le propriétaire pouvait réviser les conditions du bail. Tous les prétextes étaient bons à en croire les auteurs de *Paris Propriétaires*.

En l'absence de toute loi, les propriétaires augmentaient selon leur bon plaisir : « - Tiens, le ciel est pur aujourd'hui, la nature est gracieuse et souriante !... une idée !... si j'augmentais mes locataires ? »

Ou selon la fantaisie du concierge :

« - Pourquoi est-ce qu'on nous augmente ? dites-vous au concierge de la maison du numéro 12 que vous habitez...

- Monsieur, parce qu'on augmente le 14.

- Pourquoi est-ce qu'on nous augmente ? disent de leur côté les locataires du 14 à leur portier...

- Monsieur parce qu'on augmente le 12. »

Le propriétaire était tout puissant. « Inclinez-vous devant les douze lettres de ce mot-là, toutes les puissances se résument en elles[2]. » Ce rapace, - on le nommait Monsieur Vautour - , était prêt à bondir sur la moindre occasion d'augmenter ses loyers. Si un locataire avait réparé lui-même son appartement, il l'augmentait pour cause d'amélioration ! Si un écrivain venait habiter dans son immeuble, tous les locataires étaient augmentés ! Si un autre mettait quelques fleurs à son balcon, il en profitait : « Maintenant que vous avez vue sur la verdure et sur des fleurs, je double votre terme[3]. »

On pouvait lire dans le Charivari du 6 novembre 1856 : « Elle dure toujours cette affreuse toquade de l'augmentation des loyers, et on prétend qu'elle n'est pas du tout près de cesser... Dire qu'en deux ou

---

[1] *Paris Propriétaire*.
[2] Achard, *Les Français peints par eux-mêmes*, 1840.
[3] *Le Charivari, avril 1854*.

« ...des tribus de locataires errent dans les bois de Meudon et de Ville d'Avray. »

trois ans le revenu d'un appartement quelconque se trouve aujourd'hui doublé ! Tel logement que vous payiez huit cents francs en 1853 est porté maintenant à seize cents francs... »

La rue offrait le tableau quotidien de ces familles, fuyant Paris, chassées par les augmentations de loyer ou par les percées qui éventraient leur immeuble. Le locataire du Second Empire était bien souvent à la rue, et le déménagement s'imposait à lui comme une fatalité.

« J'ai un ami qui a changé dix fois de domicile depuis dix ans » rapporte un journaliste de l'époque[1]. « Il demeurait rue des Mathurins-Saint-Jacques, la rue des Ecoles l'en a chassé. Il s'est réfugié rue de la Harpe, le boulevard Sébastopol a jeté sa maison à bas. Il a cherché un nouvel asile, derrière l'Odéon, la rue de Médicis l'a forcé a fuir. En désespoir de cause, il a passé l'eau. Le boulevard de Magenta et cinq ou six autres l'ont poursuivi, traqué, acculé ! »

On estime à trois cent cinquante mille le nombre des Parisiens qui étaient ainsi en permanence jetés à la rue, en quête de logement.

« Nombreux sont les malheureux Parisiens que la cruauté et la rapacité des propriétaires ont forcé à vivre à la façon des sauvages et des nomades, [...] certains se sont réfugiés depuis un an dans les carrières de Montmartre [...] et des tribus de locataires errent dans les bois de Meudon et de Ville d'Avray[2]. »

[1] *Victor Fournel.*
[2] *Le Charivari, mars 1854.*

C'est à cette époque qu'Eugène Sue inventait le personnage de Pipelet, le portier teigneux, l'intermédiaire inévitable entre le propriétaire et ses locataires, chargé de persécuter ces derniers dans la quête du terme. « C'était un homme de soixante ans, hermétiquement enfermé dans une loge tapissée, roide comme un pape... Signes particuliers : calotte en tapisserie, pantoufles en moquette, un gigot devant le feu[1]. »

Les inaugurations

Inauguration du boulevard Malesherbes le 13 août 1861.

Une des grandes distractions du Second Empire consistait à inaugurer les avenues et les boulevards. Des décors aussi fastueux qu'éphémères étaient montés pour ces occasions. Les militaires, les fanfares, les notables comme les plus humbles s'y bousculaient. Le trajet emprunté par le cortège officiel était pavoisé. Les badauds y venaient en famille, bien avant l'heure, jouer des coudes pour s'assurer une place de choix.

L'inauguration du boulevard Malesherbes, jumelée avec celle du Parc Monceau rénové, fut une des plus réussies, malgré la canicule qui écrasait Paris en ce 13 août 1861. L'empereur sortit des Tuileries et monta dans sa calèche, le comte de Persigny, ministre de l'Intérieur à ses côtés. Il emprunta la rue de Rivoli puis la rue Royale pour atteindre l'entrée du boulevard Malesherbes sous les vivas. Une foule immense de Parisiens et de provinciaux venus pour la circonstance se

---

[1] *Auguste Villemot, La Vie à Paris, 1858.*

pressait derrière le cordon fait par les troupes. D'un côté de la chaussée, la Garde nationale, de l'autre la Garde impériale. Les soldats acclamèrent l'Empereur. Une haute tente avait été dressée au commencement du nouveau boulevard. Le baron Haussmann prononça un discours. Après avoir répondu aux attaques de « ceux qui se prétendent libéraux » concernant la suite des grands travaux, leur coût et l'inflation des loyers, il évoqua l'ancienne Rome, rappelant que les transformations et les constructions y avaient été autant de titres de gloire pour les chefs d'alors. Puis, provoquant l'admiration des spectateurs, il cita longuement Suétone dans sa langue, avant d'achever son discours en ces termes : « Votre Majesté a bien mérité de son temps et de la postérité. Vive l'Empereur ! »

Napoléon se rendit ensuite au Parc Monceau. A l'entrée s'élevait un arc de Triomphe sur lequel étaient apposées ces deux inscriptions : *Urbs renovata* et *Paris assaini, embelli, agrandi.*

Le Conseil municipal au grand complet accueillit l'empereur.

Le soir, le nouveau boulevard et le parc furent somptueusement illuminés. La foule s'y pressa et l'on dansa tard dans la fraîcheur bienfaitrice de la nuit tombante.

Le Palais de l'Industrie lors de l'exposition universelle de 1855.

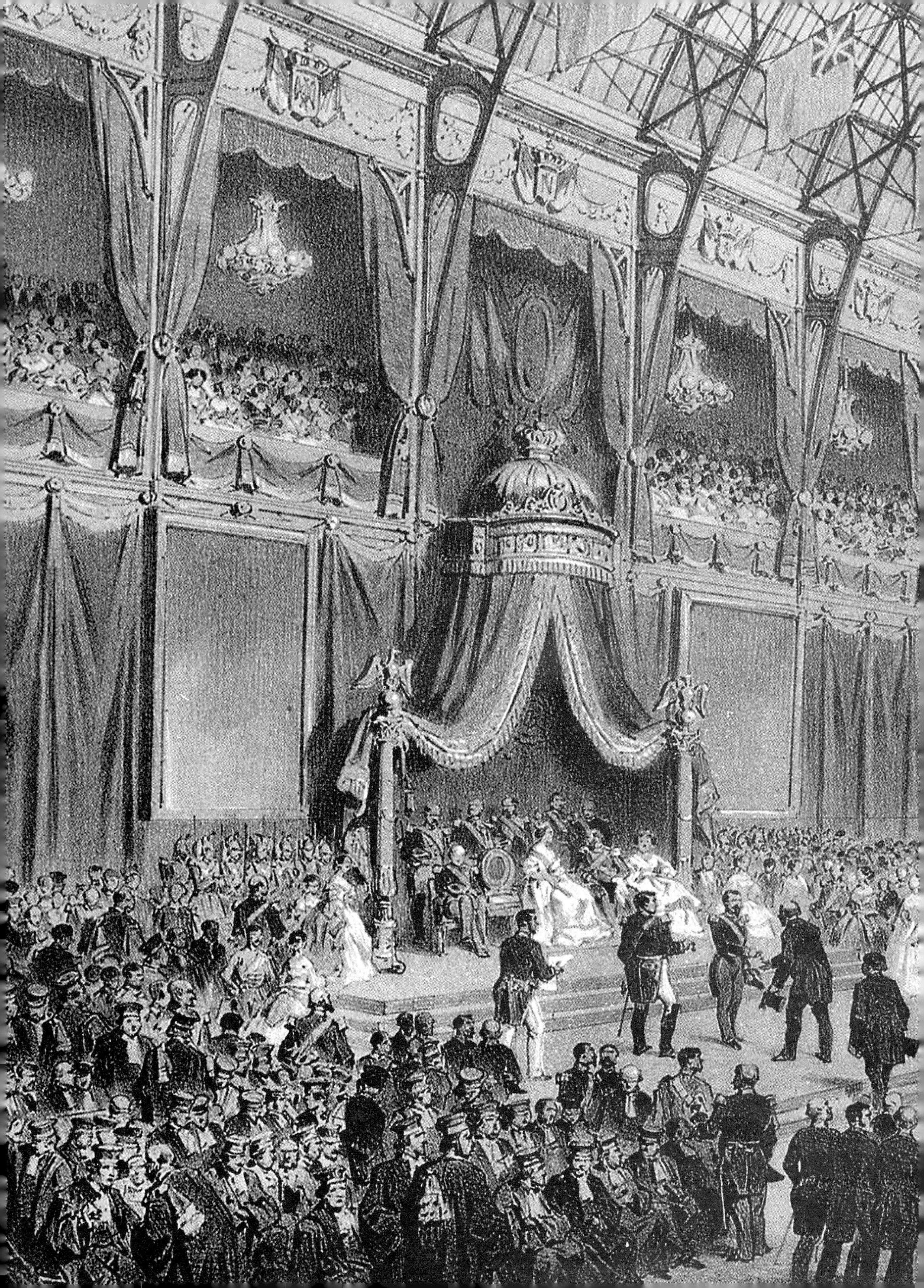

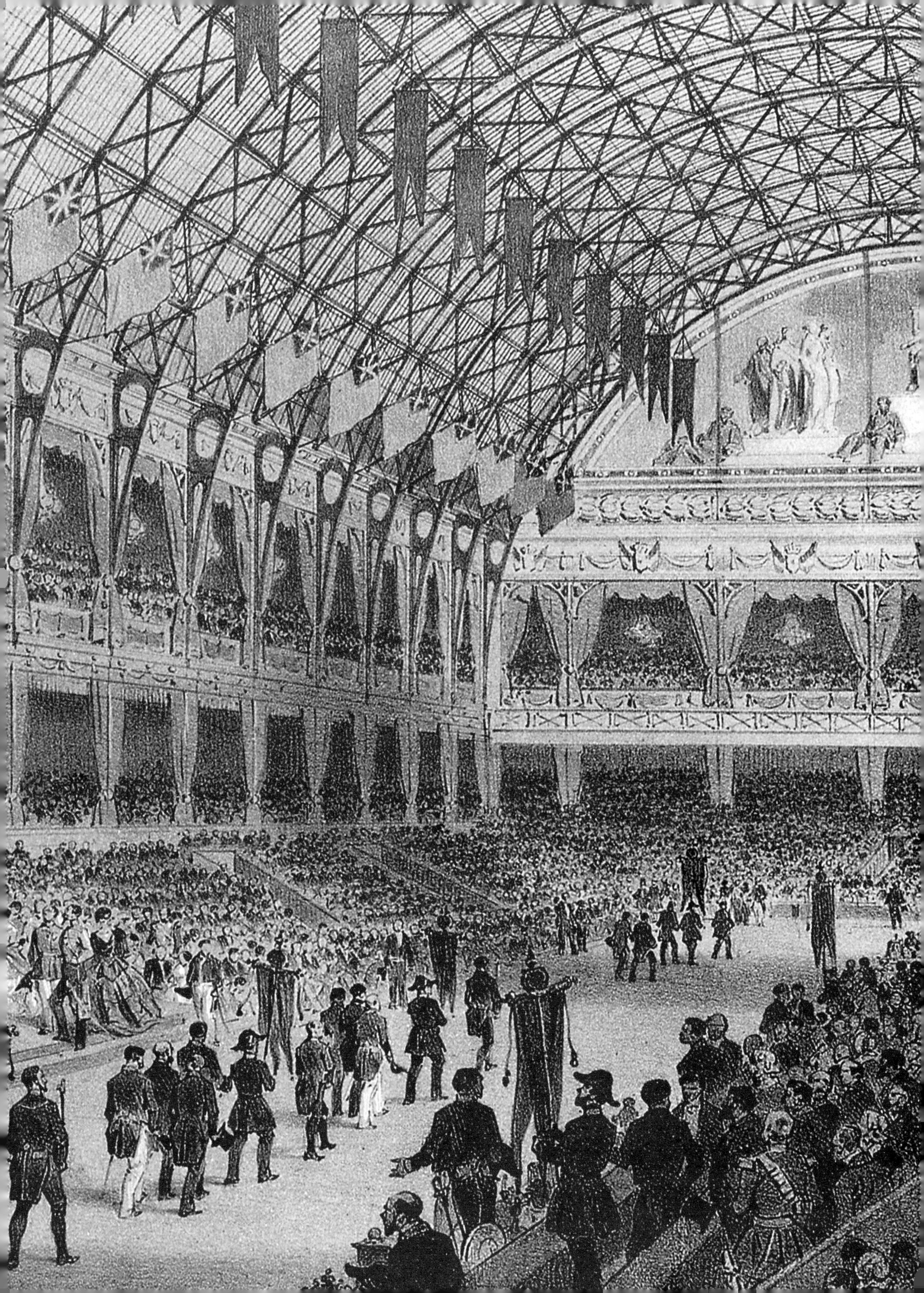

Les promenades

Avec le Second Empire, les Parisiens découvraient le plaisir de flâner en ville, sur les grands boulevards, sur les avenues nouvelles, les rues, les quais et dans les allées des bois et des jardins. Les trottoirs, nettoyés quotidiennement grâce aux nouveaux systèmes de canalisation, les protègeaient de la boue et des embarras de la circulation. Les becs de gaz, multipliés à l'envie par Haussmann, leur permettaient de se promener en toute sécurité à la nuit tombée. Et ils se plaisaient à contempler les vitrines des magasins de luxe qui s'ouvraient sur ces nouvelles artères.

Aussi George Sand encourageait les Parisiens à redécouvrir le charme des promenades pédestres.

« Pour mon compte, j'aime le plaisir de se servir de deux bonnes jambes, obéissant, sur l'asphalte ou la dalle, à la fantaisie de leur propriétaire. Regrette qui voudra l'ancien Paris ; mes facultés intellectuelles ne m'ont jamais permis d'en connaître les détours, bien que, comme tant d'autres, j'y aie été nourrie. Aujourd'hui que de grandes percées, trop droites pour l'œil artiste, mais éminemment sûres, nous permettent d'aller longtemps, les mains dans les poches, sans nous égarer [...], c'est une bénédiction que de cheminer le long d'un large trottoir [...]. Descendez dans la rue, suivez les quais et les boulevards, traversez les jardins publics[1]. »

Les Parisiens accoururent ! Le bois de Boulogne, les jardins et les squares furent pris d'assaut. Toute l'Europe enviait le Bois. « Combien de femmes, de Lisbonne à Moscou n'ont-elles pas dit en soupirant : voir le bois de Boulogne et s'y promener !

Londres a Hyde-Park, et Vienne le Prater ; Madrid montre avec orgueil le Prado, et Florence les Cascine ; mais aucune de ces promenades n'égale le bois de Boulogne [qui] est la promenade de l'Europe, [...] Paris lui communique une part de son mouvement et de sa vie[2]. »

Les jours de course, tout Paris se presse au nouvel hippodrome de Longchamp . « Le jour fameux du grand prix, tout ce qu'il y a de voitures dans Paris et dans la banlieue, américaines, landaus, briskas, coupés, dog-carts, victorias, breaks, sont en réquisition. Les courses commencent à deux heures, le cortège des roues et des brancards s'ébranle dès midi. De la place de la Concorde à la prairie de Longchamp, ce n'est plus qu'un tourbillon dans lequel des milliers de chevaux marchent au pas. La plupart d'entre eux ont des roses à leurs

---

[1] *George Sand, Paris Guide.*
[2] *A. Achard, Paris Guide.*

Pages précédentes : la clôture de l'Exposition Universelle au Palais de l'Industrie, le 15 novembre 1855.

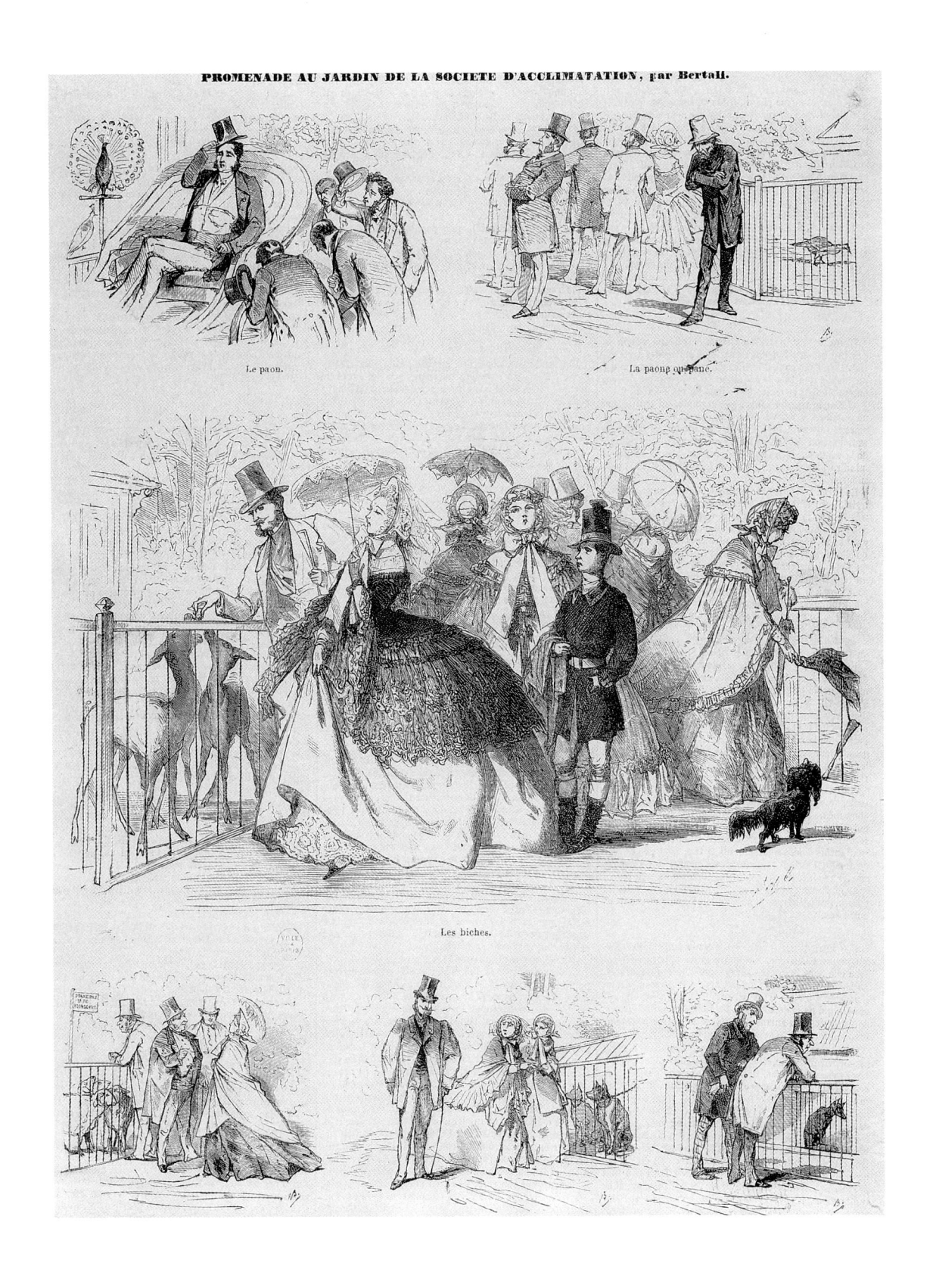

PROMENADE AU JARDIN DE LA SOCIETE D'ACCLIMATATION, par Bertall.

Le paon.

La paonne qui pane.

Les biches.

oreilles, comme leurs maîtresses des fleurs dans les cheveux. A l'entrée des courses, le torrent se divise en deux larges bras : l'un s'épanche sur la pelouse, l'autre s'arrête à la porte qui mène à l'enceinte du pesage[1]. »

Quant aux Parisiennes elles « mourraient certainement tous les soirs si elles ne faisaient pas chaque jour une promenade autour du lac. Ce n'est plus pour elles une habitude, c'est un besoin[2]. »

De deux à quatre heures en hiver, et de cinq à sept heures en été, une longue file de voitures remontait invariablement l'avenue des Champs-Elysées pour gagner le Bois. Autour du Lac, c'était un entassement de roues et de chevaux qui allaient au pas.

Autre promenade vers laquelle tout Paris se précipitait le dimanche : les Champs-Elysées.

« Ce jour-là, à partir de deux heures, l'espace qui va des chevaux de Marly à l'Arc de Triomphe disparaît sous une masse mouvante de voitures de toutes sortes. Les calèches menées à la Daumont y sont mêlées aux fiacres. Les landaus aux panneaux armoriés s'y promènent côte à côte avec des tapissières. Coupés et milords, carrioles et paniers, tous s'y rencontre. Et dans ce pêle-mêle de véhicules de toutes tailles et de toutes formes, les omnibus, pareils à des vaisseaux de haut bord, circulent lentement. »

C'était un des rares endroits où toutes les classes de la société pouvaient se côtoyer. Le millionnaire y croisait l'ouvrier, le bourgeois l'héritier d'un grand nom.

« L'avenue des Champs-Elysées n'est plus alors une promenade, c'est un symbole. La démocratie coule à pleins bords, et toute cette foule qui marche d'un pas égal semble s'avancer vers un avenir inconnu[3]. »

Quand le temps le permettait, on allait ensuite dîner sur l'herbe au Bois de Vincennes.

« Quand vient le dimanche, par les tièdes soirées d'été, à l'heure où il n'y a pas une menace de pluie dans le ciel, ce brave dîner se donne carrière dans tous les massifs. Ce n'est pas que les restaurants voisins lui refusent l'hospitalité, mais il préfère répandre ses melons et ses pâtés sur le gazon ; toutes les corbeilles se vident. On entasse pêle-mêle cerises et jambons sur un pan de mousse. Les homards allongent leur carapace de pourpre sur une feuille de journal. On dresse au pied des arbres quelques bonnes bouteilles de vin vieux entre lesquelles s'allonge le goulot argenté d'un flacon de vin de Champagne. Les convives s'étendent çà et là par terre, à la bonne franquette. Ils sont

[1] et [2] et [3] *Paris Guide.*

peut-être en bras de chemise. Le bois de Boulogne trouverait certainement que cela manque de distinction, mais le bois de Vincennes a l'humeur plus facile, il n'y regarde pas de si près. On trinque, et la vieille chanson prend son vol[1]. »

L'Influence d'Haussmann en France et à l'étranger

L'œuvre d'Haussmann, tant décriée par les Parisiens dès la fin de l'empire, eut une influence considérable en province et à l'étranger.

En cette fin du XIXe siècle, bien d'autres capitales éprouvèrent le besoin de se transformer.

Au cours de l'Exposition Universelle de 1867, Paris accueillit une foule considérable venant de France et des quatre coins de l'Europe. Plus de 200 000 étrangers purent ainsi admirer l'ampleur des travaux effectués.

L'harmonie générale de la ville et l'aménagement des parcs et des squares provoquèrent l'admiration.

Paris devint alors un modèle pour les capitales européennes : Londres, Bruxelles, Berlin ou Vienne. Quant aux grandes villes de province, elles n'échappèrent pas non plus à la mode de « l'haussmannisation ». Lille, Lyon, Bordeaux, Marseille comme tant d'autres en portent encore les traces.

■

Jules Simon[2], l'un des plus farouches adversaires de l'empire, chef du parti républicain, en 1882, reconnaissait :

« *Les Comptes fantastiques d'Haussmann* !

Qui ne se souvient des articles, si amusants et si méchants, publiés sous ce titre, dans le journal *Le Temps*, par M. Jules Ferry [...] ? Le titre même nous ravissait. Nous ressemblions aux opposants de tous les pays et de tous les temps. Tout ce qu'on disait contre l'ennemi commun, nous était bon. Peu importe aujourd'hui que les comptes de M. Haussmann aient été fantastiques. Il avait entrepris de faire de Paris une ville magnifique, et il y a complètement réussi. Quand il a pris en main le maniement de nos affaires, la rue Saint-Honoré et la rue Saint-Antoine étaient encore les plus larges rues de la ville... Nous n'avions d'autres promenades que les Boulevards et les Tuileries ; les

---

[1] *Amédée Achard, Paris Guide.*
[2] *1814-1896.*

OS et DETAIL
Cie de VINS et LIQUEURS, GROS et DETAIL
MAL de DENTS

Champs-Elysées étaient le plus souvent un cloaque ; le Bois de Boulogne était au bout du monde ! [...] Les ruelles étroites et infectes abondaient au milieu de la ville.

Nous manquions d'eau, de marchés, de lumière, dans ces temps reculés, qui ne sont pas encore à trente ans de nous. Quelques becs de gaz seulement commençaient à se montrer. Nous manquions aussi d'églises. Parmi les plus anciennes et même parmi les plus belles, plusieurs servaient de magasins, ou de casernes, ou de bureaux. Les autres étaient masquées par toute une végétation de masures croulantes. Les Chemins de Fer existaient cependant ; ils versaient tous les jours, dans Paris, des torrents de voyageurs, qui ne pouvaient ni se loger dans nos maisons, ni circuler dans nos rues tortueuses [...].

Il démolit des quartiers ; on pourrait dire : des villes entières. On criait qu'il nous donnerait la peste ; il nous laissait crier et nous donnait, au contraire, par ses intelligentes percées, l'air, la santé et la vie. Tantôt c'était une rue qu'il créait ; tantôt une avenue ou un boulevard ; tantôt, une Place, un Square, une Promenade. Il fondait des Hôpitaux, des Ecoles, des groupes d'Ecoles. Il nous apportait toute une rivière. Il creusait des égouts magnifiques. Il élevait des Casernes, des Théâtres. Il tirait de leur néant les Champs-Elysées, le Bois de Boulogne, le Bois de Vincennes. Il achevait les Halles Centrales. Il généralisait l'usage du Gaz ; il multipliait les lignes d'Omnibus... Il introduisait, dans sa belle Capitale, les arbres et les fleurs. Il la peuplait de statues. Son œuvre était au moins aussi fantastique que ses Comptes. Nous ne souhaitons qu'une chose à présent : c'est qu'on achève, par la liberté, ce qui a été commencé par le despotisme[1]. »

Ainsi avouait-il avoir confondu combat politique et objectivité, et s'inclinait-il enfin devant l'œuvre d'Haussmann. La République naissante n'eut pas la même honnêteté, et continua de mépriser l'homme dont pourtant elle paracheva les travaux. L'Opéra Garnier fut inauguré en 1875, le boulevard Haussmann, le boulevard Raspail, et tant d'autres furent achevés longtemps après la chute du Second Empire.

Le 11 janvier 1891, à l'âge de 82 ans, le baron Haussmann s'éteignait dans son appartement parisien du 12, rue Boissy d'Anglas[2]. Deux jours auparavant, il avait assisté en l'église de Saint-Augustin, à la messe célébrée pour l'anniversaire de la mort de Napoléon III.

---

[1] *Le Gaulois, mai 1882.*
[2] *Immeuble aujourd'hui disparu dans les agrandissements de l'hôtel Crilllon.*

Page de gauche : la rue du Four-Saint-Germain vers 1865.

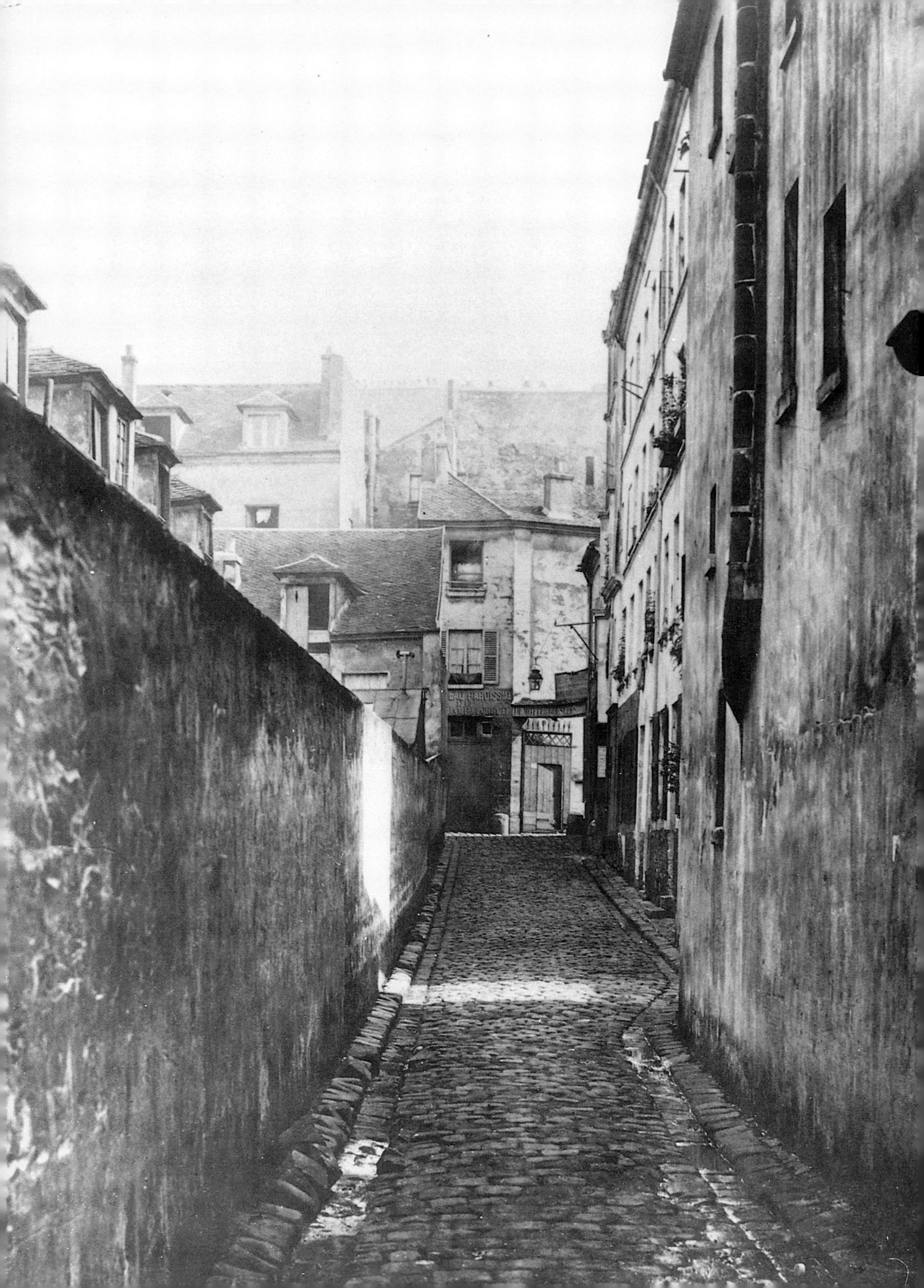

Gaston Calmette, en première page du Figaro du 12 janvier, faisant part de la « douloureuse nouvelle », évoqua rapidement la « brillante carrière, toute de dévouement, d'honneur, de labeur et de loyauté », avant d'ajouter : « il est sorti de ce monde comme il était sorti de la vie publique, la tête haute ». Le 13, le journal réclama qu'on lui fasse des obsèques nationales, mais le lendemain, on pouvait lire dans ses colonnes : « le convoi très simple sera de troisième classe seulement ».

Paris l'avait oublié ! Aucun membre du gouvernement n'assista à son enterrement.

Quelques rares parisiens, placèrent, le 13 janvier, un écriteau à l'angle du boulevard Haussmann et de la rue Taitbout avec ces mots : « emplacement de la statue du baron Haussmann ».

Il fallut attendre l'année 1990 pour qu'elle soit érigée sur le bouvelard qui porte son nom, à l'angle de la rue Laborde. Ceux qui assistèrent, en présence du maire de Paris et du maire du VIIIe arrondissement, à la pose de cette statue, n'étaient guère plus nombreux.

Pourtant l'expérience du baron ne pourrait-elle pas aider à résoudre les problèmes qui se posent aujourd'hui dans les grandes villes et leurs banlieues ?

L'évolution démographique de l'Ile-de-France et plus particulièrement de la première couronne, ressemble étrangement à celle que connut, au cours de la première moitié du XIXe siècle, la zone suburbaine qu'il annexa en 1860.

Depuis plus de vingt ans, les urbanistes et les politiques parlent du Grand Paris sans oser le réaliser.

Enfin, on semble redécouvrir aujourd'hui les bienfaits des espaces verts dans les villes. Se rappelle-t-on le conseil donné par Napoléon III à Haussmann, de créer, quand il le pouvait, à travers tout Paris, des jardins et des squares, afin que les plus défavorisés et leurs familles puissent se divertir ailleurs que dans les rues et sur les barricades ?

P. de Moncan et Ch. Mahout.
Octobre 1991.

Page de gauche : l'impasse de Briare vers 1865.

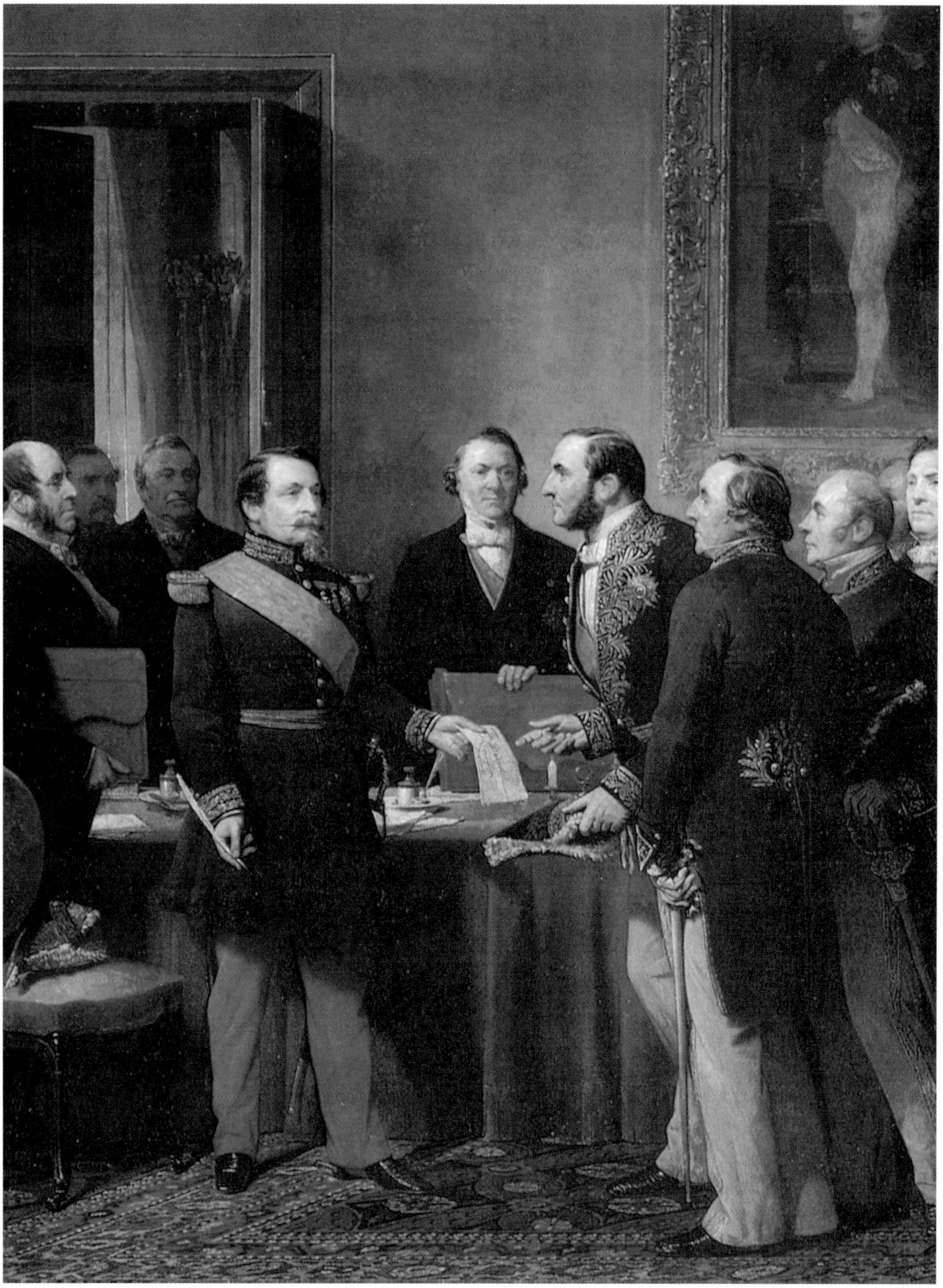

CHAPITRE I

LE PLAN DE PARIS

Etat des choses en 1853. M. Deschamps.
Mon organisation du Service.
Triangulation, levé, nivellement de la ville.
Mes premières opérations de Voierie.

La logique me commandait de placer en première ligne le Service du Plan de Paris, alors même qu'il n'aurait pas mérité ce rang par l'importance qu'il a prise, durant mon administration. Avant de m'occuper du percement des voies publiques nouvelles dont le réseau constitue la plus curieuse partie de la Transformation de notre grande Cité, ne dois-je pas, en effet, parler de l'étude initiale de cette œuvre de longue haleine, et des instruments dont je me suis servi pour dresser le projet dans son ensemble et dans ses détails ; pour déterminer sur place le tracé de chaque avenue, boulevard ou rue à ouvrir ; et pour en surveiller la fidèle exécution ?

Etat des choses en 1853. M. Deschamps

Ce Service n'existait encore qu'à l'état d'embryon lors de mon entrée à l'Hôtel de Ville, en 1853. Il s'est développé dans des proportions considérables, parallèlement à l'œuvre même dont il fut le principal organe. L'extension des limites de Paris, en 1859, vint plus que doubler son champ d'activité. J'y réunis, graduellement d'ailleurs, comme en formant le corollaire naturel, tout ce qui se rapportait à la « Voirie » parisienne, — c'est ainsi qu'on désigne le Service de police de la Voie Publique, dont il n'était précédemment, au contraire, qu'une sorte d'accessoire.

Il se personnifia peu à peu, de même que le Service des Eaux et Égouts, et celui des Promenades et Plantations, que je créai de toutes pièces, dans l'homme d'un mérite hors de pair que je mis à sa tête, qui sut l'organiser conformément à mes vues, et qui le dirigea, pendant mon édilité de 17 ans, avec une incontestable supériorité.

Le Plan de Paris, c'était M. Deschamps !

Si le nom de ce précieux fonctionnaire, toujours prêt, digne de toute confiance par son caractère intègre, aussi bien que par la sûreté de son travail, deux qualités essentielles dans le poste qu'il occupait, n'a pas la notoriété que d'autres ont justement acquise, hors du milieu tout administratif où son action féconde était fort appréciée ; si l'on ignore généralement que c'est lui qui traça toutes les voies magistrales dont on admire aujourd'hui la belle ordonnance et l'ampleur, cela tient sans doute aux habitudes modestes de son existence retirée, à son entier désintéressement des choses extérieures, à sa négligence des relations personnelles considérables que sa situation officielle lui permettait de s'assurer. Quoi qu'il en soit, mon devoir est de faire, pour M. Deschamps, ce qu'il n'a pas su faire lui-même : sauver de l'oubli ce nom demeuré beaucoup trop obscur, en reconnaissant ici le droit qu'il a de figurer parmi ceux de mes plus utiles collaborateurs.

M. Deschamps était né dans une condition peu fortunée ; son éducation, dirigée surtout vers la

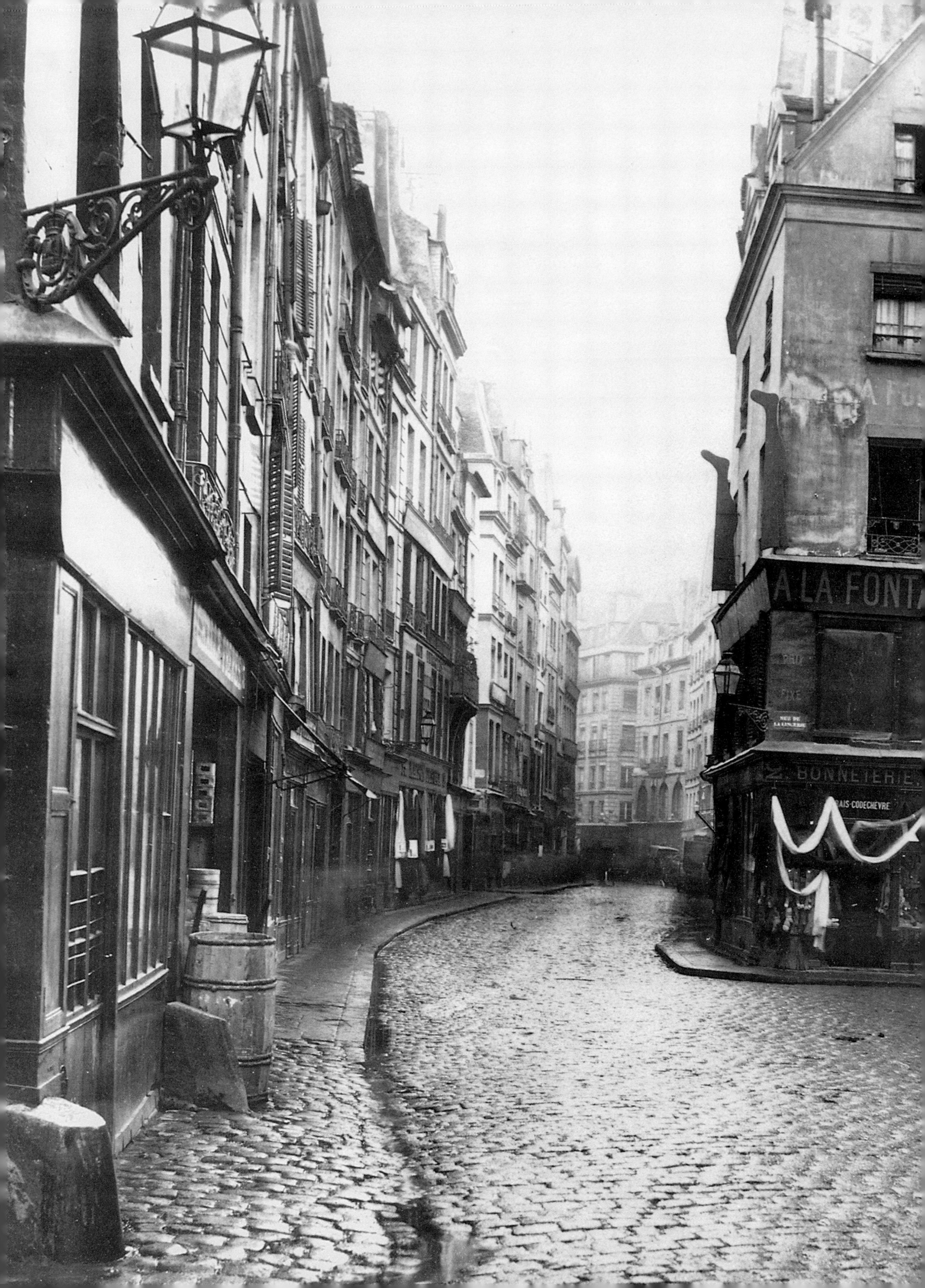
A LA FONTA
2. BONNETERIE

profession technique à laquelle, tout jeune, il se destinait, ne l'avait point préparé suffisamment à devenir, plus tard, un homme du monde. Élève de l'École des Beaux-Arts, il avait conservé le singulier dédain que trop de nos jeunes artistes, se consacrant au culte de la forme, semblent avoir pour elle dans leur tenue, dans leurs manières et dans leur façon de vivre ; dédain que la plupart d'eux perdent heureusement, une fois qu'un talent reconnu, couronné par le succès, leur a ouvert toutes les portes.

Architecte, je ne doute pas qu'après un stage convenable il ne se fût promptement fait distinguer par son savoir et par son goût, ainsi que nombre de ses anciens camarades que j'ai vus parvenir aux positions les plus en vue, s'il eût été, comme eux, placé, dès ses débuts à la Ville, dans le Service des Travaux ; mais il entra dans celui des Architectes-Voyers, où la géométrie et le dessin graphique jouent un rôle plus important que l'architecture proprement dite. Il faut y connaître à fond, sans doute, les lois de la construction, la valeur comparative des matériaux, leurs qualités de résistance et tout ce qui touche au métier ; mais un bagage artistique y devient beaucoup moins nécessaire, sinon tout à fait superflu.

M. Deschamps ne tarda pas à se montrer géomètre accompli, dessinateur extrêmement habile, et, par-dessus tout, architecte-voyer d'une intelligence rare. En 1853, il était chargé de la garde des plans d'alignement des voies publiques de tout ordre, avec le titre pompeux, mais inexact, de Conservateur du Plan de Paris ; car il n'existait encore alors aucun plan d'ensemble de la Ville, revêtu d'un caractère officiel. Il avait, comme auxiliaires, quatre Géomètres titulaires et un Géomètre-Vérificateur. Il relevait du Bureau de la Voirie de Paris, placé dans la même division que ceux des Ponts et Chaussées et de la Voirie vicinale, des Eaux et du Pavé de Paris, de l'Architecture et des Carrières.

Grâce à mon habitude constante d'étudier les affaires, non seulement avec mes Chefs de Service et mes employés supérieurs, mais aussi, pour les choses techniques surtout, avec les agents qui les traitaient ou les exécutaient sous leurs ordres ; grâce à mon expérience pratique, déjà longue, des hommes et du parti le meilleur à tirer de chacun d'eux, je ne pouvais manquer de remarquer promptement et de noter dans mon esprit cet homme dont toutes les réponses à mes questions étaient nettes, précises, logiques. Après avoir discerné, sous son enveloppe fruste, d'aspect peu sympathique, presque désagréable, un instrument précieux pour qui saurait s'en servir et l'utiliser complètement dans les choses de sa compétence, je formai le dessein de faire de M. Deschamps mon auxiliaire immédiat pour la partie principale et la plus ardue, certes, de la grande œuvre dont j'avais assumé la charge : arrêter, d'abord, tout le système des voies magistrales à percer dans Paris pour réaliser le programme de l'Empereur, et dont le boulevard de Strasbourg et les sections, à peine ouvertes, du prolongement de la rue de Rivoli, comprises entre le Louvre et l'Hôtel de ville, n'étaient que des spécimens ; — puis, au fur et à mesure de la mise à exécution de ce vaste programme, étudier minutieusement, dans tous ses détails, le tracé de chaque section ; déterminer sur place les propriétés à occuper ; enfin, en apprécier la valeur.

Mon organisation du service

En attendant la création du Service où je me proposais de concentrer, à part, sous la direction de M. Deschamps, et sans aucun intermédiaire, les attributions multiples du Bureau de la Grande Voirie Parisienne considérablement amplifiées, je commençai par diviser en deux ce Bureau déjà trop chargé d'affaires. Laissant au premier la police de la Voie Publique dans Paris, je mis le Plan dans le second. Pour grandir la situation du Conservateur, je le nommai Chef de ce dernier, mais en lui maintenant son titre spécial et ses fonctions techniques, à la tête des Géomètres de la Ville.

Provisoirement, les Commissaires-Voyers des douze Arrondissements d'alors, comme les douze

Page de gauche : la rue Saint-Honoré vers 1865.

Commissaires-Voyers-Adjoints et les deux Inspecteurs-Voyers Divisionnaires chargés de contrôler leurs travaux, tous architectes, restèrent sous l'autorité du premier bureau.

Les deux Inspecteurs-Voyers Divisionnaires étaient MM. Charle et Lepage.

Les Commissaires-Voyers : MM. Levicomte, Moreau-Vestier, Delagenière, Lesueur, Eck, Chaudesaigues, Van Cleemputte, Dupeyrat et Bourgeois. Deux étaient chargés exceptionnellement de deux Arrondissements, au lieu d'un seul.

Les douze Commissaires-Voyers-Adjoints : MM. Brugère, Finiels, Dumas de Culture, Lehoëne, Peise, Perrodeau, Magne, Marcel, Vigoreux, Roussille, Blosse, Delamorinière. — MM. Finiels et Peise remplacèrent, peu après MM. Eck et Bourgeois.

Quant au service technique, les auxiliaires de M. Deschamps étaient MM. Lazare aîné, Pozier, Montry, Berger, Géomètres titulaires ; Picard-Dobrée, Géomètre-Vérificateur.

C'est en 1859, lors de l'annexion à Paris des territoires de la zone suburbaine l'enceignant, depuis l'ancien Mur d'Octroi, qui lui servait de limite, jusqu'aux Fortifications ; lors de la reconstitution, sur de nouvelles bases, de tous les Services Municipaux, que je fondai la Direction du Plan de Paris. Elle comprenait trois Bureaux, entre lesquels je répartis, d'abord, les attributions des deux anciens, embrassant désormais vingt arrondissements au lieu de douze, puis, celles se rapportant à la Petite Voirie Parisienne, qu'un Décret fit passer, en 1859, de la Préfecture de Police à la Préfecture de la Seine.

Les Services techniques extérieurs, rattachés à cette Direction, furent composés de la manière suivante :

Le Service Topographique : 1° d'un Géomètre en Chef et de six Géomètres ; 2° de quatre Géomètres en Chef et de huit Géomètres pour les travaux extraordinaires.

Le Service de la Voirie : 1° de cinq Inspecteurs-Voyers divisionnaires chargés de quatre Arrondissements chacun ; 2° de vingt Commissaires-Voyers d'Arrondissement et de vingt Commissaires-Adjoints.

La construction et la réparation des fosses d'aisance furent placées sous la surveillance d'un Inspecteur-Voyer Divisionnaire spécial, assisté de dix Inspecteurs-Adjoints.

Alors seulement M. Deschamps, nommé Chef de ce grand ensemble, eut, dans mon administration, le rang que je lui destinais, et qu'il avait su mériter, aux yeux de tous, par la manière dont il me secondait depuis six années, dans les opérations les plus importantes et les plus délicates de ma tâche.

Ce sont les Géomètres du Service topographique extraordinaire qui dressèrent les plans des voies nouvelles, des immeubles dont l'expropriation paraissait nécessaire pour livrer passage à ces voies et pour assurer la construction, en bordure, de maisons convenables et salubres.

Ce sont les Commissaires-Voyers qui, les expropriations décidées et prononcées, ont fait les expertises permettant au Conseil Municipal d'arrêter le montant des indemnités à offrir, tant aux propriétaires dépossédés qu'aux locataires évincés ; puis, de fixer les prix à demander pour les matériaux de démolition et les lots de terrain à revendre.

Mais l'action du Bureau, de la Voirie d'abord, puis des deux Bureaux qui se partagèrent ses attributions, et enfin de la direction du Plan de Paris n'alla jamais plus loin.

C'est le bureau du domaine de la Ville, faisant partie, en premier lieu, de la Division de l'Administration Départementale et Communale, et, en dernier, de la Direction des Affaires Municipales, qui, de tout temps, fut chargé d'engager et de poursuivre les procédures d'expropriation et d'éviction ; de remplir toutes les formalités voulues pour en régulariser le résultat ; de faire aboutir le règlement amiable ou judiciaire des indemnités de toute sorte ; de procurer la vente de gré à gré, sinon par la voie de l'adjudication, suivie dans la plupart des cas de celle de tous les matériaux de démolitions et des lots de terrain restés libres au delà des alignements des anciennes et nouvelles voies publiques. Il devait encore instruire et soumettre à toutes les approbations de droit les traités de concession directe de certaines entreprises de percement que la Ville ne voulait pas ou ne pouvait faire elle-même en régie, et qui n'étaient pas susceptibles d'être mises utilement en adjudication.

En un mot, c'est par ce Bureau du Domaine de la Ville qu'ont été conduites et conclues toutes les opérations qui soulevèrent tant de violentes et bien injustes attaques contre mon administration, qui provoquèrent à mon adresse d'odieuses calomnies ; d'autant moins excusables qu'au su et vu de tout le monde, le Préfet, avant comme pendant mon édilité parisienne, n'a jamais pris part personnellement aux négociations diverses, soumises aux nombreux contrôles que ces opérations ont nécessités, ainsi qu'on le verra plus loin. Je me suis même abstenu d'en recommander spécialement aucune à qui que ce fût.

Néanmoins, il me fallait être sûr des chefs du Service du Plan de Paris, aussi bien que du Chef de ce Bureau considérable. En effet, jusqu'au moment où le projet d'une nouvelle voie publique serait mis à l'enquête, il importait de tenir à l'abri de toute indiscrétion le tracé précis de cette voie et le périmètre des expropriations qu'elle devait motiver. C'était enlever aux spéculateurs le moyen de profiter, sans risques, de l'ignorance des intéressés, ou à ceux-ci le temps de préparer toutes les fraudes par lesquelles tant de propriétaires et, surtout, de locataires indélicats ont réussi finalement à se faire allouer par des jurys trop complaisants des indemnités exorbitantes, au détriment de la Ville, c'est-à-dire de l'ensemble de la Population. Ce mot n'a rien d'excessif ; car, je dus me pourvoir contre les opérations d'un jury dans lequel siégeaient des expropriés, naturellement favorables à l'exagération des dédommagements dus à d'autres victimes de l'utilité publique, à charge de revanche.

Je n'ai pas besoin d'ajouter que le travail des Géomètres pour le lotissement des terrains à revendre, et celui des Commissaires-Voyers, pour toutes les expertises et les estimations, devaient être dirigés, surveillés, rectifiés même, au besoin, par un fonctionnaire inaccessible à toute influence extérieure, connu comme tel par ses subordonnés, et les tenant tous, grands et petits, avec la même fermeté de main.

M. Deschamps fut ce fonctionnaire. Il mourut pauvre, vers 1880, dans une situation peu lucrative, mais honorable, que j'avais pu lui faire assurer pour améliorer un peu sa pension de retraite, réglée par la Ville après 1870.

Du reste, le personnel des Géomètres et des Commissaires-Voyers, recruté de tout temps avec le plus grand soin, offrait, en lui-même, des garanties contre toute connivence avec les spéculateurs à l'affût des occasions de gain. Je ne saurais donner ici la liste, extrêmement nombreuse, des architectes de renom qui figuraient dans ce double personnel d'élite ; on comprendra suffisamment de quelle façon les deux services étaient composés quand j'aurai dit que M. Lesueur, membre de l'Institut, l'Architecte qui reconstruisit l'Hôtel de Ville, avec le concours de M. Godde, sous l'administration de M. le Comte de Rambuteau, remplissait, au début de la mienne, les fonctions de Commissaire-Voyer du VIe Arrondissement de l'ancien Paris. Il les conserva jusqu'en 1859, et fut un des cinq Inspecteurs-Voyers Divisionnaires que j'instituai dans la ville agrandie.

MM. Charles et Lepage occupaient, en 1853, et gardèrent jusqu'en 1859, les deux postes d'Inspecteurs-Voyers Divisionnaires, entre lesquels se partageait la surveillance du travail des Commissaires des 12 Arrondissements du Paris de cette époque.

MM. Lesueur, Van Cleemputte et Levicomte furent, avec eux, les Inspecteurs-Voyers Divisionnaires de ma nouvelle organisation, où M. Magne remplaça bientôt M. Charles.

Le Bureau de la Voirie, que le respectable M. Chantelot dirigeait, en 1853, avec une intégrité

Pages suivantes : l'Hôtel de Ville, la cour d'Honneur.

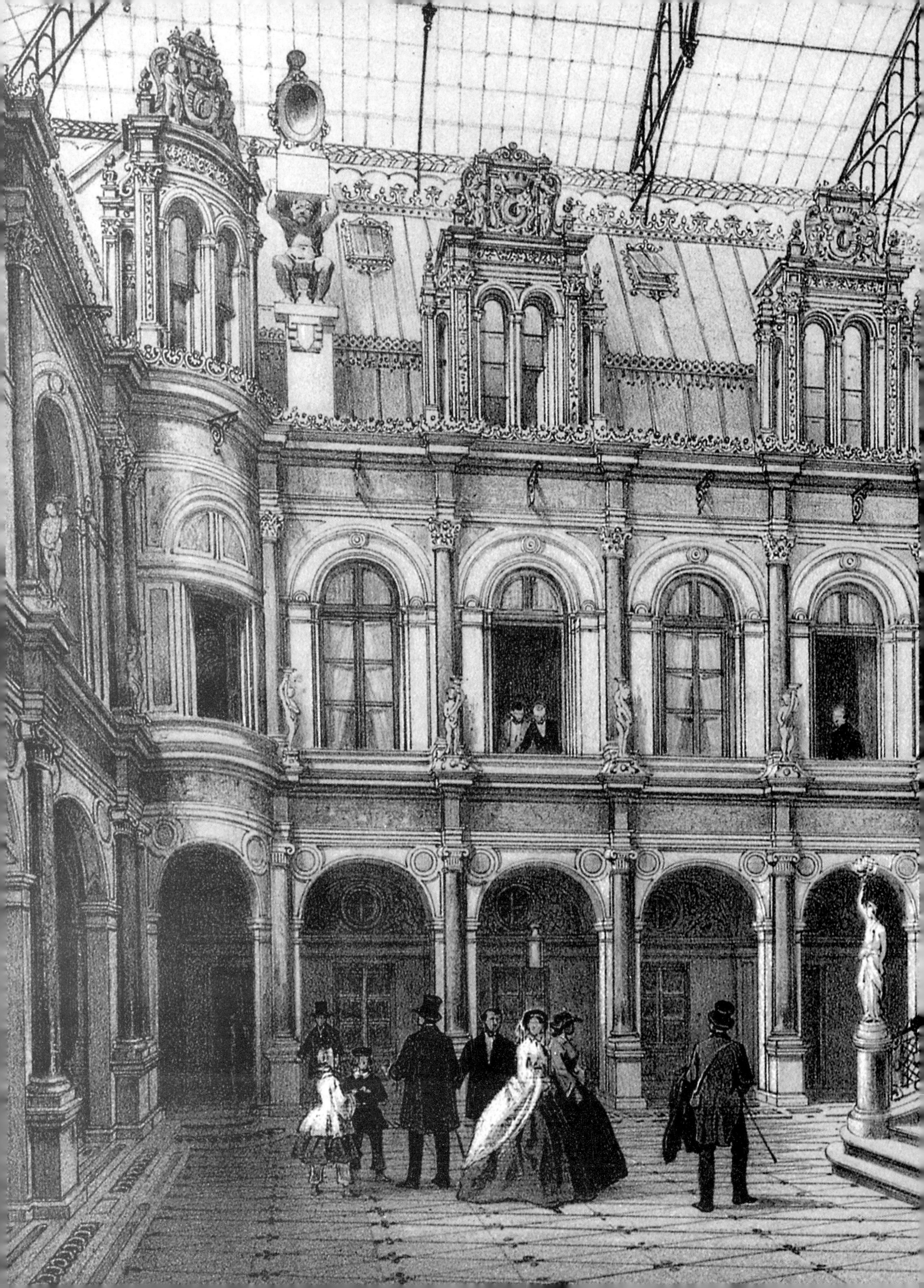

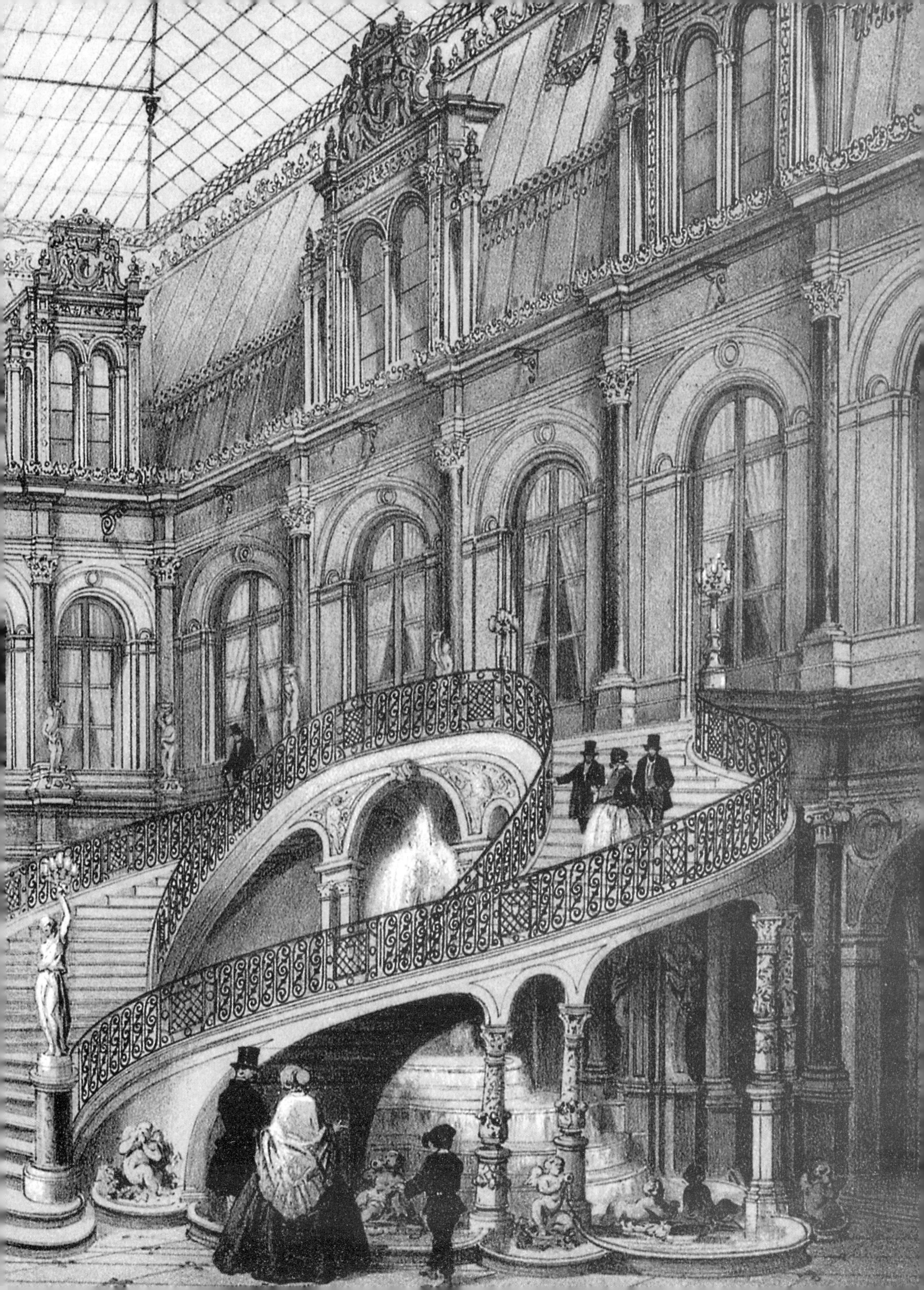

défiant tout soupçon, était placé dans la Division de M. Trémisot, qui fut, comme on se le rappelle, remplacé, quand il devint Trésorier de la Ville, par M. Tronchon, Conseiller Municipal. A côté se trouvaient des Bureaux ayant dans leurs attributions respectives, non seulement le Pavé de Paris, mais encore les voies publiques de tout le reste du département : Routes Impériales et Départementales, Chemins Vicinaux de toute catégorie ; les Rivières navigables et les Canaux en amont de Paris, dans son enceinte et en aval ; les Eaux, les Égouts, les Vidanges de la ville, et de plus, tout le Service d'Architecture et celui des Carrières.

Toutefois, le Bureau de M. Chantelot, qui, dès 1854, perdit le Service du Plan de Paris, n'eut jamais dans ses attributions, quant à la Voirie Parisienne, jusqu'à sa disparition au cours de 1859, que les affaires ayant pour objet l'établissement, l'amélioration, la conservation des boulevards, des rues et des places publiques de la Capitale, la préparation des projets de voies nouvelles et tout ce qui s'y rattachait : la délivrance des alignements et permis de bâtir en bordure sur ces voies et sur les anciennes ; la surveillance des constructions en cours et la poursuite des contraventions commises ; en un mot, l'application de la Loi des Bâtiments. Les Architectes de tout ordre relevaient de ce Bureau, comme celui des Ingénieurs du Service Municipal, du Bureau chargé du Pavé de Paris, des Eaux et des Égouts.

La Préfecture de Police avait, par application du Décret du 12 Messidor an VIII, en même temps que la réglementation et la surveillance de la circulation sur toutes les voies publiques de Paris et du Département, le nettoyage, l'arrosage et l'éclairage de celles de Paris, la délivrance des permis de saillie, d'étalage et autres du même genre, etc., etc.

Pour distinguer les questions de compétence, celles qui ressortissaient à la Préfecture de la Seine étaient qualifiées de « Service de Grande Voirie ». La réunion des autres constituait le « Service de Petite Voirie », par une fausse application des deux termes.

En effet, la Grande Voirie est le régime spécial sous lequel sont placées, par notre législation, les routes de l'État et des Départements. La juridiction des Conseils de Préfecture caractérise ce régime, duquel dépendent, en vertu d'une exception qui se comprend, mais qui reste unique, toutes les voies publiques de Paris, sans aucune distinction. La Petite Voirie est le régime exclusivement municipal et la juridiction des Tribunaux de Simple Police, applicables aux voies intérieures des autres villes, sauf les parties de ces voies formant traverses de Routes et tous les Chemins Vicinaux, quel qu'en soit le classement.

A partir de 1860, les modifications profondes apportées au Décret de Messidor, pour mettre fin aux conflits des deux Préfectures, fit cesser l'anomalie que je viens de relever, en concentrant à l'Hôtel de Ville toutes les attributions relatives à la Voirie.

Dans la nouvelle organisation de la Préfecture de la Seine, mise alors en vigueur, j'ai réparti ces attributions sous l'autorité de M. Deschamps, entre les trois Bureaux de son nouveau Service.

Le premier eut le Plan ; l'étude des alignements et percements ; le lotissement des terrains à revendre en bordure des voies publiques, anciennes et nouvelles ;

Le second, les permissions de Voirie de toute nature ; la répression des contraventions de tout genre ; la dénomination des voies publiques et le numérotage des maisons ; les bâtiments en péril ; les carrières ;

Le troisième, les Logements Insalubres, les Fosses d'aisances.

Triangulation, levé, nivellement de la ville.

Pour donner une existence réelle à ce Plan, je n'attendis pas l'organisation définitive du Service du Plan de Paris, tel que je l'avais conçu dès le principe, embrassant tout à la fois la Topographie et la Voirie Parisiennes, avec le double Personnel des Géomètres et des Architectes-Voyers de la Ville, comme auxiliaires. Il n'en avait encore aucune, dans son ensemble, et se composait uniquement d'une collection de plans partiels d'alignement des diverses voies publiques, sans lien, sans concordance entre eux.

A cet effet, je fis dresser, avant tout, par M. Deschamps, un projet de triangulation du sol parisien, compris dans l'enceinte du mur d'Octroi, qui formait alors l'extrême limite de la ville. — C'est après l'annexion à Paris de la Zone Suburbaine que ce travail fut étendu jusqu'à l'enceinte des Fortifications. — Le Conseil Municipal, saisi de la question, reconnut la nécessité de l'opération préalable, très coûteuse, proposée en vue de l'exécution du Plan d'ensemble de Paris, dont personne assurément ne pouvait contester l'utilité, l'urgence même, et m'ouvrit les crédits dont j'avais besoin.

La triangulation de l'ancien Paris dura plus d'une année. Elle motiva l'érection, sur tous les points désignés dans le projet de M. Deschamps, de ces grandes bigues de charpente dont beaucoup de personnes doivent encore se souvenir. (L'une d'elles, plantée au coin de la Rue Drouot et du Boulevard Montmartre, affligea longtemps les regards des promeneurs.) Dépassant le faîte des plus hautes maisons, elles supportaient d'étroites plates-formes, d'où mes plus habiles Géomètres purent mesurer suivant la méthode de triangulation, au moyen d'instruments de précision des plus parfaits, les angles formés par les côtés de chacun des triangles déterminés sur place par les prolongements des tiges centrales de ces constructions passagères. En même temps, les auxiliaires constataient la longueur exacte des divers côtés, par des chaînages répétés plusieurs fois, de la distance séparative des bigues. Elles avaient été placées, à cet effet, aux points de rencontre de voies ou sections de voies absolument droites.

Après l'achèvement et la vérification minutieuse de toutes les parties de cette opération capitale, on leva le plan détaillé des espaces, bâtis ou non, circonscrits par les côtés de chaque triangle, c'est-à-dire des maisons, terrains et voies publiques que son périmètre embrassait, et l'on eut, par la coïncidence de celles-ci, d'un triangle à l'autre, la démonstration de la justesse du premier travail.

Alors, M. Deschamps, en possession de tous les éléments qui nous manquaient, put dresser le plan d'ensemble avec l'irréprochable exactitude qui fit de son œuvre un document des plus précieux.

Il y rapporta, tout d'abord, les alignements arrêtés des voies anciennes, et, successivement, le tracé des voies nouvelles, au fur et à mesure de leur classement.

Je fis graver ce plan au cinq-millième, en grandes feuilles, où toutes les indications nécessaires aux différents services de mon administration se voyaient distinctement.

La juxtaposition et l'entoilage d'exemplaires de ces nombreuses feuilles dans un cadre porté par des montants sur pieds à roulettes, et placé bien en vue au milieu de mon cabinet de travail, y constituaient derrière le fauteuil de mon bureau un immense paravent, où je pouvais, à toute minute, en me retournant, chercher un détail, contrôler certaines indications, et reconnaître les corrélations topographiques des Arrondissements et quartiers de Paris entre eux. Bien souvent, je me suis livré, devant ce tableau fidèle, à des méditations fructueuses.

Une réduction de notre nouveau plan au dix-millième le rendit mois encombrant, quoique bien grand encore (2,50 m de long sur 1,50 m de haut).

L'édition au vingt-millième était seule pratique pour le Public.

L'original, de dimensions supérieures même à celles de la première édition au cinq-millième, permettait au Service du Plan de donner l'alignement, sans coup férir, aux constructeurs de maisons en bordure des voies publiques, même de celles qui n'étaient pas encore ouvertes. Jamais aucune erreur ne vint révéler une inexactitude quelconque des remarquables travaux de mes Géomètres et de leur Chef éminent.

Mais il ne pouvait me suffire d'avoir une planimétrie parfaite de Pais. Il me fallait, en outre,

Pages suivantes : le Louvre et la Seine, vue prise du Pont-Neuf.

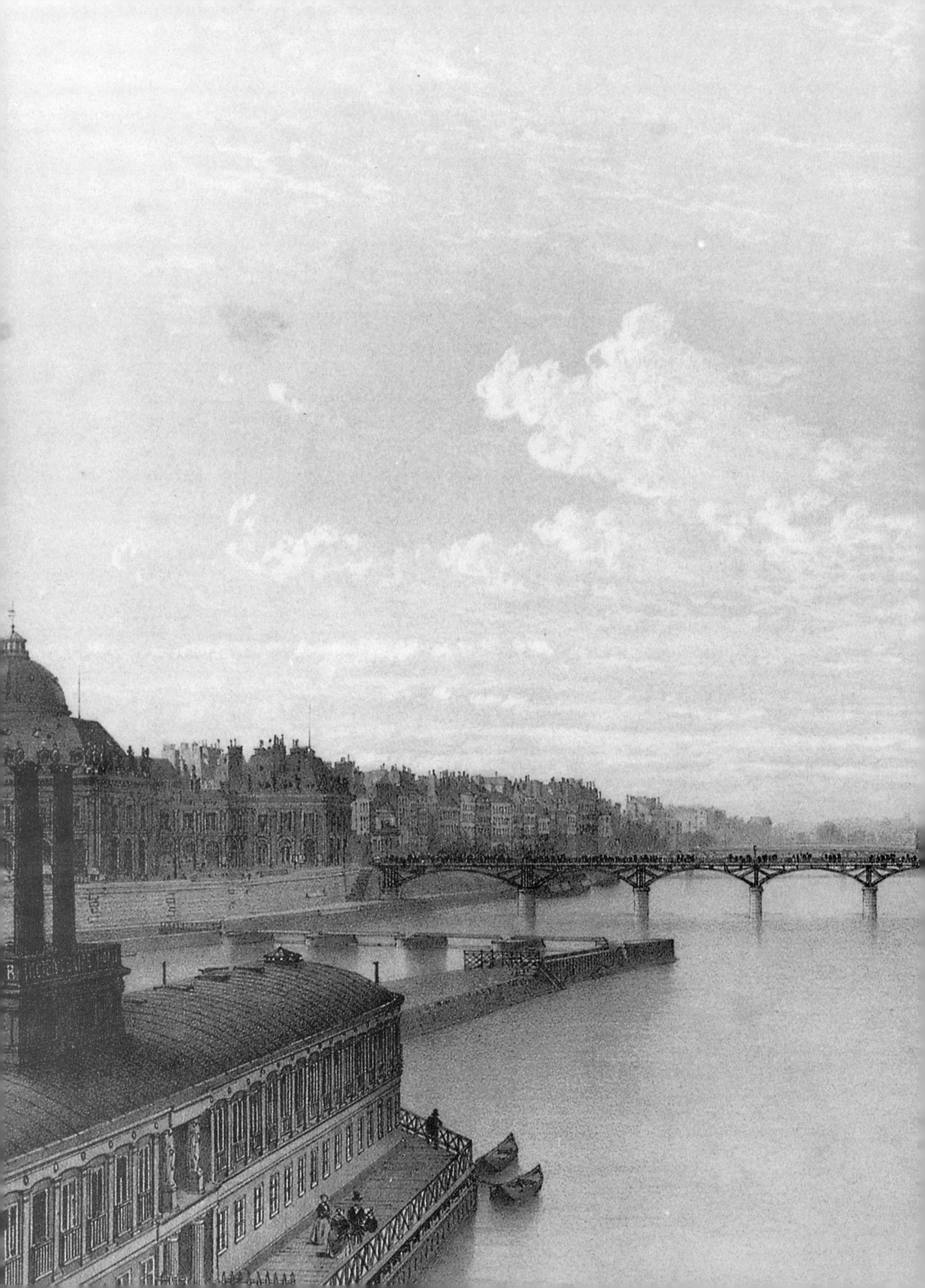

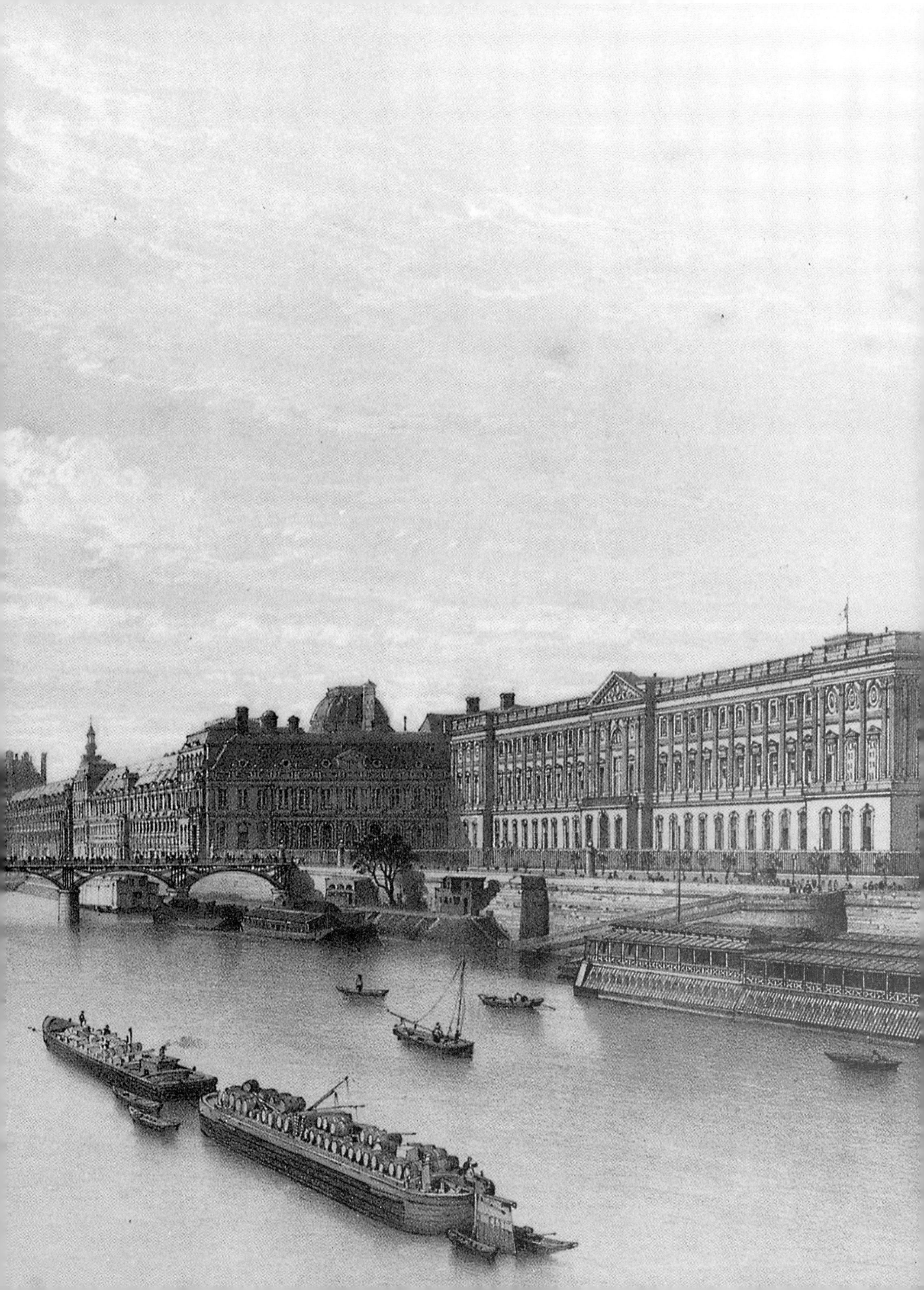

constater les ondulations du sol, au moyen d'un nivellement général, qui n'avait pas encore été fait. Je devais reconnaître les obstacles que des différences notables de relief risqueraient d'opposer à l'ouverture de ces voies, entre les quartiers à mettre en communication par les voies nouvelles tracées au plan de l'Empereur. Je dus en faire exécuter le travail parallèlement à la Triangulation de Paris, et nous prîmes pour point de repère un plan idéal passant à 50 mètres au-dessus du niveau normal des eaux du bassin d'arrivée du Canal de l'Ourcq, à la Villette, niveau supérieur de 51,49 m à celui de la Mer moyenne, de façon qu'on sût aisément dégager, des cotes de nivellement annotées sur notre Plan de Paris, l'altitude absolue de chacun des points de la ville.

Il me fut d'autant plus facile de faire admettre la nécessité de cette seconde opération, qu'on avait pour exemple des mécomptes auxquels on s'expose en adoptant des projets étudiés, à la légère, sur des plans dépourvus de cotes d'altitude, la cruelle déception tout récemment éprouvée par l'Administration Municipale. Quand on ouvrit le prolongement de la rue de Rivoli, du Passage Delorme à la Place de l'Hôtel-de-Ville, on rencontra, dans la dernière portion, l'obstacle de la butte Saint-Jacques-la-Boucherie, dont on ne pouvait avoir raison qu'au prix de travaux imprévus, entraînant des conséquences très onéreuses.

En effet, il ne suffisait pas d'y pratiquer la tranchée, de plusieurs mètres de profondeur qu'exigeait le passage de la nouvelle voie. Il fallait raccorder avec celle-ci les anciennes rues qu'elle coupait, et, pour cela, déniveler tout un quartier, celui des Arcis, rendu très populeux, très marchand, par le voisinage des Halles ; partant, démolir, sans aucune exception, les nombreuses maisons qui s'y pressaient. Bien plus, il fallait reconstruire le Pont Notre-Dame, dont les rampes étaient déjà trop ardues, afin qu'on y pût accéder aisément de la rue Saint-Martin abaissée ; comme aussi, remanier, sur les deux rives du fleuve, les quais adjacents, et modifier le relief de la rue de la Cité, voire même du Petit-Pont !

Quant à la Tour Saint-Jacques-la-Boucherie, plantée sur le point culminant de la butte, il était indispensable de la reprendre, de l'allonger en sous-œuvre ; travail fort délicat, durant lequel on dut d'abord la maintenir en l'air et la préserver de tout ébranlement, puis l'asseoir, au même niveau, sur un nouvel étage inférieur, accosté de quatre forts piliers et ouvert par des arcades sur les quatre faces, où je plaçai la statue de Pascal, en souvenir des expériences relatives à la pesanteur de l'air et à la chute des corps, faites par lui dans cette Tour.

L'œuvre architecturale qu'il incombait à mon administration d'aborder, dès ses débuts, n'est certes ni des moins ardues, ni des moins curieuses qu'elle ait accomplies.

L'abaissement du Pont Notre-Dame et ses conséquences marquèrent, de même, mes débuts dans les Grands Travaux Publics, et les opérations complémentaires de l'ouverture du prolongement de la rue de Rivoli et du dégagement des Halles Centrales, dans les grandes entreprises ayant l'amélioration de la Voie Publique pour objet. La déconvenue de la Ville, que j'ai relatée plus haut, avait été, pour l'Empereur, l'occasion déterminante du remplacement de M. Berger par un Préfet, et de ma désignation comme agent d'exécution des projets de transformation de Paris conçus par Sa Majesté.

Mes premières opérations de voirie

Il faut remonter jusqu'en 1849. J'étais Préfet du Var, au cours des difficultés de ma mission dans ce département, lorsque à la date du 4 octobre fut promulguée la Loi qui ratifia le traité conclu, le 2 Août, entre l'État et la Ville, au sujet des opérations complexes, que, plus tard, sous le titre de : Prolongement de la Rue de Rivoli, je groupai, dans le Premier Réseau des voies nouvelles de Paris transformé.

Page de droite : le Louvre et la rue de Rivoli.

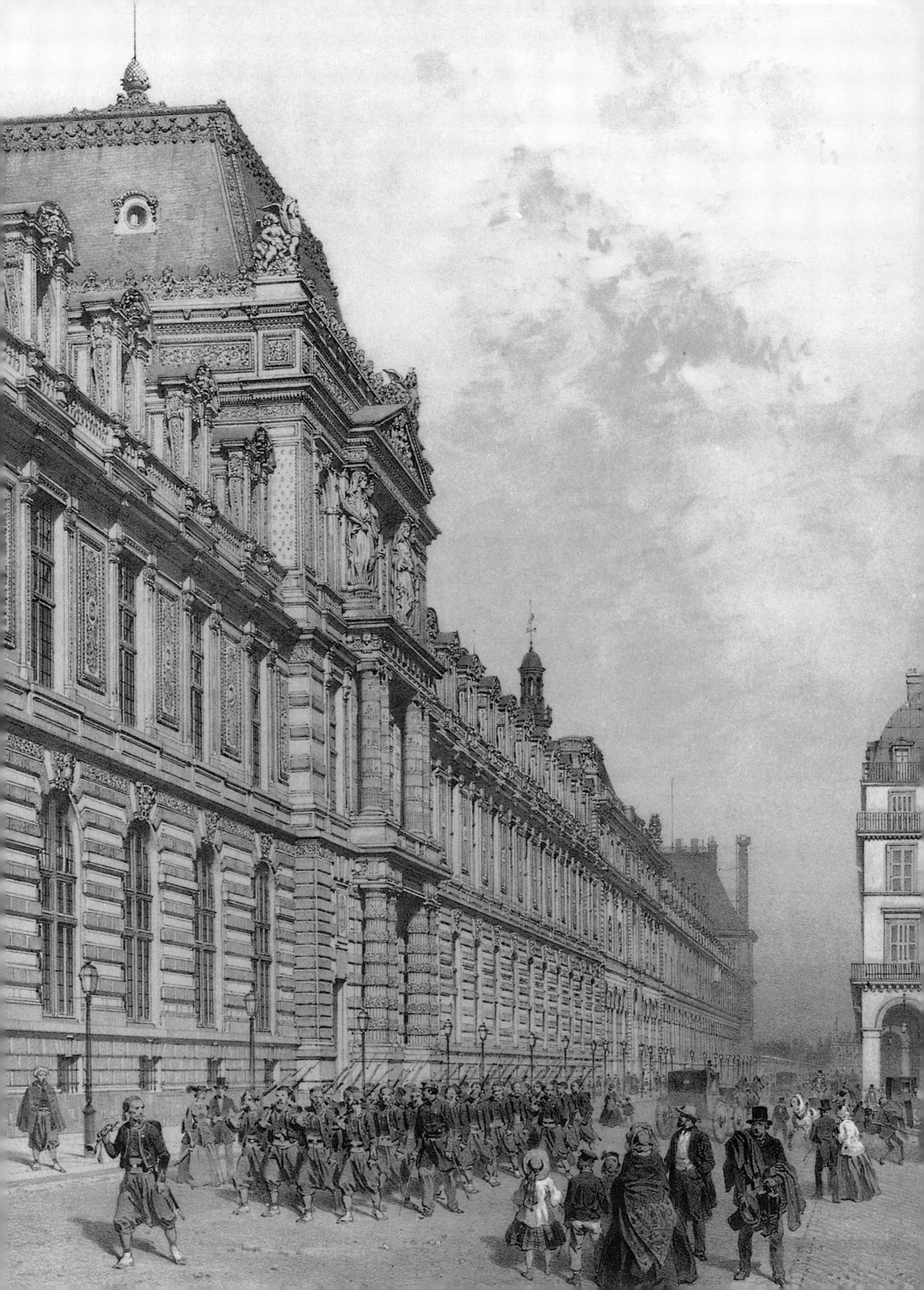

Ces opérations embrassaient :

1° Le dégagement complet et le nivellement de l'espace isolant le Palais des Tuileries de celui du Louvre, accompli sous mon administration seulement.

2° L'ouverture, sur une largeur de 22 mètres, de la section de la Rue de Rivoli, comprise entre le Passage Delorme et la Rue de la Bibliothèque, en vue de la construction de l'aile droite du Louvre, terminée à peine en 1855.

C'est par un Décret du 23 Décembre 1852, que fut déclarée d'utilité publique l'exécution, commencée en 1853 et terminée par moi dans le cours de 1854, de la section de cette voie allant de la rue de la Bibliothèque à la Rue des Poulies, ou la Place du Louvre, et que fut prescrite la construction, en bordure des deux sections, de maisons uniformes avec arcades.

Ce même Décret déclara l'utilité publique de l'agrandissement des Places du Louvre et Saint-Germain-l'Auxerrois, et prescrivit l'élévation, suivant une architecture décorative homogène, de maisons faisant face des deux côtés de ces places réunies à la colonnade du Louvre.

Un autre Décret, rendu le 15 novembre 1853, — au cours de mon administration, — autorisa l'élargissement des rues de l'Échelle, de Rohan, et des portions des rues Saint-honoré et de Richelieu, bordant le Théâtre-Français, dont l'Avenue Napoléon (aujourd'hui, de l'Opéra) vint ensuite achever le parfait dégagement, et plus loin, des rues du Coq-Saint-Honoré (Rue de Marengo), de l'Oratoire et des Poulies (Rue du Louvre).

Je dirai bientôt dans quelles proportions l'État et la Ville concoururent à ces diverses opérations.

Le prolongement de la Rue de Rivoli, de la Place du Louvre à celle de l'Hôtel de Ville, entrepris par la Ville seule, motiva la Loi du 4 Août 1851, qui, pour favoriser la construction de maisons à toute hauteur, des deux côtés de cette troisième section, les exempta d'impôt pendant vingt années.

Quand on reconnut la nécessité d'étendre considérablement les expropriations prévues au projet

Place du Louvre.

primitif, pour déniveler les abords de la Tour Saint-Jacques, un Décret du 26 juillet 1852 les autorisa, puis, promit à la Ville deux subventions : la première, d'un million, applicable aux dépenses de ces expropriations complémentaires ; l'autre, de 500 000 francs, affectée à la reconstruction du Pont Notre-Dame, conformément aux conclusions d'une Commission spéciale chargée par l'Empereur de lui rendre compte des difficultés, inattendues, rencontrées sur ce point.

Un Décret du 19 Février 1853 déclara d'utilité publique l'élargissement de la Place de l'Hôtel-de-Ville, nommée jusqu'alors Place de Grève.

J'eus toute la charge de ces opérations complémentaires, dont les premières étaient, je l'ai dit, fort ardues.

Pour compléter la dernière, je soumis au Conseil Municipal le projet d'une série de nouvelles dispositions, étudiées avec grand soin par moi-même, en vue de donner un caractère monumental aux accès de l'Hôtel de Ville, notamment, de l'ouverture dans l'axe de son pavillon central d'une Avenue, plantée de deux rangs d'arbres, montant à la Place du Châtelet transformée.

A droite et à gauche de cette grande voie, des espaces étaient réservés, en face du Palais Municipal, pour deux bâtiments symétriques, accotés de maisons d'architecture uniforme, et destinés, l'un à l'Administration de l'Octroi, aux Archives de la Ville, et l'autre, à l'Administration de l'Assistance Publique. Plus haut, l'Avenue devait être bordée, à droite, par le Square Saint-Jacques, à gauche, par le Théâtre-Lyrique (affecté maintenant à l'Opéra-Comique), faisant face au Théâtre du Châtelet sur la Place de ce nom, que termine la Chambre des Notaires, construite entre les points d'arrivée du boulevard de Sébastopol et de la rue Saint-Denis.

Décrété le 29 Juin 1854, mon projet se trouvait en pleine exécution lors de l'Exposition Universelle de 1855 et du voyage que la Reine d'Angleterre, Victoria, fit en France. Au cours de sa visite à l'Hôtel de Ville, Sa gracieuse Majesté daigna permettre que, pour perpétuer ce souve-

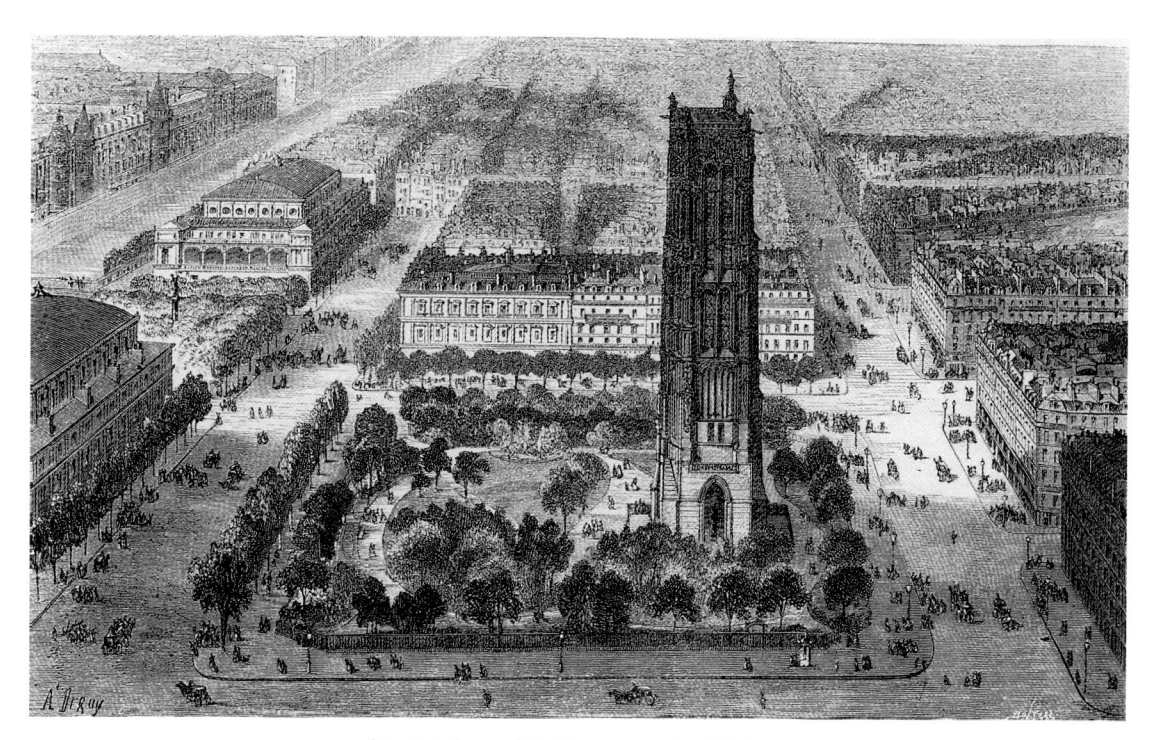

Square de la tour Saint-Jacques, vue à vol d'oiseau.

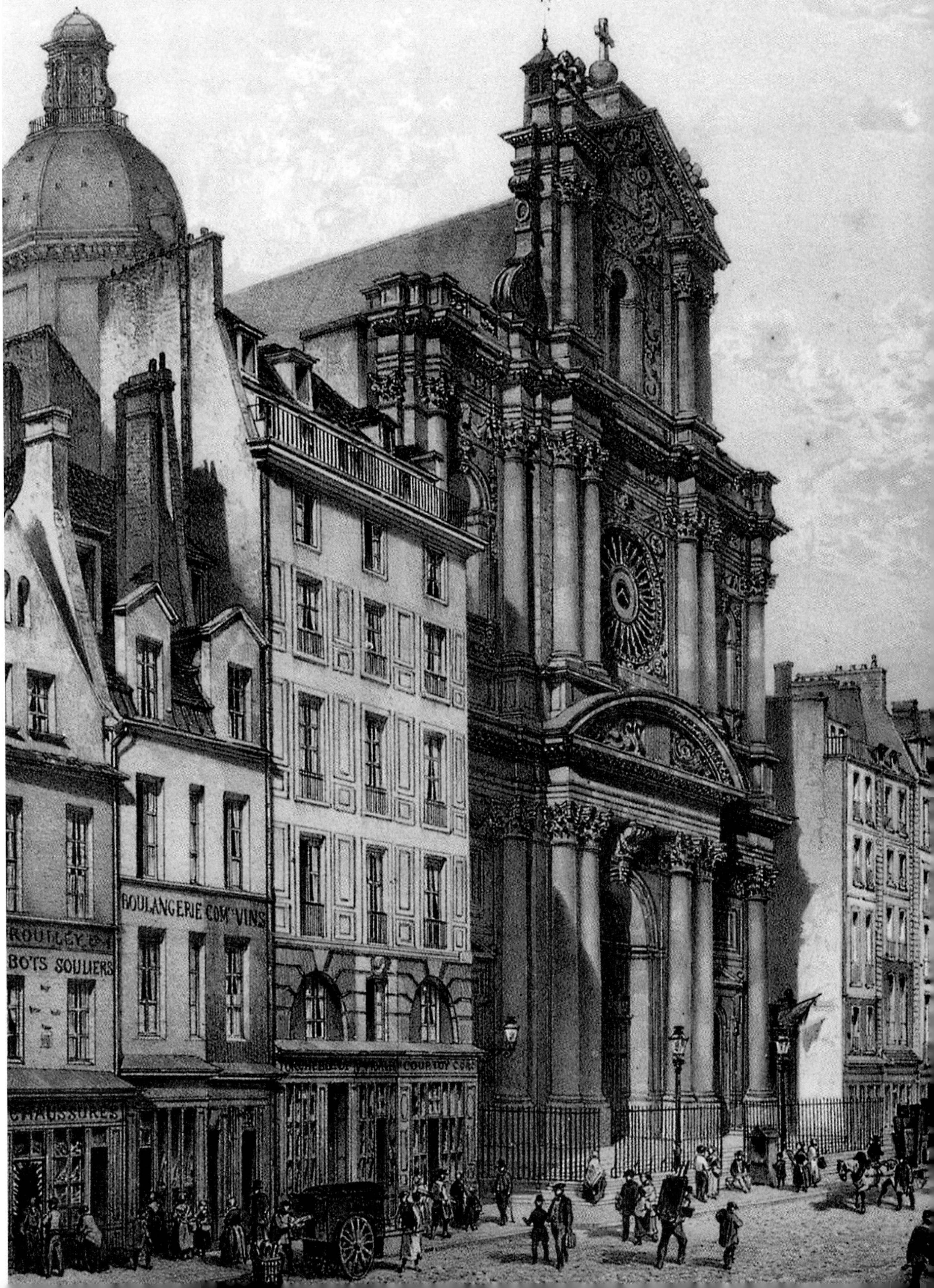
BOULANGERIE COM VINS
BOTS SOULIERS
CHAUSSURES
COURTOY

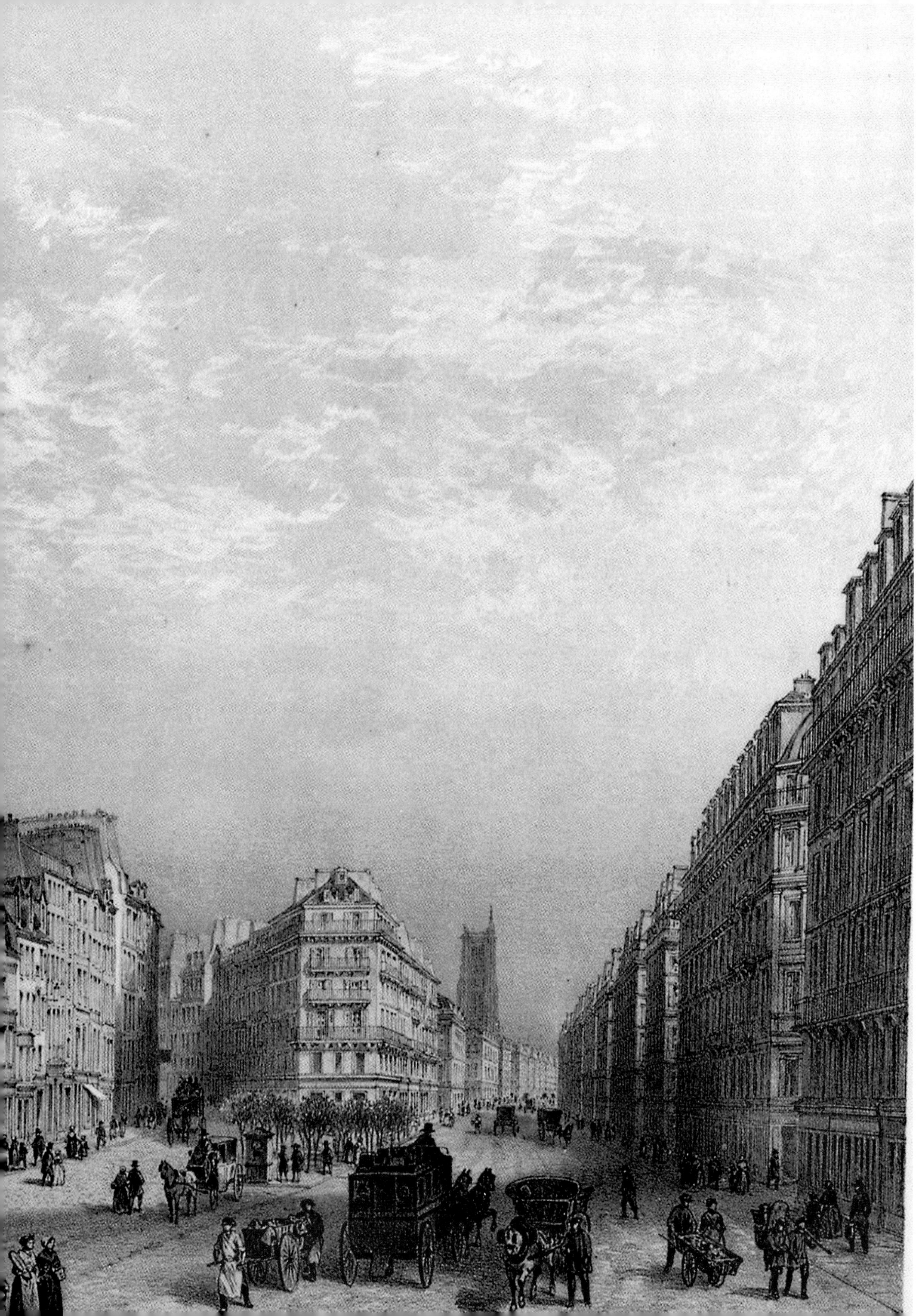

nir, on donnât son nom à la nouvelle Avenue, à peine achevée.

Quant au dernier prolongement de la Rue de Rivoli, ce fut un Décret du 29 Septembre 1854 qui le déclara d'utilité publique, de la Place de l'Hôtel de Ville à la Place Birague. Un premier Décret, du 31 Janvier, avait autorisé déjà la suppression de la Rue du Coq-Saint-Jean ; le second décida celle de la Rue des Mauvais-Garçons et d'une partie des rues du Roi-de-Sicile et de l'Hôtel-de-Ville.

Ainsi fut assurée l'ouverture complète de la grande artère qui relia, non seulement le Louvre à l'Hôtel de Ville, mais la Place de la Concorde à celle de la Bastille, la barrière de l'Étoile à celle du Trône, par une communication directe, spacieuse, monumentale et, de plus, stratégique.

L'isolement, la reprise en sous-œuvre et la restauration de la Tour Saint-Jacques-la-Boucherie coûtèrent 580 000 francs, en somme ronde ; la reconstruction du Pont Notre-Dame, 1 340 000 francs.

L'expropriation de 187 maisons à démolir, couvrant une superficie de 16 950 mètres, revint, déduction faite des reventes de terrain et du prix des matériaux de démolition, à 9 633 000 francs.

Enfin, les travaux supplémentaires des Ingénieurs montèrent à 58 000 francs.

La dépense imprévue de la section de la Rue de Rivoli, comprise entre les Places du Louvre et celle de l'Hôtel-de-Ville, section ouverte par l'Administration Municipale, sans promesse d'aucune subvention de l'État, s'éleva donc à 11 611 000 francs.

Or, le règlement de la dépense nette de l'opération primitive, dont le devis ne prévoyait que 236 maisons à démolir, occupant 31 054 mètres, n'excédait guère, y compris les travaux des Ingénieurs, notamment ceux du grand égout, 18 728 000 francs.

Elle fut donc accrue de plus de moitié et portée au delà de 30 millions, — exactement 30 637 978,02 fr.

Les deux allocations de l'État, s'élevant ensemble à 1 500 000 fr., la ramenèrent à 29 137 978,02 fr.

On voit dans quelle importante proportion le défaut de nivellement préalable des vieux quartiers, qu'il s'agissait de traverser, aggrava finalement le total des prévisions de l'Administration Municipale.

Le dégagement des abords de l'Hôtel de Ville et l'ouverture de la dernière section de la Rue de Rivoli, réunis au percement du Boulevard du Centre dans une même opération financière, à cause de la subvention du tiers de la dépense totale des trois entreprises accordée par l'État (limitée à 3 500 000 francs), ne coûtèrent pas moins de 18 126 190,94 fr.

Le dégagement du périmètre des Halles Centrales, qui se liait intimement à l'exécution de cette partie du prolongement de la rue de Rivoli, n'avait motivé, dans le principe, que la démolition de 147 maisons occupant 17 493 mètres. L'expropriation en était revenue, toutes déductions faites, à 14 688 051 francs. Mais, l'abandon absolu du projet primitif de construction et l'adoption d'un tout autre projet, moins coûteux de plusieurs millions, quoique bien plus vaste, comprenant deux groupes de pavillons en fer, divisés par des rues ouvertes, groupes séparés entre eux, du Nord au Sud, par une large voie centrale, et circonscrits de rues d'isolement de 20 mètres, exigea le développement, dans des proportions considérables, du périmètre jugé suffisant tout d'abord.

Je dus, pour le compléter avant tout, faire disparaître 180 maisons de plus, couvrant 12 052 mètres, dont l'expropriation doubla la dépense nette déjà consommée, en l'augmentant de 14 680 840,76 fr ; non compris les travaux des Ingénieurs, prévus pour un million et qui montèrent à 1 339 511,26 fr.

La réunion des trois sommes donne un total de 30 708 403,02 fr.

Pages précédentes : l'église Saint-Paul, Saint-Louis (rue Saint-Antoine et rue de Rivoli).

Ce n'est pas tout : un Décret du 21 Juin 1854 déclara d'utilité publique l'ouverture :

1° D'une rue de 20 mètres de largeur, la Rue du Pont-Neuf, allant de l'extrémité de la Voie Centrale, — Rue Baltard, déjà reliée, par la Rue Saint-Honoré, avec le quartier du Palais-Royal, — à la Place des Trois-Maries, en avant du Pont, d'où part la rue de la Monnaie, dans la direction du corps de pavillon rattaché maintenant à l'ancienne Halle au Blé, transformée en Bourse de Commerce.

2° D'une autre rue, aussi de 20 mètres, la Rue des Halles, gagnant en diagonale le Pont au Change, en empruntant la deuxième section, élargie à cette fin, de la Rue Saint-Denis, entre la Rue de Rivoli et la Place du Châtelet.

Cette seconde rue a complété la mise en communication facile, par la Rue Montmartre, qui suit également une diagonale, de la ligne des Boulevards Intérieurs de la Rive Droite à la Pointe Saint-Eustache. La Rue Baltard la continue à travers les Halles, quartiers où l'activité parisienne est le plus intense. On rayonne de là vers l'Hôtel de Ville, la Préfecture de Police, les Cours et Tribunaux agglomérés dans la Cité ; puis, sur la Rive Gauche, vers le centre de la vie studieuse, vers le pays des Écoles, le Luxembourg, etc., etc.

Au nord des Halles, grâce à l'élargissement de l'ancienne rue qui forme, de la Pointe Saint-Eustache à la Rue du Louvre, entre l'Église et le second corps de pavillons, le prolongement de la Rue de Rambuteau, je comptais faire établir une large voie partant du point de rencontre de la Rue de Rambuteau prolongée, de la Rue du Louvre et de la Rue Coquillère, et aboutissant à l'angle des rues de Valois et Saint-Honoré. J'aurais ainsi créé une autre grande communication biaise, presque directe, de la Place du Château-d'Eau, passant par la Rue Turbigo et celle du Palais-Royal.

Je recommande cette utile percée à nos édiles présents et à venir.

J'obtins que l'État contribuât pour un tiers, ne pouvant excéder 3 millions, à la dépense nette des voies nouvelles décrétées le 21 Juin 1854, qui s'éleva finalement à 13 651 367,82 fr, et porta le total du coût de l'emplacement des Halles Centrales et du dégagement de leurs abords, à 44 359 770,84 fr.

La Ville fut moins maltraitée dans le règlement des dépenses de la partie du prolongement de la Rue de Rivoli, comprise entre le Passage Delorme et la Place du Louvre, et dite « des Arcades », à cause de l'obligation imposée aux constructeurs de nouvelles maisons bordant ces deux sections, de continuer l'architecture symétrique et les galeries de la rue primitive, datant du règne de Napoléon Ier.

L'État prit à sa charge, sans fixation de maximum : 1° les deux tiers de la dépense nette, de la section allant du Passage Delorme à la rue de la Bibliothèque, à laquelle se rattachait le dégagement du Carrousel et de tout l'espace compris entre le Palais des Tuileries et celui du Louvre, ainsi que des abords du Théâtre-Français et du Palais-Royal ; 2° la moitié de celle de la section suivante, dont les opérations complémentaires étaient de beaucoup moins lourdes.

L'ouverture de la première section n'avait exigé que la démolition de 47 maisons, d'une surface totale de 7 636 mètres, et celle de la seconde était faite au prix de 20 autres, occupant 3 718 mètres seulement, en sus des terrains provenant de l'ancienne Caisse d'Amortissement et de l'hôtel d'Angevilliers, propriétés de l'État, déjà démolies.

Les opérations complémentaires, que je fis exécuter, nécessitèrent l'expropriation de 104 maisons, d'une part, et de 68, de l'autre.

La dépense totale s'est élevée à 36 498 706,30 fr., savoir :

Pour la première section, à 24 319 505,11 fr., du chef des expropriation, et à 297 192,65 fr., en travaux de nivellement (dont 210 000 francs, à la Place du Carrousel), de viabilité, de trottoirs, d'Égouts, d'appareils d'éclairage, etc., etc. ; ensemble : 24 616 697,76 fr.

Pour la seconde, à 11 710 787,44 fr., du chef des expropriations, et à 171 221,10 fr., en travaux de toute nature ; ensemble : 11 882 008,54 fr.

L'État prit à son compte, pour une somme totale de 15 500 000 francs, les terrains provenant des expropriations faites dans la première opération, que nécessitait la jonction du Louvre aux Tuileries. Cela réduisit à 9 616 197,76 fr. la dépense à supporter, deux tiers, soit 6 077 798,50 fr., par le Trésor Public, et un tiers, soit 3 038 899,25 fr. seulement, par la Caisse Municipale.

Le partage par moitié de la dépense nette de la seconde opération mit à la charge de chacun des intéressés 5 941 004,27 fr.

En somme, les subventions de l'État montèrent à 12 018 802,77 fr., et la dépense restant à la charge de la Ville fut ramenée, pour les deux sections, à 8 979 903,52 fr. C'était justice : l'intérêt de l'État dans les opérations accomplies dans la première dépassait évidemment celui de la Ville.

La génération présente ne se doute même pas de ce qu'était cette portion de Paris, avant sa transformation complète, de 1852 à 1854.

Elle ignore que la première section de la rue de Rivoli, qui borde le Jardin des Tuileries, s'arrêtait court après le Pavillon de Marsan et le Passage Delorme ; au delà se trouvait un immonde quartier, composé de maisons sordides, sillonné de ruelles étroites, qui, de la Rue Saint-Honoré, s'étendait jusque sur la Place du Carrousel, qu'il encombrait en majeure partie. Il couvrait presque toute la surface actuelle de la Place du Palais-Royal, puis, se continuait sans interruption le long du Louvre, qu'il enserrait à l'Ouest et au Nord, jusqu'à la soi-disant Place de la Colonnade, obstruée aussi de constructions ignobles, et se reliait aux quartiers, non moins impraticables à la circulation, qui s'étendaient jusqu'à la mesquine Place de Grève ; là s'élevait l'Hôtel de Ville, reconstruit par MM. Lesueur et Godde, sous l'édilité de M. le Comte de Rambuteau.

Qui, de nos jours, parmi les contemporains, a gardé mémoire des rues Saint-Nicaise, du Doyenné, de Chartres, où se trouvait l'ancien Vaudeville (un boui-boui), Saint-Thomas-du-Louvre, du Musée (précédemment Froid-Manteau), d'une part ; des rues Lévêque, des Remparts, Pierre-Lescot (l'ancienne : le nom du célèbre Architecte est porté maintenant par une des larges voies encadrant les Halles Centrales), du Chantre, de la Bibliothèque et des Poulies, d'autre part ; et, plus loin : des Fossés-Saint-Germain-l'Auxerrois, Chilpéric, Tirechappe, des Orties, Jean-Pain-Mollet, de l'Arche-Marion, du Chevalier-du-Guet, Perrin-Gasselin, des Mauvaises-Paroles, de la Limace, de la Friperie, des Fourreurs, de la Tixeranderie, etc., etc. ?

Devant l'Hôtel de Ville, dans l'intervalle qui séparait l'ancienne Place du Châtelet de l'espace irrégulier qualifié Place de Grève, l'œil était affligé par d'horribles cloaques, nommés rue de la Tannerie, de la Vieille-Tannerie, de la Vannerie, de la vieille Place aux Veaux, Saint-Jérôme, de la Vieille-Lanterne, de la Tuerie, des Teinturiers, etc., etc. Cette dernière était si peu large, que la façade vermoulue d'une des maisons, en pans de bois hourdés de plâtre, qui la bordaient, essaya vainement de s'abattre : elle ne put que s'appuyer sur celle de la maison opposée.

Et quelle population habitait là !

Non ! ceux qui n'ont pas, ainsi que moi, parcouru le vieux Paris de cette époque en tout sens, ne peuvent s'en faire une idée juste, malgré ce qu'il en est resté forcément ; car, je n'ai rien négligé pour l'améliorer, alors, et, si lents que soient leurs effets, les obligations de la Loi d'Alignement et de celles des Bâtiments, d'un côté ; les exigences d'un Public devenant de plus en plus difficile de l'autre, n'ont pu manquer, depuis trente ans passés, d'y produire d'heureux changements.

Néanmoins, il est de mode, chez quelques archéologues, se posant comme des mieux informés, d'admirer de confiance ce vieux Paris, qu'ils n'ont certainement connu que dans les livres spéciaux, dans les anciens recueils de dessins et gravures, et de gémir sur la façon cavalière dont l'a « fourragé » le Baron Haussmann, qu'ils tiennent, comme ses œuvres, dans un dédain profond !

Page de droite : la rue Saint-Denis vers 1868.

TEL
ICE
Prolongée
VIVIER & FILS
FABRICANTS
BIJOUTERIE
FANTAISIE OR
EXPORTATION
COIFFURES
GROS ET DET
FORCINAL
&
LOCARD

Que les étroites et tortueuses rues du centre surtout fussent presque impénétrables à la circulation, sales, puantes, malsaines ; ils n'en ont aucun souci.

Que nos percements, nos « prétendus embellissements » aient doté vieux et nouveaux quartiers d'espace, d'air, de lumière, de verdure et de fleurs, en un mot, de ce qui dispense la salubrité, tout en réjouissant les yeux, la belle affaire ! Dans tous les cas, ce n'est pas la leur.

Mais, bonnes gens, qui, du fond de vos bibliothèques, semblez n'avoir rien vu, citez, du moins, un ancien monument, digne d'intérêt, un édifice précieux pour l'art, curieux par ses souvenirs, que mon administration ait détruit, ou dont elle se soit occupé, sinon pour le dégager et le mettre en aussi grande valeur, en aussi belle perspective que possible !

Et l'achat de l'Hôtel Carnavalet, que je fis faire, afin d'en assurer la conservation et d'y créer, de toutes pièces, un Musée historique parisien, l'avez-vous donc oublié ?

Les opérations de voirie complémentaires du premier prolongement de la rue de Rivoli et du dégagement des abords des Halles centrales qui m'incombèrent dès le début de mon administration, nécessitèrent, ainsi qu'on l'a vu plus haut, des travaux très difficiles et très délicats, et des dépenses non moins considérables qu'imprévues. Elles vinrent compliquer singulièrement l'étude laborieuse à laquelle je me devais avant tout : celle des percements de voies nouvelles tracées par l'Empereur même, sur un de ces plans de Paris d'une exactitude approximative, que j'avais pour mission de réaliser, comme le principal article de la transformation de sa capitale.

Il fallait bien me pénétrer, en effet, de la pensée inspiratrice du Souverain dans la conception du premier réseau des voies nouvelles à ouvrir, d'après son plan d'ensemble ; reconnaître les modifications de direction exigées pour quelques-unes par le relief mieux connu du sol de la ville, ou par quelque autre raison particulière ; signaler certaines lacunes importantes à combler, et prévoir tout ce que le raccordement de ces diverses voies avec les anciennes pouvait entraîner de travaux, souvent ingrats et toujours dispendieux.

Et, sans parler d'autres grands services à créer ou réorganiser, comme celui de la Voirie, comme celui des recherches d'eaux de sources à dériver sur Paris, dont je chargeai M. Belgrand, n'avais-je pas à rallier aux plans impériaux un conseil Municipal jusque-là rebelle à leurs séductions, et finalement à m'assumer des ressources nécessaires pour faire face à toutes les dépenses de l'œuvre immense dont je venais de recevoir et d'assumer la responsabilité ?

C'était donc un surcroît de sollicitude bien malencontreux pour mon début que l'obligation de remédier aux suites de la déconvenue subie par la Ville, à la rencontre de la butte Saint-Jacques-de-la-Boucherie, sur le tracé de sa première grande entreprise de voirie.

CHAPITRE II

LE PLAN DE PARIS

Le Louvre et les Tuileries.

Le Carrousel.

Grande Croisée de Paris.

Classement des Voies nouvelles.

Premier Réseau.

Tout le monde sait que notre beau Paris, dont nous sommes si fiers, n'occupait, dans le principe, qu'une des îles de la Seine comprises dans son périmètre actuel, et n'était qu'une station de pêcheurs et de patrons de barques.

Je n'apprendrai donc rien à personne, en rappelant ici que la Cité, — l'antique Lutèce, la « ville de boue », suivant une éthymologie latine, peu flatteuse, — fut le berceau de Paris.

Le « Palais » de Justice qui la couvre, en grande partie, doit son nom à ce que le « Temple de Thémis » fut installé jadis, — sous le règne de Philippe le Bel, — dans le Palais des Rois, transformé par gradations, depuis lors, et resté finalement le domaine exclusif du Parlement, des Cours, des Tribunaux, et des services publics se rattachant à leur action.

Mais il n'est pas sans intérêt, pour comprendre ce qui va suivre, de préciser les époques où le Louvre, d'abord, les Tuileries ensuite, remplacèrent le Palais de la Cité, comme résidence officielle des Souverains, jusqu'à ce que Louis XIV transférât sa cour à Versailles.

Le Louvre et les Tuileries

Pendant la Domination Romaine, le Palais des Thermes situé hors la ville, sur la rive gauche de la Seine, recevait les Empereurs qui visitaient les Gaules, et les souvenirs du séjour qu'y fit l'Empereur Julien, transmis d'âge en âge, appartiennent à l'Histoire de Paris.

Les Rois de France de la première et de la seconde Races ont laissé de moindres marques dans la Cité même, avant Eudes, qui fortifia « le Palais » contre les invasions des Normands (888).

Robert, fils de Hugues Capet, développa ces constructions (996).

Au XIIe siècle, Louis le Gros et Philippe-Auguste, son petit-fils, en complétèrent les défenses par l'érection de trois tours, qu'on voit encore. L'une d'elles, sur le Quai de l'Horloge, porte même le nom de Philippe-Auguste.

Mais ce Prince, auquel est due la première enceinte complète de Paris, où toute une ville nouvelle s'était fondée, fit aussi construire antérieurement, au bord du fleuve, en aval, la première tour et les premiers bâtiments du Louvre.

Sans doute, il protégea par ce moyen l'extrémité la plus exposée de son rempart. Toutefois, il est permis de supposer que Philippe-Auguste se préoccupait, comme d'autres puissants rois après lui, de se ménager en même temps, hors la ville, une résidence à l'abri des agitations fréquentes et des entreprises possibles au dedans.

Cependant, ses successeurs, tout en accroissant le Louvre jusqu'à faire de son ensemble une

Démolition du pavillon de Flore, et travaux dans la cour des Tuileries ; vue prise de l'angle du Pont-Royal.

véritable forteresse, continuèrent à demeurer au Palais, où Saint Louis édifia, non seulement la Saint-Chapelle, mais encore le Donjon appelé Tour de Montgomery, depuis la captivité du Sire de ce nom, la grande Salle et le Trésor des Chartes.

Philippe le Bel y fit faire d'autres constructions importantes et de nouvelles défenses de ses murs, sous la direction de son infortuné Contrôleur Général des Finances, Enguerrand de Marigny.

Ce roi tint au Palais de la Cité la première Assemblée des États-Généraux, et quand il institua les Parlements, il y logea celui de Paris.

C'est Charles V, qui, sous l'impression du meurtre de Jean de Conflans et de Robert de Clermont, commis au Palais même, en sa présence, par les suppôts du Prévôt des Marchands, Étienne Marcel, transféra le siège de la royauté dans le Louvre, en 1358, durant la captivité du roi Jean, son père. Lui-même alla résider à l'Hôtel Saint-Paul, qu'il avait acquis, agrandi, puis entouré de vastes jardins, et surtout, de vergers renommés, et qu'il donna, dès 1364, au Domaine, lors de son avènement au Trône. Mais il se servait des grandes salles du Palais pour ses festins et réceptions. Le banquet splendide, qu'il offrit à l'Empereur Charles IV, eut lieu dans la salle de la Table de Marbre.

Les successeurs de ce roi, sage et prudent, résidèrent au Louvre, officiellement, bien que plusieurs, Louis XI, Charles VIII, Louis XII, aient fait de notables embellissements au Palais.

Mais, à partir du règne de François Ier, les Rois s'occupèrent surtout du Louvre en premier lieu, des Tuileries ensuite.

C'est dans la dernière année de la vie du roi-Chevalier (1547) que furent projetées, et, sous le règne de Charles IX, que furent continuées et nettement caractérisées les constructions nouvelles, par Pierre Lescot, Seigneur de Clagny, le grand Architecte. On lui doit le pavillon dit de l'Horloge et ses ailes, qu'il bâtit sur l'emplacement de la Grande Salle Gothique du Trône de Charles V et des Rois suivants, de Charles VI à Louis XII, dans la vieille forteresse de Philippe-Auguste, considérablement agrandie avant que le Prévôt des Marchands, Étienne Marcel, fit abattre une partie de l'enceinte élevée par ce grand Prince, pour la reporter en aval du Louvre, afin d'englober la demeure du Souverain dans Paris, et de mieux tenir son Maître sous sa puissance factieuse.

A la suite de ses premières constructions, Pierre Lescot installa le nouveau logement royal, dans un bâtiment perpendiculaire au Quai ; il édifia la Petite Galerie, parallèle au fleuve, décorée par Jean Goujon dans le goût le plus pur de la Renaissance, galerie qui porte le nom de Henri II, et qui forme retour à l'Ouest, jusqu'à l'ancien Pavillon de Lesdiguières.

En aval de celui-ci, la Tour dite en Bois (bien qu'elle fût en pierre), à cause des engins de balistique la surmontant, terminait la clôture de Paris, modifiée de ce côté, comme je viens de le dire, par Étienne Marcel, et nommée Enceinte de Charles V. On y pratiqua la Porte-Neuve, bien après l'ouverture de celle qui donnait accès à la Rue Saint-Honoré, laquelle ne descendait pas plus bas que cette Enceinte, à l'avènement de Charles IX et de l'influence prépondérante de la Reine-Mère : Catherine de Médicis.

Je note, en forme de parenthèse, que l'Empereur Napoléon III, pour conserver les compositions de Jean Goujon, fit remplacer les pierres effritées des façades de la Petite Galerie, par d'autres, où l'on reproduisit fidèlement les anciennes sculptures, conformément aux modèles fournis par des moulages exécutés avec le plus grand soin.

Il est impossible de supposer que Henri II, quand il fit construire cette galerie en retour, le long du Quai, pensât réunir, un jour, les Tuileries au Louvre ; car les Tuileries n'existaient encore qu'à l'état de projet !

Ce fut seulement plusieurs années après sa mort, que sa veuve, sur l'indication de Pierre Lescot, — de M. de Clagny, comme on le désignait, — chargea le Lyonnais Philibert Delorme d'en dresser le plan et, plus tard, d'en exécuter les constructions, en vertu d'une Ordonnance obtenue du Roi, son fils, sur des terrains précédemment acquis hors ville et complétés par de nouveaux achats.

Le projet de Philibert Delorme ne comprenait que le Pavillon Central des Tuileries, les Pavillons dits de Médicis et les ravissantes galeries intermédiaires, qui n'avaient primitivement qu'un étage et la demi-épaisseur de ces hautes et massives constructions. Elles offraient, à l'Ouest, du côté du jardin, des terrasses ornées de magnifiques vases, supportées par des arcades formant, au rez-de-chaussée, des promenoirs couverts. L'effet de l'ensemble, que j'ai vu, non encore modifié, sous les règnes des Rois Louis XVIII et Charles X, était incomparable.

Philibert Delorme mourut avant d'avoir complètement terminé son œuvre capitale, dont Jean Bullant fut le continuateur. Il est certain que, loin de songer à rattacher les Tuileries au Louvre, il méditait une combinaison inconciliable avec ce dessein.

D'ailleurs, l'enceinte fortifiée de Charles V, qui suivait à peu près la ligne actuelle de la grille des Tuileries, sur la Place du Carrousel, constituait un obstacle dont on n'avait pas lieu de prévoir la disparition prochaine, et qui ne fut détruit qu'en 1634, sous le règne de Louis XIII.

Le nouveau Louvre ne se composait encore, alors, que des constructions de Pierre Lescot.

Après la mort de Philibert Delorme et pendant une longue suite d'années, les Tuileries ne dépassaient pas, je le répète, les Pavillons de Médicis.

Ceux de Flore et de Marsan ne furent élevés que sous le règne de Henri IV, par Jacques Androuet Du Cerceau, qui les relia par deux corps de logis aux précédents.

C'est également sur l'ordre de Henri IV que le même Architecte construisit « à telles fins que de raison », ainsi que le disait ce Prince habile, la Grande Galerie se décrochant à fausse équerre du Pavillon de flore, pour aller, en remontant, gagner celui de Lesdiguières et se réunir de cette façon à la Galerie de Henri II, en dépit de l'enceinte de Charles V.

Henri IV montrait, paraît-il, une grande hâte d'obtenir ce résultat. Il ne s'agissait pas d'une combinaison architecturale décorative. Ce roi vaillant, chez qui le Courage n'excluait pas la Prudence, tenait à s'assurer une voie, toujours ouverte pour lui, traversant la muraille fortifiée de Paris, et lui permettant de sortir de la ville sans donner l'éveil à personne autour de lui.

Sous le règne de Charles IX, une enceinte nouvelle, qui reçut le nom de ce Prince, avait été construite par les ordres de la Reine-Mère, à l'extrémité des jardins des Tuileries, sur l'emplacement actuel de la Place de la Concorde, — que recouvraient alors, comme celui de nos Champs-Élysées, des terres en culture et des marais, — mais seulement afin de préserver son Palais préféré des attaques extérieures.

Cette enceinte, perpendiculaire au fleuve, suivait l'alignement de notre rue royale. Elle se terminait, sur le Quai, par la Porte de la Conférence, dont la clé représentait, pour elle et pour le bon roi Henri, la clé des champs. De l'autre côté, la rue Saint-Honoré, dont la première Porte, celle de l'Enceinte de Philippe-Auguste, se trouvait à la hauteur de la rue du Louvre, et la seconde, celle de l'Enceinte de Charles V, à la hauteur de la rue du Rempart, disparue sous mon administration, en eut une troisième, au point qu'indique une tradition locale, en face de l'entrée de notre aristocratique Faubourg, à l'Élysée où résident les chefs de l'État.

C'est l'existence de cette Enceinte de Charles IX, qui permit de raser, en 1634, celle de Charles V, comme, en 1358, la construction de celle-ci même avait permis au Prévôt Étienne Marcel de faire démolir la partie correspondante de l'Enceinte de Philippe-Auguste.

Le Cardinal de Richelieu fit reprendre l'œuvre de Pierre Lescot, par l'architecte Le Mercier, qui reproduisit, au Nord, mais avec des modifications regrettables, le côté du nouveau Louvre construit, en regard du Couchant, par « le Seigneur de Clagny ».

Sous le règne de Louis XIV, nous voyons l'Architecte Le Vau chargé de la construction du côté Sud.

En 1664, le Roi fit venir à grands frais d'Italie pour prendre la direction supérieure des Travaux, le Cavalier Bernin, déjà fatigué par l'âge, mais dont il n'adopta pas les plans.

En 1667, Claude Perrault, Médecin de profession, Architecte de goût, parvint à se faire confier par ce Monarque la mission de compléter le quadrilatère, et commença du côté du Levant, qui fait face, en regard de la cour, à l'œuvre de Pierre Lescot, et que décore, à l'extérieur, la célèbre Colonnade. Mais la mort vint l'interrompre aussi dans son travail.

Rien d'important ne signala, sous Louis XV et Louis XVI, l'intervention des successeurs de l'illustre Médecin-Architecte, pas même celle de Soufflot. Des portions de bâtiments n'étaient encore ni closes ni couvertes, et des échafaudages délabrés attristaient la vue sur nombre de points, quand l'Empereur Napoléon 1er prit en main l'achèvement de l'œuvre successive de tant de rois, impuissants pour la mener à terme, et dont il chargea les Architectes Percier et Fontaine.

C'est lui, d'ailleurs, qui fit construire le Pont des Arts (1805), afin de relier au Louvre le Palais de l'Institut, dit « des Quatre-Nations ».

Mais le temps lui manqua pour terminer la jonction du Louvre et des Tuileries, commencée activement sous son règne.

Page de droite : l'impasse de la brasserie vers 1865.

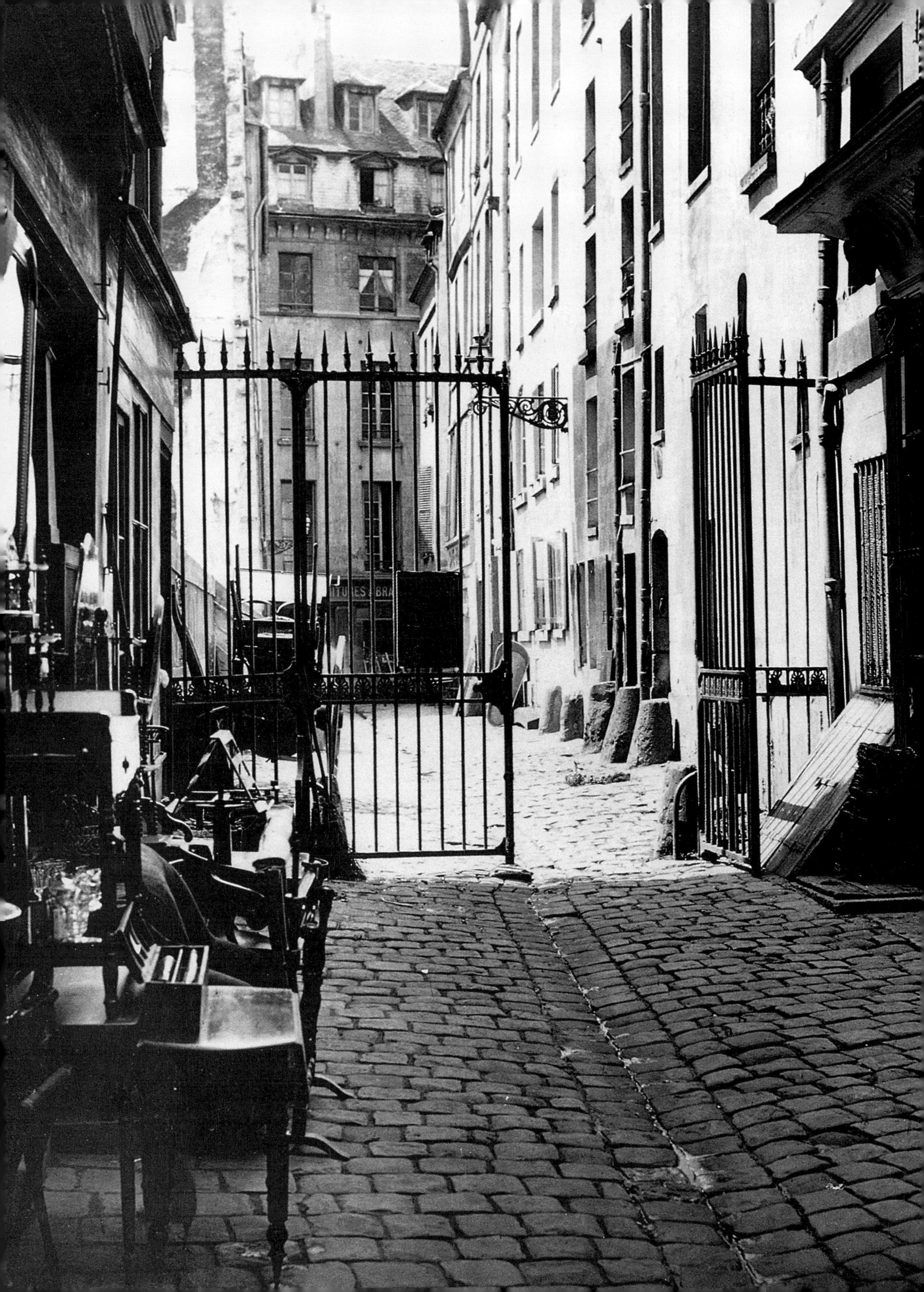

Lors de l'ouverture de la première section de la rue de Rivoli, de la rue Saint-Florentin au Passage Delorme, les Architectes firent édifier une portion de grande Galerie allant du Pavillon de Marsan à la grille de la Cour des Tuileries. Plus tard, ils amorcèrent, sur la rue du Musée, la continuation de l'aile du Louvre correspondant à celle qui termine l'ancien Logement Royal, afin de reproduire celui-ci dans l'emplacement qu'occupait l'Hôtel de Beauvoir. Les événements de 1814 paralysèrent l'achèvement de la Rue de Rivoli, du Passage Delorme à la Place du Louvre, et, partant, la construction du complément de la galerie commencée en face de celle du Bord de l'Eau.

Le Carrousel

Les choses restèrent en cet état durant toute la Restauration et le Gouvernement de Juillet, et je les y trouvai lorsque je fus chargé d'opérer le dégagement de la Place du Carrousel et de tout l'espace couvert de bâtiments, compris entre elle et la façade occidentale du Louvre. On y voyait toujours, comme à la fin du règne de Louis XVI, l'ancien Hôtel des Pages, les anciennes Écuries du Roi, l'ancien Manège (où siégea la Convention Nationale), édifices dépourvus de tout caractère, perdus au milieu de masures construites sans ordre, en avant desquelles se dressait, comme une quille, cet Hôtel de Nantes, resté légendaire, qui gênait la traversée de la Place et paraissait défier le Roi Louis-Philippe, aux Tuileries, de le faire démolir.

Ce fut une grande satisfaction pour moi que de raser tout cela pour mes débuts à Paris, en même temps que cette Rue du Rempart, en diagonale devant le Théâtre-Français, où je m'étais imprudemment fourvoyé le 29 Juillet 1830, comme je l'ai raconté dans le second Chapitre de mon premier Volume.

Depuis ma jeunesse, l'état délabré de la Place du Carrousel, devant la Cour des Tuileries, me semblait être une honte pour la France, un aveu d'impuissance de son gouvernement, et je lui gardais rancune.

C'est durant le règne de l'Empereur Napoléon III, que l'aile des Tuileries faisant retour d'équerre, à l'Est du Pavillon de Marsan, parallèlement aux premières maisons de la rue de Rivoli, fut continuée jusqu'au Louvre, sur l'emplacement devenu libre, grâce à mes démolitions, aile amorcée par MM. Percier et Fontaine, jusqu'aux premiers guichets du Carrousel, pendant le règne de l'Empereur Napoléon Ier. L'Architecte de Sa Majesté, M. Lefuel, remplaçant MM. Duban et Visconti, fit construire, d'après leurs plans améliorés par lui sous beaucoup de rapports, les bâtiments des Ministères d'État et de la Maison de l'Empereur, occupés maintenant par le Ministère des Finances. Ils prenaient entrée sur la rue de Rivoli, comme ceux qui leur font pendant, du côté du Quai, derrière la Galerie Henri II restaurée.

Au milieu de la Place Napoléon III et des parterres plantés qui séparent les uns des autres, on avait érigé la statue de l'Empereur, insuffisamment remplacée par celle de Gambetta.

Certes, je ne puis dire qu'aucun des Architectes, antérieurs à l'Empire, dont j'ai cité les noms célèbres, n'eût la pensée de rattacher les Tuileries au Louvre du côté de la Ville, comme Henri IV l'avait fait du côté du fleuve. Bien au contraire, ils y songèrent pour la plupart ; mais ils s'arrêtèrent devant la nécessité de démolir avant tout un quartier considérable, où l'on rencontrait les Écuries du Roi, le grand Manège, et l'Hospice primitif des Quinze-Vingts.

Claude Perrault avait porté son étude assez loin pour s'occuper des moyens de masquer le défaut de parallélisme des deux Palais, par un bâtiment transversal à construire entre les deux, et son idée avait été reprise, en 1810, par MM. Percier et Fontaine, qui proposaient de transférer la Bibliothèque Impériale dans ce bâtiment. Mais l'Empereur Napoléon Ier, bien qu'il admît le dégagement du Carrousel, repoussa leur projet, en disant que

« les oiseaux seuls s'aperçoivent de l'irrégularité des grands espaces ».

Je le répète, c'est durant le règne de ce grand Souverain seulement que l'entreprise, difficile et coûteuse, de réunir complètement les deux Palais, fut abordée, avec la ferme intention de la conduire à bout, et sous le règne de Napoléon III qu'elle fut enfin réalisée.

Quant au Palais des Tuileries, sous Louis XIV, l'architecte Le Vau, chargé par ce Roi de relever diverses parties du Palais, pour y créer de nouveaux logements, ne put le faire qu'en alourdissant beaucoup l'œuvre de ses prédécesseurs, notamment le Pavillon Central de Philibert Delorme.

Sous le règne du Roi Louis-Philippe, préoccupation du même genre : le besoin d'agrandir les Galeries de Réception attenant à la Salle des Maréchaux, et d'augmenter le nombre des appartements affectés à la belle famille du roi, qui s'accroissait, amena des changements bien plus regrettables encore : on doubla l'épaisseur des ailes reliant le Pavillon Central aux Pavillons de Médicis, par la suppression des charmantes terrasses existant au premier étage, du côté du jardin.

Cette entreprise modifia du tout au tout, de ce côté, l'aspect général du Palais, que j'avais tant admiré sous les règnes des Rois Louis XVIII et Charles X, bien avant les constructions massives qui supprimèrent les reliefs, d'un si grand effet de l'ancienne façade, ménagés avec tant d'art par Philibert Delorme.

Aussi, lorsque en 1879, devant la Chambre des Députés, je combattis le projet présenté par le Gouvernement Républicain de faire disparaître les ruines des Tuileries, incendiées en 1870, et d'établir de nouveaux jardins entre les Pavillons de Flore et de Marsan, reconstruits à l'extrémité des galeries divergentes venant du Louvre et sauvées du désastre, demandai-je qu'on se bornât à raser les ruines des grands corps de logis, peu regrettables, édifiés par Jacques Androuet Du Cerceau, pour joindre ces Pavillons à ceux dits de Médicis,

et qu'au lieu de détruire les restes de l'œuvre de Philibert Delorme, on la restaurât telle que ce grand artiste l'avait conçue pour y transférer ensuite le Musée des productions de l'Art Moderne, fort mal installé dans le Palais du Luxembourg.

L'exiguïté relative des constructions édifiées par Philibert Delorme ne permettait pas de craindre qu'on pût jamais en faire, de notre temps, le séjour d'un Souverain, et je ne manquai point de faire valoir cette considération, au grand étonnement de la Gauche ; mais je m'abstins d'expliquer pourquoi je partageais ses répugnances à cet égard.

En réalité, depuis le renversement de l'Empire par une insurrection, en 1871, je demeurais et suis toujours convaincu de la sagesse des préoccupations causées à tous nos rois, même les plus puissants, par le caractère impressionnable, turbulent, des masses populaires parisiennes ; depuis Philippe-Auguste, faisant construire la forteresse du Louvre qui devait lui servir de résidence, hors des murailles dont il enclôt sa Capitale, jusqu'à Louis XIV transférant le siège de son Gouvernement à Versailles.

Charles V ne se trompa pas sur les vrais motifs d'Étienne Marcel, reportant l'Enceinte de Philippe-Auguste au delà du Louvre, ainsi capturé de fait, et Catherine de Médicis ne choisit pas sans de bonnes raisons, pour y placer le nouveau Palais qu'elle projetait, le terrain des Tuileries, hors de l'Enceinte de Charles V.

Enfin, Henri IV nous apprend lui-même pourquoi le prolongement de la Galerie de Henri II jusqu'au Pavillon de Flore, à travers cette Enceinte, lui causait tant d'impatience.

Qui peut dire si le gouvernement Impérial, établi, comme celui de Louis XIV, à Versailles, eût été renversé d'un coup de main en 1870, comme il le fut à Paris, et si l'Impératrice Régente, au lieu d'être obligée de chercher son salut dans un départ précipité qui mit fin à toute pensée de résistance au mouvement parisien, eût maintenu chez nous son autorité, malgré Sedan (sauf à transférer, lors de l'approche de l'ennemi, le siège du gouvernement

Pages suivantes : le Palais et le Jardin des Tuileries.

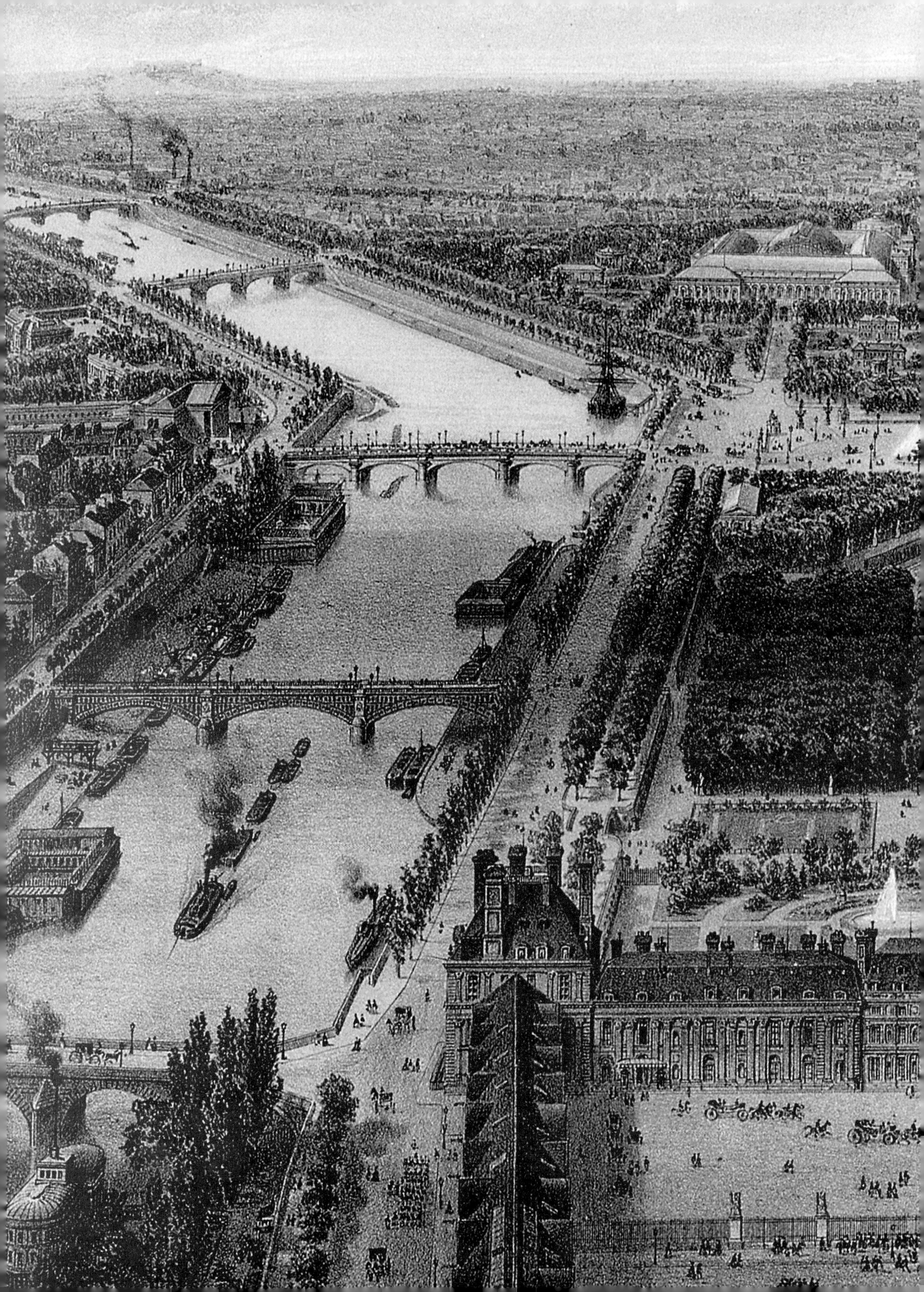

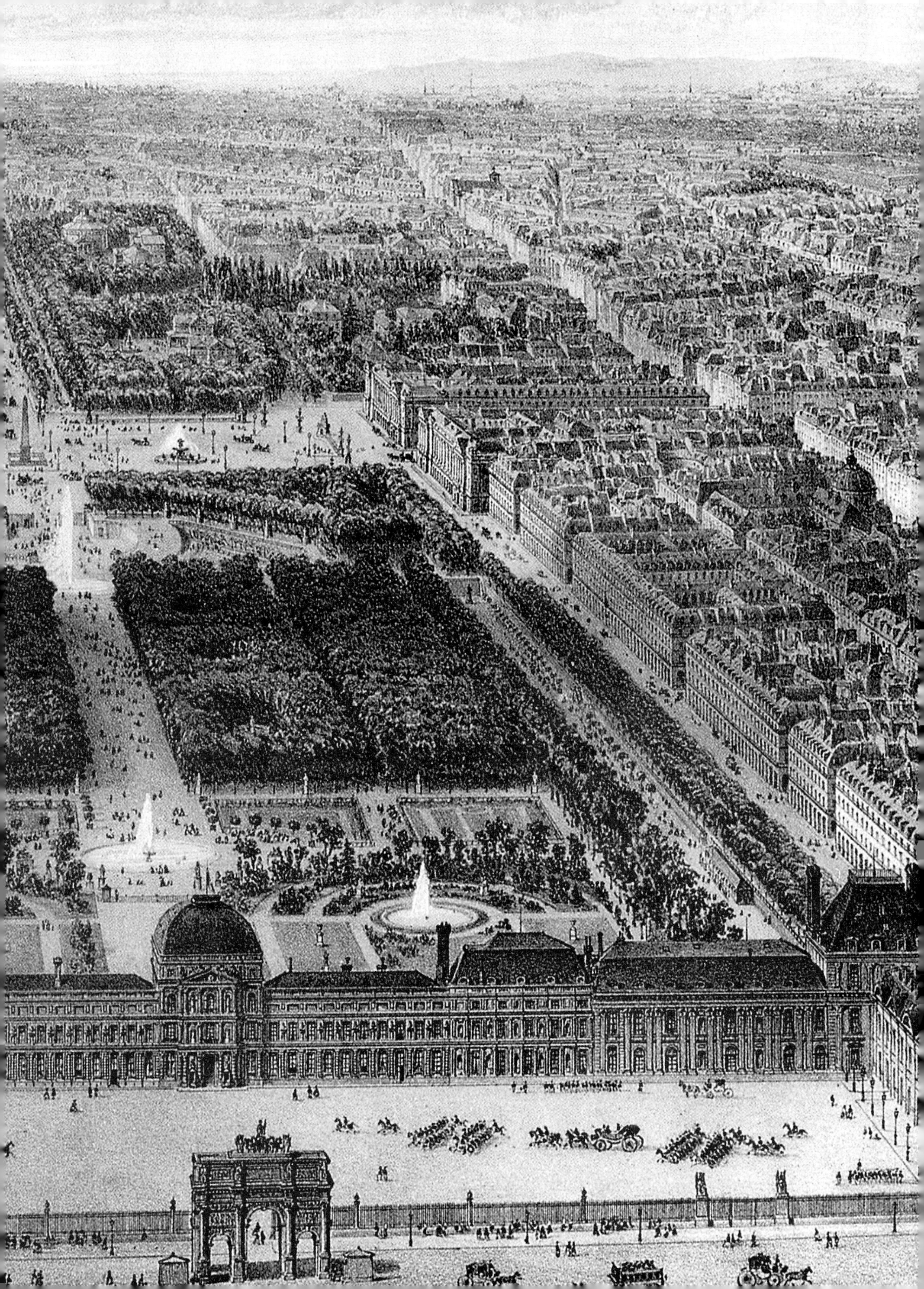

de Versailles à Tours, voire même à Bordeaux), et, finalement, traité de la paix dans de moins mauvaises conditions que M. Jules Favre, représentant d'un Pouvoir Insurrectionnel ?

Quoi qu'on en pense, depuis la catastrophe de 1870, mon sentiment est qu'un Souverain jaloux de son indépendance, s'il ne pourrait, à l'exemple du Grand Roi Louis XIV, à l'apogée de sa puissance, adopter, de nos jours, pour siège habituel de son gouvernement, le Château de Versailles, devrait pour le moins avoir, dans cette ville, une résidence toujours prête, et une installation disposée d'avance pour son Gouvernement et les Grands Corps de l'État, afin de pouvoir s'y transporter avec eux, en quelques heures, quand sa sûreté menacée par une insurrection parisienne l'exigerait.

Purement technique, ma discussion à la Chambre des Députés de 1879, ne put prévaloir sur le désir de la Majorité, de voir disparaître tout vestige de l'ancienne demeure de la « Tyrannie ». Je démontrai vainement : 1° que le grand vide qu'on allait faire entre les deux Pavillons de Flore et de Marsan ne permettrait plus d'en saisir la corrélation ; 2° que le peu de corps et de hauteur de cet Arc de Triomphe du Carrousel, trop exigu, trop éloigné, d'ailleurs, de cet intervalle, le rendrait insuffisant comme perspective finale du jardin des Tuileries, cette œuvre admirable de Le Nôtre, de la Grande Avenue des Champs-Élysées, de la Place de l'Étoile, et surtout de l'Arc de Triomphe colossal qui la domine ; que, perdu dans un espace immense, où l'œil ne saurait plus à quoi le rattacher, cet Arc du Carrousel n'aurait plus désormais d'excuse de son désaccord avec l'orientation du Louvre ; 3° qu'il fallait, de toute nécessité, avoir sur l'emplacement de l'ancien Palais, entre les deux Pavillons reconstruits, un motif architectural considérable. On masquait le défaut des Pavillons du Louvre, de se trouver en dehors du prolongement de l'axe commun du jardin et des Champs-Élysées, sauf à dissimuler ensuite, par un édifice transversal terminant la Place du Carrousel, le manque de parallélisme des Tuileries et du Louvre.

S'il est vrai que l'irrégularité des grands espaces échappe à bien des yeux, il n'est pas besoin d'être oiseau pour voir, non seulement que les deux axes des deux Palais ne se confondent pas, mais, bien plus, qu'ils ne se rencontrent même nulle part, et sont, au contraire, absolument divergents.

Tôt ou tard, on reconnaîtra l'impossibilité de laisser les choses en l'état où les a mises la destruction de la partie centrale du Palais des Tuileries.

Grande croisée de Paris

D'après l'exposé que j'ai fait, dans le Chapitre I, des opérations et des dépenses, prévues et imprévues, du prolongement de la rue de Rivoli, comme aussi du dégagement du périmètre et des abords des Halles Centrales, on a pu juger de l'importance de ces premières grandes entreprises de la Ville, considérées de tout temps comme des œuvres connexes, et de l'énormité des ressources qu'il fallut y consacrer.

Bien qu'elles eussent été commencées avant mon arrivée à l'Hôtel de ville, je crois pouvoir les compter parmi les plus notables et les plus intéressantes de mon administration, qui dut en reprendre le cours interrompu dans les circonstances que j'ai rapportées, et pourvoir aux moyens de les achever entièrement dans toutes leurs parties, avant d'en aborder aucune autre.

Les seuls percements menés à bonne fin lors de mon entrée en fonctions étaient :

1° Le Boulevard de Strasbourg, ouvert en 1852, de la Gare de l'Est au Boulevard Saint-Denis, par la maison Ardoin, Ricardo et Cie, concessionnaire directe, moyennant une subvention fixée à forfait de 7 750 000 francs à la charge de l'État, pour un tiers, et de la Ville, pour deux tiers.

2° La Rue des Écoles, exécutée en régie précédemment, sur le versant nord de la Montagne Saint-Geneviève, entre les rues de La Harpe et du Cardinal-Lemoine, moyennant une dépense totale nette de 13 637 218,31 fr. au compte de l'État et de la Ville, associés dans les mêmes proportions pour le dégagement de la Sorbonne, du Collège de France, des Musées des Thermes et de Cluny, l'élargissement d'une partie de la Rue Saint-Jacques, de celles du Cimetière-Saint-Benoît et des Mathurines-Saint-Jacques ; et l'assainissement de cette portion du Quartier Latin, par la disparition des rues du Clos-Bruneau, Traversière, Saint-Nicolas, du Mûrier, du Bon-Puits et de Versailles.

Je dus néanmoins assurer la liquidation finale et le paiement de la majeure partie du contingent de la Ville dans ces deux opérations.

Le plan colorié de l'Empereur prévoyait : – d'une part, le second prolongement de la Rue de Rivoli, de la Place de l'Hôtel-de-Ville, point terminal du premier, à la Place Birague devant l'Église Saint-Paul, où la rue Saint-Antoine prenait une largeur suffisante pour continuer cette artère capitale jusqu'à la Place de la Bastille, et, au delà, par le Faubourg Saint-Antoine, jusqu'à la Place du Trône ; — déjà même Sa Majesté, devançant l'ouverture de cette dernière section avait fait édifier, à son alignement, la Caserne Napoléon, derrière l'Hôtel de Ville, sur la Place Lobau. — D'autre part, le prolongement du Boulevard de Strasbourg jusqu'à la Place du Châtelet, par le Boulevard du Centre, décoré, depuis, du nom glorieux de Sébastopol.

Je n'eus pas de peine à faire accepter par Sa Majesté le projet de continuer cette seconde voie magistrale à travers la Cité, sur la rive gauche de la Seine, par les Ponts au Change et Saint-Michel et de la pousser non seulement jusqu'à la rue des Écoles, mais jusqu'à l'ancienne Place Saint-Michel d'abord, et finalement, jusqu'à la Barrière d'Enfer, afin de réaliser conformément aux besoins de notre époque, la Grande Croisée de Paris, comme on disait au temps de Charles V, lorsqu'on attribuait ce titre pompeux à la rencontre voisine des rues Saint-Denis et Saint-Honoré, dans la ville délimitée pour la première fois et fortifiée par l'Enceinte due à ce Roi créateur.

Il n'était pas possible évidemment de prendre pour but la rue des Écoles, voie mal conçue, ouverte trop haut en travers de la déclivité la plus forte de la Montagne Sainte-Geneviève, pour devenir une voie de grande circulation, et pas assez, pour fournir un accès à la Place du Panthéon, point culminant et central de l'ancien XIIe Arrondissement.

L'Empereur dut le reconnaître, malgré sa répugnance à reléguer au rang des voies secondaires, le premier percement dont il avait pris l'initiative dans Paris. Sa Majesté consentit à donner pour terme à la rue des Écoles, du côté de l'Est, une sorte de bifurcation, dont une branche descendrait, du carrefour des rues du Cardinal-Lemoine, Saint-Victor et des Fossés-Saint-Bernard, vers l'angle occidental de la Halle aux Vins, et l'autre monterait vers l'École Polytechnique, en attendant qu'elle se confondît avec la rue Monge.

Mais, il me fut moins facile de Lui faire admettre la nécessité d'assurer, au pied du promontoire, pour y remplir le rôle auquel la rue des Écoles était impropre, le passage d'une voie de premier ordre, d'un Boulevard, non prévu dans le plan impérial : le Boulevard Saint-Germain, — reliant les quartiers bas de la Rive Gauche, comme la ligne des anciens boulevards mettait en communication les quartiers les plus animés de la rive Droite, — sans préjudice de la continuation, tracée bien plus loin sur ce plan, des Boulevards des Invalides et du Mont-Parnasse jusqu'au Boulevard de l'Hôpital au droit de la Salpêtrière, par les futurs Boulevards du Port-Royal et Saint-Marcel.

Cette dernière ligne, partant du Quai d'Orsay, à l'Ouest du Palais du Corps Législatif et du Pont de la Concorde, enceignant tout le Faubourg Saint-Germain, tournant la Montagne Sainte-Geneviève au Sud, devait se prolonger, par le Boulevard de l'Hôpital, la Place Walhubert, le Pont d'Austerlitz et le Boulevard Bourdon ou le boulevard Contrescarpe, jusqu'à la Place de la Bastille. Elle était d'une grande utilité, sans contredit ; mais la première ne lui cédait en rien assurément. Celle-ci

Pages suivantes : la Tour Saint-Jacques et la rue de Rivoli.

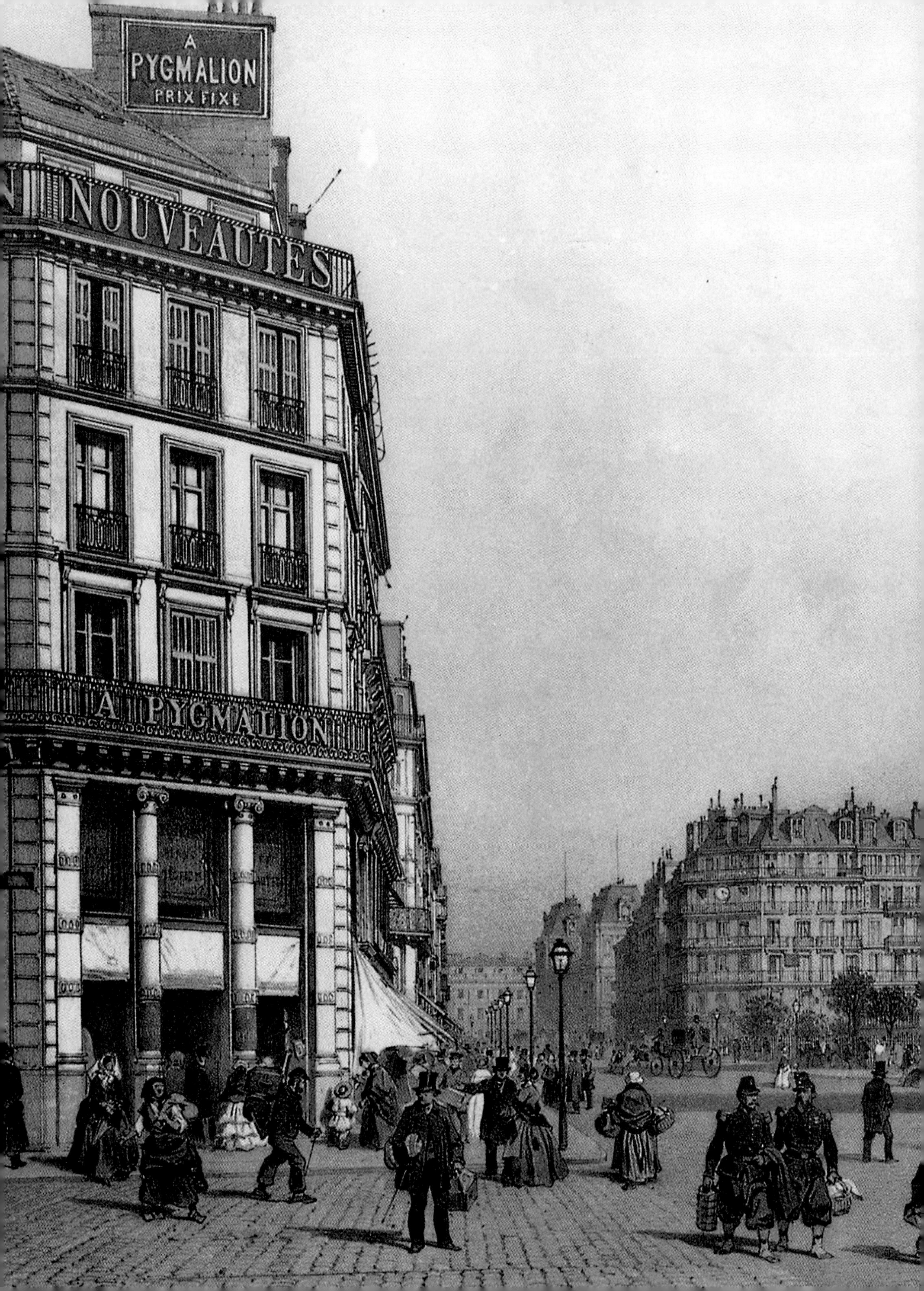
A
PYGMALION
PRIX FIXE
NOUVEAUTES
A PYGMALION

PORTRAITS Mme E. CLEMENT
PORTRAITS Mme EUGENE CLEMENT PH
PORTRAITS
MAISON D'ACCOUCHEMENT
VALLADON 20 ANS DE PRATIQUE DENTISTE
DENTISTE
AU CHATELET
ANUFACTURE DE VETEMENTS

commençait à l'Est du Corps Législatif et du Pont de la Concorde ; elle coupait en deux l'angle de la rue de Bourgogne et du Quai d'Orsay, pour pénétrer diagonalement dans le noble Faubourg jusqu'à la rue Saint-Dominique, et le traverser ensuite, dans toute sa longueur, parallèlement à la Seine, ainsi que les quartiers inférieurs, presque impraticables, des anciens XIe et XIIe Arrondissements. Passé la Place Maubert, elle s'inclinait vers le Quai Saint-Bernard pour déboucher, en amont de la Halle aux Vins, après avoir dégagé, dans ce long parcours, nombre de monuments, parmi lesquels je cite : les Ministères de la Guerre et des Travaux Publics ; l'Hôpital de la Charité et l'Église Saint-Germain-des-Prés ; l'École de Médecine et l'Église Saint-Nicolas-du-Chardonnet.

J'ai dit ailleurs comment cette voie fut prolongée aussi jusqu'à la Place de la Bastille par le Pont Sully et le boulevard Henri IV.

Toutefois, l'une et l'autre de ces opérations pouvaient être ajournées, tandis que, sur la rive droite de la Seine, le percement du boulevard du Centre, que j'appellerai désormais, pour être mieux compris, Boulevard de Sébastopol, pressait, au contraire, comme l'achèvement complet de la Rue de Rivoli, pour couper en croix, du Nord au Sud et de l'Ouest à l'Est, le milieu de la Ville, et mettre en communication presque directe ses limites extrêmes aux quatre points cardinaux : la Barrière de la Villette et la Barrière d'Enfer, dans un sens ; les Places de l'Étoile et du Trône, dans l'autre.

Le projet du Boulevard de Sébastopol ne fut pas accueilli, comme on le supposerait volontiers de nos jours, par l'approbation générale qu'avait obtenue le prolongement de la Rue de Rivoli. Bien au contraire.

Percement du boulevard de Sébastopol. Aspect des démolitions de la rue de la Barillerie.

Nos contradicteurs s'étonnaient, d'abord, de ce qu'au lieu d'ouvrir une voie nouvelle de la ligne des Boulevards à la Seine, entre les rues Saint-Denis et Saint-Martin, à petite distance de l'une et de l'autre, on n'eût pas pris le parti, plus simple en apparence, d'élargir la première. Ils ne se rendaient pas compte de l'énormité des indemnités d'expropriation et d'éviction qu'il aurait fallu payer, dans ce cas, aux propriétaires des maisons et aux locataires des magasins et boutiques du côté de cette voie, si commerçante, qu'on aurait voué à la destruction, afin d'avoir, par le recul de son alignement, l'augmentation de largeur désirable. Ils ne s'inquiétaient pas assez, d'ailleurs, du trouble qu'eût apporté dans les habitudes parisiennes, les déplacement de tant et de si considérables magasins de gros, demi-gros et détail. Et puis, en fin de compte, un seul côté de rue se fût trouvé redressé. L'autre aurait gardé ses sinuosités déplaisantes et ses constructions peu dignes de figurer sur une grande voie. Quant à faire porter l'élargissement des deux côtés, c'eût été doubler la dépense.

Mais beaucoup d'esprits soi-disant sages, prudents, allaient plus loin dans leurs critiques. Pourquoi n'attendions-nous pas l'effet de la Loi d'Alignement sur les propriétés bordant les deux côtés des deux rues ? Avec un peu de patience, l'Administration était bien sûre d'arriver un jour à l'élargissement normal de chacune sans avoir rien payé de plus que la valeur des terrains nus livrés à la Voie Publique. Par suite du recul des constructions nouvelles, remplaçant peu à peu les anciennes, les terrains seraient estimés seulement comme terrains de fonds, puisque les propriétés resteraient en façade : « Sans doute, répondions-nous ; mais quand ce jour luira-t-il ? »

Voilà trente-cinq ans bientôt que le Boulevard de Sébastopol est ouvert à la circulation. Les rues Saint-Denis et Saint-Martin ont-elles été désencombrées, grâce à ce débouché de 30 mètres de largeur ? Non ; pas un seul moment ! Ont-elles, du moins, gagné quelque chose à l'application de la Loi d'Alignement ? Ou plutôt, ce qu'elles lui doivent est-il d'un effet appréciable dans l'ensemble de leur parcours ? Nul n'oserait le soutenir.

Au reste, si l'on eût accueilli l'objection tirée de la Loi d'Alignement contre le Boulevard de Sébastopol, il aurait fallu renoncer à bien d'autres projets ; notamment à l'élargissement immédiat des rues de La Harpe et d'Enfer, insuffisantes au prolongement de cette voie sur la rive gauche de la Seine.

Veut-on savoir combien de temps l'application pure et simple de cette Loi, qui date du 16 Septembre 1807, eût pu retarder la réfection de ces deux rues ?

Voici comment, dans un Mémoire soumis au Conseil Municipal, le 20 Juillet 1857, je résumais le relevé des résultats que cette loi avait produits dans l'ancien Paris, durant 50 années et surtout, durant les dernières, où nos grandes entreprises de Voirie venaient de donner une si vive impulsion aux reconstructions volontaires :

« Des 1 319 rues d'une époque antérieure à 1807, et qui ont 364 kilomètres de parcours total (les autres, ouvertes par la Ville ou par des particuliers, ont reçu forcément, dès le principe, une largeur normale uniforme), 150 seulement, ne dépassant pas 40 kilomètres, sont alignées complètement ; 1 169 ayant une longueur de 324 kilomètres, restent à aligner en tout ou en partie. »

Il est probable qu'un certain nombre des 150 premières avaient, dès 1807, toute leur largeur. Quoi qu'il en soit, leur longueur totale ne représente pas un huitième de l'ensemble du réseau parisien d'alors.

A la vérité, le résultat qu'on obtenait par la comparaison des surfaces délaissables et des surfaces délaissées, pendant les 50 années, était beaucoup plus favorable.

« En somme, ajoutais-je, 998 083 mètres carrés devaient être réunis à la Voie Publique. De 1807 à 1857, 340 441 mètres ont été délaissés par les propriétaires ; après un laps de 50 ans, 657 642 mètres restent encore à obtenir. »

Démolition pour l'ouverture de la rue Réaumur.

A ce compte, il fallait encore près d'un siècle pour en venir à bout !... « En attendant, les exigences de la circulation s'accroissent, disais-je ; les largeurs d'abord jugées convenables, deviennent insuffisantes, et l'œuvre, poursuivie avec une si longue patience, menace de rester inefficace ! »

Si la résolution prise par la Ville, de chercher, dans l'application d'un système plus énergique et plus prompt, les moyens de satisfaire aux nécessités d'une circulation toujours plus active, avait besoin d'être défendue, elle trouverait, dans les faits que je viens de citer, une pleine justification.

Ce n'est pas que je méconnaisse l'utilité relative de la Loi d'Alignement. J'en ai toujours maintenu l'application, malgré les interprétations plus qu'indulgentes qu'elle rencontrait dans la juridiction administrative du Conseil d'État. Mais, de 1852 à 1860, avant l'annexion à Paris de sa Banlieue Suburbaine, un crédit annuel de 5 à 600 000 francs me suffit pour faire face au paiement des indemnités de retranchement dues aux propriétaires, malgré l'impulsion reçue, pendant cette période, par les reconstructions volontaires. Après l'Annexion, la dépense annuelle n'atteignit pas un million. Jugez par là de l'efficacité du remède qu'on nous indiquait, en 1855, pour parer à l'insuffisance de largeur des rues Saint-Denis et Saint-Martin !

Un décret du 29 Septembre 1854 déclara d'utilité publique :

1° L'ouverture du Boulevard du Centre, sur une largeur de 30 mètres, entre le Boulevard Saint-Denis et la Place du Châtelet; prescrivant, entre les rues Saint-Denis et Saint-Martin, la création de trois rues transversales de 20 mètres : la première, au droit de la Rue Réaumur, avec Place devant l'Église Saint-Nicolas des Champs (Rue du Quatre-Septembre prolongée) ; la seconde, entre celles du Grand et du Petit Hurleur (Rue Turbigo) ; la troisième, à la hauteur de la Rue aux Ours (Rue Étienne-Marcel) ; enfin d'une rue de 16 mètres, en face de l'entrée du Conservatoire des Arts et Métiers ;

2° Le prolongement des rues du Cygne, de la Grande-Truanderie et de la Cossonnerie : — celle-ci, dans l'axe transversal des Halles Centrales ;

3° L'élargissement à 16 mètres des rues Greneta et de La Reynie ;

4° Enfin, la suppression d'une partie de la Rue du Ponceau, des passages de la Longue-Allée, Basfour, de la Trinité ; des rues Guérin-Boisseau, du Grand-Hurleur, Bourg-l'Abbé, du Petit-Hurleur, Salle-au-Comte, des Trois-Maures, de la Vieille-Monnaie et de l'impasse de Venise.

La part contributive de l'État, dans cette vaste entreprise, fut fixée au tiers de la dépense nette.

L'exécution des diverses opérations ci-dessus n'exigea pas moins de cinq années, de 1855 à 1859. C'était l'éventrement du Vieux Paris, du quartier des émeutes, des barricades, par une large voie centrale, perçant, de part en part, ce dédale presque impraticable, accostée de communications transversales, dont la continuation devait compléter l'œuvre ainsi commencée. — L'achèvement ultérieur de la Rue de Turbigo fit disparaître la rue Transnonain de la carte de Paris !

Assurément, l'Empereur, en traçant le Boulevard de Strasbourg et son prolongement jusqu'à la Seine et au delà, n'avait pas plus en vue l'utilité stratégique de ce prolongement, que de tant d'autres grandes voies, comme la Rue de Rivoli, par exemple, dont l'alignement droit ne se prêtait pas à la tactique habituelle des insurrections locales. Mais, s'il n'a pas cherché, par-dessus tout, ce résultat, comme l'Opposition le lui reprochait, on ne peut nier que ce fût la très heureuse conséquence de tous les grands percements conçus par Sa Majesté pour améliorer et pour assainir l'ancienne ville. Ce résultat servit, concurremment avec nombre d'autres bonnes raisons, à justifier, vis-à-vis de la France, que la tranquillité de Paris intéresse au premier chef, la participation de l'État dans les frais de ces onéreuses entreprises.

Quant à moi, qui suis le promoteur des additions faites au projet initial, je déclare n'avoir pas songé le moins du monde, en les combinant, à leur plus ou moins d'importance stratégique.

Classement des voies nouvelles

J'ai pris soin d'expliquer, dans une autre partie de ce Livre, que le groupement en Réseaux des voies nouvelles de Paris n'avait été déterminé par aucune corrélation des boulevards, avenues et rues que chacun d'eux embrassait, comme l'est, par exemple, la division en Bassins, de nos fleuves, rivières et de leurs affluents. Mais, je ne crois pas inutile de rappeler ici que ce classement était une mesure d'ordre financier.

Le Premier Réseau réunissait l'ensemble des opérations originaires et de leurs compléments respectifs, que l'État subventionnait ou non, d'une façon ou d'une autre, et dans des proportions diverses, en conséquence de traités sanctionnés par des lois, notamment, par celle du 4 Octobre 1849.

Le Second Réseau comprenait exclusivement les voies considérables et nombreuses, désignées dans le traité du 18 Mars 1858, dit des 180 Millions, approuvé par la Loi du 28 Mai suivant qui fixait au tiers de la dépense nette la proportion du concours de l'État, limitée toutefois à 60 millions, au maximum.

Le Troisième Réseau se composait de toutes les autres opérations entreprises par la Ville seule.

En bonne justice, l'État aurait dû concourir à toutes les améliorations de la Voie Publique dont il avait reconnu l'opportunité, voire même provoqué l'exécution, et pour moitié de la dépense nette de chacune d'elles ; car il contribuait, dans cette proportion, aux frais d'entretien de l'ensemble de nos boulevards, avenues et rues de tout ordre, formant un seul Service, placé sous le régime de la Grande Voirie. Depuis, on avait constaté que la division en deux catégories groupant, d'une part, les traverses des Routes Nationales, au compte de l'État, et d'autre part, les voies d'intérêt communal, incombant à la Ville, exigeait deux Services distincts, en conflit perpétuel, et partant, peu pratiques ; qu'en définitive, le résultat était de grever le premier groupe (dont l'entretien était naturellement et de beaucoup le plus coûteux par mètre superficiel) d'une dépense annuelle sensiblement égale à celle du second, bien plus étendu, mais bien moins fatigué par la circulation des voitures lourdement chargées.

Pour des raisons analogues, les dépenses annuelles de la Police Municipale et de la Garde de Paris étaient également supportées de moitié, par l'État et la Ville.

Mais, si l'on s'efforça de faire valoir ces arguments auprès du Corps Législatif, au sujet des améliorations de la Voie Publique comprises au traité des 180 millions, on ne put rien en obtenir au delà de 60 millions, au plus ; tant étaient grandes, contre les « embellissements » de la Capitale, les jalousies de la Province, très largement représentées, à côté de l'Opposition systématique, dans cette assemblée puissante.

En réalité, la proportion du tiers fut généralement adoptée pour le concours de l'État à ceux de nos Grands Travaux de Voirie que le Corps Législatif consentit à subventionner, mais avec fixation d'une limite que ce tiers ne pouvait excéder et qui laissait au compte de la ville tous les aléas !… Si, dans les opérations de dégagement des Tuileries, du Louvre, du Palais-Royal et du Théâtre-Français, la subvention du Trésor Public fut portée, pour les unes, aux deux tiers, et pour les autres, à moitié de la dépense nette, ce fut à cause de l'intérêt exceptionnel de l'État.

Somme toute, l'addition des subventions diverses obtenues pour les entreprises figurant aux Premier et Deuxième Réseaux s'élève, en tout, à 95 550 741,66 fr., ramenés à 95 130 760,66 fr., par la compensation d'une créance de l'État, remontant au delà de 1852, réglée à 419 981 fr., et non compris 15 500 000 francs mis au compte de l'État pour la valeur des terrains incorporés au Louvre et aux Tuileries. — Cette subvention n'est pas un dixième de la dépense nette totale de nos Grands Travaux de voirie, s'élevant à 1 042 440 480,99 fr., plus 665 000 pour dommages temporaires, ensemble 1 043 105 480,99 fr. : La déduction de ces deux sommes, 95 130 760,66 fr. et 15 500 000, a fait descendre la charge réelle de la Ville à 932 474 720,33 fr., comme cela ressort du Bilan général de la Transformation de Paris, au Chapitre XIV du deuxième Volume de ces Mémoires.

Et, cependant, l'effet de ces opérations, et de toutes les autres œuvres de la Ville constituant la Transformation de Paris, n'a pas été moins marqué sur le produit des impôts directs et indirects perçus par le Trésor Public dans Paris, que sur les différentes sources du revenu municipal.

M. Magne, alors Ministre sans Portefeuille et Orateur du Gouvernement, le déclarait en ces termes au Sénat, dans sa séance du 26 Février 1862 :

« On considère, en général, que l'État fait, pour la Ville de Paris, des sacrifices exorbitants et improductifs. Eh bien ! c'est le contraire qui est la vérité. Je ne parlerai pas du côté moral des Grands Travaux qui s'exécutent dans Paris, et qui donnent l'air et la vie aux quartiers qui n'avaient jamais joui de pareils bienfaits ; je ne dirai pas que la Ville de Paris agrandie, transformée, sera considérée comme un des plus beaux fleurons de la Couronne Impériale ; je veux examiner la question au point de vue matériel.

Quelle est la somme qui, depuis l'année 1852 jusqu'à 1860, a été engagée par l'État dans l'intérêt de la Ville de Paris ? A peu près 93 millions. Quelle est l'augmentation des revenus perçus par l'État, pour son compte, dans la Ville de Paris, durant le même intervalle de temps ? 60 millions, et si l'on défalque le produit de quelques taxes nouvelles, 45 millions.

En deux ans, l'État recouvre ses déboursés ! »

En 1863, M. Devinck, Rapporteur du Budget de la Ville pour 1864, en citant, au Conseil Municipal, ce passage du discours de M. Magne, établissait que, de 1860 à 1862, en deux années, l'augmentation s'était élevée à 55 829 399 francs, c'est-à-dire de 11 millions, en somme ronde, savoir :

Sur les quatre contributions directes,
de _____ 18 525 778 fr.
Sur les droits d'entrée des boissons,
de _____ 17 510 426 fr.
Sur le timbre et l'enregistrement,
de _____ 19 793 195 fr.

Somme Égale _____ 55 829 399 fr.

Elle avait donc suivi une progression moyenne annuelle de 5 millions et demi.

En supposant que ce mouvement, au lieu de s'accroître toujours, se soit maintenu jusqu'en 1869, dernière année de mon administration, le gain annuel du Trésor eût été, pour celle-ci, de près de 95 millions : soit, d'une somme balançant toutes les subventions allouées à la Ville par l'État.

Premier réseau

Il convient de placer, en tête de ce groupe, l'opération de la Rue des Écoles, celle par laquelle s'essaya l'administration municipale de Paris, cédant à l'influence et aux directions du Prince-Président de la République dans les entreprises de Voirie. J'ai dit mon opinion sur celle-ci d'une façon très nette, trop nette peut-être, ce qui me dispense d'y revenir.

Je dois faire figurer ensuite, dans ma nomenclature, le percement du Boulevard de Strasbourg, œuvre mieux conçue à tous égards, comme première section d'une grande voie de pénétration dans Paris, perpendiculaire à la Seine, ouverte aux arrivages du Chemin de Fer de l'Est, l'une des plus importantes de ces routes internationales modernes, dont les gares sont devenues les principales entrées de la Ville, aussi rapprochées que possible de son point central.

La Seine avait seule jadis un tel rôle pour les personnes et les marchandises transportées par ses coches et ses chalands.

Je loue d'autant plus librement la pensée créatrice du Boulevard de Strasbourg, qu'elle était déjà réalisée lors de mon entrée en fonctions.

Je reproche seulement à ceux qui tracèrent sur le terrain cette portion de l'avenue magistrale qui devait percer, de part en part, du Nord au Sud, le centre du Vieux Paris de la Rive Droite, d'abord, et de la Rive Gauche, ensuite, de ne pas s'être préoccupés de la perspective finale à ménager au bout de son alignement droit, de la Gare de l'Est au Quai. En effet, il eût suffi d'une déviation d'axe, absolument insensible au point initial, pour le faire aboutir à quelques mètres plus à gauche, sur la Place du Châtelet, après un parcours de plus de 2 kilomètres, et avoir, en regard, la façade monumentale de cet édifice essentiellement utilitaire, le Dôme de la Sorbonne, abritant le chef-lieu de l'Étude, au cœur du Quartier Latin, sur les hauteurs de la Montagne Sainte-Geneviève. Car, ce Dôme se trouve dans le prolongement du trottoir gauche du Boulevard de Sébastopol.

J'ai raconté comment je profitai de la construction du Palais du Tribunal de Commerce, dans la Cité, pour remédier à cet oubli de prévoyance.

L'ordre chronologique amène l'inscription, en troisième rang, de toutes les opérations constituant le prolongement de la Rue de Rivoli ou s'y rattachant, savoir :

1ère Section, du Passage Delorme à la Rue de la Bibliothèque, comprenant le dégagement complet

Pages suivantes : la porte et le boulevard Saint-Denis.

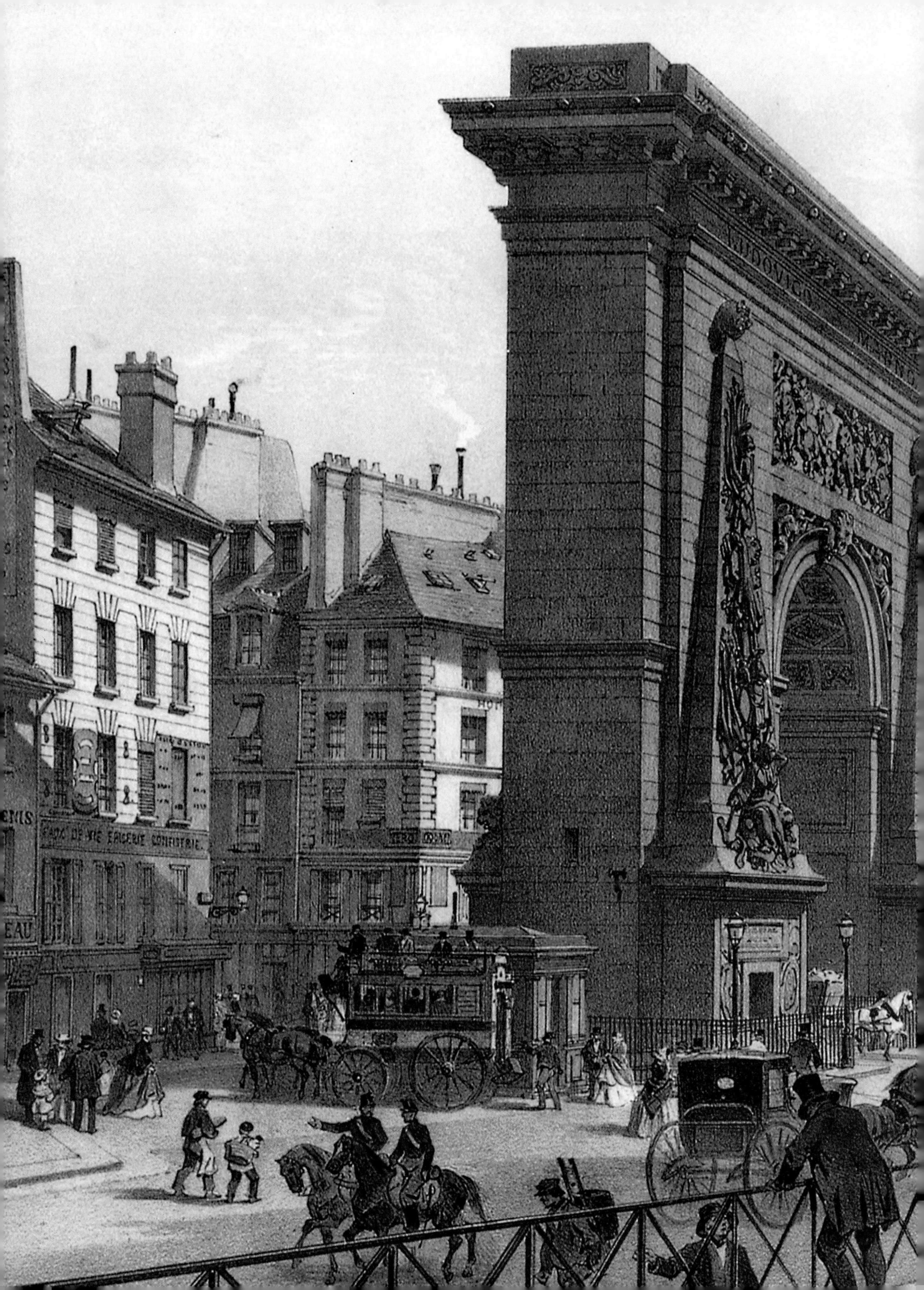

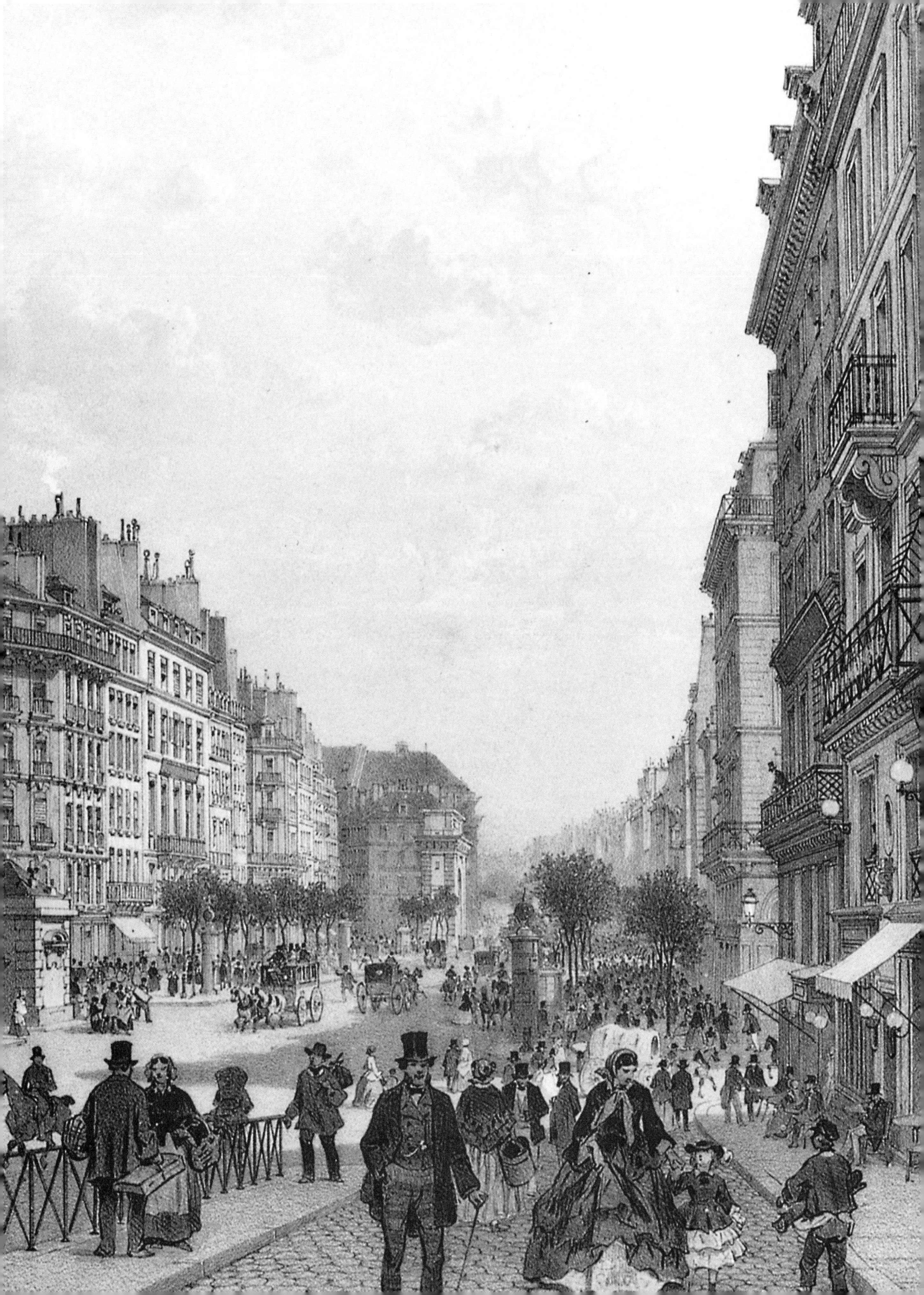

du Carrousel, des abords du Théâtre-Français et du Palais-Royal ;

2ᵉ Section, de la Rue de la Bibliothèque à la Rue des Poulies, embrassant le dégagement et la réunion des Places du Louvre et Saint-Germain-l'Auxerrois ;

3ᵉ Section, de la Rue des Poulies à la Place de Grève, y compris l'abaissement complet du quartier des Arcis et toutes ses conséquences ;

4ᵉ Section, de la Place de Grève à la Place Birague qui comprit le dégagement complet des abords de l'Hôtel de Ville et de la caserne Napoléon.

Viennent après : la formation et l'extension du périmètre des Halles Centrales et le dégagement de leurs accès.

Enfin, se présentent l'ouverture du Boulevard du Centre ou de Sébastopol, continuant le Boulevard de Strasbourg jusqu'à la Seine, et les opérations accessoires de cette grosse entreprise ; puis, les portions de son prolongement sur la rive gauche, comprise entre le Pont Saint-Michel et la Place de ce nom, sorte de carrefour en pente, de forme très irrégulière, formé par la rencontre des rues de La Harpe et de Monsieur-le-Prince, d'une part, et des rues d'Enfer, Saint-Hyacinthe et des Grès, de l'autre.

Cette première section du futur Boulevard Saint-Michel fut exécutée sans subvention, en vertu d'une Loi du 19 Juin 1857, ainsi que les opérations ci-après s'y rattachant :

1° L'amorce du Boulevard Saint-André, qui lui fait pendant, à l'angle opposé de la Place nouvelle, ménagée à l'issue du Pont, et au fond de laquelle je fis construire, en pan coupé, la belle Fontaine Saint-Michel, qui les divise ;

2° Les opérations du Boulevard Saint-Germain, dont une section allant d'abord à la Rue Saint-Jacques élargie, fut conduite de proche en proche, à la Place Maubert, puis, au point d'arrivée de cette grande artère de la Rive Gauche sur le Quai Saint-Bernard ; et dont l'autre s'arrêtait à la rue Hautefeuille, où la rejoignit ensuite la partie principale du nouveau Boulevard, venant du Quai d'Orsay, pour compléter une seconde Croisée de Paris, coupant cette rive du Nord au Sud et de l'Est à l'Ouest, au pied de la Montagne Sainte-Geneviève et du Quartier des Écoles.

Évidemment, cette croisée des Boulevards Saint-Michel et Saint-Germain ne méritait pas moins que celle du Boulevard de Sébastopol et de la Rue de Rivoli prolongée, le concours de l'État ; il fut accordé plus tard à la section supérieure du Boulevard Saint-Michel.

J'ai donné, touchant les opérations des trois premières sections du prolongement de la Rue de Rivoli, puis, au sujet du dégagement du périmètre et des abords des Halles, des détails multiples qui m'ont paru nécessaires pour bien faire comprendre la portée des omissions ou des imprévus des projets primitifs de ces grosses entreprises, auxquelles je dus aviser avant tout.

La même raison n'existait pas de compliquer par des chiffres l'énoncé des autres opérations classées dans le Premier Réseau. Tout ce qui se rapporte au côté financier des Grands Travaux de Paris me paraît avoir été suffisamment exposé dans le second Volume de ces Mémoires. Quelques lecteurs me reprochent même de l'y avoir surabondamment développé.

J'observerai pareille réserve, sauf les cas où, par exception, je devrais m'en départir pour la clarté de mes explications, dans le résumé des opérations des Deuxième et Troisième Réseaux.

Avant de quitter le Premier Réseau, je crois bon de dire que, si la conception du Boulevard du Centre ne reçut pas, dès le principe, l'accueil favorable qu'elle méritait du Public parisien ; si d'ardentes critiques ont été dirigées contre elle et pendant bien des années, toute justice lui fut rendue et de très haut, mais longtemps après l'ouverture de cette grande voie, à la fin de mon administration, comme maintenant, arrivé au terme de mon existence, pour l'ensemble de la Grande Œuvre de la Transformation de Paris.

On a pu lire, dans mon second Volume, en quels termes élogieux le Rapporteur de la Loi qui sanctionna les Traités de la Ville et du Crédit

Page de droite : la rue Taitbout vers 1865.

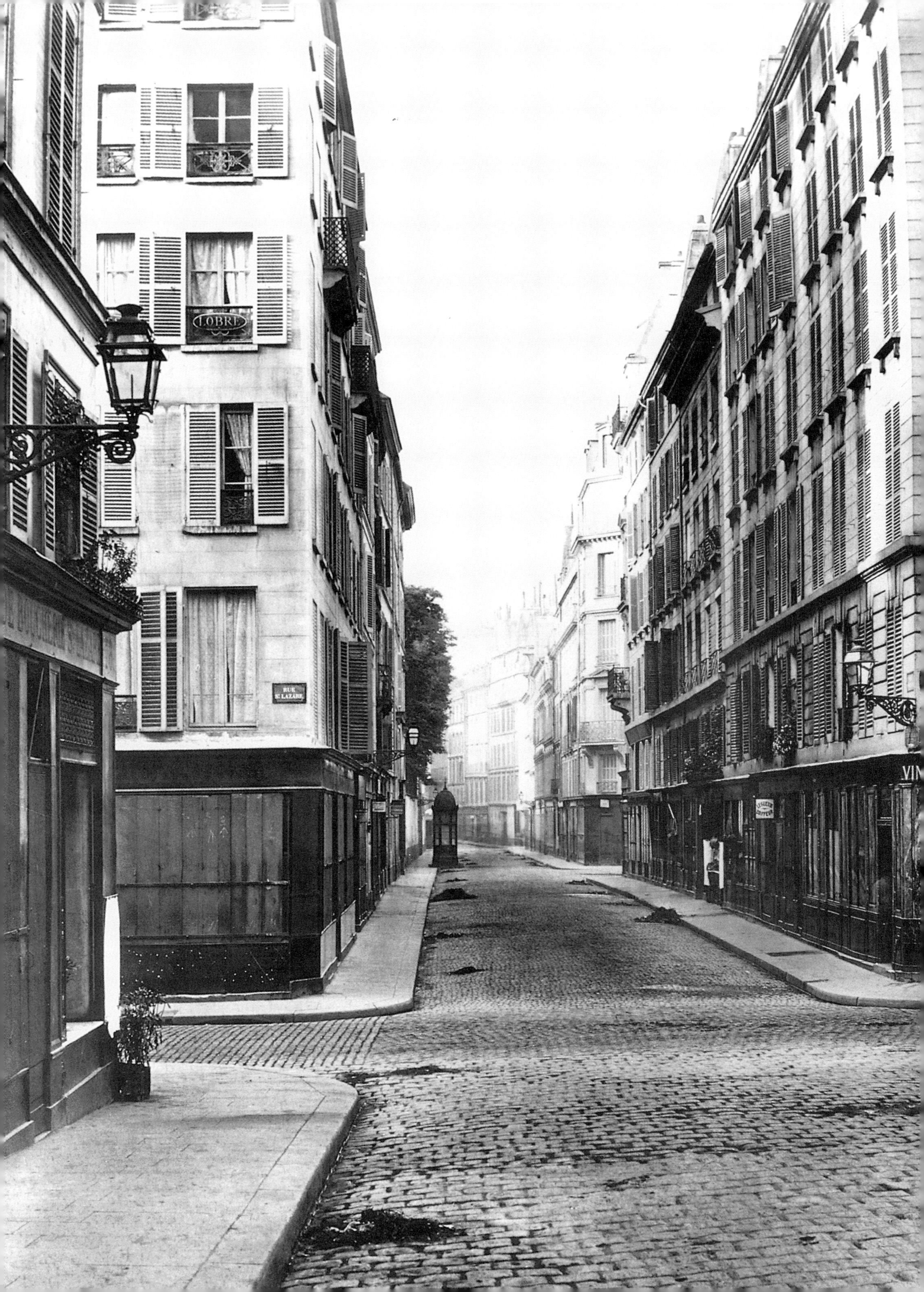
LOBRE
RUE
St LAZARE
VIN

Foncier, en 1869, l'honorable M. du Miral, avait apprécié l'utilité des voies publiques réparties entre les trois Réseaux. A cette occasion, j'ai mentionné que M. Thiers avait donné son approbation la plus complète à l'exécution des travaux qui figuraient dans le Premier Réseau. Voici dans quels termes cet Homme d'État jugeait le Boulevard de Sébastopol :

« Je n'hésite pas à le dire : tout est bon dans le Premier Réseau.

Il y a la Rue de Rivoli, pour laquelle on a un peu cédé à la légende ; mais, enfin, il faut bien faire quelque chose pour la légende !…

La Rue de Rivoli n'est pas aussi utile que le Boulevard de Sébastopol ; mais elle a dégagé une partie intérieure de la cité.

Le Boulevard de Sébastopol est encore meilleur : il a dégagé les deux rues Saint-Martin et Saint-Denis.

Je suis partisan de l'élargissement pur et simple des voies encombrées ; mais, là, il aurait fallu élargir deux rues : on a donc bien agi en faisant courir, entre les deux, le Boulevard de Sébastopol ; car on a eu l'avantage de ne pas déplacer les intérêts.

De plus, on a élevé le beau bâtiment des Halles Centrales ; puis, par le prolongement du Boulevard de Sébastopol sur la Rive Gauche, on a dégagé le quartier des Écoles.

Ainsi donc, je n'ai rien à dire contre le Premier Réseau. »

(Corps Législatif. Séance du Mardi 23 Février 1869.)

CHAPITRE III

LE PLAN DE PARIS

Deuxième Réseau.

Le Luxembourg. La rue de Médicis.

Troisième réseau.

La rue Caulaincourt.

En donnant son entière approbation au Premier Réseau de nos voies nouvelles, M. Thiers, évidemment, réservait toutes ses critiques aux Deuxième et Troisième. Il ne les leur a pas épargnées.

La campagne menée par cet éminent Homme d'État contre la plupart des voies qui composaient ces deux réseaux, et contre les principales, surtout, avec le concours passionné de toutes les Oppositions, est un des motifs pour lesquels je vais m'occuper spécialement des deux autres dans ce chapitre, après avoir mis à part, comme lui, tout le Premier Réseau.

On y trouvera sans doute quelques énonciations déjà faites dans le précédent Volume : il était nécessaire de les reproduire pour la clarté de ce que je vais dire.

Deuxième réseau

Le Traité des 180 millions fut passé le 18 Mars 1858, entre l'État, représenté par M. Rouher, Ministre de l'Agriculture, du Commerce et des Travaux Publics, et par M. Magne, Ministre des Finances, sous toutes les réserves de droit, d'une part ; et la Ville de Paris, que je représentais, comme Préfet de la Seine, sous réserve de la ratification du Conseil Municipal, d'autre part. Il énumérait, dès son article 1er, en neuf paragraphes, les voies publiques nouvelles que la Ville prenait l'engagement d'exécuter, dans un délai de dix ans, avec le concours de l'État pour un tiers (limité, comme je l'ai dit, à 60 millions), de la dépense totale nette.

Les contractants avaient cherché, par ces divisions, à classer topographiquement de leur mieux les voies projetées. Cependant, il est facile de reconnaître que la plupart des groupes ainsi formés sont restés incomplets, malgré mes efforts, par suite des éliminations auxquelles je dus me résigner, pour ne pas risquer de tout compromettre devant les exigences de mes contradicteurs et dans l'appréhension des résistances du Corps Législatif.

En fin de compte, je fis admettre dans le Traité, par les Ministres de l'Empereur, presque tous les percements indiqués au plan primitif de Sa Majesté, plus ou moins revu par Elle, après les études théoriques du Service du Plan et les miennes, c'est-à-dire presque tous les projets incontestablement dus à Son initiative personnelle.

Le premier groupe embrassait trois voies magistrales partant de la Place du Château-d'Eau (maintenant de la République) :

1º Le Boulevard du Prince-Eugène (Voltaire), allant, en ligne droite, de cette Place à celle du Trône ;

2° Le Boulevard du Nord, nommé depuis Boulevard Magenta, se dirigeant sur la Barrière Poissonnière, et, accessoirement, l'élargissement de la Rue de Saint-Quentin ;

3° Une rue de 20 mètres de largeur, la Rue de Turbigo, devant aboutir à la Pointe Saint-Eustache.

Le plan de régularisation de la Place du Château-d'Eau, que l'Empereur avait accepté, en fit ce qu'on voit depuis 1867 : un quadrilatère allongé, dont le Boulevard du Prince-Eugène, notre voie principale, divise le côté droit par le milieu, dans le prolongement du grand axe de la Place, tandis que le côté gauche forme, en face, un pan coupé, devant lequel fut replacé le Château-d'Eau légendaire, au milieu d'une sorte de square sans grilles. Aux angles du quadrilatère : à droite, l'ancien Boulevard du Temple, continué par le Boulevard Beaumarchais jusqu'à la Place de la Bastille, et la nouvelle Avenue des Amandiers (aujourd'hui, de la République), devant aboutir, d'abord, sur le Boulevard de Ménilmontant, à la pointe occidentale du Père-Lachaise, et, depuis l'annexion de la Banlieue Suburbaine, à la Place des Pyrénées, où se trouve la Mairie du XXe Arrondissement ; à gauche, l'ancien Boulevard Saint-Martin et le nouveau Boulevard du Nord. Enfin, au milieu du grand côté supérieur, l'entrée de la Rue du Faubourg-du-Temple, et, en face, le départ de la Rue de Turbigo, au point où venait aboutir la Rue du Temple (Sainte-Élisabeth).

Ce bel ensemble, d'une heureuse symétrie, semblait digne de voir inscrire au Traité les quatre voies nouvelles y participant ; mais je ne pus jamais y faire admettre l'Avenue des Amandiers, malgré l'abord direct et facile du Père-Lachaise qu'elle devait assurer aux convois funéraires. Elle fut rejetée dans le Troisième Réseau.

Je n'eus le temps de la voir ouvrir que jusqu'à la rencontre du Boulevard Richard-Lenoir. Il paraît qu'on songe à la continuer dans toute son étendue, pour relier le centre du XXe Arrondissement au cœur de la Ville. Ce serait une œuvre excellente sous ce rapport.

J'ai précédemment montré le rôle de l'importante Rue de Turbigo.

Le Boulevard de Magenta est également une de ces voies diagonales utiles qui réduisent les distances. En montant vers l'ancienne Barrière Poissonnière, par une pente qu'atténue sa prise en écharpe des hauteurs des Faubourgs Saint-Martin et Saint-Denis, il coupe le Boulevard de Strasbourg, en avant de la Gare de l'Est, croise la rue Lafayette, autre diagonale très précieuse, au droit de la Gare du Nord, desservie par l'Avenue de Denain élargie, qui s'amorce juste à leur point de rencontre, dans l'axe même de ce monument ; il traverse enfin la rue de Maubeuge, au droit de l'Hôpital Lariboisière, auquel mène pareillement la rue Saint-Vincent-de-Paul.

Après l'Annexion, le Boulevard Magenta fut continué dans l'ancienne Banlieue Suburbaine, au-delà des Boulevards de Rochechouart et de La Chapelle, jusqu'à la porte de Clignancourt, sous le nom du Maréchal Ornano, remplacé de nos jours, sur une partie, par celui de Barbès !…

Quant au Boulevard du Prince-Eugène, j'ai donné déjà des explications détaillées au sujet de l'utilité de cette longue artère, des difficultés que son exécution présentait, et du procédé par lequel je parvins à les résoudre : l'abaissement du Canal Saint-Martin, et l'établissement, sur sa couverture, du Boulevard Richard-Lenoir.

Je dus le faire aboutir à gauche de la Place du Trône, à la même distance que le Boulevard Mazas (maintenant, Diderot), à droite, de l'axe du Faubourg Saint-Antoine, qui fait face à l'Avenue de Vincennes. J'eus à régulariser le contour de la Place, et à couper les arcs de cercle égaux se développant, du nouveau Boulevard et de l'ancien, jusqu'à cette avenue : d'un côté, par le Boulevard de Philippe-Auguste, allant rejoindre celui de Ménilmontant, et les Avenues de Bouvines et de Taillebourg, aboutissant au Boulevard de Charonne ; de l'autre, par l'Avenue du Bel-Air, correspondant à celle de Taillebourg et débouchant

Percement du boulevard de Magenta.

dans l'Avenue Saint-Mandé ; enfin, par les amorces de deux voies, ne dépassant pas la rue de Picpus, et se rattachant à des plans restés sans suite. Elles sont désignées, d'après une carte récente de Paris, sous les noms de Fabre-d'Églantine et de Ménard-Dorian.

La dépense de ces travaux incomba naturellement aux ressources du troisième Réseau.

Le deuxième paragraphe de l'article 1er du Traité concernait exclusivement une voie de 33 mètres de largeur, l'Avenue Daumesnil, commençant à la Place de la Bastille et se dirigeant sur le Bois de Vincennes, par la Barrière de Reuilly.

Après l'Annexion, elle fut prolongée jusqu'à la Porte de Picpus, pour s'engager, au-delà, dans le nouveau Parc Municipal, entre l'École d'Arboriculture et le Lac de Charenton.

Il fallait bien procurer à la Population parisienne le moyen de jouir de ce magnifique présent.

Le troisième paragraphe ne comprenait que deux des larges rues devant concourir à former le périmètre du nouvel Opéra, dont il ne fait même pas mention : la Rue Auber, désignée sous le nom de Rue de Rouen, et la Rue Halévy, qualifiée, sans aucune dénomination, d'embranchement de la première.

Voici les termes du Traité : « Rue de Rouen, de 22 mètres de largeur, entre le Boulevard des Capucines et la Rue du Havre, avec embranchement se dirigeant sur la Rue de la Chaussée-d'Antin. » De la Place destinée à leur servir de point de départ commun ; des rues Scribe et Meyerbeer, qui devaient les croiser, pour former deux carrefours de dégagement à droite et à gauche de l'édifice, pas un mot ! Même silence quant à l'Avenue Napoléon (de l'Opéra, maintenant), à ouvrir, de l'autre côté du Boulevard, dans l'axe de la nouvelle Académie Impériale de Musique, jusqu'à la Place du Théâtre Français ! — Tout cela se retrouvera dans le Troisième Réseau.

Mais le même paragraphe admettait toute une série d'opérations nécessaires au dégagement de la Gare de l'Ouest, sous cette rubrique : « Ouverture de la Rue de Rome, sur une largeur de 20 mètres, entre la Rue Saint-Lazare et la Barrière dite de la Réforme, ensemble la rectification de la Place de l'Europe et le prolongement de la Rue de Madrid jusqu'à la Rue Malesherbes, avec embranchement sur la Rue de la Bienfaisance. »

Ce n'est pas le lieu de faire l'historique de la reconstruction de l'Opéra. Cela m'obligerait d'entrer dans une foule de développements étrangers au Service de la Voirie, qui n'a joué qu'un rôle accessoire dans cette affaire.

Quant au dégagement de la Gare de l'Ouest, qui risquait moins de soulever un débat sérieux au sein du Corps Législatif, il a surtout consisté, sous prétexte de rectification, dans la suppression de la Place de l'Europe, et son remplacement par un Pont-Carrefour, sur lequel, perpendiculairement à l'axe du Chemin de Fer, se rencontrent et se croisent en diagonales : la Rue de Londres, continuée par celle de Constantinople, prolongée elle-même, dans l'ancienne Plaine de Monceau par l'Avenue de Villiers, et la Rue de Vienne continuée par celle de Saint-Pétersbourg, jusqu'à la Place de Clichy.

La Rue de Rome, ouverte à 20 mètres et montant au Boulevard des Batignolles, à gauche de la voie ferrée, comme la Rue d'Amsterdam à droite, fut, après l'Annexion, prolongée jusqu'à la Place Pentagonale où se trouve la station d'embranchement du chemin d'Auteuil, en face de la Rue

Ouverture de la rue de Rome à l'angle de la rue Saint-Lazare et de la rue du Rocher.

Jouffroy, et où commence le Boulevard Péreire, bordant ce railway des deux côtés.

Le quatrième paragraphe, comme le deuxième, avait un seul percement pour objet : cette fois, il s'agissait du Boulevard Malesherbes.

On songeait à l'ouverture de cette voie, pour continuer la ligne des anciens Boulevards Intérieurs, dès la construction de l'Église de la Madeleine. Commencée en 1763 par Constant d'Ivry, mais bientôt suspendue, elle fut reprise en 1807, après concours, par Pierre Vignon, chargé d'en faire le monument que Napoléon 1er comptait dédier à la Grande Armée, puis, délaissée encore une fois, en 1814, à la chute du Premier Empire.

Je me rappelle avoir vu, pendant toute ma jeunesse, sous la Restauration, les fûts des colonnes du monument, restés à quart de hauteur, et couverts de paille, ainsi que les rudiments des murs. En 1816, une Ordonnance Royale rendit la Madeleine à sa destination première; mais, ce fut le Gouvernement de Juillet qui fit terminer la construction, achevée enfin par M. Huvé, dans le cours de 1842, et consacrée au Culte, dont elle satisfait mal tous les besoins.

Dans l'arrangement de la Place que l'on fit alors, on ménagea, entre les rues de la Madeleine et de la Ville-l'Évêque, le passage, sinon d'un Boulevard, au moins d'une importante voie. On lui donna d'avance le nom de Malesherbes, ce courageux défenseur de Louis XVI, comme on avait inscrit celui de Chauveau-Lagarde sur les plaques d'une des rues du quartier voisin de la Chapelle Expiatoire édifiée sous la Restauration. Le percement de la Rue Rumfort, entre les rues Lavoisier et de la Pépinière, indiqua le tracé de cette voie, de même que la Rue Malesherbes (maintenant du Général-Foy), montant de la Rue de la Bienfaisance à la Barrière de Monceau.

Le plan de l'Empereur Napoléon III prévoyait l'ouverture d'un vrai Boulevard dans la même direction.

Je fis observer à Sa Majesté que la Barrière de Monceau, située au point culminant de la ligne des Boulevards Extérieurs, serait d'un accès difficile, à partir de la Rue de la Pépinière et de la Place de Laborde, et qu'il conviendrait de diriger la grande artère projetée vers le point bas de cette ligne, derrière le Parc Monceau, en lui faisant subir un infléchissement, à partir de la Rue de la Pépinière, sauf à justifier cette déviation par la construction d'une Église, réclamée pour ce quartier, dans l'axe de la première section du Boulevard, — l'Église Saint-Augustin.

Sa Majesté se rendit à mes raisons, et l'on peut voir, au Chapitre XIX de mon second Volume, comment grâce à la cession gratuite de vastes terrains due à l'initiative de M. Émile Péreire, j'assurai l'ouverture, à titre de Routes Départementales :

1° d'un prolongement de la seconde section du Boulevard Malesherbes, dirigée vers le point bas du Boulevard de Courcelles, jusqu'à la Porte d'Asnières, à travers la plaine de Monceau ; 2° d'un prolongement des rues de Londres et de Constantinople, jusqu'à la Porte de Champerret ; 3° enfin de la belle Place Malesherbes, ménagée à leur point de croisement, et dont on peut apprécier tous les jours les plantations, les pelouses et les massifs d'arbustes et de fleurs, malgré le voisinage élégant du Parc Monceau transformé.

J'aurai sujet d'expliquer ailleurs les difficultés de construction de l'Église Saint-Augustin, causées par l'exiguïté du terrain disponible et par la sujétion pour l'Architecte de placer son Dôme, tout à la fois, dans l'axe de la première section du Boulevard Malesherbes et dans le prolongement de celui de l'Avenue de Friedland.

Le cinquième paragraphe du Traité du 18 mars 1858 comprenait justement l'ouverture de cette Avenue, confondue, à l'origine, avec la dernière section du Boulevard Haussmann, sous le nom de Boulevard Beaujon, dans le projet de régularisation des abords de l'Arc de Triomphe de l'Étoile, arrêté par un Décret du 13 Août 1854.

La Place de l'Étoile était hors de l'enceinte de Paris, au moment de la conclusion du Traité du 18 Mars 1858, et j'avais dû, comme je l'ai expli-

avenue de Saint-Cloud (aujourd'hui avenue Victor Hugo).

qué dans mon second Volume, faire classer l'Avenue de l'Impératrice, ouverte directement de cette Place à la Porte Dauphine du Bois de Boulogne, sous le titre de Route Départementale, avec la largeur exceptionnelle voulue par le Décret de 1854 et les dispositions spéciales dont la Ville de Paris, propriétaire du Bois, couvrit les frais.

Le Plan primitif de l'Empereur ne prévoyait, en plus de cette voie et du Boulevard Beaujon, de l'autre côté de la Place de l'Étoile, que l'ouverture d'une avenue nouvelle dans le prolongement de l'axe transversal de l'Arc de Triomphe. Traversant les terrains occupés par l'ancien Hippodrome et les Pelouses de l'Étoile, elle aboutissait par le Boulevard de Longchamp au Trocadéro, c'est-à-dire à l'emplacement du Palais jadis projeté du Roi-de-Rome, en face de l'École Militaire.

Cette voie, appelée par nous Avenue du Roi-de-Rome (aujourd'hui Kléber), correspondait de l'autre côté de la Place, avec l'ancien Boulevard de Bezons, que nous appelâmes Avenue de Wagram, et qui fut continuée jusqu'à la Place Circulaire, où vint aboutir, après l'Annexion, le Boulevard Malesherbes, près de la Porte d'Asnières.

La réunion de ces deux Avenues, sous l'Arc de Triomphe, formait une ligne droite croisant d'équerre l'Avenue des Champs-Élysées, continuée par l'Avenue de Neuilly (de la Grande-Armée).

A l'exception de cette « croisée », de l'Avenue de l'Impératrice et du Boulevard Beaujon, le plan multicolore de l'Empereur ne prévoyait rien.

En dehors de ces indications, j'avais à tenir compte de l'existence de l'Avenue de Saint-Cloud, autrefois de Charles X, que nous appelâmes Avenue d'Eylau, mais qui n'a pas conservé ce nom ; le gouvernement actuel, heureux cette fois dans ses innovations, lui fait porter celui de Victor-Hugo, qui l'habitait à sa mort.

Il n'était pas facile, avec de telles sujétions, de trouver un arrangement symétrique de la Place.

Je commençai par ouvrir l'Avenue de l'Impératrice, à moitié distance de l'Avenue de la Grande-Armée et de l'Avenue d'Eylau, de manière à ménager deux terrains à bâtir égaux, à sa droite et à sa gauche ; je fis un lot unique, à peu près double, du reste du quart de cercle compris entre les Avenues de la Grande-Armée et du Roi-de-Rome.

Je coupai de la même façon, mais dans un ordre inverse, le quart de cercle allant de cette dernière Avenue à celle des Champs-Élysées, par les amorces des Avenues d'Iéna et Joséphine (aujourd'hui Marceau), ce qui me donna un grand lot et deux petits, absolument semblables aux précédents.

Je reproduisis cette disposition dans le quart de cercle allant de l'Avenue des Champs-Élysées à l'Avenue de Wagram, où je fis arriver l'Avenue de Friedland et l'Avenue de la Reine-Hortense (nommée Hoche, aujourd'hui), venant du Parc Monceau, sous les mêmes angles que les Avenues Joséphine et d'Iéna ; puis, dans le quart de cercle compris entre l'Avenue de Wagram et celle de la Grande-Armée, où je ménageai sous le nom d'Avenues du Prince-Jérôme (Mac-Mahon et Niel) et d'Essling (Carnot) deux voies correspondant aux Avenues d'Eylau et de l'Impératrice (du Bois-de-Boulogne) aboutissant : l'une, à la Place Péreire ; l'autre, à l'Avenue des Ternes.

Enfin, je décrivis, au-delà de mes douze lots à bâtir, une Rue circulaire nommée Rue de Tilsitt d'un côté de la Place, et Rue de Presbourg de l'autre, destinée à donner des issues aux hôtels d'architecture symétrique, précédés sur leur façade de parterres, enceints de grilles uniformes, dont je fis déclarer l'établissement obligatoire. Je dégageais ainsi la Place des encombrements que la circulation des voitures pourrait y produire à certains jours.

Cette belle ordonnance, que je suis très fier d'avoir su trouver, et que je considère comme une des œuvres les mieux réussies de mon administration, apparaît dans son ensemble, comme sur un plan, du haut de l'Arc de Triomphe, où montent beaucoup plus d'étrangers que de Parisiens.

Quoi qu'il en soit, je ne pus faire inscrire au Traité de 1858, en vue d'une subvention de l'État, que les opérations ci-après : « Boulevard de Beaujon, entre le Boulevard de Malesherbes et la Place de l'Étoile ; rectification et nivellement du Boulevard extérieur de Passy ; complément de l'exécution du Décret du 13 Août 1854, pour les abords de l'Arc de Triomphe de l'Étoile. »

Le vague de cette dernière indication aurait pu me servir ; mais, la limitation à 60 millions du concours de l'État aux dépenses nettes du Deuxième Réseau, qui dépassèrent 410 millions en fin de compte, ne m'a pas permis de l'utiliser.

Le sixième paragraphe du Traité du 18 mars 1858 s'appliquait à deux Boulevards de 40 mètres de largeur, partant du Pont de l'Alma (Rive Droite), savoir :

1° L'un, nommé depuis lors Avenue de l'Alma, percé dans le prolongement direct du Pont et allant du Quai de Billy à l'Avenue des Champs-Élysées ;

2° L'autre, nommé Avenue de l'Empereur (maintenant, du Trocadéro), devait faire, à l'Ouest du premier, le pendant régulier de l'Avenue Montaigne, à l'Est ; il monte diagonalement d'abord, du Quai jusqu'au débouché de l'Avenue Joséphine (Marceau) ; puis, prenant en écharpe le coteau du Trocadéro, il croise l'Avenue d'Iéna, au point d'arrivée de la Rue Pierre Charron, et aboutit à l'ancienne Barrière Sainte-Marie, sur le Boulevard de Passy, au centre de la Place du Roi-de-Rome (actuellement du Trocadéro).

La première de ces voies faisait partie du système du quartier de Chaillot, complété par les Rues François Ier, Pierre-Charron, Marbeuf et de Marignan.

La seconde (Avenue Henri-Martin), prolongée, après l'Annexion, jusqu'à la Muette, où l'Avenue Victor-Hugo vient se confondre avec elle, forme un des plus agréables accès du Bois de Boulogne.

Pages suivantes : les Invalides, façade principale du côté de l'esplanade.

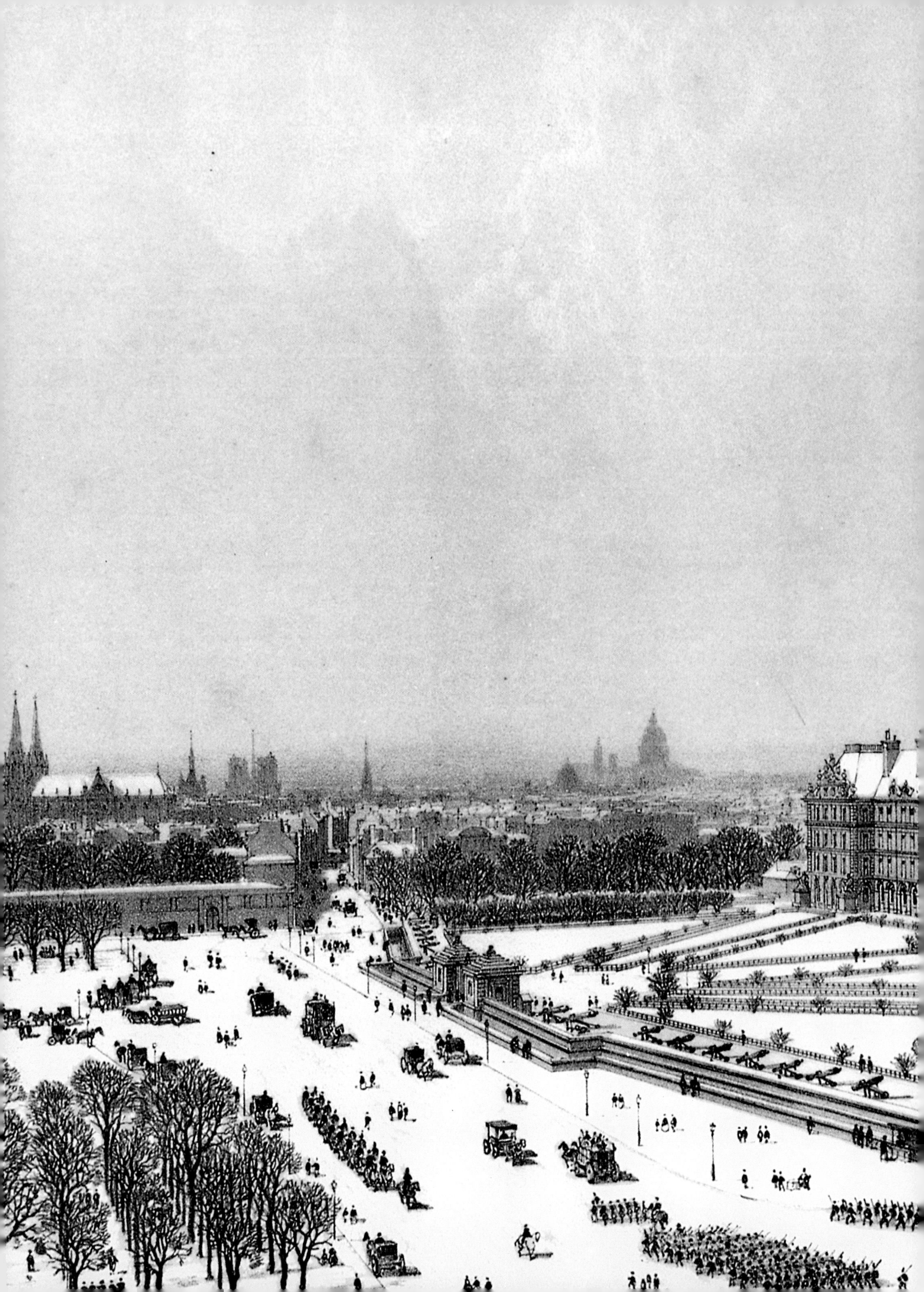

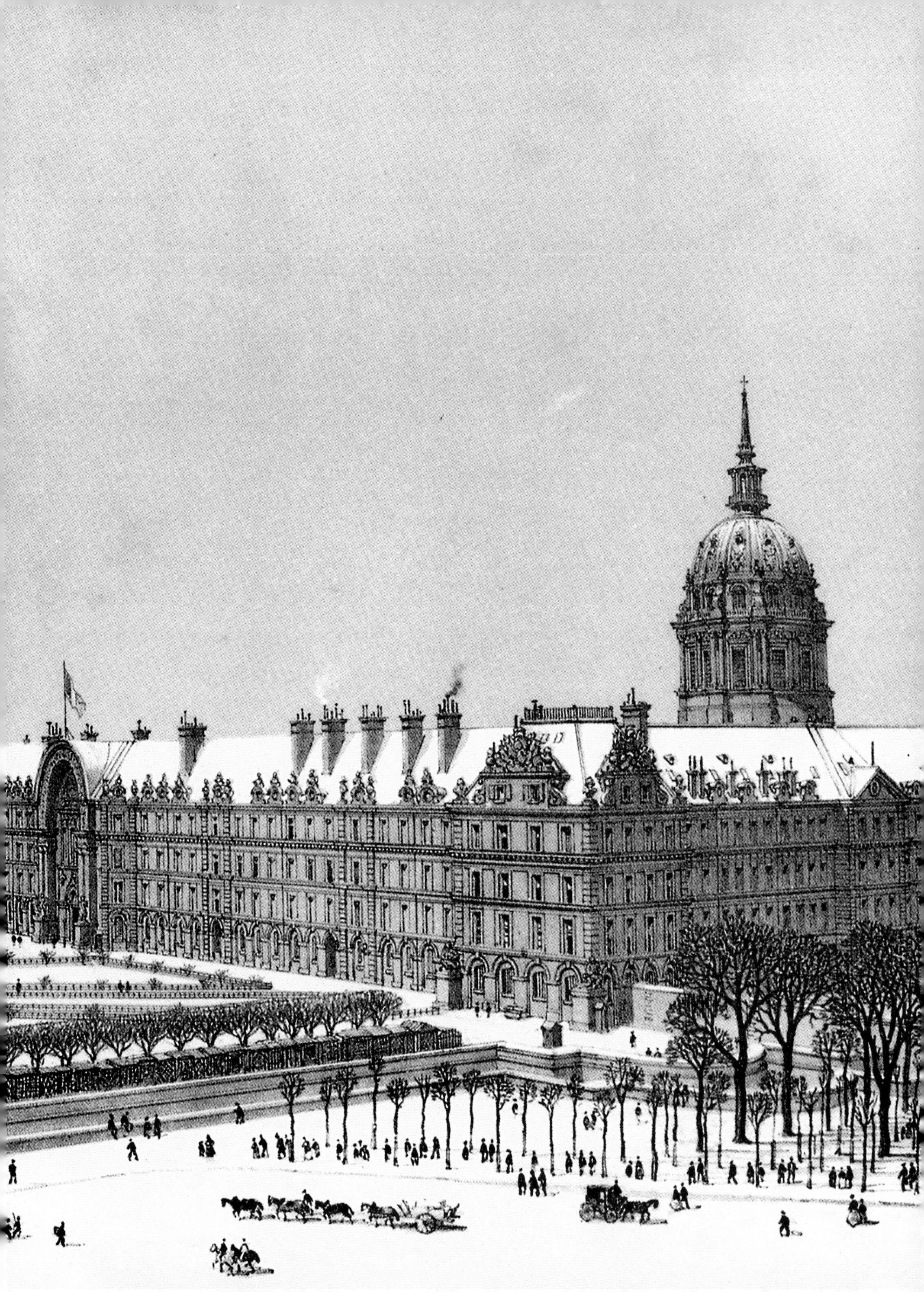

Le septième paragraphe, relatif à tout un ensemble d'opérations de Voirie projetées aux abords de l'École-Militaire et des Invalides, nécessite peu d'explications. Il embrassait :

1° Un Boulevard de 30 mètres (l'Avenue Bosquet) entre le Pont de l'Alma (Rive Gauche) et l'École-Militaire, au point de convergence des Avenues de La Bourdonnais, de La Motte-Piquet, de Tourville et Duquesne ;

2° Une Avenue (Rapp) allant du même point à l'extrémité de la Rue Saint-Dominique, c'est-à-dire à l'entrée centrale du Champ de Mars, — voie très utile en cas d'Expositions universelles ;

3° Et le prolongement de l'Avenue de La Tour-Maubourg, longeant à l'Ouest l'Hôtel des Invalides jusqu'au pont de ce nom.

Le huitième paragraphe constituait, sur la Rive Gauche, une sorte de réseau partiel desservant, au revers méridional de la Montagne Sainte-Geneviève, les faubourgs Saint-Jacques et Saint-Marcel.

Voici les énonciations mêmes du Traité : « Boulevards Saint-Marcel et de Port-Royal, entre le Boulevard de l'Hôpital et le Boulevard du Mont-Parnasse, avec embranchement de la Rue Mouffetard à la Barrière d'Enfer (Boulevard Arago). Élargissement à 40 mètres de la Rue Mouffetard, entre la Barrière d'Italie et le carrefour formé par les Rues de Lourcine et Censier (Avenue des Gobelins), et ouverture d'une Rue de 20 mètres entre ce carrefour et l'extrémité de la Rue Soufflot (Rues Claude-Bernard et Gay-Lussac) et d'une autre rue de 20 mètres, entre ce carrefour et la Place Maubert. »

J'ai dit précédemment que les Boulevards Saint-Marcel et de Port-Royal complétaient la ligne des Boulevards intérieurs de la Rive Gauche, tracée au plan primitif de l'Empereur. L'embranchement dirigé sur la Barrière d'Enfer avait été proposé par le Service du Plan de Paris, pour dégager, à l'Est, celle-ci, comme le faisait, à l'Ouest, le Boulevard d'Enfer (Raspail), allant rejoindre le Boulevard du Mont-Parnasse. Sa Majesté l'avait accepté sans

Rue Gay-Lussac.

objections, ainsi que le projet bien important, laissé de côté par le Traité de 1858, d'un prolongement de ce Boulevard d'Enfer jusqu'au pli formé par le Boulevard Saint-Germain, à sa rencontre avec la Rue du Bac, où l'on voit une amorce de cette voie magistrale que j'ai fait ménager entre les Rues Saint-Dominique et de Grenelle. Une autre fut réservée occasionnellement au point de rencontre des Rues de Babylone et de Sèvres.

Je considère ce prolongement comme capital pour le haut du Faubourg Saint-Germain, le quartier de l'Observatoire et les abords du Chemin de Fer de Sceaux, et je me permets de le signaler à l'attention de nos édiles présents et futurs.

L'Avenue des Gobelins, entrée magistrale de la Ville par l'Avenue d'Italie, a dégagé le bel établissement national qui lui donne son nom, et tout le fond de la Vallée de la Bièvre dans Paris. Quant aux voies de première utilité, contournant à l'Est et à l'Ouest les flancs de la Montagne Sainte-Geneviève, elles sont dues à ma connaissance personnelle du quartier. L'Empereur les substitua, dans son plan, à des combinaisons moins simples et moins efficaces.

Enfin, voici le neuvième et dernier paragraphe du Traité : « Élargissement du Boulevard de Sébastopol dans la Cité ; prolongement du même Boulevard entre la Place Saint-Michel et le Carrefour de l'Observatoire, et ouverture d'une rue de 20 mètres, isolant le Luxembourg, allant du Carrefour formé à la rencontre des rues de Vaugirard, Molière et Corneille, au Boulevard de Sébastopol, en face la Rue Soufflot. »

Le nom de Sébastopol n'avait pas encore été remplacé, sur la Rive Gauche, par celui de Saint-Michel, donné, après son achèvement complet, à cette portion du Boulevard du Centre.

Dans la Cité, la vieille Rue de la Barillerie, élargie, devint le Boulevard du Palais.

L'élargissement de la Rue d'Enfer suffit à l'exécution de la dernière section du Boulevard Saint-Michel ; mais elle exigea d'abord un abaissement du sol de l'ancienne rue, entre la Place et l'École des Mines, qui descendit à deux mètres devant la Rue Soufflot ; puis, le dénivellement complet de la section inférieure de celle-ci, percée par le Gouvernement de Juillet, et la démolition de toutes les maisons en bordure. Il est vrai que cela me permit de lui donner la largeur de la section primitive, allant du Faubourg Saint-Jacques à la Place du Panthéon.

La transformation de l'Avenue de l'Observatoire en square fut la conséquence de l'achèvement du Boulevard Saint-Michel.

Quant à la Rue d'isolement du Luxembourg, Rue de Médicis, elle fut, dans le sein du Sénat, le sujet d'une lutte épique, dont il me reste à parler.

Le Luxembourg. La rue de Médicis

Le projet d'établir une communication facile entre le quartier de l'Odéon et la Rue d'Enfer, à travers les dépendances du Palais du Luxembourg, n'était pas aussi nouveau qu'on semblait le croire.

Un Plan de Paris fut dressé par ordre du Gouvernement, en 1790, à l'échelle de l'atlas de Verniquet, sous le nom de *Plan des Artistes,* quoique ses véritables auteurs soient ignorés ; il contient le tracé d'un grand nombre de percements étudiés par eux, et réalisés en partie depuis lors, en vue de régulariser la circulation dans tous les quartiers de la Ville, de faciliter les constructions et de dégager les principaux monuments.

Or, on y voit indiqué une Rue prolongeant, en ligne droite, la Rue Molière, et séparant les petits parterres contigus à la façade orientale du Palais, des massifs d'arbres en bordure, pour aller aboutir, Rue d'Enfer, à la hauteur de notre École des Mines.

Cela prouve que l'on sentait déjà le besoin de joindre le quartier de l'Odéon avec celui du Val-de-Grâce et de l'Observatoire par une voie plus directe et moins ardue que le contour gagnant la Place Saint-Michel par les Rues de Vaugirard et de Monsieur-le-Prince et le raidillon, très dur à franchir, de la première partie de la Rue d'Enfer. En effet, il ne pouvait être question, à cette époque, du

Pages suivantes : le Palais du Jardin du Luxembourg, vue à vol d'oiseau prise au-dessus de la rue de Tournon.

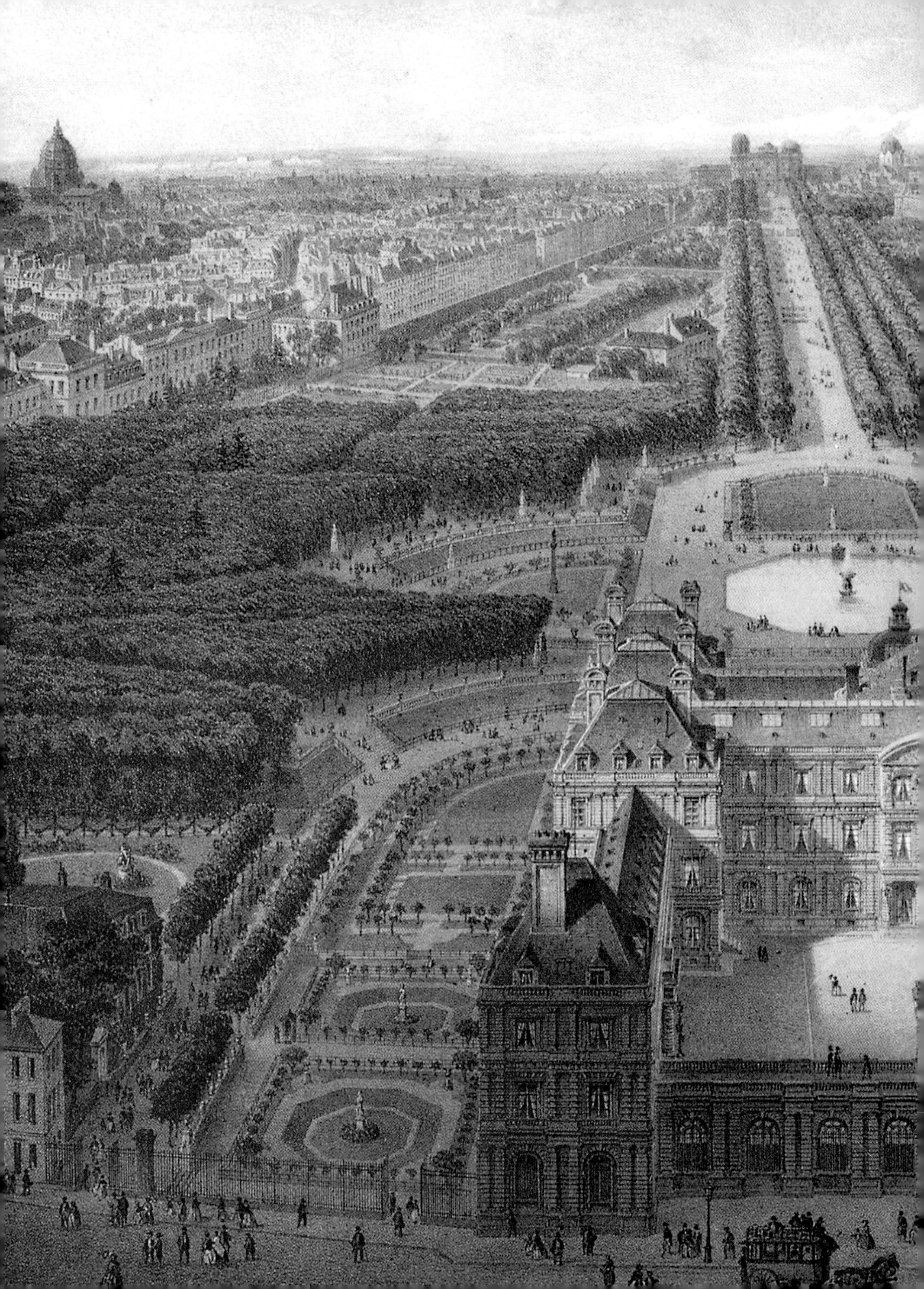

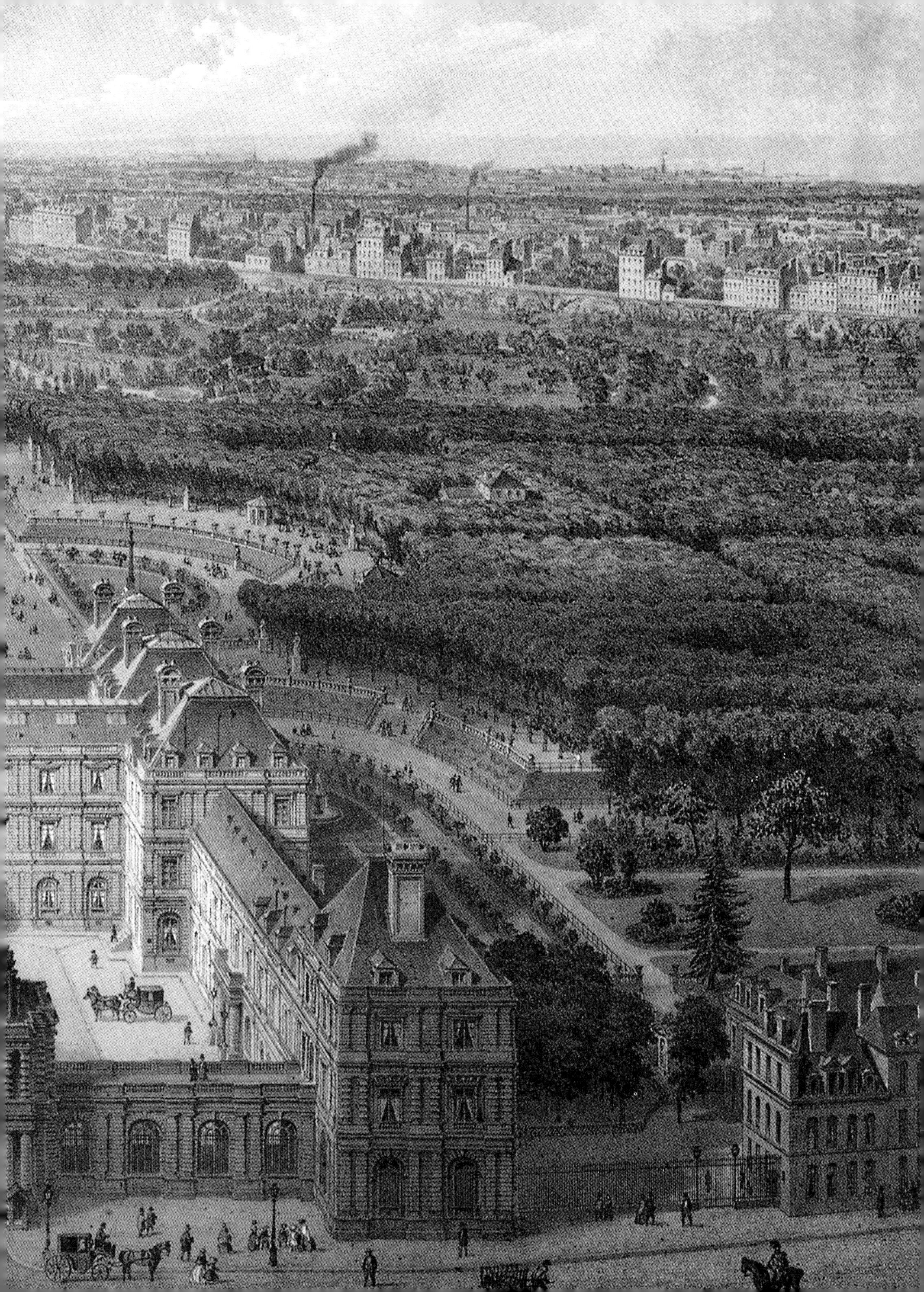

déblai descendant, comme je viens de le dire, jusqu'à deux mètres de profondeur, que je dus ordonner pour faire disparaître cet obstacle pour la circulation du Boulevard Saint-Michel, tandis que la voie indiquée devait suivre une rampe uniforme ne dépassant jamais celle de la Rue de l'Odéon et de la Rue Molière (25 millimètres environ par mètre).

Je comprends qu'on ait hésité devant ce projet radical.

Mais, en 1844, après le prolongement de la Rue Soufflot, qui s'arrêtait auparavant à la Rue du Faubourg Saint-Jacques jusqu'à la Rue d'Enfer, une convention fut passée, entre l'État et la Ville pour la continuation de la Rue Soufflot, sur l'emplacement du passage étroit bordé de constructions sordides, qui séparait encore la Rue d'Enfer de la grille du Luxembourg, de ce côté.

Dès 1847, le gouvernement prit l'initiative d'une opération complémentaire, ayant pour but le percement, à travers les dépendances du Palais, d'une Rue nouvelle qui joindrait la Rue Soufflot à la Rue Corneille (comme la Rue de Médicis), « pour mettre en rapport direct le Faubourg Saint-Jacques et la Rue d'Enfer avec les rues aboutissant au Pont-Neuf ».

Le Grand Référendaire et la Commission de Comptabilité de la Chambre des Pairs donnèrent leur entier assentiment à ce projet, dont la Révolution de 1848 empêcha l'adoption définitive.

Alors, le projet de 1790 fut repris, et, dans un rapport à l'Assemblée Nationale, M. Mortimer-Ternaux en fit ressortir les avantages, au double point de vue des intérêts de la Circulation et du Trésor, qui profiterait de la vente des terrains retranchés du Luxembourg, et acquérant une plus-value par leur situation exceptionnelle. « En effet, ajoutait-il, les maisons que l'on y construirait ne seraient séparées que par une Rue et une grille du Jardin du Luxembourg et auraient la même position et la même vue que la Rue de Rivoli sur le Jardin des Tuileries. »

En communiquant ce rapport au Préfet de la Seine, le 21 Novembre 1848, le Ministre des

Parterre de la fontaine de Médicis.

Le dimanche au jardin des Tuileries sous le Second Empire.

Napoléon III et quelques promeneurs sur les Champs-Elysées.

LES CHAMPS ÉLYSÉES.

N° 1

du bois.

Promeneurs.

La marchande de gâteaux.

Ci-contre : Promenade du prince impérial à Longchamp.

Pages suivantes :
Le Boulevard des Italiens vers 1860.

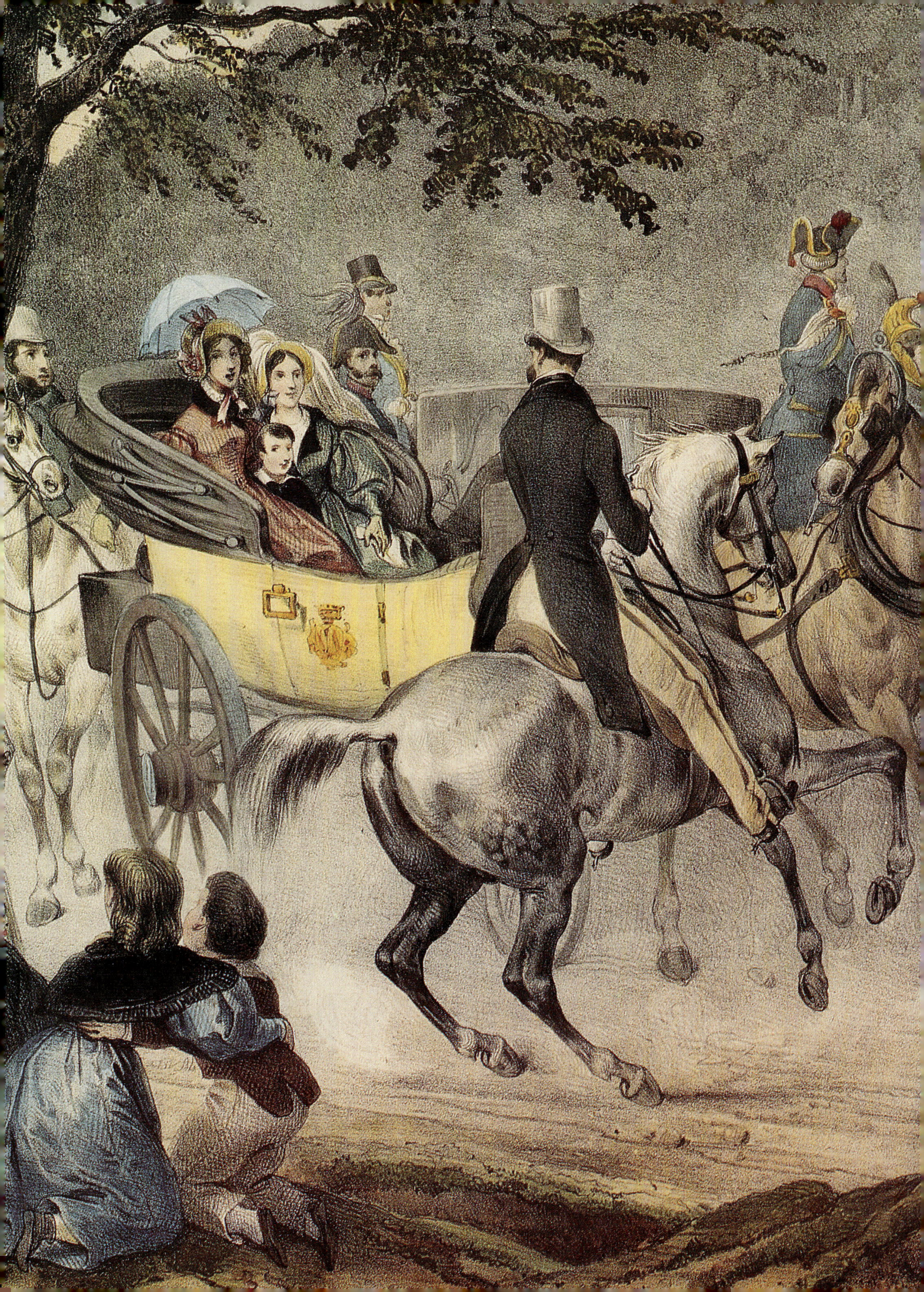

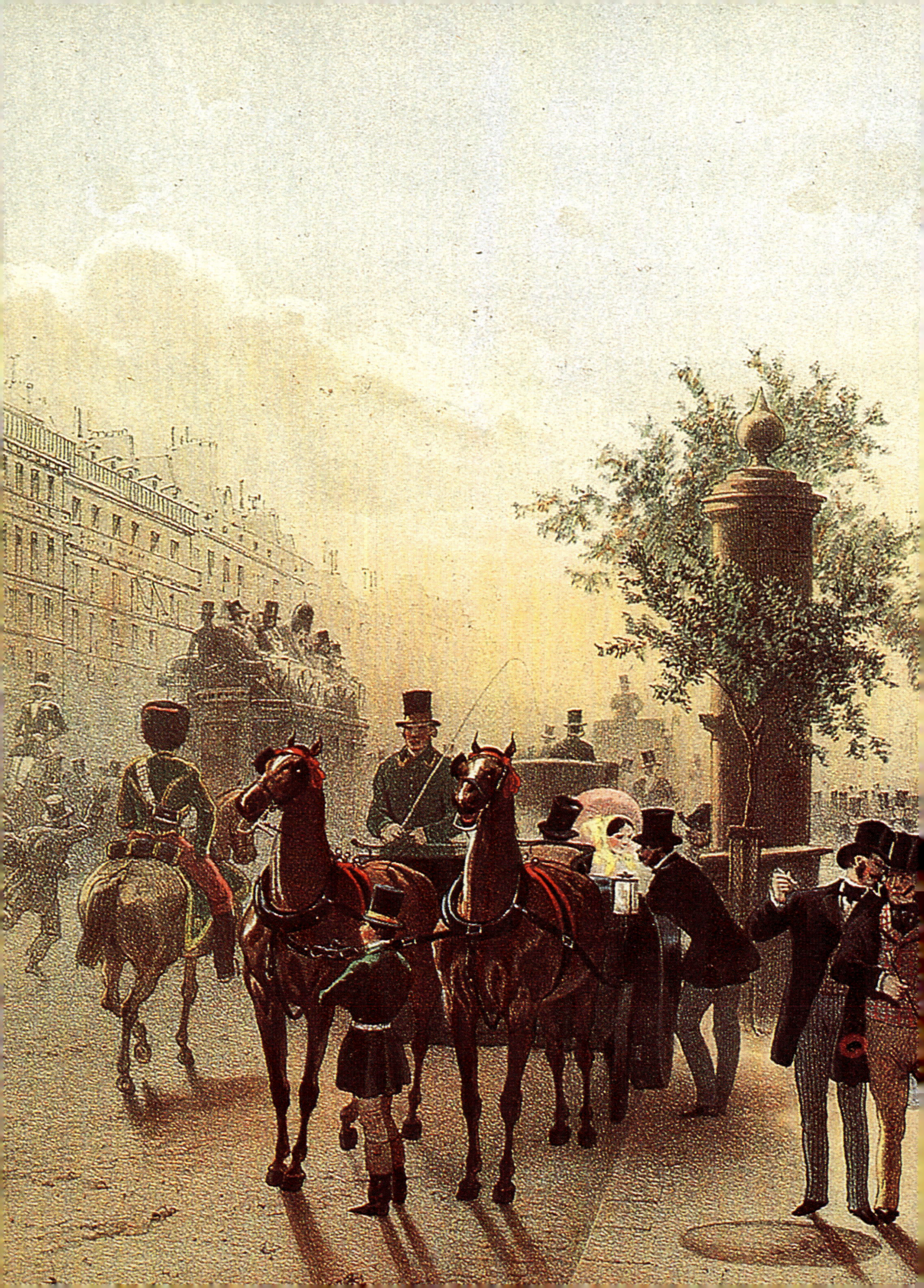

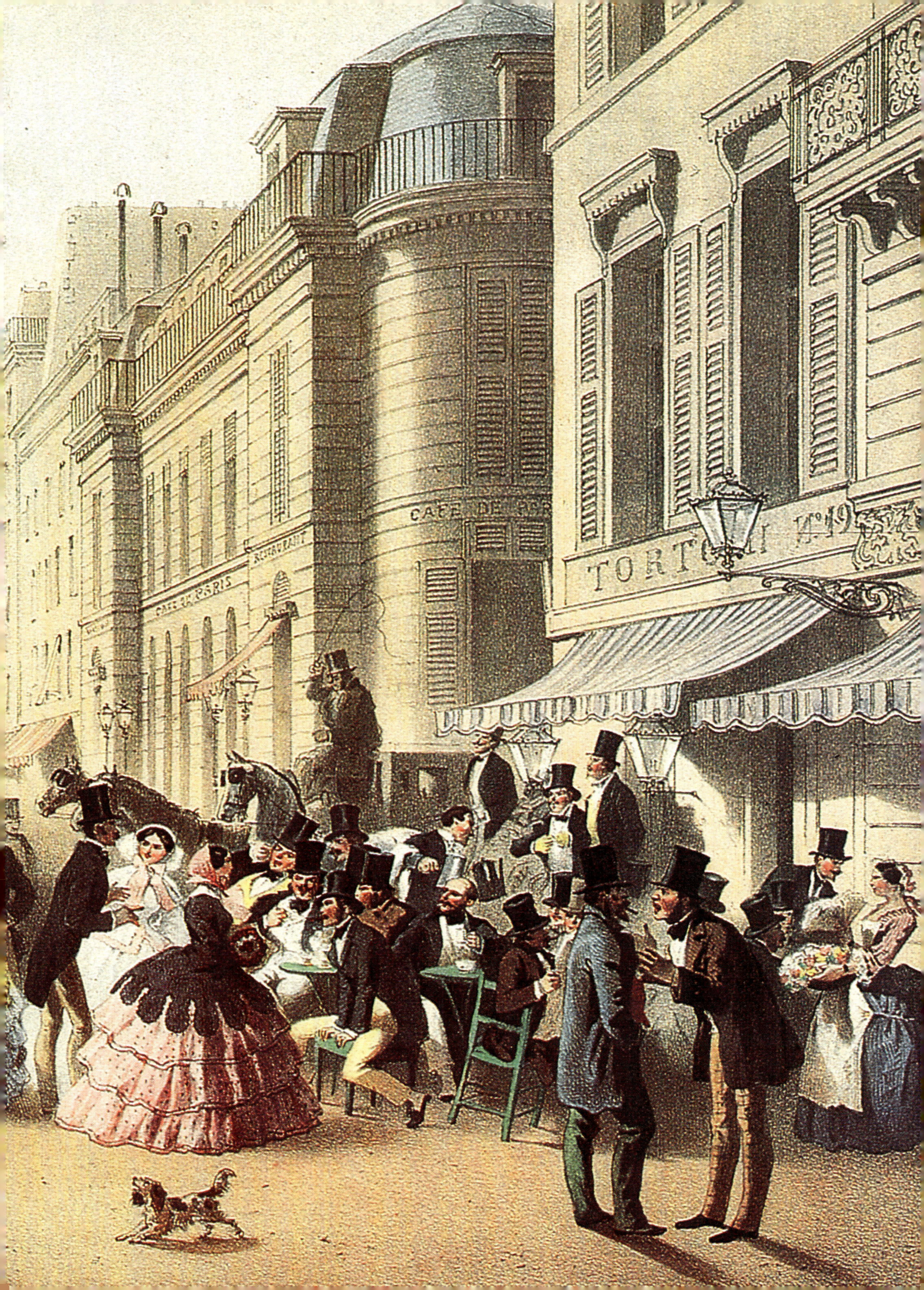
RESTAURANT
N° 19

Jardin du Luxembourg.

Travaux Publics, M. Vivien, lui transmettait un plan où le tracé de la voie nouvelle était marqué par M. de Gisors, Architecte du Palais ; il terminait sa lettre ainsi : « Je partage l'opinion de M. de Gisors, qui consiste à faire que la nouvelle voie soit la prolongation de la Rue Corneille. »

En vue de la vente des terrains à retrancher des grands parterres et des massifs du Jardin, on était d'accord pour la translation, évaluée à 80 000 francs, de la Fontaine de Médicis, à la grande allée transversale, en face de la Rue de Fleurus.

Heureusement, survint l'élection présidentielle du 10 Décembre 1848.

Notez que notre plan de 1858, différent de celui qui faillit passer dix ans plus tôt, et que M. de Gisors acceptait, ne touchait pas aux grands parterres, écornait à peine un des grands massifs, et se bornait à faire avancer de quelques mètres la Fontaine de Médicis. Mais, il déplaçait les communs du Sénat, les écuries de M. le Grand Référendaire, de M. le Premier Vice-Président, les logements d'un certain nombre de gens de service, et « supprimait la maison et le jardin de l'Architecte ». C'était bien plus grave, paraît-il !

Aussi, le Grand Référendaire, auquel je n'avais pas manqué de communiquer, avant tout, notre combinaison, soutint-il avec une extrême insistance, un contre-projet, œuvre de M. de Gisors, au cours de l'instruction qui précéda l'approbation législative du Traité des 180 millions, puis, des enquêtes faites en vue de la déclaration d'utilité publique. Il épargnait les communs du Sénat et substituait, à cet effet, une courbe rentrante à la courbe saillante que nous avions adoptée pour ménager, autant que possible, la portion des parterres dont jouissait le Public, depuis la Rue de Vaugirard jusqu'au Boulevard Saint-Michel, et qui se reliait mieux d'ailleurs avec cette grande ligne et avec la Rue Gay-Lussac, que nous avions en vue bien plus que la Rue Soufflot.

Le gouvernement passa outre ; mais l'exécution de la rue fut retardée par diverses causes.

Comme on allait commencer les travaux, le Sénat fut saisi d'une pétition signée d'inconnus. Cet incident m'imposa, comme Sénateur, par raison de déférence envers mes collègues, un nouvel ajournement des travaux. Une instruction interminable de la Commission des Pétitions compliqua encore l'examen de la réclamation qui s'était produite si malencontreusement. L'affaire ne fut rapportée que le 24 Avril 1861 et vint en discussion le 1er Mai.

La Commission, par l'organe de son rapporteur, M. Lefebvre-Duruflé, concluait au renvoi de la pétition au Ministre d'État.

Je m'y opposai naturellement et un débat, très passionné de la part de mes contradicteurs et très mesuré de la mienne, — car, je me sentais sur un mauvais terrain, — prit toute la séance.

Je démontrai avec soin la supériorité très grande à tous égards du projet décrété, sur le contre-projet de l'Architecte du Sénat, patroné par le Marquis d'Hautpoul, notre Grand Référendaire qui m'interrompait sans relâche au cours de ma discussion, et qui monta trois fois à la tribune pour essayer de me réfuter. Mon avis finit par prévaloir auprès de ceux de mes collègues qui n'avaient aucune raison d'animosité contre mon administration et ses œuvres, et qu'un esprit de corps mal entendu n'aveuglait pas.

Un d'eux proposa le renvoi de l'affaire à la Commission. C'était moins dur qu'un rejet pur et simple de ses conclusions par un ordre du jour. Je me ralliai par prudence à ce renvoi, d'un caractère tout autre que celui du renvoi de la pétition au Gouvernement.

Il fut voté.

La Commission comprit que la majorité du Sénat me donnait ainsi raison.

Elle enterra son rapport.

J'ai cru bon de consacrer quelques pages à cet épisode, qui montre combien il est facile de mettre en jeu les susceptibilités d'un Grand Corps, au sujet de questions n'engageant sa dignité ni dans le fond ni dans la forme, et risquant de mettre, à son

Pages suivantes : le Palais du Luxembourg, façade sur le jardin.

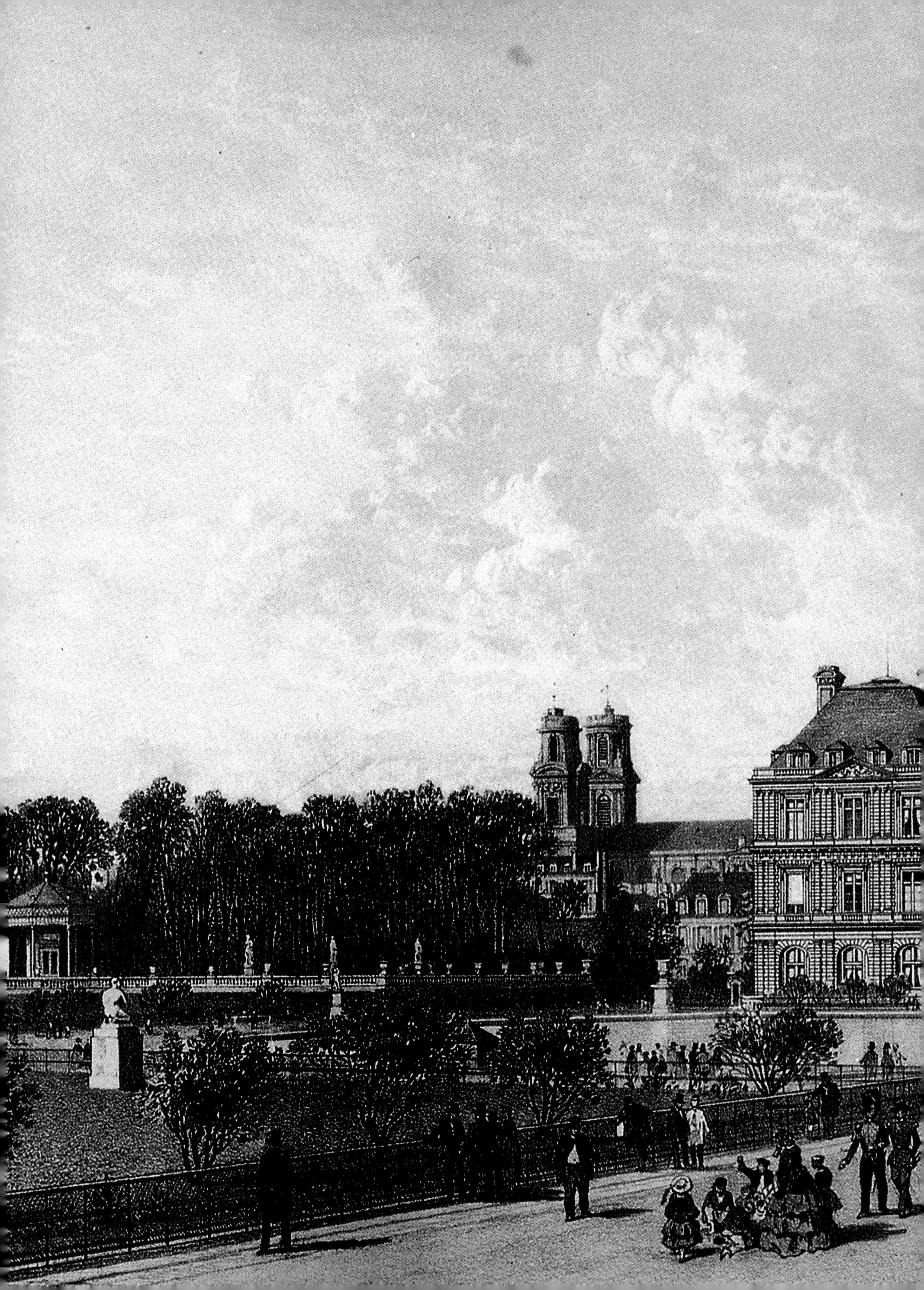

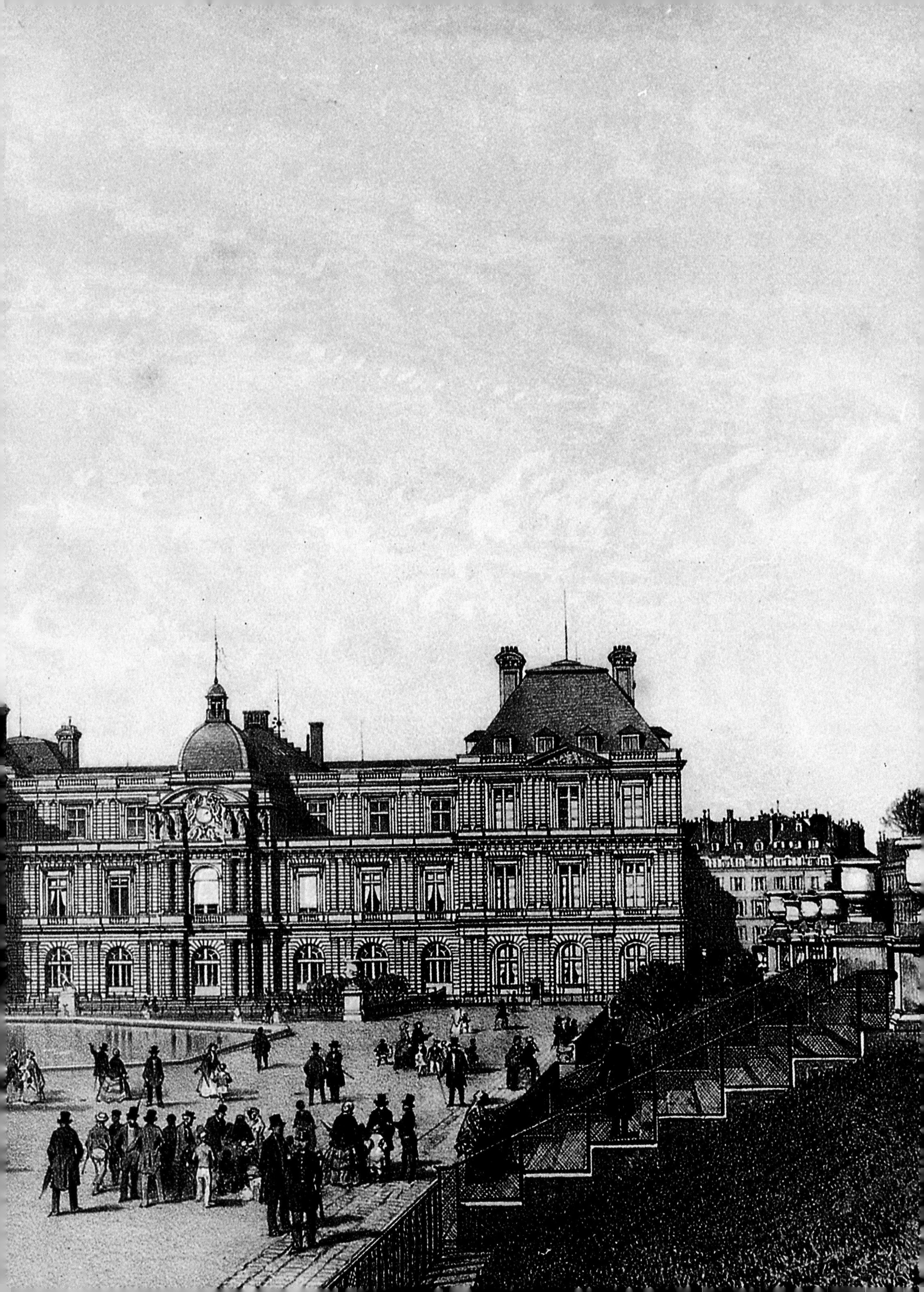

insu, l'autorité de ses délibérations au service de mesquins intérêts.

Depuis vingt-cinq ans passés que la Rue de Médicis est livrée à la circulation, tout le monde peut juger de l'effet de la courbe saillante formée, de ce côté, par la grille du Luxembourg, et reconnaître le peu de regrets que mérite la disparition des communs et même de l'élégante demeure de l'Architecte du Palais qui, précédemment, enserraient les parterres du Jardin, moins grands qu'aujourd'hui. Le déplacement de quelques mètres subi par la Fontaine de Médicis, et la suppression de quelques-uns des platanes de l'allée enguirlandée qui la précède, n'ont pas plus compromis son bon effet monumental que sa grande valeur artistique.

Troisième réseau

Les indications données plus haut, touchant plusieurs opérations que je ne réussis pas à faire admettre dans le Deuxième Réseau des voies nouvelles subventionnées par l'État, ont déjà permis à mes lecteurs de constater que ce n'est pas, à beaucoup près, leur défaut d'importance relative qui les fit rejeter du Traité des 180 millions, et me força de les classer dans le Troisième Réseau.

Je n'ai donc plus à démontrer que celui-ci n'était pas le refuge d'opérations d'ordre secondaire ou moindre encore, une sorte de *caput mortuum* de nos entreprises de Voirie.

Outre les percements de première utilité que j'ai signalés parmi ceux que refusèrent mes contradicteurs, le Troisième Réseau comprenait forcément les grandes voies nouvelles dont la nécessité ne fut évidente que postérieurement à 1858, et notamment, celles à ouvrir dans l'ancienne Banlieue Suburbaine annexée à Paris, de fait, le 1er Janvier 1860.

J'ai déjà cité nombre de celles-ci qui furent la continuation de percements exécutés ou décidés, avant cette date, dans l'ancienne enceinte de la ville.

Au cours de son excellent rapport au Corps Législatif, en 1869, M. du Miral n'avait pas suffisamment apprécié la composition du Troisième Réseau ; il se bornait à mettre en relief, dans le passage de son œuvre consciencieuse que j'ai rappelé, sur la Rive Droite, le prolongement de la Rue Lafayette commandé, disait-il, par le besoin des Gares du Nord et de l'Est ; sur la Rive Gauche, l'ouverture de la Rue de Rennes, pour l'accès de la Gare de l'Ouest.

Il faisait trop d'honneur aux deux premiers Réseaux, quand il supposait que c'étaient des œuvres d'ensemble. Dans le Troisième, au contraire, il voyait surtout la réunion de voies complémentaires de celles qu'on avait comprises dans ces œuvres simultanément décidées, suivant lui ; comme aussi, d'entreprises qu'un esprit de justice distributive entre les divers quartiers, anciens et nouveaux, avait fait successivement aborder.

On a vu que, dans bien des cas, et parallèlement, la Ville avait exécuté des percements répartis entre les trois Réseaux.

M. du Miral avait raison, quand il ajoutait, au sujet des entreprises que le Troisième Réseau résumait : « Elles n'ont pas toutes, il faut le reconnaître, un égal degré d'utilité ; cependant, on peut affirmer qu'il n'en est aucune qui ne constitue pas une amélioration réelle pour les quartiers anciens, ou ne favorise la création de quartiers nouveaux. » Mais, je vais en signaler un certain nombre qui ne le cèdent en importance à aucune de celles que j'ai décrites jusqu'à présent.

Au premier rang, je place les voies non-subventionnées du groupe constituant les abords de l'Opéra ; la suppression de la presque totalité de la Rue Basse-du-Rempart, qui me permit d'établir la Place précédant notre grand théâtre lyrique ; et l'Avenue Napoléon (maintenant, de l'Opéra), qui lui fait face.

Je n'en pus faire exécuter que le commencement et la fin ; mais, je n'y dépensai pas moins de huit

Percement de la rue de Rennes.

millions, y compris le prolongement de la Rue Réaumur (aujourd'hui, Rue du Quatre-Septembre).

La portion de ce prolongement comprise entre le Boulevard des Capucines et la Place de la Bourse, qui forme pendant à la Rue de la Paix, de l'autre côté de cette Avenue, a le grand mérite de créer une communication facile et directe entre les plus beaux quartiers de Paris et les plus commerçants, spécialement avec notre grand marché des valeurs.

Cette seule voie coûta 66 millions ; l'emplacement et les abords de l'Opéra, de 27 à 28 millions.

A ce groupe se rattache la portion du Boulevard Haussmann allant de la Place Saint-Augustin à la Rue Taitbout, en attendant sa continuation jusqu'au grand carrefour que formera sa rencontre avec les boulevards des Italiens et Montmartre et les Rues Drouot et Richelieu. C'est évidemment l'une des voies les plus animées de Paris.

Sa jonction avec les Rues Scribe et Meyerbeer, et le prolongement de la Rue Lafayette, venant du Faubourg Poissonnière, à travers le Faubourg Montmartre et la Chaussée d'Antin, dégagea ce monument, au Nord, derrière l'Opéra de M. Garnier.

De ce point à la Porte de Pantin, où l'ancienne route d'Allemagne l'a continuée après l'Annexion, la Rue Lafayette terminée a près de 5 kilomètres de parcours en ligne droite. C'est de beaucoup la plus longue de Paris. Malheureusement, sa largeur de 20 mètres est insuffisante sur certains points.

La dépense nette de son prolongement ne monta pas à moins de 26 millions.

La partie non-subventionnée du boulevard Haussmann coûta 17 millions.

Je ne puis quitter la Rue Lafayette, qui dessert le Chemin de Fer du Nord, sans noter les énormes dépenses (32 millions et demi, environ) que la ville

Pages suivantes : le percement de l'avenue de l'Opéra.

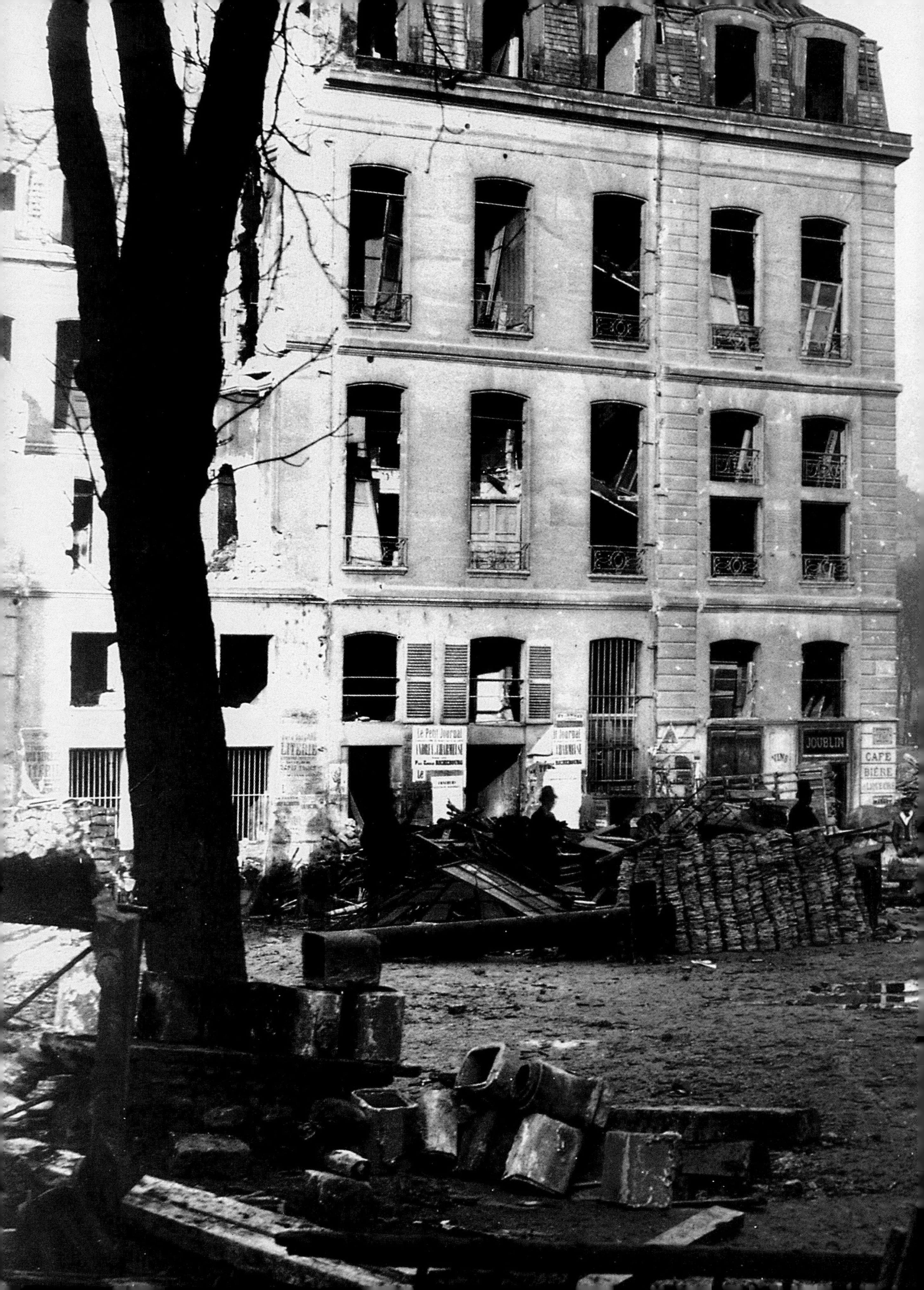
LITERIE
Le Petit Journal
JOUBLIN
CAFE
BIÈRE

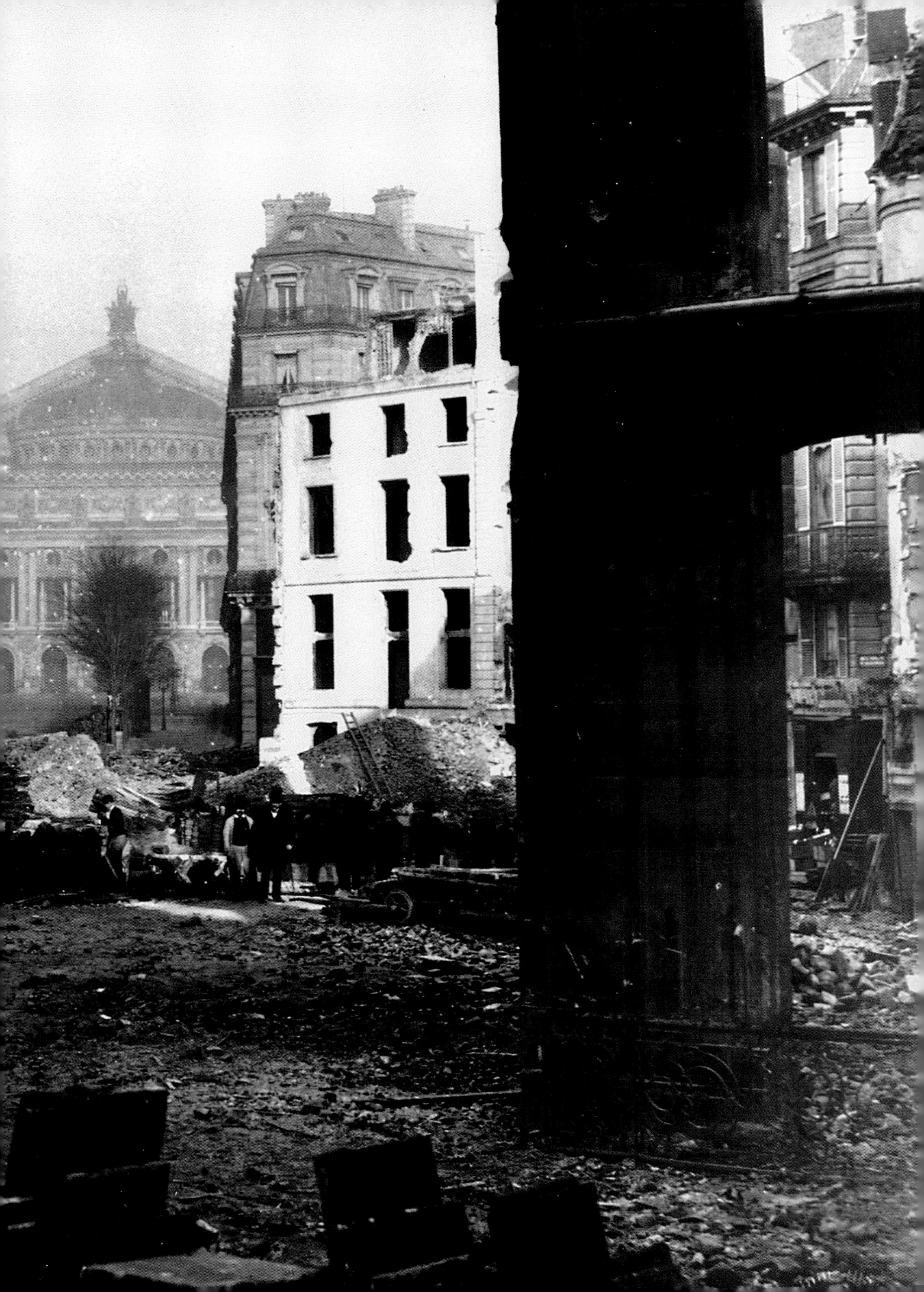

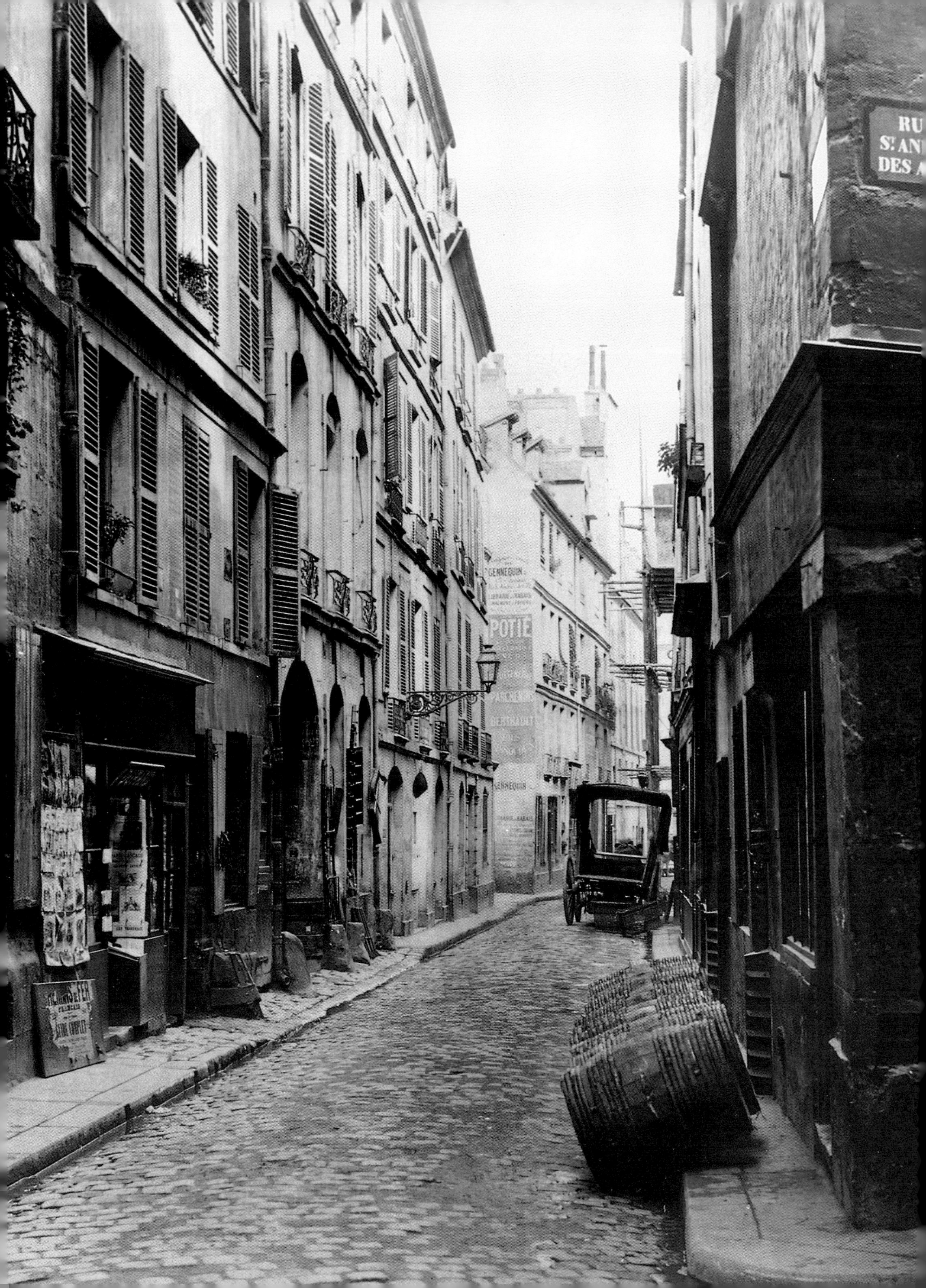
GENNEQUIN
POTIE
PARCHEMINS
BERTHAULT
GENNEQUIN

dut faire, seule, pour le dégagement complet de la nouvelle Gare et pour la Rue de Maubeuge, qui va du Faubourg Montmartre au Boulevard de la Chapelle, en croisant le Boulevard Magenta, symétriquement, à la rencontre de la Rue Saint-Vincent-de-Paul en avant de l'Hôpital-Lariboisière.

Il ne faut pas oublier non plus le percement, à 20 mètres de largeur, de la Rue du Cardinal-Fesch (maintenant, de Châteaudun), entre la Rue Lafayette prolongée, croisant la Rue Cadet, et la Place de la Trinité. Ce percement dégagea l'Église Notre-Dame-de-Lorette, en face de la Rue Laffitte, mieux que ne le faisait la triste et courte Rue Olivier. A noter aussi l'élargissement à 20 mètres de la Rue Saint-Lazare, et d'une section de la Rue de la Pépinière, entre les Places de la Trinité et Saint-Augustin. Ces deux opérations grevèrent le Troisième Réseau d'une dépense totale de 25 millions et demi, savoir : 17 millions, pour la première ; et 8 millions et demi pour la seconde.

Quant au Boulevard Haussmann, au delà du Faubourg Saint-Honoré et de la petite Place obtenue par la démolition de l'hôtel où je suis né, l'Avenue de Friedland, son complément, le relie au système de la Place de l'Étoile.

Le Troisième Réseau contribua pour plus de 32 millions, au dégagement de cette immense Place, en supportant les dépenses d'ouverture du plus grand nombre des Avenues qui en rayonnent, et de la Rue Circulaire intérieure.

A l'exception de l'Avenue de l'Alma, tous les percements effectués dans le quartier de Chaillot (24 millions, en somme ronde) restèrent à la charge exclusive de ce Réseau.

Il en fut de même, sauf pour la première partie de l'Avenue de l'Empereur, du système du Trocadéro. Il comprenait :

En bas de la Butte, la jonction de l'Avenue d'Iéna et de la Rue Pierre-Charron, d'un côté, avec l'Avenue Delessert, continuation de la Rue de Passy ; de l'autre, avec le Quai, sur trois points, par des amorces, dont la principale est ouverte dans l'axe du Pont d'Iéna ;

En haut, sur la Place, une nouvelle étoile de larges voies formée par la convergence :

D'une Avenue centrale aboutissant au point de croisement des Rues des Sablons, de Longchamp, des Belles-Feuilles et Decamps, à laquelle on a donné le nom d'Eylau que portait jadis l'Avenue Victor-Hugo ;

Puis, à droite de l'Avenue Malakoff (autrefois, de Saint-Denis) partant de la Porte de Neuilly, de l'Avenue du Roi-de-Rome (Kléber) venant de la Place de l'Étoile, et de la première partie de l'Avenue de l'Empereur (maintenant, du Trocadéro) montant du Quai de Billy ;

Et à gauche, de la continuation de celle-ci (maintenant, Avenue Henri-Martin) ; plus, d'une autre grande voie à percer quand on aura pu déplacer le Cimetière de Passy, voie qui se dirigera vers le Ranelagh, et enfin de la Rue de Franklin, élargie.

Ces diverses opérations grevèrent encore le Troisième Réseau de plus de 20 millions.

Non loin de là, je fis régulariser le Rond-Point de l'ancienne Avenue d'Eylau (Victor-Hugo), qui forme également une étoile régulière au croisement de cette Avenue, avec l'Avenue Malakoff et l'ancienne Avenue Dauphine (Avenue Bugeaud), en face de laquelle se bifurquent les Rues Boissière et Copernic. Mais les dépenses de ce petit travail et de l'abaissement, sur sa demi-largeur, de la première partie de l'Avenue principale, furent mises au compte du dégagement de la Place de l'Étoile et de ses abords.

Revenant à l'ancien Paris, je ne dois pas oublier la régularisation d'un Rond-Point bien plus important : celui des Champs-Élysées. Elle fut obtenue par l'ouverture d'un prolongement de l'Avenue d'Antin jusqu'au Faubourg Saint-Honoré, devant l'Église de Saint-Philippe-du-Roule, où vient aboutir la Rue de la Pépinière, continuée par la première partie de la Rue Pierre-Charron. En effet, cette Avenue, ainsi complétée, croise la Grande Avenue des Champs-Élysées sous un angle semblable à celui que fait, avec elle, l'Avenue Montaigne, continuée par l'Avenue de Marignan.

Page de gauche : la rue Git-le-Cœur vers 1870.

La place du Roi-de-Rome (devenue aujourd'hui la place du Trocadéro).

Le prolongement de l'Avenue d'Antin coûta 5 millions et demi, et la régularisation du Rond-Point 3 millions et demi.

Passant de là sur la Rive Gauche par le Pont de la Concorde, se trouve la section principale, non-subventionnée, du Boulevard Saint-Germain, et les amorces du Boulevard d'Enfer, pour un chiffre de dépense nette s'élevant à 24 millions ; la Rue de Rennes, avec tout ce qui s'y rattache, avec un total encore bien plus élevé de 38 millions.

Voilà certes assez de preuves de l'importance des opérations réunies dans le Troisième Réseau de voies nouvelles.

L'énonciation complète des autres améliorations de la Voie Publique, réalisées au compte de la Ville seule dans tous les quartiers de Paris, serait aussi longue que fastidieuse. Mais, parmi ces entreprises, d'ordre très secondaire, je citerai les suivantes, avec le chiffre de la dépense de chacune :

L'amorce de l'Avenue des Amandiers (1 million 1/2) ;

Le prolongement de la Rue des Buttes-Chaumont (760 000 francs) ;

Les Rues Crozatier et de Chaligny (au delà de 2 millions) ;

Le prolongement de la Rue Drouot (1 million 1/2) ;

Celui de la Rue de la Glacière (plus de 600 000 francs) ;

L'Avenue Henri IV (600 000 francs) ;

L'Avenue Lacuée (1 million 1/2) ;

Le relèvement du Quai de la Mégisserie et la reconstruction de toutes les maisons en bordure (plus de 3 millions) ;

Le prolongement de l'Avenue Parmentier (près de 2 millions 1/2) ;

Le Boulevard Philippe-Auguste (2 millions) ;

Le prolongement de la Rue du Pont-Louis-Philippe (1 million 1/2) ;

Les percements du Quartier Rollin (500 000 francs) ;

La rectification des abords de la Porte Saint-Denis (1 million) ;

Le prolongement de la Rue des Saints-Pères (1 million, environ).

C'est la démonstration de la justice distributive dont parlait M. du Miral.

La rue Caulaincourt

Parmi les opérations projetées dans la Zone suburbaine annexée à Paris en 1860, mais qui sont restées inexécutées lors de mon départ de l'Hôtel de Ville, au commencement de 1870, figurait le percement (déclaré d'utilité publique par un Décret du 11 Août 1867) d'une voie absolument nécessaire pour tourner la Butte-Montmartre à l'Ouest. Il fallait mettre en communication toute une moitié de Paris avec le quartier du XVIIIe Arrondissement couvrant le revers septentrional de cette Butte, et avec le vaste et populeux quartier de Clignancourt se développant, de son pied à l'enceinte des Fortifications de Paris. L'autre moitié se trouvait dans des conditions semblables à l'Est, depuis l'ouverture du Boulevard Ornano, entre l'ancienne Barrière Poissonnière, et la Porte empruntant son nom à ce quartier même. Cette opération n'avait pu s'effectuer qu'au prix de déblais allant jusqu'à 10 mètres au-dessous du niveau de l'ancien emplacement du Château-Rouge, afin d'arriver, au delà, dans des conditions de hauteur permettant de contourner l'obstacle et de se relier facilement avec la Plaine.

Désormais, de l'ancienne Barrière Blanche, on pouvait monter, par la rampe ardue, à peu près impraticable aux véhicules, de la Rue Lepic, jusqu'à la Rue de Maistre, et, de là, descendre dans la Plaine de Clignancourt par la pente rapide de la Rue Damrémont.

Mais, ce n'était pas une voie convenant à des relations suivies et surtout à des transports encombrants et lourds. Ceux-ci devaient forcément faire un long détour par l'ancienne Barrière de Clichy, puis, par l'Avenue de Saint-Ouen.

Il n'existait qu'un moyen de remédier à cet état de choses, c'était de continuer la section de l'ancien Boulevard Extérieur de Clichy, sur laquelle s'ouvre, après son retour d'équerre à l'Est, l'Avenue du Cimetière du Nord, jusqu'à la rencontre du mur de ce champ de repos, en s'élevant graduellement par une rampe douce, prise du plus loin possible, à 5 mètres au-dessus du niveau des premières sépultures. On franchirait par un viaduc le coin du Cimetière, pour gagner la Rue De Maistre, légèrement abaissée ; ensuite à flanc de coteau, on en contournerait le revers pour descendre en plaine, par une faible pente, jusqu'à la rencontre de la Rue du Mont-Cenis et de celle de Francœur.

Cette combinaison adoptée, sur les points où devaient être fondés les piliers du viaduc et même dans la zone que cette œuvre d'art recouvrirait, on offrit, en échange, aux concessionnaires de toutes les sépultures, de nouveaux emplacements, à leur choix, parmi les espaces libres existant encore. On leur proposa également de prendre à la charge de la Ville tous les frais du rétablissement de leurs caveaux et monuments funéraires ; de la translation de leurs morts, et des services religieux dont elles désireraient la faire accompagner.

Pareille offre fut faite aux concessionnaires de sépultures dans le coin du cimetière situé au delà du passage du viaduc, s'ils considéraient leurs convenances comme troublées par le changement de l'ancien état des choses.

Nombre de familles acceptèrent ces propositions, et les translations de sépultures furent opérées dans des conditions parfaites, grâce à l'intelligente vigilance de l'Architecte Inspecteur du Service des Cimetières et des Inhumations, M. Alfred Feydeau.

Bientôt, tous les emplacements nécessaires à l'élévation des piles du viaduc se trouvent libres, et je me préparais à faire commencer les travaux de la voie nouvelle, quand fut déposée au Sénat une pétition, absolument inattendue, de M. Baudin, fils de l'Amiral que j'avais connu dans le Var ; il m'honorait de son estime, je puis même dire de son affection, et j'avais fait donner ce nom glorieux à l'une des rues voisines du square Montholon.

Non contents de refuser toute offre d'échange du terrain où se trouvait la tombe de leur illustre père, dans le coin du Cimetière du Nord dont je viens de parler, contre un nouveau, de l'autre côté du viaduc projeté, ces Messieurs demandaient l'annulation du Décret autorisant l'exécution du projet, pour cause de violation arbitraire du droit de propriété protégé par la Constitution.

Ils se fondaient sur cette appréciation que la concession de terrain faite par la Ville à leur famille constituait une aliénation, et leur avait transféré, d'une façon incommutable, la propriété de ce terrain.

Ils exposaient que le travail projeté coupant le Cimetière en retrancherait, de fait, la partie où se trouvait leur concession, et dénaturerait ainsi le caractère du droit qui leur était acquis.

Ils soutenaient accessoirement l'inutilité de la voie nouvelle ou, plus exactement, la possibilité de desservir, par une autre voie ne touchant pas au Cimetière, les intérêts qu'on avait en vue.

Ils s'indignaient, enfin, des profanations dont l'Administration se rendrait coupable en déplaçant les restes des personnes inhumées dans les terrains dont elles avaient obtenu la concession perpétuelle.

La prétention élevée par les pétitionnaires de faire assimiler une concession perpétuelle de sépulture dans un Cimetière à une vente de terrain n'était pas soutenable, en Droit.

J'y répondis victorieusement :

1° Par le texte du Décret-Loi du 22 Prairial an XII, qui règle le mode d'accomplissement des suppressions d'anciens Cimetières qu'il autorise, qu'il prescrit, dans certains cas, et toutes les conséquences de la création de cimetières nouveaux devant les remplacer ;

2° Par tous les actes ultérieurs de l'Autorité Publique, relatifs à l'application de ce Décret-Loi, notamment, une Circulaire Ministérielle très récente du 30 Juillet 1841 et une Ordonnance Royale du 6 Décembre 1843.

Cette Ordonnance porte, article 5 :

« En cas de translation d'un Cimetière, les concessionnaires ont le droit d'obtenir, dans le nouveau Cimetière, un emplacement égal en superficie au terrain qui leur avait été concédé, et les restes qui y avaient été inhumés seront transportés aux frais de la Commune. »

Puisque MM. Baudin considéraient le Décret du 17 Août 1867 comme ôtant le caractère de « lieu de sépulture » à la portion du Cimetière Montmartre où se trouvait leur tombeau de famille, on devait me donner raison d'agir envers eux ainsi que je le faisais, en leur offrant le bénéfice de cette disposition.

De plus, la circulaire de 1841 ruinait tout leur système juridique, en ces termes :

« Les concessions perpétuelles ne constituent pas vente de la part de la Commune...

« En effet, on ne saurait trouver dans les droits qu'elles confèrent aucun des caractères du droit de propriété proprement dite.

« Les lois sur l'expropriation, sur les partages, sur les hypothèques, ne sont point applicables aux terrains concédés.

« En un mot, ils sont en dehors du droit commun. »

Ainsi, les concessions perpétuelles dans un cimetière ne confèrent aux titulaires aucun droit de propriété sur le sol, mais seulement un droit de sépulture perpétuelle dans l'enceinte du Cimetière communal, tel qu'il se trouve, sous la réserve des modifications de limite qu'il peut éprouver, et où qu'il soit transféré, dans le cas de déplacement ; droit se bornant à réclamer de la Commune la livraison d'un terrain de même contenance que celui dont elle ne peut maintenir la disposition aux concessionnaires.

La désaffection que nous reprochaient les pétitionnaires de la portion du Cimetière du Nord

Page de droite : une rue dans le vieux Paris.

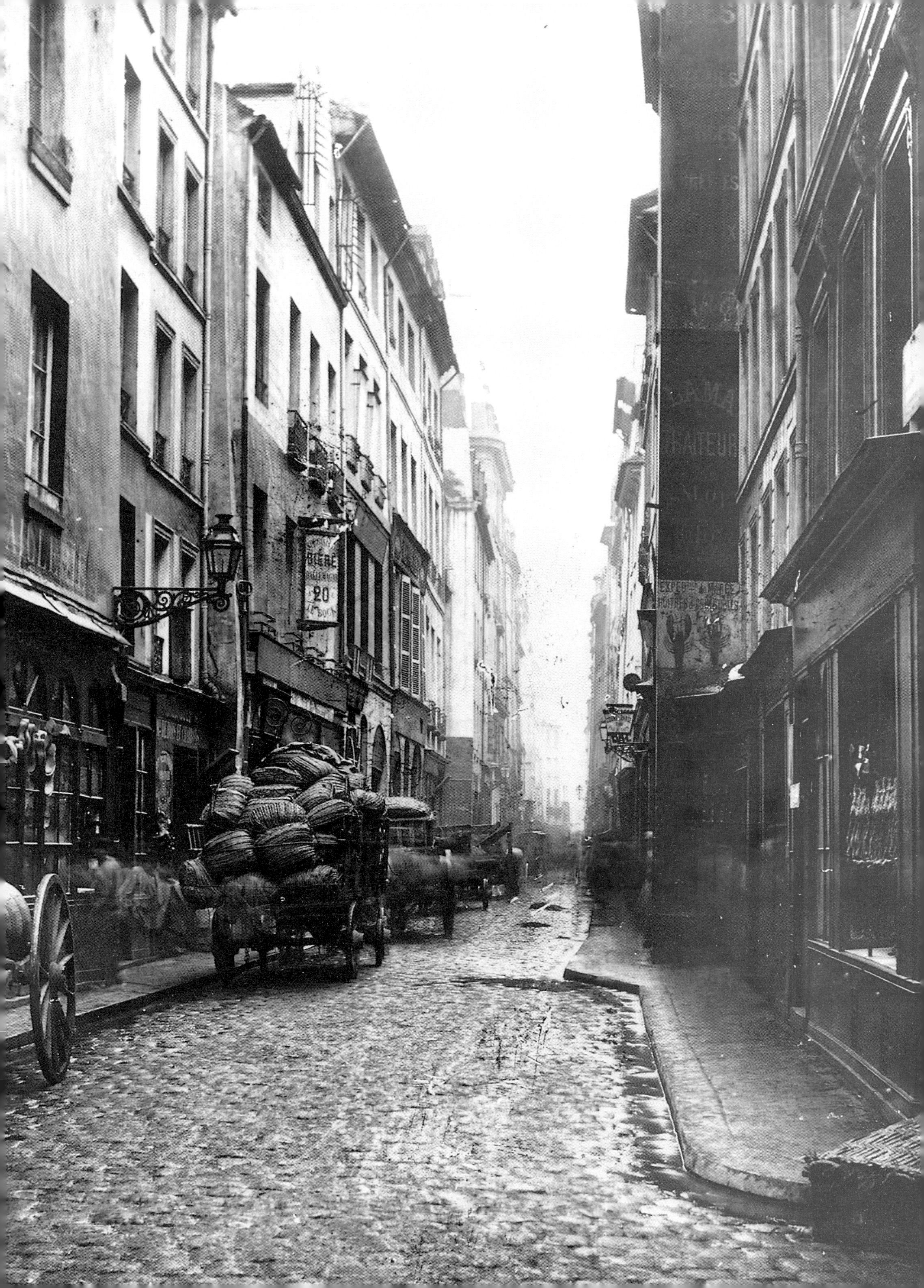
BIÈRE
20
TRAITEUR

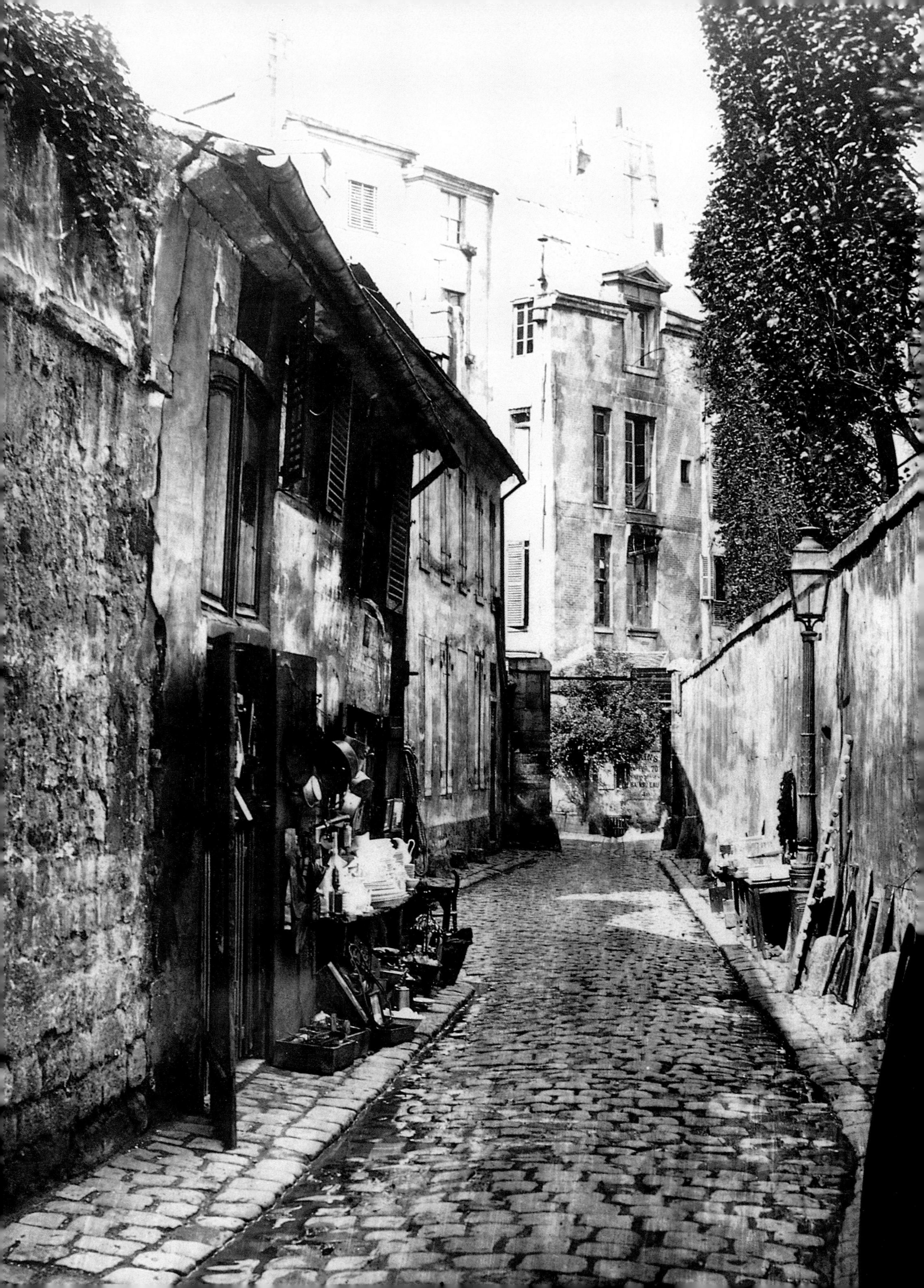

située au delà du viaduc à construire n'était pas plus réelle que leur prétendu droit de propriété.

En fait, cette portion devait continuer à faire partie intégrante du cimetière, comme sa moitié supérieure, que la Rue Tourlaque séparait de la moitié inférieure, d'une façon bien autrement grave que ne le ferait mon viaduc, et je déclarais mon intention de maintenir la concession de MM. Baudin, s'ils continuaient à repousser mes offres.

Je prouvais, d'ailleurs, d'une façon irréfragable, l'impossibilité de tourner la Butte-Montmartre, à l'Ouest, dans des conditions de viabilité admissible, soit par une rampe et des pentes n'atteignant pas la limite extrême de 30 millimètres par mètre, soit par un autre tracé que celui des Ingénieurs de la Ville, déclaré le seul pratique par deux Inspecteurs Généraux des Ponts et Chaussées consultés successivement.

Enfin, je repoussais le grief de profanation de sépultures par le texte des documents cités plus haut, et par le fait de très nombreuses exhumations opérées, chaque année, par les familles mêmes, soit pour faire transférer leurs morts d'une concession temporaire dans une concession perpétuelle, soit pour les transporter d'un cimetière dans un autre ou de Paris en Province.

Mais c'était le grief qui produisait le plus d'impression dans le sein du Sénat, et ma discussion, malgré tous les faits et chiffres dont je l'appuyai, ne parvint pas à le détruire.

Ma démonstration juridique, au sujet du caractère vrai des concessions perpétuelles, n'était pas, d'ailleurs, de nature à plaire à ceux qui se trouvaient titulaires de semblables concessions.

Bien plus, il y avait là certains contradicteurs qui ne voulaient pas être convaincus.

Le Rapporteur de la Commission saisie de la pétition, M. Dariste, concluait au renvoi de l'affaire au Gouvernement.

Je demandai l'ordre du jour pur et simple.

Le débat dura deux jours, les 1er et 2 mai 1861.

Parmi les défenseurs les plus ardents du travail de la Commission, figurait M. Le Roy de Saint-Arnaud, ancien Maire de l'ancien XIIe Arrondissement de Paris. Il avait été l'un des prétendants à la succession de M. Berger ; ma nomination comme Préfet de la Seine le désappointa et il ne manqua jamais une occasion de m'en témoigner sa rancune.

Mais, je fus soutenu par le Maréchal Vaillant, ancien officier du Génie, qui déclara qu'il connaissait l'emplacement, et qu'il n'y avait pas d'autre tracé possible que le nôtre, si on voulait ouvrir la Rue Caulaincourt ; puis, par M. de Royer, Premier Président de la Cour des Comptes, ancien membre du Conseil Municipal de Paris, deux autorités au Sénat.

Bref, l'ordre du jour fut adopté, mais par 50 voix seulement, contre 38.

Cela n'empêcha pas que, par suite de l'influence, dans de hautes régions, de sentiments respectables, je le reconnais, quoique journellement démentis par les exhumations volontaires du fait des familles, sentiments dont je n'avais pu que partiellement avoir raison au Sénat, il ne me fut pas loisible, avant la fin de mon administration, de mettre à exécution le viaduc de la Rue Caulaincourt, ajourné par suite de demandes incessantes d'études nouvelles.

Cet ouvrage fut construit depuis lors, et tout le monde peut juger de son innocuité, comme de son utilité. J'aurais cependant préféré l'emploi de matériaux moins sonores que le fer, que l'on a employé pour diminuer le nombre des arcades.

Page de gauche : une rue dans le vieux Paris.

RENNE.
propriation
ND TURENNE
St Martin 209.
RUE RÉAUMUR
MÉTAUX
SALON ET C
RUE RÉAUMUR
M. son LEF
BOUILLON
VINS
MAISON
PRAVAIL
AU GRAND

CHAPITRE IV

VOIE PUBLIQUE

Le pavé de Paris.
Nettoiement et arrosage. Eclairage.
Concessions. Stationnements.
Résumé.

Le Service de la Voie Publique ne doit pas être confondu par mes lecteurs, comme il parait l'être aujourd'hui, avec le Service de la Voierie Parisienne.

Celui-ci relevait des Commissaires-Voyers de tous grades : Inspecteurs Divisionnaires, Commissaires-Voyer d'Arrondissement, Commissaires-Adjoints Inspecteurs, et constituait, dans mon organisation définitive de l'Administration Municipale de Paris, l'annexe de la direction du Plan de Paris, sous l'autorité de M. Deschamps.

Celui-là, de la compétence exclusive des ingénieurs, formait la première et la plus importante branche de la Direction des Travaux publics de Paris, confiée précédemment à M. Dupuit. De 1859, époque de l'extension des limites de la Ville, à 1870, terme de mon édilité, cette Direction fut remise à son successeur, M. Michal, qui la conduisit avec autant d'habileté que de savoir.

Je viens de dire au Chapitre précédent que ce service de la Voie Publique était divisé d'abord en deux secteurs ayant chacun à sa tête un Ingénieur en Chef (MM. Homberg et Féline-Romany, dans le premier ; MM. Vaudrey et Rozat de Mandres dans le second), avec dix Ingénieurs Ordinaires sous leurs ordres, - un pour deux arrondissements. - Il finit par être groupé dans la main de M. Alphand, mais toujours sous l'autorité de M. Michal, avec le Service des Promenades et Plantations.

Page de gauche : la rue Réaumur.

Il comprenait :

L'établissement des chaussées des voies nouvelles - Avenues, Places Publiques, Boulevards et Rues, - et de leurs contre-allées ou trottoirs dont le sol, débarrassé des matériaux de démolition, lui était remis par le Domaine de la Ville, exclusivement chargé des acquisitions. De son côté la Direction du Plan de Paris avait la mission préalable d'en arrêter le tracé, d'en déterminer les emprises, d'en préciser ensuite sur place les alignements et le lotissement des terrains en bordure à revendre ;

L'entretien des voies de tout ordre, anciennes et nouvelles ;

Le nettoiement des chaussées, contre-allées et trottoirs ;

L'arrosage;

L'éclairage.

J'ai donc à traiter successivement de toutes ces branches du Service de la Voie Publique. Mais, je ne dois pas omettre de rappeler que le pouvoir d'aucune d'elles ne descendait guère au-dessous de la surface du sol parisien ; que le fonds appartenait au service des Eaux et des Égouts, et le tréfonds à celui des Carrières.

Le pavé de Paris

C'est toujours à Philippe-Auguste qu'il faut remonter quand on veut connaître les origines de Paris, comme ville.

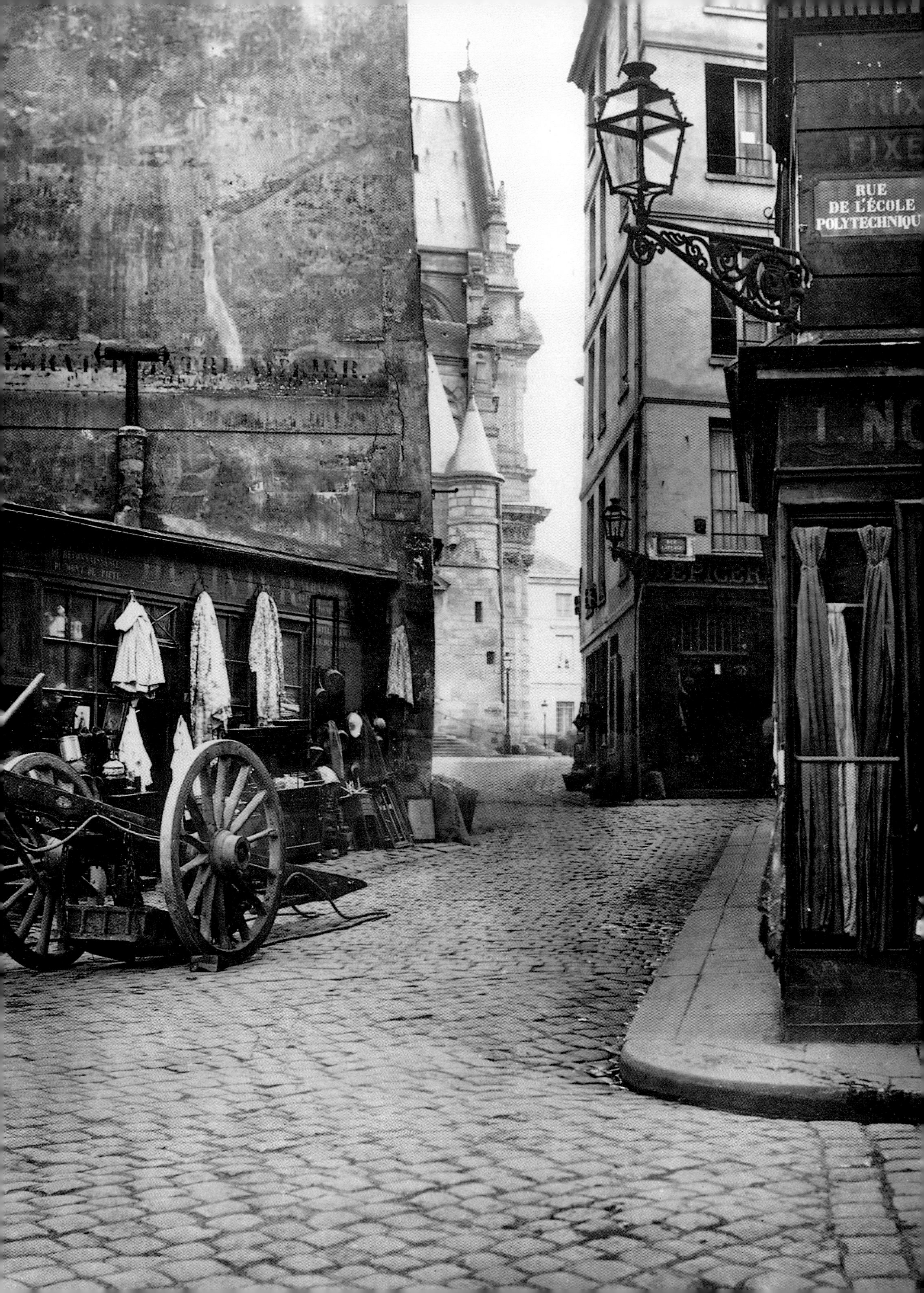
PRIX
FIXE
RUE
DE L'ÉCOLE
POLYTECHNIQU

C'est à ce Roi qu'est dû l'établissement des deux grandes voies, allant du Nord au Sud et de l'Est à l'Ouest, qui se coupaient d'équerre sur la rive droite de la Seine, au point de rencontre des anciennes Rues Saint-Denis et Saint-Honoré, qu'on appelait, « La Grande Croisée de Paris ».

Il en imposa l'entretien à la ville et mit à la charge des propriétaires riverains celui des autres rues.

Ce régime dura jusque vers la fin du règne de Louis XIII, où l'Etat voulut donner au Service d'Entretien du Pavé de Paris plus de régularité et plus d'unité. Il le prit sous sa direction, et, pour en couvrir les dépenses, créa des taxes locales qui lui permirent d'exonérer la Ville, d'une part, et les propriétaires de l'autre, de leurs cotisations antérieures.

Après la Révolution de 1789, les taxes de pavage furent supprimées ; et, comme en fait, pas plus qu'en équité il ne pouvait être question de s'adresser aux riverains, l'Assemblée Nationale mit très normalement comme jadis, au compte de la Ville, toute la charge du Pavé de Paris, tout en conservant la conduite des travaux d'entretien aux Ingénieurs de l'Etat. Celui-ci, d'ailleurs, dut suppléer bientôt à l'insuffisance des ressources municipales, par des subventions du Trésor.

Ce n'était que justice.

Indépendamment de la Croisée de Philippe-Auguste, Paris était coupé, de part en part, dans un grand nombre d'autres directions, par les Routes Nationales, dont, seule, en France, cette ville supporte les dépenses de tout ordre. A Paris, elles étaient incontestablement très supérieures, à surfaces égales, aux frais occasionnés par les voies municipales proprement dites.

Mais, quelque fondées que fussent les demandes réitérées de la Ville en séparation absolue des deux Services ou, tout au moins, des frais d'entretien qu'ils entraînaient annuellement, ce fut seulement en 1826 que le partage en fut admis.

Cela dura jusqu'en 1848, où le Service entier du pavé de Paris, sans distinction des traverses des Routes Nationales et des Rues de la Ville, fut remis aux Ingénieurs du Service Municipal.

A partir de cette date, la part contributive de l'État dut être versée dans la caisse du Trésorier de la Ville. Mais, comme toujours dans les affaires communes, le règlement de cette part faisait le sujet de difficultés incessantes.

En 1856, je saisis l'occasion que m'offrit la Transformation poursuivie par l'Empereur de nos chaussées pavées les plus importantes, en chaussées macadamisées, les plus coûteuses de toutes, pour obtenir un décret en date du 12 Avril, qui fixa la part contributive du Trésor Public à la moitié de la dépense totale.

Depuis, l'État s'efforça de revenir sur cette concession notable, en limitant sa contribution annuelle, par la détermination d'un maximum qu'elle ne devait point dépasser. Mais, je fus assez heureux pour la faire maintenir à un maximum équivalent (ou peu s'en fallait) à la moitié convenue.

De 1865 à la fin de mon administration, ce maximum fut réglé, par un traité formel, à 4 millions de francs.

Toutefois, je ne parvins à conserver approximativement jusqu'au bout, l'équilibre entre les deux termes du problème ainsi posé, qu'au prix d'efforts constants pour retenir l'expansion des dépenses. J'y reviendrai.

Autrefois, toutes les voies publiques de Paris étaient uniformément pavées en gros cubes de grès médiocrement durs, et, partant, arrondis rapidement. Ces pavés appelés grès de Fontainebleau, extraits en derniers lieu des carrières de Marcoussis près Montlhéry, étaient posés sur un lit de sable et formaient des chaussées fendues longitudinalement, au milieu, par des ruisseaux.

Les chevaux tenaient mal sur les revers de ces chaussées, et les voitures prenant leur droite inclinaient désagréablement à gauche. Quand la Rue était libre, les cochers des véhicules à deux chevaux devaient diriger l'un, à droite, l'autre, à gauche du ruisseau médial, afin d'obtenir quelque stabilité. Pour les voitures attelées d'un seul che-

Page de gauche : la rue de la Montagne Sainte-Geneviève vers 1868.

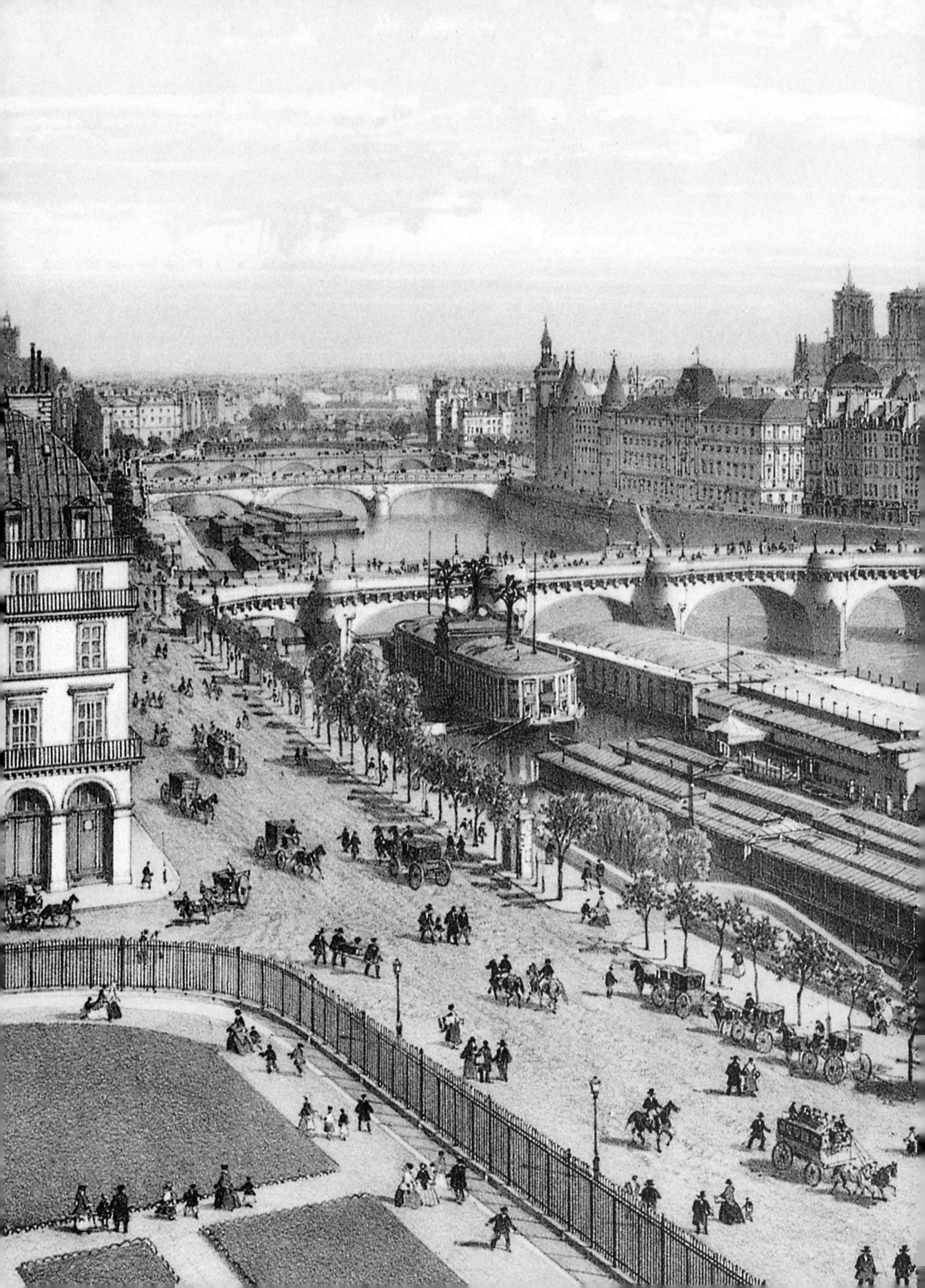

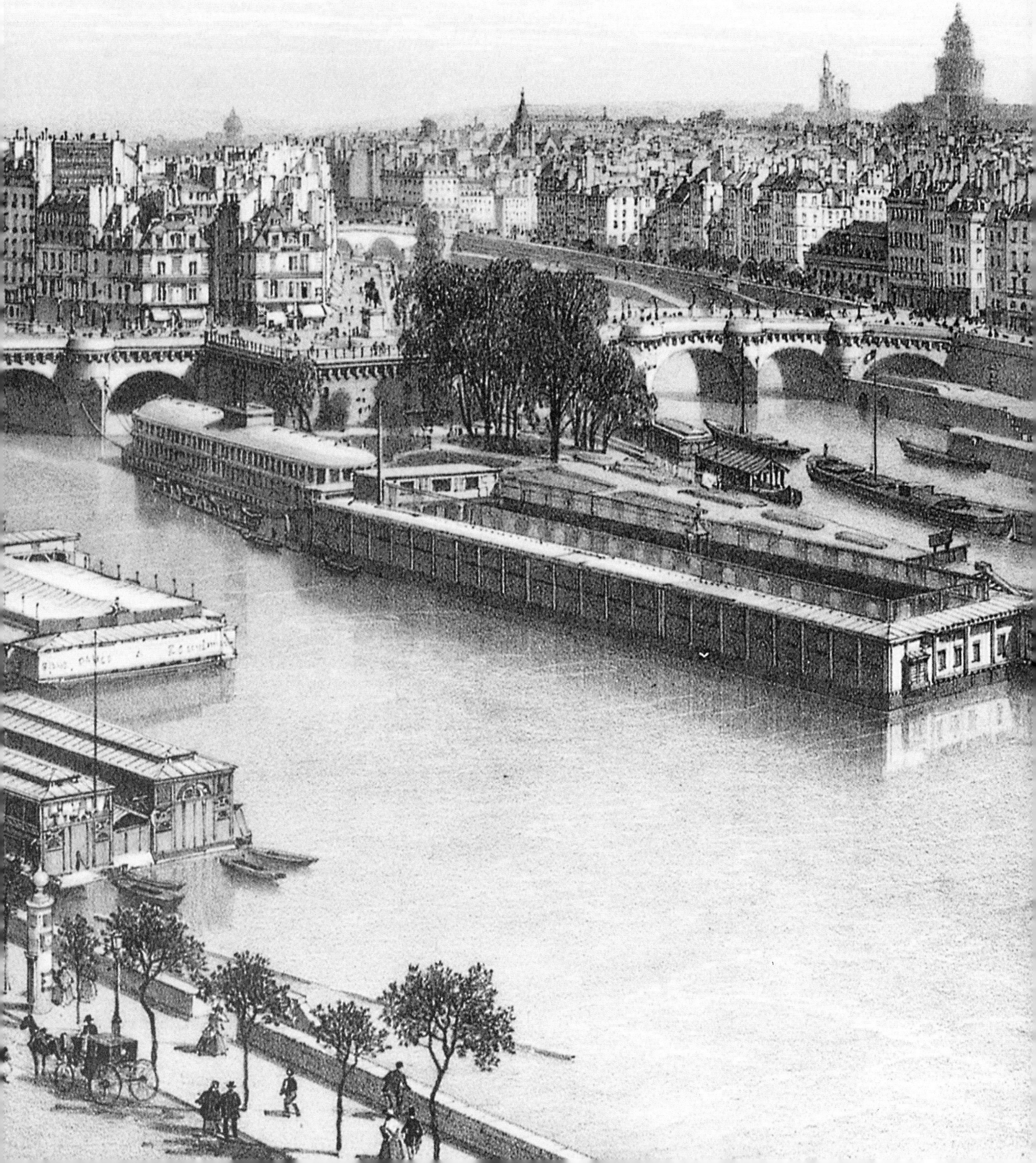

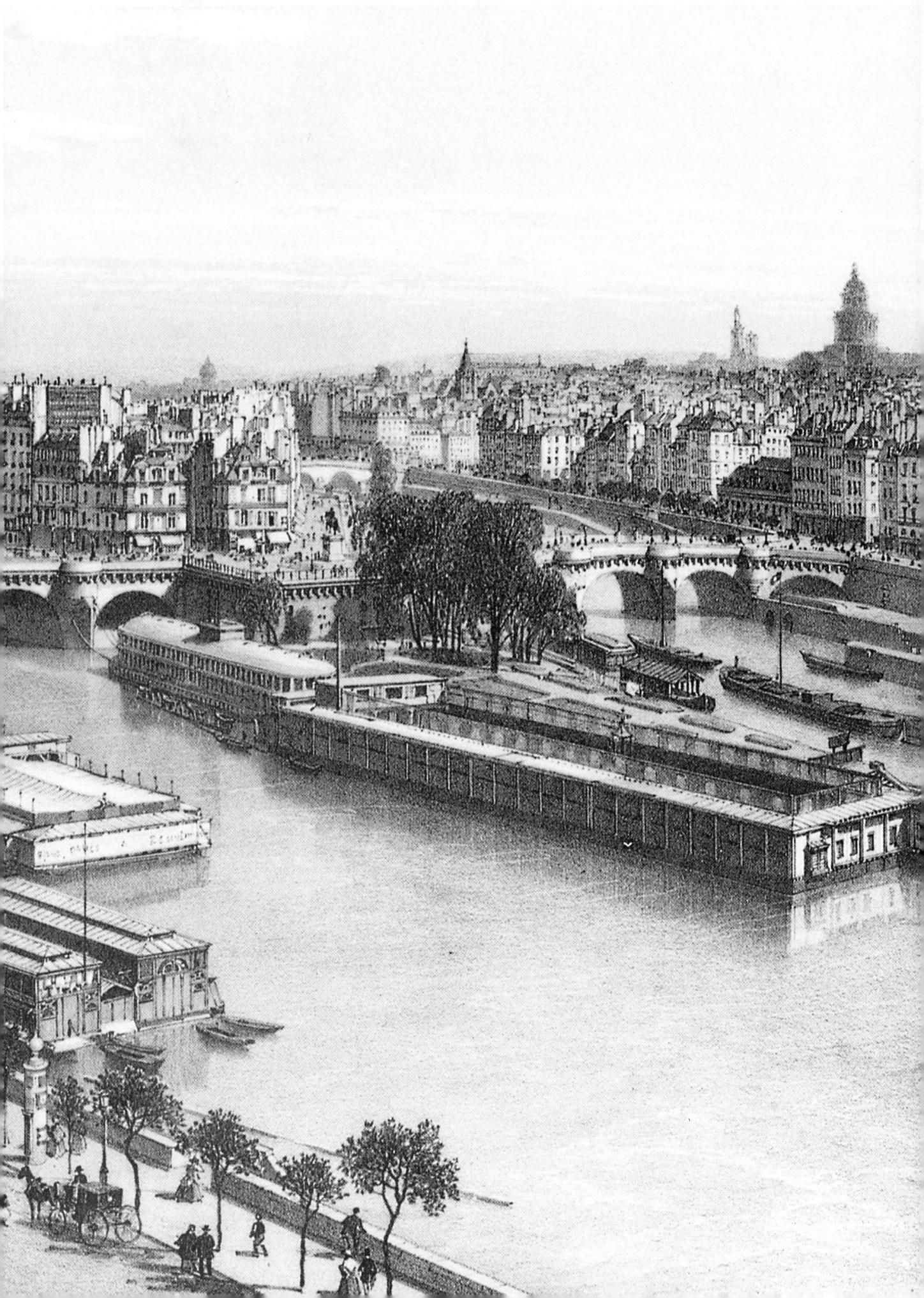

val, on n'y réussissait qu'en le faisant passer fort incommodément dans le ruisseau même.

Aucune n'avait de trottoirs. Le pied des murs des maisons était défendu par de grosses bornes en pierres de taille, entre lesquelles se jetaient les piétons, pour y disputer aux brocanteurs, aux écaillères d'huîtres, aux commissionnaires médaillés, aux tas d'ordures ménagères, un abri contre les roues des voitures ; parfois même il fallait le chercher sous les portes cochères ou sur le pas des portes des boutiques.

Je conviens que la circulation des voitures était alors dix fois moindre que de nos jours. Hors des sphères du Pouvoir ou du Grand Monde, les personnes ayant équipage se comptaient, et l'usage de ce que l'on appelait une demi-fortune n'avait aucune vogue. - C'était une demi-calèche fermée, ayant un seul cheval, en faveur auprès de quelques médecins en renom, au cours de leurs visites de malades.

Dans les classes moyennes, au lieu d'avoir, comme nous, des coupés et des victorias attelés d'un cheval, on recourait aux fiacres et aux cabriolets de place.

J'ai décrit ailleurs l'ancien fiacre, « Le sapin » de Paris, suspendu au moyen de courroies en cuir à des ressorts en col de cygne, attelé de haridelles, et conduit par un cocher à chique, en vieux carrick noisette, chaussé, l'hiver, de sabots bourrés de paille.

Le cabriolet, haut monté sur de grandes roues et supendu de même, était encore plus répugnant. On devait s'y glisser sous une capote graisseuse, à côté d'un conducteur sale et puant, qui frappait sa rosse étique d'un fouet souvent réduit au manche, en criant « Hi ! cocotte ».

On avait toutefois la ressource du Service des « cabriolets de régie » ainsi nommés parce que c'était la Régie des Contributions Indirectes qui l'entretenait : voitures propres, assez bien montées, mais de nombre trop restreint.

C'est à la même administration qu'on dut les premiers coupés de remise.

Quoi qu'il en soit, le vieux fiacre se perpétua sur nos places publiques pendant presque tout le Gouvernement de Juillet.

J'ai vu tout ce que je viens de raconter, concernant l'ancien état de la Voie Publique à Paris, dans mon enfance et durant ma jeunesse, à la fin de l'Empire et au cours de la Restauration.

C'est seulement vers les dernières années de ce régime qu'eurent lieu les premières transformations des chaussées bombées, et la construction des premiers trottoirs.

Le Gouvernement de Juillet, auquel j'ai déjà souvent répété qu'on doit bien plus qu'on ne croit d'excellente besogne administrative, acheva cette révolution. Mais il continua d'employer à peu près exclusivement au pavage de Paris le gros grès cubique de 23 centimètres de côté, formant des chaussées cahotantes, bruyantes, mais économiques.

En effet, pour leur entretien annuel elles ne coûtaient guère plus du quart de la dépense imposée plus tard à la Ville sur les voies principales, par la substitution du macadam au pavé, dont je tirai si bon parti, comme on l'a pu voir.

Il est vrai que tout pavage doit être périodiquement « relevé à bout », c'est à dire qu'il faut entièrement le refaire, pour en établir le profil normal et remplacer, par des neufs, tous les pavés dont les angles, plus ou moins friables, sont épauffrés, sauf à les retailler pour les remployer ailleurs.

Nécessaire, en moyenne, tous les quinze ans pour les chaussées en gros grès de Fontainebleau, le relevage à bout peut n'avoir lieu que tous les vingt ans, et plus encore lorsqu'on se sert de matériaux plus durs. Tels sont les grès de l'Yvette, ceux des départements de l'Ouest, les granits des Vosges, les arkoses d'Autun et surtout, le porphyre belge de Quénast ; et particulièrement les échantillons de porphyre de 20, de 15 ou de 10 centimètres carrés à la surface, qui rendent moins forts et finissent par annuler complètement le choc des bandes de fer des roues sur les angles des pavés.

Pages précédentes : la Seine, la Cité et le Pont-Neuf pris du Louvre.

Mais, en aucun de ces cas, considérée sur l'ensemble de la période, cette forte aggravation de l'entretien ne peut élever, à beaucoup près, le total au niveau des frais motivés par les chaussées en macadam, dont les rechargements continuels équivalent à des réfections, et dont l'ébouage et l'arrosage sont bien plus dispendieux.

Aussi, mon double effort ne s'est-il jamais ralenti afin de remplacer, d'une part, les grès tendres par des grès de plus en plus résistants, et d'autre part pour réduire autant que possible, des surfaces que je me voyais contraint de livrer au macadam.

Je parvins, d'abord, à faire établir des chaussées de petits pavés de porphyre, à joints serrés, à surface parfaitement unie et d'un nettoiement facile, où les voitures roulaient doucement et presque sans bruit, et je fis border ensuite les chaussées macadamisées de caniveaux et de revers pavés en porphyre ou granit. Puis nous substituâmes, pour la construction et l'entretien de ces chaussées, au calcaire concassé du début, le silex, les granits et les porphyres de la Mayenne, d'une durée plus grande.

Enfin quoique le macadam fût assurément le plus doux et le moins sonore des deux systèmes rivaux, mais en même temps le plus boueux par la pluie et le plus poussiéreux par la sécheresse, renonçant à lui donner, malgré tout, une résistance suffisante à la pesanteur des gros camions et à la circulation moins lente et relativement plus destructive de nos lourds omnibus à trois chevaux, nous abordâmes, sur une assez grande échelle, l'emploi des chaussées d'asphalte comprimé fortement et, sur une moindre, l'essai du pavage en bois, si en faveur aujourd'hui.

Nous reconnûmes à ces deux nouveaux systèmes les mêmes avantages et les mêmes inconvénients : d'un côté, ni boue, ni poussière, absence de bruit, roulement doux ; de l'autre, cherté des frais de premier établissement et d'entretien ; trop faible résistance à la fatigue de la circulation des voitures lourdes.

Le macadam de l'avenue de la Reine Hortense, aujourd'hui avenue Hoche.

Les inconvénients du pavage en bois.
- Allons bon !… en v'là encore encore un qu'a pas l'habitude des salons… ses escarpins glissent sur le parquet !…

De nos jours, on cherche à remédier au manque de cohésion des fibres des pavés en bois de sapin, de pin maritime ou de pitch-pin, qu'on pose debout, en soumettant ces pavés à des bains de bitume ; c'est un procédé tout à fait insuffisant. Il faudrait opérer d'une façon analogue à celle qu'on suit, dans le Bordelais, pour donner de la durée aux échalas de pin maritime soutenant les ceps et flages de nos vignes ; cette méthode consiste à tremper pendant quelques jours le bas-bout des jeunes pins d'éclaircissage destinés à fournir ces échalas, lorsqu'ils sont en pleine sève et garnis encore de leur feuillage, dans des cuves contenant une dissolution de sulfate de fer que la tige aspire. Il faudrait que l'on fît la même chose aux lieux de production, pour les grands arbres dont on veut tirer des pavés en bois. Ce ne serait peut-être pas aussi facile.

Malheureusement, tous les nouveaux systèmes de revêtements de la Voie Publique auxquels j'eus recours avaient un tort commun aux yeux de l'Empereur ; plus leur surface était dure, unie, et, partant, favorable à la circulation, plus elle devenait glissante pour les pieds des chevaux. Or, l'Empereur, cavalier accompli, ne voulait entendre parler, pour nos grandes artères, ni d'asphaltes, ni de pavés en bois, ni surtout de pavés de granit ou de porphyre. Sa Majesté n'admettait là que le macadam, ce mode ruineux, sale, et le plus souvent impraticable aux piétons ; je l'acceptais bien volontiers pour les avenues de nos parcs interdites aux voitures lourdes et bordées d'allées, mais je le considérais comme un fléau dans l'intérieur d'une grande cité comme Paris.

Pour moi, le pavage en porphyre du plus petit échantillon était le type désirable. Je ne me dissimulais pas ses défauts : mais, n'y pouvait-on remédier ? Et, dans le cas de la négative, ne pouvait-on trouver la solution de la difficulté dans une tout autre voie que celle où l'on s'obstinait à la chercher ?

Il ne s'agissait pas évidemment d'un palliatif, comme de semer légèrement du sable, au risque de produire alternativement un peu de boue et un peu de poussière.

Non ! mais le temps me manqua pour faire essayer l'application d'une idée qui m'était venue et qui paraîtra bizzare au premier abord, tout au moins, ainsi que toute chose à laquelle on n'a jamais pensé, fût-elle des plus simples.

Je me demandais pourquoi l'on ne tâcherait pas de trouver, dans un nouveau moyen de défense de la corne des pieds des chevaux, un remède, ou plutôt un préservatif du glissement auquel ils étaient exposés, avec leurs fers polis, sur les surfaces lisses du pavé de porphyre.

En Allemagne, dans ces derniers temps, on paraît avoir fait manœuvrer des régiments de Cavalerie dont les chevaux avaient été déferrés, sur les rampes et pentes de montagnes rocheuses. Je ne songeais pas, on le suppose bien, à ce moyen radical de résoudre la question que je me posais.

De même que nous défendons nos pieds contre le contact du sol au moyen de chaussures à semelles de cuir plus ou moins épaisses, pourquoi, me disais-je, ne protégerait-on pas la corne des pieds de nos chevaux, soit, par de grosses semelles de cuir fort, très rugueuses, partant, rebelles au glissement, soit par l'application périodique d'enduits cohésifs, faisant corps en séchant, comme le caoutchouc durci ?

Sans doute, l'emploi de ce procédé coûterait beaucoup plus cher, par cheval, que la pratique usitée du ferrage. Pris dans son ensemble, il monterait cependant moins haut que l'accroissement de dépense imposé à la Ville, c'est à dire à l'ensemble des citoyens possédant ou non des chevaux, par les moyens de revêtements de la Voie Publique adoptés, malgré tous leurs inconvénients, dans l'intérêt de ceux qui redoutent des chutes si faciles à éviter, suivant mon avis.

Je le répète : on taxera d'étrange ma conception d'alors, que rien, du reste, n'est venu détruire dans mon esprit. Mais, je le sais par une longue et multiple expérience d'œuvres sans précédents, ce n'est point par les chemins battus qu'on arrive aux grands résultats.

Or, c'en serait un immense que de rendre possible, à Paris le remplacement du macadam et de ses succédanés, comme aussi des grès de gros échantillons, par un modèle uniforme de pavage en petits porphyres à joints étroits reposant sur une forme de béton solide, sans cahots, sans boue ni poussière, facile à nettoyer, sans même l'arroser, et commode aux piétons comme aux personnes allant en voiture !

Conformément à d'anciens édits consacrant un principe emprunté par nos ancêtres aux Lois Romaines, et reproduit, d'abord, dans nombre d'Ordonnances, d'Arrêts du Conseil, puis, dans tous les monuments de notre législation et de notre jurisprudence administratives, depuis 1789 jusqu'en 1851, la dépense du premier pavage des voies nouvelles a été mise à la charge des propriétaires riverains. Mais, à cette dernière époque, par des considération diverses, on convertit cette obligation en une taxe moyenne fixée à 12 francs par mètre superficiel, dont le produit était loin de rémunérer la Ville de ses avances.

Depuis 1874, on est revenu, mais en partie seulement, aux anciens usages rendus applicables aux rues élargies comme aux voies nouvelles.

Quand aux trottoirs, à peu près inconnus jusqu'en 1845, une loi du 7 juin de cette année a mis, par moitié, la dépense motivée par leur établissement, à la charge de la Ville et des propriétaires riverains.

Pour amener ces derniers à accepter le dallage en granit ou la couverture en aires bitumées de ces voies latérales, au lieu du pavage réglementaire pur et simple pratiqué dans le principe, mon administration alloua des primes réduisant leur contingent de la moitié de la dépense, au tiers, en moyenne.

La Ville retrouva la différence dans la valeur des matériaux qu'elle aurait employés à l'établissement de revers, au lieu de trottoirs, le long des maisons.

Inutile d'ajouter que le coût de l'entretien des trottoirs (à sa charge exclusive) était bien moindre que n'eût été celui de ces revers livrés à la circulation des voitures.

Je ne parle pas des refuges dont l'établissement a été généralisé, dans ces dernières années, sur la ligne médiane de la chaussée des grands Boulevards, de l'Avenue des Champs-Elysées, et d'autres voies de première importance. Il va de soi que la dépense de ces utiles plateaux incombe exclusivement à la Ville.

En se reportant au chapitre XX du deuxième Volume de ces Mémoires, le lecteur verra qu'au commencement de 1870, au terme de mon édilité, la surface totale de la Voie Publique dont les chaussées avaient un développement de 845 kilomètres, et les trottoirs de 287, était de 1.290 hectares (12 900 000 mètres carrés), chaussées et trottoirs compris.

La dépense annuelle de l'entretien que, depuis 1865, j'étais parvenu à contenir dans une limite d'environ 8 millions, partagée entre l'Etat et la Ville par moitié, ressortait donc, en moyenne, à 62 centimes et demi environ par mètre seulement, chiffre dont la modération surprend. Certaines voies macadamisées, très exceptionnelles, il est vrai, absorbent annuellement de 4 à 8 francs par mètre, mais l'ensemble se compense par la multitude infinie de petites Rues, à peu près sans circulation, que l'on rencontre dans certains quartiers de Paris, surtout dans l'ancienne banlieue suburbaine, dont le pavé semble éternel.

La dépense de premier établissement des voies nouvelles, grandement atténuée par le produit de la taxe de premier pavage, figure dans le bilan général de la Transformation de Paris, au Chapitre XIV.

Nettoiement - Arrosage

De même que le premier pavage de la Voie Publique, le balayage est mis à la charge des propriétaires riverains, chacun au droit de sa façade, sur une largeur égale à celle de la moitié des rues qui les bordent, par un ancien usage, résultant aussi de l'application séculaire de vieux édits, et réglementé de nos jours. Depuis quelques années, cette largeur est limitée législativement à 6 mètres, soit à 12 mètres pour les deux côtés d'une rue de telle ouverture, et l'exédent reste au compte de la Ville.

Cette obligation est maintenant convertie, comme celle du premier pavage (réduite de moitié, comme on l'a vu plus haut), en une taxe véritable, périodique, fixée par décrets rendus en Conseil d'Etat, et divisée en trois classes, selon qu'il s'agit de constructions longeant la Voie Publique, de propriétés bâties partiellement ou de terrains vagues, et en catégories qui la proportionnent aux dépenses, dans chacune des classes, variables suivant la nature des chaussées et le plus ou moins d'activité de la circulation.

La moyenne de la taxe est de 36 centimes par mètre carré, ce qui donne, au maximum, par mètre courant de Voie Publique : 4,32 fr.

On a vu, dans le chapitre X du second Volume, concernant la Préfecture de Police, qu'en vertu d'un Décret du 12 Messidor an VIII, elle eut dans ses attributions, entre autres services retirés à la Préfecture de la Seine, le nettoiement et l'arrosage de la Voie Publique, rendus à mon administration par un autre Décret, le 10 Octobre 1859 seulement.

Jusqu'alors, je vis, chaque matin, des escouades de balayeuses pousser la boue dans les caniveaux des chaussées pavées ou macadamisées, et trop souvent par les bouches d'égout sous trottoirs, dans nos galeries souterraines, bientôt encombrées de sables provenant de l'écrasement des matériaux employés à l'empierrement, et même d'une partie de ces matériaux, détachés de la masse entassée par des balais trop zélés.

Des tombereaux venaient prendre les tas de boue obstruant de distance en distance les caniveaux, de concert avec les ordures ménagères dont les habitants de chaque maison se débarrassaient au droit de leurs portes devant les trottoirs, et le tout s'en allait, cahin-caha, aux dépôts nommés décharges publiques, en laissant filtrer, par les planches mal jointes des tombereaux, des liquides sales et infects.

L'arrosage s'opérait, par les temps secs et poussiéreux, au moyen de tonneaux portant à l'arrière des tuyaux en éventails, percés de trous, par lesquels l'eau puisée à des fontaines spéciales se répandait en pluie sur le sol, non sans éclabousser les passants à tous les cahots.

A partir de 1860, ces procédés primitifs de nettoiement et d'arrosage firent place à d'autres, meilleurs à tous égards, que mon administration et celles qui l'ont suivie ne cessèrent de perfectionner.

Ainsi qu'on le pratique aujourd'hui, pour les chaussées empierrées, les plus difficiles à maintenir en bon état de propreté et d'entretien, on employa des cylindres compresseurs pour affermir la cohésion des matériaux fragmentaires qui les constituent. De même on usa de machines, « (dites balayeuses) », pour rejeter la boue sur les revers des caniveaux bordant les trottoirs, où des cantonniers, armés de balais, de brosses en crin végé-

Page de droite : la rue Laffitte vers 1865.

RUE OLLIVIER

PIERRE PETIT

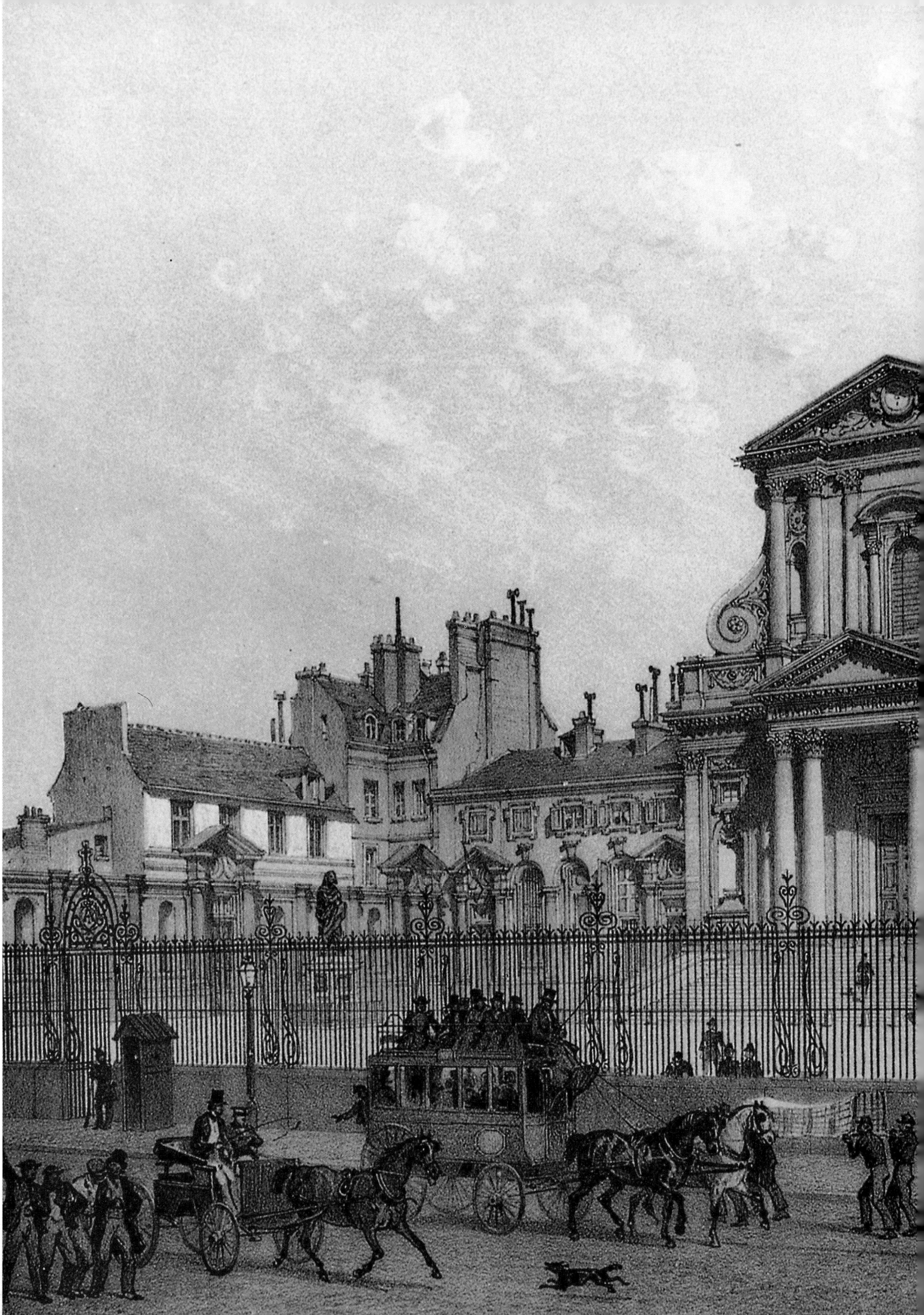

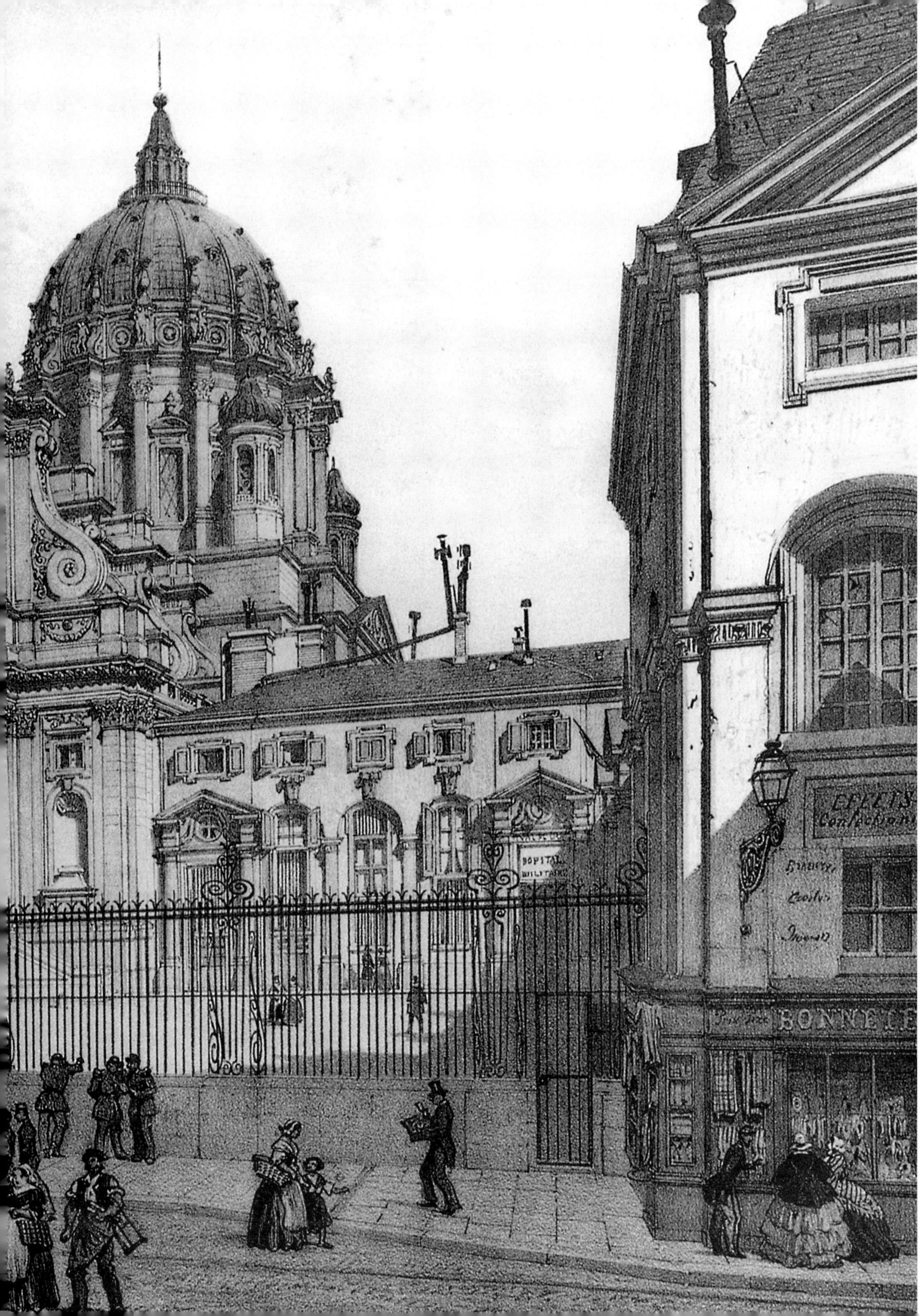

tal, de raclettes de fer et de pelles, la relevaient en tas, pour la faire s'égoutter.

Chaque balayeuse, attelée d'un cheval et manoeuvrée par un seul homme, opère sur des bandes longitudinales de 2 mètres de largeur, au plus, à partir du milieu de la voie, et son travail est plus rapide et meilleur que celui de toute une escouade nombreuse d'ouvrières.

On seconde l'action de cet engin au moyen d'un lavage du macadam à grande eau, chaque semaine, qui favorise le maitien du profil des chaussées, en délayant les boues à détacher de la surface compacte.

Pour les voies pavées, on se sert également de balayeuses ; mais, il s'en faut de beaucoup malheureusement que toutes ces voies aient la largeur nécessaire à leur emploi. Bien au contraire ; c'est le plus petit nombre. On continue d'ébouer les autres à bras, au moyen d'équipes d'hommes et de femmes, dirigés par des cantonniers, et munis de balais-brosses ou de balais de bouleau, suivant le cas.

Dans les deux catégories de chaussées, on doit avoir soin de maintenir libre le fond des caniveaux, pour l'écoulement facile à l'égout des eaux pluviales et ménagères, et, aussi, des eaux de lavage du macadam.

Les sables qui proviennent en majeure partie des tas de boue relevés sur les revers, sont plus facilement chargés avec les ordures des maisons riveraines sur les tombereaux qui les recueillent que les boues liquides et fluentes d'autrefois.

Le service de ces tombereaux d'enlèvement des boues et des immondices de tout ordre est fait à l'entreprise.

Aux Agents du nettoiement de la Voie Publique incombe, accessoirement, le balayage intérieur des pavillons, des stalles et marchés, des postes de police, des urinoirs, etc., etc., le chargement des détritus et ordures sur les mêmes tombereaux, le lavage et la désinfection de tout ce qui motive ces derniers soins de propreté.

En hiver, les glaces et neiges exigent l'organisation d'un service extraordinaire, pour lequel tous les concours sont requis.

Les riverains doivent dégager les trottoirs en redressant la neige en cordons continus sur leurs bords, ou bien en la repoussant sur la chaussée ; répandre du sable ou des cendres sur l'aire dallée ou bitumée des trottoirs qu'on rend ainsi praticables ; briser la glace des caniveaux, et, au besoin, à défaut d'un nombre suffisant d'ouvriers, relever la neige en tas sur la chaussée même.

Pour cette dernière besogne, l'Administration forme, en dehors de son personnel ordinaire, autant d'équipes exceptionnelles que possible. Elle se sert, pour l'enlèvement des neiges, non seulement des tombereaux des entrepreneurs adjudicataires de l'enlèvement des boues, et de tous les tombereaux de louage qu'elle peut se procurer, mais encore de ceux (au nombre de 50) que la Compagnie des Omnibus est tenue, par son cahier des charges, de mettre à sa dispostion en pareil cas. Dans ces dernières années, elle a tenté l'emploi des sels marins pour activer la fusion des neiges au dégel, et ce moyen parait avoir réussi.

Quant à l'arrosage, qui se pratique ordinairement pendant 6 mois de l'année, du 1er avril au 30 septembre, en général, on ne fait plus usage que dans les Rues étroites des anciens tonneaux à jets divergents ; sur les autres, une série de tubes de tôle réunis par des genoux en cuir flexible, montée sur des patins à roulettes et terminée par des lances en cuivre, est vissée, à tour de rôle, aux diverses bouches d'eau sous trottoirs, et permet aux cantonniers d'arroser aisément toute la surface dont chacun à la charge.

Certains de ces appareils, dont les tubes sont garnis de petits trous, peuvent opérer automatiquement sur les points où l'arrosage doit être de quelque durée.

Le travail des tonneaux coûte 10 millimes par jour et par mètre carré, sur les chaussées empierrées, et 6 millimes seulement, sur les chaussées pavées.

Celui de l'arrosage à la lance est de moitié moins dispendieux.

Pages précédentes : le Val de Grâce (hôpital militaire).

En 1869, dernière année de mon édilité, la dépense totale du nettoiement et de l'arrosage de la Voie Publique a coûté 3 953 942,23 fr., soit, pour 1 290 hectares, environ 30 centimes par mètre carré.

Elle a été compensée pour 1 001 342,71 fr. par le produit de la taxe de balayage, limitée, on s'en souvient, à 6 mètres de largeur sur chacun des côtés des voies dépassant 12 mètres, si nombreuses dans Paris, sans parler des Avenues et Places que ne borde aucune propriété particulière et qui sont entièrement à la charge de la Ville.

Eclairage

Le service d'Eclairage de la Voie Publique ne date pas de si loin que ceux du Pavage et du Balayage. Il ne date pas de Philippe-Auguste, ce Roi Créateur, à qui Paris doit tant. Il ne remonte qu'à son arrière-petit-fils, à Philippe le Long. Et encore, eut-il sous le règne de ce monarque un commencement des plus modestes, quoiqu'en la forme la plus solennelle. Une ordonnace du Roi, de Janvier 1318, prescrivit de tenir allumée pendant la nuit, devant la Porte du Châtelet, une chandelle, afin de prévenir les méfaits qui se commettaient alors au centre même de la Capitale.

En 1558, après un intervalle de deux cent quarante ans, un Arrêt du Parlement de Paris imposa, comme charge nouvelle, aux riverains des Rues de la Ville, qui supportaient déjà celle du premier pavage et du balayage quotidien, l'obligation d'entretenir, la nuit, pendant l'hiver, « une » lanterne allumée au coin de chacune de ces voies. Mais l'exécution de cette mesure rencontra des obstacles. Elles subit d'abord des retards, puis des atténuations, et ne fut complète que deux siècles plus tard. On dut même alors, tant elle paraissait lourde aux habitants de certains quartiers, en mettre la dépense au compte du Trésor Public, par un édit de Janvier 1704.

L'Eclairage à l'huile remplaça graduellement celui des chandelles, et l'on subsitua des « réverbères » aux antiques lanternes, à la suite d'un concours ouvert au milieu du XVIIIe siècle sur le meilleur mode possible d'éclairage public. L'illustre Lavoisier y prit part et remporta le prix.

C'est lui qui, dans cette occasion, formula, le premier, l'axiome fondamental qu'on semble oublier maintenant, et dont j'ai poursuivi l'application sans me douter qu'un tel savant l'eût pris pour règle un siècle avant moi : il faut chercher, avant tout, l'uniformité de l'Eclairage de la Voie Publique, par la division en autant de foyers que possible de la quantité de lumière dont on dispose.

Le réverbère, dont le nom venait probablement du réflecteur couronnant sa lanterne à quatre faces un peu rapprochées à la base, était suspendu par des cordes au-dessus du milieu de la rue (de préférence, au croisement de plusieurs), et s'y balançait au gré de tous les vents. Sur une première corde, tendue à demeure, une seconde, portant la petite poulie qui surmontait la lanterne, se trouvait fixée en deux points rapprochés du centre. A l'un deux, la corde passant dans une autre poulie permettait à l'allumeur qui la faisait mouvoir de descendre l'appareil à sa portée, puis, de le remonter en place ; qu'il s'agît, soit d'éclairer ou d'éteindre les deux becs du foyer lumineux soit de garnir celui-ci d'huile, de changer les mèches des becs et de nettoyer les verres. Le bout de cette seconde corde était accroché dans une boîte (attachée au mur d'une des maisons voisines) dont l'allumeur avait la clé.

Dans les voies larges, on suspendait les réverbères à des potences scellées aux murs des maisons ou portées par des poteaux plantés dans les trottoirs.

On voyait 1 200 de ces réverbères à deux becs en service dans Paris, à la fin de l'Ancien Régime et pendant la durée de la Révolution de 1789.

Après 1830, on en comptait cinq fois plus ; mais le système n'avait pas changé. Seulement, depuis 1789, l'Etat s'était, à bon droit, déchargé de l'éclairage de la Voie Publique sur la Ville.

Dans les dernières années de la Restauration, quelques essais d'éclairage au gaz avaient eu lieu, mais avec des succès très divers. Ils furent continués sous le Gouvernement de Juillet, grâce à des résultats meilleurs, encore insuffisants néanmoins pour inspirer à l'Administration une entière confiance dans ce nouveau procédé. L'épuration du gaz était imparfaite ; l'émission des becs irrégulière, ainsi que la pression des gazomètres sur les conduites de distribution ; la forme définitive de ces becs, propre à donner le plus de lumière avec le moins de consommation de gaz possible, absolument incertaine.

Bien que dans le Service Privé l'usage du gaz eût déjà pris un grand développement lors de mon arrivée à l'Hôtel de Ville, en 1853, grâce aux efforts de six compagnies autorisées par le Préfet de Police à le livrer à la consommation dans des périmètres distincts, je trouvai, non sans surprise, l'antique réverbère, continuant à dominer Paris, en possession exclusive de l'éclairage de la Voie Publique.

Cela dura jusqu'en 1855. A cette époque, le Préfet de Police, dans les attributions duquel cet important service restait encore, fut saisi de la proposition des six compagnies gazières de se fondre en une seule, afin de devenir concessionnaire du monopole de la fabrication et de la distribution du gaz dans Paris, et de pouvoir le livrer pour tous les usages publics et privés, à des prix inférieurs à ceux de leurs tarifs, justifiant le privilège qui leur serait concédé, quoique largement rémunérateurs pour elles.

L'affaire rentrait dans la compétence de mon administration par certains côtés secondaires ; mais elle devait exercer, sur l'équilibre du budget municipal, une influence difficile à discerner, motivant du reste la part que je fus appelé, dès le principe, à prendre dans les négociations engagées à son sujet et dans la discussion laborieuse du projet de traité qui s'ensuivit. Mon collègue, M. Piétri, l'aîné, ne pouvait, d'ailleurs, soutenir seul cette discussion contre les hommes d'affaires les plus habiles de Paris, MM. Emile et Isaac Péreire en tête. Mon intervention contribua pour beaucoup à la faire aboutir. On verra plus loin qu'elle ne fut pas inutile aux intérêts financiers de la Ville.

La fusion des six compagnies existantes en une seule eut lieu sous le titre de *Compagnie Parisienne d'Eclairage et de Chauffage par le Gaz*, et la Ville concéda à cette association pour 50 années, partant du 1er janvier 1856, le droit exclusif de conserver et d'établir sous la Voie Publique des conduites et tuyaux de distribution.

En échange de ce privilège, la Compagnie s'obligeait à réduire le prix du mètre cube de gaz de 40 et 50 centimes qu'il coûtait alors, à 30 centimes pour le service des particuliers, et à 15 centimes pour tous les services publics - ce sont les prix perçus par elle encore aujourd'hui. Elle s'engageait encore à payer : 1° un droit annuel de 200 000 francs pour la location du sous-sol de la Voie Publique occupé par ses conduites et tuyaux ; 2° un droit d'octroi de 2 centimes par mètre cube introduit et consommé dans Paris, pour représenter le droit qu'aurait acquitté la houille distillée pour produire ce volume de gaz.

A ces dispostions, je fis ajouter l'engagement par la Compagnie de partager avec la Ville la quotité de ses bénéfices qui dépasserait 10 p. 100 de son capital social de 55 millions ; mais seulement à partir du 1er janvier 1872, soit après seize ans d'exploitation indemnes de cette charge, dont personne ne comprit alors la portée. Je la préciserai dans un moment.

La Compagnie s'obligeait, d'ailleurs, à développer sa fabrication de manière à pouvoir répondre à toutes les demandes des consommateurs, et sa canalisation, sur tous les points où l'administration le jugerait convenable.

Celle-ci conservait le droit de lui faire déplacer des conduites et tuyaux toutes les fois que l'intérêt public l'exigerait et celui d'autoriser une canalisation spéciale pour des essais de nouveaux systèmes d'éclairage, dans la limite d'une longueur développée d'un kilomètre.

Ce traité, qui porte la date du 23 juillet 1855, fut approuvé par un Décret du 25.

Réverbères et candélabres.

Lorsque le Service de l'Eclairage fur ramené par le Décret du 10 Octobre 1859, de la Préfecture de Police, à l'Hôtel de Ville, je m'occupai d'y faire introduire toutes les améliorations dont la mise en pratique du traité, depuis trois ans, m'avait fait reconnaître la nécessité.

Avant tout, je fis réduire la hauteur des candélabres qui portaient les lanternes éclairant la Voie Publique, de manière à limiter de 2,60 m, au plus, la hauteur de la lumière des becs, et substituer aux lanternes en usage, qui rappelaient celles des réverbères, des lanternes débarrassées, le plus possible, de montants métalliques et coiffées de réflecteurs, pour supprimer toute projection d'ombre dans leur cercle d'action et, notamment, au pied des candélabres.

Puis, sur le rapport d'une commission à la tête de laquelle je plaçai M. Dumas, le célèbre chimiste, membre de l'Académie des Sciences, Président du Conseil Municipal, - un autre Lavoisier, - commission à laquelle on doit la méthode pratique, encore en usage, de vérifier la qualité du gaz fourni par la Compagnie Parisienne et son pouvoir éclairant ; je fis remplacer les becs à fente de cinq millimètres d'ouverture, d'où le gaz s'échappait trop rapidement pour que sa combustion fût complète, par des becs de six millimètres, dont l'émission plus lente remédiait si bien à ce défaut, que la même quantité de gaz brulée par heure donnait trois fois plus de lumière !

Cette révolution radicale me permit, sans aggravation de la dépense du service, de doubler le pouvoir éclairant de chaque bec et de multiplier cependant le nombre des candélabres, pour appliquer l'axiome recommandant la division aussi grande que possible de la lumière projetée sur la Voie Publique, et, afin de réduire considérablement

Pages suivantes : la Bourse.

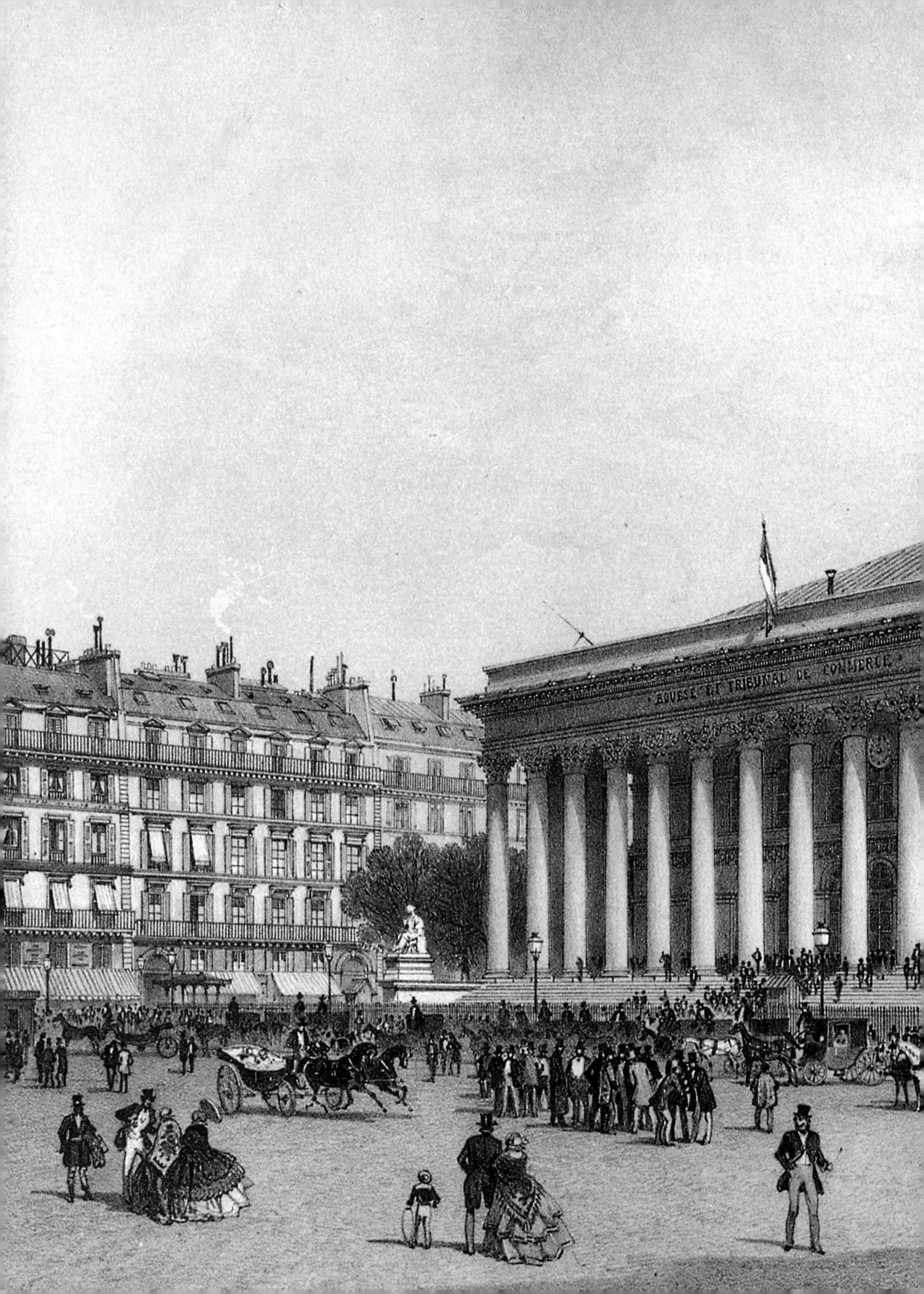
BOURSE ET TRIBUNAL DE COMMERCE

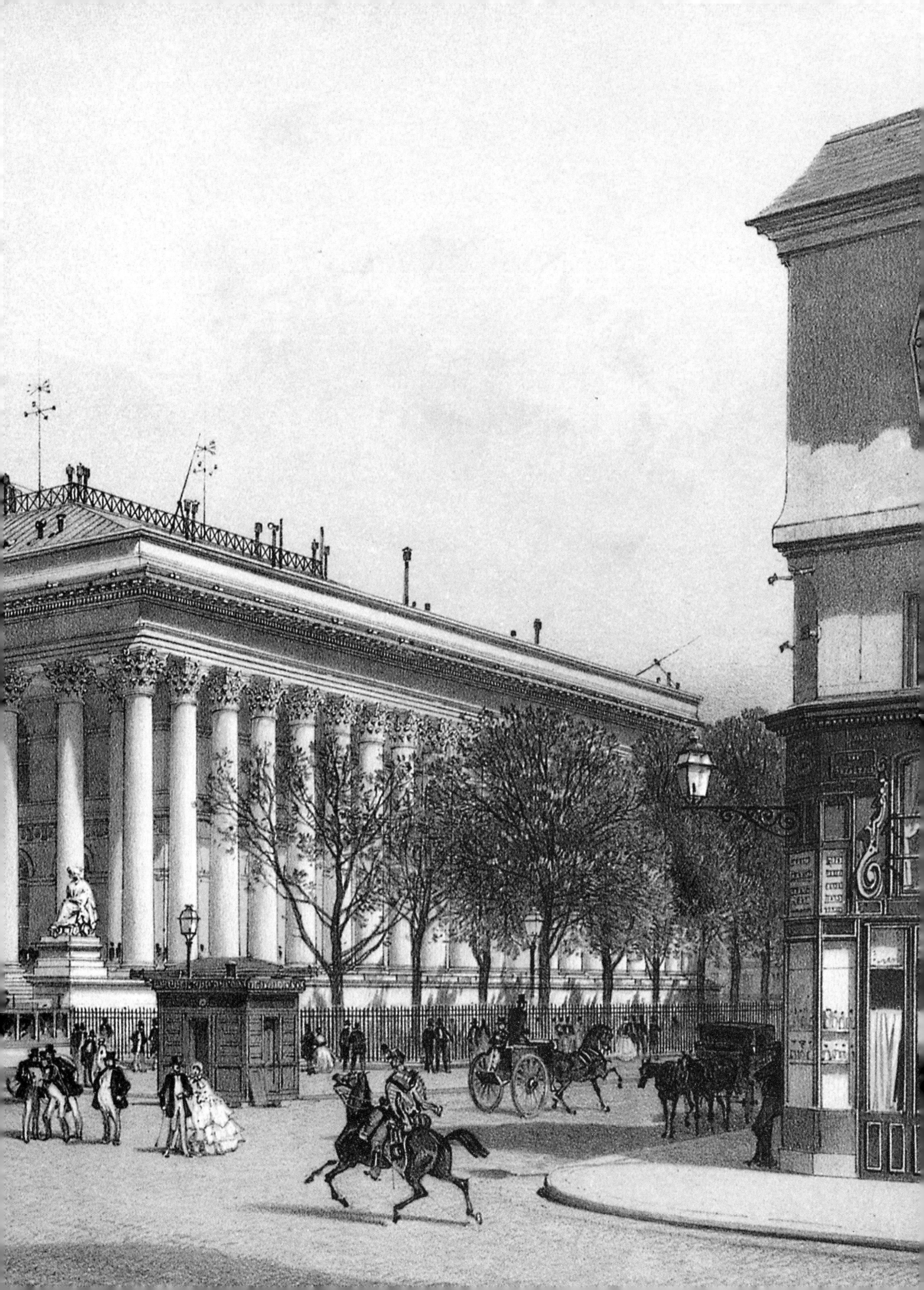

ainsi l'intensité des pénombres inévitables à moitié distance des becs entre eux.

Parallèlement à l'adoption de ces importantes réformes, se produisit, en 1860, après l'extension des limites de Paris, l'obligation pour la Ville de s'entendre avec la compagnie Parisienne, afin de faire profiter les nouveaux territoires annexés à l'ancien Paris, des avantages du traité de 1855.

Cette société se trouvait déjà concessionnaire de l'éclairage public et privé de la plupart des communes de l'ancienne banlieue suburbaine, à des prix très supérieurs à ceux dont elle devait se contenter à Paris. Pour réaliser l'unité de Service que je voulais établir dans toutes les parties de la ville agrandie, elle allait assumer l'obligation de racheter les concessions accordées à d'autres qu'elle, dans les communes restantes ; elle faisait donc valoir les sacrifices qu'elle aurait à s'imposer de ces deux chefs. Il lui fallait, d'ailleurs, augmenter le développement de sa canalisation, de 182 kilomètres, pour compléter l'éclairage des nouveaux territoires, et porter son capital, de 55 à 80 millions, en vue de toutes les dépenses qui la menaçaient.

Je ne pus obtenir d'elle que l'établissement d'une régie intéressée de l'exploitation des territoires annexés, dont la Ville courrait seule les risques (bénéfices ou pertes) jusqu'en 1872.

Mais, je la fis consentir : 1° à n'exiger, en cas de pertes, le remboursement de son découvert (capitalisé par elle à 6 %) qu'à cette époque, et sur la part de bénéfices dont elle devait alors commencer à faire compte à la Ville, d'après le traité de 1855 ; 2° à ne rien déclarer, si cette part était nulle.

En retour, je lui concédai que les 10 % de dividendes assurés à ses actionnaires, avant tout partage, porteraient sur les 25 millions dont allait être augmenté son capital social, comme sur les 55 millions primitifs.

Il fut stipulé, d'ailleurs, que les usines de la Compagnie, se trouvant comprises dans les nouvelles limites de la Ville, seraient considérées comme entrepôts réels par l'Administration de l'Octroi, mai, sous la condition que leurs produits demeureraient exclusivement affectés à la consommation de Paris et qu'elle paierait, bien entendu, le droit de 2 centimes réglé par le Traité de 1855, sur chaque mètre cube de gaz sorti de ses usines.

Enfin, je profitai de l'occasion que me donnait la convention nouvelle, pour imposer à la Compagnie des additions au Traité de 1855, afin d'améliorer l'épuration et le pouvoir éclairant du gaz et des moyens de le mesurer avec exactitude.

Je signai cette convention le 15 Janvier 1861, en vertu des pouvoirs que j'avais reçus, à cet effet, du Conseil Municipal, le 22 Décembre précédent. Une instruction pratique de MM. Dumas et Regnault (membres de l'Académie des Sciences) donnant la marche à suivre pour les expériences relatives à la détermination journalière du pouvoir éclairant et de la bonne épuration du gaz, y fut annexée après acceptation formelle des administrateurs de la Compagnie.

Ce nouvel état de chose dura jusqu'en 1869, malgré les difficultés que soulevait incessamment la perception du droit d'Octroi de 2 centimes sur le gaz consommé dans Paris. Mais, dès le début de cette année, je fus saisi de très vives réclamations d'habitants des territoires annexés touchant l'insuffisance de l'extention donnée, depuis huit ans, à la canalisation du gaz dans ces territoires, en exécution du Traité de 1861.

Celui de 1855 était en vigueur depuis treize ans.

Les parties contractantes ayant eu tout le temps de reconnaître, de part et d'autre, le fort et le faible de chacune des stipulations de ces actes, le moment semblait venu d'en réviser l'ensemble d'un commun accord.

Je ne saurais entrer ici dans le détail inutile et fastidieux de toutes les modifications apportées au texte des conventions antérieures, par la rédaction nouvelle qui les confondit en un seul acte, encore en vigueur aujourd'hui. Je me bornerai donc à mentionner les principales.

De 200 000 francs, la redevance annuelle payée par la Compagnie à la Ville, pour droit de location des parties du sous-sol de la Voie Publique occupées par ses conduites et tuyaux, fut portée à 250 000 francs, mais seulement à compter de l'époque où la consommation moyenne du gaz dans la zone annexée atteindrait le chiffre de celle de l'ancien Paris au 1er janvier 1869.

En retour de cet atermoiement, la Ville fut déclaréee quitte des sommes dont elle était débitrice à cette date envers la Compagnie, pour l'éclairage de la zone annexée aux mêmes prix que l'ancien Paris, conséquence du traité du 1er janvier 1861.

De plus, et par anticipation sur l'époque fixée par le Traité de 1855, pour le partage de bénéfices qu'il réservait entre la Ville et la Compagnie, ce partage serait exigible à compter du 1er janvier 1869 ; mais à la condition expresse du prélèvement sur les bénéfices constatés : 1° des sommes nécessaires à l'amortissement des obligations que la Compagnie avait émises en sus des actions représentant l'accroissement de son capital social, porté de 55 millions à 80 millions en 1861 ; 2° d'une retenue pour la formation de sa réserve statutaire ; 3° d'une somme pour intérêts et dividendes à distribuer aux actionnaires fixée, en vue d'émissions nouvelles, à 12 400 000 francs jusqu'en 1887 inclusivement et à 11 200 000 francs pour les suivantes, mais sans que l'insuffisance des bénéfices d'une année à parfaire ces sommes pût être compensée par un prélèvement complémentaire sur ceux des autres.

A la fin de la concession, par l'effet même de l'amortissement des actions et des obligations émises, et de la formation de la réserve statutaire, le produit net de l'actif mobilier et immobilier de la Compagnie et le montant de sa réserve doivent être compris comme bénéfices dans le partage final.

En attendant, les résultats annuels de toutes les entreprises accessoires que la Compagnie peut être autorisée à faire, et notamment de toutes fournitures de gaz hors de l'enceinte fortifiée, limite nouvelle de la Ville, doivent être confondus avec ceux de son entreprise principale.

Quant aux différends avec l'Administration de l'Octroi de Paris, ils furent terminés par une stipulation étendant la faculté d'entrepôt dont profitaient les usines de la Compagnie sises dans l'intérieur de la Ville, aux combustibles divers servant à la fabrication du gaz et aux produits accessoires. Etaient exonérés les goudrons, huiles lourdes, eaux ammoniacales, etc., traités dans ces usines, livrés à la consommation du dehors, passibles de droits à l'entrée de Paris.

Enfin, la Société s'engageait à fournir sans réserve, pendant les cinquante années de sa concession, dans toute l'étendue de la Ville, le gaz nécessaire, tant pour l'éclairage public et privé que pour le chauffage, aux conditions précédemment réglées.

Formulé par mon administration de concert avec les représentants autorisés de la Compagnie, ce nouveau Traité, que le Conseil Municipal me donna pouvoir de conclure par deux délibérations en date des 3 Août et 12 Octobre 1869, ne put être signé par moi-même, parce que le Décret Impérial d'approbation n'intervint que le 15 janvier 1870, cinq jours après mon départ de l'Hôtel de Ville. C'est le 7 Février suivant qu'il fut conclu par mon successeur. Mais je suis en droit de le revendiquer comme un de mes actes les plus considérables.

La part de la Ville figurait dans les bénéfices de la Compagnie Parisienne d'Eclairage et de Chauffage par le gaz, au compte de ses recettes, en 1869, pour 4 950 000 francs.

Cette dépense fut inscrite pour 5 millions au Budget Municipal de 1870. Mais les événements imprévus et les désastres de 1871 réduisirent notablement la consommation du gaz dans Paris et les bénéfices à partager. C'est seulement en 1872 que l'attribution de la Ville atteignit le total de 5 millions, pour ne plus descendre au-dessous et pour s'élever graduellement, au contraire, jusqu'à 12 400 000 francs en 1887, dernière année dont j'aie pu me procurer les résultats.

La consommation du gaz dans Paris s'élevait, dès 1869, à 126 444 088 mètres cubes, dont 23 580 820

CABINETS
D'AISANCES
DE TOILETTE
ET DE
NÉCESSITÉS
PUBLIQUES
DAMES

pour l'éclairage de la Voie Publique et des établissements desservis au compte de la Ville, et 102 863 268 pour l'éclairage privé, celui des chemins de fer et de divers consommateurs hors Paris.

Elle montait, en 1887, à 275 630 850 mètres cubes, dont 43 548 028 pour l'éclairage public et 232 082 832 pour le service privé.

Si l'on multiplie par 15 centimes la dépense de l'éclairage public, dans les deux cas, on trouve que la part de bénéfices de la Ville, après avoir couvert toute la dépense de sa consommation de gaz, reste encore en gain d'un revenu très notable.

La dépense de l'éclairage de la Voie Publique et des Etablissements Municipaux, faite au compte de la Ville, en 1869, comprenait le prix de la plus grande partie du gaz fourni par la Compagnie, à raison de 15 centimes le mètre cube, comme je viens de le rapporter. Mais, nombre de rues étaient encore éclairées à l'huile. De plus, il faut tenir compte du traitement du Personnel de Surveillance et des frais de la vérification du gaz. Tous ces articles formant un total de 4 749 942,93 fr. ont été néanmoins couverts par les 4 950 000 francs que la ville a reçus de la Compagnie, dès la première année du partage des bénéfices.

Etait-ce à tort que j'énonçais plus haut que mon intervention dans le Traité de 1855 n'avait pas été superflue ? Et l'ancien Conseil Municipal qui, dès 1869, pouvait constater l'importance de ses résultats, commettait-il rien d'excessif quand il projetait, conformément aux désirs du Souverain, lors de ma retraite, de doubler ma dotation de Sénateur par une rémunération annuelle et viagère, en récompense des services exceptionnels que j'avais rendus à la Ville durant ma longue édilité ?

Au moment où j'écris ces lignes, une révolution radicale semble être sur le point de se produire dans l'éclairage de la Voie Publique de Paris : la substitution de la lumière électrique à celle du gaz.

Sous mon Administration, les essais de lumière oxhydrique, magnésienne, électrique même, faits par des industriels, n'avaient aucune chance d'aboutir à un pareil résultat ; mais, aujourd'hui, l'Administration se montre disposée à le subir, et je le regrette.

En effet, la lumière électrique, dont le ton blafard, lunaire, est déplaisant, et dont l'éclat blesse ou fatigue la vue, émane de foyers intensifs, répartis forcément sur la voie Publique à des distances beaucoup plus grandes que celles des becs de gaz multipliés, au contraire, sur des points aussi nombreux, aussi rapprochés que possible. Le système Edison cherche le progrès au rebours du système Lavoisier, et, par ce motif, je ne saurais désirer son adoption. Je crois, du reste qu'à part son inventeur, se propagateurs et ses fabricants d'appareils, il n'aura d'adhérents, au bout d'un certain délai, que les oculistes et les opticiens.

S'il devait être adopté, je conseillerais de continuer jusqu'au bout l'antithèse des deux systèmes et d'élever considérablement, comme on le fait dans plusieurs grandes villes d'Italie, les foyers lumineux intensifs, en les munissant de grands réflecteurs, afin de moins choquer les regards, d'étendre le cercle de leurs projections et de faire disparaître le plus possible les espaces mal éclairés qui les séparent.

Concessions. Stationnements

Aux termes du Décret du 10 Octrobre 1859, le Préfet de Police a conservé le droit d'autoriser sur le sol de la Voie Publique les dépôts temporaires qui ne doivent pas durer plus de quinze jours. C'est le Préfet de la Seine qui donne les autorisations de plus longue durée. Mais il ne peut les accorder, comme les concessions permanentes d'une partie quelconque de cette voie, qu'après avoir consulté son collègue au point de vue de l'intérêt de la circulation, dont la surveillance demeure dans les attributions de celui-ci.

Ces concessions embrassent :

Les emplacements des étalages des magasins et boutiques, réglés d'après la largeur des trottoirs et limités à 1 mètre au maximum ;

Page de gauche, en haut : un « chalet de nécessité » sur les Champs-Elysées. En bas : vespasienne à huit places dans la verdure.

Vespasienne à trois places.

Les terrasses des limonadiers et restaurants ne pouvant dépasser 3 mètres dans les plus larges voies, et les espaces occupés par les loueurs de chaises, un peu partout ;

Les auvents et saillies ;

Les kiosques des marchands de journaux, les buffets parisiens ou trink-halls, les chalets de nécessité, les urinoirs et colonnes d'affichage, etc.

Les redevances à payer par les concessionnaires sont tarifées ou déterminées, spécialement dans certains cas, par le Conseil Municipal. Les plus importantes concessions donnent lieu à des baux ou adjudications dont les cahiers de charges stipulent l'abandon à la Ville, en fin de concession et sans indemnité, des édicules construits par les locataires.

Le produit de redevances payées par les concessionnaires de tout ordre ne dépassait pas 255 442,02 fr. en 1869.

Il exède un million maintenant, par suite du développement de la population, de ses habitudes de vie extérieure, et de la tendance croissante du commerce à faire appel aux regards des passants ; comme aussi, de la facilité de l'Administration, plus grande aujourd'hui que jadis, à laisser occuper la Voie Publique, afin d'en tirer la plus large compensation possible des lourdes charges quelle impose à la Ville.

C'est également au Préfet de la Seine qu'il appartient de fixer, après avis de son collègue, les points de stationnement des voitures publiques ; d'arrêter, d'accord avec le Conseil Municipal, le tarif des permis d'occupation ; de traiter, en vertu de délibération de ce corps et sous réserve de l'approbation du Gouvernement avec les compagnies de transport en commun ; enfin de fixer le prix de la course et de l'heure pour les voitures de place, et du trajet à l'intérieur et sur l'impériale des autres.

Kiosque octogonal à jouets et friandises.

Le Préfet de Police a toujours la surveillance de la circulation des voitures publiques et privées et le droit de la réglementer seul.

En 1855, c'est-à-dire quatre années avant le nouveau règlement d'attribution des deux Préfectures, le Préfet de Police concéda gratuitement à la *Compagnie des petites voitures* 500 numéros en exécution d'un traité stipulant, en faveur du Public, certains avantages. Ce fut d'ailleurs à la condition de racheter les droits des concessionnaires (qui le demanderaient) des 1646 numéros concédés antérieurement, au prix de 7 000 francs par numéro pour les anciens fiacres et de 6 500 francs pour les cabriolets de place.

Il est aisé de comprendre qu'aucun de ces anciens concessionnaires ne pouvait, avec son matériel démodé, soutenir la concurrence des nouvelles voitures, et lutter contre l'organisation puissante d'une compagnie formée sous le patronage de l'autorité. Cette Compagnie se trouvait donc assurée de la prompte réalisation du monopole conditionnel que le Préfet de Police venait de lui concéder.

En 1862, quand l'extension des limites de Paris rendit nécessaire l'augmentation du nombre des voitures de place, si l'Empereur avait fait connaître la volonté qu'il manifesta seulement deux ans plus tard, de supprimer le monopole acquis à la Compagnie des Petites Voitures, la Ville eût certainement racheté ce monopole à meilleur marché qu'elle ne le fit. Mais, alors, elle n'avait à traiter avec la Compagnie que de l'accroissement de son service et, partant, aggraver l'importance de l'indemnité de rachat dont elle ne pressentait pas la menace.

Une convention datée du 20 Décembre 1862 obligea la Compagnie à porter le nombre de ses voitures au chiffre de 3 500 qu'elle devait accroître de 100 chaque année. Elle obtint le droit exclusif de stationnement sur la Voie Publique dans le nouveau comme dans l'ancien Paris, pendant les 50 années de sa concession, à la condition :

1° De payer à la Ville une redevance de 1 franc par jour et par voiture ;

2° De maintenir à l'intérieur de Paris (sous le régime de l'octroi) son personnel, sa cavalerie et son matériel ;

3° De partager avec la Ville, à titre de redevance complémentaire, ses bénéfices nets, après le prélèvement de la réserve statuaire et de 8 % de dividende à ses actionnaires, et tout son actif mobilier en la fin de son exploitation, après amortissement de son capital.

On voit que j'avais atténué de mon mieux la portée de la nouvelle concession.

Un article spécial autorisa la Compagnie à faire stationner sur la Voie Publique, indépendamment de ses voitures de place proprement dites, un certain nombre de voitures de remise, tarifées à des prix plus élevés. En outre, il me réserva la faculté de concéder le même avantage aux autres loueurs de voitures de ce genre, sous condition de payer la même redevance de 1 franc par jour et par voiture.

C'est le 23 mars 1866, quinze mois après cet arrangement, que parut le Décret Impérial proclamant la liberté de l'industrie des Voitures de Place. A partir de sa promulgation, tout loueur put mettre en circulation tel nombre de voitures qu'il voudrait et les faire sationner sur la voie publique, à la seule condition d'une déclaration préalable et de l'acquittement de la redevance quotidienne de 1 franc par voiture.

Un arrêté signé par moi le 26 mai 1866, dont la plupart des dispositions restent encore en vigueur, réglementa l'usage de la liberté concédée par ce Décret et fixa, d'une manière générale, les tarifs des voitures de place et de remise.

J'ai rendu compte au chapitre XIV de mon Second Volume des difficultés que présenta le rachat des droits de la Compagnie et la fixation de l'indemnité lui revenant.

En 1868, après une délibération conforme du Conseil Municipal, j'autorisai les loueurs à munir leurs voitures de compteurs kilométriques et horaires acceptés et vérifiés périodiquement par l'Administration. Je fixai d'avance le tarif applicable aux voitures munies de ces compteurs. Mais, aucun des essais tentés jusqu'à présent dans le service des voitures de place n'a produit de résultat pratique.

La circulation dans Paris des premières voitures de transport en commun, dites «Omnibus», avait été successivement autorisée en faveur de sociétés dont chacune exploitait un réseau déterminé. Naturellement, aucun n'avait demandé la concession du service des quartiers les moins habités. C'est pourquoi le Préfet de police, dès le

Un dimanche de printemps à Paris, l'assaut des voitures.

7 Juillet 1854, comme nous le fîmes en 1855 pour le gaz, avait traité de la fusion de toutes les sociétés existantes en une seule, qu'il investit pour 30 ans du privilège de faire circuler des Omnibus dans Paris. Les conditions sont inutiles à rappeler, parce qu'elles ont été reproduites ou modifiées dans une nouvelle convention, approuvée par le Conseil Municipal, avec la Compagnie après l'extention des limites de Paris, le 18 juin 1860.

Aux termes de ce Traité qui reste encore en vigueur, la durée de la concession fut portée à 56 ans qui doivent finir le 31 mai 1910 ; le droit exclusif de faire circuler et stationner des Omnibus dans Paris était étendu virtuellement à tout le territoire compris dans l'Enceinte des Fortifications, avec faculté de prolonger jusqu'à Vincennes et Courbevoie les lignes pouvant desservir les deux grands parcs extérieurs de Paris.

Cette concession réservait le service des omnibus de Chemin de fer, de l'omnibus sur rails de Sèvres à Vincennes, établi dès 1854, et des voitures de transport en commun dirigées vers d'autres points en dehors de la Ville.

En retour, la Compagnie s'est engagée :

1° A payer à la Ville une redevance de 2 000 francs par voiture et par an pour droit de stationnement et comme indemnité d'usure des chaussées de la Voie Publique ;

2° A partager avec la Ville les bénéfices de son exploitation, après tous prélèvements statutaires et la distribution de 8 % dividende aux porteurs des 34 000 actions représentant son capital.

Le Traité réserve au Préfet de la Seine le droit de prescrire au modèle primitif des voiturs toutes les modifications reconnues nécessaires dans l'intérêt des voyageurs, ainsi que tout nouveau moyen de locomotion que l'Administration jugerait avantageux.

En 1869, au terme de mon administration, le produit des redevances payées à la Ville par les propriétaires des voitures de place et de transport en commun, montait à _____ 3 283 871,91 fr.

Celui du droit de stationnement acquitté par les approvisionneurs des halles et marchés, pour leurs charettes et bêtes de somme, à ___ 570 597,80 fr.
Ensemble _____ 3 854 415,71 fr.

Ces produits dépassent notablement aujourd'hui 5 millions.

Si j'y joins celui des concessions d'emplacements sur la voie publique, ci ___ 255 442,02 fr.
J'arrive comme total à _____ 4 109 857,73 fr.

Résumé

Voici maintenant, mises en regard, les charges annuelles imposées alors à la Ville par la Voie Publique et les recettes diverses qui les compense en majeure partie.

Dépenses ordinaires :

Entretien _____ 8 230 000,00 fr.
Nettoiement et arrosage ____ 3 953 942,23 fr.
Eclairage de la Voie Publique et
des établissements publics et autres
en compte avec la Ville _____ 4 749 942,93 fr.
Total _____ 16 933 885,16 fr.

Recettes correspondantes :

Contribution de l'Etat aux frais d'entretien du Pavé de Paris _____ 4 000 000 fr.
A reporter _____ 4 000 000 fr.

Report _____ 4 000 000 fr.
Remboursement par des administrations publiques, des compagnies ou des particuliers de Paris de repavage, raccordement de chaussées et trottoirs, etc _____ 476 633,21 fr.
Produit de la taxe de balayage, contribution des détaillants dans les frais de balayage deshalles et marchés _____ 1 033 119,82 fr.
Part des bénéfices de la Compagnie Parisienne d'Éclairage et de chauf-fage par le gaz, remboursement par des tiers, notamment par les locataires des théâtres municipaux, des frais d'éclairage

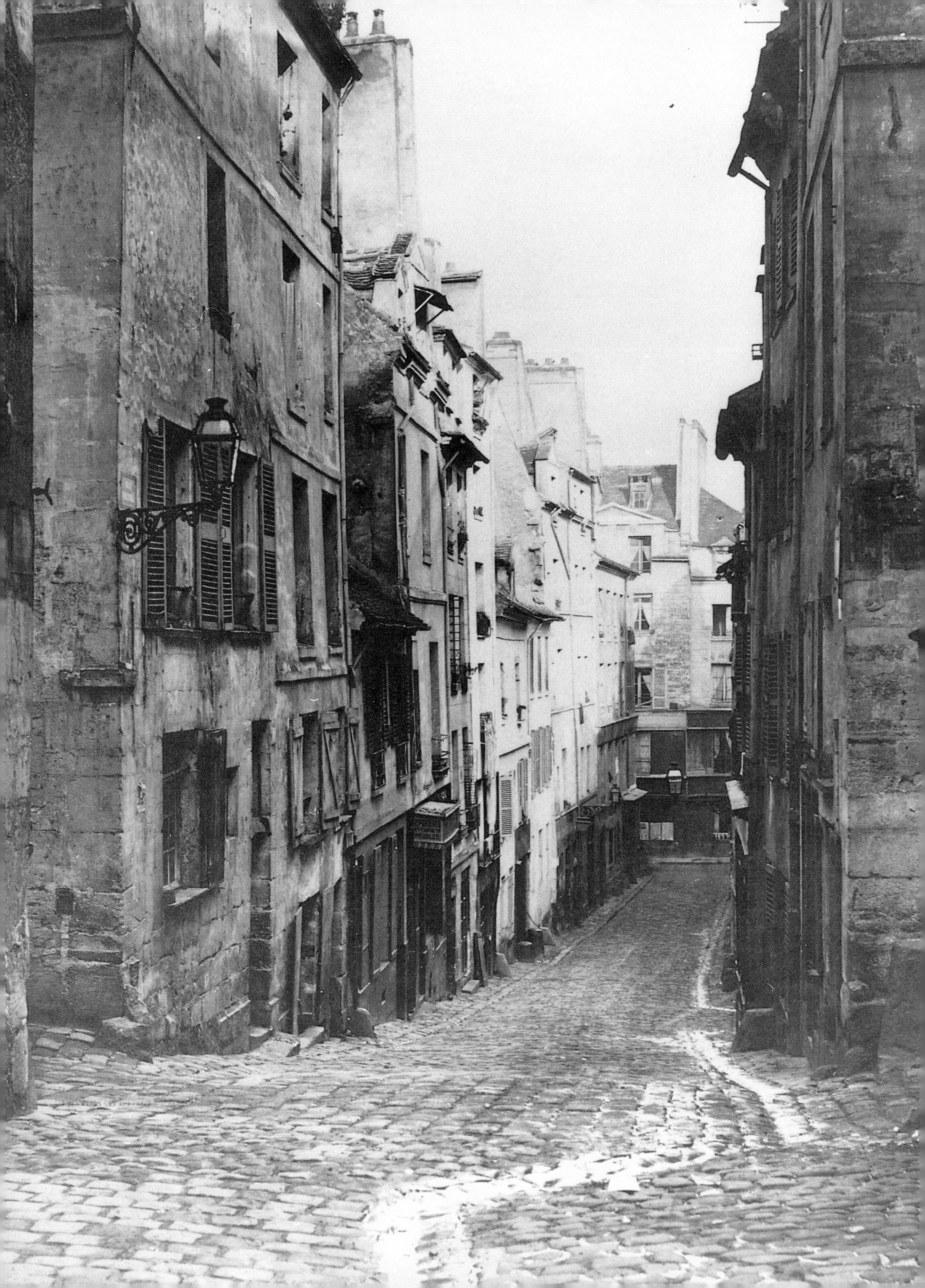

avancés pour eux, loyer du sous-sol de la Voie Publique pour conduites et tuyaux ⎯⎯⎯⎯
⎯⎯⎯⎯⎯⎯⎯⎯⎯⎯ 5 350 272,11 fr.
Produit des concessions et stationnements ⎯⎯
⎯⎯⎯⎯⎯⎯⎯⎯⎯⎯ 4 109 857,73 fr.
Total ⎯⎯⎯⎯⎯⎯⎯ 14 969 882,87 fr.

A deux millions près, les recettes balançaient déjà les dépenses. Il est douteux que depuis longtemps on ait réalisé tout au moins l'équilibre des unes et des autres.

Exonérer graduellement, par des compensations suffisantes, la ville de toutes les charges pesant sur son budget ordinaire du chef de la Voie Publique, afin de réserver les ressources annuelles q'elle y consacrait aux grands travaux réclamés par les besoins de la circulation ; comme on peut le constater par ce qui précède, voilà le but que s'est proposé dès le principe, le Préfet qu'on accusait de ruiner les finances municipales ; il l'a poursuivi sans relâche et en a finalement assuré le succès.

Page de gauche : la rue Fresnel vers 1868.

LE PUBLIC DU BOIS DE BOULOGNE.

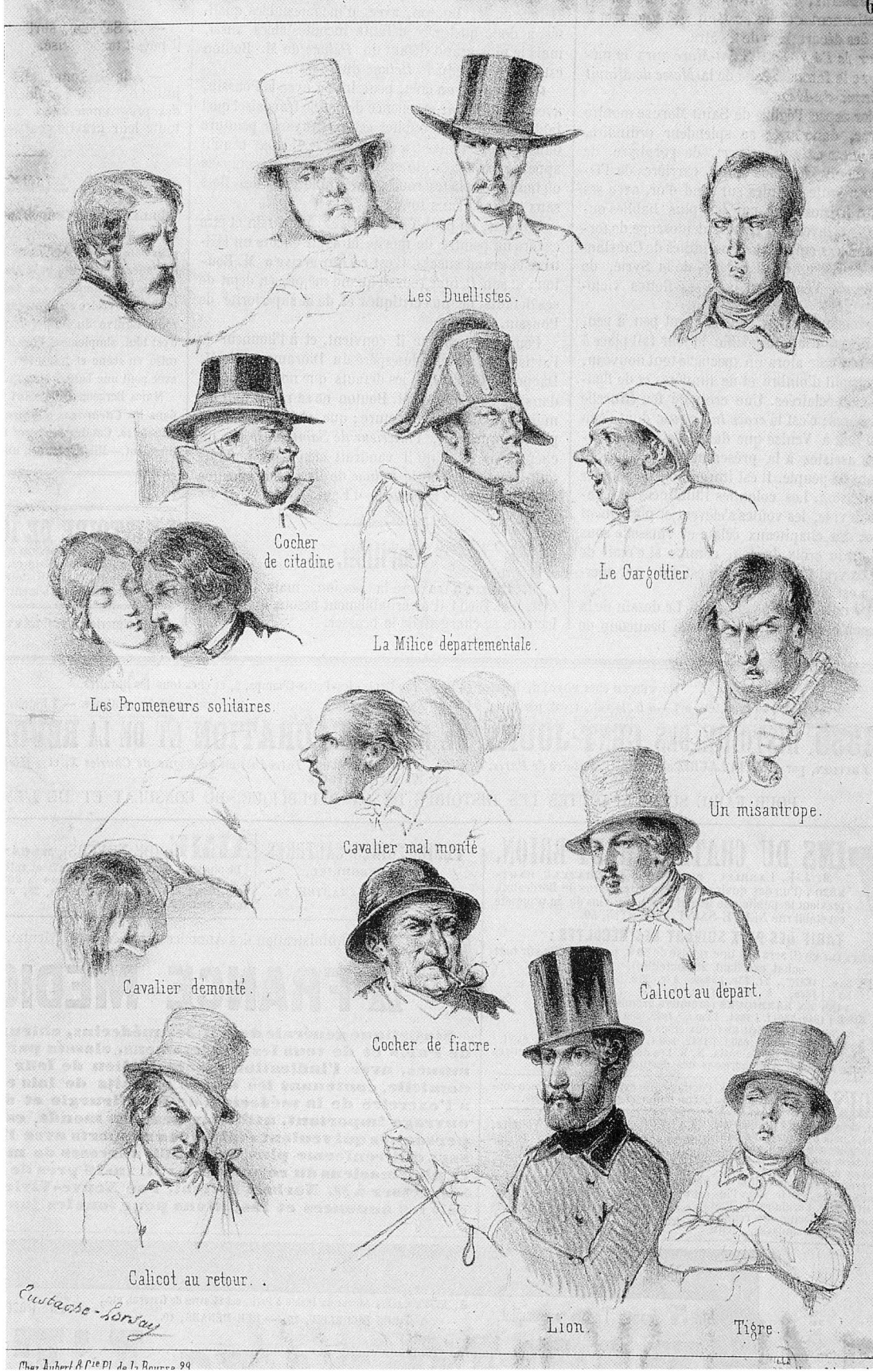

Les Duellistes.

Cocher de citadine.

La Milice départementale.

Le Gargottier.

Les Promeneurs solitaires.

Cavalier mal monté.

Un misantrope.

Cavalier démonté.

Cocher de fiacre.

Calicot au départ.

Calicot au retour.

Lion.   Tigre.

CHAPITRE V

PROMENADES ET PLANTATIONS

L'Art des Jardins.

Bois de Boulogne. Extension jusqu'à la Seine.

Villa de Longchamps et de Madrid.

Champ de courses et d'Entraînement.

Travaux de tout ordre. Concessions diverses.

Résumé.

La création de Promenades, parcs, jardins, squares, spécialement affectés à l'usage du Public, est à peu près sans exemple, avant la seconde moitié de ce siècle. Constamment préoccupé de ce qui pouvait contribuer à l'amélioration du sort des classes les moins favorisées de la fortune, particulièrement soucieux des conditions de santé, comme aussi, de bien-être, des populations urbaines, L'Empereur Napoléon III donna l'impulsion que tout le monde connaît, à cette entreprise utile, dont les résultats sont visibles et font l'admiration des étrangers.

Antérieurement à son règne, on signale quelques rares exceptions, telles que la plantation de quinconces d'ormes à droite et à gauche des larges contre-allées bordant l'Avenue des Champs-Elysées, par le duc d'Antin, Ministre de la Maison du Roi Louis XV ; ce Surintendant de la Généralité de Paris, livra ces massifs au libre usage de la Population Parisienne. Il n'y avait alors pour promenades que les jardins des Tuileries, du Palais-Royal et du Luxembourg, propriétés du Domaine de la Couronne ou faisant partie d'Apanages Princiers, et le Jardin des Plantes, affecté normalement aux collections de végétaux du Muséum d'Histoire Naturelle. On en jouissait en vertu de tolérances qu'il eût été difficile de faire cesser, j'en conviens, mais à titre essentiellement précaire.

Les contre-allées plantées de nos anciens Boulevards intérieurs et de quelques autres larges voies servaient surtout de moyens de circulation ou de flânerie devant les étalages des magasins et boutiques.

C'est à l'initiative de l'Empereur Napoléon III, que sont dues les magnifiques donations des Bois Domaniaux de Boulogne et de Vincennes faites à la Ville par l'État, qui n'en a pas moins profité qu'elle, en fin de compte ; c'est à ses inspirations qu'il faut attribuer la transformation en parcs, jardins et squares intérieurs, des terrains ménagés à cet effet par ses ordres, dans le lotissement de ceux que laissait disponibles le percement de nos voie nouvelles. C'est encore Lui qui décida la plantation d'arbres sur les trottoirs de celles des voies dont la largeur permettait cette emprise.

Sa mémoire, tant calomniée, mériterait d'être bénie par la Population entière de la ville qu'il a dotée de ces féconds embellissements, de tous ces espaces verdoyants, dispensateurs de salubrité, défenseurs de la vie humaine que leur influence bienfaisante prolonge, offrant par surcroît, des lieux de repos et de plaisance aux travailleurs et à leurs familles.

L'avenue de l'Impératrice.

Les polémistes de tout rang n'ont senti que l'impression d'actes que son devoir de maintenir l'ordre et la sécurité du Pays lui commandait ; ils méconnaissent l'esprit foncièrement libéral de son Gouvernement ; ceux qui déplorent, non sans raison, les entraînements subis à diverses époques par sa politique extérieure, et finalement en 1870 dans des circonstances encore mal éclaircies, s'ils l'avaient approché, n'auraient pu se défendre d'une profonde émotion devant son ingénieuse sollicitude, toujours en éveil, pour les petits, les humbles, les vaincus, les blessés de la lutte pour l'existence !

L'Art des Jardins

De tout temps, jadis, l'Art des Jardins fut considéré comme une sorte de corollaire de l'Art Architectural. Dans le même style que les Palais des Souverains, des Princes, des résidences seigneuriales et les monuments consacrés au Culte qu'ils édifiaient, les plus célèbres Architectes dessinaient et décoraient les jardins, les parcs, les avenues, les quinconces d'arbres de haute futaie annexés à ces constructions pour leur servir d'avenues ou pour les isoler.

De là vint le luxe de motifs d'architecture, de terrasses, de balustres, de perrons, de colonnades, de portiques, de fontaines décoratives et de statues ; nous le voyons déployé dans la plupart de ces œuvres complémentaires respectées jusqu'à présent ; de là aussi la symétrie, un peu trop compassée, à notre avis, de leurs dispositions rustiques et curvilignes, en harmonie avec celles des constructions principales.

Le Nôtre, — un grand artiste assurément, — se fit chez nous, durant le règne de Louis XIV, un nom impérissable, comme dessinateur et décorateur de jardins bien plus que par son talent incontestable d'Architecte.

Mais, en général, le Public, visiteur ou promeneur, n'avait qu'à titre gracieux l'entrée des parcs ou jardins royaux et princiers, par suite de tolérances plus ou moins restreintes, dont aucun acte de concession ne lui garantissait la durée. Nulle part, que je sache, une de ces créations, si nécessaires aux habitants sédentaires des villes populeuses, ne fut faite primordialement à leur intention.

De savants écrivains se sont livrés à l'étude patiente des rares documents historiques et des œuvres artistiques, que nous a laissés l'antiquité, comme aussi, des traditions recueillies par eux de toutes parts ; cette étude leur a révélé suffisamment pour qu'ils nous les enseignent, les conditions d'existence de puissants peuples disparus avant le développement de la civilisation des Grecs et la conquête du Monde par les Romains. Ils nous racontent que, chez ces peuples, les jardins décoratifs étaient déjà de luxueuses dépendances des Palais et des Résidences favorites des privilégiés de la Puissance et de la Richesse. Ils ne nous parlent d'autres plantations régulières ayant le caractère d'avenues publiques, accessibles à tous, qu'à l'approche des Temples des Dieux.

Au temps de Sémiramis (1 200 ans, croit-on, avant l'ère chrétienne), les fameux jardins de Babylone, « jardins suspendus », ainsi qu'on les désigne, consistaient, paraît-il, en plantations d'arbres, d'arbustes et de fleurs, sur des murs épais remplis de terre, sur des « terrasses » entourant et décorant les Palais des Souverains et des Grands, bâtis sur des points élevés. Aucune tradition n'a trait au moindre souvenir de Jardins Publics. Et cependant, où pouvait-il être plus nécessaire de créer des ombrages offrant aux populations des abris contre les ardeurs torrides, accablantes, d'un soleil tropical ?

Dans l'Egypte de Sésostris (dont le règne est antérieur de plusieurs siècles à celui de la reine de Babylone), on ne saurait s'étonner de semblable incurie des besoins de la multitude. Les castes supérieures n'avaient d'autre souci que d'encadrer leurs habitations de ville et leurs résidences des champs, de jardins soigneusement clos de massives murailles percées de portes monumentales, flanquées de pylônes, avec des sphinx et des images d'animaux, encore plus que de statues.

D'après des bas-reliefs qui représenteraient les plans de quelques-uns de ces jardins, la forme habituelle en était rectangulaire. Au centre de chacun d'eux, une pièce d'eau : nymphée ou naumachie, selon son étendue ; mais, dans tous les cas, réservoir où le propriétaire se livrait aux plaisirs d'une pêche fructueuse, en compagnie des ibis, des cigognes, hôtes de ces enceintes réservées. A l'entour du lac, abondamment alimenté d'eau courante par une dérivation du Nil, des allées droites, ombragées de sycomores. D'autres allées de grands arbres bordaient intérieurement les murs. Entre elles, et coupés en compartiments réguliers par des avenues de palmiers, d'orangers, de citronniers, etc., ou par des berceaux de vigne, de clématite et d'autres plantes grimpantes, s'étendaient de grands parterres garnis d'arbres fruitiers ou couverts de pelouses brodées de fleurs.

J'avoue que je ne suis pas émerveillé par la description de ces jardins tracés à l'équerre, clos de murs de toutes parts, ombreux sans doute, mais privés de toute vue ; ni des terrasses plantées de l'Assyrie, moins rudimentaires, semble-t-il, mais trop exclusivement architecturales. De part et d'autre, on en doit convenir, rien ne rappelle aux yeux la nature. Tout procède, en somme, d'un art médiocre. J'aime beaucoup mieux ce qu'on rapporte des jardins de la Grèce, où l'Architecture et ses dispositions symétriques jouaient encore un rôle trop important, à mon gré ; mais on y retrouvait le sentiment des beautés naturelles, dans le soin que paraissent avoir eu les Architectes qui les dessinaient de tirer parti des mouvements du sol, du relief et des anfractuosités de la moindre roche, et des perspectives offertes par les paysages lumineux d'une contrée au ciel d'azur, au soleil étincelant.

Il est juste de dire que la Grèce n'avait pas la monotonie d'aspect des plaines de la vallée du Nil.

Pages suivantes : traîneaux sur les Champs-Elysées.

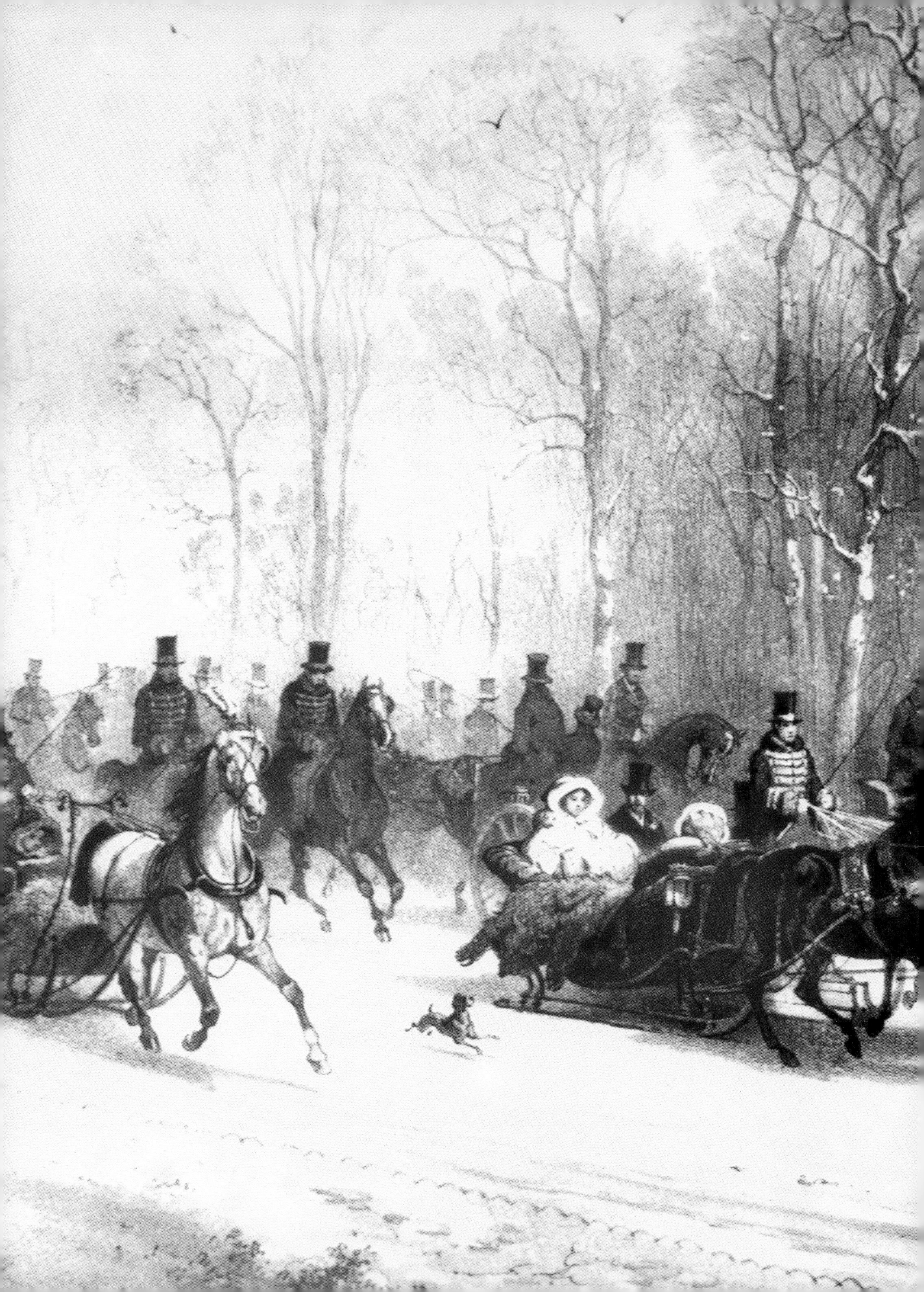

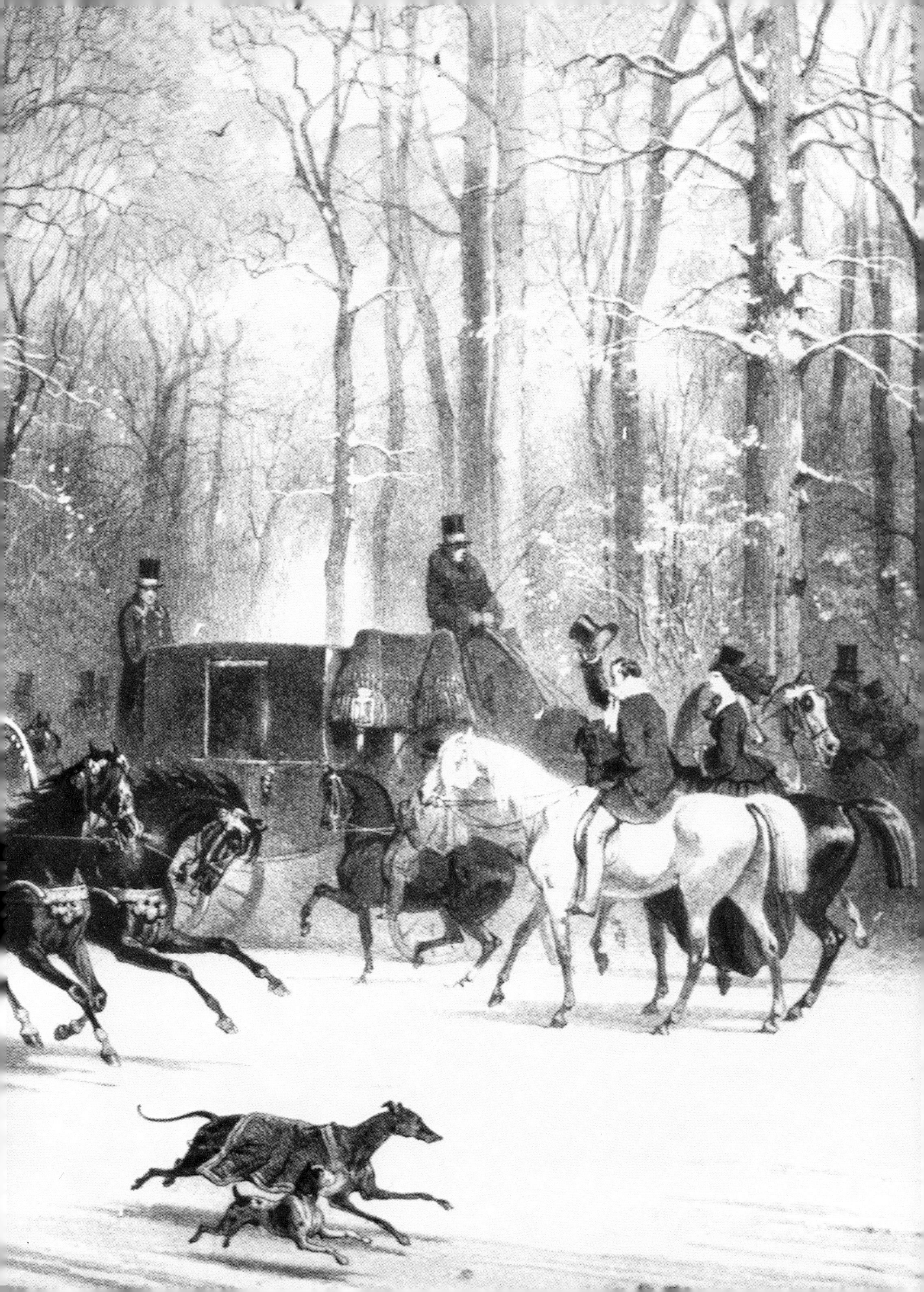

On ne peut que faire des suppositions au sujet de l'Ordonnance la plus générale de ses jardins aux temps antiques. Mais, dans ce berceau de l'Art et de la Poésie, si l'un devait concourir à les orner de portiques, de colonnades, de vases et de statues ; l'autre devait inspirer à leur création la mise en pleine valeur des sites heureux, habilement choisis.

Ce que le « divin » Homère décrit des jardins d'Alcinoüs dans l'*Odyssée*, n'a rien d'architectural. Le Poète, que le spectacle de la Nature inspire plus volontiers, y chante surtout la Grotte de Calypso ; les massifs d'arbres variés qui l'avoisinent ; les sources dont l'eau limpide rafraîchit, et les fleurs dont le parfum embaume les alentours.

Qu'étaient les célèbres jardins d'Académus ? On ne saurait le dire sûrement. Toutefois, il ne semble pas qu'ils puissent être assimilés à nos jardins publics, pas plus que ceux des gymnases, et, s'il est de tradition que Cimon et Pisistrate permettaient la visite des leurs, on ne peut voir, dans la citation de ce fait, autre chose que la confirmation de la règle par les exceptions qu'elle relate.

A Rome, l'Art des Jardins ne paraît pas avoir été grandement développé jusqu'aux derniers temps de la République. Les Jardins de Salluste, de Pompée, de César, de Tibère, imitations de ceux de la Grèce, sont les premiers dont les historiens fassent mention. L'enclos planté, cultivé, dont l'odieux Néron fit entourer son « Palais d'Or », devant lequel se dressait audacieusement sa statue de bronze, haute de cent coudées, nous est signalé par Tacite, principalement à cause de sa très vaste étendue, et non pour sa valeur au point de vue de l'Art.

Je passe, afin d'abréger ce résumé, sur tout ce qui se fit durant les règnes des successeurs de ce monstre, antérieurs à l'Empereur Adrien. J'ai hâte d'arriver à la Villa de Tibur, due à ce Prince, qui s'efforça d'y réunir tout ce qu'il avait trouvé de plus remarquable, en visitant les créations similaires de la Grèce et des autres nations.

Ce que je tiens à constater surtout, c'est que les Césars, pas plus que la République de Rome, ou les ambitieux qui se disputaient le Pouvoir Suprême en Grèce, ou les Souverains d'Assyrie et d'Egypte, ne songèrent nullement à doter l'ensemble de la Population de Promenades établies pour elle.

L'architecture et la Statuaire obtinrent la plus grande part dans la décoration des Jardins romains. On y vit même appliquer aux arbres bordant leurs avenues tirées au cordeau, qui facilitaient, je le concède, le passage des chars, une taille qui soumettait leurs branches, leur feuillage, aux lignes correctes, inflexibles, de l'Architecture ; qui faisait régner, dans tout le parcours de ces voies, des suites d'arcades, de voûtes, dont les troncs de ces malheureux arbres devenaient les piliers. Ailleurs, les charmilles, les tonnelles et cabinets de verdure, les labyrinthes trahissaient le goût méridional conservé jusqu'à nos jours dans la plupart de nos provinces du Sud, où cette architecture spéciale, trop souvent grotesque, s'explique, il est vrai, par l'ardeur des rayons du soleil.

La Villa de Tibus reproduisait, de préférence à ces décorations imitées de certains jardins grecs, les dispositions de ceux qui mettaient à profit les beautés naturelles et les perspectives du paysage.

L'Art des Jardins subit une éclipse profonde, pendant toute la durée des ténèbres du Moyen Age. L'Architecture et la Sculpture, s'inspirant alors du style gothique, difficilement applicable à la décoration des jardins et des parcs, dédaignaient les enseignements de l'Art Grec. Les arbres étaient d'impuissants auxiliaires des flèches et des autres ornements similaires des constructions de cette époque. Les parterres d'arbustes et de fleurs s'accordaient mal avec leurs silhouettes tourmentées, élancées, se découpant sur l'azur du Ciel.

Je ne sache pas qu'on trouve dans les chroniques de la très longue période de transition des temps antiques aux temps modernes, aucune indication intéressante au sujet de la question spéciale dont je m'occupe.

Les écrivains qui nous apprennent que Childebert avait dans Paris un très beau Jardin, planté surtout d'arbres fruitiers, de tonnelles ombragées de vigne, de rosiers dont les fleurs embaumaient l'air, ne sont pas même d'accord sur la portion de la Ville où se rencontrait cette création exceptionnelle.

Charles V garnit aussi d'arbres fruitiers et de vignes ses jardins royaux. Celui de l'Hôtel Saint-Paul était peuplé principalement de cerisiers ; d'où le nom de « la Cerisaie » que porte encore une des rues du quartier. La taille des haies et des charmilles de ces jardins amenait leurs brindilles feuillues à représenter extérieurement des motifs d'architecture, des emblèmes, des symboles quelconques. On y voyait, bien entendu, l'inévitable labyrinthe, et aussi, des fontaines dont l'eau jaillissait de la gueule d'animaux de bronze.

La Renaissance ne modifia pas beaucoup, en France, les faveurs dont ces dispositions y jouissaient.

Le plan du premier Jardin des Tuileries le montre divisé tout entier en carrés égaux, par des allées se coupant d'équerre, comme nos potagers et nos vergers. Les carrés plus éloignés du Château étaient couverts par des massifs de grands arbres ; les autres, par des charmilles compassées, par des parterres symétriques, par des tapis de verdure brodés de fleurs, dont la plantation figurait des arabesques, des dessins, que l'opposition de leurs couleurs faisait vivement ressortir. On n'avait pas oublié de consacrer un de ces parterres, et des mieux placés, au labyrinthe traditionnel.

Ces arrangements, fort peu changés, se retrouvent dans un autre plan qui date du règne de Henri IV. Il semble même qu'on exagéra encore, à cette époque, les détails, minutieusement compliqués, des broderies de plantes à feuilles et fleurs diversement colorées, par lesquelles on s'ingéniait à bariolẹr tous les tapis de gazon. Quelques-uns, en effet, rappellent le fond des cachemires de l'Inde.

De telles mièvreries ne méritent pas de servir de modèle. Cependant, elles menacent d'envahir peu à peu les jardins de nos jours. Sans doute, les corbeilles garnies de plantes à feuilles et fleurs de nuances variées, combinées dans leur assemblage, de manière à produire des oppositions d'effet, comme dans les parterres d'autrefois, sont réparties dans nos jardins publics avec une discrétion rassurante, et composées avec un goût parfait. Ce n'est pas là qu'on peut craindre l'abus de ces ornements ; nos pelouses sont vallonnées avec un art si merveilleux, à l'imitation de ce que la Nature nous offre de plus charmant, qu'il serait peu nécessaire, à mon avis, de les en décorer. Mais les admirateurs des nouveautés bien anciennes que je signale, dépassent de plus en plus la mesure dans laquelle on peut les admettre, à force de chercher à les rendre de plus en plus curieuses ; nos jardiniers s'efforcent d'enchérir les uns sur les autres, par l'habileté qu'ils apportent à la réalisation des œuvres de leur imagination décorative en travail.

Chaque année, à Cestas, je trouve, sur les gazons avoisinant le château, des arrangements de plus en plus compliqués.

Tantôt, c'est mon chiffre, ce sont mes armes, que des lignes obéissantes de *pyrèthres dorées* mettent en relief sur un fond brun rouge de feuilles de *coleus*, encadré d'une bordure d'*Alternanthea* aux petites fleurs de corail, perlée elle-même d'un rang de cette espèce de petits artichauts gris pâle qu'on nomme *Echeverria glauca*. Tantôt, c'est une Décoration de la Légion d'Honneur, avec tous ses détails, ressortant sur un fond de petites *sauges sanguines* en fleur.

Cette année, je remarque l'effet plus simple et, partant, plus tolérable, de corbeilles de *Caladium esculentum* et de *Canna*, qui surgissent de paniers immenses, dont les bords consistent en petits treillages, et les anses, en grands cerceaux garnis de *Gnaphalium eximium*. Des fleurs variées y seraient mieux placées que des plantes vertes.

Ces petits chefs-d'œuvre du Jardinier principal ne sauraient manquer d'être imités, aggravés, dirai-je, dans un pays où sont encore en honneur les charmilles, les cabinets de verdure, les haies taillées en murailles, ou en soubassements de colonnades, portant des fûts de verdure à chapiteaux surmontés d'arcades. A Cestas, ils excitent le sourire complaisant du Maître, et valent une poignée de main au Serviteur dont ils attestent le zéle. S'ils prenaient trop de développement, l'abus en serait vite réprimé : cela se devine. Mais, ailleurs ?

Quoi qu'il en soit, l'Art des Jardins, chez nous, n'a conquis le droit de porter ce titre qu'à partir des œuvres de Le Nôtre et de ses disciples et continuateurs, dont le Parc de Versailles, complété par le Grand et le Petit Trianon, est, je crois, la plus splendide.

Cet art me paraît avoir atteint son apogée, quand il a su très heureusement associer les combinaisons symétriques, monumentales et sculpturales, d'un caractère de grandeur incontestable, en rapport avec celui des Palais qu'elles semblent prolonger, tant leur union est intime, et leurs dispositions irrégulières, perspectives : massifs d'arbres et d'arbustes, de grottes, de cascades, de lacs, de rivières et d'autres imitations de la Nature, succédant, par gradations bien ménagées, afin de reposer, de rafraîchir la vue, comme dans les célèbres villas italiennes (Albani, Aldobrandini, Borghèse, d'Este, Panfili, etc.) ; comme dans ces jardins anglais dont il serait trop long d'énumérer tous les beaux types, et dont le nom a servi si longtemps, en France, à distinguer les œuvres des dessinateurs de jardins paysagers.

Toutefois, je le répète, jusqu'au règne de l'Empereur Napoléon III, jusqu'au rétablissement du régime autoritaire, mais démocratique avant tout, dont l'Empire est la suprême expression, jamais, la création d'aucune Promenade Publique proprement dite, telle qu'on en voit aujourd'hui dans notre Paris, transformé par sa persévérante et féconde initiative, ne fut, je ne dis pas réalisée, mais seulement projetée.

Bois de Boulogne

Je n'ai pas à décrire cette promenade connue du monde entier comme le type le mieux réussi du Paris moderne.

On trouve, longuement exposé dans le chapitre relatif à l'organisation des Services d'Ingénieurs, les embarras que, faute d'un nivellement préalable, rencontrait l'établissement de la rivière qui formait le point capital de la Transformation du Bois commencée par l'Empereur. Je ne pouvais modifier la direction de cette rivière parce qu'elle était déjà creusée, en majeure partie, quand je pris possession de la Préfecture de la Seine ; j'ai raconté comment je me tirai d'embarras en remplaçant la rivière impossible par deux lacs à des niveaux différant de 6 mètres, très encaissés à leurs points de départ, soutenus par des levées en pentes douces à leurs points d'arrivée respectifs ; comment, après avoir chargé provisoirement des travaux du Bois un habile Ingénieur du Service Municipal, M. Baudard, au lieu du jardinier paysagiste Varé, j'eus la bonne inspiration d'appeler M. Alphand, encore simple Ingénieur Ordinaire à Bordeaux, afin de le placer en dehors de la hiérarchie de ce service important, sous mes ordres immédiats ; comment enfin j'en fis mon bras droit pour l'accomplissement de l'entreprise imposée par l'Empereur à la Ville de Paris, et de toutes les œuvres sans précédents que j'entrevoyais dans la pensée du Souverain.

D'ailleurs, comme on va le voir, le programme de la Transformation du Bois de Boulogne n'avait pas dit son dernier mot, quand Sa Majesté me le fit connaître.

Extension jusqu'à la Seine

Ce Bois, quelle que fût son étendue (767 hectares environ avec toutes ses dépendances), étouffait dans les murs dont il était enceint de tous côtés. De longues avenues droites s'entre-croisaient ainsi que celles de tous les bois de la Couronne, de toutes les forêts de l'État, avec une raideur géométrale favorisant, à la fois, la surveillance et les grandes chasses ; elles le traversaient de part en part, entre des portes extrêmes dont la vue, plus ou moins rapprochée, ne permettait au visiteur aucune illusion sur les limites de la promenade qu'il y faisait.

Les seules de ces avenues que nous ayons conservées, celles des Acacias et de la Reine-Marguerite, peuvent en donner une idée ; mais, si toutes deux partent encore d'entrées du Bois transformé, l'une débouche aujourd'hui dans la Plaine de Longchamps par le Carrefour de la Grande-Cascade, l'autre se bifurque en deux voies qui se rattachent à l'ensemble du nouveau parc.

Le mur qui bordait l'ancien Bois dans le sens de la longueur, du côté de la Plaine de Longchamps, était odieux. Il me suffoquait ! Peu de personnes savent aujourd'hui que cette Plaine n'a pas toujours fait partie intégrante du Parc, tant elle y fut habilement reliée par mes collaborateurs ; et d'ailleurs, les promeneurs pouvant retrouver dans leurs souvenirs, à trente-cinq ans en arrière, l'aspect de l'ancien état de choses, deviennent de plus en plus rares.

M. Ernest Picard, le loustic du Corps Législatif, qui faisait rire ses collègues en me reprochant à la Tribune d'avoir cru nécessaire d'aérer le Bois de Boulogne, ne croyait pas si bien dire. Oui, l'on y manquait d'air et de vue ; ce fut ma première impression, lorsque je le parcourus, le plan de l'Empereur à la main, pour me rendre compte sur place de la Transformation qu'Il avait en vue, et qui, déjà, demandait un crédit bien supérieur aux 2 millions que la Loi de Concession du 13 Juillet 1852 obligeait la Ville à y consacrer en quatre années. Il fallait, de toute évidence, abattre le mur et s'étendre jusqu'à la Seine.

Quand je le lui dis, l'Empereur fut étonné de l'audace de cette conception et me demanda comment je pourvoirais aux moyens de la réaliser. — « Je n'en sais rien, lui répondis-je, en ce moment, je constate seulement que, pour atteindre le but que Votre Majesté se propose, il me faut la Seine comme clôture et non pas une affreuse muraille arrêtant la vue en même temps que la circulation. Si l'Empereur accepte ce développement de son programme, je chercherai le moyen d'en venir à bout. »

Le bois de Boulogne sous le Second Empire.

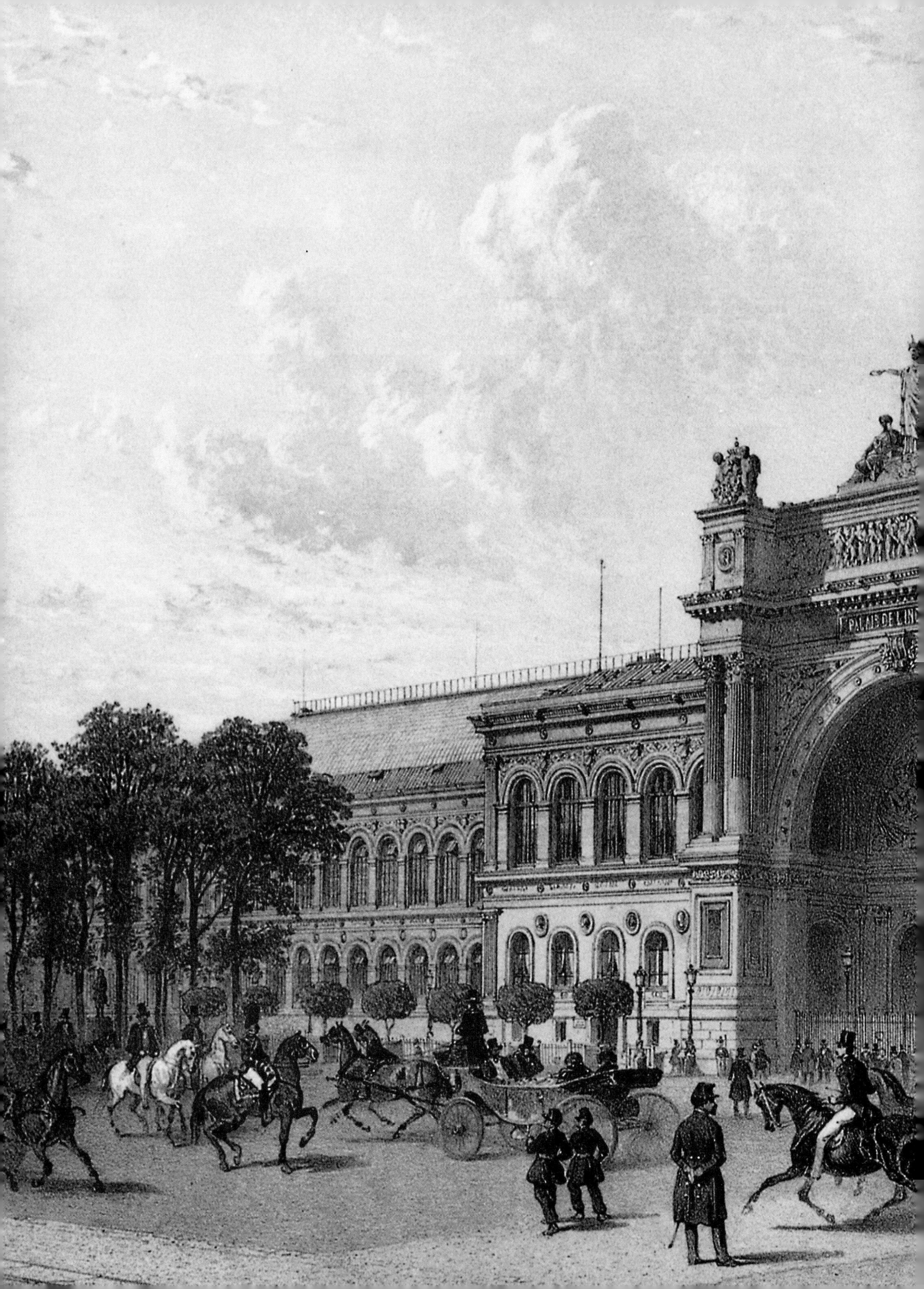

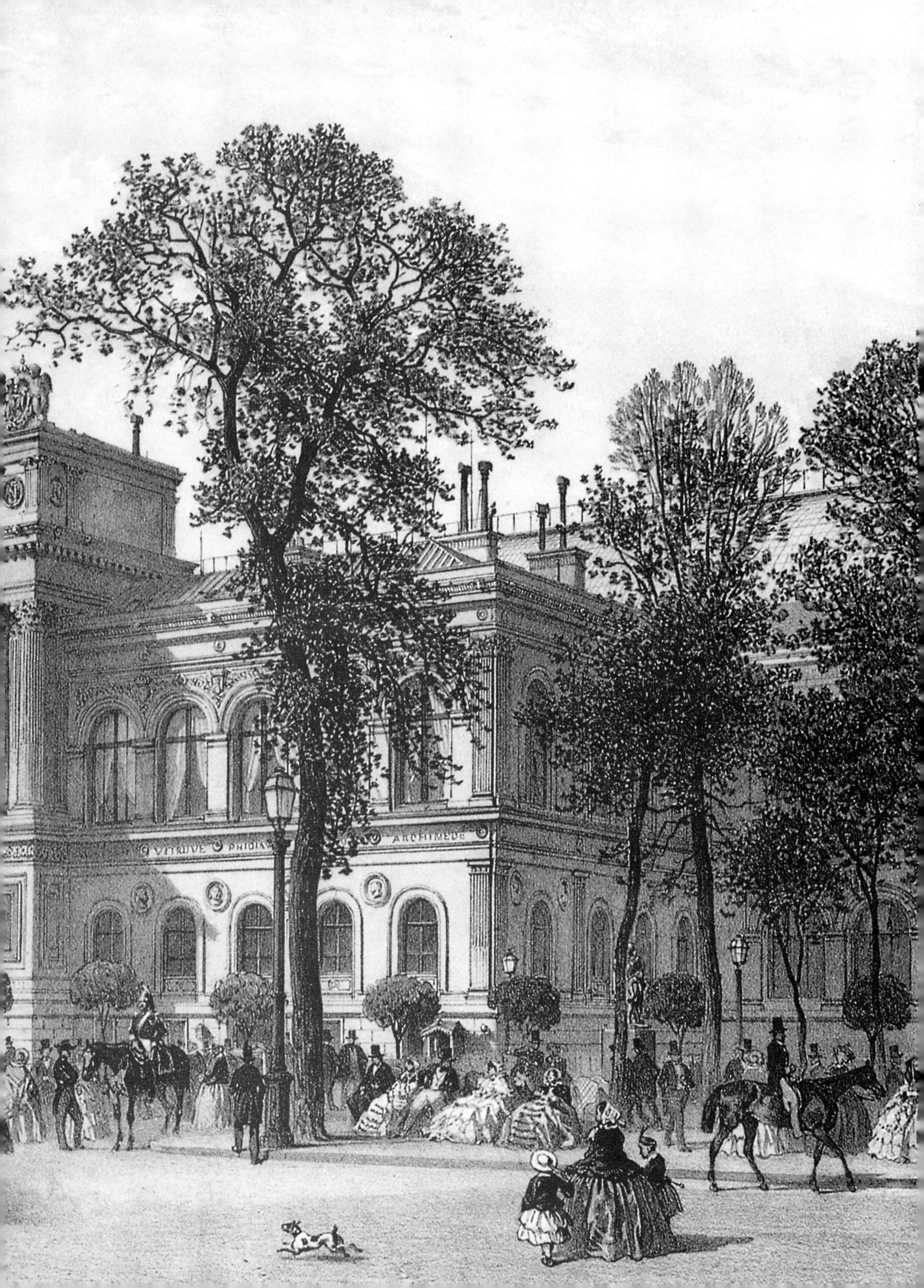
VITRUVE
ARCHIMEDE

Ce n'était pas une petite affaire que d'exproprier la Plaine de Longchamps, et, par conséquent, celle de Bagatelle, ayant ensemble une longueur de 5 kilomètres et une largeur de 800, soit 400 hectares divisés en parcelles multiples livrées à la culture maraîchère, comme tous les environs de Paris généralement ; plus le Parc de Madrid indispensable pour rattacher cette dernière plaine au Bois même. Mais je reçus carte blanche.

Peu de temps après, je vins exposer à l'Empereur une combinaison impliquant la vente par lots, d'abord de terrains que la ligne des fortifications avait depuis longtemps détachés du Bois ; puis, de parties extrêmes, peu regrettables et peu considérables d'ailleurs. Le prix serait appliqué à l'agrandissement jusqu'aux rives du fleuve. Je proposais, de plus, l'affectation de la Plaine de Longchamps à l'établissement d'un hippodrome, afin d'affranchir le Champ-de-Mars des courses de chevaux, qui n'y laissaient pas à l'autorité militaire sa complète liberté d'action et d'intéresser ainsi l'État, concurremment avec la Ville, à l'acquisition de cette plaine.

Sa Majesté n'hésita pas à me promettre une subvention du Trésor égale à la moitié de la dépense évaluée à 4 millions ; les aliénations que je projetais devaient me fournir largement les ressources nécessaires au paiement de l'autre moitié et des autres acquisitions à faire ; je lui déclarai que, grâce à cette promesse, je considérais que le problème était résolu.

Je me doutais bien alors que le produit des lots à vendre dépasserait notablement le montant du contingent de la Ville, mais je ne pouvais pas supposer qu'il atteindrait et dépasserait 8 millions.

L'idée de l'hippodrome de Longchamps, dont je tirai cet utile parti, m'avait été suggérée par le comte de Morny, Président du Corps Législatif. J'avais conquis sa sympathie le Deux Décembre, et il me voyait avec plaisir à l'Hôtel de Ville. Je sus m'y concilier son amitié dont il me donna des preuves en bien des circonstances.

Membre, sinon même Président du Jockey-Club dont le nom officiel un peu long est : *Société d'Encouragement pour l'amélioration des races de chevaux en France*, il désirait donner aux courses classiques du Champ-de-Mars, en les installant désormais à la portée de la promenade élégante qui devait être le Bois de Boulogne, la vogue inouïe qu'ont les Derbys et Rowings d'Angleterre. On peut voir, d'après ce qui se passe aujourd'hui, qu'il ne s'abusait pas sur les résultats de la translation proposée par le Jockey-Club, sous son patronage toujours puissant aux Tuileries, mais jugé décisif, sans doute, auprès de moi.

L'influence de M. de Morny sur l'Empereur était secondée au surplus par celle d'un autre clubman, le Colonel Fleury, Aide-de-Camp, Premier Ecuyer de Sa Majesté, commandant le Régiment des Guides.

Le Jockey-Club s'engageait à construire et entretenir les tribunes, à faire et entretenir en bon état l'installation du nouveau Champ de courses pendant la durée de la concession de 50 ans qu'il demandait ; il devait, après amortissement du Capital exposé par lui, sur l'excédent du produit annuel des entrées, payer 12 000 francs de redevance à la Ville.

Dès que j'eus fait agréer ma combinaison par l'Empereur, j'en saisis le Conseil Municipal. Cette Assemblée, malgré la surprise qu'elle en ressentit, s'empressa de l'adopter ; car elle était composée d'hommes pratiques, en état de prévoir les conséquences, d'après l'évaluation des terrains. Le Conseil s'affranchirait de l'interdiction d'aliéner, contenue dans la Loi de 1852 ; la Ville se tirerait plus qu'indemne de l'opération et se trouverait, en fin de compte, propriétaire d'une promenade très considérablement et très avantageusement agrandie. Je fis remplir les formalités d'enquête voulues par la Loi d'expropriation et provoquer :

1° Un Décret Impérial du 29 Août 1854, qui prescrivit l'établissement d'un Hippodrome pour les courses de chevaux dans la portion méridionale de la Plaine de Longchamps (celle à qui l'usage a

Pages précédentes : l'entrée principale du Palais de l'Industrie.

particulièrement attribué cette dénomination) et mit à la charge de l'État la moitié de la dépense ;

2° La Loi, promulguée seulement le 13 Avril 1855, qui déclara d'utilité publique l'acquisition, par la Ville, non seulement de la portion de la Plaine affectée au nouvel Hippodrome projeté, mais encore de la portion septentrionale et du Parc de Madrid, pour les réunir au Bois. Par dérogation à l'une des clauses essentielles à la loi de concession, elle autorisa la Ville à vendre les terrains restés hors du Bois, notamment les parties extrêmes sises au Nord et au Sud du massif du Parc, fréquentés de préférence par les promeneurs, et sur le territoire de Neuilly, Auteuil et Boulogne. Toutes les expropriations furent consommées.

Je fis délimiter visiblement ces parties sans retard, afin de les mettre en toute valeur, par l'ouverture de Boulevards extérieurs. Ceux-ci étaient séparés du Bois par de simples sauts-de-loup ne faisant pas obstacle à la vue ; ils étaient dirigés, savoir :

Celui de l'Est, formant trois parties, depuis la Porte-Maillot, dont il prend d'abord le nom, jusqu'à la nouvelle Porte de Madrid ; puis en retour d'équerre par la section de l'ancienne Avenue de la Reine-Marguerite, restée hors de la nouvelle enceinte du Bois et baptisée : Boulevard de Madrid, par la Porte de Bagatelle, et de ce point, sous cette dernière désignation, à la Seine ;

Celui de l'Ouest, formait quatre parties ; les deux premières portant le nom de Boulevard d'Auteuil et les deux autres celui du Boulevard de Boulogne. Il s'étend de la Porte Nouvelle, dite des Fortifications, à la nouvelle Porte des Princes ; puis, de cette Porte qui maintenait en communication le Bois et le Parc des Princes que la Ville était autorisée à vendre, sur le carrefour de la Porte de Boulogne, où vient aboutir la Route Départementale de Paris à Saint-Cloud dont le Bois transformé devait, comme l'ancien, supporter la servitude, de là sur la nouvelle Porte de Saint-Cloud où se détache l'allée intérieure du Bord de l'Eau. C'est là que commence la nouvelle route de Saint-Cloud, appelée à l'origine « Route de l'Empereur ».

Par suite de ces dispositions, le Bois transformé, dont la contenance avait été portée à 846 hectares, n'eut plus de clôtures gênant la vue que du côté de l'Est. J'y fis masquer les massifs des Fortifications par des plantations épaisses séparant l'avenue de Ceinture, empruntant sa désignation du pied du glacis de la Contrescarpe.

Villas de Longchamps et de Madrid

Parmi les propriétés expropriées se trouvait, entre les deux portions de la Plaine, l'enclos de l'ancienne Abbaye de Longchamps devenue propriété privée ; puis le moulin de ce nom, séparé de l'enclos par le chemin de Paris à Suresnes, qui devint route départementale par les raisons que j'ai données ailleurs.

Il était facile de faire du moulin, posé sur un terre-plein élevé, le sujet décoratif que tout le monde connaît.

Quand à l'ancienne Abbaye, fondée par Isabelle de France, sœur de Saint Louis, elle devint Résidence Royale sous Philippe le Long, et resta jusqu'à nos jours, durant la Semaine Sainte, un but de promenade dont le caractère primitif de pèlerinage religieux était bien oublié ; il n'en existait plus rien que la tour massive (ancien colombier) non restaurée par mon administration, telle qu'on la voit, et comprise dans le nouvel enclos.

Lorsque le moment vint de m'occuper du surplus, je pris les ordres de l'Empereur sur ce que je devais faire de l'habitation toute moderne et très bourgeoise qui remplaçait la demeure de tant d'augustes personnages. Sa Majesté m'ordonna de la transformer en élégante villa, dégagée de tous côtés ; de reporter les communs à quelque distance, derrière un rideau de plantations ; de clore le vaste jardin anglais, pour ne pas dire le parc, largement coupé de pelouses, dont il voulait voir entourer cette villa, par des cours d'eau ne permettant pas plus d'en discerner les limites du dedans que du

Le préfet de la Seine reçoit le vice-roi d'Egypte dans sa villa du bois de Boulogne.

dehors ; et de tenir le tout à sa disposition le plus tôt possible.

Je supposai que l'Empereur entendait avoir là, pour le Petit Prince Impérial, à qui l'on faisait faire des promenades quotidiennes au Bois, un lieu de repos qui ne fût pas le Château de Bagatelle qui avait été mis à la disposition de l'Impératrice par son propriétaire, le marquis d'Hertford, Pair d'Angleterre, l'ancien Lord Seymour, très connu dans le monde des viveurs parisiens. Cette hospitalité donnée quotidiennement, par un Grand Seigneur Anglais, au jeune rejeton de la race de Napoléon Ier, n'était pas vue favorablement du public.

Quand tout fut prêt et que j'en informai le Souverain, Il dit, à ma grande surprise : « Eh bien, disposez tout maintenant pour vous installer, avec votre famille, dans cette résidence d'été que je vous destinais. — Sire, » m'écriai-je, dès que je fus remis d'un premier instant d'émotion bien explicable, « Votre Majesté trouve donc que je n'ai pas assez d'ennemis, de jaloux, d'envieux !... — Il est bien juste, reprit l'Empereur, que vous, à qui nous devons l'idée première et les moyens de réaliser l'annexion, au Bois de Boulogne, de toute cette Plaine de Longchamps, vous puissiez vous y reposer de la fatigue de vos travaux. »

Pour atténuer le plus possible ce que je craignais, — l'impression de jalousie du monde officiel, au sujet de cette nouvelle marque de bienveillance de l'Empereur, — je priai mon Auguste Maître, que je commençai par remercier de tout cœur, on le pense bien, de faire venir le Président du Conseil Municipal et de le charger de prendre l'initiative de la délibération qui me paraissait indispensable pour régulariser l'affectation dont il s'agissait.

Quand l'affaire vint au Conseil, le projet de délibération proposé par le Président ne se bornait pas à me concéder le droit d'habiter Longchamps ; il mettait encore à la charge exclusive de la Ville toutes les dépenses d'entretien de la Villa, garnie d'un mobilier complet, et de toutes ses dépendances, notamment du Parc, dans le même état qu'au jour de mon entrée en jouissance. La proposition fut votée à l'unanimité, comme témoignage de reconnaissance pour les féconds résultats de mon intervention personnelle dans l'agrandissement du Bois. Je tins, on le comprend, à ce qu'un acte de cette nature, fût consacré par un Décret Impérial, en la forme la plus irrécusable.

Si généreux que se fût montré vis-à-vis de moi le Conseil Municipal, on se tromperait beaucoup si l'on croyait que le séjour de ma famille à Longchamps, durant la belle saison, n'était pas une lourde charge ajoutée à celles de mon état de maison à l'Hôtel de Ville. Nous devions tout faire venir de Paris, où nos gens allaient sans cesse en commissions, au moyen d'un omnibus toujours en service. Il fallait, d'ailleurs, un accroissement de mon écurie, à cause du mouvement de va-et-vient constant que la force des choses nous imposait, — à moi surtout, — et de la nécessité de faire conduire, le soir, à la gare de Suresnes ou à celle de l'Avenue de l'Impératrice, sinon même à domicile, les parents et amis dépourvus de voitures que nous invitions, ou qui venaient spontanément nous demander à dîner.

Malgré tout, je ne méconnais pas le charme de cette résidence et le bien-être que j'y trouvais lorsque je pouvais m'y reposer réellement.

Je demandai de suite au Conseil d'affecter à la résidence d'été des fonctionnaires ayant à s'occuper de l'Administration, de la Police, ou des Travaux du Bois, les autres habitations dont la Ville était devenue propriétaire, notamment dans l'ancien Parc de Madrid — dont le nom vient de l'ancien Château Royal que François Ier y fit construire en 1530, au retour de sa captivité en Espagne ; — la délibération spéciale que j'obtins me délégua le soin de régler l'attribution de ces résidences des fonctionnaires.

J'usai du droit qui m'était déféré par le Conseil, en affectant au Préfet de Police la plus belle de ces habitations, entourée d'un beau jardin anglais.

J'en attribuai deux autres à nos Secrétaires Généraux, et les dernières au Conservateur du Bois, à l'Ingénieur chargé de la conduite des travaux d'entretien, et au Jardinier en Chef.

Champs de courses et d'entraînement.

C'est par un arrêté du 24 Juin 1856 que, muni de toutes les autorisations nécessaires, je pus faire la concession de l'Hippodrome de Longchamps, pour 50 années, à la Société d'encouragement pour l'amélioration des races de chevaux en France, à la charge par elle de construire toutes les tribunes prévues au programme, d'établir les clôtures et d'exécuter tous les travaux d'installation jugés nécessaires ; de payer le montant des dépenses, évaluées à 400 000 francs, qui seraient ainsi faites, sauf à s'en couvrir, comme je l'ai dit précédemment, et de payer ensuite à la Ville une redevance annuelle de 12 000 francs. Je la trouve bien minime, aujourd'hui, quand je songe au chiffre énorme auquel, à certains jours, s'élève le droit d'entrée ; mais lorsqu'elle fut stipulée, il était impossible de prévoir des recettes pareilles et elle avait surtout pour but d'établir la priorité de jouissance du concessionnaire.

Evidemment j'aurais dû, comme dans le traité fait avec la Compagnie du Gaz et plusieurs autres, demander le partage par moitié des bénéfices nets de l'entreprise, sauf à m'entendre réclamer par l'État une quotité quelconque de la part de la Ville, à raison de son concours primordial aux frais d'acquisition du terrain.

Je m'abstiens de décrire ici, par le menu, l'Hippodrome de Longchamps et ses tribunes construites par M. Bailly, l'un des architectes de la Ville, aujourd'hui mon collègue à l'Institut, et qui sont connues, sans aucun doute, de tous mes lecteurs. Je constate seulement que, dans celle qui s'élève à droite du Pavillon de l'Empereur, réservé de nos jours au Président de la République, étaient les loges des Princes et Princesses de la Famille Impériale, des Ministres et Chefs des Grands Corps de

Pages suivantes : Napoléon III et l'impératrice dans les jardins de l'Elysées.

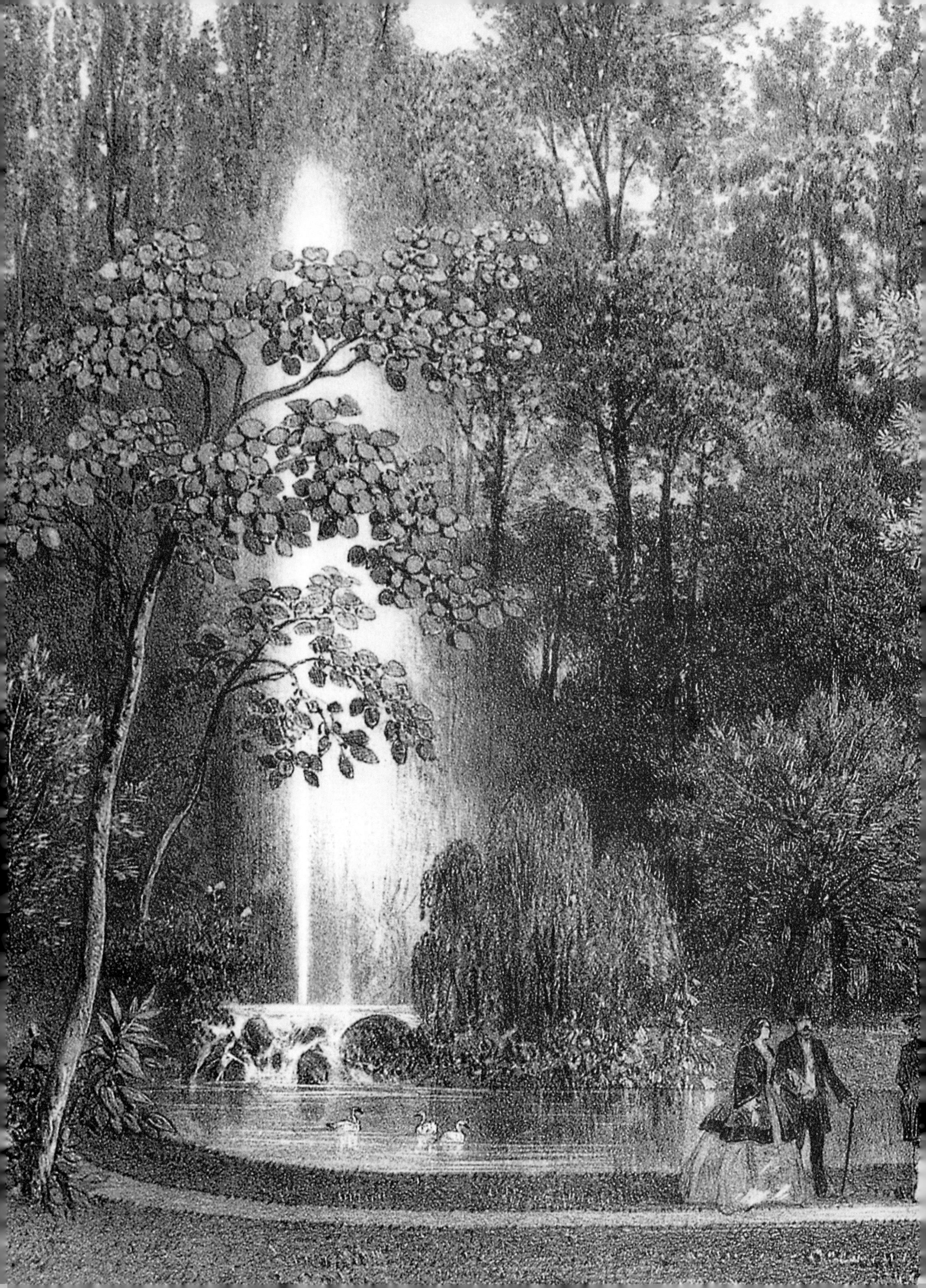

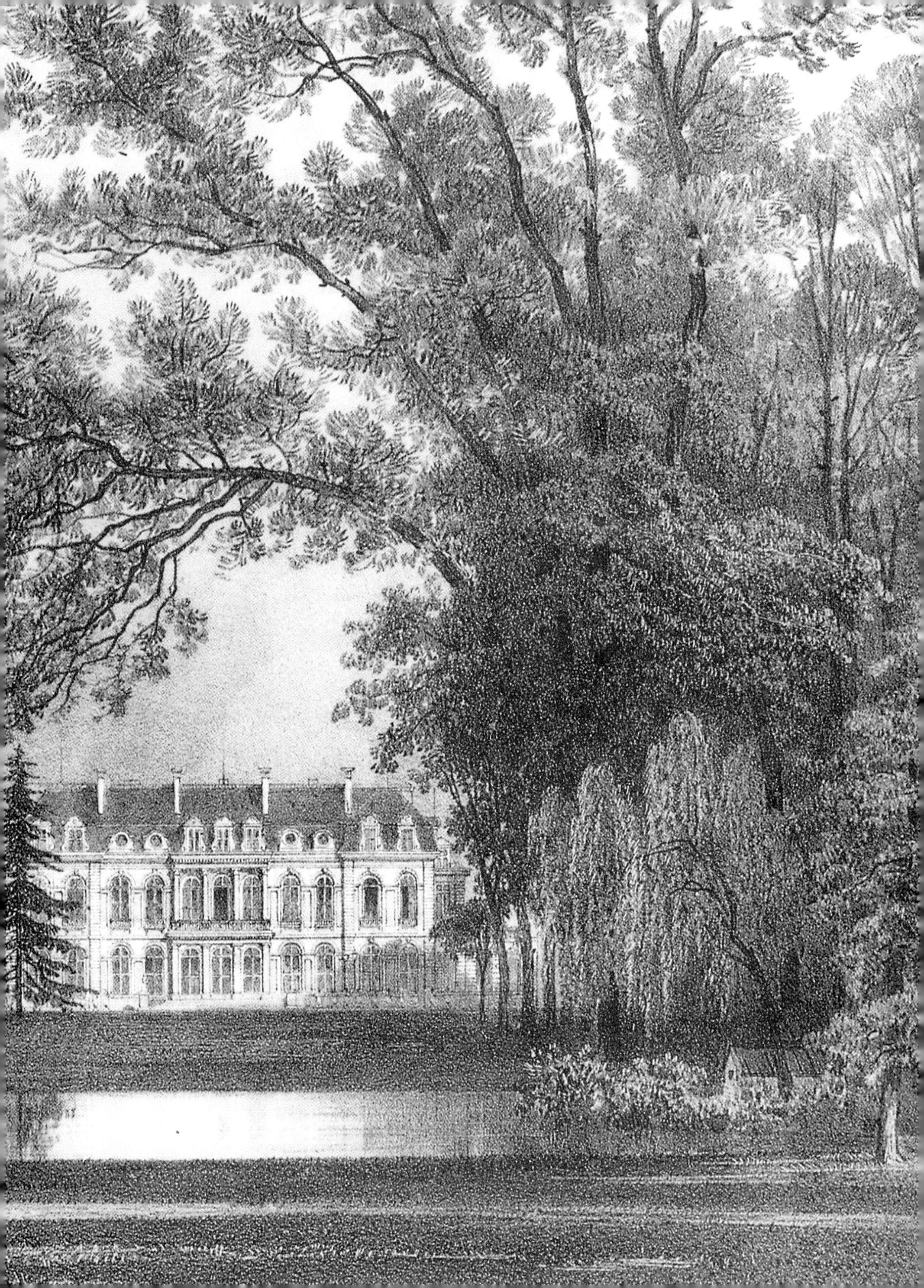

Les tribunes des courses du bois de Boulogne.

l'État, du Préfet de la Seine et du Préfet de Police, du corps Municipal et du Commandant en Chef de l'armée de Paris, et que celle de gauche était attribuée aux nombreux membres de la Société concessionnaire.

L'emplacement du Champ de courses était coupé dans le sens de sa longueur par un ancien bras de la Seine, qu'il avait fallu combler au moyen de terres fournies par l'abaissement d'un gros monticule occupant, à l'entrée de Boulogne, l'angle Sud-Ouest de la plaine. Les déblais du surplus servirent à relever la rive du fleuve, de manière à mettre l'allée du Bord de l'Eau, et la Plaine entière, à l'abri de toute inondation en temps de crue.

Sur le Champ de courses bien nivelé, fut tracé, d'après les indications des Commissaires de la Société d'encouragement, une piste ovale de 2 000 mètres de développement pour les courses « plates » ; une piste complémentaire, décrivant une courbe montante et descendante sur la colline abaissée, la porte à 3 000 mètres au besoin.

Ces divers travaux, ceux des sauts-de-loup et boulevards extérieurs complétant, au Nord et au Sud, la nouvelle enceinte du bois et les Avenues, véritables routes contournant les Plaines de Longchamps et de Bagatelle, toutes deux séparées par la route de Suresnes, rentraient parfaitement dans la compétence d'un Ingénieur, et M. Baudard, que je m'étais empressé d'attacher au Service du Bois, après le congédiement de M. Varé, aurait pu certainement y suffire. Mais si mon projet de réunir au Bois les deux parties de la Plaine de Longchamps et le Parc de Madrid datait, pour ainsi dire, de mon arrivée à l'Hôtel de Ville, en 1853, on a vu que l'étude et l'instruction de ce projet, complètement inattendu, très complexe, d'ailleurs, avaient duré près de deux années. Ce fut seulement après la promulgation de la Loi du 13 Avril 1855, que je pus commencer les expropriations, et qu'il me fut permis de faire commencer les travaux après le règlement et le paiement de toutes les indemnités dues aux propriétaires dépossédés, c'est-à-dire dans les derniers mois de 1855. Alors M. Alphand était investi, depuis quelque temps déjà, du mandat exceptionnel, confié temporairement à M. Baudard qui, du reste, n'avait pas, au même degré, les aptitudes spéciales nécessaires.

M. Alphand sut exécuter dans un délai d'environ dix-huit mois, les opérations énumérées plus haut, parallèlement à la Transformation de l'ancien Bois, suivant le programme modifié de l'Empereur, de telle façon que tout fut prêt lors de l'inauguration solennelle du Champ de courses de Longchamps (Mai 1857), un des plus beaux jours de mon Administration.

En effet, les assistants, frappés de la grandeur et des difficultés de l'œuvre si rapidement accomplie, étaient unanimes pour reconnaître ce qu'avait gagné le Bois à l'annexion considérable dont j'avais hardiment pris l'initiative et la responsabilité. Personne alors n'en contestait ni la pensée ni la réalisation.

Le reste de l'année 1857 fut employé par nous à mettre en état de servir de champ d'entraînement pour les chevaux, la portion de la Plaine de Longchamps, qui reçut alors le nom du Château de Bagatelle, — création de Mlle de Charolais, devenue la propriété du Marquis d'Hertford, — et l'ensemble de la Transformation du Bois agrandi fut achevé dans le courant de l'année 1858.

En cinq ans, j'avais pu conduire à fin cette entreprise, malgré l'aggravation apportée de mon fait à son programme primitif, grâce au concours actif intelligent, convaincu, de mon valeureux auxiliaire.

Travaux de tout ordre

C'est le moment de rappeler qu'en attendant l'adjonction à M. Alphand d'un autre Ingénieur, chargé de le seconder dans l'exécution des travaux techniques, je lui donnai comme collaborateur M. Davioud, second Grand Prix de Rome. M. Deschamps, conservateur du Plan de Paris, son ancien camarade à l'Ecole des Beaux-Arts, me l'avait signalé fort justement comme doué des qualités d'imagination et de goût désirables chez le dessinateur des diverses constructions décoratives. M. Barillet-Deschamps, que nous avions connu l'un et l'autre à Bordeaux, et que j'en fis venir, lui servit d'aide en qualité de Jardinier en Chef, dans l'établissement de pelouses, de plantations d'arbres, de massifs, de groupes de plantes vertes et de corbeilles de fleurs.

Il était sans exemple, au Ministère des Travaux Publics, et contraire aux traditions du Corps des Ponts et Chaussées, qu'un Ingénieur Ordinaire fût subordonné dans un service quelconque à la direction d'un autre, même d'une classe plus élevée que la sienne. J'eus donc beaucoup de peine, avant que M. Alphand devînt Ingénieur en Chef, à le faire considérer comme en exerçant les fonctions, et pouvant, à ce titre, avoir autorité sur un de ses camarades.

Or les avenues conservées de l'ancien Bois, successivement soumises, pour la plupart, à des tracés moins raides, furent converties soit en voies carrossables bordées par des trottoirs plantés d'arbres d'alignement, soit en allées cavalières. Les unes composèrent, avec les nouvelles avenues ouvertes en forêt ou dans la Plaine de Longchamps, un réseau de véritables routes, ayant 58 kilomètres de parcours total ; les autres, simplement sablées, mesuraient 11 850 mètres de longueur. Quant aux sentiers de piétons serpentant sous bois, l'Empereur, afin de se délasser de ses travaux de cabinet, en jalonna Lui-même plusieurs sur place. Le développement de ces petits chemins en sol naturel, toujours maintenus en bon état, ne fut pas moindre de 25 162 mètres.

Les surfaces empierrées occupaient 612 511 mètres ; les voies sablées 189 400 ; les chemins en sol naturel, 272 500 ; ensemble, 1 074 411, pour une longueur totale d'environ 95 kilomètres.

D'un autre côté, le service d'eau comprenait deux réseaux de conduites. Le premier alimentait les grands lacs, d'une superficie totale d'environ 14 hectares (Lac Supérieur, 3 hectares ; Lac Inférieur, 19 hectares, dont 8 occupés par les îles) et les ruisseaux, cascades et pièces d'eau de tout ordre recevant leur trop-plein ; le second, toujours en charge, alimentait les bouches et les appareils d'arrosage des routes, des pelouses, des arbres isolés, des massifs de plantes et de fleurs, etc.

Le nombre des bouches d'eau sous pression n'était pas moindre de 1 600.

La longueur totale des conduites des deux réseaux était de 66 200 mètres (16 lieux et demie).

Cette importance, facile à prévoir dès 1855, vint à bout des résistances du Ministre des Travaux Publics. Il mit enfin à ma disposition, pour seconder M. Alphand dans ces travaux techniques, M. Darcel, Ingénieur Ordinaire, de rapports très agréables, qui fit toute sa carrière dans le service des Promenades et Plantations, à côté du Chef éminent dont il se montra le digne collaborateur.

Dès le début, toute l'eau nécessaire aux différents services du Bois provenait de la Seine, où la puisaient les pompes à feu de Chaillot. Elle pouvait seule arriver au-dessus du niveau de la cascade du Lac Supérieur ; mais le produit quotidien de ces machines (30 000 mètres cubes environ) ne suffisait déjà plus aux besoins des quartiers hauts de Paris, que le canal de l'Ourcq ne pouvait desservir.

Heureusement, le réservoir de Monceaux, alimenté par l'aqueduc de Ceinture, dépassait de 7 mètres le point de chute des cascades du Grand Lac. Nous pûmes donc y prendre en eau de l'Ourcq tout ce que réclamait l'alimentation de ce Lac et des conduites forcées de la partie inférieure du Bois. On réduisit à 3 500 mètres cubes par jour l'emploi de l'eau très coûteuse de la Seine, réservée au Petit Lac et aux conduites d'arrosage de la partie supérieure.

Le forage du Puits Artésien de Passy, décidé dès 1854 comme essai des procédés de M. Kind, sur l'avis d'une commission spéciale, devait, d'ailleurs, nous permettre d'utiliser, pour tous les besoins du Bois, une eau limpide et pure. En tout temps, les eaux de la Seine et de l'Ourcq sont louches et limoneuses ; dans la saison chaude elles sentent mauvais, surtout les eaux de Seine. Mais,

Napoléon III visite le puits artésien de Passy.

on l'a vu précédemment, c'est seulement en 1861 que ce forage fut terminé.

Les 10 000 mètres cubes emmagasinés à la cote 58 au-dessus du niveau de la mer et refroidis dans le réservoir spécial où le débit du nouveau puits se régularisa, purent alors suffire à tout.

L'établissement des nombreuses cascades et des grottes qui décorent le Bois, ne réclamait pas seulement l'art de l'Ingénieur : Celui-ci devait régler les retenues de l'eau chargée de les approvisionner pendant la nuit, le jeu forcément limité aux heures du jour consacrées à la promenade, et le dégagement facile de cette eau, sa chute accomplie et ses effets pittoresques obtenus. Il fallait, justement pour arriver à de tels effets, le concours de l'Architecte et du Jardinier en Chef. C'est à eux qu'incombait l'amoncellement ornemental des

La Grande Cascade de Longchamp.

rochers factices des cascades et des grottes, offertes à la curiosité des promeneurs ; aussi bien que la disposition des arbres, la distribution des massifs de plantes et de fleurs et surtout l'aménagement des points de vue désirables.

Les premières cascades établies sont celles du Petit et du Grand Lac. L'une tombe d'une hauteur de 4 mètres dans le premier ; les deux autres, d'une hauteur de 6 mètres, dans le second. L'une de ces dernières reçoit le trop-plein du Petit Lac.

La Grande Cascade de Longchamps, la plus importante de toutes celles du Bois, est formée d'une nappe d'eau de 10 mètres de largeur, se précipitant, du bac de 80 ares qui lui sert de réservoir, dans le vaste bassin qui la reçoit à 7,50 m plus bas ; deux grottes sont superposées à l'intérieur du rocher.

Les autres pièces d'eau méritant d'être mentionnées sont la Mare aux Biches, les lacs d'Armenonville, de Saint-James et de Longchamps.

La Mare d'Auteuil existait d'ancienne date, en un point bas du Bois ; on en a seulement régularisé la forme et rendu constant le niveau.

La Mare aux Biches est alimentée par le ruisseau de Longchamps, qui reçoit le trop-plein du Grand Lac et se décharge dans le réservoir de la Grande Cascade. Il reprend son cours, au-dessous du bassin d'en bas et va remplir, d'une part, le lac de Longchamps et celui de Bagatelle ; d'autre part, la pièce d'eau du Moulin et celle qui se trouve près du pont de Suresnes.

Deux embranchements greffés sur le cours de ce ruisseau, non loin du Grand Lac, se dirigent sur les lacs ou mares d'Armenonville et de Saint-James.

Pour retenir les eaux dans le Grand Lac et dans le réservoir de la Grande Cascade, notamment, on dut en recouvrir le fond d'un lit de béton de 10 centimètres d'épaisseur et revêtir les berges de pierres ou d'enduits de ciment.

Le rôle de M. Barillet-Deschamps, le Jardinier en Chef, dans la Transformation du Bois agrandi, comprenait : d'une part, le dessin et le vallonnement des pelouses qui ne couvraient pas moins de 273 hectares, après l'annexion de la Plaine de Longchamps ; l'emploi des graminées convenant le mieux au gazonnement du sol de chacune d'elles ; la composition des massifs d'arbres et d'arbustes et des corbeilles de plantes vertes et de fleurs les bordant et les ornant ; la distribution des arbres isolés destinés à leur donner du relief. Il était encore, d'autre part, chargé de la plantation des arbres d'alignement des boulevards de ceinture et des avenues ; des massifs de bois effaçant les avenues supprimées, en essences à feuilles caduques ou persistantes, appropriées à la nature du terrain, et cela d'accord avec M. Pissot, conservateur du Bois, ancien fonctionnaire des Eaux et Forêts ; enfin des arbres et arbustes garnissant et décorant les abords des diverses constructions et habitations édifiées ou restaurées par M. Davioud.

Le nombre des arbres de haute tige et des arbustes en touffes absorbés par les premières plantations dépasse 420 000.

Le Bois était exploité jadis à 30 ans, par coupes régulières ménageant les grands arbres bien venus. Depuis sa transformation en parc de promenade, on laissa les taillis se convertir en futaies ; on se contenta d'en enlever les arbres morts et d'ébrancher ceux des survivants qui se gênaient, en ayant soin de tenir les sous-bois garnis d'arbrisseaux variés.

La surface conservée en forêt occupait 407 hectares, 16 ares, 20 centiares.

La suppression de la plus grande partie des anciennes pépinières, dont on utilisa les ressources ou qu'on réunit aux massifs boisés qui les entouraient, motiva l'établissement de pépinières nouvelles. Elles furent affectées non seulement aux besoins du Bois de Boulogne, mais encore à ceux du Bois de Vincennes et aussi des Parcs, Jardins, Squares et autres promenades de l'intérieur de Paris et de toutes les voies plantées de la Ville. On en doit l'installation à M. Barillet-Deschamps, qui fut également l'organisateur du Fleuriste de la Muette et de nos serres chaudes et tempérées. J'y reviendrai dans un autre chapitre.

Les travaux d'architecture exécutés par M. Davioud ont, en général, un caractère pittoresque, témoignant de son désir d'en faire autant de sujets décoratifs semés autour et dans l'intérieur du Bois.

Ils se composent :

1° De 24 pavillons ou chalets, de formes variées, construits pour service d'habitations de gardes, indépendamment de deux casernes affectées au même usage ;

2° De la restauration et de la décoration de bâtiments situés dans l'ancien parc de Madrid et près du Pont de Suresnes, destinés également à des habitations de gardes et au logement de chefs-cantonniers ;

3° Du Kiosque de l'Exèdre et du Chalet des Iles ;

4° Du Chalet de la Grande Cascade, occupé, comme celui des Iles, par un café-restaurant ;

5° du Buffet d'Auteuil ; des Cafés limonadiers de la Porte-Dauphine, du Petit et du Grand Lac, de la Croix Catelan ;

6° De la décoration du Pavillon-restaurant d'Armenonville, près de la Porte Maillot et de deux chalets voisins, occupés par des cafés-limonadiers ;

7° De l'établissement de bancs, d'embarcadères, d'abris de cavaliers, de poteaux indicateurs, de clôtures, notamment, de celles du Parc aux Daims ;

8° De l'établissement des grilles d'entrée du Bois ;

9° De l'installation du Jardin zoologique d'Acclimatation ;

10° Enfin, de la restauration du moulin et de la tour de Longchamps, de la construction du Chalet du Moulin ; de la transformation et de la décoration de la Villa de Longchamps et des habitations de Madrid et de Saint-James affectées à divers fonctionnaires.

Concessions diverses

Je viens de mentionner le Jardin zoologique d'Acclimatation. La concession du Champ de courses de Longchamps à la Société d'encouragement pour l'amélioration des races de chevaux en France n'est pas, en effet, la seule que la Ville eut à consentir dans l'enceinte nouvelle du Bois de Boulogne.

En premier lieu, je dois citer celle dont la Société Impériale zoologique d'Acclimatation, fondée par Décret du 10 Mars 1854, fit la demande. En dehors de l'intérêt public de ses expériences, on reconnut que l'exposition permanente de leurs produits donnerait un grand attrait pour la portion du Bois où les établissements de la Société seraient placés. Je fus autorisé, non seulement à lui concéder gratuitement pour quarante ans vingt hectares de terrain bordant le Boulevard Maillot, entre la porte des Sablons et celle de Neuilly ; mais encore à faire exécuter au compte de la Ville tous les bâtiments et travaux nécessaires : Bureaux et magasins, étables, écuries, basses-cours, volières, magnaneries, aquarium, etc., etc., dont la dépense ne s'est pas élevée à moins de 932 000 francs.

L'arrêté de concession, en date du 23 Août 1857, fixa le point de départ des quarante ans au 1er Janvier 1859.

La Ville n'avait pas les mêmes raisons pour faire de tels avantages à ses autres concessionnaires.

Le Pré Catelan, suivant une légende que je ne garantis pas, doit son nom à une croix, dont il ne reste que le piédestal et quelques pierres ; elle fut érigée sur un des carrefours de l'ancien Bois, en expiation du meurtre du sieur Catelan, ménestrel, porteur d'un message et de présents adressés par Béatrix de Savoie, comtesse de Provence, au roi de France, Philippe le Bel. Il occupe 8 hectares de terrain, entre l'avenue allant du Grand Lac à la Grande Cascade et la route de Suresnes, avant le croisement de ces deux voies avec l'Avenue de la Reine-Marguerite.

Le Pré-Catelan le dernier jour de Longchamp (Vendredi-Saint, 22 avril 1859).

La concession de ces terrains fut donnée pour quarante ans à un entrepreneur moyennant une redevance annuelle de 20 000 francs, réglée par un arrêté préfectoral du 9 Mars 1855, et modifiée le 9 Mars 1858. Il y fit élever, non seulement un buffet, une brasserie, une vacherie, etc., mais encore un théâtre ouvert, dit Théâtre des Fleurs, dont le succès fut très vif pendant quelque temps, mais qui finit par le ruiner, faute de recettes les jours pluvieux ou froids, où l'affluence du public ne compensait pas les autres journées.

La Ville dut prononcer la déchéance du concessionnaire et livrer purement et simplement le Pré Catelan aux promeneurs.

Le Cercle des Patineurs, auquel fut adjoint, plus tard, un Tir aux Pigeons, réussit mieux. La Ville se chargea de toutes les dépenses, montant à 90 000 francs, moyennant un loyer annuel de 4 500 francs. Il occupe, comme on le sait, la pelouse de Madrid, dont la concession eut lieu pour 19 ans, par un arrêté préfectoral du 11 Juillet 1865.

Je ne saurais logiquement ranger parmi les concessions de la Ville, bien que l'exploitation en fût livrée à l'industrie d'un entrepreneur, les glacières établies pour tirer parti de l'immense quantité de glace produite par la congélation des lacs du Bois. La redevance annuelle fixe payée par l'intermédiaire (30 000 francs) n'était en réalité qu'un loyer plus considérable, mais de même nature que les redevances des restaurateurs, limonadiers et buvetiers occupant la plupart des chalets intérieurs. Toutefois l'importance de cette création me fait un devoir de la mentionner spécialement.

Les glacières de la Ville qui peuvent contenir et conserver 10 000 000 de kilogrammes de belle glace, ont été construites sur un des terrains détachés du Bois par l'enceinte fortifiée de Paris, entre la rue militaire et le Chemin de Fer de Ceinture.

Elles ont coûté 408 000 francs.

Résumé

En somme, toutes compensations faites, la surface nouvelle du Bois agrandi — 846 hectares 05 ares 39 centiares, — s'est trouvée répartie de la manière suivante :

Bois de Boulogne, cercle des patineurs, fête de nuit.

Voies carrossables et cavalières, chemins et sentiers de piétons _____ 107h, 42a, 11c
Massifs boisés _____ 407h, 16a, 20c
Pelouses _____ 273h, 16a, 20c
Jardins, massifs d'arbres, d'arbustes, plantes et fleurs disséminés, emplacement de constructions et habitations, etc _____ 28h, 68a, 04c
Lacs et cours d'eau _____ 29h, 79a, 04c
TOTAL _____ 846h, 05a, 39c

Voici maintenant un aperçu des dépenses :

Expropriations _____ 6 878 168,50 fr.
Travaux de toute nature _____ 7 473 836,45 fr.
TOTAL _____ 14 352 004,95 fr.

Il en faut déduire :

Le montant de la subvention de l'État pour le Champ de Courses 2 110 513,27 fr
Le produit des lots de terrains vendus 8 779 365,22 fr
} 10 889 878,49 fr.

DEPENSE NETTE _____ 3 462 126,46 fr.

Si je tenais compte du capital représenté par le produit des redevances de concessions et de loyers, je devrais accroître de plus de 1 500 000 francs, le chiffre de mes déductions. Voilà pourquoi je dis ailleurs qu'en dernière analyse, j'avais eu quelque peine à prouver que la somme absorbée sans compensations par la transformation du Bois de Boulogne atteignait les deux millions voulus par la Loi de cession de 1852.

3 462 126,46 fr. ! Tel est le chiffre officiel de ce que le Bois a coûté finalement à la Ville de Paris.

Sans doute, les dépenses qu'elle s'était obligée d'y faire pouvaient ne pas excéder leur total net véritable, mais la Loi de 1852 ne les avait pas limitées à 2 millions. Elle portait 2 millions *au moins*. On s'attendait si bien, de part et d'autre, à voir ce minimum dépassé, qu'on avait cru devoir l'exprimer sous cette forme adoucie. Nous serions arrivés, selon toute apparence, au solde final d'environ 3 millions et demi que je viens de prouver, et même à plus, sans l'opération de la Plaine de Longchamps. Le résultat fut le même après et malgré l'accomplissement de ce laborieux hors-d'œuvre, pour lequel je pus réaliser près de 11 millions 1/2 de ressources, inespérées au début.

Je puis donc affirmer que l'extension du Bois de Boulogne jusqu'à la Seine eut lieu sans imposer, au bout du compte, aucun sacrifice à la Ville. Je puis ajouter que l'État n'est pas seulement rentré dans le montant de sa subvention, mais qu'il a même reçu une large compensation de sa donation primitive, par suite de la plus-value des propriétés avoisinant le Bois agrandi ; elles se sont, en effet, couvertes successivement de constructions, d'où l'accroissement graduel des impôts et des droits de mutation.

Avant de clore ce chapitre, je dois loyalement déclarer que j'ai vérifié nombre des indications qu'il renferme et celles que je vais donner dans le suivant, dans le magnifique ouvrage de mon ancien et fidèle collaborateur, M. Alphand : *les Promenades de Paris*, publié vers la fin de mon édilité (1868), sous le patronage de la Ville ; ouvrage favorisé de la souscription des personnages les plus éminents de cette époque.

Ceux de mes lecteurs qui désireraient des détails techniques et des éléments du prix de revient au sujet des travaux exécutés, sous la direction de ce remarquable Ingénieur, aux multiples aptitudes, consulteront avec fruit le texte de sa publication : ils y trouveront des plans, des vues, des dessins, qui, sous beaucoup de rapports, en faciliteront singulièrement l'intelligence.

A défaut de semblables auxiliaires, il m'a fallu recourir aux descriptions qu'on pourra peut-être trouver longues et minutieuses, mais qui sont encore et, malgré tout, insuffisantes.

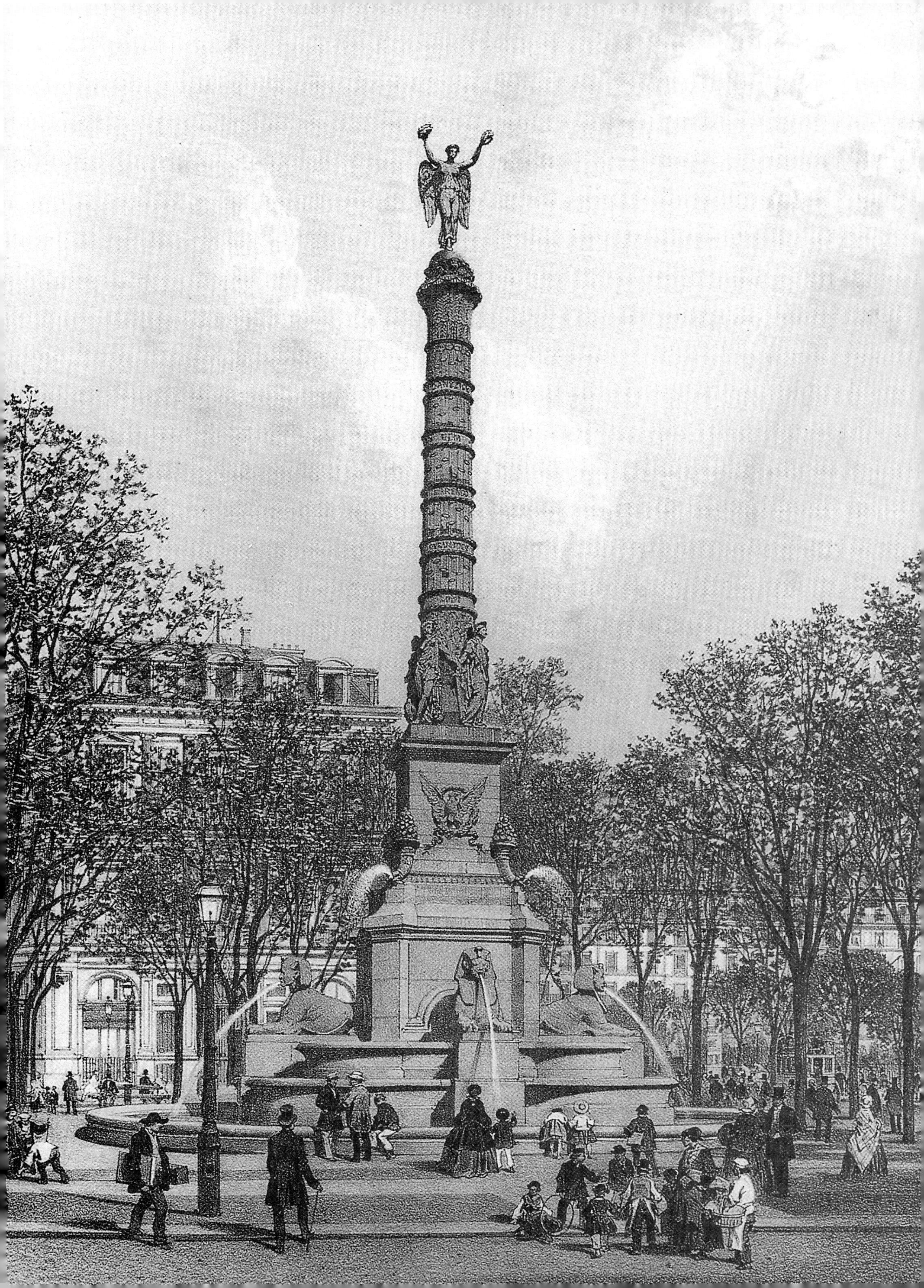

CHAPITRE VI

PROMENADES ET PLANTATIONS

Le Bois de Vincennes.
Cession à la ville. Travaux de tout ordre.
Promenades intérieures. Champs-Elysées.
Parcs de Monceau, des Buttes Chaumont, de Montsouris.
Squares et places plantées. Arbres d'alignement.

Après l'exposé qui précède, d'une œuvre des mieux appréciées de mon édilité parisienne — la transformation du Bois de Boulogne, — heureusement accomplie et relativement peu dispendieuse, j'éprouve un certain embarras, en abordant le résumé de ce que tous mes collaborateurs et moi avons fait de 1860 à 1865, au Bois de Vincennes, avec un succès moindre et au prix de dépenses bien plus onéreuses. Il s'agissait ici de créer, à l'Est de Paris, conformément aux desseins généreux de l'Empereur pour les populations laborieuses des XIe et XIIe arrondissements nouveaux et des ouvriers du Faubourg Saint-Antoine en particulier, une promenade équivalant à celle dont venaient d'être dotés, à l'Ouest, les quartiers riches, élégants, de notre Capitale.

La première opération, malgré les développements considérables dont j'avais pris l'initiative et la responsabilité s'était soldée, en effet, par une somme ne dépassant guère les données du programme primitif.

Au contraire, la seconde, excédant toutes les prévisions, a fait une brèche assez forte aux finances municipales ; des esprits mal disposés en faveur d'œuvres somptuaires, à leur avis, se sont demandés si le résultat final vaut ce qu'il a coûté : 12 millions nets ; — ou peut les ramener à 10, en tenant compte du Capital représenté par les redevances et les loyers payés annuellement à la Ville, mais ils forment toujours un total quintuple de la dépense correspondante effectuée au Bois de Boulogne.

Les raisons de cette différence choquante sont faciles à saisir : D'abord les 875 hectares environ composant la superficie officielle du Bois de Vincennes, lors de la cession qu'en fit à la Ville de Paris le Domaine de l'Etat, furent portés à 901 hectares 43 ares, dans le cours de l'entreprise ; de plus, ils ne constituaient pas un tout homogène à transformer en promenade suivant un plan d'ensemble. Cette surface, coupée en deux grandes parties inégales par une vaste étendue indisponible (142 hectares), comprenait le Polygone de l'artillerie et le Champ de Manœuvres de la Garnison du Château et du nouveau Fort, surface frappée de servitudes militaires, que l'on pouvait tout au plus couvrir d'une pelouse de gazon, pour en cacher l'aridité. Nous avions donc, en réalité, deux parcs à faire : le premier, sur les territoires de Charenton, Saint-Mandé, Vincennes et Saint-Maurice ; le second, au delà de Vincennes, (aux Minimes), sur ceux de Fontenay, Saint-Maurice, Joinville et Saint-Maur. Ces deux parcs distincts, laborieusement tenus en communication à travers le Polygone et le Champ de Manœuvres, auraient chacun son motif principal, vers lequel devaient converger tous les arrangements secondaires, et répétant à ses prome-

Page de gauche : la fontaine de la place du Châtelet.

neurs habituels, tout ce que l'autre offrirait d'agréable aux siens.

Le premier parc, le plus rapproché de Paris, était lui-même formé de plusieurs portions d'intérêts différents — Saint-Mandé, Charenton, Gravelle, — prenant accès par le cours de Vincennes et l'Avenue du Bel-Air, par l'Avenue Daumesnil, et par la route impériale de Paris à Genève et par l'Avenue de Gravelle, ou par la route de Paris à Saint-Maur.

De plus, nous ne trouvions point à notre portée, comme au Bois de Boulogne, des réservoirs municipaux en plein service pour alimenter de suite les lacs et rivières à creuser. Or l'arrosage était indispensable des deux côtés, sur un sol encore plus sablonneux qu'au bois de Boulogne, encore plus absorbant si possible.

Enfin, les expropriations nécessaires pour régulariser le périmètre de chaque promenade ne portaient pas à peu près exclusivement, comme dans les plaines de Longchamps et de Bagatelle, sur des terres en culture ; elles embrassaient nombre d'établissements industriels, d'usines, à déplacer. Quant aux ventes de lots dont le produit pouvait compenser, dans une certaine mesure, le montant des indemnités payées, on comprend qu'il ne fallait pas espérer de ce côté de Paris, au voisinage des quartiers de Reuilly, du Faubourg Saint-Antoine, de Charonne et de la Roquette, réaliser des accroissements de prix comparables aux plus-values dont nous avions profité, de l'autre, sur les territoires de Boulogne et de Neuilly, près des nouveaux quartiers de Passy, d'Auteuil et des quartiers anciens les plus recherchés de la Ville.

En somme, nos acquisitions à Saint-Mandé, puis dans l'ancienne Plaine de Bercy (Charenton) et à Gravelle, n'ont pas coûté moins de 16 122 576,49 fr. — portés à 23 742 740,17 fr. par les 7 620 163,68 fr. de travaux exécutés dans l'ensemble du Bois. D'autre part, d'après le prix des reventes déjà faites, on ne pouvait pas espérer dépasser le chiffre de 12 millions de francs, pour tous les lots provenant de ces acquisitions mêmes et des diverses portions de l'ancien Bois. Pour s'en faire une ressource, la Ville avait été autorisée à aliéner ces terrains, qui restaient encore à réaliser, pour la plupart, au terme de mon administration.

L'agrandissement de 26 hectares 43 ares seulement, dans la contenance du Bois de Vincennes transformé, a donc grevé la Ville de Paris — à l'inverse de l'annexion de la Plaine entière de Longchamps et du Parc de Madrid, d'une charge dépassant 4 millions, soit, de plus de 15 francs par mètre en moyenne. Cette somme justifie l'impression que j'ai subie au début de ce chapitre, car elle forme, avec le montant des travaux, les 12 millions, ramenés à 10, que je mettais plus haut en regard des 3 millions et demi, ramenés de même à 2 millions au plus, employés sans compensation dans la première entreprise.

Cession à la ville

Le Bois de Vincennes, qui dépendait originairement du Domaine de l'Etat, fut compris dans la Dotation de la Couronne par le Sénatus-Consulte du 12 Décembre 1852 qui régla, dès le rétablissement de l'Empire, la Liste Civile du Souverain.

Un autre Sénatus-Consulte, rendu le 28 Mai 1858, sur la proposition de l'Empereur, autorisa la distraction et la vente des portions du Bois comprenant ensemble 120 hectares dont j'ai parlé plus haut, à la charge d'en employer le prix en acquisitions et en travaux d'embellissement.

Enfin, après un dernier Sénatus-Consulte nécessité par la réduction qu'allait subir la dotation de la couronne, une Loi du 24 Juillet 1860, postérieure par conséquent à l'extension des limites de Paris, autorisa la cession à la Ville par le Domaine de l'Etat du Bois de Vincennes. La liste civile en abandonnait tous ses droits, mais sous les conditions stipulées dans une convention préalable annexée à cette Loi.

L'Etat se réservait :

1º Les terrains où se trouvaient le Château, le nouveau Fort, l'Hôpital militaire, le parc à fourrages, les redoutes de Gravelle et de la Faisande-

Le château de Vincennes.

rie ; il conservait également l'asile de convalescence établi par l'Empereur, parallèlement à celui du Vésinet, et si précieux pour les malades sortant guéris des hôpitaux ;

2° Deux zones de servitudes militaires : l'une affectée d'une manière permanente aux exercices et manœuvres de la garnison, l'autre à l'installation éventuelle de camps, sans indemnité ni dommages de séjour ;

3° Un terrain où devait être créée une annexe du Muséum d'Histoire naturelle.

La Ville était obligée d'ailleurs :

1° De réunir au Bois les terrains compris entre ses anciennes limites et l'enceinte des Fortifications, d'une part ; la route impériale de Paris à Genève et le bourg de Saint-Mandé, de l'autre ;

2° De transformer le Bois, dans un délai de 4 ans, en promenade publique, ainsi que l'avait été le Bois de Boulogne ;

3° De le conserver et de l'entretenir perpétuellement à cet usage.

En retour, elle aurait la faculté de vendre, pour en consacrer le produit jusqu'à due concurrence à l'accomplissement de ses obligations, les 120 hectares dont l'aliénation avait été précédemment autorisée ; elle imposerait à ses acquéreurs les mêmes servitudes qu'à ceux des lots détachés du Bois de Boulogne ; servitudes que j'avais eu tant de peine à faire insérer, en Conseil d'Etat, dans le décret les imposant aux propriétaires des terrains entourant la Place de l'Etoile et bordant l'Avenue de l'Impératrice des deux côtés, savoir :

Interdiction de bâtir sur une zone d'isolement de 10 mètres de profondeur ;

Clôture de cette zone, entretenue à l'état de parterre, et division de ces petits jardins entre eux par des grilles basses d'un modèle uniforme ;

Soumission à l'approbation de l'autorité administrative de Paris du plan de toute construction projetée sur ces lots ;

Défense de créer aucun établissement public dans leur périmètre, d'apposer aucune indication, affiche ou autre, sur les murs des bâtiments, édifices, sur les grilles, sur des poteaux *ad hoc*, etc.

On devine que j'avais pris l'initiative de ces stipulations, là comme ailleurs.

Indépendamment des établissements militaires réservés par la Loi de cession du Bois de Vincennes à la Ville, celle-ci dut affecter, dès 1860, 8 hectares et demi de terrain au Tir National, fondé sous le patronage du Ministre de la Guerre, en avant du nouveau Fort et des manèges.

En 1864, il fallut 2 hectares et demi de plus pour l'École de Pyrotechnie, en plein massif boisé de Saint-Mandé.

Dans un ordre d'idées tout autre, la Ville avait, en 1862, disposé des terrains nécessaires à l'École Pratique de Pisciculture dirigée par M. Coste.

En 1868, elle dut encore donner un vaste espace, près de la Porte de Picpus au Nord de l'Avenue Daumesnil, à l'École d'Arboriculture ; il contenait deux jardins fruitiers, un verger, une collection de vignes, une fruiterie, indépendamment de pépinières, d'arbres de haute tige, de conifères et d'arbustes d'ornement d'importation récente.

Il ne faut pas confondre cette École avec les Fleuristes de la Ville établis en avant des glacis des deux côtés de la Porte de Reuilly.

C'est probablement la contenance de ces diverses affectations volontaires et de quelques autres n'ayant pas cessé d'appartenir à la Ville, qui fait la différence de la superficie totale accusée par le Service des Promenades et Plantations, toutes déductions opérées (901 hectares 43 ares seulement), et de celle que le Service du Domaine Municipal chiffre à 921 hectares 45 ares et 92 centiares.

Dans tous les cas je ne dois pas omettre une autre affectation datant de 1859, c'est-à-dire antérieure d'une année à la Loi de Cession, qui ne la mentionne pas, mais que la Ville ne pouvait manquer de maintenir comme faite par l'Empereur. Environ 300 hectares avaient été attribués aux bâtiments, dépendances, cultures et pacages de la Ferme établie par Sa Majesté dans l'ancienne Faisanderie et comprenant une Vacherie de 120 têtes, une laiterie, une bergerie pour 250 moutons de la race *South-Down*, une magnanerie, etc., etc.

Ces 300 hectares font évidemment double emploi, et concurrence même, avec les 142 frappés de servitudes militaires et, pour le reste, avec l'emplacement concédé par la Ville en 1863 aux courses d'obstacles de la Société des *Steeple-Chases*.

La ferme impériale de Vincennes.

Il n'en est pas moins vrai que la surface demeurée libre pour les embellissements projetés s'est trouvée notablement réduite par les différentes attributions que je viens d'énoncer.

« Donner et retenir ne vaut. » C'est un axiome du vieux Droit Français. Dans l'espèce, comme on dit encore en langue juridique, la Ville de Paris ne pouvait se plaindre d'être à peu près éxonérée, en fait, de toute dépense de transformation sur un tiers de la contenance qu'elle avait reçue en don ou qu'elle avait acquise, déduction faite des aliénations résolues.

Voici la répartition de cette contenance, évaluée à 901 hectares 43 ares par le Service des Promenades et Plantations, sans distinction des portions frappées de servitudes, obligatoires ou volontaires, et des surfaces absolument libres.

Routes, avenues, carrefours et chemins	73h,78a
Massifs de bois conservés	328h,95a
Pelouses et cultures	295h,64a
Jardins, massifs d'arbustes, corbeilles, etc	178h,56a
Lacs, pièces d'eau, rivières, etc	24h,50a
ENSEMBLE	901h,43a

Travaux de tout ordre

La Route Nationale de Paris à Strasbourg fait suite au Cours de Vincennes et passe au Nord du vieux Donjon et du nouveau Fort, dont elle constitue l'accès principal ; elle entre au delà du Château dans le Parc des Minimes. A droite s'embranchent sur elle la Route Départementale de Vincennes à Joinville et, à gauche, celle de Fontenay. Ces trois routes convenablement décorées devinrent les avenues les plus importantes de cette portion du Bois.

On pénètre de Paris dans les autres, au Nord : 1° par l'Avenue de l'Esplanade, se greffant sur l'extrémité du cours de Vincennes, et aboutissant, comme son nom l'indique, à l'Esplanade établie au sud du Château ; 2° par l'Avenue du Bel-Air, commençant à la Place du Trône et conduisant à la Porte de Saint-Mandé, car non seulement les populations du Faubourg Saint-Antoine, mais encore celles du XIe arrondissement tout entier, débouchaient sur cette Place, du Boulevard du Prince-Eugène (Voltaire) ; 3° plus bas, par l'Avenue Daumesnil, qui se bifurque après la Porte de Picpus, pour se diriger : à gauche, en traversant le Parc de Saint-Mandé, vers l'Esplanade ; à droite, en longeant le Parc de Charenton, vers les tribunes de Courses ; 4° par deux avenues prenant à la Porte de Reuilly, dont l'une se confond avec la seconde branche de l'Avenue Daumesnil, et l'autre borde, au sud, le Lac de Charenton, pour se diviser ensuite en voies secondaires conduisant soit aux Tribunes, soit au Plateau de Gravelle, puis à Joinville et Saint-Maur ; 5° par une belle Avenue s'embranchant sur la Route Nationale de Paris à Genève après la Porte de Charenton à gauche, et formant l'accès principal du Plateau ; 6° enfin, sur les bords de la Seine, et plus loin de la Marne, au moyen de la Route Départementale de Paris à Saint-Maur, qui longe le pied des revers boisés du coteau de Gravelle.

Du Nord au Sud, la Route Départementale de Vincennes à Charenton et deux avenues, dont l'une descend vers l'Asile de Convalescence, et l'autre va chercher le Plateau de Gravelle, pour rattacher le Parc de Saint-Mandé à celui de Charenton, pendant qu'une troisième va de Vincennes à Charenton même en passant derrière les Tribunes des Courses.

Des voies partant de l'Esplanade et du haut du Parc des Minimes et se croisant à la Pyramide, sur le champ de manœuvres, traversent le Champ des Courses pour gagner : l'une, la Ferme et la Redoute de la Faisanderie ; l'autre, passant aux Tribunes, à la redoute de Gravelle, et, par un embranchement, sur le Plateau de ce nom.

Cette hauteur est reliée par une voie traversant les Champs de Courses et de Manœuvres, en diagonale, au centre du Parc des Minimes, et, par une autre, à la Ferme Impériale, puis à Nogent.

Le bois de Vincennes vu du plateau de Gravelle.

Les travaux nécessités pour le raccordement et la mise à l'état d'avenues de ces voies diverses, dont les plus considérables existaient déjà, comme aussi des voies secondaires, des allées cavalières et chemins de piétons, ne coûtèrent pas beaucoup moins de 1 700 000 francs somme excédant celle des dépenses du même ordre au Bois de Boulogne.

C'eût été folie de créer une telle viabilité sur les hauteurs du Bois de Vincennes, bien plus sablonneuses, bien plus arides et perméables que le sol ingrat du Bois de Boulogne, sans nous être assuré le moyen d'abattre, par de fréquents arrosages, les flots de poussière qu'y soulèverait forcément une active circulation. Et nos pelouses ?... Comment sans eau, couvrir d'une verdure protectrice leurs vastes étendues ? Et les arbres et arbustes de choix, et les corbeilles de plantes vertes et de fleurs de nos jardins ?...

Aussi, ne pouvant faire utilement appel aux réservoirs de la Ville, traitai-je, dès le début, avec la Compagnie du Canal et des usines de Saint-Maur : elle devait élever sur le point culminant du Plateau de Gravelle, qui domine toutes ses parties, et fournir aux services du Bois de Vincennes une quantité d'eau de Marne fixée à 6 000 mètres cubes par 24 heures, et cela au moyen de pompes mues par les turbines des anciens Moulins de Saint-Maur.

On a vu, dans le chapitre IV du Second Volume de ces Mémoires, que le 9 Août 1864, un Décret (rendu par l'Empereur au Conseil d'Etat pour cause d'utilité publique) autorisa la Ville à racheter les eaux et les usines du Canal Saint-Maur, pour une somme de 3 millions, dont 980 334 francs payables comptant et le surplus en 50 annuités de 125 702,50 fr. chacune, à partir de 1865.

Sur l'emplacement des Grands Moulins de MM. Darblay et Béranger, et par une dérivation souterraine coupant la presqu'île nommée Bosse de Marne, M. Belgrand put obtenir une chute de 2,50 m à 5 mètres, suivant l'état de la rivière. Une turbine du système Fourneyron et de la force de 100 chevaux actionnait deux pompes horizontales à pistons couplés, et élevait chaque jour en moyen-

Le lac et le pavillon des Minimes.

ne 13 000 mètres cubes d'eau à 35 mètres plus haut, dans le Lac de Gravelle, pris comme réservoir général du Bois. Deux turbines et quatre pompes semblables secondées par quatre roues turbines du système Girard, purent refouler de 32 000 à 46 000 mètres cubes d'eau de Marne en 24 heures, jusqu'à l'étage inférieur des Bassins de Ménilmontant, plus élevés de 67 mètres que l'usine de Saint-Maur. La distance de 8 500 mètres était parcourue par une conduite de 80 centimètres d'ouverture, traversant le Bois et suivant le Cours de Vincennes et la Route Militaire, pour aboutir à son réservoir, après la Porte de Bagnolet, et contribuer à l'alimentation du Service de Paris.

Je puis témoigner du bon usage de la turbine Fourneyron parce que, vers la même époque (il y a plus de vingt-cinq ans), j'en ai fait installer dans la Gironde, au Moulin de Rouillac, une petite actionnant, de même qu'à Saint-Maur, deux pompes horizontales à pistons couplés. Depuis lors ces pompes fonctionnent bien et continuent d'alimenter régulièrement le réservoir desservant tous les étages et toutes les dépendances du château de Cestas, parc et jardins compris.

Du Lac de Gravelle, où s'approvisionne le réseau de conduites des eaux d'arrosage dans tout le Bois, sortent deux rivières aboutissant l'une au Lac de Saint-Mandé, l'autre au grand Lac de Bercy dans le Parc de Charenton. Une troisième, dite Rivière de l'Hippodrome, se dirige, à travers le Champ de Courses, vers le Lac des Minimes.

Deux ruisseaux, ceux de Joinville et de Nogent, prennent sources dans les pièces d'eau secondaires alimentées par le trop-plein des conduites d'arrosage, au carrefour de Beauté, d'une part, et près de la Porte de Nogent-sur-Marne, de l'autre, et vont également se déverser dans le Lac des Minimes. Les eaux de ce dernier sont mises en communication avec celles du lac de Saint-Mandé par un canal souterrain croisant le Champ de Manœuvres et le Polygone.

Les terres extraites du Lac de Gravelle ou provenant de déblais opérés sur les avenues y conduisant, ont permis de donner à la Butte qu'elles ont produite au-dessus du sol de l'ancien Plateau, une vue magnifique sur tout le cours de la Marne, et sur sa longue et luxuriante vallée à l'Ouest et au Midi ; sur celle de la Seine et sur Paris, à l'Est ; sur les coteaux de Fontenay, de Rosny, de Belleville, au Nord. On va bien loin pour chercher des panoramas qui ne valent pas celui-ci.

Je ne saurais m'attarder à décrire les dispositions prises par le Jardinier en Chef de la Ville, afin de régler pour le mieux l'ordonnance et la décoration des massifs de bois, des pelouses, des rivières et cascades, des lacs avec ou sans îles, des différents Parcs, Jardins et Parterres se partageant la superficie de cette Grande Promenade de Vincennes demeurée libre de toute servitude ; encore moins, les plantations d'alignement et le repeuplement du sol des avenues supprimées. Ce serait une banale répétition de ce que j'ai dit au sujet de ce qui a été fait dans la Transformation du Bois de Boulogne.

Quant aux travaux du ressort de l'architecte spécial du service des Promenades et Plantations, ils eurent cette fois pour but plus de restaurations que de constructions neuves. Les acquisitions considérables rendues nécessaires par l'obligation de régulariser de toutes parts le périmètre du Bois, surtout du côté de Charenton, de Saint-Mandé, et même de Vincennes, avaient mis la Ville en possession de bâtiments nombreux, et principalement d'habitations, qui furent affectés au logement du Conservateur et de ses bureaux ; à l'usage de magasins, de casernes et de maisons de gardes. Ils laissèrent à l'imagination de l'artiste moins de marge que les chalets neufs, édifiés dans le Bois de Boulogne pour ces utiles serviteurs.

Cependant, et sans tenir compte d'une foule de constructions secondaires, d'abris, d'embarcadères, de ponts rustiques, cascatelles, grottes et clôtures, qui rappellent beaucoup ce qui fut fait dans l'autre, on peut citer, à l'honneur de M. Davioud :

1° Le Café-Restaurant de Saint-Mandé ;

2° Le Buffet, le Kiosque de Concert et la Rotonde, qui se voient dans l'île du Lac de Bercy-Charenton, dite de Reuilly ;

3° Le Grand Café-Restaurant de l'île dite de Bercy, dans le même Lac où fut utilisé le chalet suisse acheté par la Ville, à l'Exposition universelle de 1867 ;

4° Le Café-Restaurant dit de la Porte-Jaune, dans la première île du Lac des Minimes ;

5° Le Grand Restaurant, avec écuries et remises, du Plateau de Gravelle et la Rotonde couronnant la Butte d'où l'œil parcourt un si merveilleux panorama.

On devait également à M. Davioud les constructions en bois de charpente du Champ de

Champ de courses de Vincennes.

Courses, comprenant le Pavillon de l'Empereur, et des deux côtés des rangs de tribune distribués en loges avec des affectations diverses.

Quant au Champ de Courses, il contenait deux pistes comme celui de Longchamps : la petite, dont une partie se développait sur les revers du coteau de Gravelle ; la grande embrassant les champs en culture de la Ferme Impériale ; toutes deux semées d'obstacles dont l'énumération serait trop longue et sans intérêt.

La nomenclature que j'ai donnée dans diverses parties de ce chapitre des établissements créés par la Ville, dans les dépendances du bois de Vincennes, sera complète, quand j'aurai mentionné les glacières qu'elle y fit établir dans les mêmes proportions que celles d'Auteuil.

Ce sont les produits de ces divers établissements qui représentent le Capital de 2 millions de francs déduit ci-dessus du montant des dépenses nettes, pour le ramener à 10 millions.

Promenades intérieures

Malgré tous mes efforts pour rendre aisément accessibles à toutes les classes de la Population de Paris ces deux splendides Promenades extérieures si hautement appréciées par elle : le Bois de Boulogne et le bois de Vincennes, je ne pus réussir à l'en faire profiter généralement, sinon les Dimanches et les Jours de Fêtes, à cause de la distance, du temps à dépenser pour la franchir, à l'aller et au retour, et des frais des transports qui, fussent-ils des plus économiques, finissent par être onéreux quand ils se répètent souvent.

Conçues et réalisées en vue des satisfactions qu'elles devaient procurer à l'ensemble des habitants de notre Capitale, agrandie, transformée, embellie, ces deux grandes créations devinrent, durant la semaine, par la force des choses, — le Bois de Boulogne surtout, — l'apanage à peu près exclusif des personnes fortunées ; particulièrement de celles qui, se croyant trop nobles pour rien faire, consacrent la plus large part de leur oisiveté voulue à l'exhibition quotidienne de leur luxe de chevaux, d'équipages, et des élégances de toilettes des Dames de leurs familles. Elles furent encombrées de parvenus, étrangers pour le plus grand nombre, et d'origines parfois trop ignorées, qui cherchent à relever leur richesse, bien ou mal acquise, par une imitation trop servile de ces modèles ; exemple moins profitable que celui des représentants de notre vieille Aristocratie française demeurés dignes, par leur attitude, du respect et de la sympathie de tous, même de ceux qui ne partagent ni leurs convictions, ni leurs espérances. Enfin elles furent le rendez-vous d'autres personnes, dont l'ostentation a des sources beaucoup trop connues, au contraire des parvenus dont je viens de parler.

Mais c'est plaisir de voir, chaque jour de repos, les masses populaires envahir les deux bois, s'y répandre de toutes parts, et s'y divertir avec le sentiment qu'elles sont bien là chez elles.

C'est un vrai bonheur pour celui qui garde le fidèle souvenir de l'Auguste Auteur de ces œuvres immenses, dont l'utilité dépasse encore la grandeur, c'est une fierté légitime d'avoir su Le comprendre et Le seconder naguère, au point d'obtenir sa complète approbation dans l'entier accomplissement de telles entreprises.

J'y trouve la consolation de beaucoup de déceptions imméritées, mais bien amères.

L'Empereur ne s'était pas fait d'illusion, quant à la nécessité de poursuivre, parallèlement à la Transformation des Bois de Boulogne et de Vincennes, la création, dans Paris même, de Parcs moins considérables, de Squares, d'espaces plantés répartis sur toute la surface de la Ville, où les classes ouvrières pussent employer sainement une portion des heures de repos interrompant leur travail, et toutes les familles, riches et pauvres, trouver des emplacements salubres et sûrs pour les ébats de leurs enfants.

C'est de ce côté spécial de la Transformation de Paris que j'ai maintenant à m'occuper, afin de fournir au sujet de chacune de ces Promenades intérieures d'intéressants détails, qu'il ne m'eût pas été possible d'aborder précédemment.

Pages suivantes : Paris en 1860, vue à vol d'oiseau prise au-dessus du Rond-Point des Champs-Elysées.

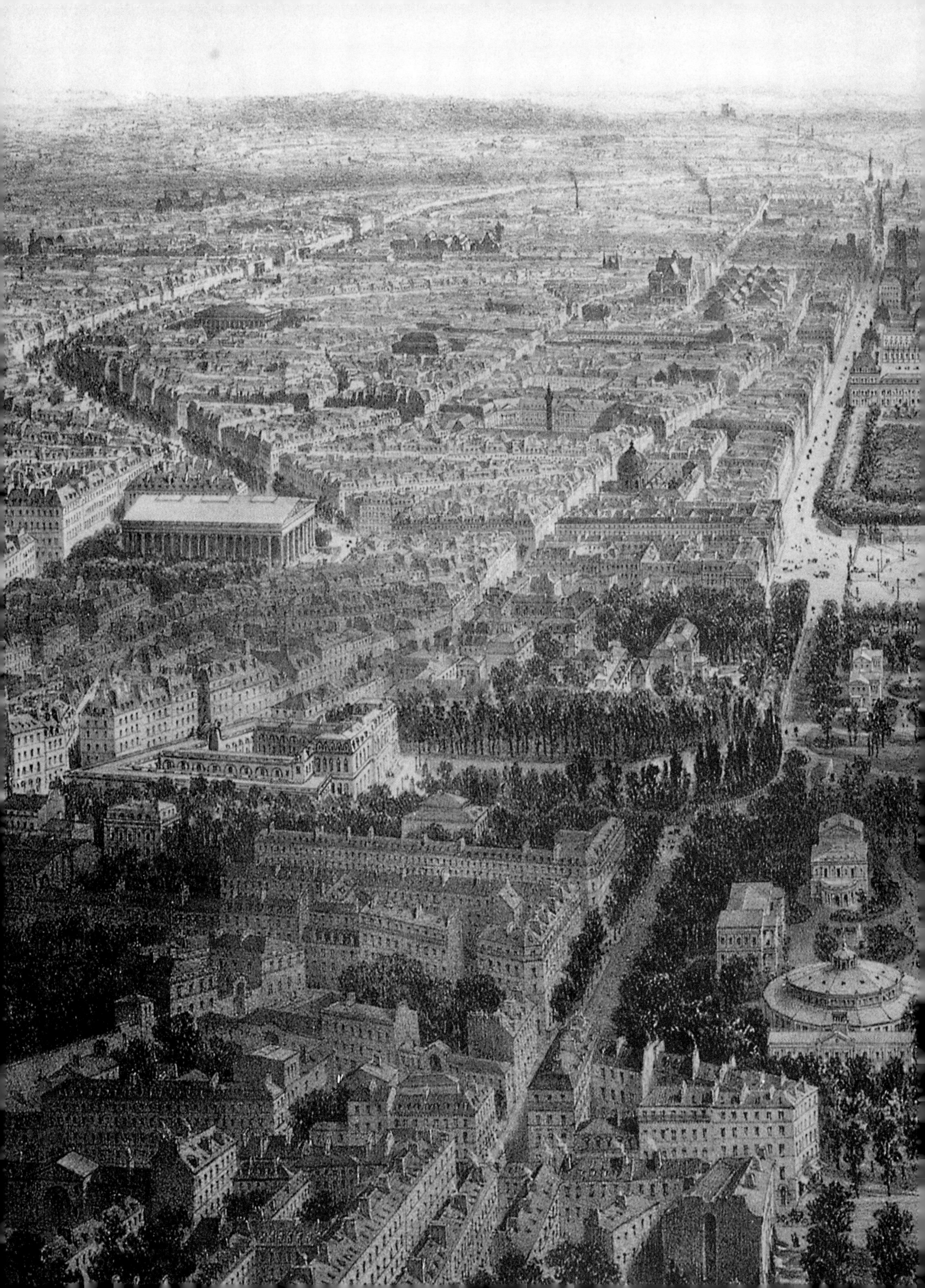

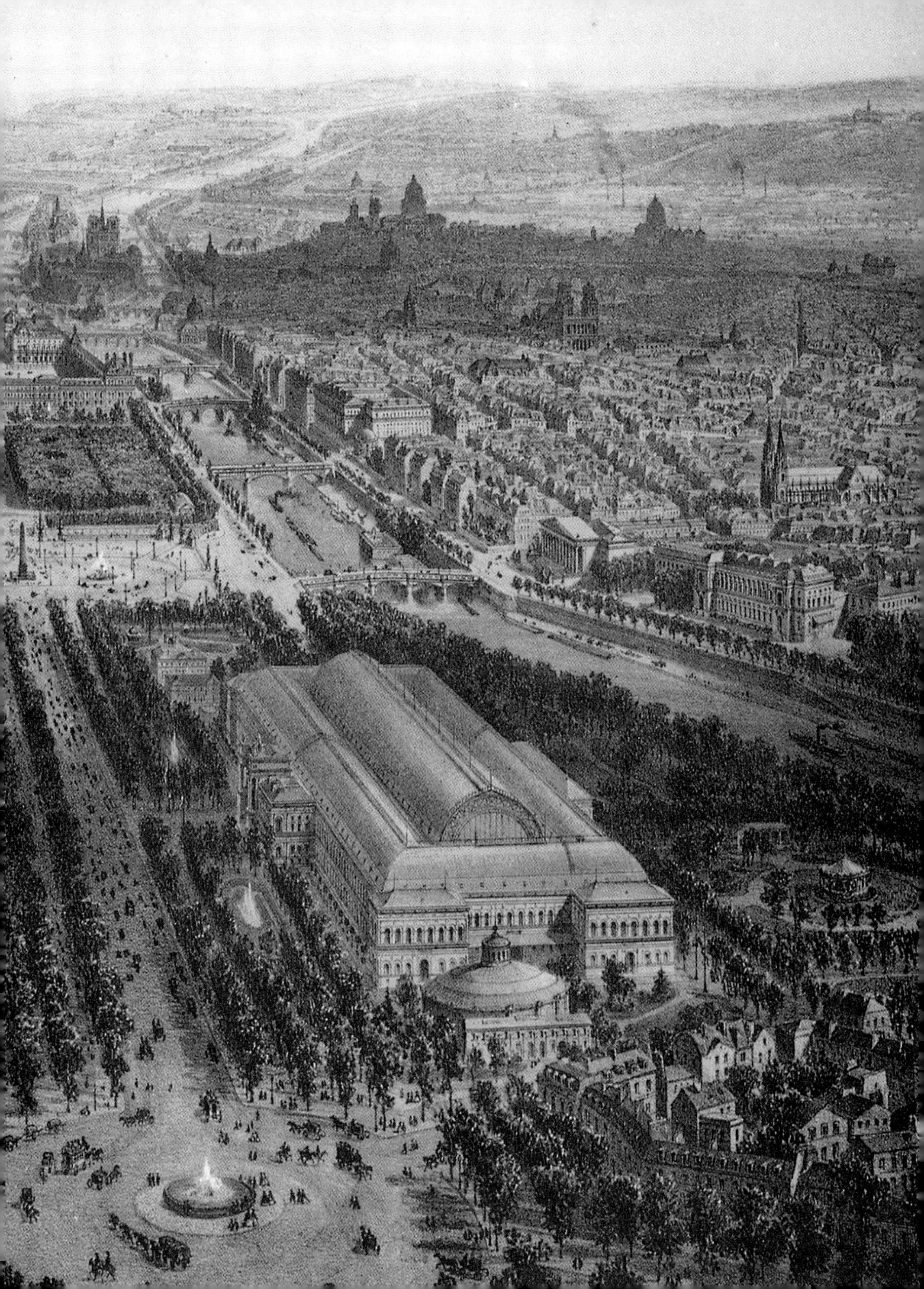

Champs-Elysées

Il convient de mentionner, avant tout autre, la plus ancienne des Promenades publiques de Paris, dont, cependant, les quinconces fangeux ne méritaient guère ce nom, et justifiaient encore moins leur qualification poétique avant les travaux et embellissements exécutés sous le règne de l'Empereur Napoléon III.

Comme on l'a vu dans le chapitre Ier de ce volume, l'emplacement des Champs-Elysées tenu hors ville par l'Enceinte de Charles IX, consistait en des marais et des terrains en culture. Cette enceinte avait été construite au travers de l'espace que la Place de la Concorde occupe aujourd'hui, pour protéger, du côté de la campagne, les Palais et les Jardins des Tuileries, appartenant à la Reine-Mère Catherine de Médicis.

Ils restèrent dans cet état durant les règnes de François II, Henri III et Henri IV.

Sous Louis XIII, une autre Reine-Mère et Régente, Marie de Médicis, fit tracer, en 1616, le long du quai de la Conférence, pour sa promenade personnelle, les allées plantées, alors fermées de grilles, qu'on nomme encore le Cours-la-Reine.

En 1670, lorsque Le Nôtre eut dessiné le Jardin des Tuileries à peu près tel que nous le voyons, Louis XIV fit établir à la suite, sur les terrains laissés libres par la disparition de l'enceinte de Charles IX, et au delà, des pelouses allant jusqu'à l'origine du « Grand-Cours », avenue plantée ouverte dans l'axe du Palais et bordée de quinconces, qui finissait au rond-point actuel.

Le plan dit « de Turgot » (qui date de 1735) permet de constater l'analogie de cette ordonnance avec celle que le Duc d'Antin, Ministre de la Maison du Roi Louis XV, fit établir, en 1764, par les soins du Marquis de Marigny, Directeur des Bâtiments du Roi. Ce plan montre, d'ailleurs, qu'à sa date aucune construction n'existait au delà des Champs-Elysées. Tous les terrains où s'élève de nos jours le quartier François Ier étaient encore en culture.

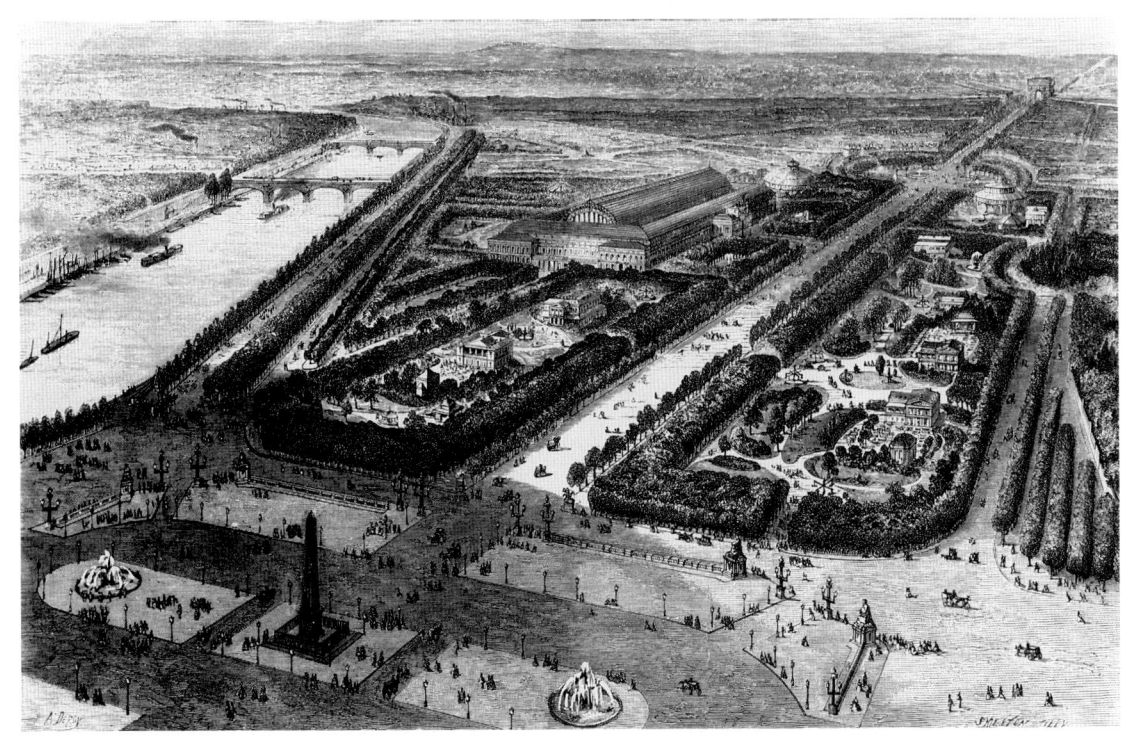

Les Champs-Elysées, vue à vol d'oiseau.

Le célèbre architecte Gabriel, le constructeur des Hôtels du Garde-Meuble et du Ministère de la Marine, des deux côtés de la Rue Royale, édifiée, selon ses plans, sur l'avenue plantée qui reliait les pelouses de Le Nôtre à la ceinture des anciens boulevards, venait de dessiner la Place de la Concorde, ainsi qu'elle existait en 1836, sous le règne du Roi Louis-Philippe, quand M. Flittorf en obstrua malencontreusement le centre, en y plantant l'Obélisque de Louqsor, flanqué de deux fontaines monumentales.

Gabriel avait laissé libre à la circulation et à la vue ce milieu de place ; mais il avait décoré les angles d'une manière charmante, au moyen de quatre parterres bas dont il ne reste que les huit statues de grandes villes érigées sur leurs balustrades.

Obligé d'opter, dans l'intérêt de la circulation, entre ces parterres et le plateau central, supportant l'Obélisque de Sésostris et ses fontaines, l'Empereur préféra, contrairement à mon avis, le maintien de cet obstacle encombrant et m'ordonna de combler les petits jardins de Gabriel. J'aurai sujet de revenir ailleurs sur cette mesure que je regretterai toujours.

En 1764, les terrasses actuelles des Tuileries, bordées alors de fossés, délimitèrent la Place du côté du Palais. En face, le Grand-Cours, appelé déjà l'Avenue des Champs-Elysées, fut amené jusqu'à la Place même. Son entrée fut accusée par les deux groupes dits « Les Chevaux de Marly », dus au ciseau de Coustou.

On compléta la plantation des quinconces et, au delà du Rond-Point, l'avenue fut continuée par une pente adoucie, jusqu'à la Butte de l'Etoile abaissée, où l'Empereur Napoléon Ier devait consacrer à la gloire de la Grande-Armée, son immense Arc de Triomphe.

La reconnaissance publique a conservé les noms de Gabriel, de Marigny, d'Antin, aux avenues secondaires qu'ils avaient désignées primitivement.

Toutefois, les Champs-Elysées, comme le Jardin des Tuileries, faisaient partie du Domaine de la Couronne et la Population Parisienne en jouissait uniquement par tolérance.

Une loi du 27 Novembre 1792 les réunit au Domaine de l'Etat.

La propriété en fut cédée à la Ville de Paris en 1828, par une Loi du 20 Août ; mais cet acte ne comprenait pas l'ancien « Promenoir de Chaillot » sis du côté gauche de la grande Avenue, entre le Rond-Point et la Place de l'Etoile. Les diverses parties de ce Promenoir furent abandonnées à la Ville par deux autres Lois rendues les 8 Juillet 1852 et 22 Juin 1854, à diverses conditions fidèlement accomplies sous mon édilité, avec autorisation d'en vendre les parcelles inutiles pour les travaux projetés autour du Rond-Point et de la Place de l'Etoile, grevées de servitudes mentionnées déjà dans plusieurs parties de ces Souvenirs.

L'Etat se fit rétrocéder, à titre de concession temporaire, en acquittant une redevance annuelle de 1 200 francs, le Grand Carré de Marigny, pour y construire le Palais de l'Industrie, en vue de l'Exposition Universelle de 1855, décidée en 1852.

Ce Grand Carré, bien connu des élèves des collèges de Paris que les maîtres d'études (les pions) prenaient souvent pour but des promenades du Dimanche et du Jeudi, ne servaient pas seulement à nos ébats. Les amateurs du Jeu de Paume et du Jeu de Boules, y satisfaisaient leur passion favorite. Pour ma part, j'y jouai nombre de fois à la balle, quand j'étais dans les « Petits » au Collège Henri IV, et je m'y promenai non moins souvent bras dessus, bras dessous, avec mes camarades, en causant de sujets littéraires ou philosophiques, lorsque notre dignité de « Grands » ne nous permit plus que le rôle de Péripatéticiens.

Je ne livrai pas, sans quelque émotion, ce carré classique à la pioche des terrassiers ouvrant les tranchées des fondations du nouvel édifice.

En regard du Cirque d'Eté, construit sur un terrain concédé par la Ville au droit de l'Avenue Matignon, nous fîmes élever, en 1858, le bâtiment symétrique du Panorama, de l'autre côté de la Grande Avenue, au droit de l'Avenue d'Antin.

Les Champs-Elysées.

Déjà de nombreuses concessions d'emplacements affectés à des Cafés-Restaurants, à des Cafés-Concerts et à de petits spectacles, avaient fait des brèches plus ou moins considérables dans les vieux quinconces, afin d'égayer leur monotonie de motifs d'architecture variés.

Les diverses constructions élevées par les concessionnaires de la Ville devaient lui revenir, lorsque leur jouissance prendrait fin.

Durant la guerre d'Italie, je pris sur moi d'autoriser l'enlèvement des arbres qui dépérissaient, restes de ces quinconces humides. Je fis couvrir les espaces fort étendus ainsi devenus libres, et préalablement assainis, de pelouses vallonnées, de massifs d'arbres et d'arbustes de choix, de corbeilles de plantes vertes et de fleurs, et j'y répartis des fontaines rafraîchissant l'air de leurs nappes étagées d'eau jaillissante.

Ce fut une surprise pour le Souverain victorieux, de trouver ce changement de décor inattendu complètement achevé lors de son retour.

Aujourd'hui, les parterres substitués aux maussades quinconces d'autrefois et les joyeux établissements qu'ils encadrent, ont fait des Champs-Elysées une promenade sans pareille et par la diversité de ses aspects, et par l'affluence des visiteurs qu'elle attire en toute saison.

Il va sans dire que les plantations des avenues et de leurs contre-allées ont été renouvelées et entretenues avec le plus grand soin. J'y fis remplacer les anciens ormes défaillants par le marronnier, dont le beau feuillage hâtif et les belles grappes de fleurs printanières font le plus magnifique de nos arbres de luxe, — un arbre royal — se prêtant d'ailleurs à tous les usages, et de facile reprise, moyennant quelques arrosages au début.

Les arbres ou arbustes variés garnissant les massifs ou décorant les pelouses, provenaient de l'acquisition faite en Belgique, par le Service des Promenades et Plantations, de l'ensemble des collections d'un riche amateur décédé.

La contenance totale des parterres, remplaçant les quinconces, portée, pour 18 hectares 1/2 en chiffre rond, dans la récapitulation des Grands Travaux de Paris, à la fin de mon Second volume, est exactement de 18 hectares 94 ares 92 centiares. La dépense que nous y avons faite monte à 1 253 033,68 fr., non compris le coût de la construction du Panorama (238 362,20 fr.).

Elle sera plusieurs fois compensée par la valeur des édifices que les différents concessionnaires de la Ville doivent lui délaisser finalement.

Parcs de Monceau, des Buttes-Chaumont, de Montsouris

Les Champs-Elysées forment une promenade ouverte. Nos parcs, ainsi que leur nom l'indique, sont des promenades entourées de clôtures, mais de clôtures uniquement composées de grilles, plus ou moins basses, élégantes, sinon luxueuses.

En 1860, à l'occasion de l'ouverture du Boulevard Malesherbes, je fis exproprier, pour mettre fin

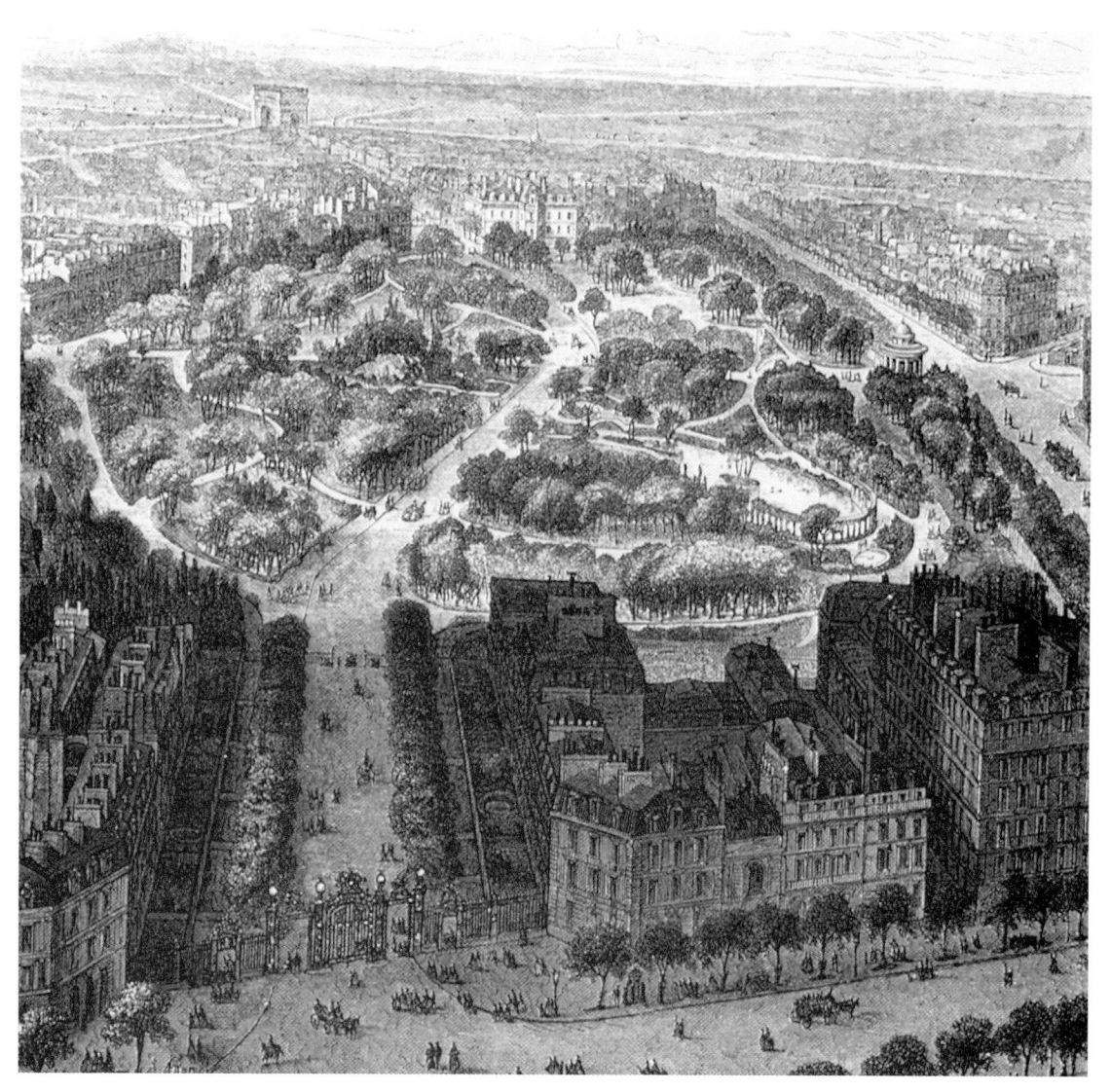

Vue à vol d'oiseau du parc Monceau.

à la situation embarrassante créée par le Décret dictatorial du 23 Janvier 1852, la totalité de l'ancien Parc de Monceau, dont cette voie nouvelle devait traverser la partie extrême. Les Princes et Princesses d'Orléans étaient propriétaires incontestés d'une moitié, comme héritiers de la Princesse Adélaïde, et le Domaine de l'Etat, attributaire en vertu de ce Décret-Loi de l'autre moitié. Celle-ci faisait partie des biens donnés par le Roi Louis-Philippe à ses enfants, le 7 août 1830, deux jours avant son avènement au Trône, afin d'en éviter le retour à l'Etat, suivant la règle consacrée par notre vieux Droit Français. La superficie de l'ensemble était près de trois fois aussi grande que celle du Parc de nos jours, qui ne mesure pas plus de 8 hectares 46 ares 02 centiares, ses Avenues d'accès comprises.

L'indemnité réglée amiablement, à forfait, au profit des Princes et Princesses d'Orléans, pour leurs droits, quels qu'ils pussent être, sur l'ancien Parc, et celle que réclama le Domaine de l'Etat pour les siens, portées à 10 millions, en bloc dans la première partie de ces Mémoires, ne montèrent en dernière analyse qu'à 9 387 975 francs.

La Ville revendit à M. Emile Péreire, qui m'avait servi d'intermédiaire auprès des Princes et Princesses d'Orléans, moyennant un prix total de 8 100 000 francs, les 8 100 mètres de terrains laissés en dehors des emprises de la Voie Publique et du périmètre de la Promenade que j'entendais réserver à la Population des quartiers voisins.

Si, comme je l'ai dit ailleurs, où cette énonciation sommaire, à côté du sujet essentiel de mon récit, pouvait suffire, ce prix a couvert exactement les indemnités réglées, c'est après déduction faite, sur le montant net de celles-ci, de la valeur des terrains livrés à la Voie Publique, non seulement pour le passage du Boulevard Malesherbes, mais encore pour le prolongement de la rue de Lisbonne et l'ouverture des rues de lotissement, dites de Vigny et Murillo.

Les dépenses de toute espèce motivées par l'installation et la clôture du nouveau Parc, et qui firent de cette promenade la plus luxueuse et en même temps la plus élégante de Paris, se sont élevées à 1 190 000 francs.

Les magnifiques grilles d'entrée et celles qui l'entourent ne figurent pas, dans ce total, pour beaucoup moins de 500 000 francs.

Les autres dépenses ont eu pour objets : la restauration de la Rotonde à colonnes du Boulevard de Courcelles, et de la Naumachie ; l'établissement d'un Service d'eau pour l'alimentation des bouches d'arrosage et de la cascade tombant du rocher à grotte dont le goût public imposait alors la constructions aux décorateurs de nos promenades importantes ; le vallonnement des pelouses, les plantations des arbres et arbustes de choix, isolés ou groupés en massifs, et les corbeilles de plantes vertes et de fleurs.

Tous les travaux furent exécutés en neuf mois, de Janvier à Septembre 1861.

Le nom des Buttes-Chaumont viendrait, suivant les étymologistes, de la contraction de deux mots significatifs : « Chauve-Mont. » Il aurait été donné, disent-ils, à ces hauteurs, parce que le sol et le sous-sol, uniquement composés de glaise, de marne compacte et de gypse, se refusaient absolument à toute végétation.

En 1860, lors de l'annexion des communes de Belleville et de La Villette à Paris, des ateliers d'équarrissage et un dépotoir de vidanges occupaient seuls et rendaient infects ces parages inhabités et peu sûrs.

Je conçus l'idée, bizarre au premier aspect, d'en faire, après les avoir débarrassés de ces établissements insalubres, un lieu d'attrait pour les Populations des XIXe et XXe arrondissements nouveaux, par la conversion en Promenade Publique de 25 hectares de terrain ; il comprendrait tout le massif des Buttes, que la Société dite des Carrières du centre possédait entre les rues de Crimée et de Puebla, dans un sens, et les rues de Vera-Cruz et de Mexico, dans l'autre.

Je soumis à l'Empereur mon plan, qu'Il comprit et qu'Il accepta de suite.

Je n'avais pas sujet, du reste, en cette circonstance, comme pour la question du Parc de Monceau, de redouter les préventions qu'eût rencontrées probablement, chez un esprit moins large, moins calme et moins politique, mon désir d'éteindre une affaire plus qu'ennuyeuse, par l'addition d'un membre de phrase inoffensif dans le grimoire habituel de la procédure d'expropriation, et par l'allocation équitable d'une indemnité quadruple de l'estimation d'inventaire de tout l'ancien Parc, antérieure à la Révolution de 1848 et, partant, au Second Empire, mais ne grevant en rien la Ville, grâce à l'énorme plus-value donnée par mon projet aux lots de revente.

Cette fois, ainsi que l'autre, après délibération approbative et enquête, un Décret, en conseil d'Etat (22 juillet 1862), déclara d'utilité publique l'acquisition résolue. Elle fut consommée en 1863.

Les travaux, commencés en 1864, ne prirent fin qu'en 1867, tant ils étaient considérables et présentaient de difficultés.

En effet, les déblais et remblais qu'exigeaient le creusement du Lac baignant de toutes parts le pied de l'île formée par le promontoire central ; le comblement des excavations laissées à découvert par les anciennes carrières de pierre à plâtre ; le tracé des allées carrossables et des chemins ct sentiers de piétons, suivant des inclinaisons suffisamment adoucies, et les transports de terre végétale indispensable à la réussite de la plantation des massifs et des gazonnements des pelouses, prirent une telle importance qu'il fallut une voie ferrée mobile et l'aide de locomotives pour en venir à bout.

La longueur développée des voies sillonnant le Parc en tous sens dépasse 5 kilomètres.

Le service d'eau fut assuré par une machine spéciale montant l'eau du Canal de l'Ourcq aux points les plus élevés de la nouvelle Promenade. Il desservait, outre le réseau des conduites et bouches d'arrosage, la grande cascade qui part des

Les Buttes-Chaumont.

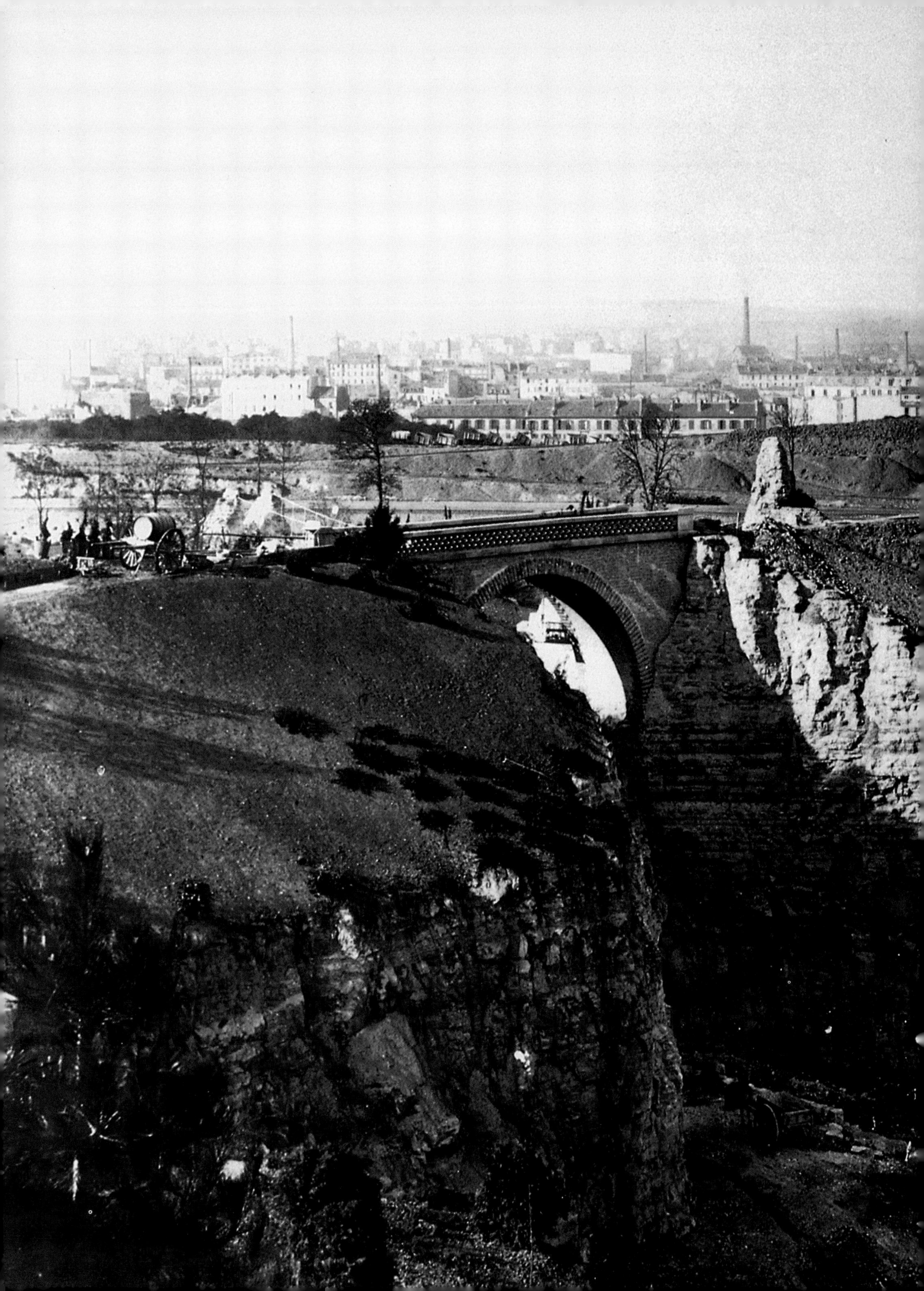

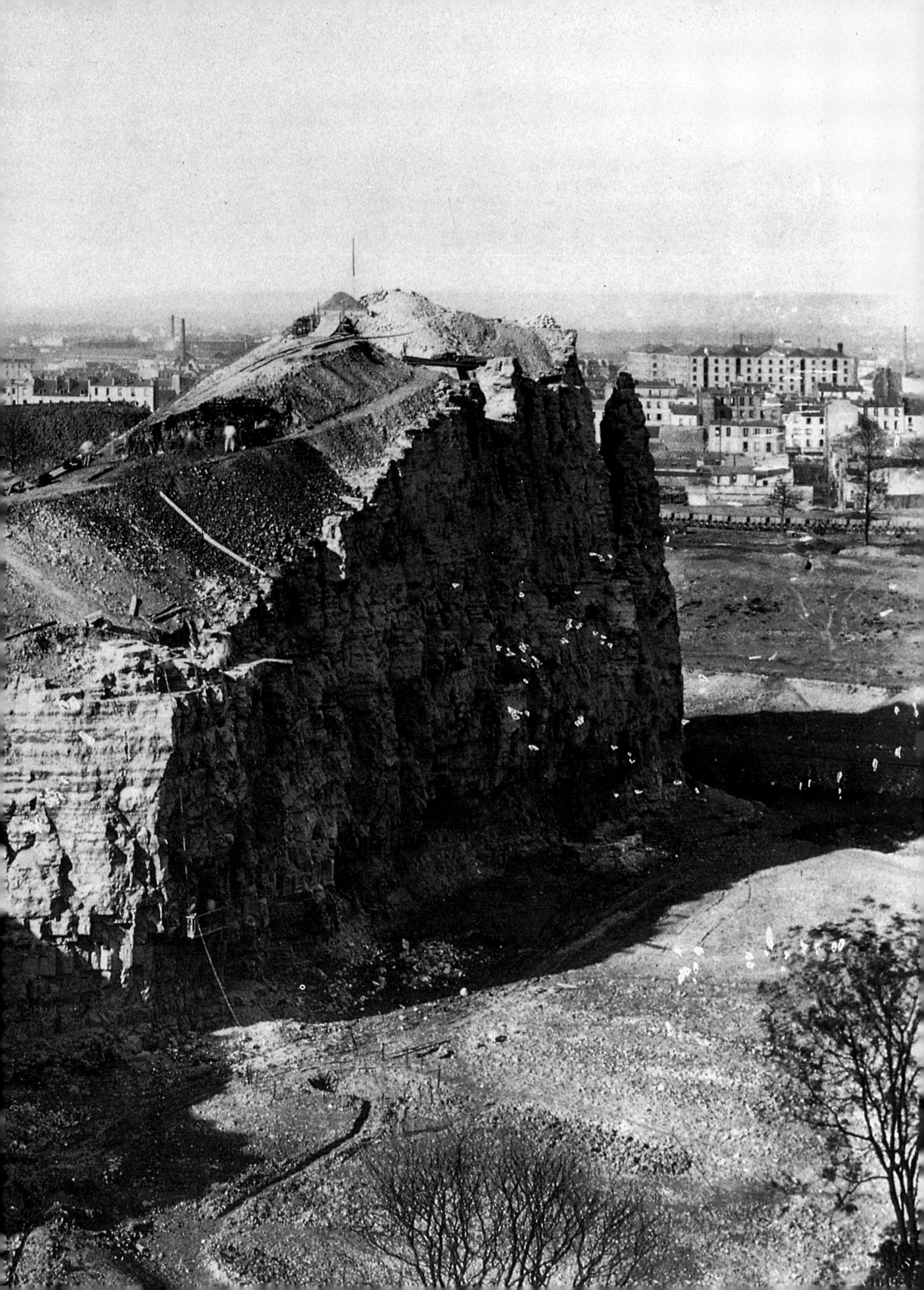

hauteurs de la Butte dite de Vera-Cruz, pour descendre, par des chutes successives, à 32 mètres plus bas, dans le Lac, et deux ruisseaux qui s'y déversent également.

Des murs de soutènement en roches factices consolident certains points abrupts qui menaçaient de s'écrouler.

On construisit deux ponts donnant accès au Promontoire central, isolé par le Lac. Un troisième pont franchit la portion en tranchée du Chemin de fer de Ceinture, qui traverse la pointe septentrionale du Parc.

La grotte inévitable se trouva préparée, dans le Promontoire même, par les galeries d'une ancienne carrière dans des proportions d'étendue et de hauteur exceptionnelles. Un escalier descendit de la plate-forme du Promontoire aux bords du Lac.

On vallonna fort aisément les pelouses décorées d'arbres de prix et de corbeilles dont on couvrit une partie du sol tourmenté des Buttes, et l'on massa des plantations variées sur le reste.

Enfin, M. Davioud édifia :

1° La Rotonde couronnant le Plateau du Promontoire, d'où l'on jouit d'une vue splendide ;

2° Trois belvédères ;

3° Trois chalets-restaurants, — sur le bord du Lac, au-dessus du tunnel du Chemin de fer de Ceinture, et sur le versant de la Butte dite de Puebla ;

4° Huit pavillons de gardes ;

5° Une habitation affectée au Garde-Général des Promenades Intérieures de Paris.

De plus, on ceignit de grilles le Parc entier, auquel on accède par des entrées ménagées dans le périmètre de ces clôtures, et spécialement du côté de Paris par la rue Sécrétan, à l'extrémité de la rue Lafayette.

La dépense totale atteignit presque 6 millions de francs.

Les travaux de l'Architecte y sont portés pour 475 850,88 fr. ; les autres, pour 2 938 760,50 fr., et le prix d'acquisition des Buttes, pour le surplus, c'est-à-dire pour 2 millions et demi environ.

L'énormité relative de ces chiffres, qu'aucune revente importante de terrains n'est venue atténuer, mettait mon Administration dans l'obligation d'autant plus pressante, de créer, comme elle en avait le dessein, au Sud de Paris, un autre Parc, afin de procurer aux quartiers extrêmes des XIIIe et XIVe arrondissements des avantages équivalant à ceux dont le Parc des Buttes-Chaumont avait doté les nouveaux quartiers du Nord de la Ville.

Je choisis, à cet effet, la colline de Montsouris, que je connaissais depuis mon enfance et que les fortifications avaient mise dans la Zone Suburbaine réunie à Paris en 1860.

De cette hauteur, on domine la vallée de la Bièvre, et l'œil embrasse un vaste et curieux horizon du côté de Paris.

L'établissement du Parc de Montsouris sur un espace en forme de trapèze mesure 15 hectares 84 ares 76 centiares seulement, délimité, au Nord et au Sud, par l'Avenue de Reille et le Boulevard Jourdan (Route Militaire), à l'Est et à l'Ouest, par les rues Gazan et Nansouty ; il fut déclaré d'utilité publique par un Décret, en Conseil d'Etat, du 22 juin 1865 ; mais les acquisitions comprenant de nombreuses propriétés privées, qu'on n'a pu acheter toutes à l'amiable, durèrent de 1865 à 1867.

Une Avenue spéciale, partant de l'ancienne Barrière d'Enfer, et bordée à gauche par le Chemin de fer de Sceaux, à droite, au bout, par les réservoirs de la Vanne, conduit à la nouvelle promenade. Malheureusement, la voie du chemin de fer coupe celle-ci en tranchée de part en part, du Nord au Sud, en deux portions inégales. On dut construire trois ponts afin de relier la partie haute, la plus considérable des deux, à celle qui descend vers la rue Gazan et masquer la tranchée de la voie ferrée par des plantations habilement disposées à cet effet.

Une grande pièce d'eau fut creusée dans la partie basse.

Au sommet de l'autre partie, près de la mire de l'Observatoire de Paris, on voit le Bardo, reproduction du Palais du Bey de Tunis, que la Ville acheta, moyennant 150 000 francs, à l'Exposition Universelle de 1867. Par des installations intérieures qui motivèrent une dépense complémentaire de 35 000 francs, il fut transformé en observatoire

Pages précédentes : l'aménagement des Buttes-Chaumont.

L'heure de la musique au parc Montsouris.

spécial de météorologie pour l'étude de l'atmosphère, au double point de vue de la Science et de ses applications à l'Hygiène Publique et à l'Agriculture.

Des voies carrossables entourent et séparent les deux vastes pelouses vallonnées qui montent à cet édifice.

Une troisième voie carrossable contourne une troisième pelouse au milieu de laquelle se trouve le lac.

Le Réservoir de la Vanne assure le service d'eau sur lequel je n'insiste pas plus que sur les plantations d'arbres, de massifs, etc., etc., pour épargner à mes lecteurs des redites inutiles.

Indépendamment de la réédification du Bardo, l'architecte du Service des Promenades et Plantations construisit les maisons de garde à Montsouris, et ferma le parc entier de grilles.

La dépense des travaux de toute nature n'excéda pas 1 750 000 francs, soit moitié de celle des Buttes-Chaumont. Cela se comprend, du reste, quand on compare la contenance et la nature des terrains à transformer, des deux parts, en Promenades publiques.

Acquisitions comprises, je trouve pour le total des sommes payées par mon Administration, arrêté le 13 Décembre 1859, 4 215 298,78 fr.

Squares et places plantées

Le nom de *square* signifie, en anglais : *carré*. Nous désignons ainsi, à l'instar de nos voisins d'outre-mer, les jardins presque toujours clos de grilles, entourant ou côtoyant certains de nos édifices, occupant le milieu de la plupart de nos Places, ou bien utilisant des espaces laissés libres par le tracé de nos voies publiques nouvelles et par le plan de lotissement des parcelles de terrain demeurées en dehors des alignements de ces voies et livrées à la reconstruction. La forme de ces enclos verdoyants et fleuris dans la belle saison, pleins d'air et de

Pages suivantes : le jardin des Plantes, vue à vol d'oiseau.

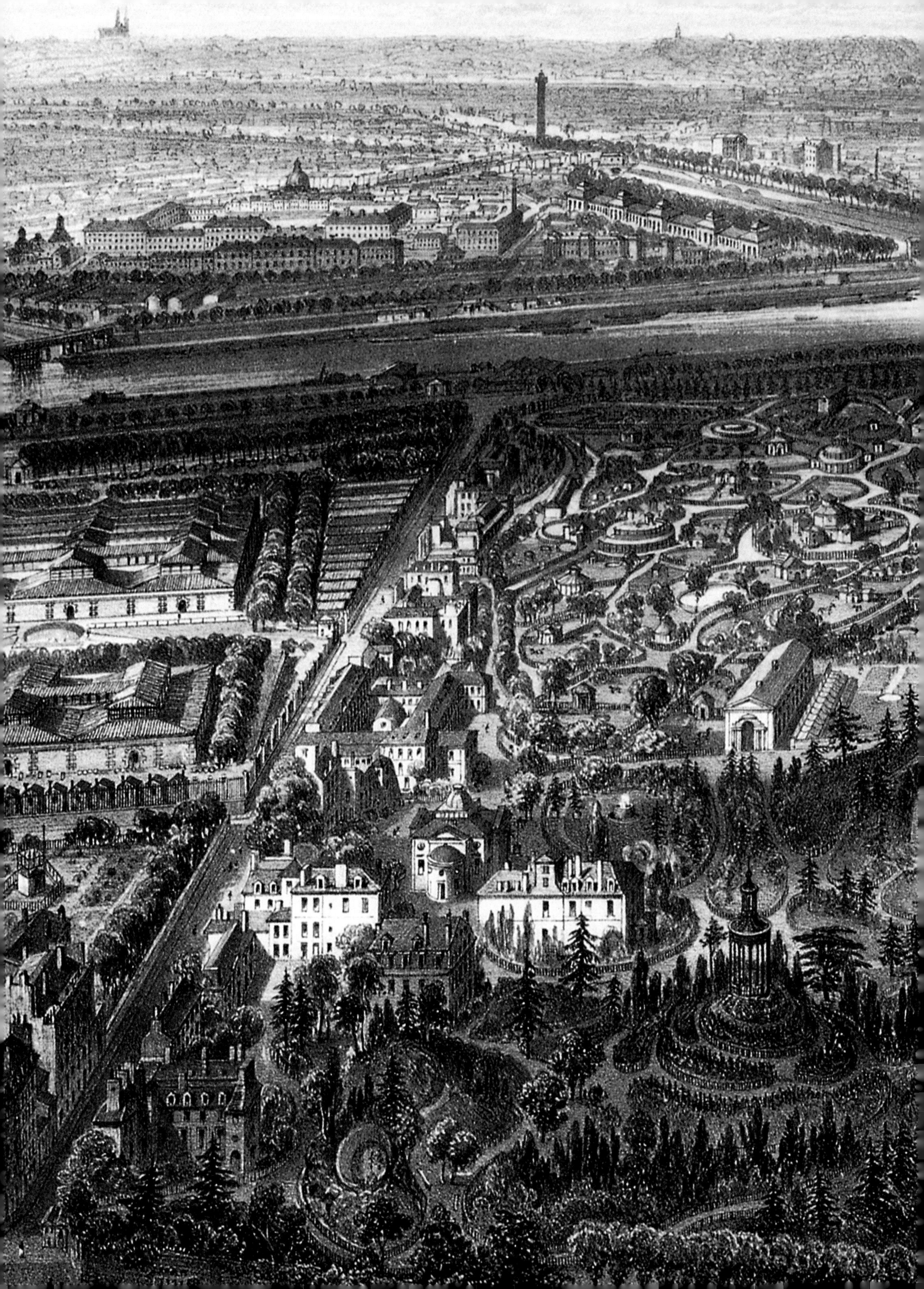

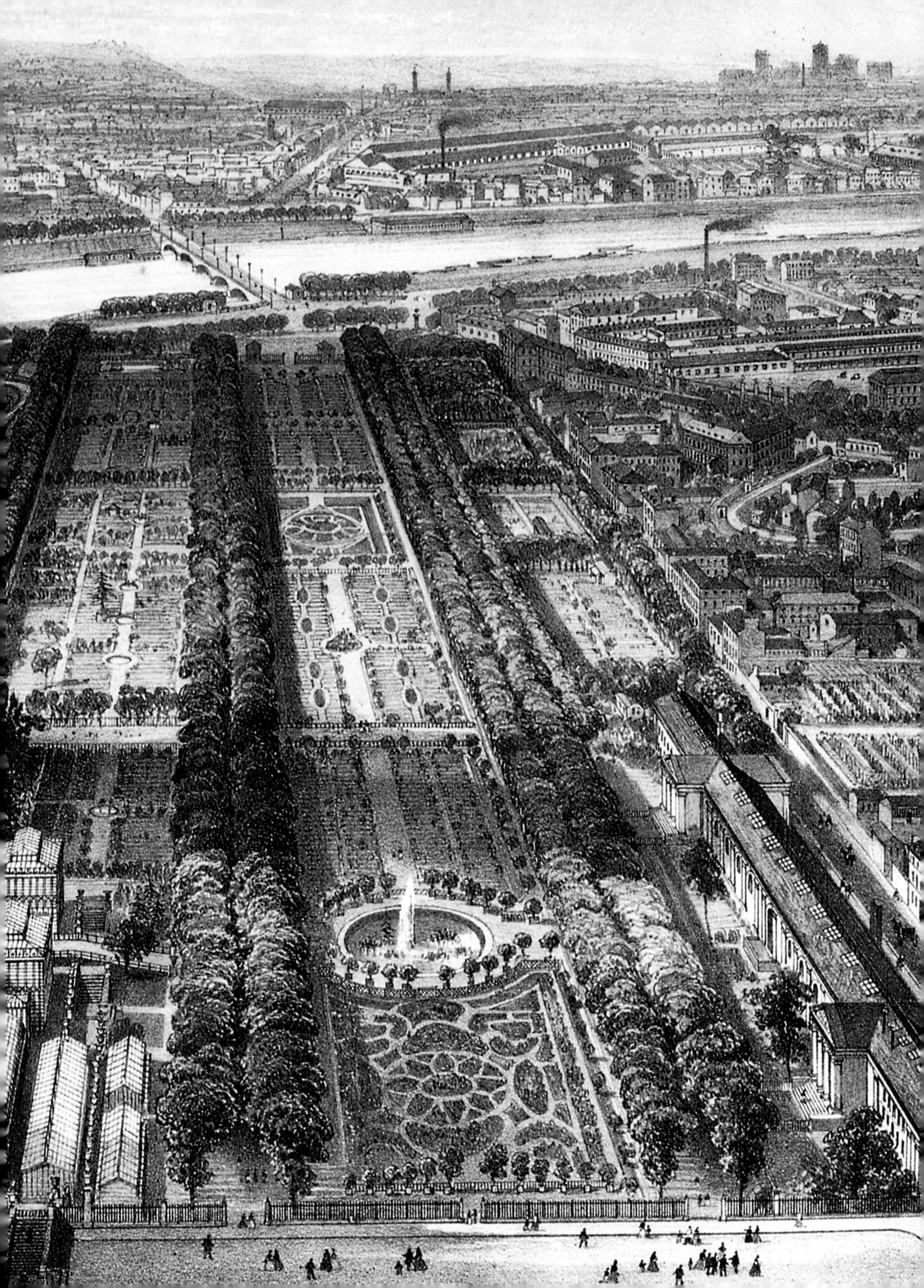

lumière, en tout temps, ne justifie point cette qualification, je le confesse, en bien des cas.

Pendant son très long séjour en Angleterre, l'Empereur avait été frappé du contraste de la bonne tenue des squares de Londres, et de l'état sordide que présentaient les bouges où les familles d'ouvriers vivaient entassées. Il y voyait une sorte de protestation muette, auprès des jeunes générations, contre les mauvaises habitudes, dont elles n'avaient que trop d'exemples chez leurs parents, une séduction lente, qui devait les attirer finalement au bien, amener un changement de ces habitudes et l'amélioration graduelle des mœurs des classes laborieuses.

Aussi, me prescrivit-il de ne manquer aucune occasion de ménager, dans tous les arrondissements de Paris, l'emplacement du plus grand nombre possible de squares, afin de pouvoir offrir avec largesse chez nous, comme on le faisait à Londres, des lieux de délassement et de récréation à toutes les familles, à tous les enfants, riches ou pauvres.

Les espérances, les illusions, si l'on veut, illusions généreuses ! — que je ne partageais pas entièrement, j'en conviens, fondées sur l'influence morale que, selon Sa Majesté, ces créations ne pouvaient manquer d'exercer dans les masses, — ne se sont pas réalisées jusqu'à présent, et ne semblent pas devoir se réaliser de longtemps encore ; mais leur bon effet sur la santé publique me paraît incontestable.

Suivant les indications de l'Empereur, mon administration a doté Paris de squares libéralement répartis entre tous ses arrondissements anciens et nouveaux. Il en fut créé 24, de 1853 à 1869 ; savoir 17, dans la Vieille Ville ; 7, dans la Zone Suburbaine annexée.

Je vais les passer en revue sommairement.

Paris ancien

Square Saint-Jacques. — On a vu, dans le chapitre Ier de ce volume, que mes premières opérations de voirie, motivées par le dénivelle-

Square du Temple. vue à vol d'oiseau.

La colonne de Juillet, Place de la Bastille vue depuis le Boulevard de Beaumarchais.

Le Boulevard de Clichy sous la neige, par Norbert Gœneutte.

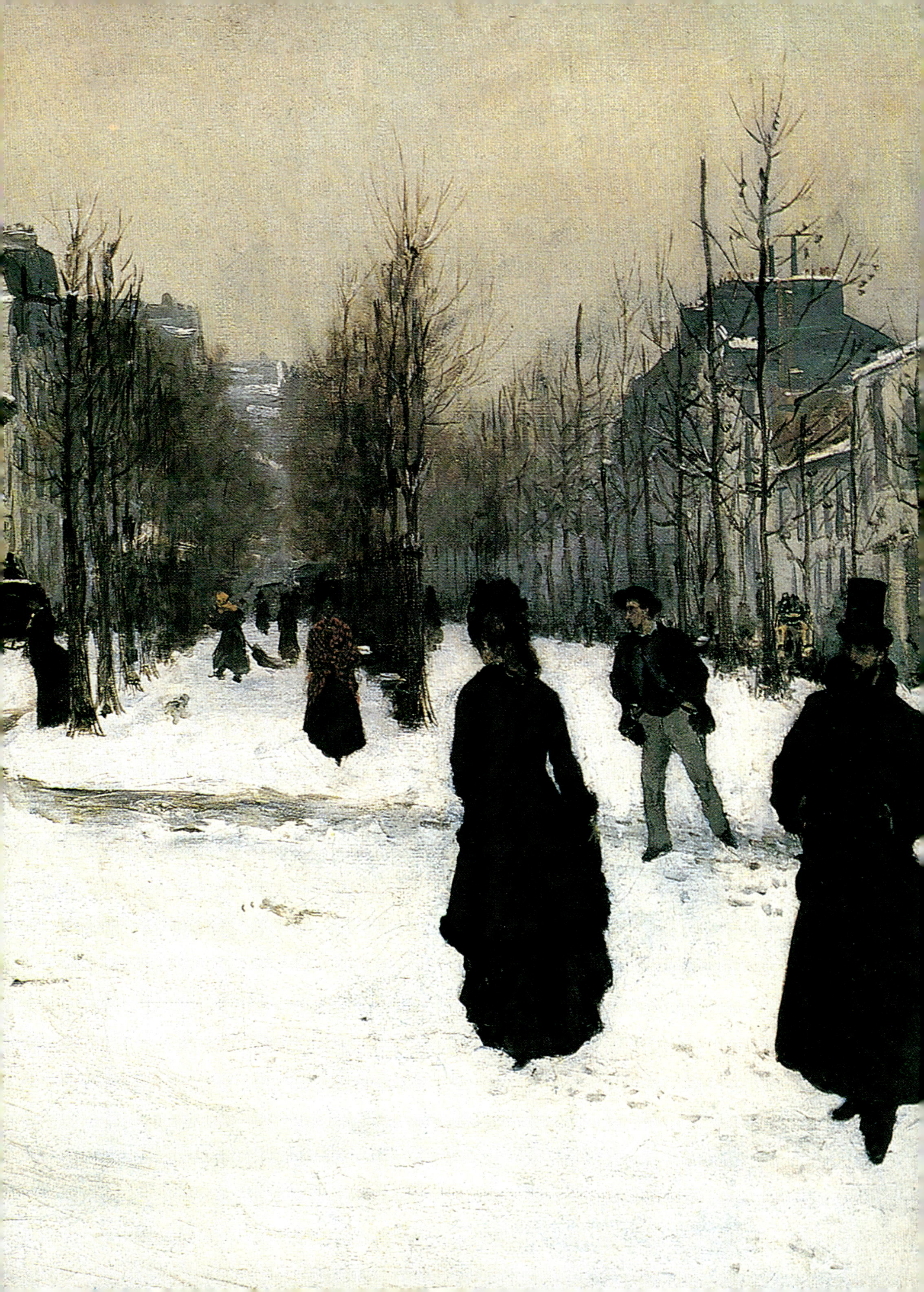

Ci-contre : La Place de l'Europe,
un jour de pluie
par Gustave Caillebotte.

Page suivante :
Seine au pont de l'Alma et la
colline de Chaillot
par Stanislas Lépine.

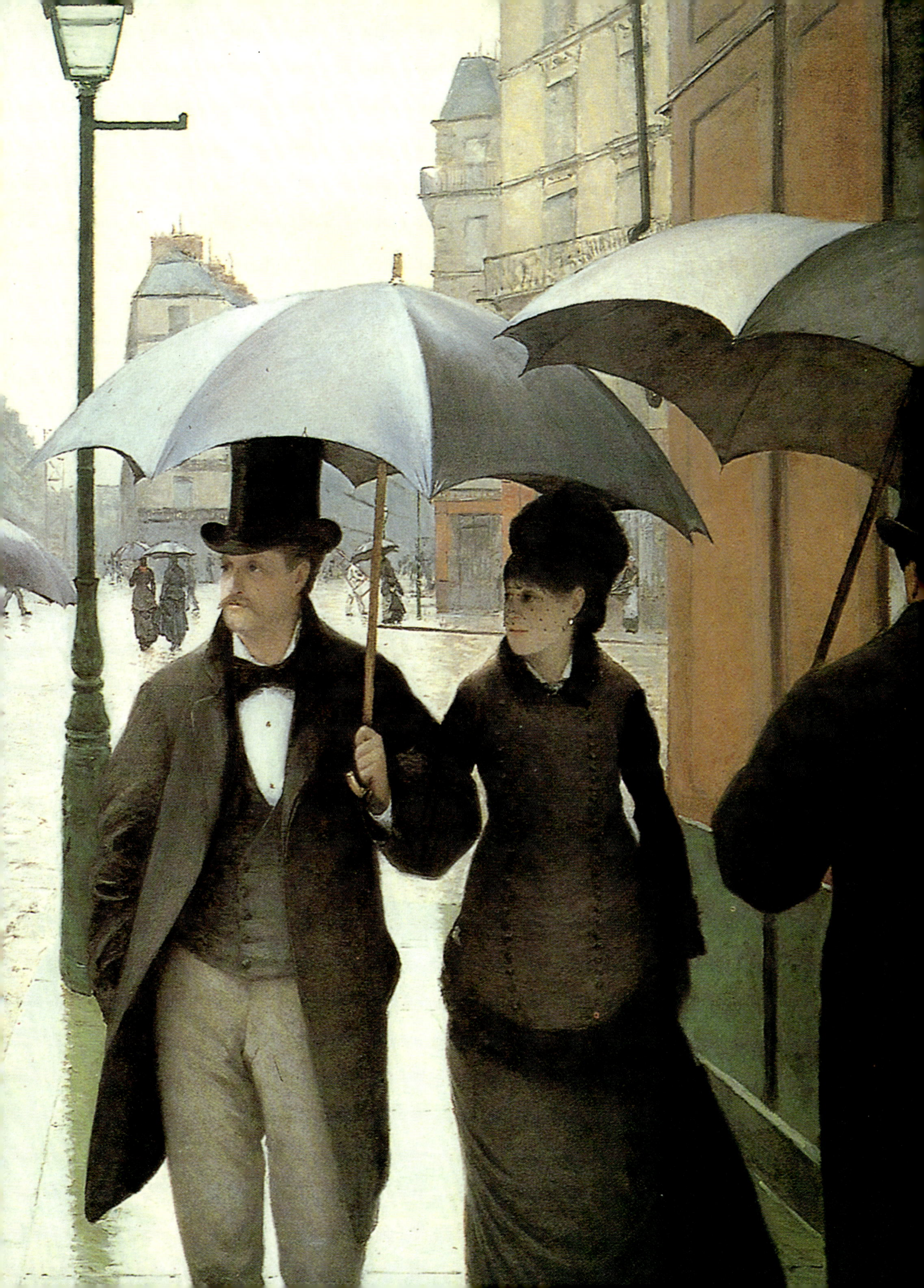

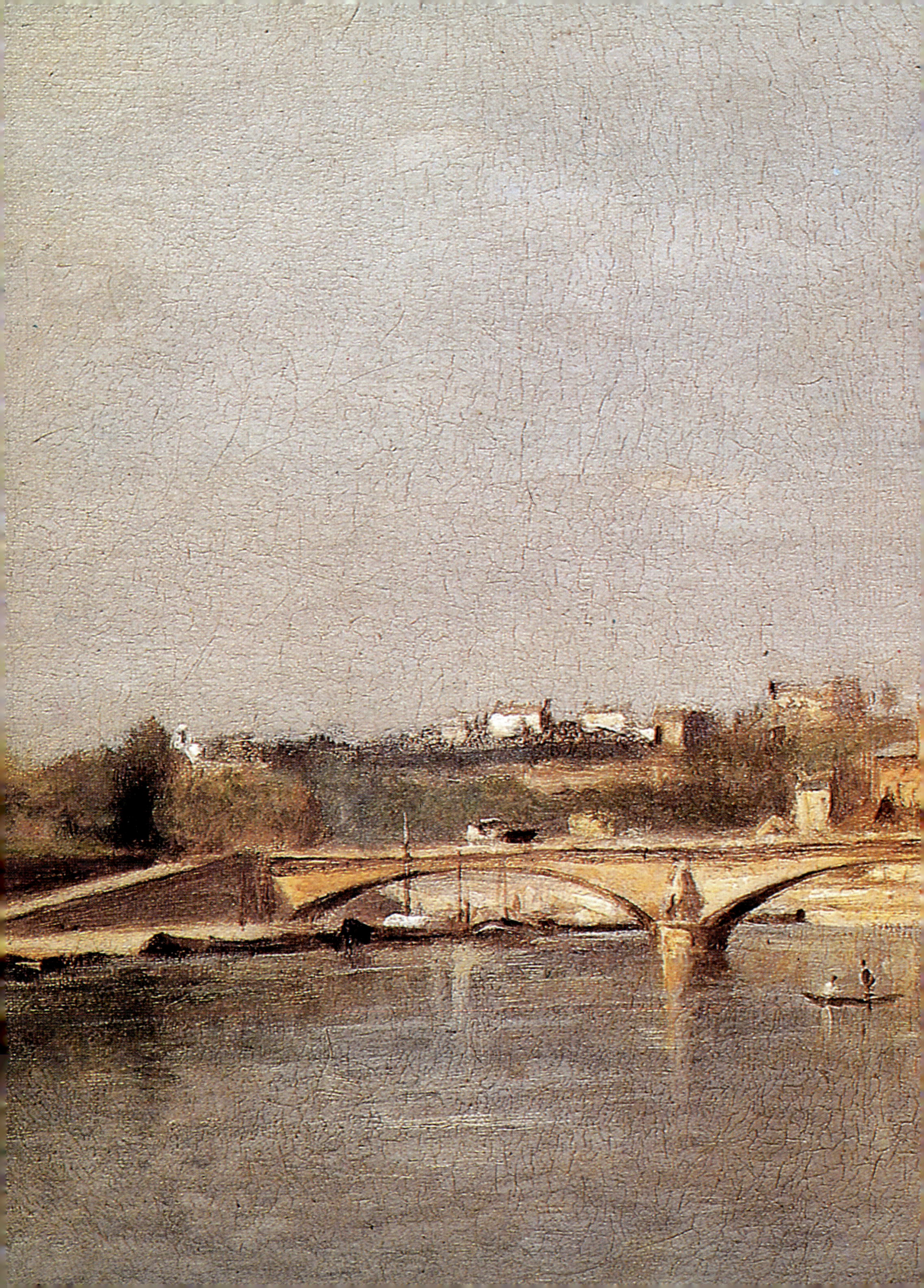

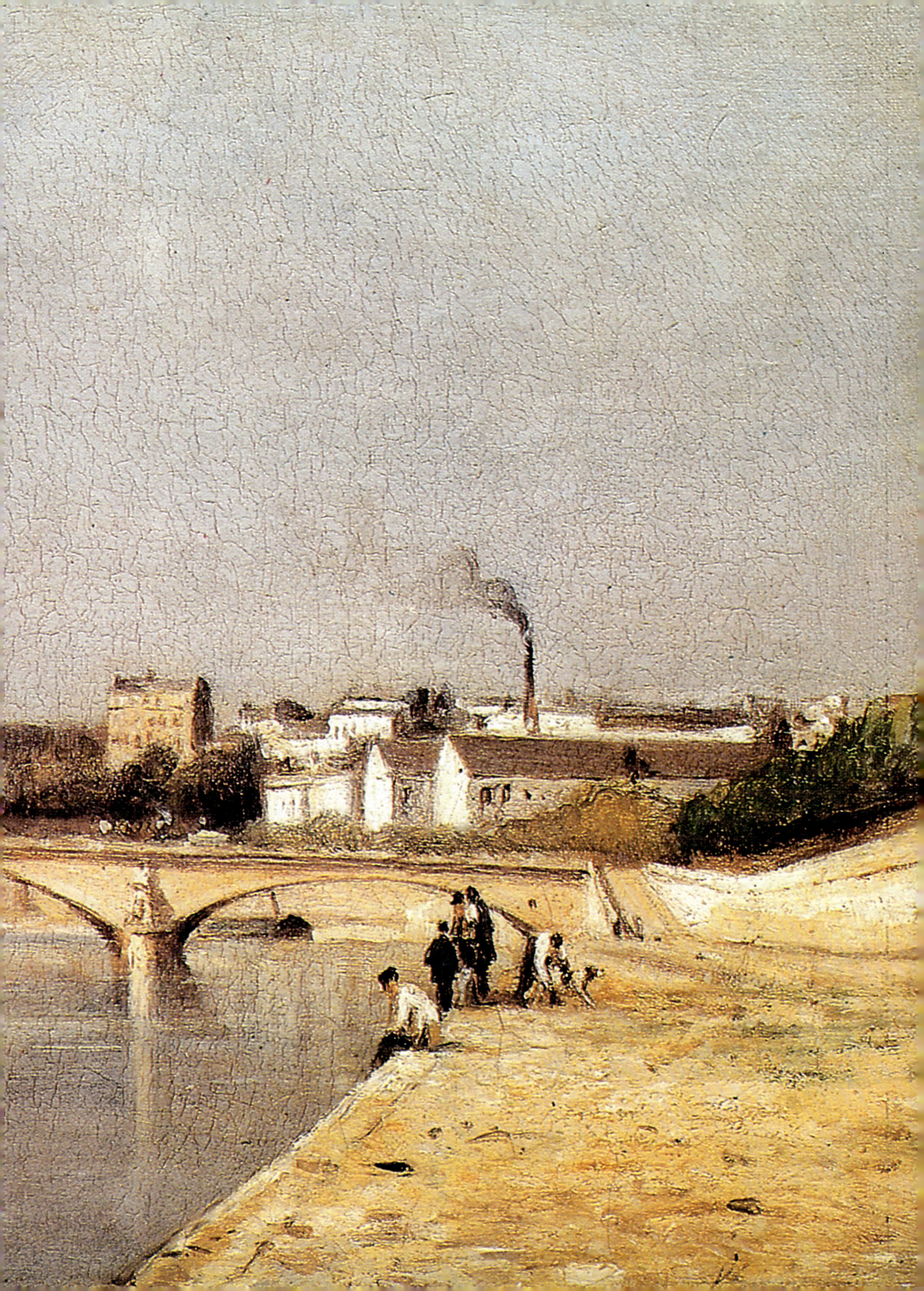

Le Palais de Justice, la Conciergerie et le quai de l'Horloge
par Adrien Dauzat.

ment des abords de la Tour Saint-Jacques-la-Boucherie, nécessitèrent des expropriations complémentaires considérables, reconnues d'utilité publique. Un Décret, en conseil d'Etat, du 29 Juin 1854, autorisait la création, entre autres choses, d'un square d'isolement de l'Édifice repris en sous-œuvre ; il serait bordé par la rue de Rivoli prolongée au Nord, par les rues Saint-Martin et Saint-Denis à l'Est et à l'Ouest ; enfin par l'Avenue Victoria au Sud. Toutes ces entreprises nouvelles étaient à peu près achevées, lors de la visite de la Reine d'Angleterre à l'Exposition Universelle de 1855. C'est donc le premier Square de Paris, dans l'ordre chronologique.

Sa contenance est de 6 015 mètres carrés.

Le coût des travaux de jardinage s'élève à 141 700 francs environ.

Celui du terrain et de la grille de clôture est compris, d'une part, dans le compte des expropriations complémentaires, et, d'autre part, à titre de dépense accessoire, dans le compte des travaux de consolidation de la Tour.

Square du Temple. — Etabli durant le cours de 1857, devant la Mairie de l'ancien Ier Arrondissement, devenue celle du nouveau IIIe en 1860, sur l'emplacement du marché au vieux Linge. Cédé par l'Etat à la Ville, en vertu d'une Loi du 14 Juin 1854, ce jardin, fermé de grilles sur les rues du Temple, de Bretagne, des Archives et Perrée, occupe une surface de 7 333,39 m².

Il contient quelques vieux arbres, conservés avec soin, et une pièce d'eau qu'alimente une cascade tombant d'un rocher factice.

Les dépenses de tout ordre qu'il a causées montent à 148 600 francs environ.

Square des Arts-et-Métiers. — C'est à partir de la fin de 1857 seulement que l'extension de ce square fut possible, sur des terrains sis entre le boulevard de Sébastopol et la rue Saint-Martin d'une part, la rue Salomon-de-Caus et la rue Papin d'autre part, ter-

Square des Arts-et-Métiers.

rains provenant des expropriations faites, en vertu d'un Décret du 29 Septembre 1854, pour le dégagement de ce boulevard, au droit de l'entrée principale du Conservatoire des Arts et Métiers.

A droite et à gauche, de grands bassins à jets d'eau sont ornés de groupes allégoriques en bronze, les Arts et l'Industrie, l'Agriculture et le Commerce, dus à MM. Ortin et Gumery. La statue de la Victoire Ailée, par Crauk, surmonte une colonne, au centre.

Une balustrade en pierre dure, décorée de vases en bronze, avec des grilles d'entrée en fer, clôture ce petit jardin qui n'a pas plus de 4 015 mètres carrés de contenance.

Les travaux de tout ordre ont coûté 320 000 francs, y compris 91 000 francs pour la balustrade et 116 000 fr. pour les œuvres d'art et les bronzes.

Square des Innocents. — Le périmètre des Halles Centrales, modifié selon mes propositions, en 1853, absorba l'espace qu'occupait l'ancien Marché des Innocents. Au milieu se trouvait une admirable fontaine due au ciseau de Pierre Lescot et décorée avec un art exquis par Jean Goujon. Ce chef-d'œuvre, que M. Duban avait restauré sous le règne du Roi Louis-Philippe, fut démonté pierre à pierre, et reconstruit au centre d'un emplacement encadré par les rues Berger, Pierre Lescot (nouvelle), des Innocents et de la Lingerie.

L'ancien socle, reposant sur des lions, fut remplacé par des gradins, où l'eau débitée par la

Square des Innocents.

vasque supérieure s'épand en nappes étagées qui descendent des quatre côtés, en s'élargissant jusqu'au bassin d'en bas. L'effet que produit cette disposition nouvelle est très heureux.

Je fis entourer la Fontaine, vers 1859, après l'achèvement complet des Halles, d'un petit Square, clos de grilles, d'une contenance de 2 008,66m^2.

Les dépenses se sont élevées à 202 000 francs, dont 30 000 seulement pour les travaux de jardinage.

Square Sainte-Clotilde. — Il fut exécuté à la même époque, devant l'Eglise Sainte-Clotilde, qu'encadrent, au milieu de la Place Bellechasse, les rues Las-Cases et Saint-Dominique, Martignac et Casimir-Périer. Les travaux, grilles comprises, en ont coûté 32 000 francs.

Square Louvois. — En 1820, après l'assassinat du Duc de Berry par Louvel, à la sortie de l'Opéra, le Roi Louis XVIII fit raser ce théâtre. Il se trouvait alors entre les rues de Louvois, de Chabannais, Rameau, de Richelieu.

Sur l'emplacement qu'il occupait, au lieu de la Chapelle Expiatoire en cours d'exécution, le Gouvernement de Juillet fit établir, par l'Architecte Visconti, la fontaine qu'on y voit, décorée, par le sculpteur Klagenann, de statues représentant la Seine, la Loire, la Garonne et la Saône.

En 1859, je fis transformer le milieu de la Place Louvois, autour de cette fontaine, en Square clos de grilles, d'une superficie de 1 869 mètres carrés, moyennant une dépense totale de 56 000 francs environ.

Square Vintimille. — La même année, un jugement attribua la propriété de la Place Vintimille à la Ville de Paris.

Au centre de cette Place, existait une sorte de jardin, clos de grilles, dont la contenance n'excédait pas 948,16m^2. Elle avait été ménagée par les héritiers de Mme de Vintimille du Luc, comtesse de Greffülhe, puis de Ségur, propriétaires de l'ancien Parc de Tivoli, sur le point de croisement des rues de Bruxelles, de Douai, de Calais et de Vintimille qu'une Ordonnance Royale du 21 Juin

Square Montholon.

1841 les avait autorisés à percer pour lotir leurs terrains.

Je le fis ouvrir au public après en avoir convenablement approprié l'intérieur à sa nouvelle destination, au prix d'une modique dépense ; moins de 14 000 francs.

Square Montholon. — Etablie au droit du point de rencontre de la rue de ce nom et du prolongement de la rue La Fayette, sur des terrains provenant d'expropriations faites en exécution d'un traité passé le 23 Décembre 1861, entre la Ville et la Société Ardoin, Ricardo et Cie, approuvée le 29 Mars 1862 par un Décret en Conseil d'Etat, cette promenade, d'une superficie de 4571,14m², a pour motif principal une pièce d'eau qu'alimente une nappe sortant d'un massif de rochers, au fond d'une pelouse plantée. Trois autres pelouses, également garnies d'arbres, d'arbustes et de fleurs, des groupes d'enfants en marbres, ornent ce jardin.

Ces groupes sont de Claude Vignon (depuis, Mme Rouvier).

Les dépenses de toute nature se sont élevées à 160 000 francs.

Square Louis XVI. — Sur l'emplacement où les restes de cet infortuné souverain et de la Reine Marie-Antoinette furent inhumés, dit-on, le roi Louis XVIII avait fait élever, par les architectes Percier et Fontaine, une Chapelle Expiatoire qui fut plus respectée que celle de la Place Louvois.

Après le percement du Boulevard Haussmann en 1865, l'Empereur me fit entourer le monument d'un jardin, allant de cette nouvelle voie à la rue Neuve-des-Mathurins et de la rue Pasquier à la rue d'Anjou-Saint-Honoré, grâce à l'addition de terrains, dont l'acquisition avait eu lieu pour le dégagement des abords du boulevard, en vertu d'un Décret en Conseil d'Etat du 16 juillet 1862.

Des 6 385,19m² entourés de grilles, la Chapelle et ses dépendances occupent 2 124,03m². Le surplus, 4 261,16m², fut ouvert au public.

La somme dépensée par le service des Promenades et Plantations monte à 183 000 francs.

Square des Invalides. — Ces deux squares jumeaux furent établis, en 1865, sur deux espaces, ayant ensemble une contenance de 7 375 mètres carrés, restés libres, à droite et à gauche de l'Hôtel entre ses fossés et les Avenues des Invalides et de La Tour-Maubourg.

On y dessina des pelouses, on y planta des massifs et on protégea le tout de grilles, moyennant une dépense totale de 109 000 francs.

Square de la Trinité. — Devant l'Eglise de ce nom, qu'il complète en quelque sorte, cet élégant jardin, de forme semi-elliptique, y fut rattaché, vers 1866, par une balustrade en pierre dure, embrassant une surface de 3 618,50m².

Square de la Trinité.

Trois statues, représentant la Foi, l'Espérance et la Charité, décorent la partie droite, médiane, du mur d'accès en bordure du porche qui le domine, et à laquelle est adossée une belle fontaine à cascade et bassin, « la Source des Eaux vives », qualification mystique de la Foi.

J'ai peine à dire que cette création a coûté 420 000 francs, dont 350 000 en œuvres d'architecture et d'art et 70 000 en travaux de jardinage.

Square de Laborde. — C'est vers la même époque, après l'achèvement de l'Eglise Saint-Augustin que, pour le dégagement de ses abords,

Square de Laborde.

je fis déplacer et remplacer par un jardin le marché dont la place De Laborde était obstruée.

L'espace enclos par les grilles est de 3,831,33m². Il est couvert de deux pelouses plantées, et décoré d'une fontaine. La dépense fut de 108 000 francs.

Square de l'Observatoire. — Etablie sur les terrains de l'ancien Avenue de l'Observatoire, détachés du jardin du Luxembourg et cédés à la Ville par l'Etat, le 6 Décembre 1866, en vertu d'un Décret déclaratif d'utilité publique, rendu le 30 Août précédent, cette Promenade est, après la création des Parcs de Monceau, des Buttes-Chaumont et de Montsouris et la transformation des Champs-Elysées, l'œuvre la plus considérable et la plus coûteuse de mon administration, à l'intérieur de Paris.

L'espace qu'elle occupe, encadré de voies publiques et coupé par le prolongement de la rue Carnot, n'est pas moindre de 21 896,50m².

Entre deux belles allées de marronniers, des pelouses centrales, laissant en regard le Palais et l'Observatoire, sont bordées par des massifs d'arbustes et de fleurs, et décorées de statues et d'œuvres d'art.

Au Carrefour de l'Observatoire, une magnifique fontaine Monumentale, surmontée d'un groupe, œuvre de Carpeaux, représente des statues allégoriques supportant une Sphère céleste appuyée de chevaux marins. Elle fournit une belle nappe d'eau tombant du bassin semi-circulaire qui l'entoure, dans une vasque d'eau plus basse.

La dépense totale s'est élevée à 1 030 000 francs environ.

Square Monge. — L'ouverture de la rue des Ecoles avait laissé disponible, en bordure de cette voie, entre la rue Descartes et le tracé de la rue Monge, un espace de forme triangulaire allongée d'une superficie de 4 114,89m^2 au Nord des bâtiments de l'Ecole Polytechnique. Il était impossible de l'annexer à ce grand établissement national, en raison de la différence trop considérable des niveaux, et on devait la garder libre de toute construction qui aurait masqué cet édifice.

En 1868, après le percement de la rue Monge, nous en fîmes un square clos de grilles, que domine un mur de terrasse, et qui coûta 132 000 francs.

Square des Ménages. — Un Décret rendu le 24 Novembre 1867, en conseil d'Etat, reconnut d'utilité publique : 1° Le prolongement de la rue de Babylone qui ne dépassait pas la rue du Bac, jusqu'à la rue de la Chaise, à l'angle de la rue de Sèvres, et de plus, l'ouverture d'une rue nouvelle (la rue Velpeau), allant de la rue de Sèvres au prolongement de la rue de Babylone, à travers l'ancien emplacement de l'Hospice des Petits-Ménages, transféré, depuis 1863, sur le territoire d'Ivry.

2° L'établissement d'un square sur le terrain de forme triangulaire qui resterait circonscrit par les rues de Sèvres, de Babylone et Velpeau.

Le règlement de l'affaire et l'opération de voirie qu'elle avait pour but principal nous conduisirent jusqu'en 1869, et les travaux du nouveau jardin étaient à peine commencés quand mon administration prit fin.

Deux autres squares dont l'exécution était subordonnée à l'achèvement d'entreprise en cours, demeurèrent à l'état de projet après ma retraite : celui de Saint-Germain-des-Prés, entre l'Eglise de ce nom et la partie du Boulevard Saint-Germain qui ne fut ouverte qu'après 1870 ; et le square Parmentier, sur l'emplacement de l'abattoir Popincourt, dont la fermeture était à peine effectuée, après la création de l'abattoir unique de la Villette, en 1869.

Tous deux sont exécutés depuis longtemps.

Square de l'Archevêché. — Au contraire, mon Administration acheva l'accomplissement des obligations prises de longue date par la Ville, pour l'établissement d'une Promenade publique au chevet de la cathédrale Notre-Dame, sur l'emplacement de l'ancien Palais Archiépiscopal détruit en 1831, dont nous avons fait un square.

Square de l'Archevêché.

Une Loi du 8 Janvier 1837 avait autorisé le Gouvernement du Roi Louis-Philippe à concéder ce terrain sous certaines conditions, entre autres, de contribuer pour 50 000 francs à l'édification d'une nouvelle sacristie. La remise n'en fut faite à l'Administration Municipale qu'en 1842 seulement.

Elle y fit élever par MM. de Lassus et Viollet-le-Duc, architectes de la Cathédrale, une fontaine gothique dont je dois leur laisser tout le mérite. Elle y fit également planter des arbres et clôre le tout d'une grille.

En somme, les dépenses que ce square a motivées se sont élevées à 140 000 francs.

Je mentionne ici pour ordre la Place Royale (Place des Vosges), transformée de même en squa-

Pages suivantes : la cour du Louvre.

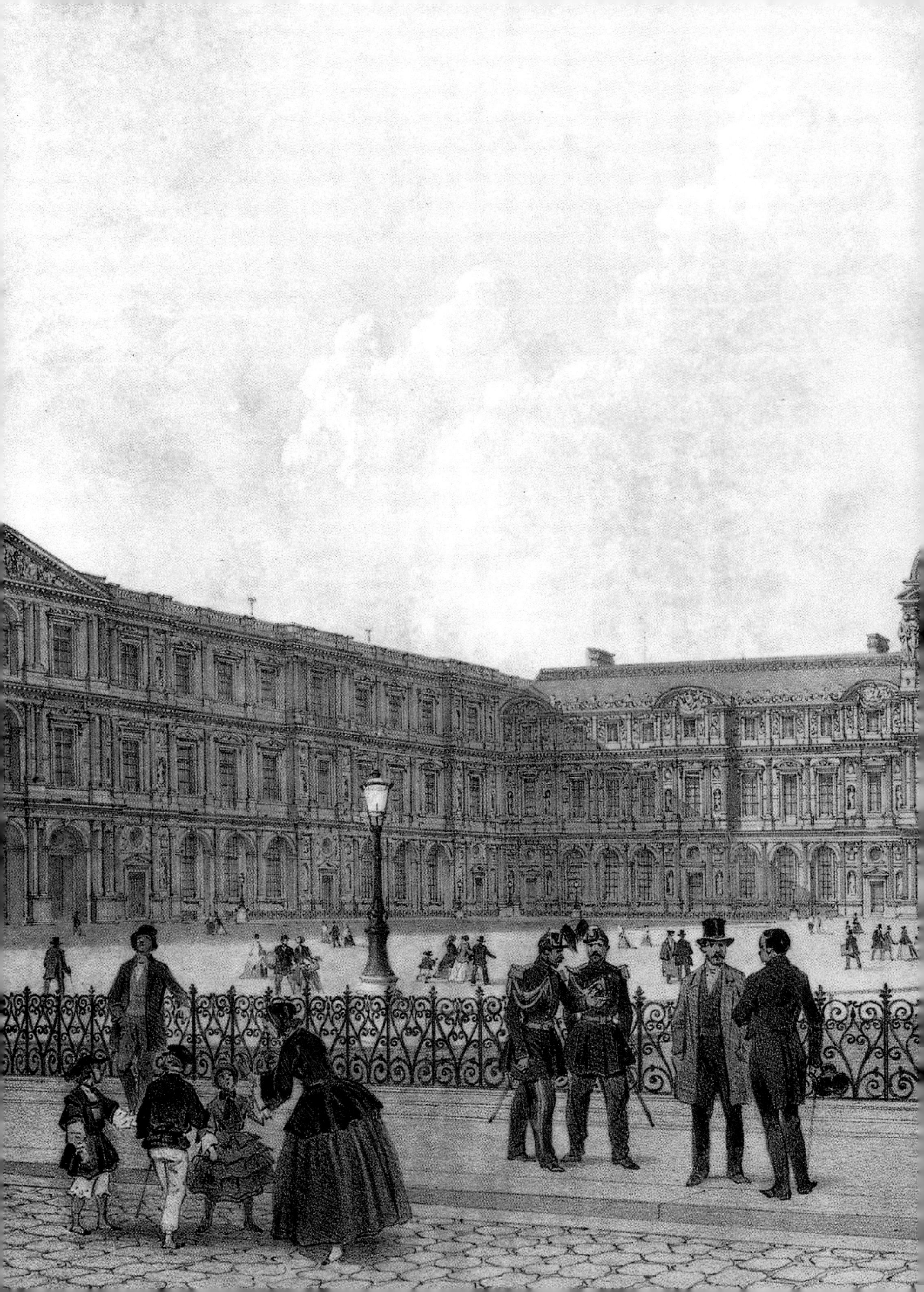

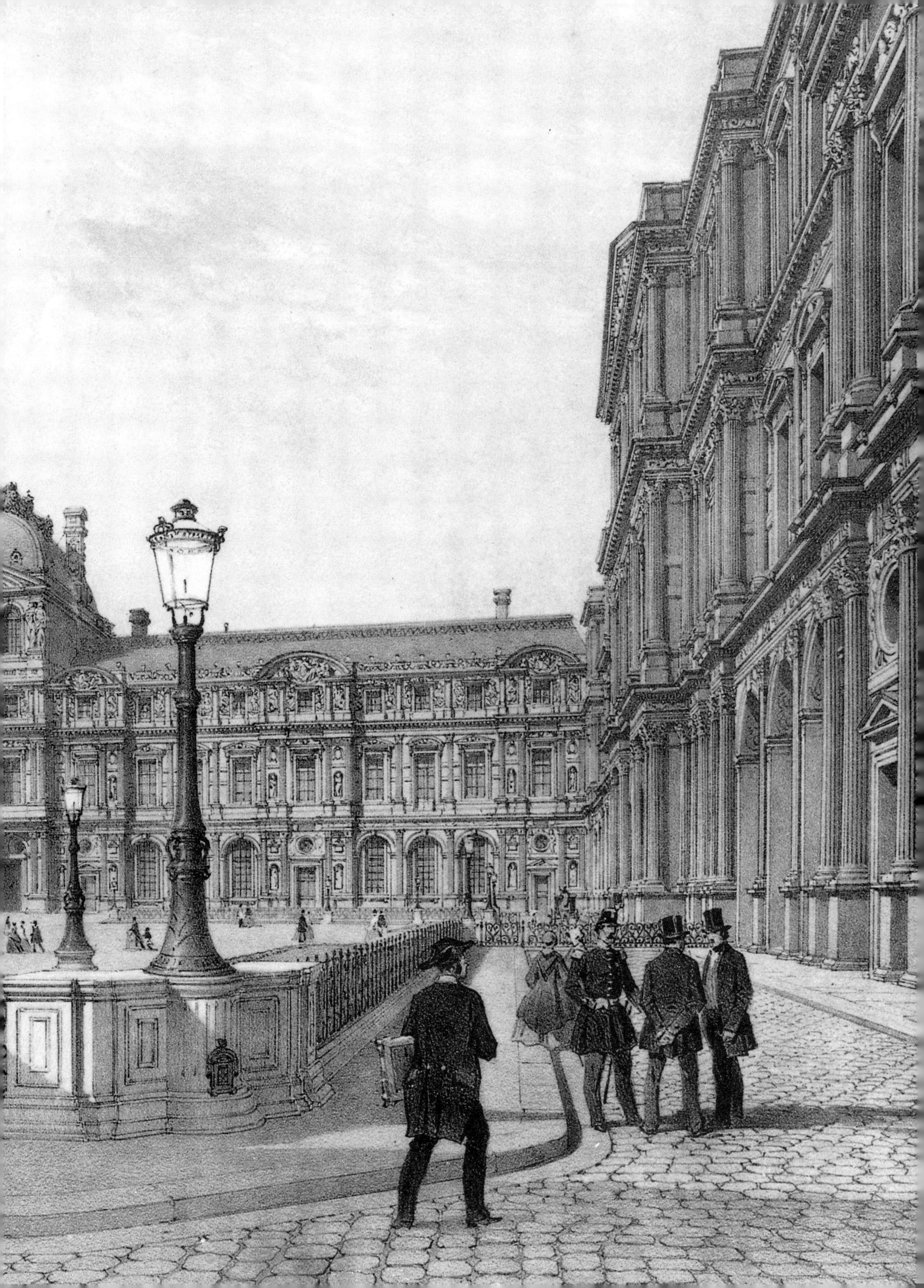

Square des Batignolles. Vue à vol d'oiseau.

re, et dont l'origine remonte bien plus haut encore, car elle fut créée par un Edit Royal de Henri IV (1605), sur une partie de l'emplacement du Palais des Tournelles, désaffecté par Lettres-Patentes du 28 Janvier 1563. La grille de clôture, établie au moyen d'une contribution volontaire des riverains, date de 1685. Les arbres que nous avons dû remplacer avaient été plantés en vertu d'un arrêt du Conseil de 1783.

Nouveaux arrondissements

Square des Batignolles. — C'est la plus considérable des promenades de ce genre qui furent créées dans la Banlieue suburbaine après son annexion à Paris, en 1860. Il n'a pas moins de 14 300 m^2 de surface, au milieu de la Place de l'Eglise.

Encadré d'allées extérieures plantées, l'espace clos de grilles comprend deux pelouses vallonnées, garnies de massifs et de corbeilles de plantes vertes ou de fleurs, où serpente une allée centrale découverte. La pièce d'eau qu'alimente une cascade tombant d'un groupe de rochers va se déverser, par une petite rivière, dans une sorte de Lac, à l'autre extrémité du Square.

Il a coûté 155 000 francs.

Square de Belleville. — Après celui des Batignolles, c'est le plus grand du nouveau Paris.

Il occupe le Centre de la Place de l'Eglise Sainte-Geneviève ou des Fêtes ; de forme pentagonale, il n'a pas moins de 11 975 m^2, entre quatre rangées extérieures d'arbres de haute tige taillés en berceau.

La dépense occasionnée par l'établissement des pelouses décorées qui le composent n'a pas excédé 20 000 francs.

Square de Montrouge. — La Mairie du XIVe arrondissement occupe le haut d'une place, bordée des deux côtés par des groupes scolaires, à la suite desquels sont des allées d'arbres.

C'est entre ces plantations qu'un square de 3 886,75m², fermé de grilles, fut établi, comme les précédents, de 1861 à 1862.

Il a coûté 102 000 francs.

Squares de la Chapelle. — Dans cette dernière année, au moment de la régularisation des anciens boulevards extérieurs, en haut du Faubourg Saint-Denis, furent plantés deux espaces de terrain demeurés libres, en dehors de l'alignement du Boulevard de la Chapelle, à droite et à gauche de l'entrée de la rue de ce nom, tous deux gazonnés et fleuris.

La dépense faite pour ces petits jardins a été confondue avec celle de la transformation du Boulevard.

Square de Réunion. — A la même époque, sur la place de ce nom, à Charonne, fut établie cette promenade, d'une forme circulaire et mesurant 1 793,60m² seulement de superficie, qui ne coûta, grilles comprises, que 30 000 francs.

Square Victor. — En 1865, de la Porte du Bas-Meudon à la Porte de Grenelle, régularisation de la Route Militaire appelée boulevard Victor dans cette partie, et élargie à 40 mètres de largeur, le long du Chemin de fer de Ceinture, une superficie triangulaire de 26 000 mètres carrés, demeurée libre entre cette voie et les bastions de l'Enceinte fortifiée de Paris, devint une promenade publique assimilée, quoique non close, à un Square. La dépense faite à cette occasion fut comprise dans le compte de la transformation de la Route Militaire.

Square de Grenelle. — La Place du Commerce, à Grenelle, formait un long quadrilatère, bordée par deux allées d'arbres, au bout duquel était la Mairie, devenue Maison de secours. En décorant le milieu de pelouses fleuries et d'un bassin central, on en fit un grand Square, ayant 7 182 mètres carrés de contenance, au prix d'une dépense de 40 000 francs.

Places plantées

La distinction établie entre les plateaux garnis d'arbres, de massifs d'arbustes, de pelouses fleuries et souvent ornées de bassins, de fontaines ou de gerbes d'eau qui décorent certaines de nos places et les squares proprement dits, vient de ce qu'aucune clôture ne protège ceux-là comme presque tous ceux-ci ; car, pour le reste, la ressemblance des uns et des autres est à peu près complète.

Je ne reviendrai pas sur ce que j'ai dit précédemment des dispositions de la Place de l'Etoile, du Rond-Point des Champs-Elysées, de la Place du Roi-de-Rome, de celles du Trône et du Chatelet, etc., etc.

Mais je ne puis omettre :

La Place du Château-d'Eau (maintenant de la République), dont le plateau principal faisait face à la caserne du Prince-Eugène. Je fis remplacer au centre la fontaine monumentale qui donnait son nom à l'ancienne Place, par une fontaine nouvelle, à trois vasques superposées et à gradins accostés de lions, d'où l'eau tombe dans un vaste bassin. Ce plateau forme un véritable square, à la différence des deux autres, entre lesquels prend naissance le boulevard du Prince-Eugène (aujourd'hui Voltaire) ;

La Place de la Madeleine, dont les angles rentrants devinrent également des squares non clos, décorés au milieu de gracieuses fontaines de marbre blanc, à coupes remplies de fleurs, tranchant avec la sévérité des allées d'arbres garnissant les plateaux latéraux de l'Eglise ;

La Place Malesherbes, de forme carrée, traversée diagonalement par le prolongement du Boulevard de ce nom, et l'Avenue de Villiers, en se croisant au milieu même et formant en avant de ses quatre faces autant de plateaux décorés. Les deux plus importants ont reçu des bassins à gerbes d'eau ;

La Place du Théâtre-Français, à l'entrée de l'Avenue de l'Opéra bordée par deux plateaux triangulaires où s'élèvent, au centre de bassins

Pages suivantes : le Palais des Tuileries, façade sur le jardin.

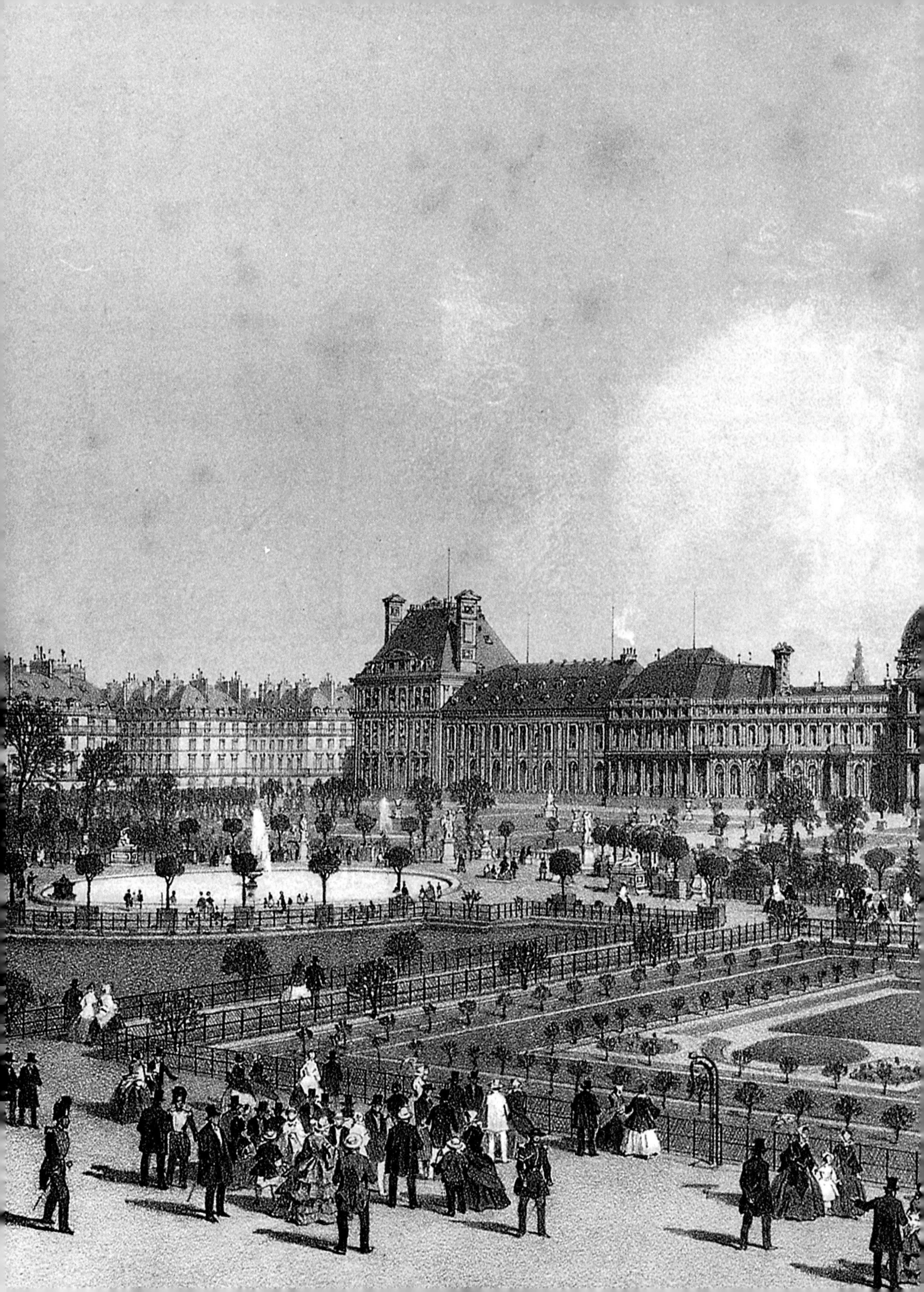

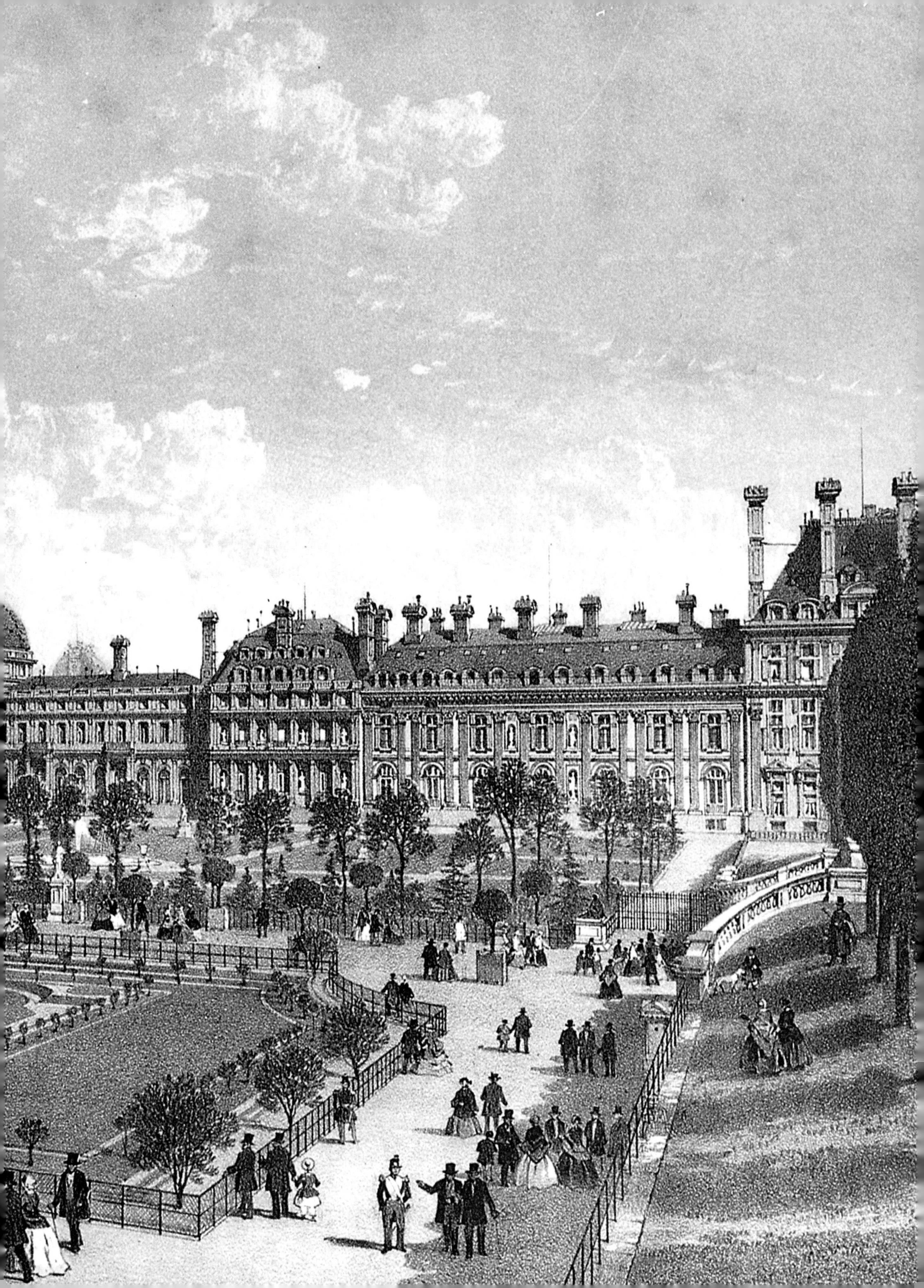

entourés de fleurs, les charmantes fontaines de M. Davioud, dont les vasques appuyées de groupes d'enfants sont surmontées de colonnes portant d'élégantes chimères ;

Enfin, les Plateaux plantés d'arbres de nombreuses places donnant accès à des édifices publics, telles que la Place du Louvre, ou décorés de bassins et d'effets d'eau, comme les Places Saint-Augustin et du Prince-Eugène.

Arbres d'alignement

Avant tout, je chargeai le service des Promenades et Plantations de remplacer les arbres dépérissants des Boulevards intérieurs et extérieurs, et des Avenues existantes. Puis, à peu d'exceptions près, je fis planter d'une rangée d'arbres en alignement, à 5 mètres des habitations, et garnir de bancs comme toutes nos autres promenades, les trottoirs des voies publiques anciennes et nouvelles d'une largeur minima de 20 mètres. Les voies très larges reçurent deux lignes d'arbres de chaque côté. C'est ainsi que le nombre des arbres d'alignement fut porté de 50 466 à 95 577, c'est-à-dire presque doublé sous mon administration, comme on l'a vu déjà dans la récapitulation des Grands Travaux de Paris, au chapitre XX de mon Second Volume.

On doit à mon goût prononcé pour les Marronniers des jardins de nos palais, l'emploi très généralisé de cette essence d'arbres dans nos plantations de tout ordre.

Je m'accuse aussi d'avoir favorisé les Platanes, dont le nom vient de la largeur de sa feuille. J'en avais également admiré de superbes dans le Midi. Mais cet arbre a le défaut d'étendre trop ses branches, mal groupées, et son feuillage sec, impropre à tout engrais, doit être incinéré quand il tombe.

L'Orme, qui bordait seul jadis nos voies plantées, négligé beaucoup à cause du « scolyte destructeur » qui l'attaque, ne mérite pas ce mépris. C'est un arbre de beau port, très résistant, et j'estime fort l'espèce à larges feuilles. On peut tirer

Allée des maronniers aux Minimes (bois de Vincennes).

grand parti de son genre, le Planera, dont le tronc est lisse, le port magnifique et la feuille dentelée, abondante.

Le Tilleul a l'inconvénient de perdre hâtivement son feuillage.

Le Vernis du Japon donne peu d'ombrage et l'Acacia bien moins encore.

Les Erables et les Sycomores sont des arbres de demi-tige et les Catalpas et Paulownias se prêtent mal à l'alignement.

La Population de Paris, désireuse de verdure et d'ombre, habituée d'ailleurs à l'aspect des anciens Boulevards, était mieux préparée à mon entreprise que les Ingénieurs du Service Municipal, chargés de l'entretien de la Voie Publique. Imbus d'un préjugé professionnel au sujet de l'humidité que l'ombre des arbres prolonge dans les chaussées macadamisées, ils ne tenaient pas assez compte de l'influence heureuse de leur feuillage sur la salubrité des villes, ni du bien-être que sa protection assure contre les ardeurs du soleil.

Depuis longtemps je connaissais la résistance du corps des Ponts et Chaussées à la plantation des routes, et je ne l'avais pas toujours combattue sans succès.

Durant un séjour que je viens de faire dans la Gironde, j'ai pu contempler avec satisfaction, j'allais dire avec un certain orgueil, de magnifiques arbres bien appréciés des voyageurs, plantés sur plusieurs routes rayonnant de Bordeaux, en 1852 (voilà 38 ans passés), pendant ma courte administration de ce beau département.

A Paris, je n'avais pas seulement affaire au peu de zèle des Ingénieurs, en dehors de M. Alphand et de son adjoint, M. Darcel. Je dus, en bien des cas, user de ménagements pour obtenir de l'Empereur l'autorisation de placer des rangées d'arbres sur les contre-allées de nouvelles Avenues.

A l'occasion de l'Avenue de l'Impératrice, j'ai dit que l'Empereur éprouvait autant de répugnance à laisser masquer par des plantations les grands espaces ouverts qu'à permettre l'abattage d'arbres tout venus, si gênants qu'ils pussent être.

Je rappelle ici que cette superbe Avenue, créée comme Route Départementale en 1854, bien avant l'extension des limites de paris, coûta 300 000 francs au Département de la Seine. J'ajoute que la Ville consacra 350 000 francs à l'établissement des pelouses latérales et de quelques travaux, inutiles, à la Route nouvelle.

L'Avenue de l'Empereur fut ouverte après l'annexion de 1862 à 1866 : d'abord entre la Place du Roi-de-Rome à la Muette, puis, de cette place à travers celle d'Eylau, jusqu'à la naissance du Quai

L'avenue de l'Impératrice.

de Billy, devant le Pont de l'Alma, sur une longueur totale de 2 400 mètres et une largeur de 40. Elle ne coûta guère moins de 2 350 000 francs à cause des mouvements de terrains fort considérables et des murs de soutènement qu'ils motivèrent. Son profil en travers, bien différent de ceux de nos autres voies plantées, se compose de deux trottoirs plantés, de 6 mètres de largeur chacun, et de deux voies carrossables de 9 mètres, flanquant une allée cavalière centrale de 10 mètres, bordée de deux autres rangées d'arbres.

Les terrains en façade sont frappés des mêmes servitudes que ceux de l'Avenue de l'Impératrice.

Le Boulevard Richard-Lenoir, exécuté de 1861 à 1863, est encore une Avenue plantée d'un type spécial.

Toute sa partie centrale porte sur la voûte du Canal Saint-Martin abaissé. Elle est bordée de deux allées d'arbres de haute venue, entre lesquels on rencontre une série de parterres plantés d'arbustes et de fleurs, entourés de grilles et dissimulant tous les regards d'aération et d'éclairage du souterrain.

A droite et à gauche de ce grand plateau, sont des voies carrossables avec trottoirs du côté des maisons.

La surface totale des parterres est de 3 703,02 m².

La dépense d'établissement du boulevard Richard-Lenoir a été faite au compte des Grands Travaux de voirie. Le coût des plantations des parterres et de leurs grilles monte à près de 510 000 francs.

Les arbres nécessaires à nos plantations d'alignement, comme ceux qu'il nous a fallu pour la transformation des Bois de Boulogne et de Vincennes, des Champs-Elysées et du Parc de Monceau, pour la création des nouveaux Parcs des Buttes-Chaumont et de Montsouris, de nos squares et places plantées, ont été puisés à peu près tous, ainsi que les arbustes des massifs de toutes ces promenades, dans des pépinières pré-existantes, dont nos avons utilisé les ressources et conser-

Plantation d'arbres.

vé de notre mieux l'installation, en la modifiant suivant les circonstances. De nouvelles pépinières ont été établies sur divers points.

L'ancien Bois de Boulogne avait des pépinières importantes d'arbres résineux ; les unes, comprises dans le nouveau périmètre de cette promenade, et peuplées de sujets de toute venue, furent confondues avec les massifs forestiers les avoisinant ; nous gardâmes les autres, placées au fond du Parc des Princes, où depuis longtemps détachées du Bois par l'Enceinte fortifiée.

De plus, près de la Mare d'Auteuil, il existait de très belles collections d'arbres et d'arbustes de toutes espèces, à feuilles caduques ou persistantes, où nous puisâmes largement à partir de 1853, pour tous les besoins de notre nouveau service des Promenades et Plantations.

Pour dégager les abords de la Mare devenue Lac, nous réunîmes au Bois les deux tiers de l'espace que ces plantations occupaient, et nous concentrâmes sur les quatre hectares restant, dûment clos, un aboretum formé des essences les plus nouvellement acclimatées en France, afin d'en assurer la conservation et la multiplication.

En 1859, dans les mêmes parages, fut établi sur un terrain clos, de 32 088 mètres carrés, une autre collection dite des conifères, parce que près des deux tiers de cette contenance furent consacrés à la reproduction des innombrables variétés des sujets de cet ordre. On affecta le reste aux arbustes à feuilles persistantes et aux plantes vertes.

Dès 1856, une pépinière nouvelle, d'une étendue de 45 500 mètres carrés, avait été créée dans la Plaine de Longchamps pour toutes les variétés d'arbres et d'arbustes à feuilles caduques. Précédemment un véritable arboretum avait été composé de la réunion par groupe du plus grand nombre possible d'essences dans les massifs de l'Avenue de l'Impératrice.

Enfin, la Ville acquit pour 130 000 francs, en 1859, au delà de Vincennes, à Petit-Bry, 184 000 mètres carrés de terrain. Un pépinière y fut établie spécialement affectée à l'éducation en masse des arbres d'alignement dont le transport et la mise en place dans Paris s'effectue chaque jour au moyen de chariots exclusivement propres à cet usage.

Je mentionne pour ordre le Jardin d'arboriculture, établi près de la Porte Daumesnil, au Bois de Vincennes, et presque en entier consacré aux arbres et arbustes à fruits.

Mais tout cela ne suffisait pas. Il fallait faire de toutes pièces une organisation semblable pour la multiplication des plantes et des fleurs des corbeilles de nos pelouses et des bordures de nos massifs.

En 1855, une collection de serres de toutes espèces fut créée dans le Clos Georges appartenant à la Ville, près de la Muette ; « le Fleuriste de la Ville », successivement développé jusqu'en 1865, renferme, à côté du logement et des bureaux du Jardinier en Chef, des magasins, des écuries et remises : serres chaudes, tempérées, froides, couvrant au delà de 12 000 mètres carrés. Des caves furent installées pour la conservation de plantes demandant l'obscurité pendant l'hiver, et de vastes espaces pour les multiplications à ciel ouvert.

En 1865, l'insuffisance de la surface de cet établissement si complet lui fit adjoindre une succursale de 54 000 mètres carrés, dans le Bois de Vincennes, au pied des glacis des fortifications, entre les Portes de Picpus et de Charenton.

L'ensemble des dépenses motivées par la création des deux Fleuristes excède un million de francs.

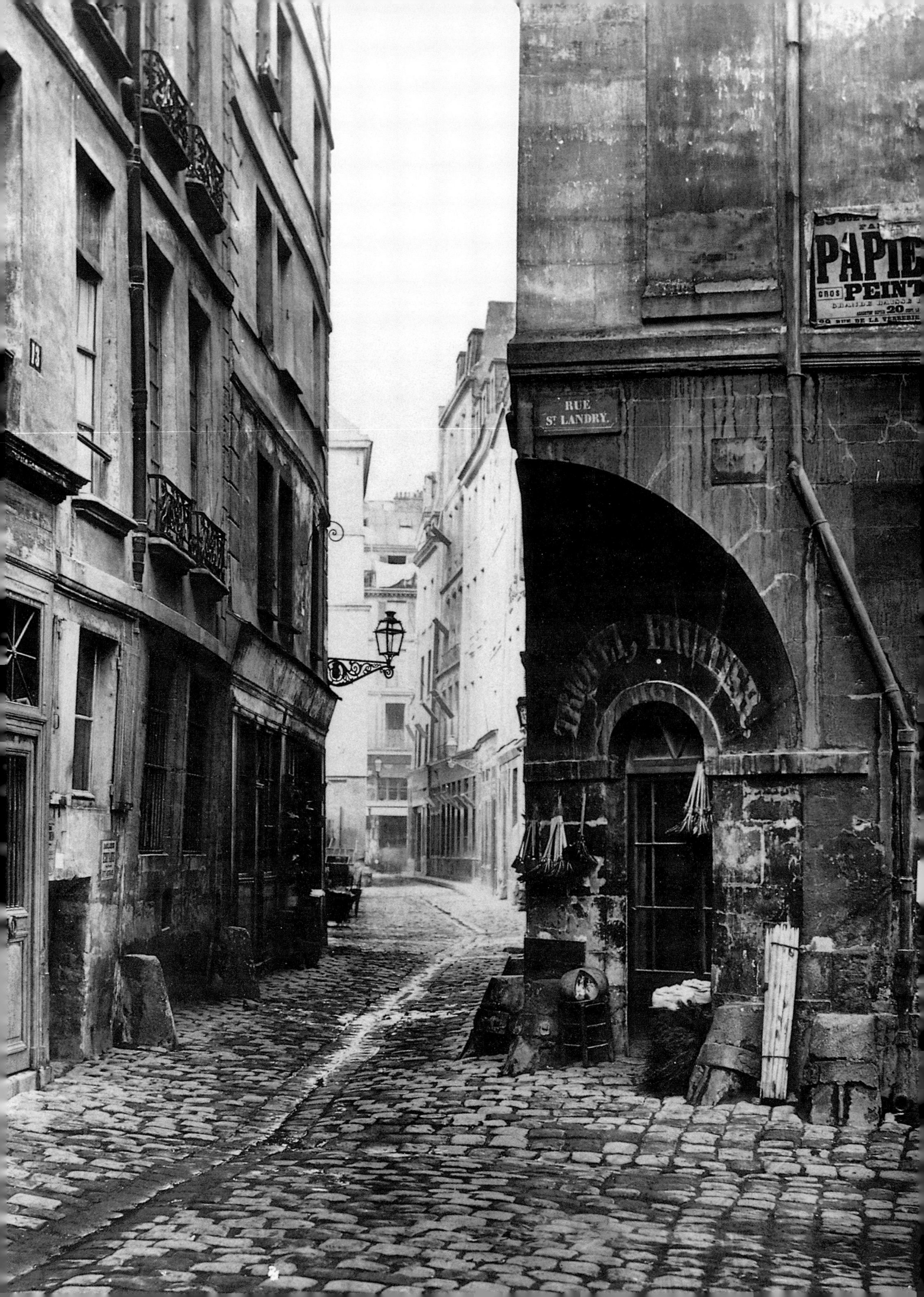
13
RUE
St LANDRY.
PAPIE
GROS PEINT

CHAPITRE VII

SERVICE DES EAUX

Les Aqueducs de Rome.

Les eaux de Paris.

Améliorations urgentes.

« Fournir en abondance de l'eau salubre aux diverses parties d'une grande ville et l'y distribuer avec régularité, jusque sur les points culminants, est un tel bienfait, que les travaux accomplis dans ce dessein comptent parmi les actes considérables des souverains les plus glorieux, et tiennent une place durable dans la mémoire des hommes ».

J'emprunte ce paragraphe au début de mon *second Mémoire* au Conseil Municipal *sur les Eaux de Paris*, en date du 16 juillet 1858, parce que je ne saurais mieux faire comprendre la persévérance infatigable avec laquelle j'ai poursuivi, durant toute ma carrière administrative, l'étude de la question des eaux publiques. J'ai la conviction d'avoir encore plus fait pour justifier la confiance de l'Empereur et bien mériter de la Population, par la dérivation sur Paris et la distribution de l'eau des sources de la Dhuis et de la Vanne, comme aussi, par la mise en service d'un vaste réseau d'égouts qui draine cette ville de tous côtés. C'est dans mon œuvre une part aussi utile que les grands percements qui sillonnent la surface de la ville, y facilitent la circulation dans tous les sens, et font pénétrer, dans ses habitations, l'air et la lumière, ces deux éléments essentiels de la santé publique, insuffisants lorsque l'eau manque ou qu'elle est mauvaise.

J'insiste avec prédilection sur cette œuvre considérable, dont mes successeurs ont laissé l'accomplissement juste au point où je l'avais conduite à la fin de 1869, par la raison qu'elle est bien mienne. Je ne l'ai pas trouvée au programme de la Transformation de Paris, dressé par l'Empereur, et personne au monde me l'a suggérée. C'est le fruit de mes observations, de mes recherches assidues comme jeune fonctionnaire, et des méditations de mon âge mûr. C'est ma propre conception.

Les avantages inappréciables que les Parisiens, retirent depuis bien des années, de ce que j'en avais déjà pu faire avant de quitter l'Hôtel de Ville, sont dus à l'initiative dont je n'ai pas craint de prendre la responsabilité personnelle ; à la persévérance qui m'a permis de surmonter les nombreux obstacles des préjugés, de la routine et des mauvais vouloirs ; au choix que j'ai fait, sans hésitation, de l'Ingénieur le plus capable, entre tous, de me prêter un concours efficace : Il s'agissait, tout à la fois, d'opérer la reconnaissance des sources du bassin de la Seine, les meilleures en somme, à dériver sur Paris ; de leurs débits respectifs ; de l'ordre dans lequel nous devions les capter ; il fallait encore préciser les moyens les plus sûrs de procurer l'évacuation souterraine, constante, non seulement des eaux pluviales et ménagères de Paris, mais encore de tous les résidus rejetés par son immense population. Il fallait en outre, que mon auxiliaire fût l'homme pratique le plus apte à la rédaction, à la discussion et à l'exécution des projets qui résoudraient le mieux toutes les données du problème que je poserais à son habileté.

Page de gauche : la rue des Marmousets vers 1865.

Certes, je n'entends pas atténuer les droits acquis par M. Belgrand à la reconnaissance publique. Je ne me ferai jamais faute de déclarer, au contraire, que nul, à sa place, ne m'aurait apporté l'appui d'une science plus profonde et de meilleur aloi ; d'une conviction plus sincère ; d'un dévouement plus complet, plus absolu. J'admettrai même que la manière dont il a rempli sa tâche, lui crée peut-être un mérite supérieur à celui du Préfet dont il devint le second, le bras droit, pour une entreprise aussi contestée qu'importante ; pour la direction d'un des plus grands services de l'édilité parisienne. Mais on est tellement enclin, chez nous, à porter exclusivement toute grande œuvre au crédit de celui qu'on a vu l'accomplir matériellement, qu'il me faut bien revendiquer « mes droits d'auteur » dans le prix, je veux dire dans la valeur de premier ordre qu'on est maintenant d'accord pour l'attribuer au nouveau régime des Eaux de Paris.

Ne suis-je pas obligé sans cesse de rappeler la vérité, au sujet des voies magistrales que j'ai fait ouvrir à travers cette Cité désormais sans rivale dans l'Univers et des autres grands travaux qui l'ont si prodigieusement embellie et dont on me décerne l'honneur, parce que j'ai su, malgré toutes les oppositions, en dépit de toutes les jalousies, - que dis-je ? - de tant de trahisons intimes, en mener à fin la très majeure partie : mon devoir est cependant de rappeler que la pensée première de cette entreprise sans exemple revient à l'Empereur Napoléon III, qui m'a fait venir de Bordeaux à Paris, précisément pour se servir de moi comme d'un agent sûr, éprouvé ; comme d'un instrument d'exécution convaincu, dévoué sans réserve, pour la réalisation de ses grands desseins. De même, à mon tour, j'ai mandé successivement plus tard, de leurs provinces respectives, pour me suppléer chacun dans sa sphère, M. Alphand, M. Belgrand, et bien d'autres moins connus qu'eux !

Toujours est-il que je me trouvais prêt alors, comme à point nommé, pour instruire utilement et résoudre en complète connaissance de cause, la grave question des Eaux de Paris, grâce à mon instinctive et constante préoccupation, dans le passé, des moyens d'alimenter la ville en eaux abondantes et salubres et de la débarrasser des eaux salies par les usages publics et domestiques.

Les aqueducs de Rome

Il ne faut pas avoir porté longuement son attention sur les lois qui président à la formation graduelle des agglomérations humaines, pour constater que leur établissement sur un point quelconque du pays qu'elles adoptent, est toujours déterminé par l'existence d'une source ou d'un cours d'eau pouvant subvenir à leurs besoins. Dans le désert même, c'est un puit qu'on a pu forer avec succès qui devient le centre de toute oasis.

« La plupart des grandes villes, » - ai-je écrit dans le mémoire cité plus haut, - « sont nées sur le bord d'un fleuve. Les premiers habitants puisaient dans le courant même l'eau qui leur était nécessaire. Ceux qui, venus plus tard, durent construire leurs maisons loin des rives, ont, à défaut de sources locales, ouvert, par des puits, les nappes souterraines qui s'épanchent presque toujours, dans le fond des vallées, à peu de distance du sol. Mais bientôt, la ville grandissant encore, les derniers arrivants n'ont pu bâtir qu'à la circonférence, sur des points de plus en plus élevés, où la couche aquifère ne se rencontrait qu'à des profondeurs croissantes. D'ailleurs, l'agglomération même des habitations corrompait les puits et souillait le fleuve, tandis que les progrès de la civilisation multipliaient les usages de l'eau. On a cherché alors, pour les détourner vers la Cité puissante, les sources des environs, et, de proche en proche, les eaux lointaines. Telle est l'histoire des villes les plus anciennes et les plus célèbres ».

Sans parler des Aqueducs de l'Egypte, de la Palestine, de la Grèce, dont le souvenir est conservé par les historiens et dont les vestiges subsistent encore, il m'est impossible d'omettre ici les grands travaux de ce genre accomplis par le génie des Romains. L'Europe, une partie de l'Asie et de

Page de droite : un passage privé dans le vieux Paris.

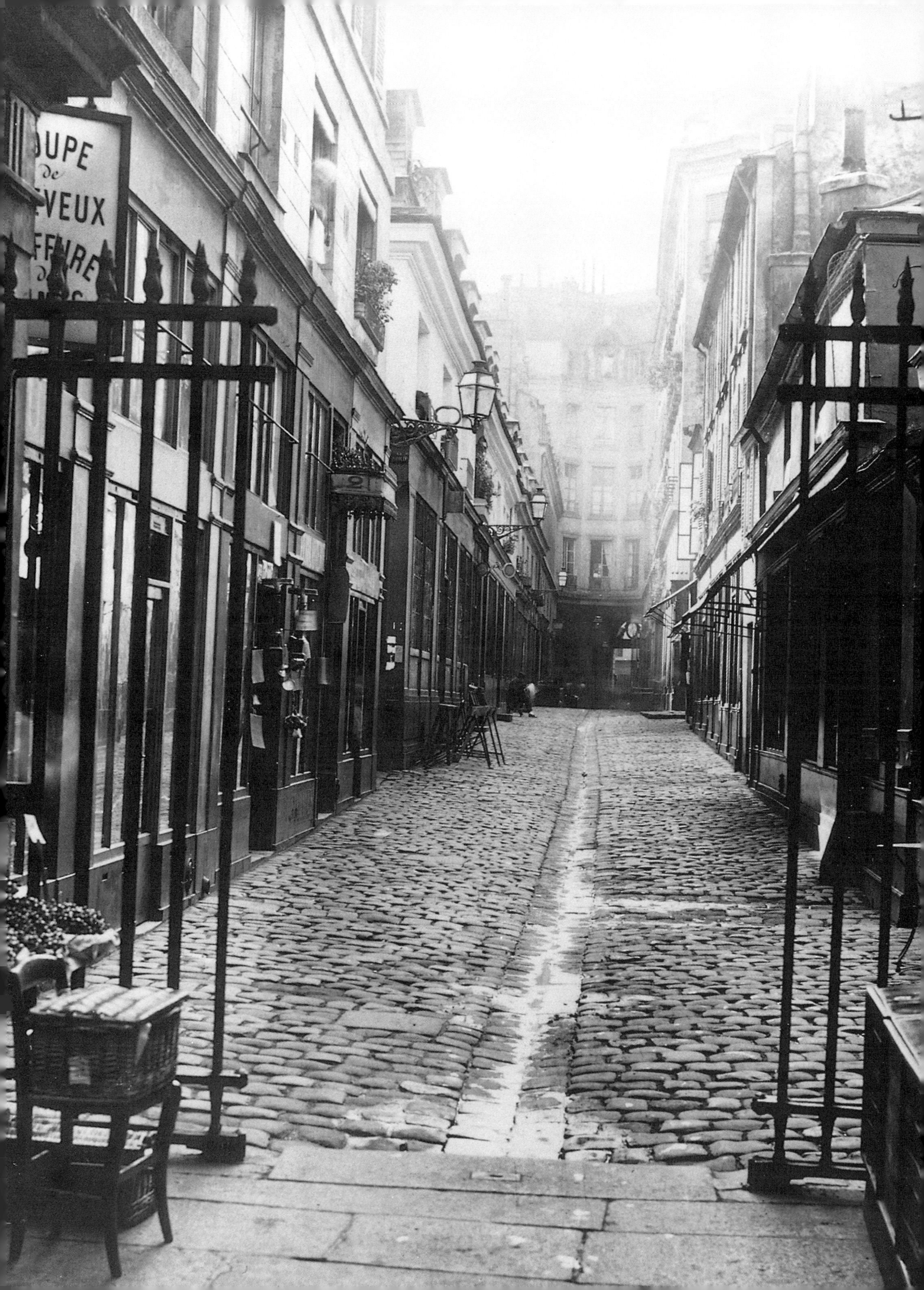

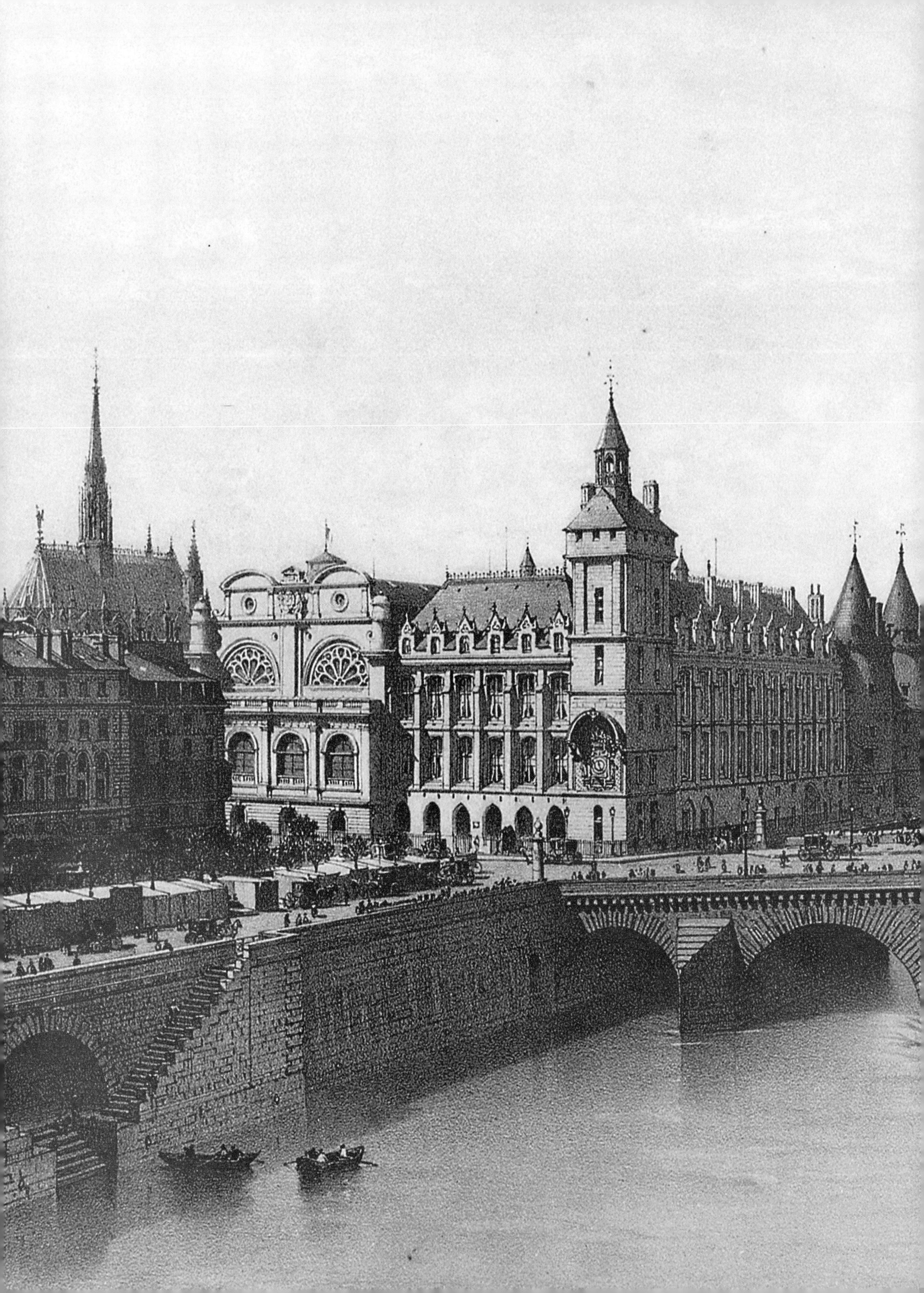

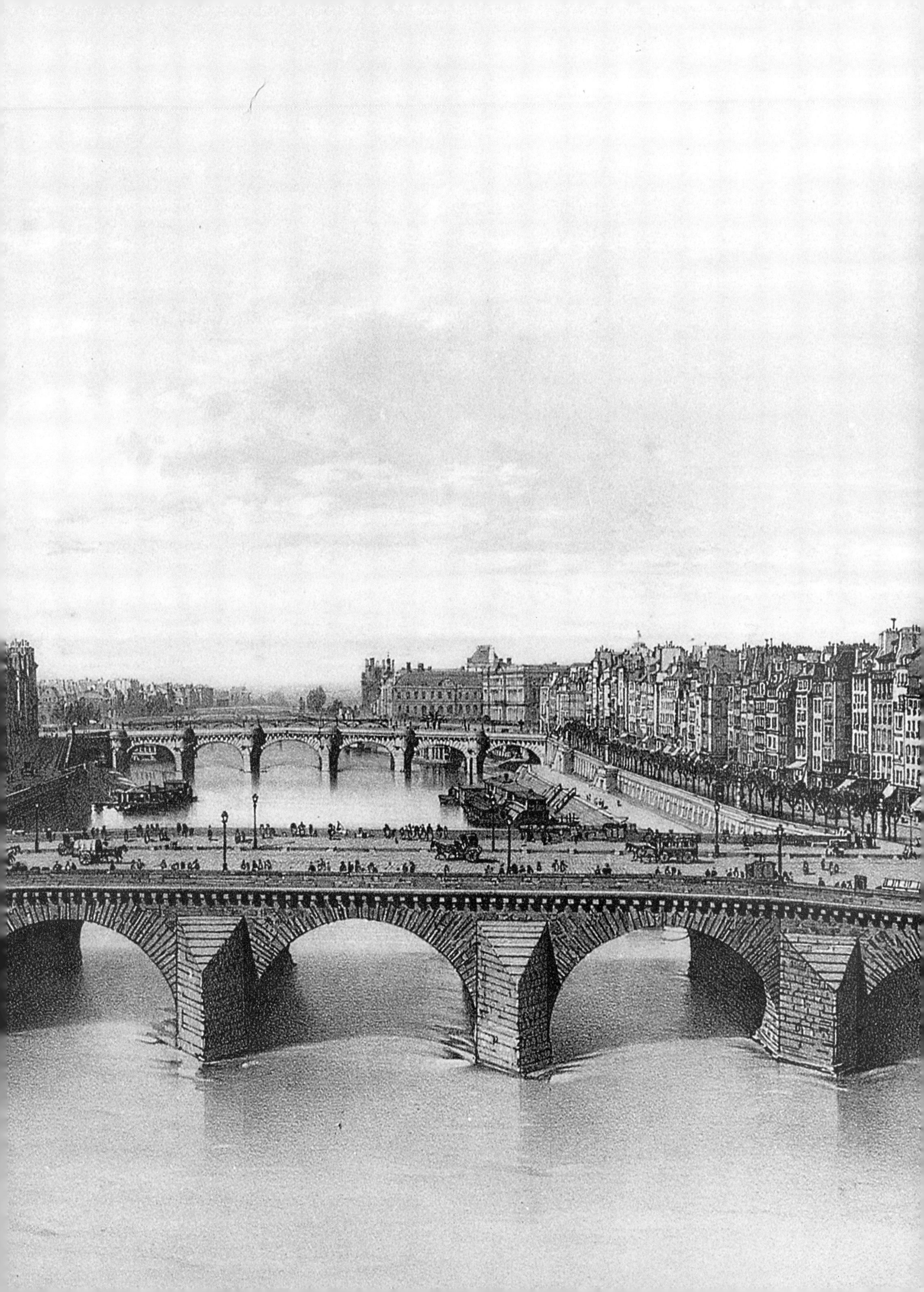

l'Afrique sont parsemées de leurs aqueducs. Les uns sont encore debout et n'ont cessé jusqu'à nos jours, à travers les âges et les révolutions, de verser, en des points constamment habités, le bienfait gratuit de leurs eaux ; les autres embellissent diverses contrées de leurs ruines grandioses, et témoignent, par leur majestueuses proportions et leurs restes impérissables, de la grandeur du peuple qui les a construits.

Si le degré de perfection atteint par une nation civilisée, dans ses habitudes et ses mœurs, devait se mesurer d'après la masse d'eau qu'elle a consacrée à ses besoins, d'après le savoir et la puissance qu'elle a déployés pour se les procurer et l'usage varié qu'elle en a su faire, il faudrait incontestablement placer les Romains au-dessus, non seulement des autres peuples de l'antiquité, mais encore de tous les peuples modernes. A ces différents points de vue, l'ancienne Rome peut exciter, pour longtemps, l'émulation des capitales qui sont aujourd'hui les plus orgueilleuses du nombre et de bien-être de leurs habitants, de l'ordre qui règne dans leur enceinte, du raffinement de leurs mœurs et de la splendeur de leurs monuments.

Néanmoins, depuis la fondation de Rome, qu'on fait remonter selon Caton, à 753 années avant l'ère chrétienne, jusqu'en l'année 442 du même calendrier, durant les fonctions des censeurs Appius Claudius et Plautius, ses habitants durent se contenter de l'eau du Tibre, du produit très insuffisant de leurs puits et de quelques fontaines, telles que celles de Juturne, sur le Forum ; de Servilius, à l'entrée du Vicus Jugarius, et de Mercure, près de la porte Capène. Or, l'eau du Tibre, naturellement blanchâtre, un peu verte, devient rousse dès qu'il pleut. Elles est d'ailleurs plus que tiède en été.

On lit dans *Rome au siècle d'Auguste*, par Dezobry comme suite à ces indications :

« L'an 442, les censeurs Appius Claudius et Plautius conçurent le projet de conduire à Rome une source qui en est éloignée de plus de 11 miles et devait suffire abondamment aux besoins ainsi qu'à la salubrité de la Ville, où l'on appelait infâme l'air qu'on y respirait, tant il était vicié par la chaleur. »

De ce projet est née la dérivation nommée *Aqua Appia*.

Mais elle ne fut pas longtemps jugée suffisante ; car dès la fin du premier siècle de notre ère, sous les Empereurs Nerva et Trajan, huit autres aqueducs construits successivement dans cet intervalle de plusieurs siècles, contribuaient à verser dans Rome l'immense volume d'eau nécessaire pour desservir, à des niveaux, différents tous ses quartiers.

Frontin, personnage consulaire, administrateur et, de plus, écrivain distingué, qui fut Curateur des Eaux pendant les règnes de ces deux Empereurs, en donne la nomenclature suivante, dans ses commentaires sur les aqueducs de Rome : *Aqua Marcia, Virgo, Claudia, Tepula, Julia*. Ces quatres dérivations amenaient aussi des eaux de sources lointaines, - *Anio Vetus, Anio Novus*, - ces deux-ci avaient leurs prises dans le lit supérieur de l'Anio, l'un des affluents du Tibre, - et *Alsietina*, qui descendait du lac Alsietinus.

Une dixième dérivation, de moindre importance, appelée *Augusta*, parce qu'elle avait été créée par l'Empereur Auguste, receuillait quelques sources excellentes dont ce souverain fit conduire le produit dans la dérivation *Marcia*, fonctionnant déjà sous son règne, mais d'un trop faible débit pendant les années de sécheresse.

Plusieurs autres aqueducs furent construits après Trajan et désignés sous les noms d'*Aqua Antonina, Severiana, Septimiana, Alexandrina*.

Il n'y en avait pas moins de quatorze à l'époque de Justinien. Selon l'historien Procope, ils alimentaient 1352 bassins ou réservoirs, 815 bains publics et particuliers, 15 nymphées, 6 naumachies, etc., etc.

Tous ces aqueducs, construits en maçonnerie, cheminaient tantôt sous terre, tantôt en remblais, à travers les montagnes, au flanc des coteaux. Les ingénieurs romains connaissaient la théorie du siphon. Les trois aqueducs de Lyon, surtout celui qui venait du mont Pila, non loin de Saint-Etienne,

Pages précédentes : le Palais de Justice et la Seine, vue prise du pont Notre-Dame.

en Forez, offraient de remarquables exemples de l'application qu'ils en ont su faire. On en trouve une autre preuve dans l'aqueduc de Constance. Mais, à Rome, ils en ont dédaigné l'usage. Le siphon réalise, en effet, l'économie aux dépens de l'altitude finale de l'eau qu'on lui confie. Les aqueducs approvisionnant la Capitale de l'Empire, pour perdre le moins possible de leur niveau d'origine, franchissaient les vallées sur des arcades magnifiques, dont la hauteur atteignait parfois 33 mètres, et l'ouverture 8 mètres. Plusieurs, ceux des dérivations *Marcia, Tepula, Julia*, par exemple, étaient superposés à leurs points de rencontre, afin que les plus élevés pussent conserver le bénéfice de leurs niveaux respectifs, tout en profitant des arcades uniques sur lesquelles ils s'étageaient.

Les aqueducs de la rive gauche du Tibre, sauf celui de la dérivation Aqua Virgo (dont le nom constate la pureté), suivaient, en s'approchant de Rome, un long coteau parallèle à la Voie Appia, sur lequel ils trouvaient de vastes réservoirs où leurs eaux se purifiaient plus ou moins complètement par le repos. L'*Anio Vetus* et l'*Anio Novus* avaient, en outre, un semblable réservoir à leurs points de départ. Le peu d'efficacité de ces moyens d'épuration est démontré par la mesure que prit, selon Frontin, l'Empereur Trajan d'affecter aux emplois secondaires les eaux qui n'étaient pas puisées à des sources.

Cette règle faisait la base de mon programme de distribution des eaux de Paris. Avant tout, la consommation privée utiliserait les eaux de sources amenées déjà par les aqueducs de la Dhuys et de la Vanne et celles que des ouvrages de même nature, encore à l'état de projets, devaient dériver sur Paris. Toutes les autres seraient vouées au Service Public, c'est à dire au lavage et à l'arrosage des voies de tout ordre, au nettoiement des égouts à l'alimentation des fontaines monumentales, des bornes-fontaines, des bouches sous trottoirs et d'incendie, à l'approvisionnement des cascades, lacs et rivières des parcs, jardins et squares municipaux, à l'irrigation de leurs pelouses et massifs, en un mot aux usages n'exigeant pas de l'eau

L'arrosage à la lance au Bois de Boulogne.

parfaitement limpide en tout temps et fraîche pendant la saison chaude.

Il fallait évidemment, pour réaliser cette division, bien tranchée, l'établissement d'une double canalisation, que je ne me suis pas contenté de poser en principe, mais que j'ai fait commencer résolument. Cependant, l'exécution ne me semble pas avoir progressé d'une manière efficace depuis vingt ans ; car, des avis fréquents apprennent à la Population que les eaux de rivière et les eaux de sources coulent alternativement à certaines époques, dans les mêmes conduites, et que, normalement, elles sont réparties par quartiers, plutôt que par services.

Le parcours total des divers aqueducs romains ne mesurait pas moins de 418 kilomètres, dont plus de 364 kilomètres en souterrains, 4 et demi seulement en relief, et 49 et demi sur arcades.

Le plan d'eau le plus bas dépassait de 8 mètres le quai du Tibre ; le plus haut, s'élevait de 3 mètres au-dessus du sommet de la plus élevée des sept collines.

On ne connaît pas d'une manière précise la longueur développée du réseau des conduites, tantôt enfouies dans le sol, tantôt portées par des arcades, qui distribuaient l'eau de colline en colline, de quartier en quartier. Elle était alors répartie entre les bassins et réservoirs au sortir desquels une foule de tuyaux la dirigeaint sur les palais, jardins et viviers du Souverain et des riches particuliers ; dans les camps des soldats, dans les bains et les thermes, dans les naumachies et les théâtres ; dans les fontaines publiques et dans les égouts qu'elle assainissait. Mais, dès les règnes de Nerva et de Trajan, - de 98 à 100 ans depuis Jésus-Christ, - la quantité d'eau qu'apportaient à Rome les dix aqueducs alors en service, n'était guère inférieure à 1 500 000 mètres cubes en 24 heures, d'après les chiffres que donne un des *Commentaires* de Frontin. Cette masse d'eau, que les quatre aqueducs construits sous les règnes suivants sont venus accroître notablement, est égale à celle que la Marne, le principal tributaire de la Seine, débite à son étiage moyen.

Quant au chiffre de la population de Rome, vers la même époque, aucun document émané de l'antiquité ne le fait connaître, et les évaluations des auteurs modernes, basées sur des conjectures très différentes, varient du simple au double. Dureau de la Malle, après avoir discuté la question avec soin dans son *Économie politique des Romains*, ne croit pas que Rome contînt alors plus de 562 000 personnes, en y comprenant les soldats casernés dans les camps et les étrangers. Letarouilly élève son appréciation à 820.000 âmes dans son livre sur les *Édifices de Rome*, et Gibbon, auteur de la *Décadence de l'Empire Romain*, dont Moreau de Jonnès adopte les calculs hypothétiques, dans la *Statistique des Peuples anciens*, porte la sienne à 1 200 000.

En rapprochant de chacune de ces suppositions les indications de Frontin, on trouve que les anciens aqueducs romains approvisionnaient la Ville Impériale d'un volume d'eau produisant 1 240 litres par tête d'habitant, si l'on adopte le plus considérable de ces nombres ; 1 815 litres suivant le calcul moyen ; et 2 618 litres, si l'on tient à la supputation la plus restreinte.

Dans tous les cas, nous sommes loin de jouir d'une telle abondance, j'allais dire d'une telle profusion ; nous ne saurions jamais l'égaler, et nous n'avons même pas sujet d'y prétendre ; car elle excéderait de beaucoup nos besoins.

Cependant, je dois l'avouer, en face de ces résultats formidables, et surtout du spectacle des vénérables monuments que nos devanciers (en tant de choses) avaient consacrés au service de leurs eaux, et que j'ai décrits, ou tout au moins énumérés plus haut, avec plus de bonne foi que d'habileté, les travaux dont je suis fier d'avoir pris l'initiative, me semblent bien modestes, et je reste confondu, malgré moi, par la grandeur incomparable de Ceux que je n'ai pas même essayé d'imiter.

Les Sociétés modernes sont, à bon droit, plus ménagères que les anciennes, de l'emploi des forces de l'homme et du produit des impôts établis et des taxes perçues en vue des œuvres même les

Page de droite : la rue Sainte-Marthe vers 1865.

AU CHINOIS
6 RUE TRONCHET 6
PAPIERS
PEINTS
RUE
SPECIALITE de
DAVESNE

plus utiles. Nous n'avons pas, Dieu merci, la ressource du travail servile, et les bras de nos soldats sont réservés, à tort ou à raison, pour des cas spéciaux tout à fait exceptionnels. Nous ne partageons point, d'ailleurs, les idées des hommes d'État de la Rome antique, sur les caractères de la vraie grandeur. Chez nous, dans l'appréciation d'une entreprise publique, l'utilité prime la magnificence. Le bien-être des masses populaires passe avant la satisfaction des yeux difficiles et des goûts raffinés. La simplicité des formes n'est pas absolument exclusive, au surplus, des inspirations de l'Art : dans la construction de nos aqueducs, observateurs scrupuleux des lois de l'économie, nous ne nous sommes pas fait faute de recourir aux siphons ; leurs arcades, parcimonieusement affectées aux rares allées que nous ne pouvions franchir autrement, tout en n'offrant l'aspect d'aucun luxe architectural, me paraissent être néanmoins, en fin de compte, d'heureux types de ce genre d'ouvrages. Dans tous les cas, pour faire mieux, nous nous serions exposés à l'impuissance, tant étaient vifs, ardents, les mauvais vouloirs que nous avions à vaincre.

La structure massive de l'architecture monumentale des aqueducs romains a fait peser sur les générations contemporaines des charges infiniment plus lourdes que celles qu'ont imposées les nôtres aux contribuables de notre temps. Elle a donné, par suite, à ces colossales et splendides constructions, une durée qui, jusqu'à nos jours, a prolongé le bienfait de plusieurs d'elles, en dépit de négligences séculaires et à travers les nombreuses révolutions que Rome a dû subir. C'est ce que prévoyait Cassiodore, au temps de Théodoric, quatre siècles après le règne de Trajan et l'administration de Frontin, lorsque, dans le langage déclamatoire en faveur sous le Bas-Empire, ce préfet du prétoire, pour stimuler autant que possible le zèle des surveillants des eaux, s'exprimait ainsi à propos des magnifiques ouvrages que, jadis, Pline avait déclarés les plus merveilleux de l'Univers :

« A comparer entre eux les édifices de Rome, on hésiterait à donner la préférence : il faut pourtant distinguer ceux dont l'utilité fait le prix, de ceux que leur seule beauté recommande. Le Forum de Trajan est un prodige, même pour les yeux accoutumés à le voir chaque jour. Le Capitole porte les chefs-d'œuvre du génie de l'homme. Mais ce n'est point là qu'est la source de la santé, du bien-être, de la vie ! Les aqueducs sont remarquables par leur admirable structure et par la salubrité de leurs eaux. Les fleuves qui coulent sur ces montagnes artificielles, semblent emprunter un lit creusé naturellement dans les plus durs rochers, puisqu'il résiste, depuis tant de siècles, à l'impétuosité du courant. Les flancs des monts s'écroulent, le lit des torrents s'efface ; mais ces ouvrages des anciens ne périront pas. »

De nos jours encore, après tant de vicissitudes, Rome use de quelques-uns de ses vieux aqueducs, restaurés, exhaussés ou complétés par les soins des Papes. L'antique *Aqua Virgo* subsiste sous son nom. L'*Aqua Felice*, due à Sixte-Quint, chemine sur les arcades de l'*Aqua Claudia* et de l'*Aqua Marcia*. L'*Aqua Paola*, dérivée du lac Bracciano, par l'ordre de Paul V, emprunte une partie de l'ancien aqueduc alimenté par le lac Alsietinus.

Ces trois dérivations fournissent ensemble journellement un volume d'eau qu'on évalue à plus de 1 000 mètres cubes par tête d'habitant. Elles alimentent 11 châteaux d'eau, 50 fontaines monumentales, parmi lesquelles figurent, au premier rang, la belle nappe de Trevi, et les spendides gerbes Sixtine et Pauline. En outre, dans les cours, à l'entrée des vestibules, dans les jardins de toutes les maisons de quelque importance, un véritable ruisseau d'eau fraîche jaillit d'une bouche de bronze dans un sarcophage antique, qui sert de bassin, ou s'ouvre passage par l'orifice moins artistique d'un simple tuyau, qui n'est jamais fermé.

Ailleurs, des puits tirent de conduites oubliées d'autres anciens aqueducs, une eau limpide dont la surabondance finit par se perdre dans les couches souterraines allant au Tibre.

Je relève presque textuellement ces indications, comme la plupart de celles qui précèdent, dans le Mémoire de 1858. Je les devais à l'obligeance de M. Oudry, l'un des nos Ingénieurs des Ponts et Chaussées qui furent chargés de la construction des chemins de fer romains. Ils ne me semblent pas moins nécessaires, qu'alors, à l'intelligence de la question qui m'occupe. Ils prouvent, dans tous les cas, avec évidence, que ni la Capitale de la France, ni celle de l'Angleterre ne peuvent comparer à beaucoup près leurs richesses en eaux publiques, à celles qu'avaient réunies les anciens Romains, ni même à celles qu'ont recueillies, comme des débris d'héritage, leurs heureux successeurs.

Les eaux de Paris

Sous le règne de nos Rois, si l'approvisionnement d'eau réclamé par les besoins de la population de Paris ne manqua pas d'être l'objet de généreuses préoccupations, il resta desservi, jusqu'à la fin, de la façon la plus médiocre.

Au temps des magnificences, des prodigalités inouïes de Louis XIV qui dota Versailles, ou, pour mieux dire, les palais, jardins et parcs prestigieux qu'il y créa, des aqueducs de Buc et de Marly, la capitale du Grand Roi fut presque aussi négligée, sous ce rapport, qu'à toute époque.

Encore aujourd'hui, malgré les sollicitudes efficaces du premier et du second Empire, malgré tous mes efforts et des travaux considérables, cette immense Cité, qui a la prétention d'être « la tête de la civilisation moderne ; le siège principal des sciences et des arts ; le chef-d'œuvre des Architectes et des Ingénieurs ; le modèle de la bonne administration populaire ; la véritable Rome du siècle présent », comme je l'écrivais alors, en est aux expédients pour fournir à toutes les branches du service de ses Eaux les quantités rigoureusement nécessaires.

« Les fontaines monumentales ne coulent que pendant les jours, et laissent voir trop souvent leurs vasques et leurs statues desséchées ; ses bornes-fontaines sont rationnées ; quand elles s'ouvrent, les conduites des maisons particulières tarissent.

Fontaine de la rue du Faubourg Saint-Martin.

D'ailleurs, la rive gauche ne peut approvisionner ses réservoirs que la nuit, quand la rive droite a cessé de puiser aux sources communes ».

Cette phrase, qui date de 32 ans, est encore vraie trop souvent !

Un des rares ouvrages qui, sous l'ancien régime, alimentaient Paris d'une quantité d'eau bien insuffisante, l'aqueduc d'Arcueil, remonte à la domination romaine. Il amenait les eaux de sources des coteaux de Cachan et d'Arcueil au Palais des Thermes, sous l'Empereur Julien, auquel l'opinion la plus générale en attribue la construction. Il fut complètement restauré par les ordres de Henri IV, et son débit fut alors accru des sources de Rungis et de Lhay.

Le monsatère de Saint-Laurent et l'abbaye de Saint-Martin-des-Champs, fondés sur la rive droite de la Seine, aux VIe et Xe siècles, firent dériver à des époques difficiles à préciser, d'une part, les

Pages suivantes : la Bièvre.

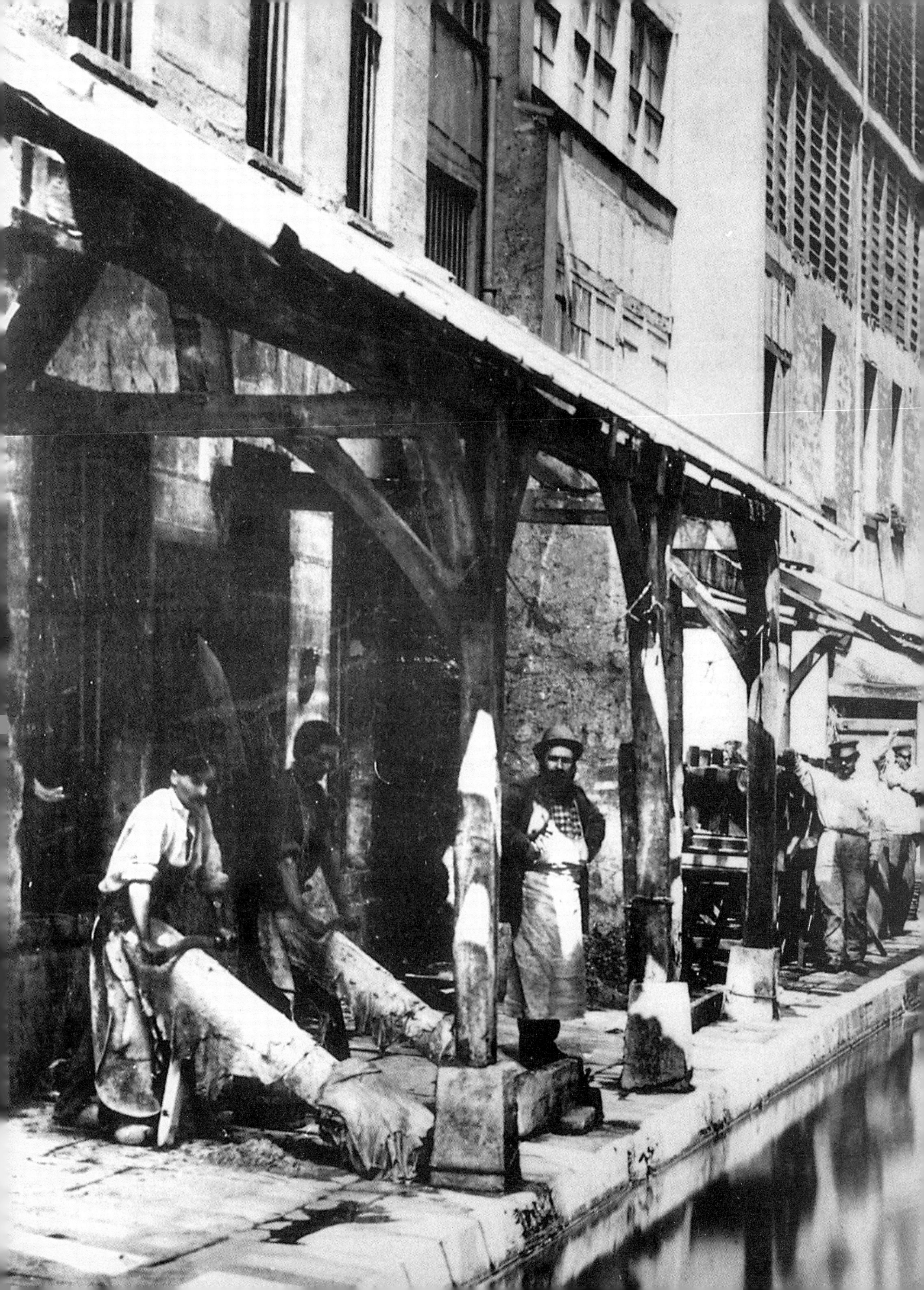

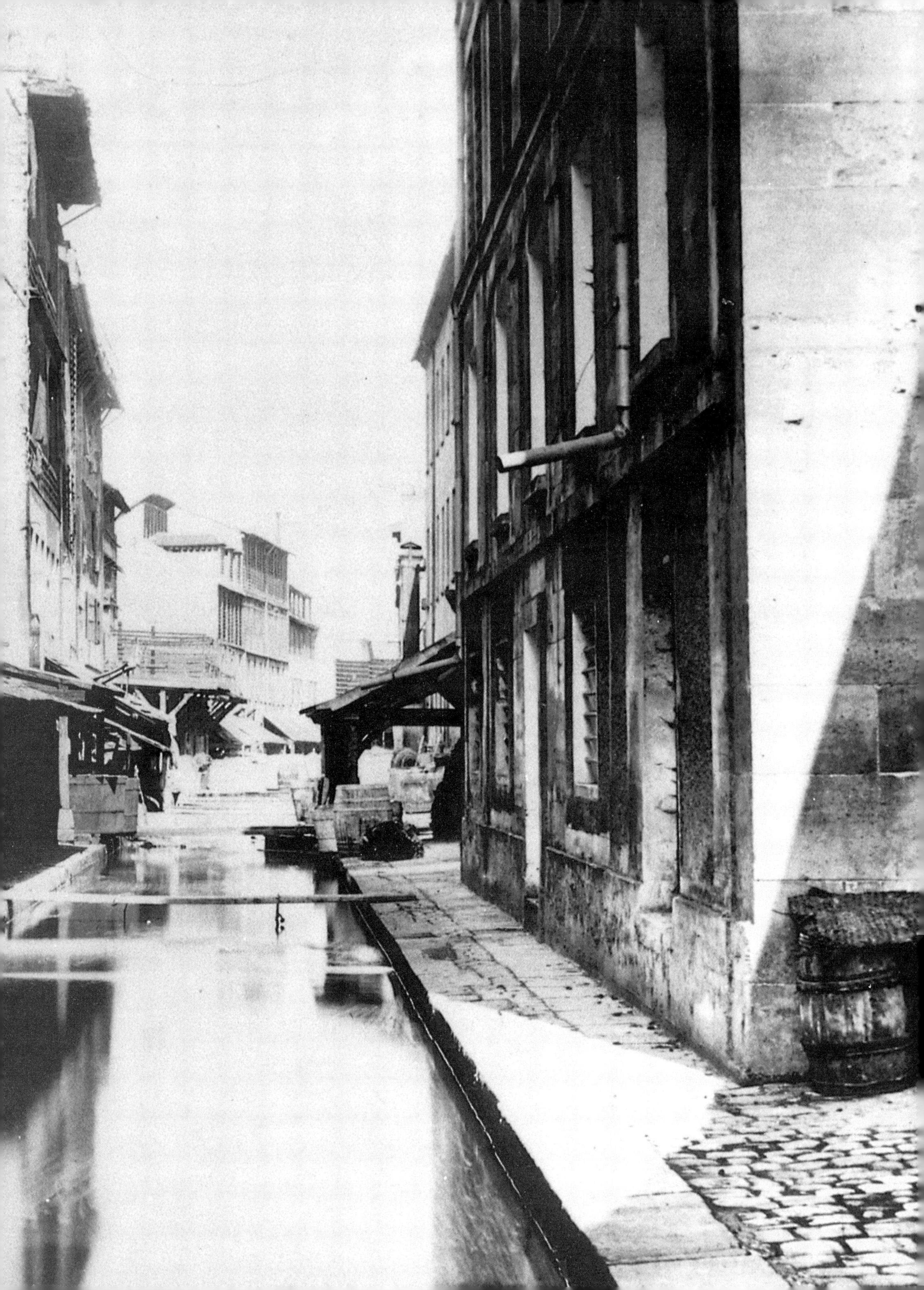

eaux des Prés-Saint-Gervais, venant des hauteurs de Romainville et Ménilmontant ; d'autre part, celles des coteaux de Belleville. Les religieux de ces riches abbayes étaient propriétaires et seigneurs des territoires sur lesquels sourdaient les eaux recueillies. Ils établirent, auprès de leurs couvents respectifs, pour l'usage des habitants de Paris, leurs voisins, des fontaines dont quelques-unes se sont conservées jusqu'à nous : telles sont la fontaine Saint-Lazare, et la fontaine Maubuée, dont le nom signifiant *mauvaise lessive*, prouve que, dès l'origine, on avait reconnu la mauvaise qualité des eaux des Sources du Nord pour les usages domestiques. (C'est ainsi que nous appelons ce petit groupe de sources dérivées).

En 1457, le Prévôt des Marchands et les Échevins firent reconstruire l'aqueduc de Belleville, tel qu'il existe, avec ses regards, qui sont de véritables monuments.

Philippe-Auguste, en établissant les Halles, prit soin d'amener les eaux des Prés-Saint-Gervais jusqu'à la Fontaine des Innocents, adossée, d'abord, à l'Église de ce nom, qui formait l'angle des Rues aux Fers et saint Denis. - Cette fontaine fut réédifiée au milieu du Marché des Halles, en 1786, transférée sous mon administration, comme je l'ai dit ailleurs, lors de de l'élévation des pavillons actuels des Halles Centrales, dans le Square dit des Innocents, et pourvue d'eau meilleure.

Henri IV construisit, en même temps que le Pont-Neuf, *La Samaritaine*, machine hydraulique mue par le courant du fleuve, dont elle puisait l'eau par le moyen de pompes alimentant un grand nombre de fontaines. La pompe Notre-Dame, qui en desservait un autre groupe, était une création municipale.

L'approvisionnement de Paris en eaux publiques, opéré, tantôt exclusivement aux dépens du Trésor royal, tantôt, par les soins et aux frais de l'administration de la Cité, se divisait en *Eaux du Roi* et en *Eaux de la Ville*. Mais, l'ensemble du service était soumis à des règlements généraux dont plusieurs sont encore en vigueur, notamment la célèbre ordonnance de Charles VI, en date du 9 Octobre 1392, qui déclara les unes et les autres imprescriptibles, inaliénables, et prononça la nullité des concessions, gratuites ou non, faites précédemment, soit à des établissements religieux, soit à des particuliers, par quelque autorité que ce fût, et même « par lettre royales ».

Le principe posé dans ce document remarquable se trouve consacré par plusieurs autres actes souverains émanés de Henri II, Henri IV, Louis XIII et Louis XIV.

Le volume total des eaux de Paris, tant royales que municipales, montait à 200 pouces fontainiers, soit à moins de 4 000 mètres cubes (3 839 exactement) par jour, en 1777, quand une compagnie à la tête de laquelle étaient les frères Perier, les plus puissants banquiers du temps, obtint, pour quinze années, le privilège de placer, sous les voies publiques, des conduites destinées à la distribution d'eaux nouvelles, à des prix fixés par le tarif accompagnant l'acte de concession. Cette compagnie créa, tout d'abord, les pompes à feu de Chaillot, et, plus tard, celles du Gros-Caillou.

Les actions, émises à 1 200 livres, furent portées par l'agiotage à 5 000 ; mais, en somme, l'affaire ne fut pas heureuse. Il s'en fallut de beaucoup.

La nouvelle quantité d'eau que la Compagnie put débiter à domicile ou par ses fontaines marchandes, ne dépassa pas 250 pouces fontainiers (moins de 5 000 mètres cubes) par jour, et le produit de la meilleure année ne s'élèvera qu'à 112 161 livres, pour une dépense de 10 millions.

Néanmoins, les ressources de la Ville, en eau, furent plus que doublées par cette entreprise, dont l'Etat s'empara lors de la ruine de la Compagnie, après une liquidation laborieuse qui ne fut terminée qu'en 1828.

Jaloux de pourvoir enfin Paris d'un volume d'eau qui pût satisfaire largement à tous les besoins, la Premier Consul décida, le 20 Floréal an X, la dérivation de l'Ourcq, dont il fit un canal de

La pompe Notre-Dame.

navigation en même temps qu'un Aqueduc d'alimentation des fontaines publiques et des concessions privées de sa Capitale.

Un Décret du 6 Prairial an XI, complété par un autre du 4 Septembre 1807, ordonna la réunion de toutes les eaux anciennes et nouvelles, en une seule administration ayant un caractère municipal, régie, aux frais de la Ville, par le Préfet de la Seine, sous la surveillance du Directeur Général des Ponts et Chaussées et l'autorité du Ministre de l'Intérieur. C'est depuis lors que la Ville de Paris est en possession de l'ensemble du Service.

La vaste opération de la dérivation de l'Ourcq fut exécutée, en entier, au compte de la Ville, et, d'année en année, elle est venue accroître, au fur et à mesure de l'avancement des travaux, les ressources du service d'eau de la Ville.

Dans le traité passé par la Ville de Paris avec MM. Hainguerlot et Cie, en 1818, pour l'exploitation de la navigation du canal de l'Ourcq, et des usines établies auprès de chaque écluse, afin d'utiliser la chute de l'eau que le service des bateaux n'épuisait pas, la Ville se réserva la jouissance de 4 000 pouces fontainiers qu'elle pourrait prendre à sa convenance, dans toutes les saisons de l'année.

En 1841, la mauvaise qualité des eaux de certains affluents de l'Ourcq en ayant motivé l'abandon, une convention additionnelle fut faite par la Ville avec la Compagnie concessionnaire, en vue de la réunion au canal des eaux de la petite rivière du Clignon. La Ville prit à sa charge la dépense de cette dérivation accessoire et se réserva la totalité des eaux pouvant en provenir, qui s'éleva finalement à 1 200 pouces, et porta son droit de prélèvement sur l'ensemble des eaux du canal à 5 200 pouces, soit à 100 000 mètres cubes environ par 24 heures.

Le surplus du débit de la dérivation, dépassant 3 000 pouces et pouvant être évalué à 60 000 mètres cubes, devait rester à la disposition de la Compagnie, mais à la charge d'alimenter le canal Saint-Denis jusqu'à la construction du canal Saint-

Pages suivantes : vue de la Seine prise du pont de la Concorde.

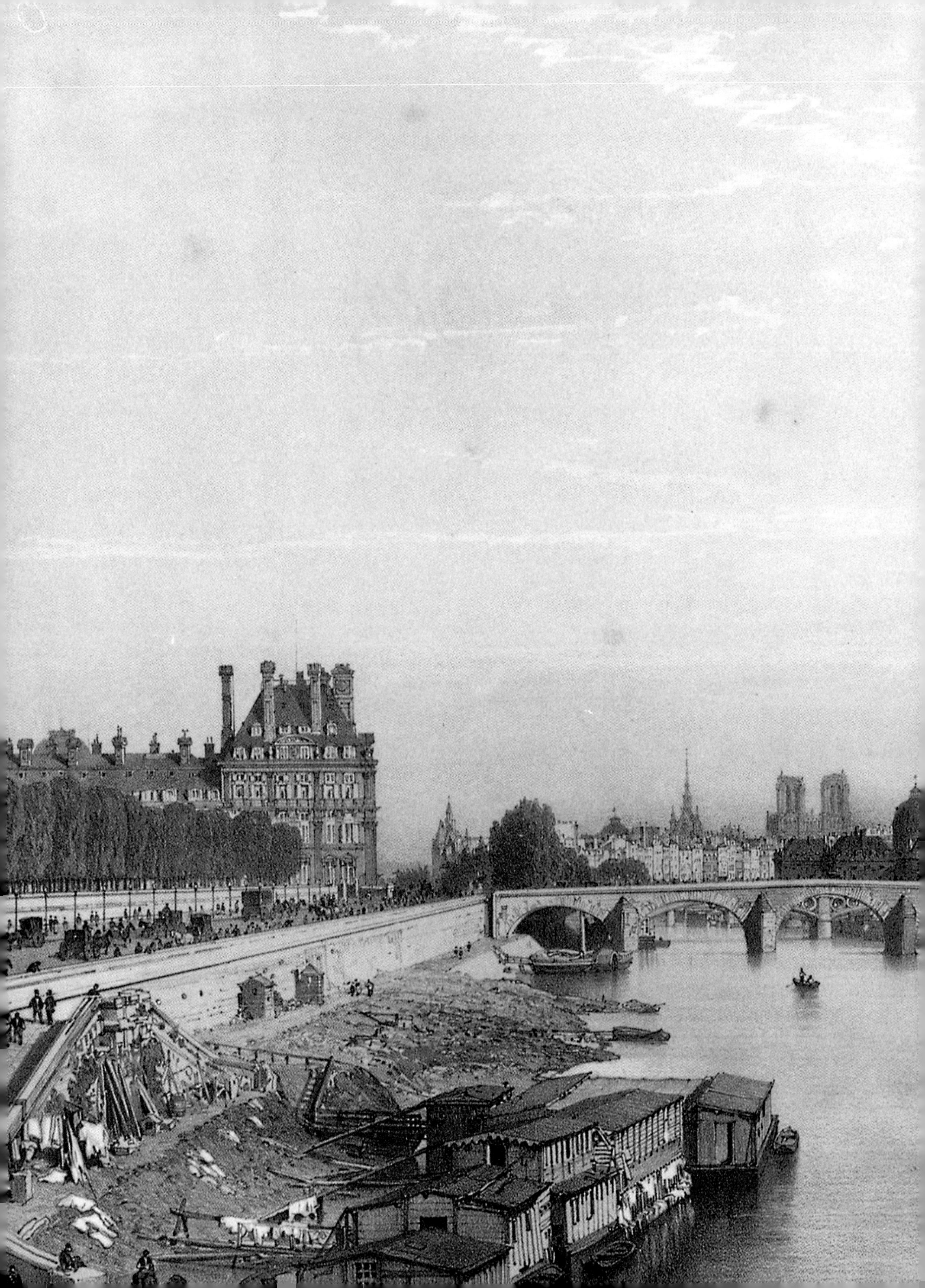

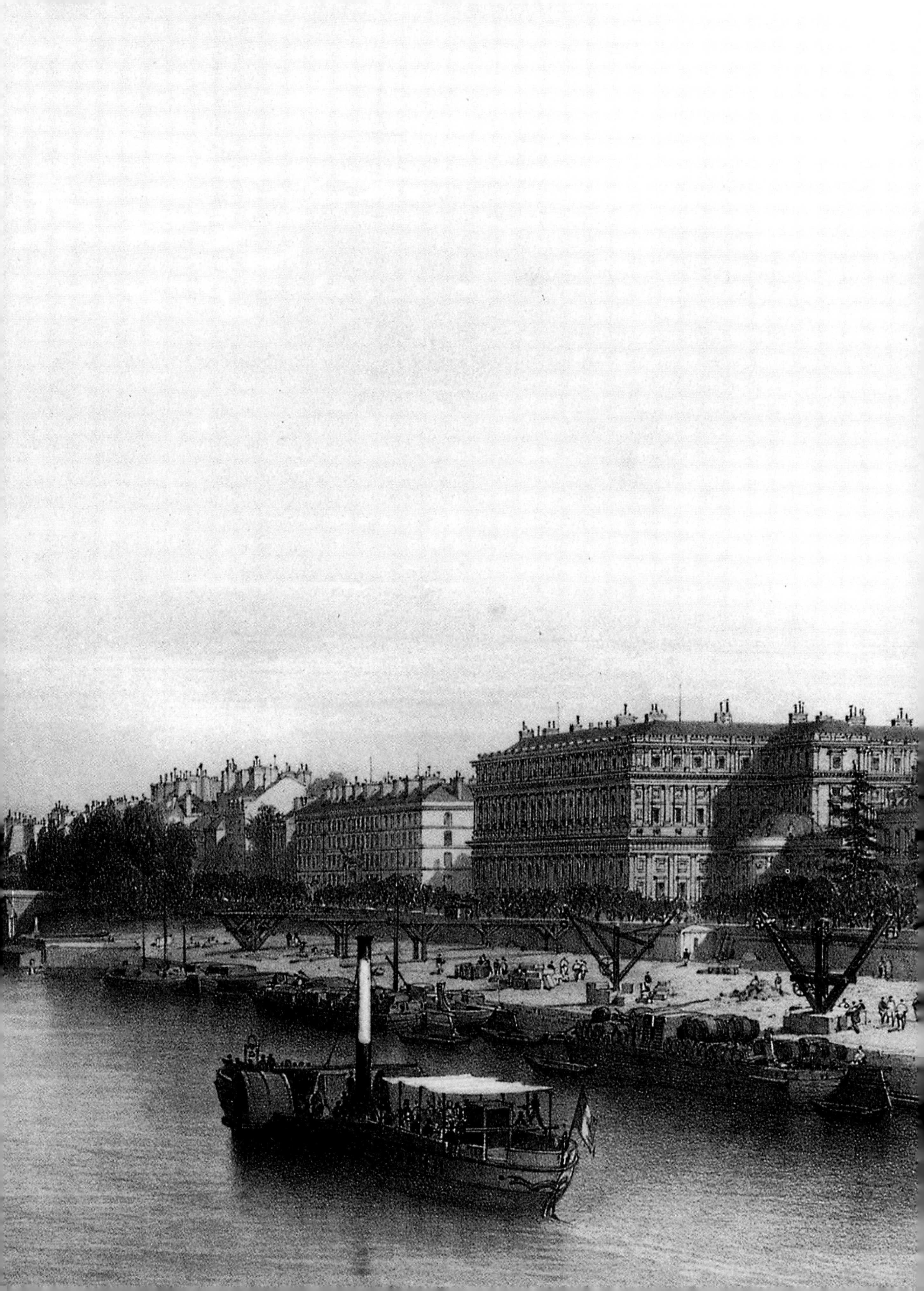

Martin. Moitié de ce surplus devait être remise et fut remise, en effet, le moment venu, à la Ville, pour le service de cette nouvelle voie navigable.

Mon administration se vit obligée néanmoins pour avoir toute liberté de répartition des eaux de l'Ourcq entre les différents services qu'elles avaient à pourvoir, d'opérer le rachat de la concession faite à la Compagnie Hainguerlot. J'ai dit ailleurs à quelles conditions il fut réalisé.

En 1837, on commença le forage d'un puits artésien dans l'abatoir de Grenelle. Terminé seulement en 1841, il donna plus de 800 mètres cubes par jour d'eau très pure et très limpide, à la température de 26 degrés centigrades.

En 1848, une petite pompe à feu élevant à peu près le même volume d'eau fut établie sur la rive gauche de la Seine, en amont du pont d'Austerlitz, pour alimenter les gares des Chemins de fer d'Orléans et de Lyon, l'Abatoir Villejuif et La Salpêtrière, dont la population de 7 000 pensionnaires est supérieure à celle de bien des petites villes.

Enfin, en 1851, le mauvais état des anciennes pompes du Pont Notre-Dame et du Gros-Caillou décida l'Administration Municipale à les abandonner et à faire construire à Chaillot d'énormes engins pouvant élever de 25 à 30 000 mètres cubes d'eau de Seine par jour dans les réservoirs du Quartier des Bassins. cette quantité fut portée à 40 000 mètres cubes, dès le début de mon Administration, par l'addition de nouvelles chaudières à cette considérable usine hydraulique.

En résumé, lors de ma nomination à la Préfecture de la Seine, les ressources du service d'eau de Paris n'excédaient pas 134 000 mètres cubes par 24 heures, savoir :

Eau d'Ourcq _____ 100 000 m^3

Eau de Seine
(Pompes de Chaillot 30 000 m^3
et pompes d'Austerlitz 800 m^3) __ 30 800 m^3

Eau de sources
(Aqueduc d'Arcueil 1 800 m^3
et sources du Nord 600 m^3) ____ 2 400 m^3

Puits de Grenelle _____ 800 m^3

Ensemble _____ 134 000 m^3

Ces chiffres sont inférieurs à ceux qu'on trouve dans les documents de l'époque, parce que ceux-ci comptent le débit du pouce fontainier, en 24 heures, pour 20 mètres cubes, soit 20 000 litres en nombre rond, tandis que je n'en fais état que pour sa valeur précise 19 495 litres.

La population de Paris, que l'annexion de la Zone Suburbaine n'avait pas encore accrue considérablement, comme elle le fut subitement à la fin de 1859, n'était, en 1853, que de 1 200 000 âmes, environ. Cependant, rapproché de ce nombre, le total ci-dessus ne donne guère que 110 litres par habitant, soit à peine un dixième de ce dont jouissait parallèlement la Rome des Papes, et un seizième de l'approvisionnement de la Rome des Césars.

Améliorations urgentes

Ainsi que je viens de le constater par des chiffres, c'était la dérivation de l'Ourcq, due au génie de Napoléon Ier, qui formait la ressource principale du service des Eaux de Paris, au début de mon édilité. Le puisage en Seine, malgré la substitution des puissantes machines à feu modernes de Chaillot, aux antiques usines hydrauliques de la Samaritaine et de la pompe Notre-Dame, n'accroissait même pas d'un tiers cette ressource capitale. Quant à l'aqueduc d'Arcueil, aux sources du Nord et au puit de Grenelle, ils n'y venaient ajouter que de faibles appoints.

On se demande comment Paris aurait pu faire face aux besoins de sa population croissante, à défaut de la grande œuvre conçue par le premier Consul et réalisée sous l'impulsion de son autorité.

Page de droite : la rue des Ursins vers 1860 (anciennement rue Basse des Ursins).

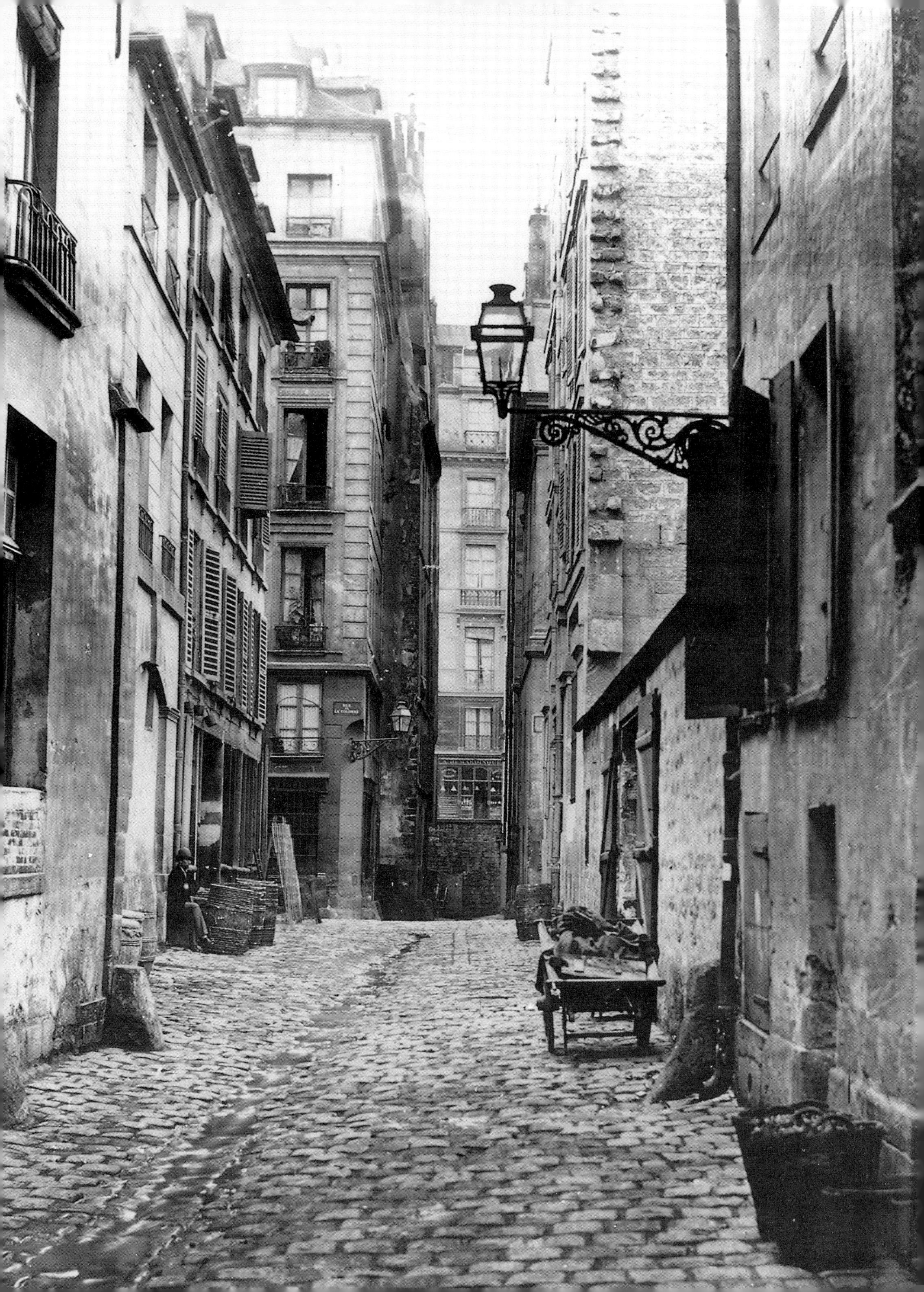

Malheureusement, l'eau de l'Ourcq, suffisante en quantité pour assurer convenablement le service de l'ancienne ville, n'arrivait dans la Gare circulaire précédant le bassin de la Villette qu'à 25,74 m au-dessus de l'étiage de la Seine (lequel est supérieur seulement de 26,25 m au niveau de la mer). Elle perdait encore 50 centimètres de hauteur, en traversant le *compteur-moteur* placé sur ce point, pour mesurer, à l'entrée de Paris, le volume qui passait dans le coursier de sa roue, et dont la force était utilisée à faire monter une petite quantité de ce volume sur quelques points élévés du voisinage. Le surplus s'engageait, à la cote de 25,24 m au-dessus du niveau de la Seine, dans une galerie souterraine de 4 033 mètres de parcours, nommée *aqueduc de ceinture*, allant à peu près de niveau (car sa pente n'excédait guère 0,00008 m par mètre, soit 0 3264 au total) depuis la Gare Circulaire, jusqu'au vaste bassin terminal établi près de la barrière de Monceau.

Dans ce bassin, l'eau que n'absorbaient pas les conduites maîtresses qui s'embranchaient sur l'aqueduc, descendait perpendiculairement vers la Seine, et franchissait les ponts. Elle remontait le versant méridional de la vallée parisienne, pour aboutir à divers groupes de réservoirs d'une hauteur un peu moindre que celle du point de départ, par suite de la perte de charge causée par les siphons de 4 000 mètres en général, qu'elles formaient.

Ces conduites, dont le diamètre variait entre 25 et 60 centimètres, épanchaient leur trop-plein dans les réservoirs qui les terminaient, comme l'aqueduc de Ceinture dans le bassin de Monceau. Sur tout leur développement, de nombreuses conduites secondaires de plus faible diamètre se greffaient pour y puiser, ainsi que les petites artères du corps humain dans les gros vaisseaux, le liquide vivifiant qu'elles déversaient en se ramifiant à l'infini, sur les places publiques, dans les Rues, à l'intérieur des maisons.

Un aqueduc secondaire, nommé *Galerie Saint-Laurent*, s'embranchait sur l'aqueduc de Ceinture, et maintenait autant que possible, le niveau des eaux qu'il en recevait jusqu'auprès de la gare du Chemin de fer de Strasbourg, et qu'il divisait, là, entre d'autres conduites principales.

L'ensemble de ce système, fort habilement combiné, fonctionnait bien ; mais il ne mettait pas en circulation, par suite du trop faible calibre des conduites, plus de la moitié de l'eau que la Ville avait le droit de prendre dans le canal de l'Ourcq. Le départ en avait été fixé fort judicieusement à la Gare circulaire, au-dessus du bassin de la Villette, où stationnent de nombreux bateaux de commerce, qui altèrent la pureté relative de son eau par leurs déjections de toute nature.

Il n'était certes pas très difficile d'améliorer cet état de choses en remplaçant les principaux organes de la distribution de l'eau de l'Ourcq par des engins d'un plus fort diamètre. Je n'y manquai pas ; et la première année de mon administration vit : 1° l'établissement dans la galerie d'égout de la Rue de Rivoli d'une conduite de jonction qui permettait, d'abord, de les rendre solidaires ; 2° d'une énorme conduite du calibre d'un mètre s'abreuvant dans l'aqueduc de Ceinture, qui descendait la galerie d'égout du Boulevard de Strasbourg, pour être continuée dans celle du Boulevard de Sébastopol. La destination essentielle de celle-ci était d'alimenter cette conduite transversale et de répartir un véritable torrent sous la charge du plan d'eau de l'aqueduc, entre les conduites trop souvent affamés, l'été, qui faisaient le service des quartiers de la Rive Gauche ; 3° d'une conduite de 60 centimètres, au lieu de 25, qui montait sur cette rive, aux réservoirs Saint-Victor.

Mais, on ne pouvait, en aucune façon, remédier au défaut originel de la dérivation de l'Ourcq. Elle aboutissait, au Bassin de la Vilette, sur un point trop bas, qui ne permettait point d'en distribuer les eaux, à moins de faire usage d'engins mécaniques, dans un cinquième, de la surface de la Ville, bien que celle-ci fût limitée alors par l'ancien Mur d'Octroi. Dans deux autres cinquièmes, en raison de la perte de charge occasionnée par une foule de causes, et qu'on évaluait à 2 mètres sur la rive droite, et à 4, sur la rive gauche, les eaux n'arri-

Page de droite : la rue des Anglais vers 1860.

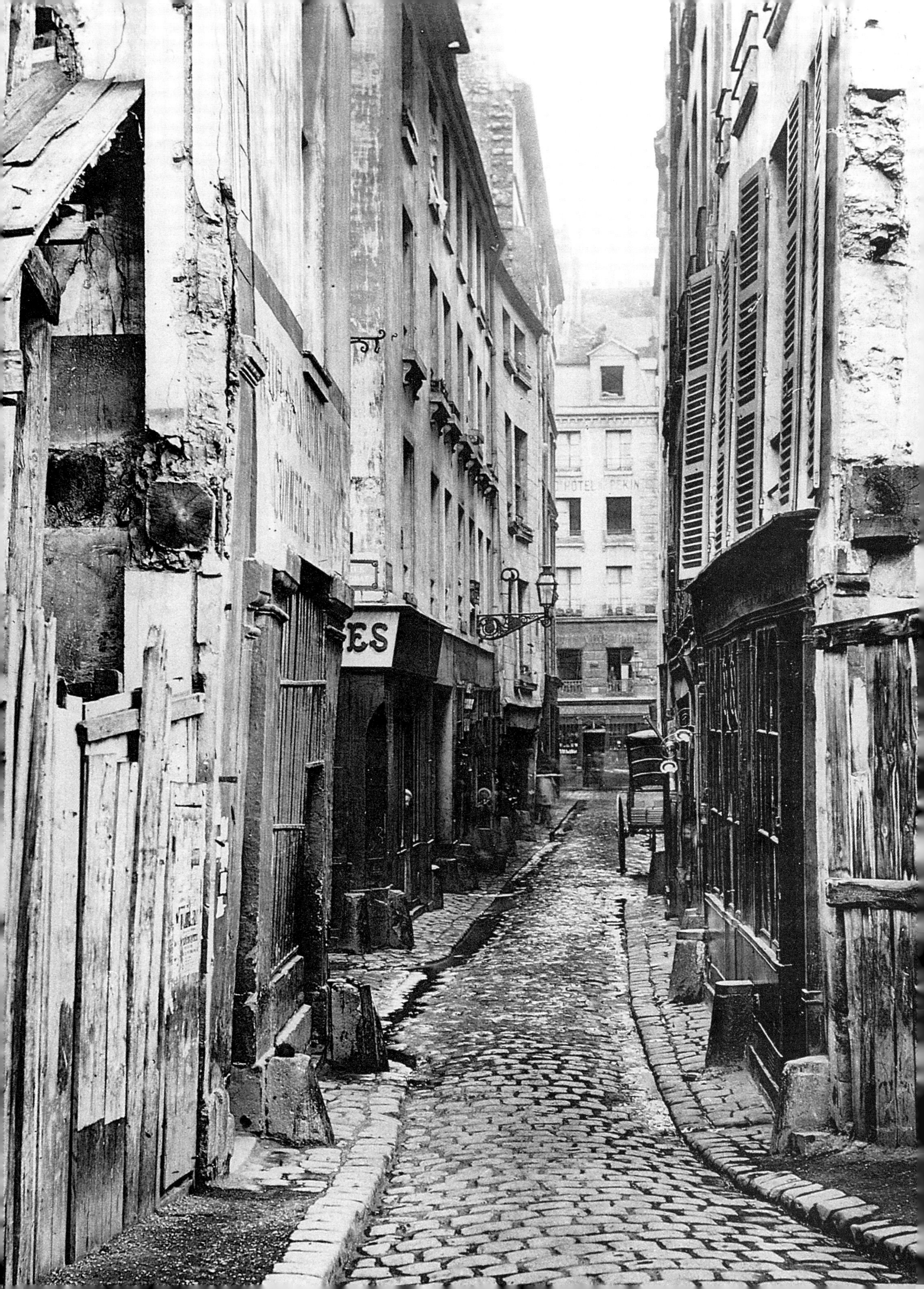
ES
HOTEL

vaient qu'au ras du sol. Dans les deux derniers cinquièmes seulement, il était possible de bien faire desservir les étages des maisons.

Le volume des eaux qu'élevaient les Pompes de Chaillot, du Gros-Caillou, du Pont Notre-Dame, et, après la suppression de ces dernières, les nouvelles Pompes de Chaillot, était réuni par des bassins dont la hauteur, au-dessus du fleuve, variait de 30 à 36 mètres. Un réservoir en tôle, porté par de solides murs, avait été construit sur le point culminant de Chaillot ; mais il ne contenait que 1 700 mètres cubes.

Une conduite de 50 centimètres traversait les quartiers du Nord de Paris ; elle alimentait l'Hôpital Lariboisière, et la Gare du Chemin de Fer du Nord. Elle fut continuée, plus tard, vers les parties hautes des quartiers du Nord et Saint-Antoine. Une autre, de 60 centimètres, posée tout récemment, menait ses eaux jusqu'aux réservoirs établis près de la Place du Panthéon.

L'aqueduc d'Arcueil n'arrivant qu'à la cote de 31 mètres au-dessus de l'étiage de la Seine dans le Bassin de l'Observatoire, il fallait élever, au moyen d'une pompe à feu, la partie de ses eaux conduite aux réservoirs de l'Estrapade. Le surplus était distribué dans les quartiers moyens de la Rive Gauche.

Quant aux sources du Nord, l'eau de Belleville, entrant en conduite au regard de la Rue de la Mare, à 34 mètres au-dessus de l'étiage de la Seine, desservait directement quelques points élevés du Nord-Est de Paris ; celles des Prés-Saint-Gervais, qui pénétraient dans Paris à la même cote, par la barrière de Pantin, faisaient un service immédiat dans le voisinage, avant de descendre en ville.

Enfin, le puits de Grenelle, dont l'eau montait naturellement aux réservoirs supérieurs de la Place de l'Estrapade, à 43,62 m au-dessus de l'étiage de la Seine, soit 69,50 m au-dessus du niveau de la mer moyenne.

En somme, il existait sous les Rues de Paris, 312 kilomètres de conduites de tout calibre, et 18 bassins ou réservoirs concourant avec elles à la distribution générale, qu'on alimentait, savoir : 8, exclusivement en eau d'Ourcq ; 5, en eau de Seine ; 2, en eau d'Arcueil ; 3, en eau de diverses provenances.

A très peu d'exceptions près, les conduites principales et secondaires étaient simplement posées en terre, à la profondeur nécessaire pour échapper aux gelées.

J'ai saisi toutes les occasions favorables de les transporter dans les nouvelles galeries d'égout, dont je fixai les types de manière qu'elles pussent les recevoir et les mettre à l'abri des chances de rupture produites par l'ébranlement du sol, livrer passage aux agents du service des eaux, et donner toute facilité pour reconnaître les fuites et y remédier.

L'eau fournie par ces appareils était affectée, d'une part à l'usage public ; d'autre part, à l'usage privé.

Elle s'écoulait, d'abord, par 33 fontaines monumentales servant à décorer la ville et à rafraîchir l'air, en été, de leurs eaux jaillissantes. L'établissement de cinq d'entres elles, dues à l'ancien régime, remontait à 1550, pour celle des Innocents ; à 1570, pour la Fontaine de Birague ; à 1624, pour la Fontaine Saint-Michel ; à 1715, pour celle de Grenelle, et à 1716 pour la Fontaine Saint-Louis. Napoléon Ier dota Paris de la Fontaine Desaix en 1801 ; de celle du Châtelet et des deux fontaines de l'Institut, en 1806 ; des deux fontaines du Marché aux Fleurs, en 1807, et de celle du Château-d'Eau, en 1811.

La Restauration fit construire, en 1824, les quatre fontaines de la Place Royale et la Fontaine Saint-Georges ; puis en 1827, la Fontaine Gaillon ; et le gouvernement de Juillet, la Fontaine Richelieu, en 1836 ; celles des Champs-Elysées (cinq), de la Place de la Concorde (deux) et la Fontaine Molière, en 1839 ; les Fontaines Charlemagne et Cuvier, en 1840 ; la Fontaine Notre-Dame, en 1842, et celle de Saint-Sulpice en 1846.

Fontaine et place du Châtelet.

Les fontaines de Laborde et François 1er ne dataient que de 1852, sous la Présidence du Prince Louis-Napoléon.

Je m'empresse d'ajouter que l'Empire a singulièrement transformé plusieurs de ces monuments ; qu'il en a même supprimé quelques-uns, mais qu'il en a fait édifier nombre d'autres, sous mon administration.

Il existait, en outre, 69 fontaines de puisage, où chacun pouvait prendre librement l'eau nécessaire à son usage : 1 779 bornes-fontaines pouvant, au besoin, les suppléer, mais leur ouverture, à certaines heures, avait pour objet le nettoiement des ruisseaux des Rues ; 105 bouches sous trottoirs employées à l'arrosage direct de la voie publique ; 111 poteaux destinés au remplissage des tonneaux d'arrosement, et 58 bouches d'incendie.

L'eau réservée à l'usage privé se distribuait, filtrée, par 113 fontaines marchandes, où les porteurs d'eau, qui fonctionnaient encore alors, venaient s'approvisionner moyennant rétribution, et par des embranchements dont le produit, mesuré d'une façon approximative, était concédé sous forme d'abonnement.

Ces concessions, au nombre de 7 771, étaient réparties de la manière suivante : 157, à l'Etat ; 3, au Département ; 223, aux établissements municipaux et hospitaliers, et 7 388, à des particuliers.

Il est curieux de constater que ces concessions, desservies principalement en eau d'Ourcq (6 120) puis, en eau de Seine (878), et ne comprenant que 75 emprises d'eau d'Arcueil et 34 seulement d'eau des sources du Nord, n'étaient pas moindres de 281, en eau de Grenelle. Cela prouve, en effet, que l'usage de ces eaux, à la température de 26 degrés centigrades, était fort estimé pour certains usages.

Voilà pourquoi je fis entreprendre, dès la fin de 1854, sur l'avis d'une commission spéciale, le forage du Puits de Passy, comme essai des nouveaux procédés de M. Kind, Ingénieur Saxon. Après l'extension des limites de Paris, on commença le forage du puits de la Place Hébert, à la Chapelle, et de celui de la Butte-aux-Cailles, qui ne sont pas encore terminés, vingt après la fin de mon administration. Leur calibre et leur profondeur devaient assurer un débit considérable d'eau chaude, à 30 degrés centigrades, au moins, sur des points aussi haut que possible.

Mon ambition intime était de créer dans Paris, au moyen de ces puits, de ceux de Grenelle, de Passy et d'autres, qu'on aurait forés ensuite, une distribution spéciale d'eau chaude, propre à nombre d'usages domestiques ou d'emplois industriels, et spécialement affectée à l'alimentation de thermes publics modernes, parallèlement à la distribution générale.

Le puits artésien de Grenelle fut doré par M. Mulot, dont le travail commença dès la fin de 1833. Entravé par un grave accident, qui nécessita l'emploi de remèdes héroïques, il n'atteignit la nappe d'eau jaillissante qu'après un laps de près de huit années, le 26 juillet 1841, dans la couche sablonneuse reposant sur le banc d'argile qui précède la couche des grès verts, - à la profondeur de 511,88 m au-dessous du niveau de la mer moyenne.

Le débit de ce Puits, d'environ 3 000 mètres cubes par 24 heures, au début, subit de graves oscillations, et diminua grandement quand on fit monter l'eau jusqu'à la cote 73,15 m au-dessus du niveau de la mer - soit, à 585,03 m du fond de forage, afin de pouvoir atteindre, toutes pertes de charges déduites, le niveau des Réservoirs supérieurs de l'Estrapade. Il ne se régularisa qu'en 1852, après 21 ans d'efforts, à 950 mètres cubes par jour, et baissa de nouveau jusqu'à 615 mètres quelque temps après l'achèvement du Puits de Passy.

Au montant de la dépense (390 140 francs) il faut joindre la pension viagère de 3 000 francs allouée par le Conseil Municipal, à titre de récompense, en faveur de M. Mulot, et reversible sur la tête de sa femme.

Le nouveau Puits Artésien de Passy, foré par M. Kind dans un terrain sis à l'angle de l'Avenue d'Eylau (Victor-Hugo) et de la Rue Spontini, ne fut commencé que le 15 septembre 1855. Il devait descendre jusqu'à la couche des grès verts et donner 13 000 mètres cubes d'eau par 24 heures au niveau du sol, moyennant un prix à forfait de 350 000 francs.

Après bien des péripéties, l'entrepreneur atteignit la couche aquifère désignée, le 26 septembre 1861, à 546,50 m au-dessous du niveau de la mer, - soit à 34,62 m plus bas que la couche sablonneuse du Puits de Grenelle.

La température de l'eau, plus élevée de 2 degrés centigrades que celle de l'eau de ce Puits, montait à 28 degrés.

Son débit fut, d'abord, de 15 000 mètres cubes environ, et varia considérablement avant de prendre son équilibre dans le Réservoir spécial établi derrière le chantier de forage, entre l'Avenue de l'Empereur (Henri-Martin) et celle d'Eylau, à la cote 58 au-dessus du niveau de la mer ; elle suffisait pour l'amenée des 10 000 mètres cubes produits normalement à cette hauteur, dépassant seulement de 6 mètres le sol du chantier, à la cascade du Lac Supérieur du Bois de Boulogne.

J'avais admis, en effet, le remplacement des eaux de Seine et d'Ourcq (tout au moins louches) dans l'alimentation de cascades, pièces d'eau de tout ordre, rivières et ruisseaux du Bois, par le Puits de Passy, jusqu'à meilleur emploi de son produit, toujours limpide : je m'explique mal, si l'on a maintenu cette affusion, l'aspect vaseux des lacs et rivières qui m'a péniblement impressionné plusieurs fois.

Mon premier Mémoire sur les Eaux de Paris, présenté dès le 4 Août 1854 au Conseil municipal, où j'ai puisé les dernières indications qui précèdent, et qui m'en fournira bien d'autres ci-après, contient, au sujet de la situation dans laquelle j'ai pris ce grand service, l'appréciation suivante que je me fais un devoir de reproduire :

« Ce vaste ensemble de travaux, résultats d'efforts successifs, n'a pas, sans doute, le caractère homogène d'un système conçu, puis, exécuté d'un seul coup. Cependant, il faut bien avouer qu'on l'a déprécié beaucoup trop, et que, mieux connu, il serait à l'abri, sinon de toute critique, du moins, des injustes dédains qu'il rencontre. »

CHAPITRE VIII

SERVICE DES EAUX

Puisages en Seine proposés.
Etudes nouvelles.
Projet de dérivation d'eaux de sources.
Développement de la distribution.
Mission de M. Mille.

La grande œuvre de la dérivation de l'Ourcq, dont les gouvernements postérieurs au Consulat et au premier Empire ne surent pas s'inspirer, en tenant compte de ses imperfections, pour aller chercher, encore plus loin, et partant d'un niveau plus élevé, un volume d'eau considérable, de qualité meilleure, peut être justement comparée aux dérivations dont les Romains avait fait l'emprise, en deux fois, dans l'Anio, l'un des affluents du Tibre et que j'ai désignées précédemment, comme Frontin, sous les noms d'*Anio Vetus* et d'*Anio Novus*.

La dérivation de l'Ourcq amenait aussi des eaux de rivière, médiocrement limpides en toute saison, troubles en temps de pluie, froides en hiver, chaudes en été, comme du reste, les eaux de la Seine. Elles ne méritaient pas moins que celles-ci d'être rejetées, pour ces raisons, du service des concessions privées, mais ne jouissaient pas, ainsi qu'elles, d'une réputation, justifiée d'ailleurs, de salubrité parfaite. La plupart des sources de l'Ourcq, provenant des terrains gypseux, étaient fortement séléniteuses, c'est-à-dire chargées avec excès de sulfate de chaux (de plâtre, en langage ordinaire), et c'était le motif de l'abandon ultérieur des cours d'eau que le Clignon avait remplacés. Quelques-unes de ces sources, sortant de terrains tourbeux, y contractaient, l'été surtout, une saveur désagréable.

Quant à l'idée, bien simple, de puiser directement les eaux à dériver dans les sources alimentant les rivières plutôt que dans le lit de celles-ci, jamais elle n'était venue à personne, malgré l'exemple de l'aqueduc d'Arcueil, remontant à l'Empereur Julien. Peut-être était-ce à cause de la proportion également élevée du sulfate de chaux contenue dans les eaux de sources de Rungis, Lhay, Cachan et Arcueil qu'il recevait ; mais, très probablement, parce que les eaux de sources du Nord, amenées dans la ville par les religieux des couvents de Saint-Laurent et de Saint-Martin, étaient notoirement séléniteuses au point de passer pour on ne peut moins propres aux usages domestiques.

Puisages en Seine proposés

Paris est entouré à longue distance de coteaux dont le sol est gypseux, et c'est au delà seulement qu'on rencontre des sources dont les eaux ne contiennent en dissolution que du carbonate de chaux (de la craie).

C'est pour cela que tous les projets proposés, mais restés sans suite, en vue d'améliorer le service d'eau de Paris, d'abord, sous le régime du Gouvernement de Juillet, le premier où l'on s'en préoccupa, et en dernier lieu, sous la Présidence du Prince Louis-Napoléon, avaient pour objet des puisages en Seine.

ESTAURANT
Salons & Cabinets
GAZ
BOULANGERIE
St CLAUDE
BOULANGERIE
GAZ
No 4.
MAISON
GELLÉ
Fondée en 1779.
TEINTURES
NETTOYAGES
& APPRETS
NOIR
POUR
RUE
MONTMAR
AGENCES REUNIES
VENTE et ACHA
LIVRES

Un savant illustre, qui présida le Conseil Municipal, vers 1835, M. Arago, voulait qu'on élevât les eaux du fleuve au moyen de puissantes turbines, mues par la chute inutilisée qui se trouve au Pont-Neuf, à la sortie du Petit Bras. La dépense évaluée à 18 millions ; mais on présumait, avec raison, qu'elle monterait au double.

En 1849, un très habile ingénieur, M. Mary, crut devoir reprendre ce projet, en le simplifiant beaucoup. Il ne s'agissait plus alors que d'une bien moindre quantité d'eau de Seine, à porter, il est vrai, jusqu'à la cote de 47 mètres au-dessus de l'étiage, pour alimenter les quartiers hauts.

Mais, aux deux époques, on préféra l'emploi des machines à vapeur. On accrut, ainsi que je l'ai dit, la force des pompes de Chaillot ; on créa, comme auxiliaire, celle du Pont d'Austerlitz, et ce fut tout.

En 1853, quand je pris la direction du service, cinq propositions, et des plus diverses, étaient faites à l'Administration municipale ; mais, dans toutes, il était question d'accroître la quantité d'eau de Seine mise en distribution.

Ai-je besoin de le dire, je ne fus séduit par aucun de ces projets. Avant de prendre un parti quelconque, je voulais me rendre compte exactement de l'état des choses et de la possibilité d'amener à Paris des eaux de source irréprochables, en quantité suffisante et à l'altitude nécessaire pour assurer largement la distribution privée. Il eût été plus qu'imprudent à moi de chercher plutôt à substituer mes convictions personnelles à la croyance fortement enracinée chez tous dans les vertus de l'eau de Seine.

Or, j'étais à peine en complète possession de mes fonctions à l'Hôtel de Ville, quand, dans les premiers mois de 1854, l'Empereur m'entretint de la demande que lui faisait M. Charles Laffitte. Au nom d'un groupe financier puissant, il demandait la concession du Service d'Eau de l'ensemble de Paris, à l'instar de celle que Sa Majesté, fort admiratrice de l'organisation de toutes choses à Londres, y avait vu produire des résultats qu'Elle avait jugés parfaits.

Comme dans toutes les autres propositions que j'avais en mains, il s'agissait de puiser en Seine, d'y prendre, en amont de Paris, l'eau nécessaire au complément des besoins de tous les services publics et privés, de la filtrer en masse par des moyens sommaires, et de la distribuer, dans toute la Ville. Au moyen de réservoirs souterrains elle se mettrait à la température désirable ; ces réservoirs seraient établis à la plus grande altitude possible, afin que l'eau pût ensuite monter, par des tuyaux formant siphons, jusqu'aux étages supérieurs des habitations particulières.

Sa Majesté se montrait fort prévenue en faveur de ce projet, qui choquait, ainsi qu'on doit le supposer, toutes mes convictions intimes. Elles paraissait disposée à me prescrire de le présenter au Conseil Municipal. Je me hâtai donc de Lui dire combien la concession directe d'une pareille entreprise à l'industrie privée, sans la garantie de la libre concurrence et des enchères, serait une chose extrêmement grave, à tous les points de vue. Il fallait, tout au moins, examiner de très près, avec un soin minutieux, toutes les clauses et conditions du Traité proposé par la personne que l'Empereur semblait désirer favoriser dans la circonstance ; on ne devait pas risquer de compromettre sérieusement et pour un long avenir, par quelques omission ou par des supputations erronées, le bien-être et les intérêts de la population parisienne.

J'ajoutais qu'il y avait lieu, d'ailleurs, de bien s'assurer que l'eau de Seine était préférable à toute autre, ou, pour le moins, égale, une fois qu'elle était filtrée, puis rafraîchie, en la saison chaude. Les eaux de la Marne et de l'Ourcq, paraissaient d'ailleurs aussi bonnes pour les différents usages publics ; était-ce bien la meilleure qu'on pût distribuer aux Parisiens, suivant un préjugé dont je reconnaissais l'existence et la force, et celle qu'on fût à même de se procurer aux moindres frais dans les conditions indiquées, ce qui me semblait plus que douteux.

En effet, l'eau montée aux bassins de Chaillot, c'est-à-dire fort insuffisamment élevée pour les besoins d'un bon service, coûtait déjà, pour le

Page de gauche : l'impasse Saint-Sauveur vers 1868.

charbon consommé, 3 centimes par mètre cube. Si l'on y réunissait l'intérêt et l'amortissement du capital des machines, les dépenses d'entretien, le salaire des ouvriers et les frais très considérables qu'entraînerait, même pratiqué sommairement et sur une grande échelle, un filtrage qui revenait de 3 à 4 centimes par mètre aux fontaines marchandes, on devait arriver à un total beaucoup trop considérable.

Quant à la fraîcheur qu'on espérait obtenir du séjour préalable des eaux dans des réservoirs souterrains, pratiqués au milieu des masses de plâtre de la Butte Montmartre et des hauteurs dominant le Paris d'alors, sans parler de l'altération chimique à craindre pour elles, c'était une singulière illusion que de croire que des eaux renouvelées incessamment, au sein de masses gypseuses ou crayeuses, se mettraient à leur température primordiale.

J'exprimai finalement le vœu que Sa Majesté me permît de rechercher, avant de prendre aucune résolution, s'il ne serait pas possible de faire dériver sur Paris des masses d'eaux, mais d'eau de sources, sans plâtre, fraîches autant que pures et prises à une altitude bien plus élevée. Ce serait résoudre le problème posé par le demandeur en concession, plus sûrement et à bien moindres frais que lui.

Je réussis à gagner la confiance de l'Empereur en lui rappelant les magnifiques aqueducs romains, dont il avait vu, comme moi, les stupéfiants vestiges ; je fis naître en lui, par l'exposé de mes études suivies d'Auxerre, sur la constitution géologique et le régime hydraulique du bassin de la Seine, l'ambition, je ne dis pas d'égaler, à Paris, les œuvres grandioses des anciens, mais d'y faire encore mieux que le Premier Empire ; il doterait la capitale d'une abondance d'eau parfaite, laissant bien loin en arrière tout ce que les machines élévatoires pourraient nous procurer.

Sa Majesté fut très frappée de me voir aussi bien préparé que je l'étais pour traiter les graves questions que nous avions à résoudre. J'en profitai pour lui signaler une branche du Service des Eaux dont je n'avais pas eu sujet de l'entretenir jusqu'alors : celle des Égouts.

Ce service spécial ne manquait pas en effet d'éveiller en moi des préoccupations très sérieuses : on ne pourrait songer à développer considérablement la distribution d'eau de Paris, quelque mode qu'on adoptât pour augmenter les ressources trop restreintes de l'Administration Municipale, sans se demander comment on débarrasserait la Ville de l'accroissement très notable qui devait en être la conséquence, dans le volume des projections encore faites alors par les habitations privées sur la voie publique, en dépit du Décret-Loi du 26 Mars 1852. Ce dernier n'avait pu recevoir qu'une exécution très incomplète, faute d'égouts sous beaucoup de Rues.

De même que, dans le corps humain, le jeu du système artériel, qui porte du cœur aux extrémités et répartit dans tous les membres le sang vivifié par les poumons, a, pour contre-partie, le système veineux qui ramène à ceux-ci, pour l'y purifier, le sang vicié par l'usage ; de même, dans une ville, on est obligé de tenir constamment en équilibre le réseau des égouts et celui des conduites d'eau.

Or, j'étais fort inquiet, et je le dis à l'Empereur, non pas des moyens d'agrandir et de multiplier nos galeries souterraines, mais de la possibilité d'évacuer finalement dans la Seine, en aval de Paris, toutes les eaux corrompues par l'usage que nous aurions à lui conduire, et que le mouvement de ses flots suffirait à purifier, pensait-on, avant un bien long parcours au contact de l'oxygène de l'air.

Mon embarras venait de ce que l'inclinaison normale du plan d'eau du fleuve, extrêmement faible, puisqu'elle ne dépasse pas 8 centimètres et demi par kilomètre, ce qui n'équivaut pas même à un dix-millième, est bien moindre que celle à donner aux radiers des égouts – 50 centimètres par kilomètre, soit cinq dix-millièmes, en moyenne _ et qui doit être d'autant plus forte qu'on tient leur section mouillée plus étroite. En conséquence, toute prolongation de ceux-ci dans la direction d'aval, ne pouvait qu'aggraver la difficulté de leur dégorgement en Seine. D'un autre côté, le barrage de Suresnes qui relève de 2 mètres les eaux du fleuve sur ce point, dans l'intérêt de la navigation, réduit encore davantage sa pente à la sortie de Paris.

Bref, la cote du radier de la galerie de Rivoli, qu'on venait d'achever, n'était à son extrémité, sur la place de la Concorde, que de 2,50 m au-dessus de l'étiage de la Seine, au pont du Corps Législatif. A deux kilomètres et demi, vers la Carrière de Passy, dite des Bonshommes, où Paris finissait, la différence des niveaux n'eût plus été que d'un mètre.

Au Point du Jour, à la sortie des fortifications qui forment la limite actuelle de la Ville agrandie, cette différence se serait trouvée nulle, et dans tous les cas où les eaux de la Seine excèdent son étiage, elles eussent envahi l'égout collecteur dont on avait conçu le projet de porter la décharge de ce côté.

L'idée ne m'était pas encore née de mettre à profit les sinuosités de la Seine, qui revient vers Paris, et s'en rapproche notablement au droit d'Asnières, après un long détour vers Sèvres, Saint-Cloud et Suresnes, pour aller chercher là, bien au-dessous du barrage, un niveau favorable au dégorgement de toutes nos galeries d'égout. Un collecteur général presque direct, partant de la Place de la Concorde, suivrait souterrainement la Rue Royale, le Boulevard Malesherbes (qui franchit, en son point le plus bas, à l'ancienne barrière de Monceau, la ligne de hauteurs comprise entre les buttes Montmartre et de l'Etoile) ; puis, le prolongement de ce Boulevard hors Paris, à travers Courcelles, en sous-tendant, si je puis ainsi dire, par une corde n'ayant que 5 kilomètres de longueur, l'arc de 20 kilomètres de développement, que décrit la Seine entre Paris et Asnières. Ce projet exigeait, sans doute, une perte de hauteur de 2,50 m, égale à la différence de niveau, du radier de la galerie de Rivoli, devant la rue Royale et de l'étiage de la Seine devant la Place de la Concorde ; mais l'étiage était à 1,70 m plus bas à 20 kilomètres en aval, au débouché du collecteur d'Asnières.

Rien ne paraît plus simple aujourd'hui que cette solution, quand on jette un regard sur la carte du département ; mais on n'y songeait pas, et c'est après bien des méditations et de profonds découragements, qu'elle m'est apparue soudainement, un soir de veille ardente en face d'un plan de Paris. J'en étais encore loin, quand avait lieu mon entretien avec l'Empereur.

Avant de prendre congé de Sa Majesté, je crus bon de mentionner la corrélation du service des Vidanges et de l'évacuation des eaux ménagères. A Londres, ainsi que l'Empereur le savait bien, les unes et les autres étaient souterrainement transportées hors ville par les mêmes voies. Seulement, je croyais le système anglais impraticable à Paris, où les égouts ne consistaient pas, comme chez nos voisins, en conduites forcées, par lesquelles on pouvait faire passer tout ce qu'on voulait, mais bien en galeries où circulait à l'air libre ce qu'on y projetait. Il nous fallait d'autant plus affranchir ces galeries des matières infectieuses des vidanges, quelque volume d'eau qu'elles dussent recevoir, même pas les temps les moins pluvieux. Des ouvriers y travaillaient constamment et à défaut de tout danger réel, nous avions à craindre qu'ils ne fussent éloignés de leur travail par le dégoût.

La valeur de ces précieux éléments d'engrais, qui risquait d'être compromise par leur dilution au milieu des masses d'eau charriées en tout temps, et qui devenaient de vrais torrents en cas d'averses, méritait aussi d'être prise en considération.

Dès cette époque, la perte à l'égout, de nos jours en faveur auprès de l'Administration Municipale, était préconisée par quelques novateurs, séduits par tout ce qui venait d'Angleterre, et surtout par les entreprises de vidanges, qui la pratiquaient, quant aux liquides extraits des fosses des maisons, sous la foi d'une désinfection illusoire.

Je voyais donc, à tous égards, la nécessité d'une étude simultanée de toutes les questions que je venais d'exposer successivement.

Pages suivantes : l'Hôtel de Ville et le pont d'Arcole.

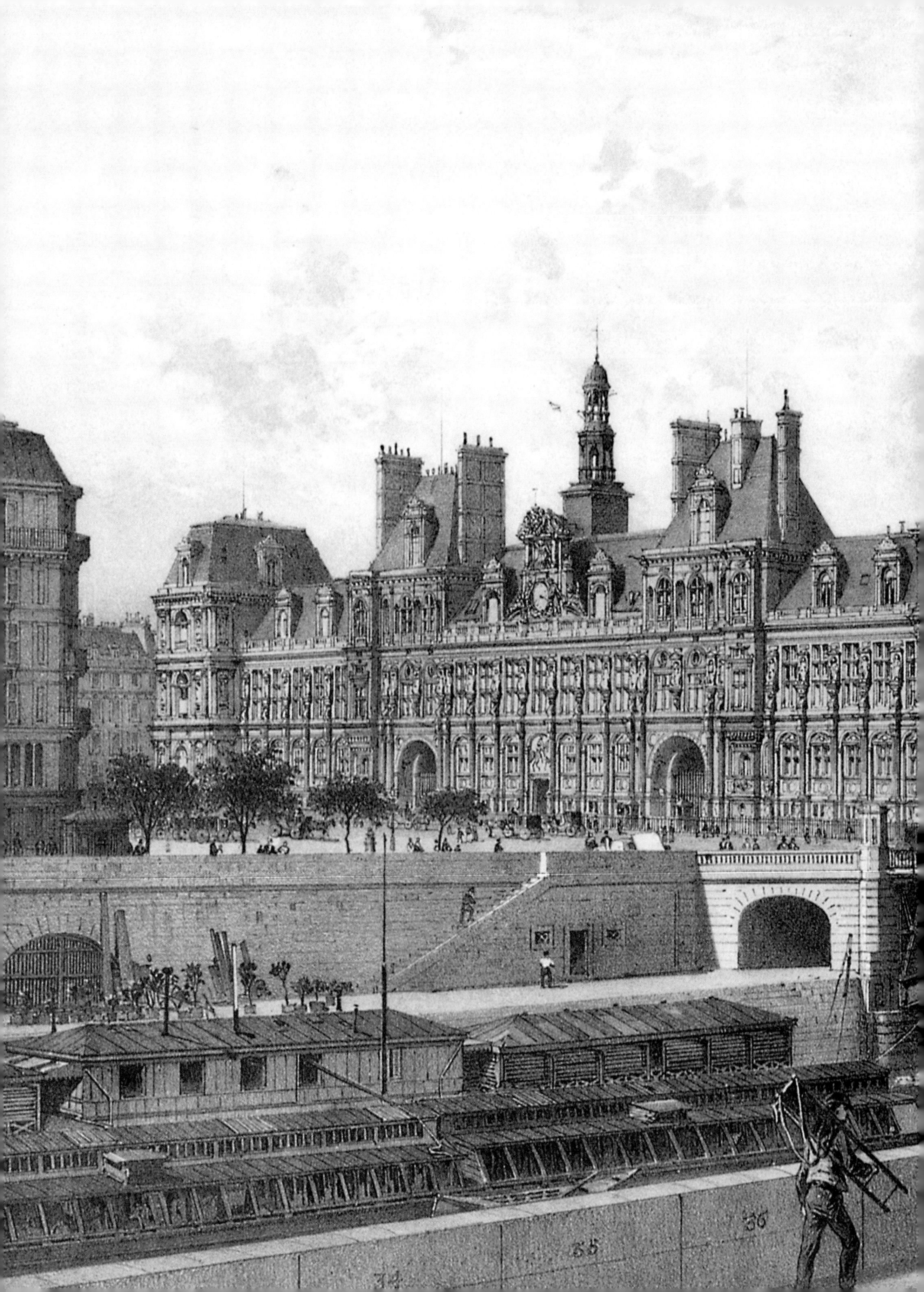

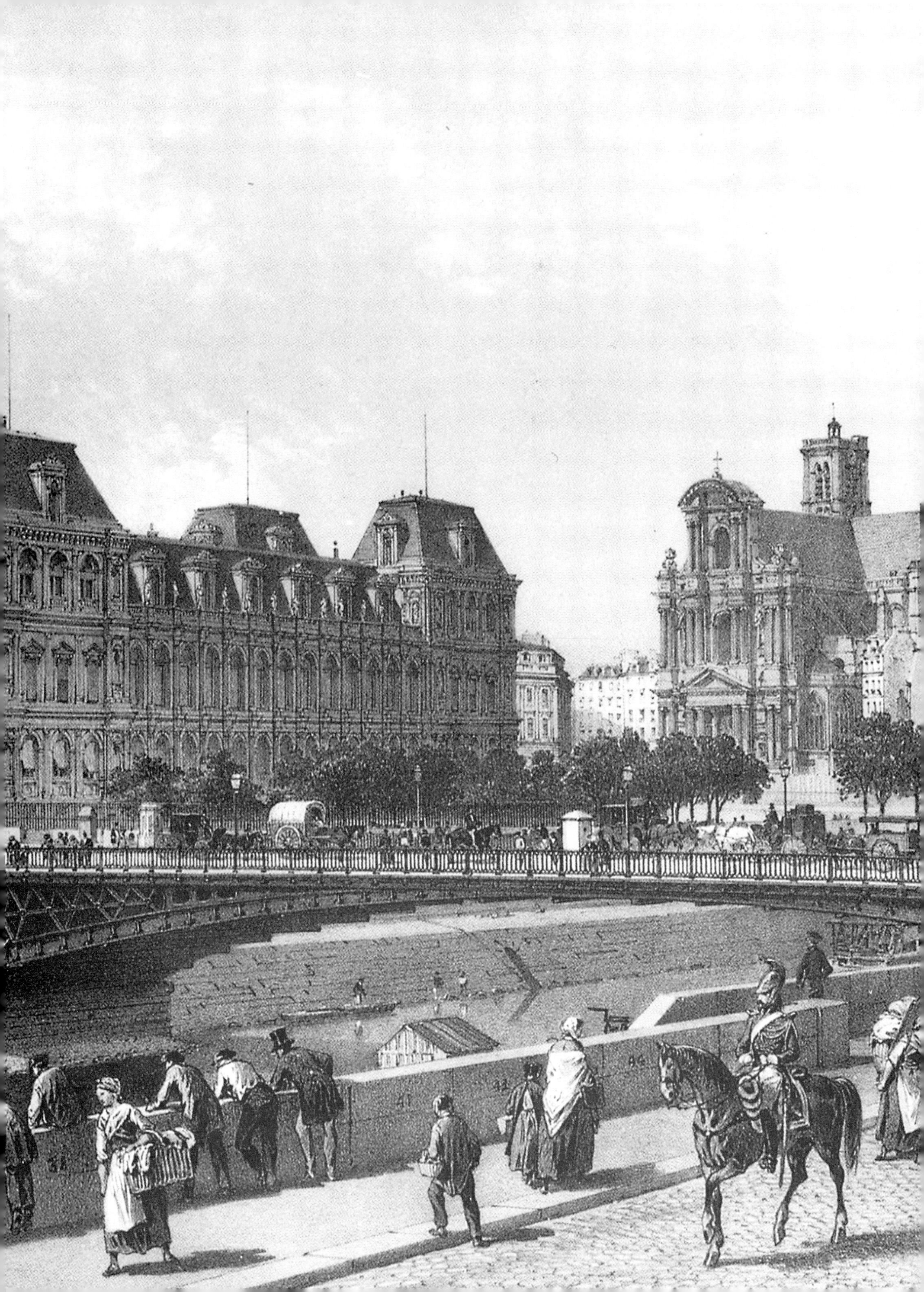

Quand j'eus fini mes explications, données sous une forme réservée, dubitative même, quelque précises que pussent être mes opinions, l'Empereur, qui m'avait écouté sans m'interrompre avec un intérêt visible, me dit en souriant : « Vous êtes donc ingénieur ? _ Pas tout à fait, Sire, » lui répondis-je de même : « la tête d'un Préfet, dont l'administration embrasse tous les services publics, devrait être une sorte de dictionnaire encyclopédique vivant. Convaincu de cela, je me suis efforcé, dès le début de ma carrière, de meubler mon esprit de mon mieux. Cela me sert à l'occasion. Les fonctionnaires sous mes ordres savent ainsi que je ne me paie pas de mots ; que je puis comprendre leurs propositions, les discuter, au besoin, et, dans tous les cas, trancher, en connaissance de cause, les questions de ma compétence. Quant aux affaires sur lesquelles je n'ai qu'un droit d'avis, il faut bien que je sois en état de motiver mes conclusions ! _ Je viens de constater, reprit aimablement Sa Majesté, que vous saurez le faire dans celle dont il s'agit. »

L'Empereur, sans rien d'autre, rentra dans le tiroir de son bureau, pour ne l'en plus sortir, le dossier qu'il avait été sur le point de me remettre, avec l'ordre de donner suite au projet de traité qu'il contenait, et me laissa carte blanche, sans aucune réserve, pour l'instruction complète d'une autre projet répondant à mes idées personnelles.

Etudes nouvelles

A peine sorti des Tuileries, j'allai au Ministère des Travaux Publics trouver M. de Franqueville, Directeur Général des Ponts et Chaussées, pour lui demander ce qu'était devenue M. Belgrand, mon ancien collaborateur d'Auxerre. Je l'avais quitté dans l'Yonne, à la veille du 2 Décembre, toujours Ingénieur Ordinaire, quoique chaudement proposé par moi pour le grade d'Ingénieur en Chef : je savais qu'il l'avait atteint ; mais j'ignorais le poste qu'il occupait. J'appris qu'il était chargé du Service de Navigation de la Basse-Seine, et, aussi, de recherches et observations hydrologiques.

Dès le jour même, je lui écrivis de venir sans retard à l'Hôtel de Ville de Paris.

Quand nous nous retrouvâmes, après tant de vicissitudes, je lui proposai de reprendre officiellement nos anciennes études sur la constitution géologique du Bassin de la Seine ; d'examiner la nature et le volume relatif des eaux débitées par les sources qui naissent des divers terrains le composant ; enfin de faire profiter l'approvisionnement de Paris du bénéfice des théories dont la conception lui revenait, mais dont j'étais un sectateur fervent et convaincu, si le résultat de ses investigations les justifiait entièrement, comme je n'en doutais pas.

M. Belgrand, touché du souvenir que j'avais conservé de nos relations, et flatté de ma confiance absolue en sa valeur technique dont je lui donnais un témoignage non douteux, dans une belle occasion, s'empressa d'accepter mon offre.

Je ne crois pas qu'il pressentît la haute situation que mon choix devait lui donner le moyen de se faire un jour dans son Corps et dans le Monde savant ; c'était un homme simple, modeste, désintéressé. Mais il comprit certes qu'il s'agissait d'une très grande œuvre, d'une entreprise hors ligne, qui serait la solennelle consécration des idées auxquelles il avait voué tant de réflexions, de recherches et de travaux.

Sur ma demande, le Ministre des Travaux Publics le mit à ma disposition pour les études dont je fis, avant tout, voter le principe et la dépense par le Conseil Municipal.

C'est dans le cours du mois d'Avril 1854 que je mis M. Belgrand à l'œuvre, en le chargeant, par un arrêté formel, de dresser la statistique des sources du Bassin de la Seine dont il était possible de dériver les eaux sur Paris, à l'altitude minima de 70 mètres au-dessus du niveau de la mer (43,75 m plus haut que l'étiage du fleuve) et de dresser un avant-projet sommaire de l'aqueduc à construire pour amener à un point de la Ville, sis à cette élévation, celles qu'il reconnaîtrait remplir le mieux toutes les conditions désirables de limpidité, de pureté chimique relative, d'abondance et de pérennité.

C'est le 8 Juillet que je reçus de lui un premier rapport.

C'est le 4 Août que je le soumis au Conseil Municipal, avec d'autres documents qui le complétaient, par mon premier Mémoire sur les Eaux de Paris.

Ce rapport comprenait :

1° La classification méthodique des terrains du Bassin de la Seine, au point de vue de l'hydrologie : – C'était le résumé de nos entretiens d'Auxerre de 1850 et 1851 ;

2° La désignation des principales sources qu'on pouvait dériver ; les résultats du jaugeage de leurs eaux, et l'analyse qu'il en avait fait faire au laboratoire de l'Ecole Normale et de l'Ecole des Ponts et Chaussées ;

3° L'étude abrégée d'une dérivation de chaque groupe de sources ;

4° Enfin, l'avant-projet de celle qu'il proposait, comme préférable à toutes les autres.

La classification des terrains était basée sur la théorie très ingénieuse et très pratique, propre à M. Belgrand, et que je connaissais depuis mon séjour à la Préfecture de l'Yonne ; elle divise les couches du sol en deux catégories nettement tranchées : les terrains *perméables* et les terrains *imperméables*.

Ceux-ci, lorsqu'ils forment les couches superficielles, n'absorbent les eaux pluviales que dans la mesure permise par la profondeur de la couche d'humus, ameublée par la culture. Le pays est frais, riant, fertile. De belles prairies tapissent ses vallées ; de belles forêts couronnent ses coteaux. Les sources y sont nombreuses, mais par cela même, tarissent ou décroissent facilement.

Ceux-là, tout au contraire, sont, en pareil cas, pénétrés dans toute leur épaisseur ; les eaux du ciel, entraînées par leur poids, ne s'arrêtent qu'à la rencontre, plus ou moins profonde, d'une couche imperméable inférieure qui les retient. Elles forment alors des nappes souterraines, souvent très puissantes, que les habitants de la contrée ne peuvent atteindre que par des puits, quand elles ne se déversent pas en sources abondantes aux points d'affleurement de la couche imperméable, sur le flanc de quelque déclivité, dans le fond de quelques rares vallées, au point que la science qualifie : *le niveau d'eau*. – La superficie du sol est aride, occupée par des champs en labour et d'un aspect monotone.

La Brie et la Champagne offrent des types saisissants de ces deux catégories de terrains. Nulle part ailleurs, on ne trouverait un pareil contraste.

Ce n'était pas un des caractères les moins originaux de la théorie de M. Belgrand, que cette conséquence, dont la belle étude que je lui avais confiée a prouvé la parfaite exactitude : que les pays où l'eau se montre partout, en ont moins que tous autres à donner, et que l'on doit aller en demander bien plutôt à ceux qui présentent le spectacle extérieur de la plus grande sécheresse.

Il faut se représenter le Bassin de la Seine et de ses affluents, pris dans son ensemble, comme une immense cuvette, s'ouvrant au nord-ouest, vers la mer, par le lit du fleuve, enchâssée dans le sol primitif et de transition (terrains cristallins : porphyre et granits ; terrains paléozoïques : siluriens et dévoniens) qui descendent à de très grandes profondeurs sous Paris. Au-dessus, les parois se composent des couches superposées, d'abord, du sol secondaire (terrains jurassiques : lias et oolithes ; terrains crétacés inférieurs et supérieurs ; terrains néocomiens ; grès verts, gault et craie marneuse ; craies blanches), puis, du sol tertiaire des étages éocène et miocène (argile plastique ; calcaire grossier ; sables moyens ; calcaires lacustres de Saint-Ouen ; marnes, gypses et argiles à meulière ; sables de Fontainebleau, calcaires lacustres de Brie, et argiles à meulière supérieures). Le sol quaternaire, composé d'alluvions mêlées parfois de tourbe, occupe le fond

Pages suivantes : le Palais de l'Institut.

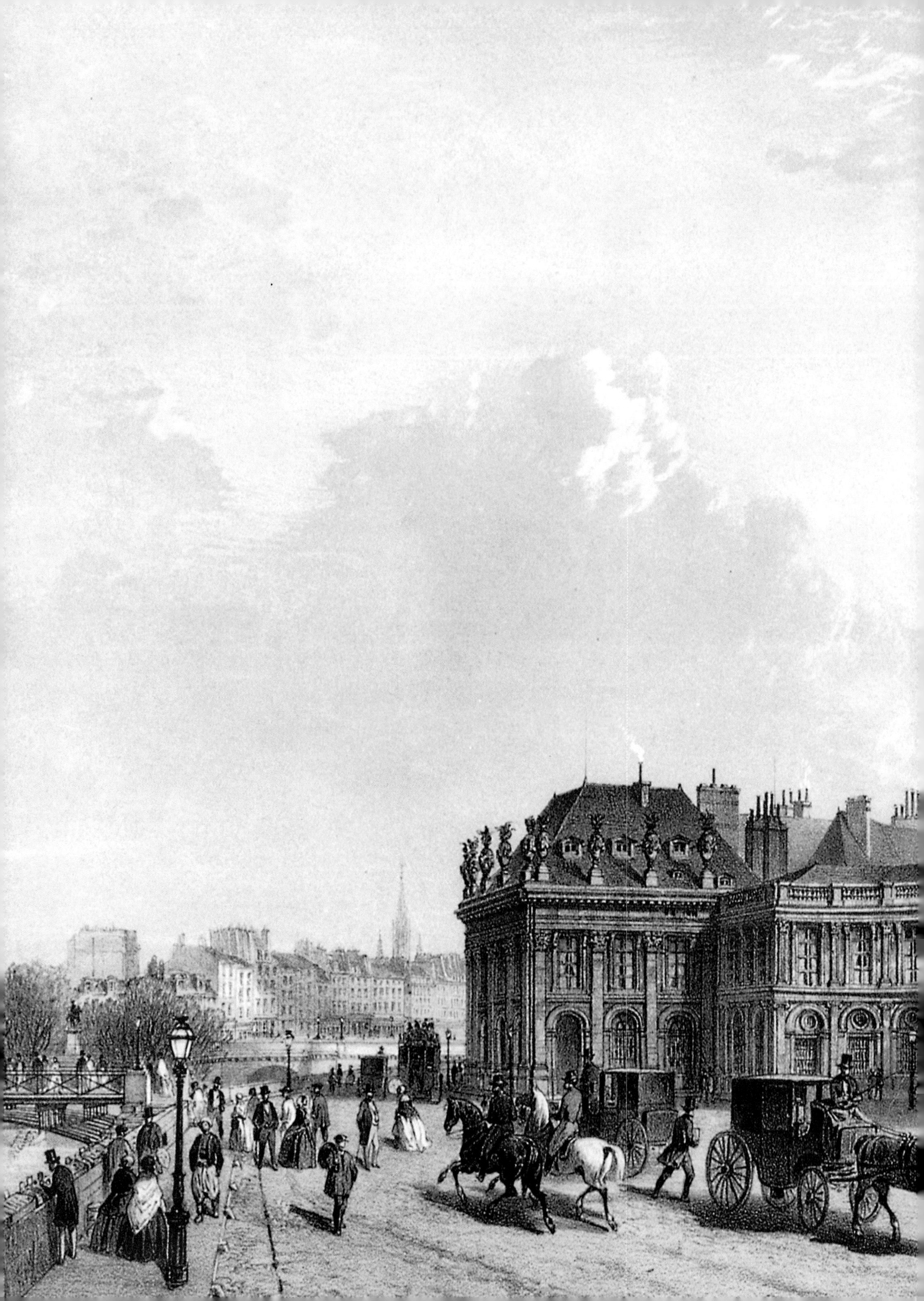

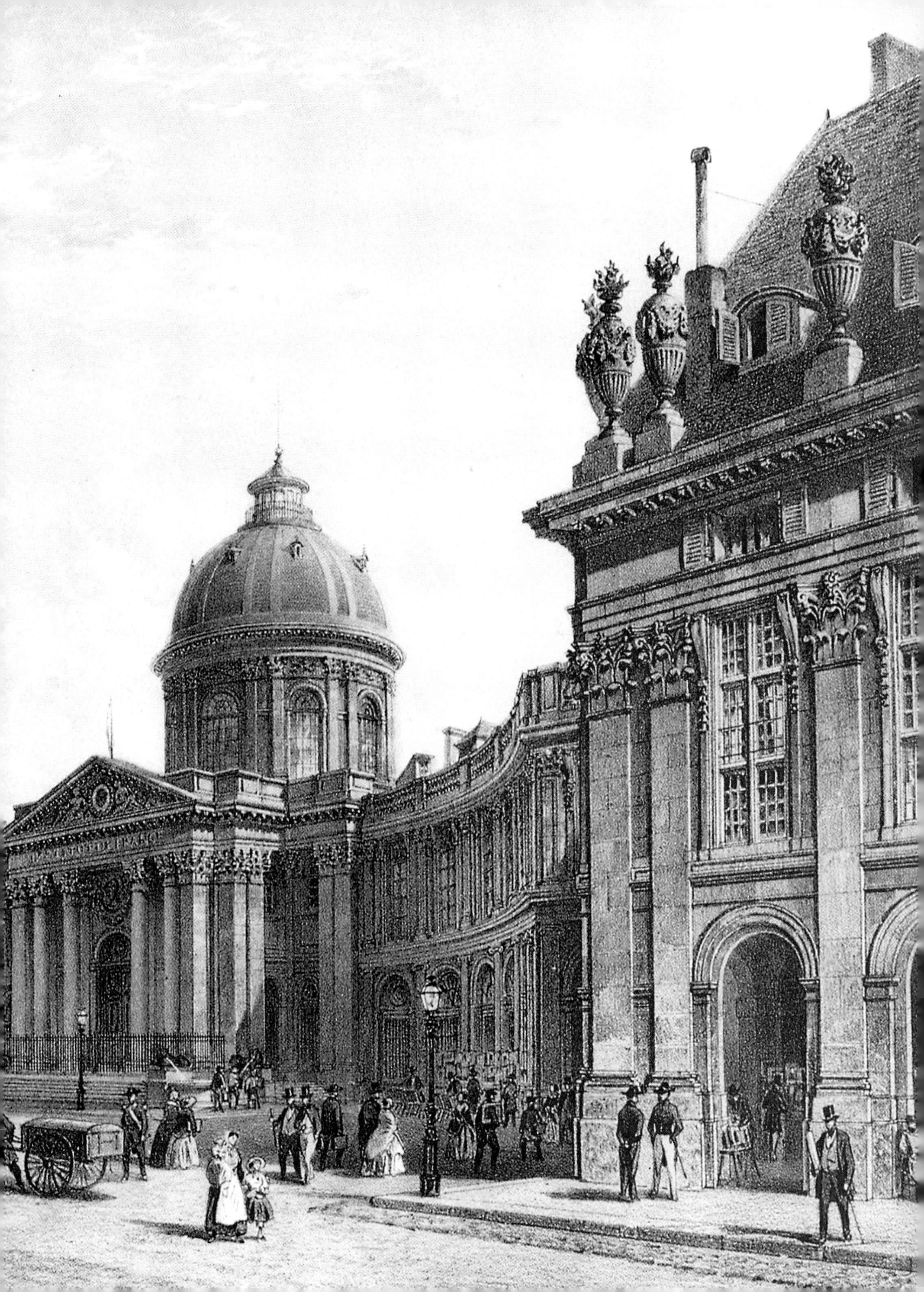

des vallées. La terre végétale, plus ou moins épaisse, qu'ont produite des détritus de toute nature, couvre le tout.

Les couches des terrains tertiaires et secondaires se relèvent tour à tour, insensiblement, mais d'une façon très inégale et souvent tourmentée, du centre aux extrémités de ce grand Bassin. On rencontre, en remontant de Paris, les reliefs successifs de plus hautes couches. Les plus basses, – celles de fond des terrains secondaires, – se produisent juste avant les terrains primitifs, qui se redressent en dernier, et surgissent en montagnes, comme dans le Morvan, au Sud-Ouest ; dans les Vosges, à l'Est, et dans les Ardennes, au Nord-Est.

Ai-je besoin de dire que ces couches sont loin d'avoir des épaisseurs semblables et que chacune d'elles n'a pas la même importance partout ? – Plusieurs des moins importantes manquent entièrement sur quelques points.

Les eaux pluviales qu'absorbent et emmagasinent les terrains imperméables, sourdent, comme j'ai tâché de l'expliquer, aux points d'affleurement, sur les revers et dans le fond de vallées. Celles que les sources ne suffisent pas à débiter, s'infiltrent et s'accumulent au plus bas de la cuvette, sous la pression de leurs niveaux respectifs, pour jaillir, à Paris, en puits artésiens, à des hauteurs proportionnelles à ces niveaux, avec le degré de chaleur plus ou moins fort qu'elles ont acquis dans ces profondeurs. Il en est ainsi aux puits de Grenelle et de Passy ; on le voit déjà également Place Hébert.

La nappe souterraine la plus considérable du Bassin de la Seine est celle qui se trouve, en Bourgogne, sur les confins de l'Yonne et de la Côte-d'Or, au point de contact de la grande oolithe (perméable) et du lias (imperméable) qu'elle recouvre. Les affleurements de son niveau forment de très nombreuses et très abondantes sources d'eau parfaite, alimentant une foule d'affluents des rivières qui se jettent dans la Seine en amont de Paris. Les plus belles, comme celle d'Anstrudes, arrondissement de Tonnerre, et de la fontaine de Lormes, près de Montbard, arrondissement de Semur, sont à plus de 200 mètres d'altitude ; mais leur distance moyenne de Paris excède 250 kilomètres.

Un autre niveau d'eau très important est celui que donne le contact de la craie blanche (perméable) et de la craie inférieure (imperméable). Il fournit aussi beaucoup de sources d'excellente qualité, dont l'altitude dépasse, en général, 100 mètres. Les plus rapprochées de Paris s'en trouvent à 160 kilomètres, seulement. Toutefois, la plupart n'ont qu'un faible débit ; d'ailleurs, elles sont disséminées, et la réunion ne pourrait s'en faire qu'au prix de premiers travaux coûteux.

Les sources du niveau soutenu par l'argile plastique imperméable, au fond de la couche perméable composée de calcaire grossier et de sables marins glauconiens, alimentent surtout les affluents de l'Aisne et de l'Oise. Sauf les sources de l'Ardre et du Petit-Morin, elles sont situées à des altitudes insuffisantes pour être utilement conduites à Paris. Elles ont, du reste, un goût tourbeux.

Les marnes vertes couronnent la butte Montmartre et les buttes Chaumont ; elles forment une bande étroite autour de la plupart des vallées tertiaires du Sud de Paris. Elles sont recouvertes, d'un côté, par les argiles à meulières de la Brie, comme on le voit dans la vallée d'Yères qui débouche directement en Seine, et dans celles du Petit-Morin, affluent de la Marne ; d'un autre côté, elles sont recouvertes par les sables de Fontainebleau, comme dans les vallées de la Bièvre et de l'Yvette. En ces deux cas, elles supportent un niveau d'eau très important, rapproché de Paris, et beaucoup plus élevé. Malheureusement, les sources qui s'en écoulent sont très chargées de gypses, comme celles de Rungis, par exemple, que reçoit l'aqueduc d'Arcueil.

On trouve, dans la Côte-d'Or et dans l'Yonne, aux étages inférieur, moyen et supérieur des terrains oolithiques recouvrant le lias, des sources extrêmement abondantes, notamment : dans la vallée de la Seine, celles de la Douis et de Courcelles,

La rue des Prêtres Saint-Séverin vers 1868.

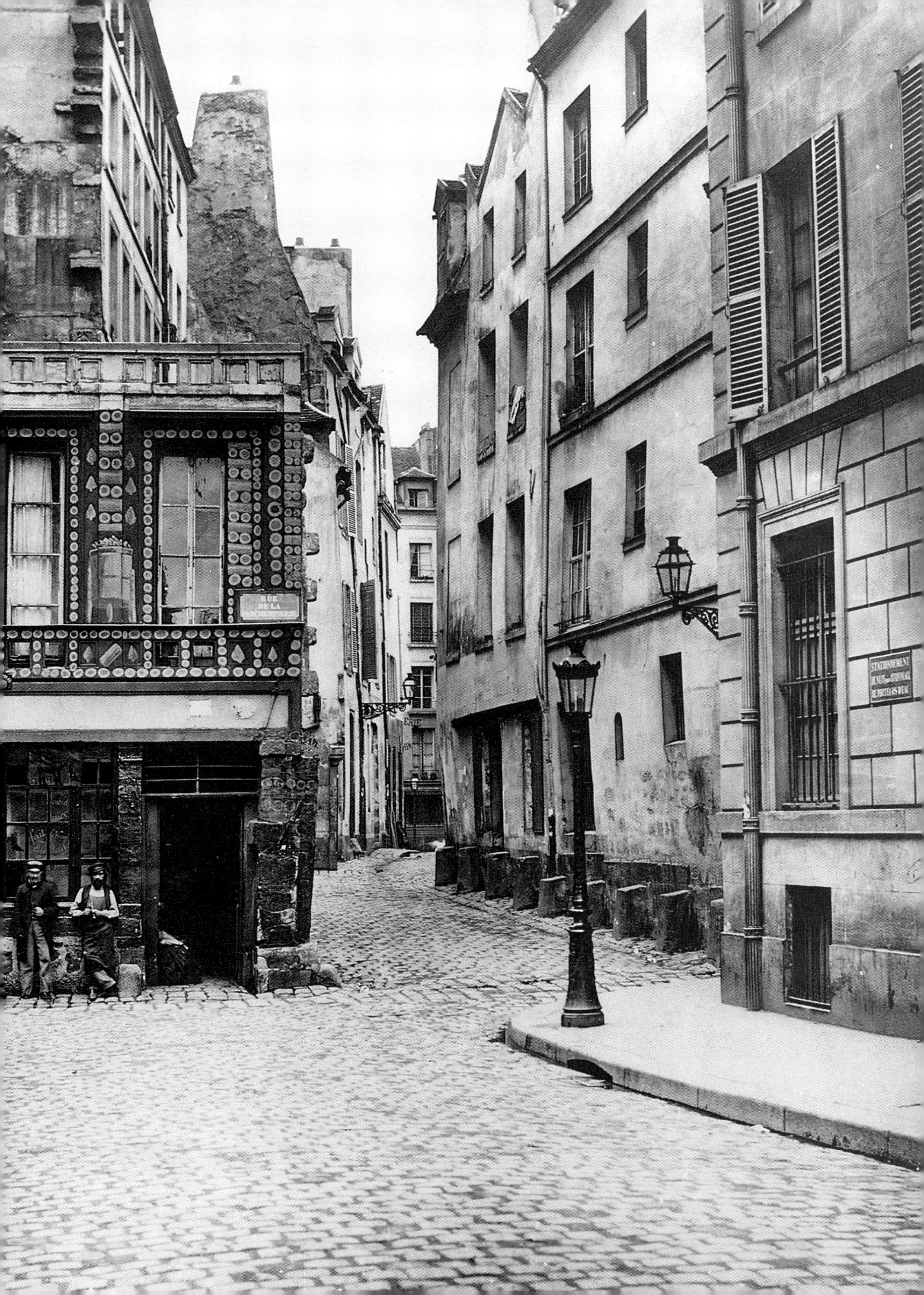
RUE
DE LA

près de Châtillon, et de la Laygue, près de Bar ; dans la vallée de l'Armançon, affluent de l'Yonne, la fontaine d'Arlot près Cry ; la Grande Fontaine, à Ancy-le-Franc : la fontaine de Ravisy, près d'Argentenay, et celle de la Fosse d'Yonne, aux portes de Tonnerre ; puis, dans la vallée de l'Yonne, la source de Druyes, en aval de Clamecy ; celles de Planet et de Réchimey, près de Châtel-Censoir, de Crisénon, près de Bazarne, et de Belombre, près d'Auxerre ; enfin, dans la vallée de la Cure, celle de Reigny.

Ces diverses sources et d'autres que je m'abstiens de nommer, sont à l'altitude de 120 à 135 mètres, et d'excellente qualité sous tous les rapports. Malgré leur grand éloignement de Paris, M. Belgrand les a spécialement désignées comme celles qu'il conviendrait le mieux d'y amener, après les sources de la Champagne Pouilleuse.

C'était, en effet, dans cette triste contrée qu'il avait trouvé les eaux dont il me proposait la dérivation, à la suite d'une comparaison attentive, plusieurs fois répétée, des mérites respectifs de toutes les sources du niveau de la craie, couronnée par des terrains tertiaires, qui alimentent : 1° les affluents, si nombreux que je renonce à les nommer, de l'Aube, de la Marne et de l'Aisne ; 2° la Vanne, qui descend des environs de Troyes, par Villeneuve-l'Archevêque pour se jeter dans l'Yonne, à Sens ; 3° l'Eure, où Louis XIV a puisé les eaux amenées à Marly par l'aqueduc de Maintenon ; 4° quelques affluents de l'Oise.

Quand il se fut bien rendu compte des moyens d'amener chacune d'elles à Paris, dans les conditions voulues, et de la dépense à faire pour y parvenir, M. Belgrand me présenta ses conclusions.

Projet de dérivation des eaux de sources

En résumé final, M. Belgrand déclarait qu'à l'exception des sources insuffisantes provenant des sables de Fontainebleau, toutes les eaux des terrains tertiaires environnant Paris étaient beaucoup moins pures que celles des terrains secondaires de la Bourgogne et de la Champagne, de la Vallée de l'Eure et même de la Seine, prise en amont de Paris ; qu'elles contenaient habituellement en dissolution beaucoup plus de sulfate de chaux (gypse, ou plâtre, en langage vulgaire), et qu'elles se trouvaient d'ailleurs disséminées d'une manière défavorable pour être dérivées à l'altitude nécessaire ; tandis que les autres, absolument dépourvues de tout sulfate, étaient meilleures que les eaux, si renommées de la Seine. Il reprochait à celles-ci d'en contenir, en quantité déjà sensible, moins sans doute que les eaux de la Marne, de l'Ourcq et surtout d'Arcueil et des sources du Nord.

M. Belgrand renonçait, à tort, selon mon avis, aux sources, bien préférables comme abondance et qualité, de la Bourgogne, à cause de leur éloignement, et avec raison, à celles de la Vallée de l'Eure, d'un volume trop faible, à l'altitude minima prescrite et d'une expropriation trop coûteuse, à raison de la grande valeur des usines qu'elles desservent.

Mais, le choix auquel il s'arrêtait entre les sources de la Champagne avait motivé, de sa part, de longues hésitations. Il exposait avec soin les causes de sa préférence pour les sources de la Somme, de la Soude et du Mont, trois ruisseaux qui se réunissent au-dessus de Lenharrée, sous le nom de Somme-Soude, un des affluents de la Marne, rive gauche, entre Châlons et Épernay, sur les autres sources de cette région aride, et même sur celles de la Dhuys et de la Vanne. Nous dûmes cependant recourir à celles-ci bien des années plus tard, devant les obstacles insurmontables que rencontra l'adoption du projet primitif de cet habile Ingénieur. Leurs eaux, d'une dérivation moins facile, sont, au surplus, d'une qualité comparable aux meilleures de la Champagne Pouilleuse.

Des jaugeages réitérés, et que d'autres ont démentis plus tard, semblaient prouver qu'il était possible de prendre un mètre cube d'eau par seconde, soit 86 400 mètres cubes par 24 heures aux sources de la Somme-Soude sans appauvrir cette rivière, qui devait, suivant M. Belgrand, conserver encore un débit supérieur, ou tout au moins équi-

Les travaux du réservoir des eaux de la Dhuis, à Ménilmontant.

valent, en toute saison ; car un grand mérite des sources des terrains perméables est de ne pas subir d'affaiblissement marqué durant l'été, ni de crues très appréciables en hiver.

86 400 mètres cubes ! C'était une quantité d'eau presque égale à celle, de qualité plus que médiocre, dont la Ville de Paris avait la disposition dans le canal de l'Ourcq. M. Belgrand m'indiquait d'abord les sources de la Coole et de la Berle, puis, celles de Vertus, du Sourdon, de la Maurienne, de la Barbuisse et de Durtein, comme pouvant accroître à volonté, doubler même, au besoin, le volume de cette véritable rivière. Il comptait amener la Somme-Soude sur les hauteurs de Ménilmontant, où sont les réservoirs actuels de la Dhuys, soit à la cote de 70 mètres, suivant le programme que je lui avais tracé dès le début, soit à celle de 80, que je lui demandai pendant le cours des délibérations du Conseil Municipal, en Octobre 1854, au-dessus du Canal de l'Ourcq (28 mètres dans le premier cas et 38, dans le second).

L'avant-projet accompagnant son rapport comprenait : la construction de plusieurs aqueducs de prise d'eau, mesurant ensemble 42 kilomètres et celle d'un aqueduc de dérivation, partant de la cote 106,81 et parcourant 172 kilomètres et demi, savoir : en conduite libre 160 kilomètres et demi, et en conduites forcées 12 kilomètres.

Les dimensions de la conduite libre étaient calculées de telle façon qu'elle pût donner passage à 1 200 litres par seconde, avec une pente de 18 centimètres par kilomètre, dans l'hypothèse du maintien à 70 mètres d'altitude seulement du point d'arrivée, et de 15 centimètres environ, dans celle du relèvement de ce point à 80 mètres. Il est facile de comprendre que sa section aurait dû, pour ce dernier cas, se trouver un peu plus grande.

La hauteur sous clé devait toujours permettre, après arrêt de l'eau, bien entendu, l'entrée et le travail d'un homme dans cette galerie.

Quant aux conduites forcées, elles se composaient de deux énormes tuyaux, d'un mètre de diamètre chacun, pouvant débiter 1 042 litres par seconde, avec perte de charge de 66 centimètres par kilomètre, formant siphons, à la rencontre des vallées à franchir, et reposant, au fond, sur des ponts-aqueducs, avec vannes de décharge et robi-

Pages suivantes : la colonnade du Louvre.

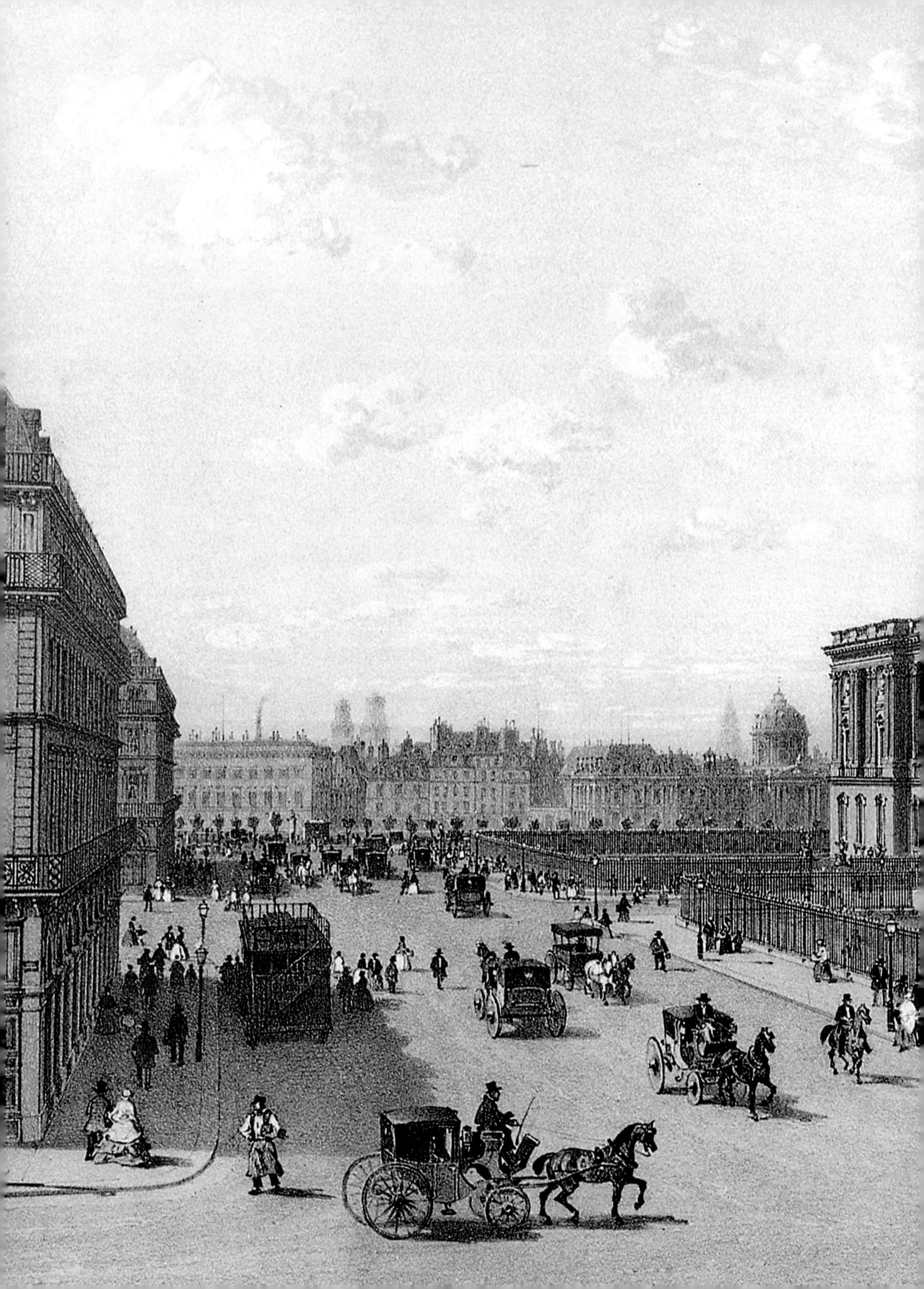

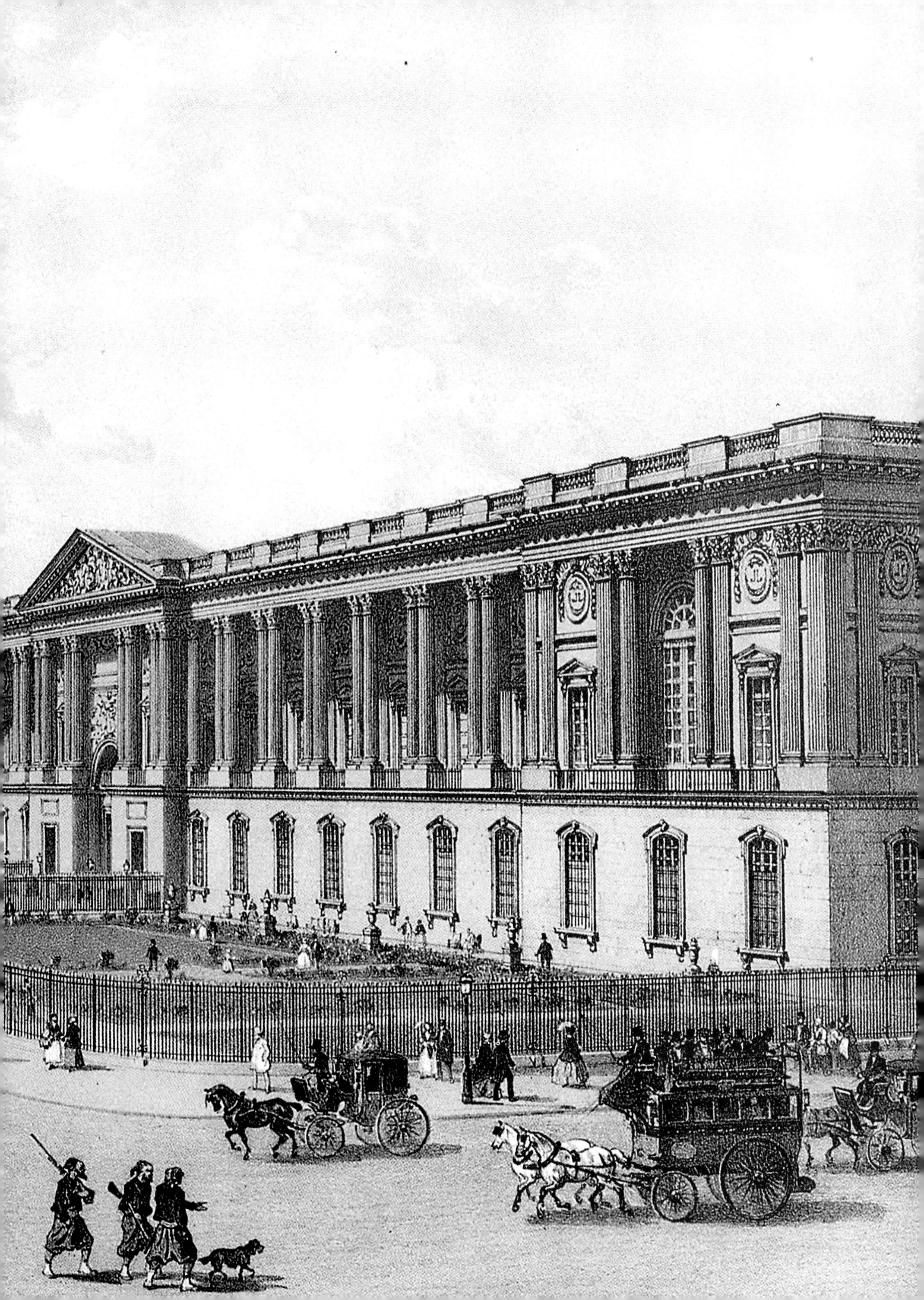

nets d'air. Aux points de départ de ces siphons, étaient ménagés des regards munis de vannes d'arrêt et de soupapes d'évacuation, et aux points d'arrivée de simples regards.

M. Belgrand évaluait, comme suit, les dépenses, sous toutes réserves :

Terres en culture de toute qualité	412 000 fr.
Terrains enclos attenant à des habitations	290 000 fr.
Propriétés bâties	300 000 fr.
Usines, moulins supprimés ou réduits de valeur	450 000 fr.
Dérivation :	
Aqueducs de prise d'eau	1 562 000 fr.
Conduite libre	12 122 000 fr.
Conduite forcée	3 600 000 fr.
Ouvrages spéciaux (regards, robi-nets-vannes, tunnel du bois de Meaux, pont-aqueduc sur la Marne et autres, terrassement de Mareuil, etc.)	1 085 000 fr.
Sommes à valoir pour imprévus	2 178 400 fr.
TOTAL	22 000 000 fr.

Il portait l'accroissement de dépense qu'eût entraîné le relèvement du point terminal à 3 millions au maximum.

25 millions ! moins que n'ont coûté plusieurs de nos grandes voies nouvelles, pour doter Paris d'un approvisionnement considérable d'eau remarquablement bonne, à hauteur suffisante pour desservir toutes les habitations comprises dans l'enceinte du Mur d'Octroi d'alors. C'était pour rien, me semblait-il.

Je ne croyais pas qu'aucune Opposition pût l'emporter sur de tels avantages. La suite prouva que je m'abusais étrangement ; que les hostilités politiques, les jalousies de toute origine et les intérêts contrariés ne désarment jamais ; que la routine, les préventions et l'indifférence du public aidant, les plus grandes choses risquent d'être méconnues, compromises et souvent abandonnées sans retour.

Développement de la distribution

Pendant que M. Belgrand poursuivait le cours de sa consciencieuse étude, je continuai sans relâche, à m'occuper avec M. Dupuit, Ingénieur en chef, Directeur du Service Municipal des Travaux Publics, d'améliorer le régime de la distribution, dans Paris, des eaux que déjà la Ville possédait. Je préparai les moyens d'accroître provisoirement l'importance de ces ressources, bien que je ne pusse pas supposer qu'il me faudrait huit années de travaux et de luttes pour obtenir l'autorisation d'en aller chercher d'autres au loin. Avec lui encore, j'étudiai le projet de modifier, en le développant, le réseau des égouts, qui, jusqu'à la construction de celui de la Rue de Rivoli, ne se composait que de galeries dans les plus hautes et les plus larges desquelles nos ouvriers ne pouvaient pas se tenir debout ni se mouvoir aisément.

M. Dupuit, auquel j'ai déjà consacré une notice, au chapitre IV de ce volume, était, comme M. Belgrand, un homme de science, de progrès et, aussi, d'un talent technique très réel. On lui devait un traité fort estimé sur la *Conduite des eaux,* cité par M. Belgrand, qui n'hésitait pas à reconnaître, comme provenant de cet ouvrage, la forme ovoïde adoptée par lui pour ses aqueducs de toutes dimensions, parce qu'elle permettait d'augmenter la section des ouvrages de ce genre, tout en réduisant le cube des maçonneries. — Il avait pu, du reste, en voir un beau type dans la galerie achevée alors de la Rue de Rivoli. — Cet utile traité donne également, au sujet des conduites forcées et des tuyaux de distribution, des formules très précieuses pour le calcul des pertes de charge occasionnées par le frottement de l'eau contre leurs parois, et l'indication des moyens propres à les réduire autant que possible.

Mais, s'il se montrait de premier ordre en tant que mathématicien, M. Dupuit, à la différence de

Page de droite : la rue Saint-Christophe vers 1860.

AU 15 OCTOBRE PROCHAI
L'ATELIER TAILLANDERIE SERA TRANSFERE
20 RUE ZACARIE 20
BOSSUET Taillandier
BOSSUET TAILLANDIER
NOUVEAU

son collègue, était un géologue de très mince valeur. Certes il connaissait la théorie des puits artésiens ; cependant, lorsque je lui parlais des couches alternatives de terrains perméables et imperméables constituant le sol du bassin de la Seine, il me regardait à travers ses lunettes, comme on dévisage un monomane : avec une inquiète curiosité.

Sans doute, ce fut avec déférence qu'il m'écouta, quand je lui fis l'exposé de mon projet d'amener à Paris l'eau de sources lointaines ; car il avait un certain respect pour un Préfet capable de comprendre ses formules, n'ayant pas peur des x, appréciant ses machines et croyant à l'avenir de leur rôle en bien des choses. Mais, en principe, il tenait l'eau de rivière pour supérieure à l'eau se source, parce que, battue et suroxygénée par l'air, durant son cours, elle était, suivant lui, beaucoup plus légère que sa rivale sortant des entrailles de la terre. A son avis, aucune eau ne valait, pour l'alimentation de Paris, celle de la Seine, puisée en amont du pont d'Ivry, par exemple. Il voyait un remède facile à son impureté dans le filtrage en grand, pratiqué (je ne le contestais pas) avec succès, en Angleterre, et utilisé chez nous, à Marseille, pour clarifier l'eau si trouble de la Durance, dérivée par l'aqueduc de Roquefavour. Quant à sa température variable, il n'en avait souci.

La consommation quotidienne comme boisson, était une quantité négligeable. Il suffirait d'approvisionner largement Paris en glace à rafraîchir et de la distribuer publiquement, l'été, comme dans certaines villes d'Italie, pour résoudre ce petit côté de la question.

La pensée ne pouvait donc me venir de confier à cet Ingénieur distingué la direction du service spécial d'études au dehors, dont M. Belgrand s'acquitta si bien. M. Dupuit l'aurait acceptée sans conviction. Puis, son service normal était assez chargé pour un homme qui touchait au terme de sa carrière. S'il ne me vit pas avec indifférence appeler M. Belgrand, son conscrit, pour occuper un poste indépendant, sous mon autorité directe, et traiter des questions de sa compétence exclusive jusqu'alors, il ne jugea pas sérieux ni durable ce démembrement de la Direction des Travaux Publics de Paris, et, s'il dut changer bientôt de sentiment à cet égard, le résultat des premières études faites par M. Belgrand ne le convertit pas à ses idées.

C'est avec le concours de M. Dupuit, que, dès la première année de mon administration, j'ai fait établir, sous le Boulevard de Strasbourg, la grande conduite d'eau d'Ourcq continuée depuis sous les Boulevards de Sébastopol et Saint-Michel ; la conduite transversale de l'égout de la Rue de Rivoli, qui solidarise le service des conduites maîtresses allant de l'Aqueduc de Ceinture aux réservoirs de la Rive Gauche, et bien d'autres moins considérables. C'est à lui qu'est due la transformation des Pompes à feu de Chaillot et l'accroissement très notable de la distribution d'eau de Seine, qui en fut la conséquence, aussi bien que l'initiative de la construction de la galerie de Rivoli, commencée sous l'administration de mon prédécesseur, qui devint le point de départ d'une véritable révolution dans le service de nos égouts. Enfin, je lui confiai la première application, qu'il fit avec beaucoup d'intelligence dans cette galerie, du système de curage mécanique par wagonnets-vannes, dont je suis l'importateur et que j'ai décrit dans une autre partie de ces Souvenirs.

Mission de M. Mille

Depuis la suppression de la Voirie de Montfaucon, ce foyer d'émanations fétides, qui, du pied de la butte de Ménilmontant, infectait Paris, et la translation à dix kilomètres plus au nord, en pleine forêt de Bondy, des bassins et des ateliers de transformation de poudrette, les lourdes voitures nocturnes que chacun sait, transportaient le produit des vidanges à la Villette, hors du Mur d'octroi, dans les réservoirs voûtés d'un établissement appelé « Dépotoir », d'où l'action de puissantes pompes foulantes le poussait à Bondy, par une longue conduite spéciale. La manœuvre de ces engins, celle des machines à vapeur qui les mettaient en mouvement et la surveillance du Dépotoir entraient dans les attributions d'un des Ingénieurs ordinaires du Service Municipal des Travaux Publics.

En 1854, cet Ingénieur était M. Mille, aujourd'hui retraité comme Inspecteur Général des Ponts et Chaussées. Mes relations personnelles avec lui dans les visites, que je dus faire à l'usine de la Villette et à la Voirie de Bondy, qu'il avait également sous son autorité, me le révélèrent comme un jeune homme ardent, actif, très instruit. Il était féru de l'idée d'appliquer directement à la culture, comme engrais, le produit des vidanges, aussi bien que l'eau des égouts, dans lesquelles il ne voyait pas de difficultés à déverser d'une manière continue, par les embranchements séparés communiquant avec les maisons, prescrits par le Décret-loi du 25 Mars 1852, tout ce que recevaient les fosses d'aisance, aussi bien que les eaux pluviales et ménagères. En effet, M. Mille est le promoteur, en France, du système de : Tout à l'égout, si fort en faveur de nos jours. Mais, à son grand regret, il ne put pas m'y convertir complètement.

Alors, pour le besoin de sa thèse, et la démonstration de l'innocuité de l'engrais humain, il avait transformé le jardin attenant au Dépotoir en champ d'expériences. Il mettait un zèle d'apôtre à propager les échantillons des superbes légumes, des beaux fruits, et des magnifiques fleurs qu'il obtenait là, au moyen d'arrosages pratiqués avec les matières apportées à ses réservoirs, convenablement diluées, comme elles l'eussent été, selon lui, dans les égouts.

Je conviens que des fraisiers traités avant floraison, suivant cette méthode, donnaient d'énormes fruits, qui ne rappelaient, pas plus que les melons et les divers légumes arrosés de même, la senteur de l'ensemble du jardin. Le parfum des roses de M. Mille, une fois coupées et hors de ce milieu répugnant, était irréprochable. Mais, cela ne répondait pas aux raisons de ma résistance à la mise en communication pure et simple des fosses d'aisances avec les galeries des égouts.

Plus tard, je profitai de ce zèle convaincu de M. Mille pour faire, avec son aide infatigable, et sur une échelle importante, à Gennevilliers, dans de vastes terrains (plus de six cents hectares) acquis par la Ville, des essais d'utilisation des eaux d'égout, mais de ces eaux seulement, recueillies au débouché du Collecteur d'Asnières et distribuées à la culture maraîchère, si générale autour de Paris. Le succès de nos expériences fut suivi de l'application, dans toute la presqu'île, de nos procédés graduellement précisés durant ce premier essai de plusieurs années.

Mais, on ne manqua pas d'attribuer à ce développement de nos cultures intensives chaque haussement de la nappe d'eau souterraine de la presqu'île, causé par les crues du fleuve. Or, j'avais projeté de faire ouvrir, en face du débouché de notre Collecteur Général d'Asnières en Seine, une vaste galerie, au moyen de laquelle on eût aisément drainé toute la bouche du fleuve. Son but principal était d'ouvrir un déversoir allant aboutir au-dessous du barrage de Bezons, à deux mètres plus bas que le radier du Collecteur ; cette sorte de prolongement de notre exutoire général débarrassait immédiatement, grâce à sa pente extrêmement rapide, le bief inférieur au barrage d'Asnières, des masses d'eau des pluies d'orage, et modérait, en tout temps, la hauteur des crues durables pouvant paralyser le service du déversoir commun de notre réseau d'égouts.

Il est regrettable que mon idée n'ait pas eu de suite.

Avant tout, j'avais besoin d'être bien renseigné sur ce qui se faisait de semblable en Angleterre et en Écosse ; lorsque M. Belgrand se fut mis à l'œuvre dans le Bassin de la Seine, je chargeai M. Mille d'aller faire chez nos voisins une étude complète, d'abord, de l'approvisionnement d'eau de leurs grandes Villes et des distributions affectées dans chacune aux usages publics et privés ; puis, de leurs différents systèmes de vidange ; enfin, de l'emploi des eaux d'égouts à l'arrosage des terres et de l'application de l'engrais humain à la culture.

Naturellement, ce fut à Londres que M. Mille se rendit en premier lieu. Il examina, dans le plus grand détail, l'organisation des services, non seulement dans la Cité, que son antique autonomie, jalousement défendue, maintient, au centre, ainsi qu'une sorte de monde à part ayant son existence propre, mais encore dans la nuée de paroisses qui gravitent autour d'elle. Ces paroisses forment autant de communes indépendantes, administrées dans les affaires municipales, de même que dans les choses religieuses, par leurs conseils de fabriques ; elles constituent ce qu'on nomme, assez mal à propos, *la Métropole*. Le Gouvernement de la Reine n'a guère plus d'action sur l'ensemble que sur chacune de ces unités, et il s'efforçait alors, avec un médiocre succès, d'y créer une certaine entente pour les questions intéressant la salubrité, comme celles des eaux, des égouts et des vidanges. Depuis, un Acte du Parlement a, je crois, institué dans la Métropole un service commun qui embrasse, en attendant mieux, la Police de Sûreté.

M. Mille ne trouva rien à Londres, ni dans les autres Villes d'Angleterre, que nous pussions envier comme approvisionnement d'eau, si nous parvenions, comme il n'en doutait pas plus que moi-même, à réaliser une des dérivations de sources que M. Belgrand étudiait.

Londres était alors exclusivement alimentée par les eaux de la Tamise, moins bonnes que celles de la Seine, aussi dures que celles de l'Ourcq, et plus troubles que les unes et les autres, par l'effet des marées qui retenaient pendant douze heures sur vingt-quatre, les impuretés de toute nature projetées dans son lit.

Un acte du Parlement venait, il est vrai, d'imposer aux nombreuses compagnies concessionnaires du Service des Eaux, l'obligation de reporter leurs puisages en rivière au-dessus du point où le flot cesse de se faire sentir. M. Mille put voir près de Thames-Ditton, l'établissement qu'une de ces compagnies avait déjà créé à 33 kilomètres en amont de Londres, au droit d'Hampton-Court. L'eau dérivée du fleuve se reposait quelque temps dans les bassins ; puis, après passage en des filtres en sable et gravier, elle aboutissait à des puisards où quatre machines élévatoires les refoulaient jusqu'aux réservoirs de distribution ménagés sur le coteau de Brixton-Hill, à 36 mètres plus haut et à 18 kilomètres de Londres. Mais, si limpide que pût être devenue ainsi l'eau de la Tamise, déjà bien plus pure à Thames-Ditton que devant Londres, elle n'en contenait pas moins en dissolution une trop grande proportion de sels calcaires et elle restait, comme l'eau de Seine ou d'Ourcq distribuée dans Paris, trop froide en hiver, trop chaude en été.

La quantité d'eau que toutes les Compagnies distribuaient journellement à Londres montait à 200 000 mètres cubes. Pour une population de 2 400 000 âmes, cela faisait 75 litres par personne. Or, on a vu dans le chapitre précédent, que nous avions, à Paris, la disposition quotidienne d'un volume total de 134 000 mètres cubes en eaux d'Ourcq, de Seine et autres, pour 1 200 000 habitants que l'on y comptait à peine avant l'annexion, soit environ 110 litres par tête. Nous avions encore en perspective les 86 000 mètres cubes d'eau de sources (1 mètre cube par seconde) que j'attendais avec confiance de M. Belgrand et qui devaient ajouter 72 litres d'eau parfaite à ces 110 litres de toutes provenances.

Manchester et Liverpool, Édimbourg et Glasgow, d'autres villes encore moins importantes, étaient alimentées d'eaux pluviales tombant sur les croupes granitiques ou basaltiques de montagnes plus ou moins éloignées, sans rien perdre de leur pureté sinon de leur limpidité complète au contact de ces roches saillantes du sol primitif ; elles étaient recueillies dans des étangs capables de contenir un approvisionnement de trois mois et placés assez haut pour faire leur service par la force de pesanteur du liquide, sans le secours d'aucune machine.

M. Mille s'étonnait qu'on ne se fût pas avisé jusqu'alors de procurer de même à Londres les eaux excellentes qu'on pouvait obtenir, selon lui, d'un drainage des sables formant le sol de l'immense parc de Richmond.

Page de droite : la rue de Bièvre vers 1868.

REBOU
TEINTURIER DÉGRA
ROBES en NOIR
ÉTOFFES
dans Cette MAIS
M.ON DELE
FONDÉE en 1818
CARTES A J
CARTES en FEU
COLLAGE à F
ÉTABLISSE
IARD.
POIRRIER
RRURERIE
DE
IARD
BREVETÉ
de L'ATELIER
ond de l'Allée.

A Glasgow, bien qu'on eût journellement déjà 150 litres d'eau par habitant, la consommation industrielle était si considérable que, pour y pourvoir, on projetait une dérivation du lac Katrin. C'était méconnaître le précepte ancien, qui détermine dans le mérite des eaux de pluie, de fontaine, de rivière, de lac et de marais : *Aqua pluvialis lævissima est ; deinde fontana ; tunc ex flumine,... gravior ex lacu ; gravissima ex palude*. En effet, la dernière partie de cet axiome condamnait le projet en question, comme la première me donnait raison sur M. Dupuit.

J'ajoute qu'à tout prendre, les eaux de bonnes sources, comme celles de la Champagne, de la Bourgogne et de la vallée de l'Eure, sont des eaux pluviales, infiltrées dans des couches inoffensives du sol, qui les garde fraîches jusqu'à ce qu'elles apparaissent aux points d'affleurement des couches imperméables inférieures, ce que ne font pas les étangs des villes que j'ai nommées plus haut.

Si nous n'avions guère à profiter des exemples de nos voisins quant aux moyens d'alimentation de leurs Services d'Eaux, nous devions, au contraire, tâcher d'imiter, en deux points notamment, les systèmes de distribution généralement en usage de l'autre côté du détroit.

Chez nous encore aujourd'hui, le Service Public et le Service Privé ne sont pas suffisamment séparés. En Angleterre, bien qu'on n'eût pas, comme nous l'avons, la double ressource des eaux de source et de rivière, pour justifier l'affectation à chacun de ces deux services d'un réseau de conduites distinct, on n'en avait pas moins établi séparément, dès 1854, les deux distributions.

D'un autre côté, les abonnements s'y faisaient à robinet libre, c'est-à-dire sans limite à la consommation, sans le compteur d'eau qui fonctionnait encore si mal. Grande simplification du Service, en même temps que bienfait inappréciable pour la Population ! A cet effet, une taxe fixe, proportionnelle au loyer (5% au maximum), était perçue de chaque locataire. C'est au propriétaire qu'incombait l'installation des appareils.

Dans le moindre logement on trouvait le robinet de la cuisine et celui du *Water-Closet* et du *Shower Bath* ; ailleurs, on avait ceux du Cabinet de Toilette, de la Salle de Bains, et, dans les cours, ceux nécessaires au Service des écuries, au lavage des voitures et au nettoyage du rez-de-chaussée. On traitait de gré à gré pour la consommation, toujours illimitée, des ateliers et des usines.

Chez nous, il serait difficile de faire accepter la taxe qui rend l'abonnement obligatoire, bien que ce dernier mot soit entré dans notre langage officiel. Sans doute, il faudrait la faire porter sur le propriétaire, sauf la répartition que celui-ci ne manquerait pas d'en établir entre ses locataires, comme cela se passe déjà pour le coût de l'abonnement facultatif.

Cela serait d'autant mieux compris que le système du robinet libre, dont le corollaire est celui de l'écoulement à l'égout des liquides des fosses d'aisance, aurait pour conséquence d'affranchir la propriété de la plus grande partie, sinon de la totalité des énormes frais de vidange. En effet, l'arrivée sans limites de l'eau dans chaque logement nécessite son départ immédiat après emploi.

Toute maison de Londres avait, selon le rapport de M. Mille, trois conduites de descente à l'égout : celle des eaux ménagères, celle des water-closets et celle des eaux pluviales tombant sur les toits et dans la cour, avec siphons et grilles d'arrêt. Ces conduites étaient en grès, émaillées, lutées d'argile à leurs joints et souvent entourées d'un enduit en ciment ; les égouts, en brique. Tout circulait dans ceux-ci, grâce à la pression des conduites de descente des maisons, et, au besoin, sous l'impulsion de chasses d'eau provenant des conduites amenée.

Mais, M. Mille n'hésitait pas à reconnaître que, malgré tout, ces égouts s'obstruaient souvent, et que la découverte des points d'engorgement n'était pas facile. A tous égards, il préférait donc les galeries accessibles de notre réseau parisien à ces égouts forcés des villes de la Grande-Bretagne.

Page de droite : la rue des Moineaux et la fontaine des Moulins vers 1865.

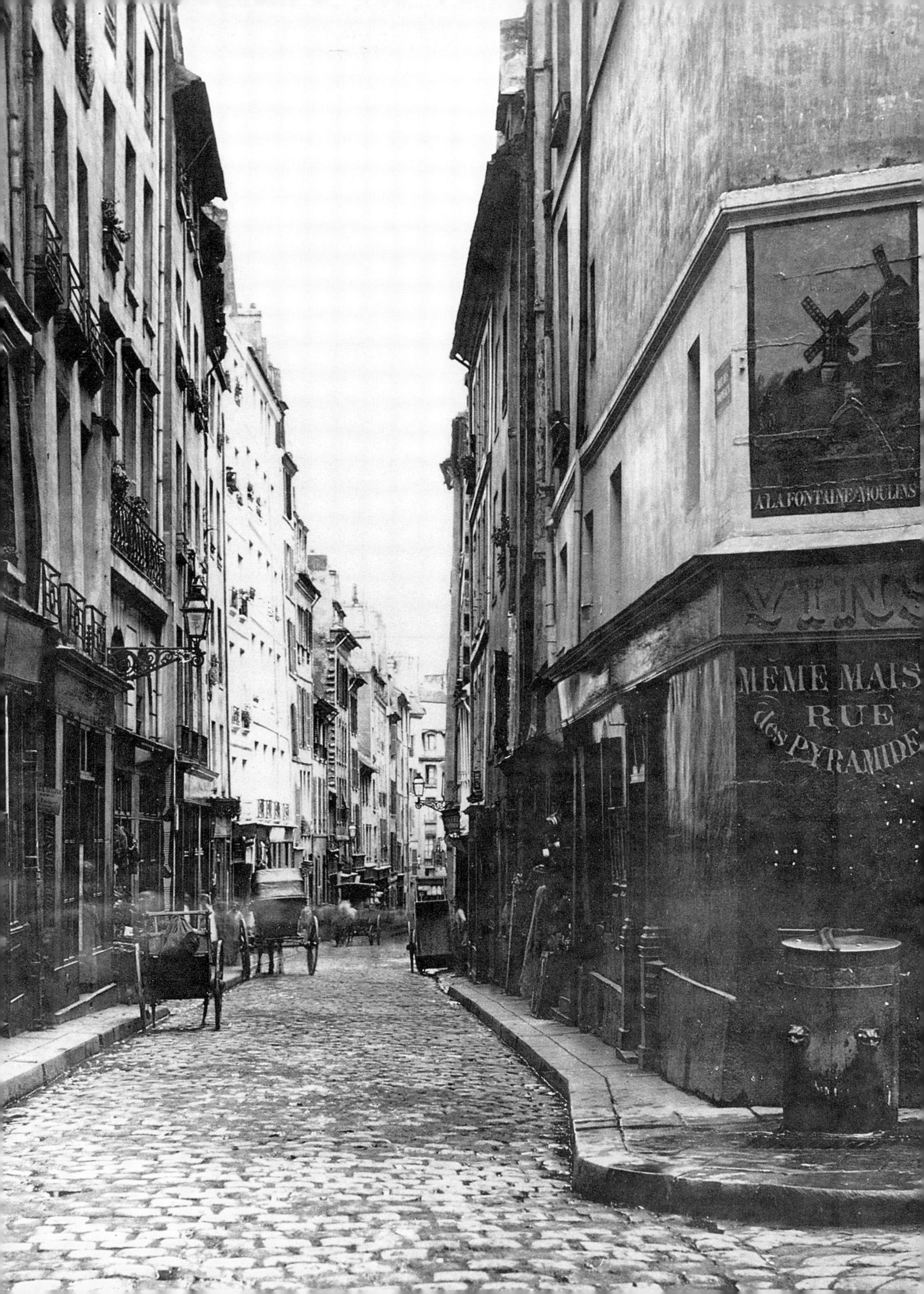
A LA FONTAINE MOULINS
VINS
MÊME MAIS
RUE
des PYRAMIDE

Le déchargement des égouts de Londres s'opérait dans trois anciens cours d'eau, le Walbrook, le Fleet-River et le King Scholar Pond, voûtés et transformés en collecteurs, qui débouchaient dans la Tamise. Mais, il était question de débarrasser le fleuve de leurs impuretés, au moyen de galeries parallèles menant à la mer, sous l'action d'énormes pompes foulantes, tout le contenu des égouts.

Si mon délégué, partisan du *Tout à l'égout*, ne se montrait pas choqué de la mise en communication complète des Water-Closets avec les égouts, chez nos voisins ; si l'on trouve, dans son travail, une foule d'exemples, qu'il citait avec complaisance, notamment au sujet d'Édimbourg, et surtout de la petite ville de Rugby, dont il considérait le régime des eaux comme un modèle, on y voit encore de très intéressants détails sur l'application du produit des égouts à la culture, à l'aide même de machines. M. Mille n'avait pas négligé de me faire connaître les procédés mis en usage, d'une part, à Londres, près d'Hammersmith ; d'autre part, à Leicester, ville de 70 000 âmes, par la Compagnie Générale des Engrais, pour traiter les matières organiques, noyées ailleurs dans les égouts. On les précipitait par la chaux et on les reprenait sous forme d'engrais solides pour les porter au loin.

Ses conclusions, quant à l'application dans Paris du résultat de ses études, étaient résumées en ces deux formules :

L'eau à discrétion dans l'habitation ;

La perte immédiate des vidanges à l'égout.

J'adoptais entièrement la première, sauf à tenir compte des difficultés que sa réalisation ne pouvait manquer de rencontrer. Je n'acceptais la seconde qu'en me réservant de l'amender et de la compléter comme suit :

Perte immédiate à l'égout des liquides, quels qu'ils soient, projetés des water-closets dans les fosses d'aisances ; évacuation souterraine séparée des matières solides désinfectées, pour être converties en engrais transportables.

Mais, j'étais absolument d'accord avec M. Mille pour dire que, donner aux maisons de Paris l'eau sans mesure ; assurer entièrement, par un drainage efficace, la salubrité de ses habitations de tout ordre, c'était le plus grand, le plus méritoire, sinon le plus éclatant et le mieux apprécié des services qu'une administration, soucieuse de tous ses devoirs, pût rendre à la population de cette Cité-Reine.

CHAPITRE IX

SERVICE DES EAUX

Premier Vote du Conseil Municipal.
Contre-projets divers.
Propositions définitives du service.
Distribution des eaux anciennes et nouvelles.
Les Egouts. Les vidanges.

En résumant le rapport de M. Belgrand et celui de M. Mille, je n'ai pas développé, ni même énoncé les raisons, différentes des leurs, par lesquelles j'avais appuyé près du Conseil Municipal, dans le Mémoire du 4 Août 1854, la prise en considération de certaines de leurs conclusions finales ; mon opinion propre en réservait quelques-unes qui laissaient de sérieux doutes dans mon esprit. Plus d'une occasion me sera fournie, par ce qui va suivre, de revenir sur les questions que soulevaient les résultats des études respectives de ces deux ingénieurs. J'ai maintenant à rendre compte des projets définitifs dont j'assumai la responsabilité plus tard, et à raconter les discussions réitérées que chacune de ces questions ne manqua pas de provoquer dans tous les rangs de la hiérarchie des pouvoirs publics.

L'exposé des motifs qui militaient en faveur de mes propositions, quoiqu'elles ne dussent par avoir toutes, à beaucoup près, la même chance d'être accueillies partout, sera mieux compris désormais parce qu'il trouvera sa vraie place à côté de la défense de mes résolutions.

Premier Vote du Conseil Municipal

Saisi d'affaires si graves et pour la première fois d'une manière directe et précise, par ma communication de 1854, le Conseil Municipal de Paris ne montra pas un hâte extrême de se prononcer, même sous la forme adoucie de la prise en considération que je me bornais alors à lui demander. C'est le 22 Janvier 1855 seulement qu'il le fit, par une délibération fort mesurée.

Avait-il le pressentiment des violentes polémiques auxquelles allaient se livrer, à ce sujet, nos adversaires déclarés ? Prévoyait-il les sourdes intrigues que nous aurions à déjouer ? Peut-être. Mais, en général, comme toutes les assemblées, il se complaisait aux allures compassées des procédures parlementaires, quoique la plupart de ses membres, rompus à la pratique des grandes affaires, sussent bien que la lenteur des délibérations, si préjudiciables, en beaucoup de cas aux intérêts débattus, n'est pas toujours un gage de leur maturité.

Le Conseil avait d'ailleurs à sa tête M. Delangle, un homme de robe, Premier Président d'une Cour Souveraine, parlementaire de profession, et, dans son sein, M. Dumas, le savant chimiste, docteur en médecine, professeur en Sorbonne, membre de l'Académie, qui ne pouvait négliger de s'approprier, comme Rapporteur de la Commission spéciale nommée par les bureaux, et de dépouiller méthodiquement, sans la moindre omission, des études intéressant au plus haut point la santé publique. Et puis, par nature, c'était un solennel !

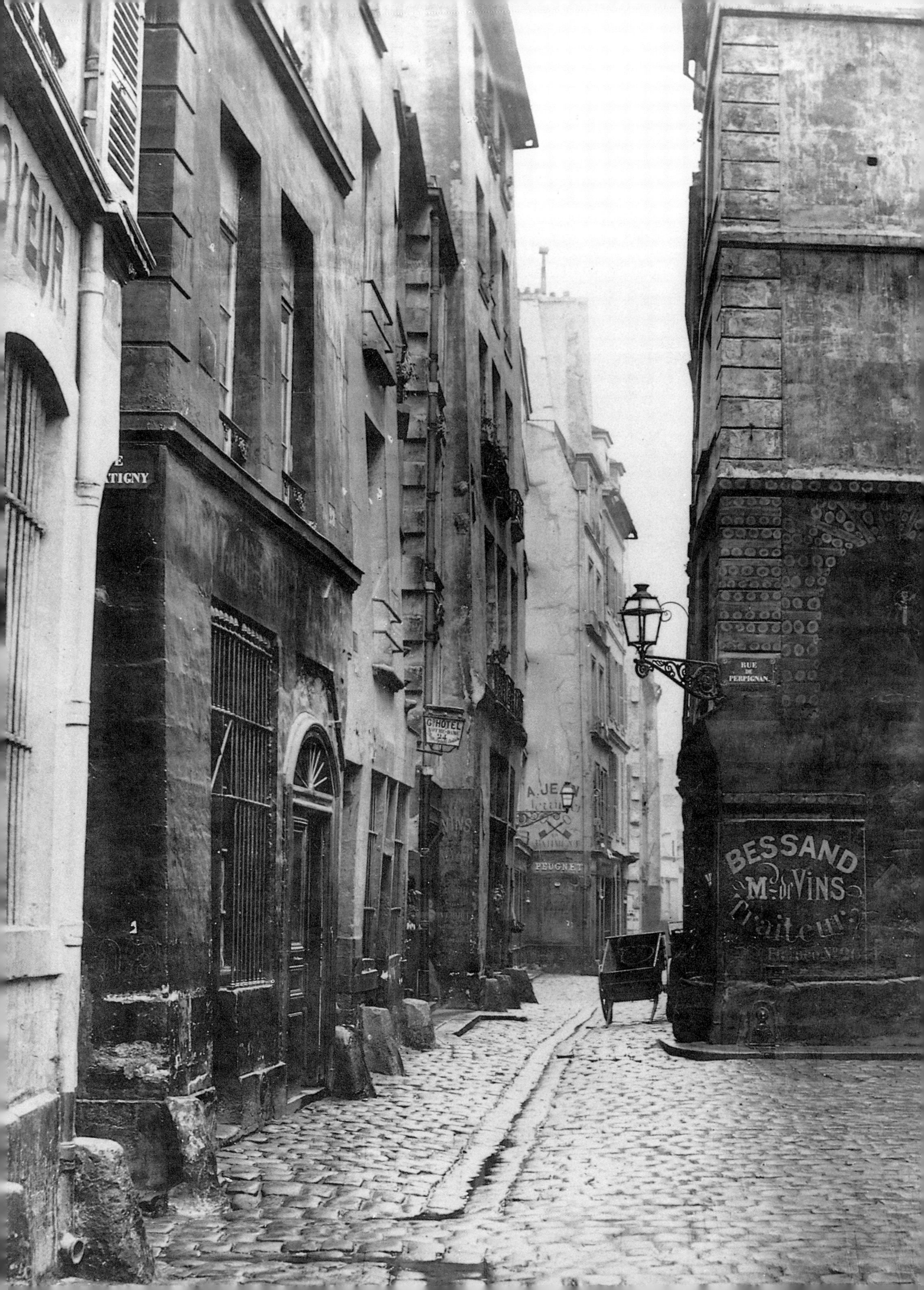
RUE DE PERPIGNAN
BESSAND
Md DE VINS
Traiteur
PEUGNET

Heureusement, je les avais associés peu à peu l'un et l'autre à mes idées. Ils étaient donc préparés à mes propositions, et ils les soutinrent, cette fois, sans hésitation, et, quelques années après, avec une énergie qui ne faiblit pas une seule fois.

Voici les termes, soigneusement pondérés, mais très habiles et très complets de l'importante délibération, rédigée par M. Delangle même, que le Conseil, alors encore qualifié de Commission Municipale, finit par adopter sur le Rapport de M. Dumas.

« La Commission Municipale,

« Vu le Mémoire de M. le Préfet de la Seine sur les eaux de Paris ;

« Vu le travail de M. Belgrand, ingénieur des Ponts et Chaussées, ayant pour titre ; *Recherches statistiques sur les sources du bassin de la Seine qu'il est possible de conduire à Paris* ;

« Vu le rapport de M. Mille, ingénieur des Ponts et Chaussées, sur le *Mode d'assainissement des Villes en Angleterre et en Écosse* ;

« Considérant que le régime actuel des eaux de Paris ne satisfait pas aux besoins de ses habitants ;

« Considérant que, d'après les recherches entreprises par M. Belgrand, sur l'invitation de M. le Préfet de la Seine, il serait possible de conduire des plateaux de la Champagne à Paris, par un système d'aqueduc en maçonnerie et de conduites métalliques, et moyennant une dépense qui ne dépasserait pas 25 millions, une eau pure, claire, fraîche et abondante, à une altitude de 80 mètres au-dessus du niveau de la mer, qui permettrait la distribution de cette eau dans tous les quartiers de la Ville et à tous les étages des maisons ;

« Considérant que, dans la double hypothèse de la dérivation et de la distribution complète projetées, le système actuel des galeries d'égout de Paris doit être modifié et étendu, et qu'il importe fort d'arriver à des conditions meilleures sous le rapport du régime des fosses d'aisances et des divers modes employés pour les vidanges.

« Délibère,

Page de gauche : la rue des Marmousets, vers 1864.

« Art. 1er. – Le système général de travaux développé dans le Mémoire de M. le Préfet de la Seine, en date du 4 Août 1854 et ayant pour but, tout à la fois, d'amener à Paris, à l'altitude de 80 mètres au-dessus du niveau de la mer, des eaux de source dérivées en quantité suffisante pour le service de toutes les habitations, d'assurer la distribution de ces eaux dans toute la Ville, et d'améliorer le régime des égouts et celui des vidanges, est pris en considération.

« Art. 2. – M. le Préfet de la Seine est autorisé :

« 1° A faire dresser un projet complet et un devis détaillé de la dérivation des sources indiquées dans le rapport de M. Belgrand, et à diriger les études définitives de manière à ne plus permettre de doute sur les sources à prendre tout d'abord, ni sur celles qu'il conviendrait d'y ajouter en cas d'insuffisance ;

« 2° A faire marcher parallèlement avec ces études, celles de la distribution des eaux dans Paris, de l'extension et du perfectionnement du réseau des galeries d'égout, du meilleur mode d'établissement des fosses d'aisances et du meilleur système d'évacuation souterraine du produit des vidanges. »

Je donne ce document important *in extenso*, parce que, malgré la prudence du rédacteur des considérants et du dispositif — M. Delangle lui-même, — on peut y voir que rien d'essentiel n'était oublié. Plusieurs questions capitales se trouvaient, au contraire, implicitement résolues.

Ainsi le procès des eaux de source et des eaux de rivière était jugé par la mise en relief des qualités de pureté, de limpidité, de fraîcheur appartenant aux premières exclusivement, après cette déclaration préliminaire que les besoins des habitants ne se trouvaient pas satisfaits par le service d'alors. A l'altitude de 80 mètres qu'on reconnaissait nécessaire, il était aisé de prouver que l'élévation des eaux de la Seine et même de l'Ourcq, entraînerait une consommation de charbon dont le coût représenterait un capital bien supérieur aux 25 millions demandés par M. Belgrand pour la dérivation d'eaux de source qu'il proposait.

L'extension du réseau des égouts, que personne du reste ne contestait sérieusement, était admis sans limite.

Enfin, la suppression de la vidange à ciel ouvert et l'adoption d'un système d'évacuation souterraine du produit des fosses d'aisances, se trouvaient décidées en principe, sans aller jusqu'au « Tout à l'égout » de M. Mille.

La rédaction de la délibération du Conseil Municipal eût été mon œuvre qu'elle ne m'aurait pas donné plus entièrement gain de cause. On y retrouvait même certaines propositions exprimées exactement dans la forme et dans les termes dont je m'étais servi au Mémoire du 4 août précédent et qui trahissent l'union intime des vues du rédacteur et des miennes. Aussi, personne, parmi ceux qu'elles désappointait, ne se méprit sur la portée du vote que j'avais obtenu.

Ce vote avait réuni l'unanimité des membres présents du Conseil : 31 sur 36. Il devait exercer d'autant plus d'autorité qu'on ne pouvait dire qu'il eût été surpris.

Je regarde comme une obligation d'inscrire ici les noms des membres qui prirent part à cet acte réfléchi, courageux. En effet, Paris leur doit une part de la reconnaissance qu'il semble avoir maintenant pour les promoteurs de son approvisionnement en eaux de source. Les voici, par ordre alphabétique : MM. Bayvet, Billaud, Boissel, de Breteuil, Chevalier, Delangle, Devinck, Didot, Dumas, Eck, Fouché-Lepelletier, Victor Fouché, Frémyé, Herman, Eugène Lamy, Le Dagre, Legendre, Moreau (de la Seine), E. Moreau, Casimir Noël, Pécourt, Pelouze, Périer, Peupin, de Riberolles, de Royer, Ségalas, Thayer, G. Thibaut, Thierry et Tronchon.

Les qualités de chacun d'eux se trouvent rapportées dans le chapitre que j'ai consacré ailleurs à la composition du Conseil Municipal de Paris et du Conseil Général de la Seine, aux diverses époques de mon administration.

Je ne perdis pas un jour, on peut le croire, pour mettre à profit les pouvoirs dont j'étais enfin investi ; mais il ne me fallut pas moins de trois ans et demi pour me trouver en mesure d'apporter simultanément au Conseil Municipal, comme le texte de sa délibération m'en faisait l'obligation, deux projets définitifs, l'un, pour la dérivation d'eaux de source vers Paris, l'autre, pour la distribution de ces eaux dans tous les quartiers. J'y joignis des propositions précises et complètes concernant la canalisation et l'assainissement de la Ville entière.

C'est la date du 16 Juillet 1858 que porte mon Second Mémoire sur les Eaux de paris, et j'y trouve cette explication des retards qu'avait subis, à mon grand regret, la présentation au Conseil ;

« Ces améliorations diverses forment un tout indivisible, sinon dans l'exécution, du moins dans le dessein général et dans la décision première dont elles peuvent être l'objet. Voter la dérivation, c'est s'engager sur le système de distribution ; tracer le réseau des conduites, c'est faire en même temps le plan des Égouts ; déterminer la direction, la coupe, la disposition intérieure des galeries nécessaires au passage des eaux qu'ils doivent évacuer, c'est préjuger toutes les autres destinations de ces galeries. »

Contre-projets divers

Il ne faudrait point supposer que, durant cet intervalle de trois ans et demi, les faiseurs de projets se soient tenus tranquilles et m'aient laissé poursuivre en paix la réalisation du programme tracé dans la délibération que je me hâtais de mettre à profit. Loin de là. De nouvelles propositions surgissaient constamment, avec l'appui de personnages importants, à l'encontre des projets pris en considération par le Conseil Municipal, sans attendre qu'ils eussent reçu leur forme définitive. je perdais un temps précieux à les examiner, pour les réfuter les unes après les autres, par des raisons défiant tout reproche de parti pris.

Je ne compte pas les propositions de puisage en Seine au-dessus de Paris qui furent faites à la Ville. C'étaient comme les variations d'un thème banal, populaire, consacré par les préférences de la majorité du monde savant pour l'eau de rivière.

Toutefois, je dois citer une combinaison vraiment nouvelle, s'appuyant sur la même opinion dogmatique, mais répondant, d'une manière séduisante au premier aspect, à certains reproches que nous faisions à l'eau de Seine : car, je dus m'occuper encore plus sérieusement de celle-ci que de celles-là.

On nous offrait une dérivation d'eau de Loire, servant à la fois de canal navigable et de moyens d'alimenter abondamment Paris, comme celle de l'Ourcq, et prise en un point assez élevé pour qu'on pût la faire aboutir sur les hauteurs de Meudon. Le canal navigable eût été mis en communication avec la Seine au moyen d'un embranchement partant de plus loin, et d'une longue série d'écluses ; quant à l'énorme volume d'eau promis à la consommation parisienne (260 000 mètres cubes par 24 heures), on entendait l'emmagasiner dans d'immenses réservoirs voûtés où l'eau de Loire, moins trouble que l'eau de Seine, se serait débarrassée du limon sableux, très fin, qu'elle tient en suspension.

Pour qu'elle ne fût ni trop froide en hiver, ni trop chaude en été, on ne l'aurait introduite dans ces réservoirs qu'au printemps et à l'automne, lorsqu'elle se serait trouvée juste au degré de fraîcheur que nous pensions ne pouvoir obtenir que d'eaux de source. C'était le côté réellement original et, j'en conviens, l'idée ingénieuse du projet. Ce fut cependant par là qu'il périt.

L'idée première d'amener l'eau de la Loire dans le Bassin de la Seine date de Louis XIV. Il s'est agi, sous le règne du Grand Roi, d'alimenter ainsi le château, le parc et la ville même de Versailles ; on dut y renoncer pour des raisons de niveau. Mais, Paris (avant l'Annexion, qui mit dans son enceinte, Montmartre, Ménilmontant et les Buttes-Chaumont), se trouvant à 30 mètres, en moyenne, au-dessous de Versailles, la reprise du projet au profit de la Grande Ville se présentait accompagnée d'un certain prestige ; malheureusement pour son auteur, il ne tenait pas devant un examen sérieux.

Alors même que le produit de la navigation eût permis au concessionnaire de faire face, par un arrangement financier quelconque, aux dépenses de construction du canal, hypothèse absolument inadmissible, la Ville aurait dû, tout au moins, supporter les charges relatives à son approvisionnement d'eau ; notamment celles qu'aurait entraînées l'établissement des fameux réservoirs de Meudon.

Or, ces grands bassins, nécessairement très nombreux, pour qu'il fût possible de les mettre tour à tour en chômage, afin de les curer, auraient couvert une superficie et constitué, dans leur ensemble, un cube de maçonnerie dont l'auteur de la proposition ne s'était assurément pas rendu compte. Les indemnités d'expropriation et les dépenses de construction se seraient élevées à un total formidable.

En effet, il eût fallu, pour avoir l'eau toujours fraîche, en suspendre l'introduction dans les réservoirs, pendant deux mois au moins, l'hiver, et, durant quatre mois de la saison chaude. Il eût fallu pouvoir loger, en vue de ce dernier cas seulement, une réserve de 31 200 000 mètres cubes ; car c'est le volume que donnent, pour 120 jours, les 260 000 mètres cubes promis par l'auteur du projet à la consommation quotidienne de Paris.

Je ne recherchai pas les moyens par lesquels, les réservoirs une fois vides, ont eût renouvelé ce fabuleux approvisionnement, sans annuler les effets d'une telle promesse ; mais, je démontrai que l'emmagasinement de 31 200 000 mètres cubes d'eau exigeait des bassins dont les radiers occuperaient ensemble une surface excédant 600 hectares, avec la profondeur de 5 mètres, qu'on ne pourrait dépasser qu'en perdant trop d'altitude. Il fallait y ajouter, d'ailleurs, l'épaisseur des murs d'enceinte et de séparation, etc., etc.

Allant au-devant d'une objection qu'on aurait eu le droit de me faire, j'admettais qu'une ressource nouvelle de 100 000 mètres cubes d'eau seulement, au lieu de 260 000, suffisait aux besoins de service, puisque je n'avais pas demandé plus à M. Belgrand. Mais, des bassins contenant une réserve de 100 000 mètres cubes pour 120 jours, soit 12 millions de mètres cubes, au total, auraient toujours nécessité une étendue superficielle de 200 hectares, et une dépense évaluée à 78 millions dans le devis sommaire que j'en fis dresser, et qui ne comprenait pas le prix des terrains à exproprier, terrains de grande valeur, comme sites de plaisance.

Les promoteurs du projet n'avaient pas repoussé cette irréfutable argumentation.

Néanmoins, un Ingénieur des Ponts et Chaussées ne tarda pas à proposer de nouveau d'aller demander à la Loire une quantité d'eau suffisante pour tous les besoins présents et futurs de la Ville (500 000 mètres cubes par 24 heures). Au moyen d'un drainage pratiqué dans les graviers et sables de ses rives, et d'un aqueduc voûté, il conduirait toute cette eau qu'il comptait avoir filtrée par ce procédé, jusqu'à Bicêtre, pour l'emmagasiner dans les réservoirs, mais durant une période infiniment plus courte que les six mois prévus par l'auteur du projet repoussé.

J'ai le regret de dire que, saisi de cette proposition importante, le Conseil Général des Ponts et Chaussées émit l'avis qu'elle fût étudiée parallèlement à de nouveaux projets de machines élévatoires de l'eau de Seine prise en amont de Paris. Les membres de ce corps savant tenaient toujours bon en faveur des premiers projets ; c'est-à-dire qu'on perdit encore du temps et de l'argent à la poursuite de solutions écartées absolument par le vote du Conseil Municipal.

On s'étonne du degré d'aveuglement que la passion de contredire avait pu produire chez les hommes considérables qui ne craignaient pas d'appuyer de leur autorité ces moyens dilatoires.

Bien des années après, lorsque l'extension des limites de Paris était venue aggraver nos besoins, je ne pouvais pas encore approvisionner d'eau les services publics avec la profusion que j'aurais aimée, parce que le niveau de l'Ourcq ne permettait d'alimenter que les quartiers bas ; d'autre part l'eau de Seine, élevée par des pompes à feu coûtait trop cher, et l'eau de Marne fournie par les usines hydrauliques d'Isles-les-Meldenses et de Trilbardou, ne suffisait pas à alimenter nos bouches d'arrosage et nos fontaines monumentales, trop souvent à sec. J'eus moi-même alors la pensée d'aller chercher un secours en Loire, mais seulement pour les usages secondaires, par une dérivation opérée dans des conditions tout autres. le temps me fit défaut pour y donner suite.

Propositions définitives du service

M. Belgrand n'avait été mis à ma disposition que temporairement par le Ministre des Travaux Publics, et pour un travail déterminé ; mais le 1er Mars 1855, il fut attaché définitivement, sur ma demande, au Service Municipal des Travaux Publics, avec deux Ingénieurs Ordinaires expérimentés, M. Rozat de Mandres, dont nous avions l'un et l'autre eu l'occasion d'apprécier le mérite à Auxerre, et M. Collignon, que nous choisîmes parmi nombre de compétiteurs. M. Rozat de Mandres est maintenant en retraite comme Inspecteur Général des Ponts et Chaussées.

La Direction du Service Municipal des Travaux Publics était alors aux mains de M. Michal, qui remplaçait M. Dupuit dans cette situation fort importante, mais qui, loin de partager ses préventions, s'était rallié très franchement au projet qu'il s'agissait de mener à fin.

La mission de M. Belgrand avait encore plus d'ampleur cette fois que la première. Elle ne se bornait plus à l'étude complète du Bassin de la Seine. Il fallait rechercher les sources dont la dérivation était possible dans les termes d'un programme arrêté d'avance ; les classer dans l'ordre d'après lequel il conviendrait de les choisir, et, dresser un avant-projet d'amenée des eaux préférées. Le nouveau service de M. Belgrand embrassait l'ensemble du Service des Eaux de Paris, le régime

Page de droite : le passage de la Petite-Boucherie, vers 1868.

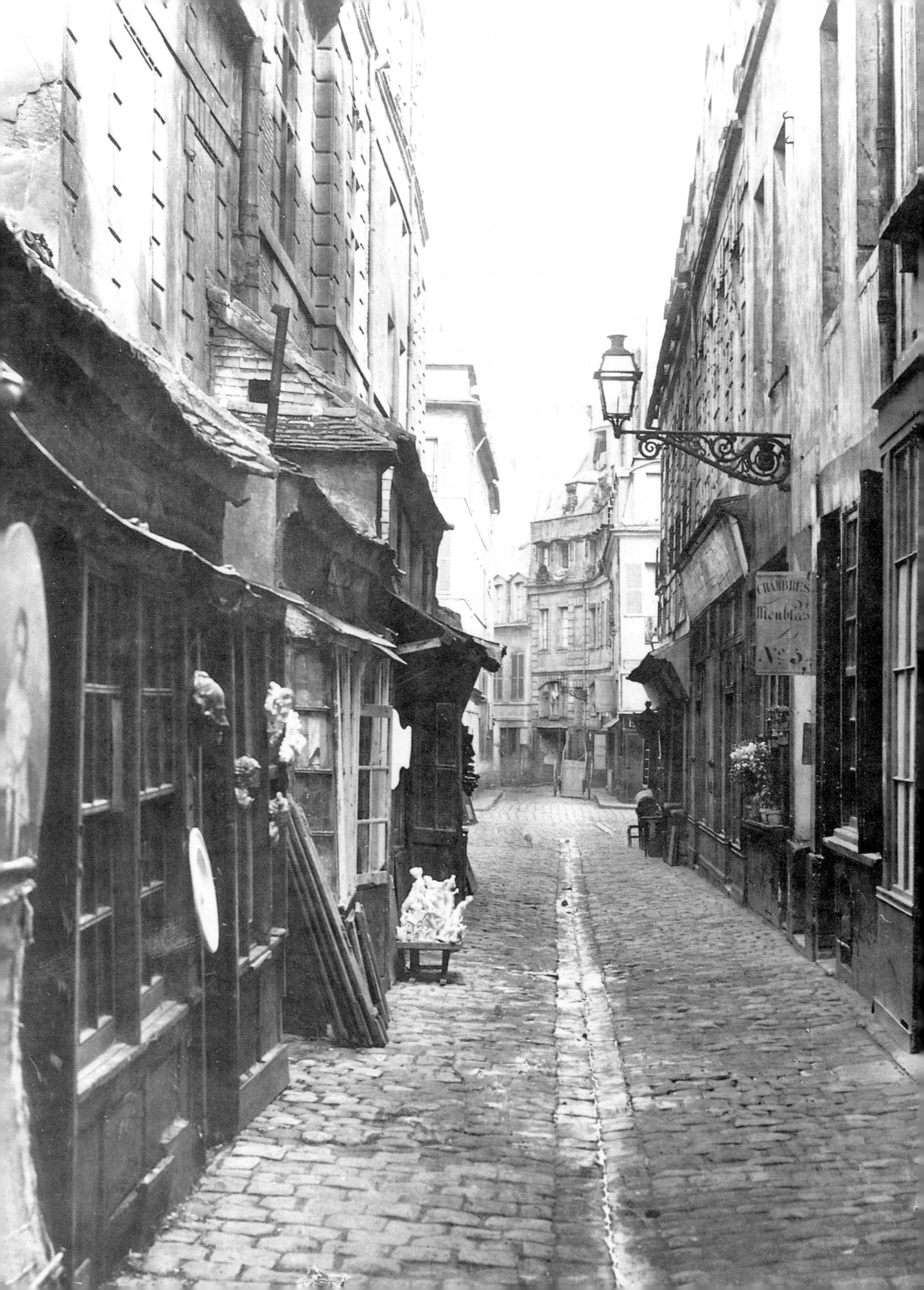
CHAMBRES
Meublées
No 5

de la distribution ; celui des vidanges, dont on proposait de conduire aux égouts les produits.

Quant aux sources de la vallée de Somme-Soude, il n'était pas simplement question de transformer en projet définitif l'avant-projet d'aqueduc dont cet ingénieur avait donné la description et le devis sommaires. Il fallait contrôler, par un nouvel examen de tous les éléments de sa très remarquable étude, les conclusions qu'il en avait tirées, et, s'il y avait lieu, poursuivre et proposer une meilleure solution de ce problème : dériver sur Paris, à l'altitude minima de 80 mètres au-dessus du niveau de la mer, 100 000 mètres cubes par 24 heures d'eau de source irréprochable, avec une dépense maxima de 25 millions.

S'il se trouvait, en fin de compte, des sources plus abondantes ou plus pérennes et aussi pures que celles de la Somme-Soude, pouvant être amenées à Paris sur un point non moins élevé, et sans plus de dépense, on ne devait pas hésiter à les substituer à celles-ci dans un nouveau travail.

M. Belgrand se réserva le soin de cette vérification délicate des diverses parties du premier travail.

Comme toutes les probabilités semblaient être en faveur des conclusions de celui-ci, MM. Rozat de Mandres et Collignon n'attendirent pas le résultat des opérations auxquelles allait se livrer leur Chef de Service pour dresser le plan et le devis de la dérivation de la Somme-Soude.

Mais, bientôt, M. Belgrand se fit adjoindre un troisième Ingénieur Ordinaire, M. Lesguiller, pour l'étude éventuelle d'un autre projet de dérivation, celui de sources de la vallée de la Vanne, dont il avait précédemment constaté l'importance et la valeur.

Le remarquable travail de ce nouvel auxiliaire fut mis de côté, comme superflu, quand M. Belgrand, tout bien considéré, se décida pour le maintien de ses premières propositions. Mais, la grande utilité de cette étude s'en fit promptement sentir, lorsque la dérivation des eaux de la vallée de Somme-Soude rencontra des obstacles à peu près insurmontables.

Dans la vérification générale des résultats de ses recherches antérieures, M. Belgrand n'avait à s'occuper que de sources proprement dites, et non de cours d'eau plus ou moins distants de leurs points de départ.

Vers la fin du dernier siècle, Parmentier s'exprimait comme suit, à propos d'un projet mis en avant par Deparcieux, d'amener à Paris l'eau du cours de l'Yvette :

« A la fin de la belle saison, la plupart des petites rivières sont couvertes des dépouilles des arbres, qui, pendant l'hiver, se pourrissent et se changent en limon ; les digues, les déversoirs, les batardeaux, les vannes, les chanvres, les lins que l'on fait macérer et rouir dans les ruisseaux ou fosses pratiqués à côté, toutes les immondices, les lavages, les égouts, les eaux pluviales des villes, des bourgs, des villages, des hameaux et des fermes qui y aboutissent, sont encore autant de causes qui infectent l'eau, occasionnent des dépôts qui ralentissent son courant et empêchent qu'elle ne puisse en détruire la source ou les entraîner, même dans les plus grandes crues... Faut-il s'étonner si l'eau qui a séjourné de cette manière dans les écluses malpropres des moulins, qui a lavé des prairies marécageuses, qui a pour fond, rarement du sable, mais toujours un limon et des végétaux qui se décomposent, contracte un goût de vase plus ou moins sensible, à raison des circonstances locales et des saisons ?

« L'eau de l'Yvette, à sa source, ne m'a pas paru avoir le goût de marais qu'on lui reproche ; elle ne le contracte qu'à quelques pas de la fontaine. »

Il fallait donc, suivant le programme résumé dans mon Second Mémoire sur les Eaux de Paris du 6 juillet 1858 (un volume grand in-4° de 132 pages, où toutes les questions à résoudre se trouvent traitées complètement) :

« Choisir quelques-unes des sources apparentes ou cachées du bassin de la Seine, et en conduire à Paris les eaux dérivées par un aqueduc sous terre, — afin d'en conserver la fraîcheur et la limpidité premières, — » non pas seulement à 80 mètres au-dessus du niveau de la mer, mais plus haut encore, si possible, pour assurer d'autant mieux le service, sans négliger les conditions d'une moindre dépense ; ne pas perdre de vue que les raisons principales et déterminantes du choix à faire devaient être l'abondance et surtout la qualité de l'eau préférée.

Si M. Belgrand, au lieu de se préoccuper autant de la proximité relative des sources de la craie blanche provenant des vallées de la Champagne Pouilleuse, se fût adressé plutôt, comme j'en avais le penchant, pour mon compte, à celle des terrains oolithiques de la Bourgogne, il ne se fût pas exposé aux déconvenues que les premières lui réservaient, quant à la pérennité du débit que des études multiples, de 1854 à 1857, l'autorisaient à leur attribuer.

Les eaux de la vallée de la Vanne, fournies par les points extrêmes, par le fond de cette couche, près des limites de la Champagne et de la Bourgogne, ne lui causèrent pas les mêmes déceptions.

Quant à la qualité, des sels à l'état de dissolution dans les eaux du Bassin de la Seine sont d'une manière générale, le carbonate, puis le sulfate de chaux, enfin, mais à des doses minimes, le chlorure de magnésium.

Les sulfates terreux (gypse ou plâtre) surtout, en quantité notable, comme dans tous les environs de Paris, donnent une eau dure, malsaine, ou tout au moins d'une digestion pénible, qui ne cuit pas les légumes et ne dissout pas le savon.

Elle incruste, ainsi du reste que le fait l'eau trop chargée de carbonate de chaux (craie), les chaudières des machines à vapeur et les conduites de distribution en fonte ; elles les double intérieurement de croûtes de pierre et finit par les obstruer.

Le carbonate de chaux, en quantité modérée, qui donne à la boisson un goût agréable, est favorable à la santé. Il n'empêche pas la cuisson des légumes, mais il agit sur le savon comme les sulfates.

Les analyses faites par M. Belgrand, au moyen d'un appareil ingénieux, récemment inventé par MM. Boutron et Boudet : l'hydrotimètre ; celles du Laboratoire de l'École des Mines et celle de l'École des Ponts et Chaussées, permirent d'éliminer sans hésitation les sources notablement sulfatées ou trop carbonatées. On put restreindre le choix aux eaux qui ne contenaient qu'une proportion admissible de carbonate de chaux, et seulement des traces des sulfates. Ainsi l'eau de Seine jouit, au point de vue de sa composition, d'une faveur méritée, mais, malheureusement, elle est toujours trouble, trop chaude en été ou trop froide en hiver, et ses excellentes qualités sont altérées par des détritus organiques.

Après avoir constaté que les sources de la Champagne Pouilleuse ne marquaient pas à l'hydrotimètre plus de degrés que l'eau de la Seine (de 18° à 20°) ; après avoir à nouveau jaugé celles de Somme-Soude, M. Belgrand maintint finalement les conclusions de son Rapport de 1864 ; il fit compléter par ses collaborateurs le projet de dérivation dont l'avant-projet avait été pris en considération par le Conseil Municipal.

La Somme-Soude, qui se jette dans la Marne sur la rive gauche, entre Châlons et Épernay, est formée de la réunion de deux ruisseaux, la Somme et la Soude, dont le premier a son origine près du village de Sommesous et le second près du hameau de Soudé, aux points d'affleurement les plus élevés de la contrée.

Le projet de dérivation proposé ne visait pas les sources mêmes de ces ruisseaux, le captage en eût été fort difficile ; mais des drainages furent pratiqués parallèlement à leurs rives au moyen de tranchées profondes recueillant l'eau de la nappe souterraine — réservoir commun — qui les alimente et dont elles n'expriment pas toute la puissance.

Les jaugeages opérés en 1857 et 1858, années de sécheresse pendant lesquelles la Seine est descendue à l'étiage le plus bas observé depuis le commencement du siècle, semblaient garantir que ce produit donnerait constamment le mètre cube d'eau par seconde (soit 86 400 par 24 heures) qu'avait annoncé M. Belgrand.

Pages suivantes : place de la Bastille, monument de Juillet.

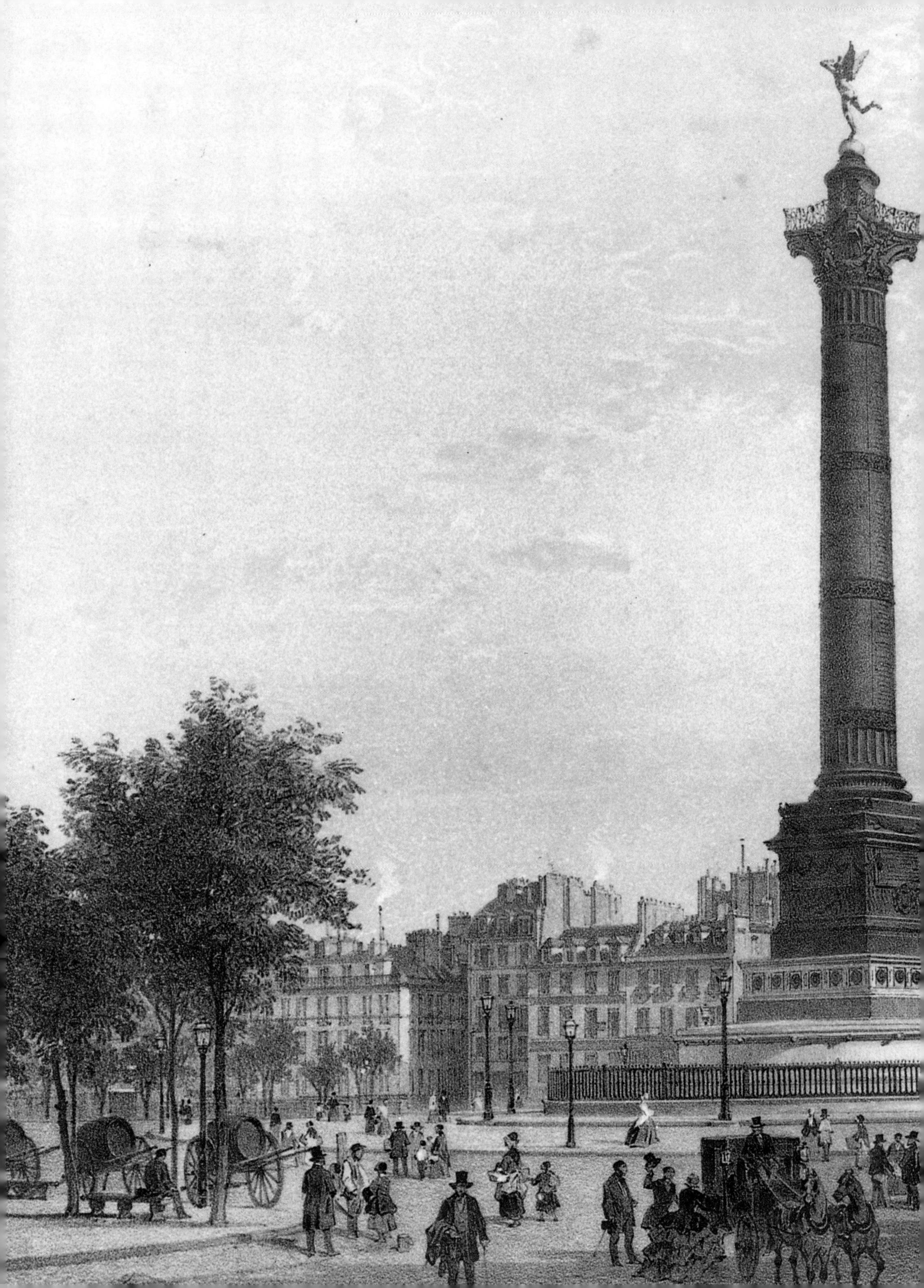

Néanmoins, comme ressources auxiliaires, il comptait sur les belles sources des ruisseaux du Mont, des Vertus, du Sourdon, et surtout sur celles de la vallée du Surmelin, dont les principales, les moins éloignées et les meilleurs, les sources de la Dhuys, avaient débité 28 000 mètres cubes en 24 heures au minimum.

Les conduites destinées à réunir l'eau des tranchées de dérivation dans l'Aqueduc Collecteur ne devaient pas avoir ensemble moins de 70 kilomètres de développement. L'aqueduc même, depuis son point de départ à Conflans, où se confondent les vallées de la Somme et de la Soude, jusqu'à Paris sur les hauteurs de Ménilmontant, aurait mesuré 183 293,85 m (près de 46 lieues), savoir :

En tranchée	141 316,15 m
En tunnels	28 547,60 m
Sur arcades	6 123,90 m
En siphons	7 306,20 m

L'Aqueduc franchissait la Marne à Chalifert près de Meaux, sur un pont rattaché par deux séries d'arcades, d'une part aux coteaux de la rive gauche, qu'il suivait depuis sa sortie de la vallée de Somme-Soude, et d'autre part à ceux de la rive droite qui le conduisaient jusqu'à son entrée dans la vallée de la Seine.

La forme de l'aqueduc, circulaire sur presque tout son parcours, lui donnait l'aspect d'un immense tuyau de maçonnerie cimentée, ayant un diamètre de 2,10 m ; mais entre Conflans et le débouché de la vallée du Surmelin, sa largeur n'était que de 1,50 m. Dans les parties en siphon, deux conduites en fonte de 1,06 m de diamètre remplaçaient le tuyau de maçonnerie.

La pente du radier des prises d'eau pratiquées en amont de Conflans atteignait 1 mètre par kilomètre, celle de l'aqueduc ne dépassait pas 10 centimètres. Mais son grand diamètre et sa forme circulaire lui permettaient de débiter au besoin, malgré cette faible inclinaison, jusqu'à 1 160 litres au lieu de 1 000 par seconde, soit un peu plus de 100 000 mètres cubes d'eau par 24 heures.

La perte de hauteur résultant de l'emploi des siphons était de 66 centimètres par kilomètre.

En appliquant ces divers éléments de calcul, on trouvait que de Conflans, où le plan d'eau serait à la cote 106,38 m au-dessus du niveau de la mer, il descendait de 18,06 m dans le parcours libre (175 987,65 m) et de 4,82 m dans celui des siphons (7 306,20 m), soit au total plus de 22,88 m ; à l'arrivée en réservoir, il resterait supérieur de 83,50 m au niveau de la mer, soit 57,25 m à l'étiage de la Seine et de 8,20 m aux réservoirs supérieurs de Passy, les plus élevés alors de tout Paris.

La dépense évaluée de 22 à 25 millions en 1854 montait dans le devis définitif à 26 600 000 francs, par suite de la plus grande élévation donnée au point d'arrivée de l'eau, savoir :

Travaux	18 824 700 fr.
Acquisitions, dommages et somme à valoir	7 775 300 fr.

Distribution des eaux anciennes et nouvelles

De même que le projet de compléter en eaux de source l'approvisionnement de Paris, conçu bien avant qu'il ne fût question d'étendre ses limites, tenait compte seulement des besoins de l'ancienne Ville, de même le système général de distribution de ses ressources présentes et de celles qu'il s'agissait de lui procurer, embrassait exclusivement les 3 802 hectares compris dans l'enceinte du Mur d'Octroi.

Mais, avant comme après l'annexion, le principe du plan d'ensemble de la nouvelle organisation projetée par les Ingénieurs de la Ville et la donnée commune de leurs propositions diverses ayant pour but de la compléter, était la séparation du Service Public et du Service Privé.

A celui-ci, les eaux de source à dériver sur Paris, et celles des Puits Artésiens, jusqu'à parfaite satisfaction de toutes les demandes des consommateurs.

A celui-là, d'abord, les eaux de rivière amenées par le canal de l'Ourcq ou puisées dans la

Seine et la Marne au moyen de machines élévatoires, et subsidiairement les eaux d'Arcueil, de Belleville, des Prés-Saint-Gervais, impropres aux usages domestiques, et pour les quartiers élevés, les eaux de source et les eaux artésiennes surabondantes.

Cette division des deux services, qui s'explique d'elle-même, nécessitait un double réseau de conduites et des réservoirs distincts.

C'était un œuvre considérable, qu'on ne pouvait réaliser immédiatement dans toute la Ville, quant aux conduites de distribution. L'établissement de nouveaux réservoirs affectés à l'emmagasinement des eaux de source à dériver sur Paris devait, au contraire, marcher parallèlement, tout au moins, aux travaux de l'aqueduc à construire, quel qu'en fût le point de départ.

Voilà pourquoi, sans attendre le résultat de l'option définitive que M. Belgrand avait à faire entre la dérivation des eaux de la vallée de Somme-Soude, proposée par lui dès 1854, et toutes autres qu'il reconnaîtrait préférables, en dernière analyse ; je me fis autoriser, dans une délibération du Conseil Muncipal prise le 29 février 1856, et sanctionnée par un Décret du 21 juin suivant, déclaratif de l'utilité publique de l'entreprise, à placer un réservoir pour l'alimentation régulière des quartiers hauts du Nord-Ouest de Paris, limités encore par le Mur d'Octroi, entre les Rues des Bassins, du Bel-Air et de Villejuif, au point le plus élevé de la colline de Passy.

Construit à deux étages, en vue de la réception, dans sa partie supérieure, d'eaux nouvelles provenant de l'aqueduc de Somme-Soude, ce réservoir devait être d'abord totalement approvisionné en eau de Seine élevée par les nouvelles machines de Chaillot.

Il comprenait, à son étage bas, deux bassins d'une contenance totale de 25 000 mètres cubes, au-dessus de l'un desquels, portés par des piliers et des arcs en meulière et ciment de Vassy, s'en élevaient deux autres contenant chacun 6 000 mètres cubes, et couverts en voûtes de briques légères.

Le 24 juillet 1857, une autre délibération du Conseil Municipal demanda la déclaration d'utilité publique, — obtenue le 24 janvier 1858 seulement, — du projet d'établir, pour le service de Paris, à la cote 83,50 m au-dessus du niveau de la mer (celle où devait arriver, d'après les dernières études, l'aqueduc de Somme-Soude), un réservoir bien plus important. Ses deux bassins voûtés d'une contenance totale de 100 000 mètres cubes, occuperaient seuls plus de 2 hectares de terrain, sur la croupe la plus rapprochée des Buttes-Chaumont, commune de Belleville, entre le chemin dit de la Chaudière d'Enfer et celui des Ballettes, à l'entrée du tunnel du Chemin de fer de Ceinture.

Le jugement d'expropriation des terrains nécessaires fut rendu le 5 juin 1858, et j'étais en mesure de faire commencer les constructions quelques mois après avoir saisi le Conseil Municipal des propositions définitives de M. Belgrand, favorables à la dérivation des eaux de la vallée de Somme-Soude.

Le projet d'un troisième réservoir voûté, pouvant recevoir également 100 000 mètres cubes d'eau, fut présenté par lui dans le même rapport que ces propositions.

Construit sur le territoire de la commune de Montrouge, non loin de la Barrière Saint-Jacques, à la cote 80, c'est-à-dire à 3,50 m au-dessous du second, à cause de la perte de charge à subir par l'énorme conduite en siphon de 1,10 m de diamètre, devant aller de l'un à l'autre, il reçoit aujourd'hui les eaux de l'aqueduc de la Vanne.

Grâce à l'attribution projetée des trois grands réservoirs de Passy, de Belleville et de Montrouge à l'approvisionnement du Service Privé, l'aqueduc de Ceinture et les anciens réservoirs de Monceau, de Saint-Victor, de l'Estrapade, de l'Observatoire et des Rues Racine et de Vaugirard, devaient être réservés à l'alimentation du Service Public.

Je ne saurais, sans lasser l'attention de mes lecteurs, entreprendre la description des deux ré-

Pages suivantes : rue du Contrat social vers 1855, vue prise vers les Halles (Pavillon à la volaille).

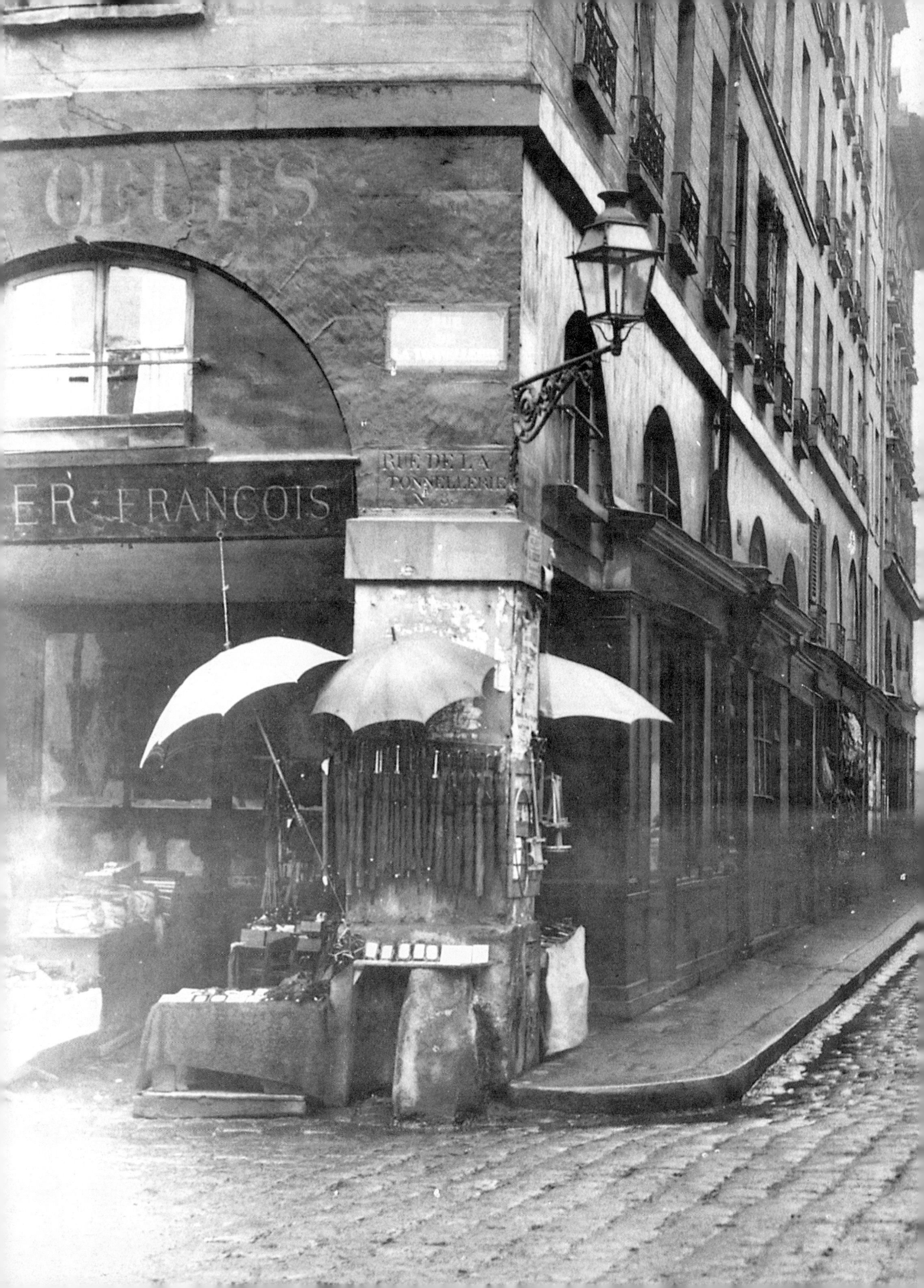
ŒUFS
ER · FRANCOIS
RUE DE LA
TONNELLERIE

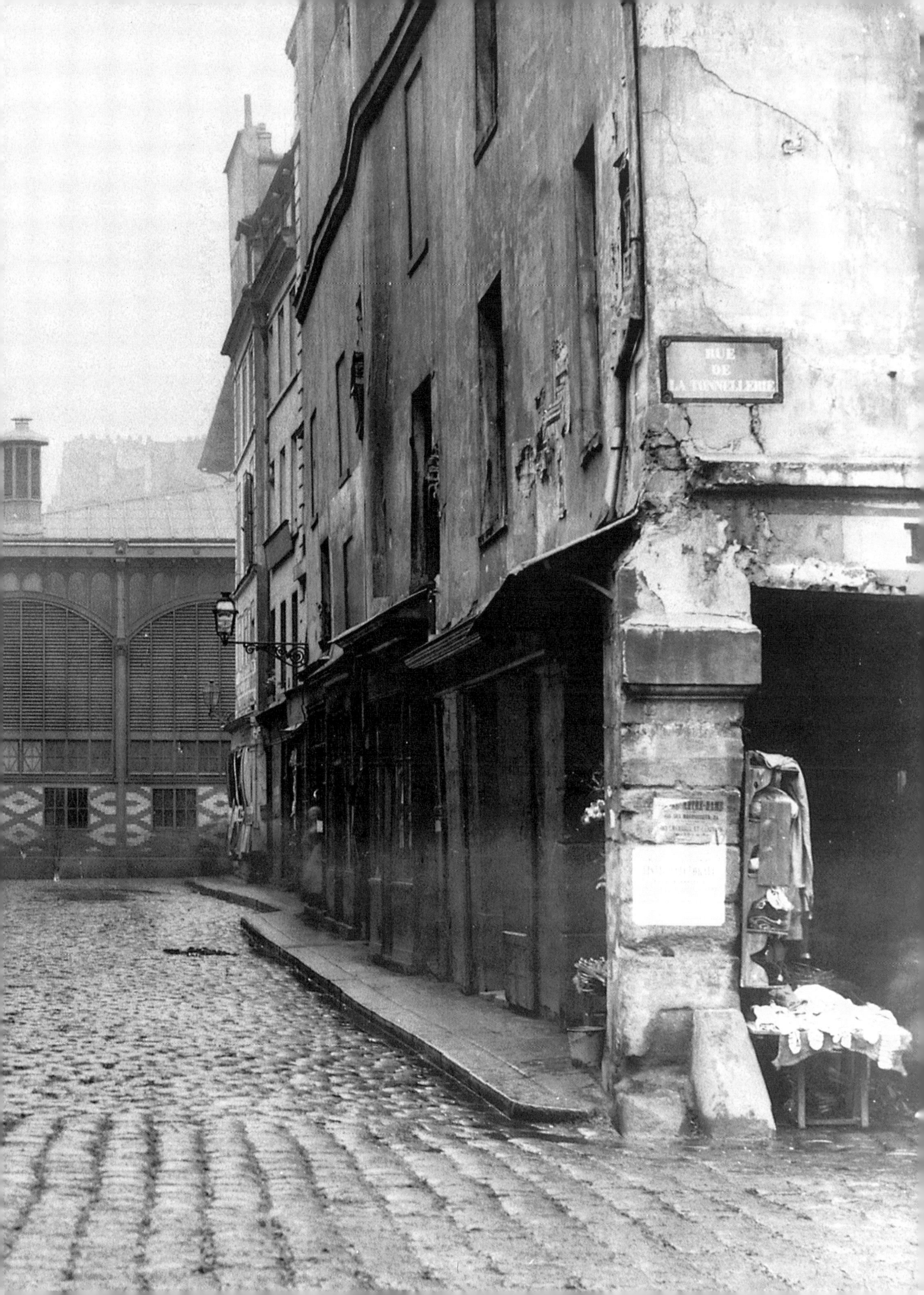
RUE
DE
LA TONNELLERIE

seaux de conduites traversant la Ville de part en part dans toutes les directions, et dont l'entre-croisement était combiné de façon à rendre solidaires toutes celles que les propositions des Ingénieurs affectaient au même service. Mais je crois intéressant de résumer leur travail en quelques chiffres.

L'ensemble de la distribution projetée des eaux du Service Privé comprenait 100 500 mètres courants (25 lieues) de conduites principales et secondaires de diamètres variant de 1,10 m à 30 centimètres, et 429 500 mètres courants (107 lieues) de conduites d'ordre et de diamètre inférieurs.

La distribution des eaux du Service Public comprenait, indépendamment de l'Aqueduc de Ceinture, 75 200 mètres courants (plus de 19 lieues) de conduites principales et secondaires et 152 800 mètres courants (plus de 38 lieues) de conduites moindres.

Toutes les conduites qu'on n'avait pas encore placées dans les galeries d'égout devaient y être transférées, et l'on comptait remplacer graduellement celles d'une capacité trop faible, en profitant de toutes les occasions pour ramener leurs diamètres à des types moins nombreux.

La dépense totale de toutes les améliorations en cours ou projetées montait, d'après les évaluations des Ingénieurs, à 12 millions pour les nouveaux réservoirs et à 8 millions pour les deux réseaux de conduites, savoir :

Remplacement
d'ancienne conduites et
développement
du Service Public _____ 3 203 036 fr.

Mêmes travaux
pour le Service Public _____ 2 939 240 fr.

Déplacement d'anciennes conduites
posées en terre à transporter
dans les égouts _____ 1 359 640 fr.

Imprévus _____ 498 084 fr.

Les égouts

C'est encore à l'ancienne Rome que notre siècle, si fier du degré de civilisation avancée qu'il croit avoir atteint, emprunta le système de dérivation souterraine des eaux superflues, incommodes ou malsaines, — eaux pluviales, industrielles et ménagères, – aussi bien que les types d'égouts que mon administration fit prévaloir à Paris.

Les premiers égouts de Rome furent construits par Tarquin l'Ancien, et continués par ses successeurs, pour assainir la vallée du *Velabrum*, située entre le Capitolin et le Palatin. La *Cloaca Maxima*, déversoir commun du réseau, allait du Forum au Tibre.

Ce grand égout collecteur, qui subsiste encore aujourd'hui, a 5,25 m de haut et 4,20 m de large.

C'était le plus vaste qu'on eût jamais bâti, jusqu'à la construction de l'égout collecteur d'Asnières, notre *Cloaca Maxima*.

La voûte est à triple rang de voussoirs ; des banquettes règnent sur plusieurs points, le long des murs. La cunette est au milieu. Des tasseaux de pierres destinés, sans doute, à supporter des conduites d'eau pour les fontaines, se remarquent encore d'intervalle en intervalle.

On le voit : nous n'avons rien inventé. Nous ne sommes que des imitateurs. Notre seul mérite est d'avoir osé le devenir, en dépit de tous les dédains, malgré tous les obstacles de l'ignorance et de la routine (pis encore, d'une vaine science !), pour assurer l'assainissement dans la Cité-Reine, de la Rome Impériale de nos jours.

Aux indications qui précèdent déjà, consignées en note dans mon Second Mémoire sur les Eaux de Paris, du 16 juillet 1858, j'ajoute celles-ci qui les complètent.

A mesure que Rome s'étendit, le réseau des égouts s'y développa. Quatre cents ans après Tarquin l'Ancien, il fallut dépenser, pour les nettoyer et les réparer, mille talents, qui valaient bien plus alors que les 5 216 000 francs de notre monnaie qu'ils représentent. Aussi les Empereurs créèrent-

Pose des syphons métalliques destinés à donner passage à l'égout collecteur, en amont du pont de l'Alma.

ils un impôt spécial pour cet objet. Les principaux administrateurs qui veillaient à l'entretien des égouts, en même temps qu'au bon état du lit du Tibre, étaient des personnages considérables, comme les « Curateurs des Eaux » préposés à la conservation des aqueducs. Des inscriptions les nomment : *Curatores alvei Tiberis et cloacarum sacrae Urbis.*

Agrippa, qui fit construire, sous Auguste, un grand nombre d'égouts, avait fait mettre en communication tous les aqueducs avec la *Cloaca Maxima*, pour y déverser, au besoin, leurs eaux. Il s'embarqua lui-même, un jour, sur ce fleuve souterrain et le descendit jusqu'au Tibre. Je ne fus donc pas même le premier à faire flotter un bateau sur une cunette d'égout, lorsqu'on organisa le curage du Collecteur d'Asnières, au moyen de bateaux-vannes dont les marais de Blaye m'avaient fourni le modèle.

Quant à l'œuvre d'Agrippa qui permettait d'employer au dévasement du grand collecteur des égouts de Rome toute la masse d'eau que pouvaient fournir ses aqueducs, Pline le Jeune en parle en ces termes :

« Il réunit les canaux de sept fleuves, dont l'impétuosité, comparable à celle d'un torrent, emporte et nettoie tout ce qui s'y rencontre.

« Ce volume d'eau prodigieux, — ajoute l'écrivain, dont j'ai précédemment fait connaître l'admiration pour les aqueducs de Rome, — bat les murs de la *Cloaca*, sans en altérer la solidité ni la beauté. Le poids des décombres des édifices en ruines, les maisons qui s'écroulent sous l'effort de l'incendie, les tremblements de terre, n'ont pu, depuis 700 ans, ébranler ces voûtes indestructibles ».

La canalisation souterraine de Paris n'offrait encore, au début de mon administration, rien de comparable à celle de l'ancienne Rome. Aujourd'hui, s'il en est autrement, il faut attribuer au programme adopté, bien avant l'époque où je plaçai M. Belgrand à la tête du Service des Eaux et des Égouts. Ce programme lui servit de règle pour l'agencement du réseau complet dont le Conseil Municipal demanda l'étude dans sa délibération du 22 Janvier 1855.

Il peut se résumer ainsi :

Donner aux galerie construites sous les voies publiques les dimensions convenables pour qu'elles puissent :

1° Assurer l'évacuation immédiate des eaux pluviales, les plus encombrantes ; du trop plein des fontaines et des bassins de tout ordre, des eaux de lavage et d'arrosement de la Voie Publique ; enfin, des eaux industrielles et ménagères ;

2° Recevoir au moins une conduite, le plus souvent deux, et quelquefois davantage, de la distribution des eaux du service Public et du Service Privé, agrafées aux voûtes des galeries ou pousées sur leurs banquettes, sans que le passage des eaux en soit obstrué et sans que la circulation des agents et le traval des ouvriers en soient gênés ;

3° Permettre l'application la plus large du système de nettoyage des cunettes par des bateaux ou par des wagons-vannes ; dans le cas où cela n'est pas possible, transporter par brouettes les matières provenant du curage à la pelle, et les immondices dont on croirait devoir débarrasser les Rues et les habitations par ces voies cachées. — Cette disposition visait notamment le départ souterrain des tinettes de vidange ;

Un bâteau-vanne dans les égouts de Paris.

4° Le drainage de la nappe d'eau qui règne sous le sol parisien, et qui, dans les cas de grandes crues de la Seine, cause l'inondation de certaines caves, nappe dans laquelle plongent d'ailleurs plusieurs galeries, qui font obstacle à son écoulement normal.

C'est le volume des eaux que peut amener dans un égout une pluie abondante ou quelque violente averse, qui doit servir de guide pour la Section à lui donner. En effet, la réunion de toutes les eaux d'autres provenances n'atteint pas le cinquième de ce volume.

Mon Second Mémoire, qui m'a déjà fourni tant de renseignements curieux, cite : 1° une pluie, exceptionnelle à la vérité, qui donna dans la durée d'une heure, le 8 juin 1849, 45 millimètres de hauteur d'eau. Multipliée par la surface de l'ancien Paris, cette cote produit l'énorme quantité de 1 500 000 mètres cubes ! 2° un orage, venant du Sud-Ouest, qui, le 21 mai 1857, de 4 h. 40 à 5 heures, produisit une averse de 20 millimètres par minute, un tiers de plus que la pluie de 1849 !

Sans doute, les averses n'inondent pas, dans la même proportion, tous les quartiers de la Ville, comme le font, en général, les pluies durables. Mais, elles n'en causent pas moins d'encombrement sur les points où s'abat leur plus forte masse d'eau.

Heureusement, cette masse d'eau se dirige vers les bouches d'égout avec beaucoup moins de rapidité qu'elle ne tombe du ciel. — Il faut 3 heures, selon M. Belgrand, pour l'écoulement d'une pluie normale. – D'ailleurs, les terrains vacants, les parcs et jardins, le sol même de la Voie Publique en absorbent une grande quantité. Les surfaces qu'elle ne peut pénétrer, comme les toits des monuments et des habitations et les aires des trottoirs, en retiennent cependant une certaine couche qui s'évapore.

Des calculs, trop compliqués pour que j'en donne ici les éléments, établissent, d'après les formules de Prony sur l'écoulement des eaux, que, pour suffire à tout, une galerie d'égout de faible pente, comme la plupart de celles de Paris, doit avoir une section mouillée de 3 mètres à 3,50 m pour 100 hectares desservis.

Or, en 1853, nous étions bien loin de là.

Avant de résumer les propositions du Service ayant pour but la réalisation successive de ce programme, je dois à mes lecteurs une explication à propos de l'expression « section mouillée », peu familière, assurément, à la plupart d'eux.

On désigne ainsi toute la portion de l'orifice d'un égout qui peut être affecté au « libre » écoulement des eaux d'évacuation, à la différence des conduites « forcées », comme celles des deux services de distribution, où l'eau se trouve « en charge », c'est-à-dire pressée par le poids de la colonne entière qui descend derrière elle d'un niveau supérieur. Les parois des galeries d'égout ne sont pas construites pour contenir une telle pression de la part des eaux : ces galeries doivent donc offrir, à l'intérieur, des dimensions assez grandes pour qu'une couche d'air suffisante forme toujours matelas dans la partie supérieure de leurs voûtes.

Le seul égout collecteur que Paris possédât, lors de mon arrivée à l'hôtel de Ville, était l'*Égout dit de Ceinture,* construit dans le lit de l'ancien ru de Ménilmontant, qui suivait une dépression de terrain se dirigeant du pied des hauteurs de Belleville à Chaillot, pour s'y jeter en Seine après avoir passé sous les Rues du Château d'Eau, des Petites-Écuries, de Richer, de Provence, Saint-Nicolas, etc., etc.

Destiné, dans le principe, à couvrir le cours d'eau, qu'infectaient les projections du voisinage, il n'avait pas les proportions nécessaires pour le nouveau rôle qu'il devait remplir. Aussi, les jours d'orage, les torrents d'eau venant des coteaux de Ménilmontant et de Montmartre inondaient-ils les faubourgs du Temple, Saint-Martin, Saint-Denis, Poissonnière et Montmartre.

La plupart des autres égouts de Paris avaient aussi des sections insuffisantes, et leurs galeries, mal reliées, se dégorgeaient directement dans la Seine, dont le flot les envahissait, au contraire, pendant ses cRues, et que leurs eaux souillées salissaient le reste du temps.

Remédier à ce double inconvénient était facile, au moyen de portes de flot, établies au débouché de chaque galerie, que fermait le courant du fleuve quand son niveau devenait menaçant, et que l'effort des eaux d'évacuation tenait ouvertes, d'habitude.

Mais, avant tout, il fallait trouver le moyen d'assurer par des collecteurs la conduite de ces eaux en Seine au-dessous de Paris (en attendant qu'on pût les utiliser pour la culture maraîchère). On ne conserverait les débouchés anciens des galeries d'égout dans Paris, que pour le déversement de masses d'eau produites dans les grandes averses, qui ne peuvent ni polluer le fleuve, ni fertiliser aucune terre en l'irriguant.

La solution de ce problème, plus difficile, fut trouvée grâce au collecteur d'Asnières, notre *Cloaca maxima,* plus importante que celle de Rome ; sa hauteur, en effet, n'est pas moindre de 4,40 m et sa largeur à la naissance des voûtes, de 5,60 m.

J'ai raconté précédemment la genèse de cet ouvrage capital, la clé du déversoir commun, ouvert désormais au réseau des égouts de Paris, à 5 kilomètres seulement du Pont de la Concorde, au lieu de 20 que dépense la courbe décrite par la Seine, supérieur de 1,70 m à l'étiage du fleuve, et, partant, au niveau des crues durables.

Pour amener à l'exutoire général, qui leur était ainsi créé, les eaux des égouts qui se déversaient jusque là dans les galeries perpendiculaires à la Seine, il fallait couper celles-ci transversalement, à des niveaux plus bas, par des collecteurs secondaires.

Sur la Rive Droite, le grand égout de la Rue de Rivoli, le type original du réseau moderne, mais d'une section trop faible, quoique jugée d'abord excessive, était prêt à remplir de son mieux cet office, depuis la Place de la Bastille jusqu'à la Place de la Concorde.

Parallèlement à ce premier de nos collecteurs secondaires, le projet d'ensemble de 1858 en comprenait un second, de dimensions moins modestes, encore plus rapproché des anciens débouchés en Seine, commençant à l'entrée du Boulevard Mazas, en amont du Pont d'Austerlitz, afin d'assainir la dépression du sol parisien qui se rencontre au Faubourg Saint-Antoine. Sa galerie, après avoir

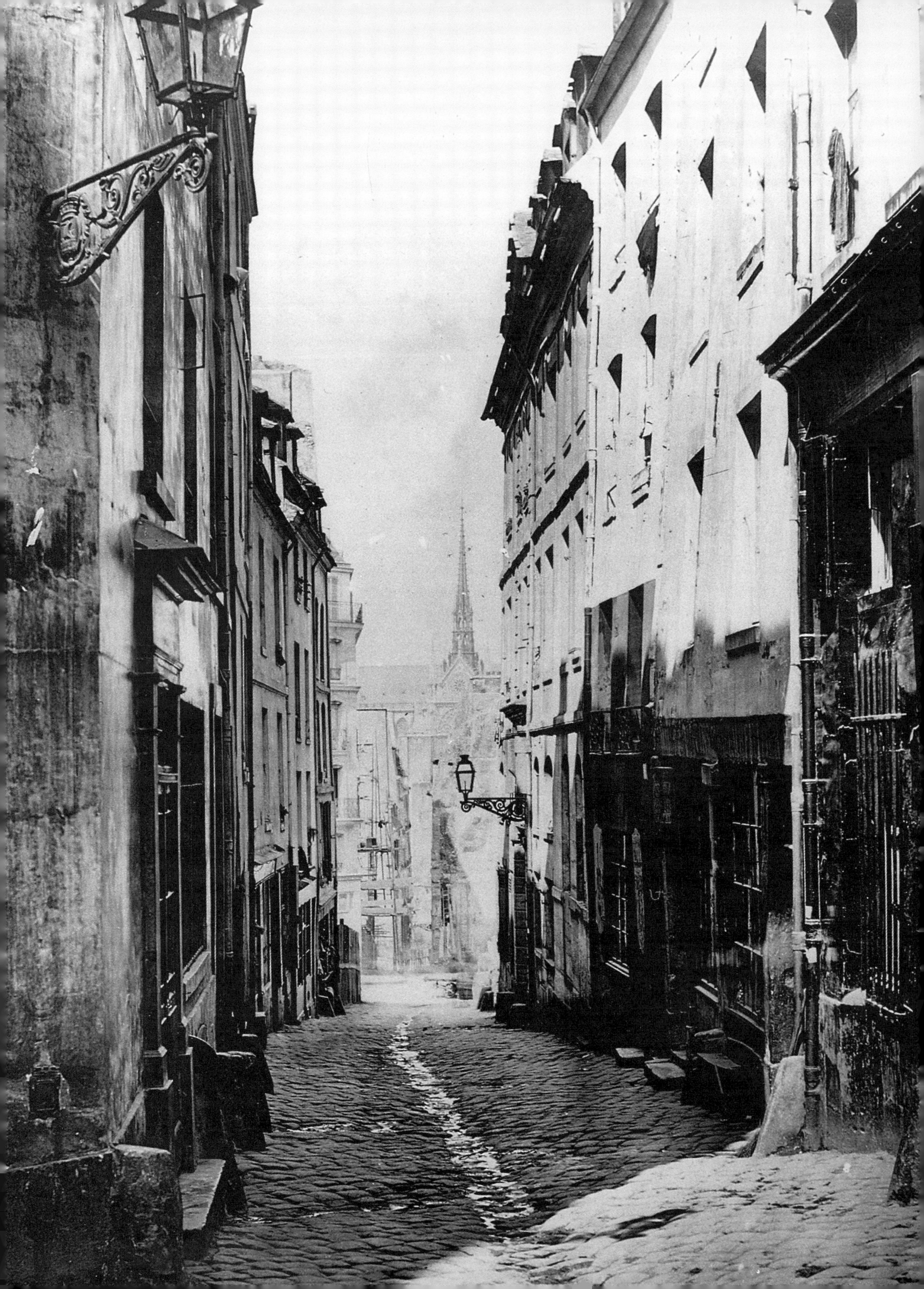

fait siphon sous la dernière écluse du canal Saint-Martin, à l'extrémité du Bassin de la Bastille, et suivi la ligne des quais jusqu'à la Place de la Concorde, y rejoint aussi la tête du Grand Collecteur.

Le même travail proposait un troisième collecteur, un peu moindre, desservant la dépression de terrain comprise entre la ligne des Boulevards Intérieurs et les buttes Bonne-Nouvelle et des Moulins ; il se dirigeait du Nord des Halles Centrales, par les Rues Coquillière, de la Banque, des Petits-Champs et des Capucines, sur la Place de la Madeleine, à l'entrée du Boulevard Malesherbes, où passe le Collecteur Général.

Celui-ci reçoit l'Égout de Ceinture à l'entrée de la Rue de l'Arcade.

Enfin, le service demandait un très important collecteur secondaire, partant du haut du Faubourg Saint-Antoine, près l'Église Sainte-Marguerite, et de la Rue de Charonne, longeant les Rues Basfroi et de Popincourt, le quai de Jemmapes, en bordure du canal Saint-Martin, sous lequel sa galerie passe en siphon aux écluses des Récollets. Il continuait son cours par les Rues des Vinaigriers, le Boulevard Magenta, les Rues de la Fidélité, de Paradis, Papillon, Montholon, Lamartine, Saint-Lazare et de la Pépinière, en barrant ainsi le passage de toutes les eaux venant des coteaux de Belleville et de Montmartre. A la Place de Laborde, il se jette, à son tour, dans le Collecteur Général, se dirigeant sur Asnières par les Rues Malesherbes et par l'ancienne Barrière de Courcelles, point bas de la ligne des anciens Boulevards Extérieurs.

Afin de ramener à cet exutoire les eaux des égouts établis en aval de la Place de la Concorde, deux petits collecteurs secondaires, recevant les eaux des hauteurs de Beaujon et de Chaillot, suivaient, en sens inverse, le premier, les Rues d'Angoulême et de la Pépinière, des Champs-Élysées à la Place Laborde ; le second, les quais de Billy et de la Conférence, depuis la Pompe à Feu jusqu'à la Place de la Concorde.

Je n'ai pas mentionné la grande voie du Boulevard de Sébastopol, qui n'est pas un égout collecteur, mais un auxiliaire des autres galeries perpendiculaires à la Seine, pour le dégorgement rapide en Seine des torrents d'eau provenant des averses, et risquant toujours de mettre quelqu'une de ces galeries « en charge ».

Sur la Rive Gauche, le Service proposait de prendre, d'abord, les eaux de la Bièvre, polluées par les déjections d'une foule d'usines et de tanneries, du Faubourg Saint-Marcel, et de la vallée dont son lit occupe le fond, par un collecteur principal. Se dirigeant par les Rues Saint-Victor et de Poissy vers la ligne des quais, il y recevait les eaux des pentes de la montagne Sainte-Geneviève et celles du versant Nord de la butte de Saint-Germain-des-Prés ; puis, s'enfonçant au Pont de la Concorde, au-dessous du niveau du lit de la Seine, pour passer le fleuve en siphon, se relever sous la Place de la Concorde, il se réunissait au Collecteur des quais de la Rive Droite, gagnant ainsi la tête du Grand Collecteur d'Asnières, à l'entrée de la Rue Royale.

Cet exutoire principal se continuait jusqu'au Gros-Caillou, par une galerie suivant la ligne des quais, en aval du Pont, avec une pente en sens inverse, afin de ramener les eaux de ce faubourg au grand siphon qui recevait celles venant d'amont, comme je l'ai dit.

L'assainissement de la Rive Gauche était complété par un collecteur secondaire contournant au Sud la butte Saint-Germain-des-Prés, prenant ensuite les Rues de Sèvres, le Boulevard de l'Alma, l'Avenue de La Motte-Piquet, la Place des Invalides, les Rues de Grenelle et de Bourgogne, pour aboutir également au grand siphon.

Restaient l'île de la Cité, contenant l'Hôtel-Dieu, dont les eaux d'évacuation étaient surtout menaçantes pour la Salubrité du fleuve, et l'île Saint-Louis. Une forte conduite en siphon devait mettre en communication le groupe des égouts de chacune d'elles avec le collecteur des quais de la Rive Droite.

On peut s'assurer, par l'examen du Plan de Paris, que ce système de collecteurs, dirigeant les eaux de tous les égouts de l'ancienne ville vers la

Page de gauche : la rue des Carmes vers 1868.

même issue lointaine, débarrassait entièrement le lit parisien du fleuve de toutes les eaux pouvant le souiller. Il n'avait plus à recevoir que celles des grandes averses, toujours assez rares.

Après l'annexion, comme il n'était pas possible de ramener au Sud des coteaux de Belleville et de Montmartre les eaux des pentes septentrionales, il fallut donner un auxiliaire à notre *Cloaca maxima,* par la construction du Collecteur, dit des Coteaux (3,80 m de hauteur et 3 mètres de largeur à la naissance des voûtes), allant chercher son débouché dans la Seine à Saint-Denis. Le système de 1858 put suffir partout ailleurs.

Le développement total des égouts de l'ancien Paris en 1858, lors de la présentation du travail complémentaire demandé par le Conseil Municipal, était d'environ 170 000 mètres courants (42 lieues 1/2) pour 423 000 mètres de voies publiques (environ 106 lieues). — Il ne dépassait pas 107 437 mètres (environ 27 lieues) en 1853. — J'en avais donc fait déjà construire plus de 63 kilomètres, en 4 ans et demi.

Les avant-projets, dressés alors par les Ingénieurs du Service, comportaient la construction successive de 56 142 mètres courants de nouveaux égouts, de grande et moyenne sections de tous types, et 232 890 mètres de petits ; plus le relèvement des radiers de 11 100 mètres d'anciens égouts, trop bas pour se déverser dans les collecteurs. Le service prévoyait, d'autre part, la construction ultérieure de 80 000 mètres de petits égouts, dans des quartiers encore déserts.

La réunion, en un seul chiffre, du parcours total des égouts anciens, projetés et prévus, donne une longueur de 540 000 mètres. Ce chiffre est supérieur à celui des voies publiques, parce que plusieurs des principales avaient ou devaient avoir deux galeries.

L'exécution complète de ce plan général n'était pas évaluée à moins de 50 millions ; mais l'État devait y contribuer pour près de 10 millions, du chef des galeries souterraines des voies publiques à l'ouverture desquelles il concourait.

La charge de 40 millions, qui menaçait la Ville, fut sensiblement aggravée lorsqu'il fallut, après l'annexion, assimiler tous les services de la zone suburbaine à ceux de Paris.

On peut lire, en effet, au XXe chapitre du 2e volume, dans la récapitulation des Grands Travaux exécutés à la fin de 1869, à la fin de mon édilité, que Paris agrandi comptait alors 560 625 mètres (140 lieues) d'égouts en service, plus 8 000 mètres de collecteurs, au delà de son enceinte, bien que tous les projets de 1858 ne fussent pas encore entièrement réalisés ; à plus forte raison les 80 000 mètres de petits égouts, simplement prévus alors.

Il ne restait plus que 15 000 mètres d'égouts des anciens types qui n'excédaient pas 1,80 m de hauteur sous clef. La dimension des plus petits des autres avait été portée à 2,30 m de hauteur, sur 1,30 m de largeur à la naissance des voûtes. Les galeries proprement dites variaient de 2,40 à 3,90 m de hauteur, sur 1,50 m à 4 mètres de largeur.

Tous les collecteurs et, en général, toutes les galeries comportant le curage par wagons-vannes, avaient, des deux côtés de leurs cunettes, des banquettes garnies de rails aux angles, dont l'une portait une grosse conduite de distribution d'eau, soit du Service Public, soit du Service Privé, soutenues par des piliers en fonte.

A la voûte étaient suspendues deux conduites de petites dimensions (une pour chaque service). La banquette d'amont recouvrait un canal recevant, au moyen de drains, les eaux de la nappe souterraine de Paris que barrait la galerie ; il les conduisait à l'exutoire général.

Les vidanges

Les dimensions adoptées pour les différents types d'égouts permettaient d'effectuer l'écoulement souterrain des vidanges par leurs galeries et d'affranchir ainsi la Ville de bruits nocturnes incommodes, d'émanations fétides, qu'aucun réac-

Page de droite : la rue des Sept voies vers 1865.

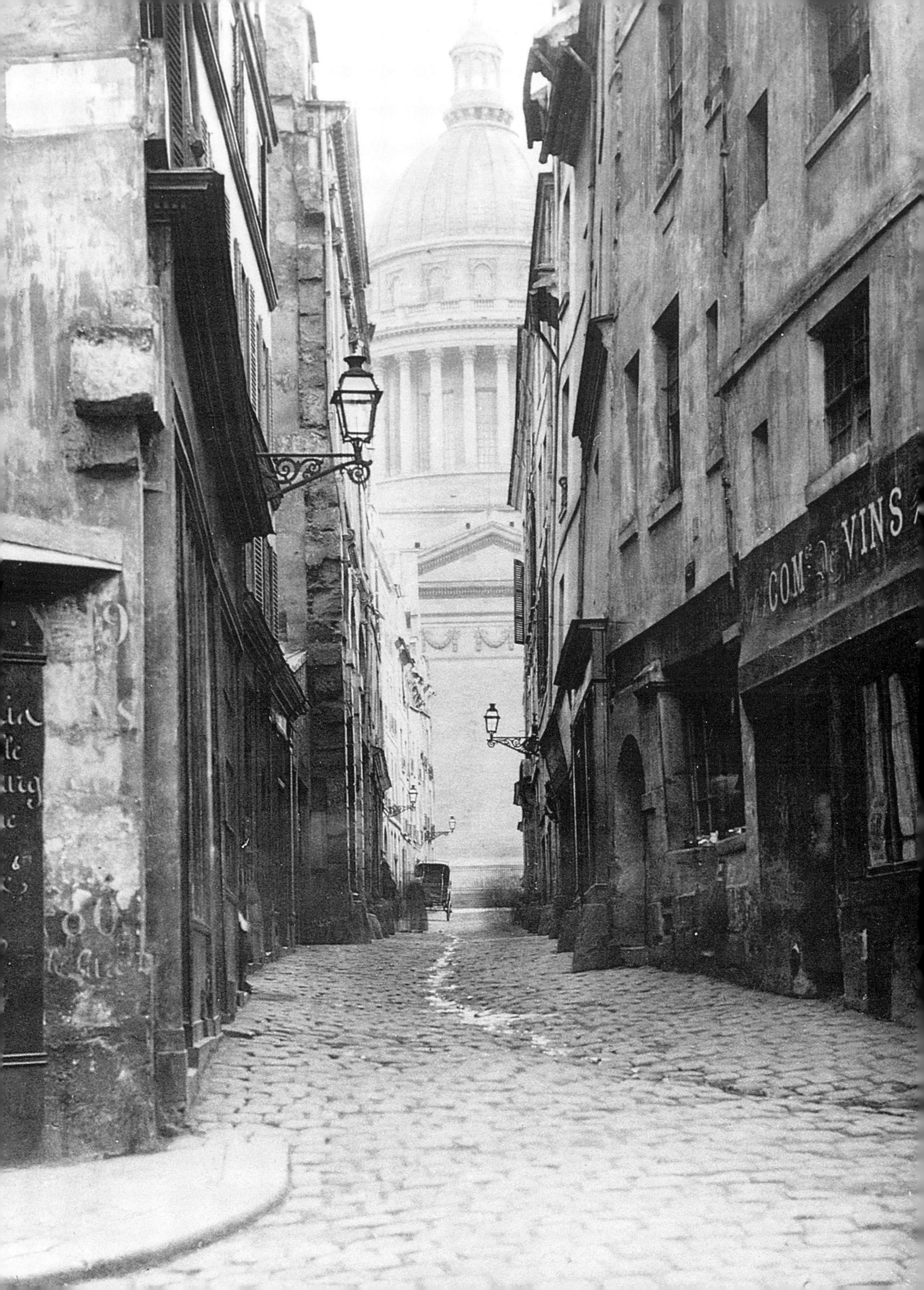
COM de VINS

tif chimique n'était encore parvenu complètement à neutraliser. C'était la fin de la circulation, dans les Rues, de ces tonneaux immondes et infects transportant aux « dépotoirs » le produit des fosses d'aisances.

Afin d' « arriver à des conditions meilleures » sous le rapport de ces cloaques domestiques et « des divers modes employés pour les vidanges », ainsi que le Conseil Municipal en avait exprimé le vœu dans sa délibération du 12 janvier 1855, et d'appliquer le système recommandé par une autre délibération du 12 février 1856, il était nécessaire, avant tout, que chaque maison fût mise en communication avec l'égout voisin.

Or, l'article 6 du Décret dictatorial du 26 mars 1852 contenait cette disposition excellente : « Toute construction nouvelle, dans une Rue pourvue d'égouts, doit être disposée de manière à y conduire les eaux pluviales et ménagères. » Cette disposition fut rendue commune à toute maison ancienne, soit en cas de grosses réparations, soit après un délai de dix années, expirant en 1862.

Dès 1858, les propriétaires de 1 324 maisons s'étaient mis en règle au moyen de la construction de galeries de 2,30 m de hauteur sur 1,30 m de largeur, partant du pied de façade de leurs bâtiments et conduisant à l'égout leurs eaux pluviales et ménagères.

Rien n'était plus facile que de prolonger ces galeries sous les maisons mêmes et de les utiliser pour le départ souterrain voulu des matières retenues par leurs fosses d'aisance, ce qui serait, d'ailleurs, beaucoup plus économique, en fin de compte, que le mode d'extraction en usage.

Après bien des recherches et bien des expériences, le service avait reconnu que la crainte éprouvée par moi, dès le principe, était justifiée. Il fut démontré, par le résultat d'essais pratiqués par M. Mell, Professeur au Conservatoire des Arts et Métiers, à la ferme de Vaujours, qu'à moins de brûler en quelque sorte les récoltes, ces engrais, trop puissants, avaient besoin d'être dilués dans des masses d'eau très considérables, pour être employées, de préférence, en arrosages féconds.

Néanmoins, le « Tout à l'Égout » de M. Mille me causant des répugnances invincibles, je fis appliquer, à l'Hôtel de Ville et dans les Halles Centrales, le système séparateur qui projette incessamment à l'égout, sans leur laisser le temps de fermenter dans les fosses, les éléments liquides de l'engrais humain, étendus par l'eau des « water-closets ». On concentrait, sous un faible volume, les éléments solides renfermant le plus de principes fertilisants, qu'on peut désinfecter ou seulement enlever, pour les livrer à l'agriculture, au moyen de tinettes soigneusement closes, par des galeries communiquant avec l'égout.

L'emploi d'appareils séparateurs, proposé, dès 1835, au Préfet de Police, avait été soumis par ce magistrat, dans les attributions duquel était alors ce service, à l'examen d'une commission dont l'avis favorable resta sans suite ; mais il provoqua diverses tentatives de désinfection des matières solides et liquides mélangées dans les fosses, avant leur extraction par les procédés habituels.

En 1852, une ordonnance du Préfet de Police, rapportée en 1854 sur mes réclamations, autorisa l'écoulement libre des liquides prétendus désinfectés dans les égouts, par les bouches ouvertes sur la Voie Publique, où les caniveaux longeant les trottoirs les amenaient.

Après avoir exposé l'état des choses au Conseil Municipal, mon premier Mémoire sur les Eaux de paris, du 4 août 1854, provoqua le vœu consigné dans la délibération du 12 janvier 1855 ; peu de temps après, fut prise celle du 12 février 1856, mentionnée plus haut ; je résumai dans mon second Mémoire du 16 juillet 1858 tous les systèmes d'évacuation souterraine des vidanges, exposés dans le dernier travail de M. Belgrand, parallèlement à ses propositions formelles concernant le réseau général des égouts, dont l'adoption rendrait possible la mise en pratique des uns et des autres. Mais le Conseil, bien que ses préférences, comme les miennes, fussent pour le régime séparateur, comme cela résultait de son vote de 1856, ne crut pas devoir en décider l'application obligatoire avant l'exécution de la plupart des galeries d'égout projetées.

Le provisoire continua donc, et il dure encore.

Seulement, chargé du service des Vidanges, en 1859, par le nouveau règlement d'attributions des deux Préfectures, je fis tous mes efforts pour favoriser la propagation de l'emploi des appareils séparateurs. Dès que le permit l'état d'avancement de la transformation du réseau des égouts de l'ancien et du nouveau Paris, je pris, d'accord avec le Conseil Municipal, un arrêté de principe, aux dispositions duquel je me réservais de faire donner un caractère d'obligation, quand la pratique les aurait confirmées. Tous les propriétaires de maisons bordant la Voie Publique et pourvues d'appareils séparateurs contrôlés par l'Administration, recevaient la faculté d'écouler directement à l'égout les eaux-vannes de leurs fosses d'aisances par les galeries établies en exécution du Décret du 26 mars 1852, moyennant un droit annuel de 30 francs par tuyau de chute.

Cet arrêté, qui porte la date du 2 juillet 1867, est toujours en vigueur. Je n'eus pas le temps de le faire remplacer par un règlement d'administration publique. Mais je ne doute pas qu'il le soit prochainement ; car, il ressort de documents publiés dans ces dernières années, que le système séparateur est aujourd'hui généralement reconnu comme le seul qui permette, sans inconvénients plus ou moins graves, d'admettre l'évacuation des produits des vidanges par les galeries d'égout.

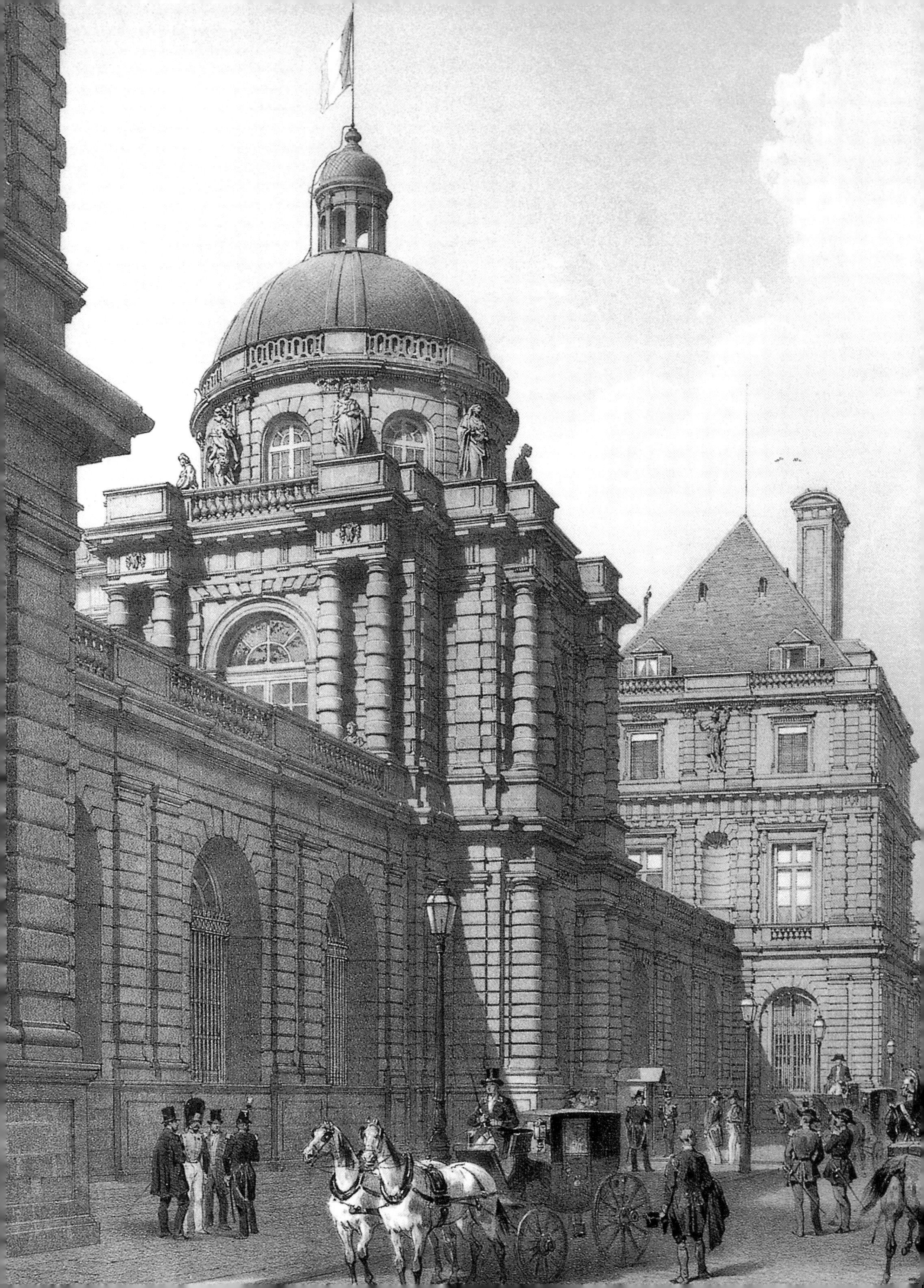

CHAPITRE X

SERVICE D'ARCHITECTURE

Etat des choses en 1853.
M. Baltard. M. Hittorff.
Nouvelle organisation. Service ordinaire.
Grands travaux. Contrôle. M. Duc.
M. Davioud. Grands travaux divers.

La Ville employait encore plus d'Architectes que d'Ingénieurs : mais la situation des uns et des autres différait du tout au tout.

Ceux-ci étaient des fonctionnaires appartenant à une hiérarchie fortement organisée, voués exclusivement au Service public, jouissant de traitements et d'indemnités fixes, assurés d'une retraite en fin de carrière, et remplissant leurs devoirs sans autre préoccupation, sans autre intérêt, que de s'en acquitter de leur mieux.

Ceux-là, choisis par le Préfet, sans qu'aucune règle gênât ses préférences, pour faire exécuter ou entretenir tel ou tel monument, telle ou telle construction, n'étaient attachés à la Ville que pendant la durée de leur mandat spécial. Ils travaillaient pour elle comme ils l'auraient fait pour un particulier ; ils continuaient à servir parallèlement leurs clientèles respectives. Dans la plupart des cas, ils désignaient eux-mêmes leurs sous-ordres ; ils recevaient enfin des honoraires proportionnels à la dépense des travaux effectués ; ils ne montraient, en conséquence, qu'un zèle médiocre pour en réduire l'importance au-dessous du devis accepté par l'Administration, et pour éviter la nécessité de travaux comportant des dépenses supplémentaires. En résumé, l'Architecture était pour tous une profession ; pour beaucoup, sans doute, un art ; mais pour aucun, ce n'était la fonction publique devenue aux yeux de celui qui en est vraiment digne : une sorte de Sacerdoce.

Etat des choses en 1853

De tout temps, j'avais été frappé de cette différence et je m'étais demandé pourquoi l'on ne créerait pas un corps d'architectes publics, recruté parmi les meilleurs élèves de l'École des Beaux-Arts, de ceux chez qui l'ambition de se vouer entièrement aux œuvres grandes et durables l'emporterait sur le désir de faire fortune dans la construction privée. De même qu'on a deux catégories d'Ingénieurs : les Ingénieurs de l'État et les Ingénieurs civils, on aurait ainsi deux catégories d'Architectes. Dans un pays où les sentiments élevés ont tant de puissance, on n'aurait pas à craindre de manquer de candidats. Il en serait comme pour toutes les écoles qui ouvrent l'entrée de certaines carrières publiques.

Plus tard, je réalisai partiellement mon idée en organisant et réglementant un corps d'Architectes de la Ville, dont tout le temps appartenait au service, hors des cas exceptionnels dont le Préfet restait juge. Mais ce service ne me survécut pas, et, je le dis à regret, quelques-uns des architectes

Page de gauche : le Palais du Luxembourg, pavillon de l'entrée principale sur la rue de Vaugirard.

d'élite dont je m'étais efforcé de le composer, ne furent pas des derniers à saper l'institution, afin de retrouver avec la liberté absolue la faculté de cumuler l'honneur et l'argent.

Il n'était question de rien de semblable quand je me trouvai, pour la première fois, en présence de l'armée des Architectes occupés aux travaux, neufs ou d'entretien, de la Ville et du Département.

Le service d'entretien avait une sorte d'organisation.

Il formait six sections distinctes comprenant : 1° l'Hôtel de Ville, les Édifices religieux, les Places et Promenades, les Bâtiments communaux, à l'exception des Mairies qui dépendaient de la troisième section ; le Collège Rollin, les Écoles supérieures et primaires communales, les Salles d'Asile ; 2° les Barrières et le Mur d'enceinte de Paris, les Bâtiments de l'Octroi, les Entrepôts, les Abattoirs, les Postes de police, les Bureaux de navigation, les Cimetières ; 3° les Tribunaux, les Mairies, la Bourse, les Marchés ; 4° les Casernes et corps de garde, les Prisons, les Dépôts de Saint-Denis et de Villers-Cotterets, la Morgue ; 5° tout l'Arrondissement de Saint-Denis, sauf le Dépôt de mendicité ; 6° tout l'Arrondissement de Sceaux.

M. Baltard était à la tête des architectes de la première section, avec M. Durand pour auxiliaire ; M. Jay, à la tête de ceux de la seconde ; M. Jolivet, de ceux de la troisième, et M. Messager, de ceux de la quatrième. l'Arrondissement de Saint-Denis était confié à M. Naissant, et celui de Sceaux, à M. Lequeux.

Quant aux travaux neufs, le nombre des architectes qui en étaient chargés variait chaque année. Souvent, on les donnait à des architectes du Servi-

Vue du préau des femmes à la conciergerie.

ce d'entretien. Mais, en général, on choisissait, pour les plus importants, des architectes en renom, des membres de l'Institut ou des Grands Prix de Rome qui s'étaient signalés par des œuvres antérieures. On formait, pour chaque entreprise, une agence spéciale d'architectes, inspecteurs, vérificateurs, dessinateurs, etc., etc.

M. Baltard

Chargé récemment, avec M. Collet pour second, de la construction des Halles Centrales, M. Baltard venait d'éprouver une cruelle déception. Il venait d'achever le premier des huit pavillons isolés entre lesquels les diverses catégories de l'approvisionnement de la Ville devaient être réparties suivant son projet (régulièrement approuvé après examen et avis conforme de la Commission des Bâtiments civils). L'Empereur, choqué de l'aspect lourd, massif et peu gracieux, j'en conviens, de cet édifice, que la malignité publique baptisa du nom, trop bien justifié, de « Fort de la Halle », ordonna la suspension des travaux, l'abandon du projet en cours d'exécution, et ouvrit lui-même une sorte de concours entre divers architectes auxquels il demanda des projets tout autres.

M. Baltard était un ancien élève du Collège Henri IV, comme moi. Rhétoricien, quand j'étais encore dans les classes inférieures, il faisait partie du groupe d'élèves protestants que l'on menait aux services du Temple Sainte-Marie, rue Saint-Antoine, services faits alternativement par les pasteurs Marron (celui-là même qui m'avait baptisé en 1809 à l'Oratoire), Monod père et Juillerat. Indépendamment de ce respect, mêlé de crainte, que « les petits » ont toujours pour « les grands » qu'ils approchent, j'avais donc eu sujet d'éprouver quelque sympathie pour lui, comme coreligionnaire.

En me trouvant, par le jeu de nos destinées, devenu son supérieur, je ne pouvais manquer d'être touché de l'infortune de cet ancien camarade, dont tout le monde jugeait la carrière brisée, et je fus assez heureux pour changer sa défaite en triomphe.

Voici comment :

L'Empereur, enchanté de la Gare de l'Est, qui venait d'être achevée par M. Armand, Ingénieur-Architecte de la Compagnie, concevait les Halles Centrales construites d'après ce type de hall couvert en charpentes de fer, vitrées, qui abrite le départ et l'arrivée des trains. — « Ce sont de vastes " parapluies " qu'il me faut ; rien de plus ! » me dit-il un jour, en me chargeant de recevoir et de classer, pour les lui soumettre, les avant-projets qu'il avait provoqués, et en m'esquissant, par quelques traits de crayon, la silhouette qu'il avait en vue.

J'emportai le bout de papier dépositaire de la pensée auguste. Après avoir tracé, d'abord, sur un plan de Paris, la très large voie dont je croyais indispensable de ménager le passage au milieu des Halles pour desservir la circulation très active établie entre la Pointe Sainte-Eustache et la Place du Châtelet, j'y déterminai le périmètre des deux groupes de pavillons que l'on voit aujourd'hui ; mais l'un deux, celui qui fait face à l'Église est demeuré inachevé, dans l'attente du dégagement de la Halle aux Blés qu'il devait rejoindre et que j'avais prise pour objectif de la grande voie couverte qui les traverserait l'un et l'autre dans le sens de leur longueur. Puis, je fis un croquis absolument conforme à l'esquisse impériale de l'élévation de ces groupes de pavillons ou plutôt de ces « vastes parapluies » séparés par des rues croisant la grande voie transversale et couvertes, comme elle, par des toits élevés à grands pignons. Après quoi, je fis appeler Baltard et je lui dis : — « Il s'agit de prendre votre revanche. Faites-moi, au plus vite, un avant-projet suivant ces indications. Du fer, du fer, rien que du fer ! »

J'eus beaucoup de peine à l'y déterminer. C'était un esprit entier et un classique endurci. Le fer ! c'était bon pour les ingénieurs ; mais, qu'est-ce qu'un architecte, « un artiste » avait à faire de ce métal industriel ? Comment ! Lui, Baltard, un Grand-Prix de Rome, qui tenait à l'honneur de ne s'être jamais permis d'introduire dans ses projets

Pages suivantes : les Halles Centrales, vue prise de l'église Saint-Eustache.

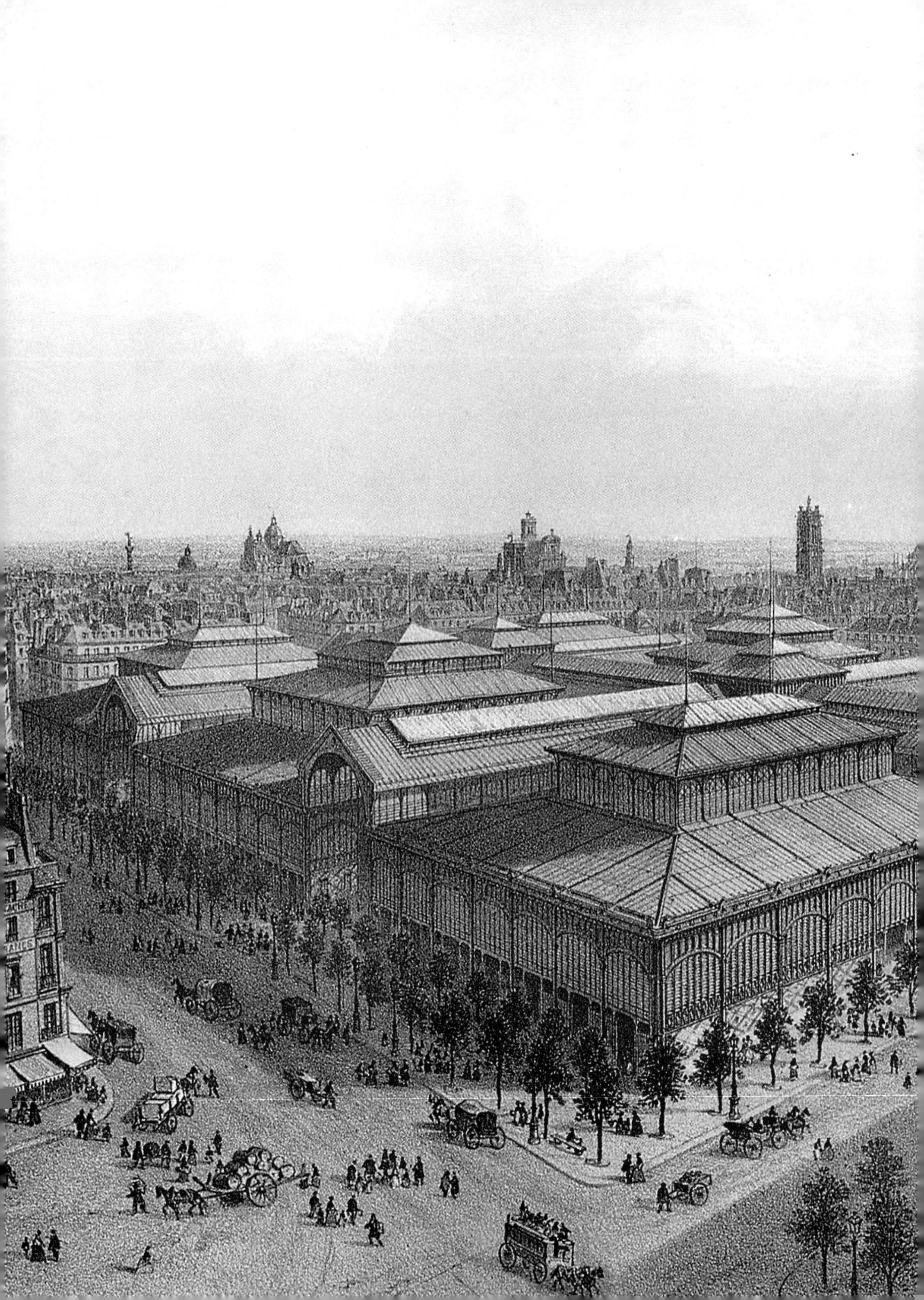

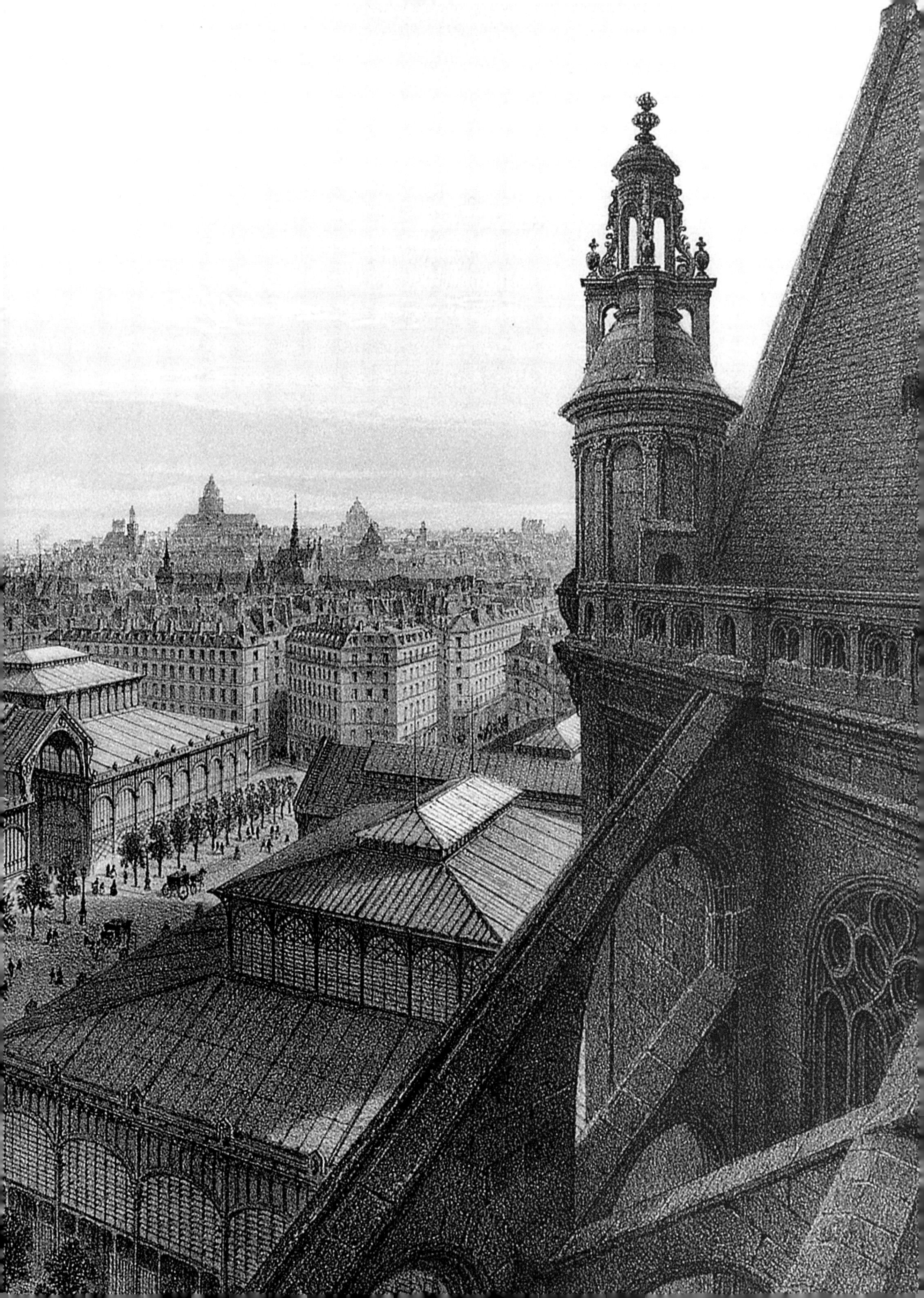

Portrait de Victor Baltard.

le moindre détail dont il ne pût justifier l'adoption par des exemples autorisés, se commettre avec un élément de construction que ni Brunelleschi, ni Michel-Ange, ni aucun autre des maîtres n'avait employé ! — Vous jugez l'homme. — Je lui fis remarquer en riant qu'aucun de ces illustres architectes n'avait eu de Halles Centrales à faire, et je finis par le décider à se mettre à l'œuvre, en lui déclarant que c'était le seul moyen que je visse de sauver sa position, fort compromise par la condamnation éclatante de ses premiers plans.

Mais, que de peine pour lui faire observer mon programme, c'est-à-dire celui de l'Empereur !

Son premier travail entourait chaque pavillon d'un superbe mur en pierre de taille avec piliers saillants. Le fer était relégué dans la toiture.

Au second, les piliers restaient seuls. Personnellement, je les aurais peut-être tolérés ; mais il n'en fallait pas !

Dans le dernier, il n'y avait plus que des dés en pierre pour porter les colonnes de fonte soutenant l'édifice ! J'avais poussé la cruauté jusqu'à exclure l'empli de la pierre de taille dans la construction des voûtes des sous-sols. Elles étaient projetées en briques encastrées dans des arêtes de fer !

Quand j'eus présenté successivement à l'Empereur les projets des architectes auxquels il en avait fait demander et qu'il les eût rejetés tous, pour une raison ou pour une autre, même celui de M. Armand, le constructeur de la Gare de l'Est, je dis à Sa Majesté que j'avais fait dresser, en tâchant de m'inspirer des ses idées, un avant-projet que j'hésitais à placer sous ses yeux, après les jugements sévères qu'il venait de rendre. « Voyons ? » répondit l'Empereur. Et dès qu'il eut vu : « Mais c'est cela, s'écria-t-il, c'est tout à fait cela ! »

Dans son contentement, Sa Majesté voulait revêtir de suite cet avant-projet sommaire de son approbation définitive. Je lui fis observer qu'il ne fallait pas qu'elle s'exposât ainsi à un nouveau mécompte, et je lui demandai la permission de faire faire, avant tout, un relief très détaillé du grand ensemble de constructions dont il s'agissait, afin de lui permettre d'en bien examiner toutes les dispositions, et de se prononcer en parfaite connaissance de cause.

L'Empereur reconnut que c'était une sage précaution, parapha simplement l'avant-projet dont il ne pensa pas fort heureusement à me demander l'auteur.

Ce fut seulement quatre mois plus tard que je pus lui montrer, dans une salle haute de l'Hôtel de Ville, un relief des deux groupes de pavillons projetés, et de tout ce qui les environnerait, monuments et maisons, trottoirs et candélabres, exécuté avec une observation scrupuleuse des propositions de chaque chose, et offrant même le spectacle de l'animation des rues, afin que l'on pût juger de la grandeur de l'édifice par la petitesse des voitures et des piétons.

C'est je crois, le premier exemple d'un procédé fort employé depuis lors.

L'Empereur en fut tellement ravi qu'après lui avoir présenté M. Baltard, qu'il complimenta fort, j'obtins qu'il décorât sur place ce serviteur, déjà ancien, de la Ville.

Il prit la croix de l'officier d'ordonnance qui faisait partie de sa suite, et la remit à l'Architecte que, sans le savoir encore, il relevait ainsi d'une terrible chute.

C'est seulement en descendant, pour retrouver sa voiture, que Sa Majesté me demanda quels travaux avait faits jusqu'alors un artiste d'un tel talent. Je fus bien obligé de convenir que c'était l'auteur du projet abandonné. Voyant son visage se rembrunir, je me hâtai d'ajouter en souriant : « C'est le même architecte ; « mais ce n'est pas le même Préfet » ; voulant, par cette observation, qu'on trouvera probablement immodeste, mais qui mérite mieux que cette qualification, faire comprendre qu'un chef d'administration a la plus grande part de responsabilité des travaux exécutés par son ordre ; que le choix d'un architecte, pris parmi les plus recommandables, ne le désintéresse pas dans l'œuvre de celui-ci ; qu'en cas de succès, le public l'associe bien rarement, sans doute, aux éloges décernés à l'architecte ; mais que, dans le cas contraire, il s'en prend justement à l'administrateur, dont le devoir était de contrôler incessamment cette œuvre en projet et en exécution ; finalement, que, si M. Berger avait été un vrai Préfet, l'Empereur n'aurait pas été dans la nécessité regrettable d'ordonner la démolition d'un édifice unanimement condamné dès son achèvement.

Du reste, M. Baltard se défendait, en alléguant les exigences toujours nouvelles du service administratif des Halles, contre lesquelles il n'avait pas été protégé suffisamment par le Préfet, et qui l'avaient obligé à flanquer son pavillon d'édicules qui l'avaient alourdi.

Mais la réussite complète du nouveau projet effaça vite le souvenir de cette erreur d'un homme de talent.

M. Baltard avait fait preuve, dans l'emploi du fer, qui révoltait si fort au début ses instincts d'artiste, d'une habileté de constructeur qui dépassait de beaucoup le mérite, qu'il ne pouvait consciencieusement s'attribuer, de la conception de ce grand projet. A l'aide d'une heureuse combinaison d'éléments très simples, répétés indéfiniment, il avait su donner à l'ensemble du monument un caractère d'unité du meilleur effet. De plus, à ma grande satisfaction, il avait trouvé le moyen de se passer des tirants dont abusent les ingénieurs, pour neutraliser la poussée de leurs charpentes, et cette supériorité incontestable de son œuvre sur les leurs dut le consoler de s'être vu imposer comme type de ces Halles Centrales de Paris, qu'il avait comprises tout autrement, « le parapluie » d'une gare de chemin de fer !

Je ne suis pas bien sûr que l'immense succès de ce parti pris, ne l'étonna pas, tout d'abord ; mais, il s'y fit aisément, et son arrivée à l'Institut, qui en fut la conséquence, acheva de le convertir à l'emploi du fer dans les monuments publics. Ainsi, chargé par moi, en 1862, de construire l'Église Saint-Augustin, dont l'emplacement était trop peu large, il est vrai, pour qu'on pût y établir des contreforts, il me proposa spontanément de soutenir, au moyen d'une ossature de fer, la charpente de la voûte de la nef et de celle du dôme, toujours en fer, qu'il projetait ; par ce moyen, les murs en pierre du monument, réduits au rôle de simples murs d'enceinte, n'eussent pas besoin d'être appuyés.

Je consentis d'autant plus volontiers à cet essai, très hardi, sur un point de Paris fort en vue, que le procédé qu'il s'agissait d'expérimenter pouvait me permettre de faire donner la plus grande capacité intérieure possible aux nouvelles églises que j'aurais encore à construire sur des terrains forcément exigus.

Avant Saint-Augustin, dont la dépense, malgré l'emploi du fer, s'est élevée à près de 6 millions, tout compris, M. Baltard avait exécuté d'importants travaux dans nombre d'églises de Paris. Il avait fait

Pages suivantes : l'église Saint-Eustache.

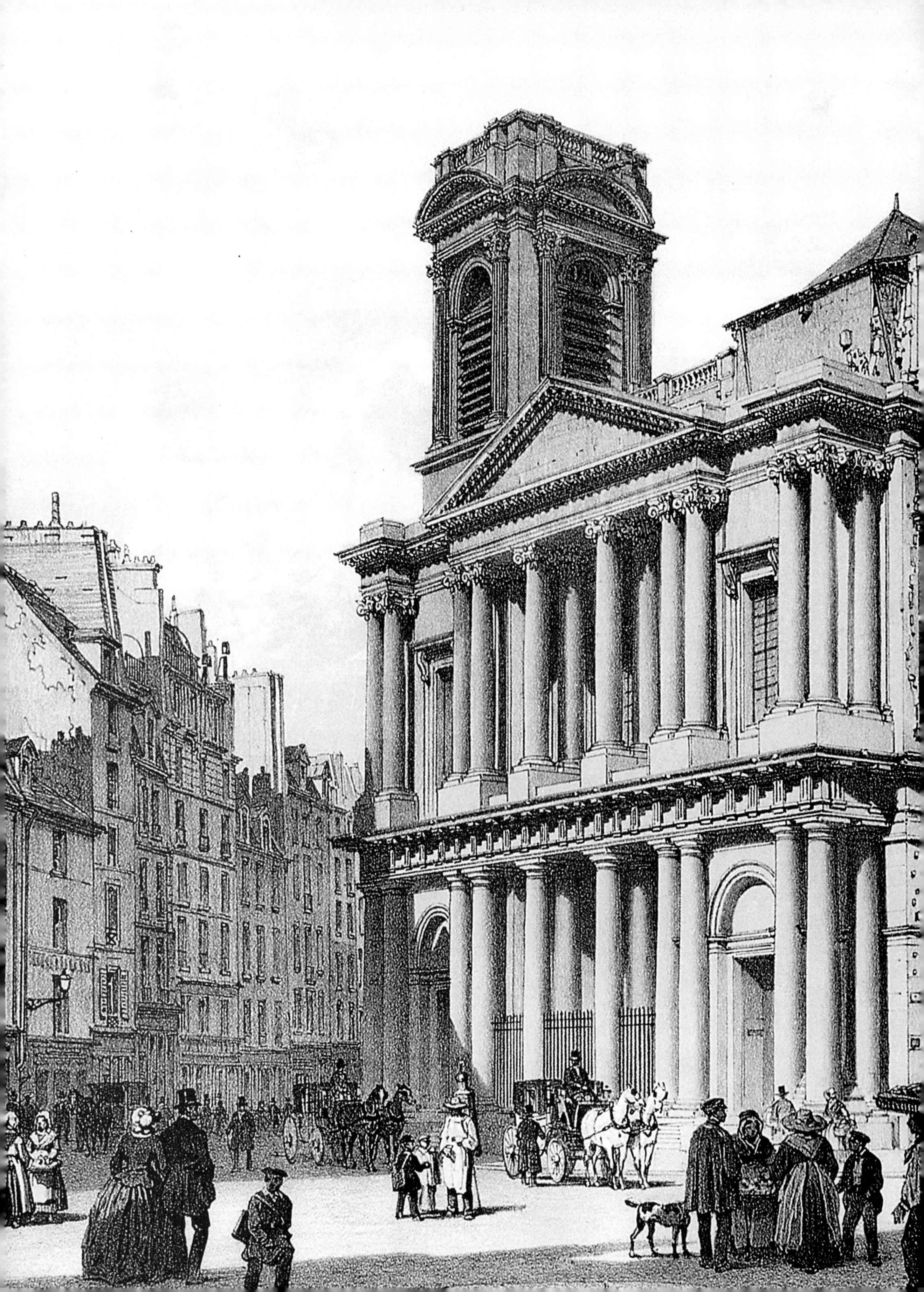

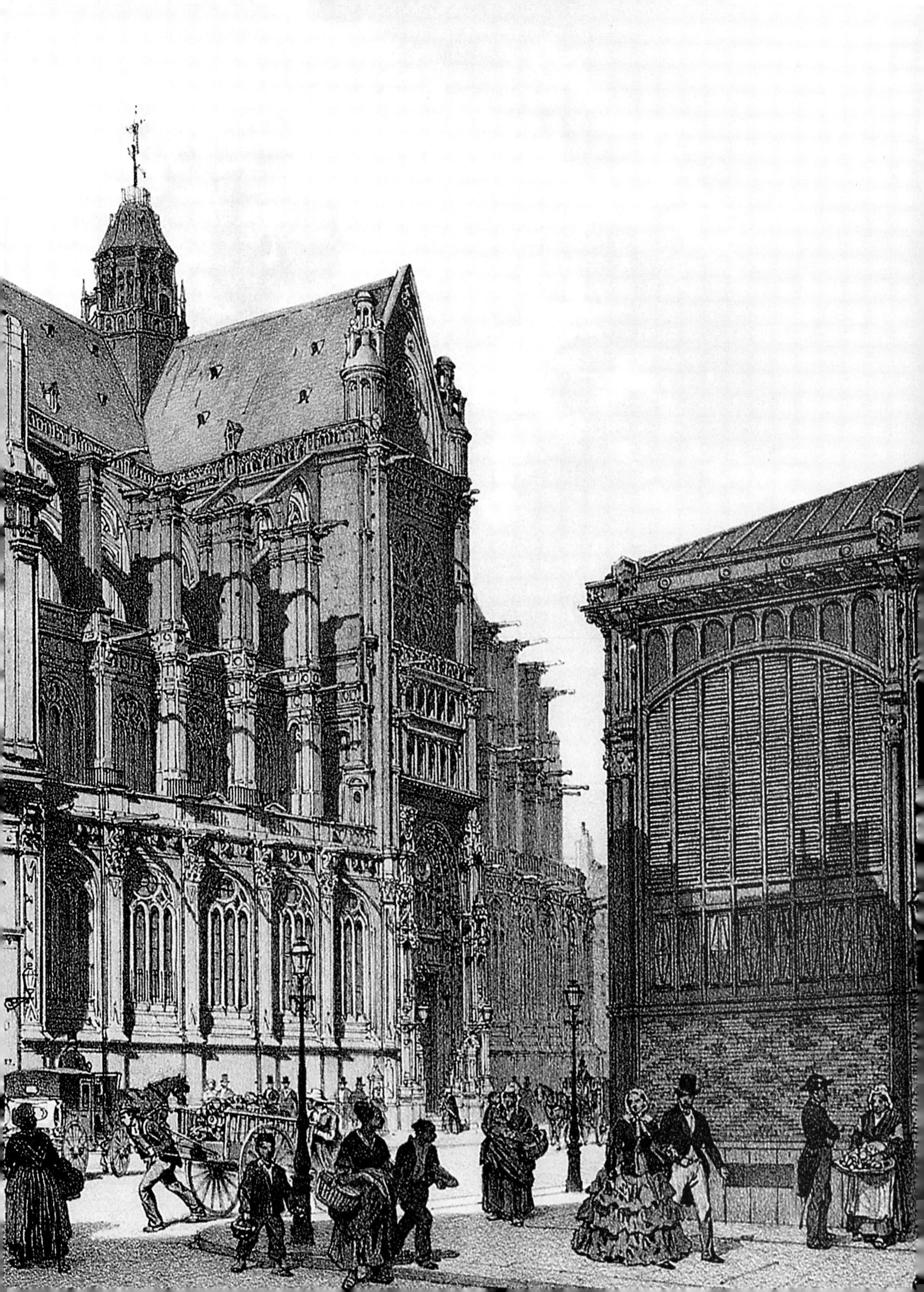

L'église Saint-Augustin.

preuve d'une connaissance approfondie de tous les styles d'architecture religieuse, notamment à Saint-Germain-des-Prés, Saint-Séverin, Saint-Eustache, Saint-Gervais, Saint-François-d'Assise, Notre-Dame-des-Victoires, Saint-Étienne-du-Mont, Sainte-Marguerite et Saint-Nicolas-du-Chardonnet.

En 1858, je l'avais chargé de la réfection du chevet de Saint-Leu, frappé d'un retranchement de 4 mètres, motivé par l'ouverture du Boulevard de Sébastopol, et de la construction d'une grande chapelle des catéchismes et d'un presbytère, sur les terrains formant l'angle du nouveau Boulevard et de la rue de la Grande Truanderie.

C'était une opération très difficile et très délicate que de rétablir l'abside, autrefois semi-circulaire, de l'église, suivant la courbe ellipsoïdale seule possible dans l'espace, réduit par l'alignement, dont l'architecte pouvait disposer. M. Baltard s'en tira très habilement. — La chapelle et le presbytère, qui sont du même style que l'église, forment avec elle un ensemble harmonieux.

M. Baltard fut moins heureux dans la construction du bâtiment annexe de l'Hôtel de Ville, où furent installées l'Administration de l'Octroi, celles de la caisse de la Boulangerie et des Travaux de Paris, enfin, les Archives du Département et de la Ville, et qui a servi de modèle au bâtiment correspondant de l'Assistance Publique. Ces deux édifices, accostés des maisons particulières, aux angles de la Place, du côté de la rue de Rivoli, d'une part, du quai de Gesvres, d'autre part, et aux deux angles de l'Avenue Victoria, n'avaient sans doute rien à voir avec l'Art ; mais, ils manquent trop de relief et auraient un meilleur caractère si leurs pilastres et moulures étaient en saillie.

Lorsque j'organisai le Service d'Architecture de la Ville selon les idées que j'ai résumées plus haut, je mis M. Baltard à sa tête avec le titre de Directeur, et je lui donnai, comme on l'a vu ci-dessus, pour collaborateurs, quatre architectes en chef et vingt architectes ordinaires, choisis parmi les membres de l'Institut et les Grands-Prix de Rome, assistés d'une foule d'architectes-inspecteurs et sous-inspecteurs, correspondant aux conducteurs et piqueurs des Ponts et Chaussées.

C'était une position magnifique, différant, du tout au tout, de la situation secondaire, fort compromis, où je l'avais trouvé en arrivant à l'Hôtel de Ville.

Quand, à mon tour, sollicité par des amis zélés, je me présentai à l'Académie des Beaux-Arts, je n'eus pas la voix de cet ancien camarade au relèvement duquel j'avais tant contribué. Il m'avait loyalement averti, du reste, que je ne devais pas y compter.

Admirateur passionné de l'œuvre très classique d'Ingres, il appartenait au petit groupe de l'Académie dont cet illustre peintre était le drapeau, et qui tendait, de plus en plus, à faire occuper les sièges d'académiciens libres par des conservateurs de musées, par des écrivains de livres spéciaux, de préférence aux personnages et aux hommes du monde, amis éclairés ou protecteurs utiles des arts, pour lesquels ils avaient été primitivement créés.

Respectueux des convictions sincères, je ne tins pas rigueur à M. Baltard de sa défection inattendue. Je n'hésitait donc pas, quand il m'en pria peu après, à demander au Conseil Municipal de subventionner la publication d'une monographie des Halles Centrales qu'il voulait faire avec un certain luxe.

Il m'offrit un exemplaire de son œuvre, relié avec recherche, et je me contentais de sourire quand je vis qu'elle ne m'était pas dédiée, comme je le supposais avec quelque raison ; mais j'éprouvai un étonnement pénible, au contraire, de n'y rien trouver qui reportât l'honneur de la conception première du projet à l'Empereur.

C'était plus que de l'ingratitude. Le seul énoncé de cette sorte de collaboration auguste eût donné un intérêt extrême à l'ouvrage. Mais, je suis assuré que, dans la sérénité de sa propre estime, M. Baltard n'avait pas même conscience de la part revenant au crayonnage impérial, que je lui avait traduit. Il ne s'était jamais rendu bien compte de ce que j'avais fait pour lui le jour où je l'avais pris pour interprète des idées personnelles du Souverain.

J'ajoute, avec regret, qu'ayant eu recours, plus tard, à ses conseils, au sujet de travaux de reconstruction que j'étais obligé d'entreprendre, d'abord, dans des propriétés que nous possédions, depuis longtemps déjà, ma femme et moi, dans le département de Lot-et-Garonne ; plus tard, dans celles dont Mme la Baronne Haussmann avait hérité de ses parents, en Gironde, je n'eus pas à me féliciter d'avoir accepté avec empressement l'offre obligeante que m'avait faite M. Baltard d'en diriger l'exécution, confiée à des architectes ou agents de son choix. En effet, dans ces deux circonstances, il me traita en client, ce que je trouvai tout naturel, mais, ce qui l'était moins, en client dont on n'a pas à ménager la bourse, quoique je lui eusse déclaré que mes ressources étaient bien plus limitées que ma grande situation ne pouvait le faire croire.

Lors du réglement final du compte des travaux que je l'avais autorisé à faire « par économie », c'est-à-dire en régie, afin qu'il pût tirer le meilleur parti des anciens matériaux, comme aussi, des ressources des propriétés, je dus, malgré toutes les réductions possibles des mémoires en demande, payer, soit pour les travaux exécutés, soit pour les honoraires proportionnels dont M. Baltard eut une part importante, des sommes s'élevant à beaucoup plus du double de ses évalutation premières.

Mais, je ne saurais oublier, d'autre part, que cet habile architece, qui ne céda jamais à personne le service de l'Hôtel de Ville, m'a secondé avec beaucoup d'intelligence et de bonne volonté dans l'organisation des grandes et petites fêtes de la Ville.

Son talent, comme son caractère, présentait de singuliers contrastes.

Fils d'un architecte de grand mérite, professeur à l'École des Beaux-Arts sous le Premier Empire, ce classique de naissance, intransigeant sur les questions de doctrine, au style architectural aussi froid que pur, un peu alourdi par sa préoccupation constante des proportions admises, ce savant et fidèle reproducteur des chefs-d'œuvre du passé, comme en témoigne la restauration des églises Saint-Germain-des-Prés et Saint-Séverin, devenait, dès qu'il pouvait s'affranchir des sujétions d'école, un dessinateur fantaisiste, au crayon facile, souple, élégant, un décorateur plein d'imagination et de goût, en un mot, un tout autre homme.

Ce fonctionnaire « malgré lui » que la jalousie de son indépendance d'artiste rendait peu maniable, dont les rapports avec ses subordonnés se ressentaient trop du légitime sentiment qu'il avait de son importance, de sa valeur, semblait cependant gêné, quand il s'agissait de faire acte d'autorité vis-à-vis d'eux, comme par un juste retour contre lui-même de ses propres théories sur l'indépendance due aux « interprètes de l'art » !

Mais ce Directeur, si désagréable en somme, devenait, dans la vie privée, un homme du monde d'excellentes façons, d'un commerce aimable, d'une conversation intéressante et spirituelle.

C'était, en effet, un homme d'esprit plus que de cœur. Son caractère entier, très personnel au fond, sous des formes irréprochables, se prêtait mal aux abandons sympathiques, aux élans généreux, aux dévouements désintéressés.

M. Hittorff

Après M. Baltard, ce fut M. Hittorff, membre de l'Institut, un des architectes les plus renommés du règne du Roi Louis-Philippe, que M. Lesueur me présenta.

M. Hittorff était un artiste doublé d'un savant.

Originaire des provinces Rhénanes, il avait l'apparence et l'accent germaniques. Ceux qui ne l'aimaient pas, et ils étaient nombreux, à cause de sa nature peu commode, le nommaient : « le Prussien ».

Il avait réapporté, d'un voyage d'études en Grèce, des documents curieux sur les enduits colorés et les peintures décoratives des monuments antiques, et publié, en 1851, sous le titre de *Restitution du Temple d'Empédocle, à Sélimonte*, un véritable et très intéressant traité de l'architecture polychrome chez les Grecs, dont on voit des spécimens dans les cirques des Champs-Élysées et du Boulevard des Filles-du-Calvaire, construits par lui.

En 1853, il achevait l'Église Saint-Vincent-de-Paul, commencée depuis dix ans, et il se proposait d'y faire une application plus importante de ce système de décoration monumentale ; mais, à ce sujet, il eut maille à partir avec moi.

Autant j'approuvais l'emploi de la mosaïque, de la fresque ou de la peinture à l'huile sur toiles marouflées, pour décorer les murs des églises, en y représentant des sujets religieux pouvant contribuer à l'édification des fidèles, autant je trouvais indigne de la majesté de ces monuments les badigeonnages dont on barbouille nombre d'églises en Italie et ailleurs, pour simuler des tentures ou des tapisseries dont elles ne peuvent se donner le luxe.

Grec, Italien ou Français, l'enduit coloré non seulement de la surface des murs, mais encore des fûts, cannelures et chapiteaux de colonnes, des plinthes, corniches, moulures des frises, et voussures des voûtes, dont le but est de remplacer la froideur et la monotonie de la pierre par des teintes plates diverses, a, selon moi, le grand tort de cacher aussi la beauté simple et noble des matériaux de taille employés dans la construction. Et quand on agrémente cet enduit d'ornements variés, qui me rappellent ces tatouages dont les peuples barbares couvrent leur nudité, en guise de vêtements, je ne puis m'empêcher de trouver grotesque ce mode prétentieux de décoration.

J'invitai donc M. Hittorff à modérer son emploi de la couleur, à Saint-Vincent-de-Paul. Je lui concédai les peintures, sur lave émaillée, du porche, dont l'enlèvement eut lieu, plus tard, sur la demande du Clergé de l'Église, choqué des nudités qu'elles offraient aux yeux. J'en fus quitte, à l'intérieur, pour quelques teintes discrètes, pour le badigeonnage des voûtes en bleu, semé d'étoiles d'or, et pour une forte commande d'œuvres d'art, afin de compenser la suppression des peintures grossières dont je ne voulais pas.

L'escalier monumental avec rampes carrossables, donnant accès à Saint-Vincent-de-Paul, du côté de la rue Lafayette, qu'on trouvait déjà hors de proportions avec cette Église, dut être remanié sous la direction de M. Baltard et encore agrandi, lorsque je fis abaisser, au devant, le sol de cette rue, pour adoucir un peu la montée, du Faubourg Poissonnière au Boulevard de Denain.

M. Hittorff, à qui l'on devait, indépendamment du Cirque, le panorama, les fontaines et la plupart des édicules des Champs-Élysées, avait été désigné par l'Empereur pour diriger les travaux de sa compétence au Bois de Boulogne, en même temps que M. Varé s'était vu chargé d'une entreprise dépassant de beaucoup la sienne.

En 1854, il fut encore choisi par Sa Majesté pour modifier l'ordonnance de la Place de la Concorde, où, déjà, sous la Monarchie de Juillet, il avait fait exécuter des deux côtés de l'Obélisque central, dont le socle est de sa composition, les fontaines monumentales qui forment son chef-d'œuvre.

Gabriel, l'illustre architecte des bâtiments de l'ancien Garde-Meuble et du Ministère de la Marine, qui régla cette ordonnance et celle des Champs-Élysées, sous le règne de Louis XV et l'administration du Duc d'Antin, avait laissé libre le milieu de la Place et creusé aux quatre angles des parterres en sous-sol entourés de balustres et flanqués d'édicules servant de socles aux statues des grandes villes de France. C'était d'un effet à la fois pittoresque et monumental. Mais, depuis que l'Obélisque et ses fontaines occupaient la meilleure partie du vaste espace réservé par Gabriel à la circulation, les parterres bas faisaient obstacle à l'écoulement des foules rentrant des Champs-Élysées après les feux d'artifice le soir des fêtes publiques. Lors du mariage du Duc d'Orléans, l'un d'eux avait même été le théâtre d'accidents graves.

Il fallait opter entre le maintien de ces massifs, et celui de l'Obélisque et de ses fontaines jumelles.

L'Obélisque, masquant la ligne de vue des Tuileries à l'Arc de Triomphe de l'Étoile, fut menacé un moment. J'avoue que mon avis était de revenir à la conception grandiose et simple de Gabriel, sauf à utiliser les fontaines et à transporter l'Obélisque sur un autre emplacement facile à trouver.

Le Maréchal Vaillant, ancien officier du Génie, Grand Maréchal du Palais, qui était plein d'esprit, m'appuyait à sa façon, en disant de l'Obélisque : « J'y tiens comme Ingénieur. Il me sert de mire quand je veux m'assurer que l'Arc de Triomphe est bien dans l'axe des Tuileries. »

Ce sont les parterres que, finalement, l'Empereur condamna.

Je les fis combler, à mon grand regret. On ouvrit, à travers les emplacements qu'ils détenaient, quatre voies diagonales allant des angles au centre de la place et passant entre les statues. Le surplus fut ajouté aux aires bitumées destinées aux piétons, et le tout fut éclairé, *a giorno*, tous les soirs, par d'innombrables candélabres.

Si l'aspect général de la Place n'a pas gagné — de bien s'en faut — à ces changements, l'empereur atteignit son but : aucun encombrement ne s'y produisit désormais, les jours de fête ou de grande affluence des promeneurs.

Je refusai obstinément, par exemple, d'admettre, sans modification, le maintien du type des candélabres dont M. Hittorff avait bordé précédemment la grande Avenue des Champs-Élysées aussi bien que les trottoires de la Place, et qui étaient juchés sur des soubassements en fonte, espèces de bornes disgracieuses d'où ils s'élançaient dans les airs ou dans le feuillage des arbres. Je fis détrôner ces lampadaires. Après enlèvement de leurs supports malencontreux, on les posa pu-

Pages suivantes : l'Arc de Triomphe de l'Etoile.

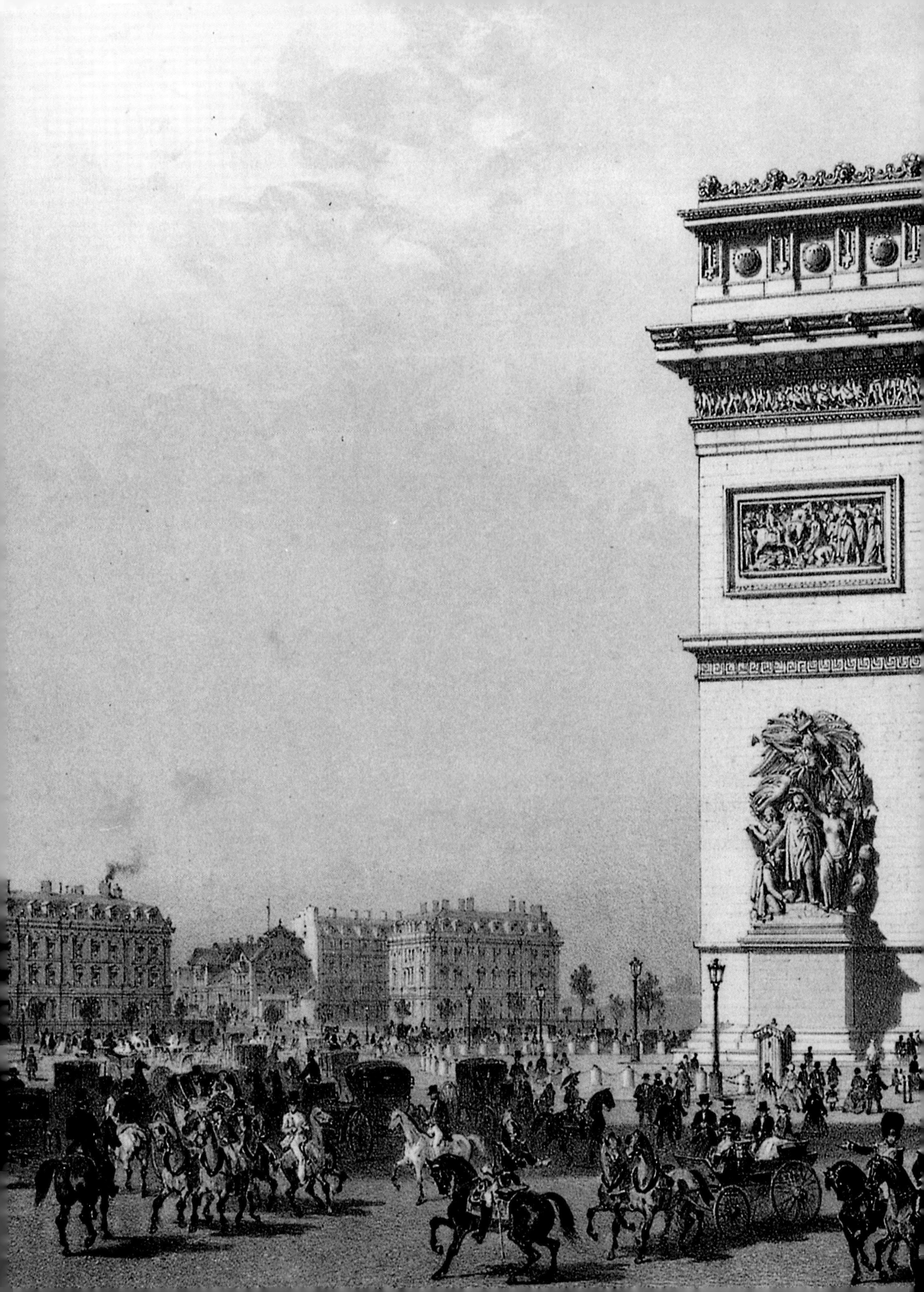

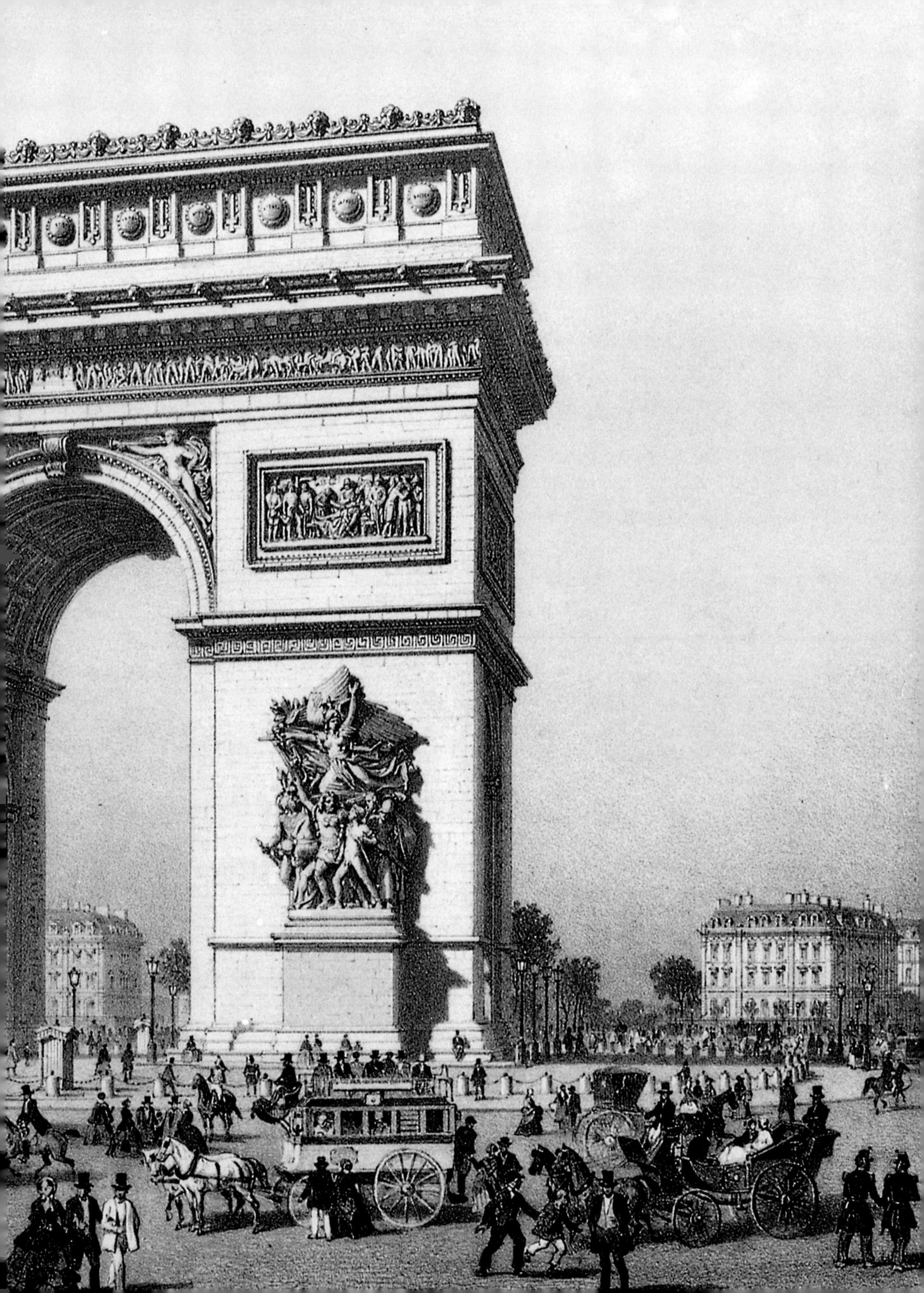

rement et simplement sur des socles en maçonnerie à ras de sol, et chacun peut voir qu'ils sont encore bien assez hauts pour remplir leur office et pour soutenir, les jours d'illumination, les guirlandes de becs de gaz voilés de petits globes laiteux simulant des perles, dont j'ai doté la place et la grande Avenue.

Tout bec de gaz, trop haut placé, projette sa lumière au loin, mais n'éclaire pas bien son voisinage immédiat. Or, c'est le résultat contraire qu'il faut poursuivre.

Plus un candélabre est élevé, plus est étendue la portion du sol que sa lumière laisse dans l'obscurité à son pied même. On ne pourrait éclairer cette pénombre qu'au moyen d'un réflecteur débordant la lanterne ; mais cet expédient, essayé sous mon administration, n'a pas été reconnu pratique. En réduisant tout à la fois la hauteur des candélabres et la distance qui les sépare, et en diminuant l'intensité de la combustion de chaque bec, pour ne pas consommer plus de gaz, en somme, on est parvenu à mieux répartir l'éclairage de la voie publique.

C'est tourner le dos à la solution du problème que de concentrer la lumière dans des foyers puissants fort éloignés nécessairement les uns des autres, qui éblouissent les gens plus qu'ils ne les éclairent et dont les effets diminuent, on le sait, comme le carré des distances.

Voilà pourquoi je jugeai peu propre à l'éclairage public, dans le temps, le gaz oxhydrique, et plus récemment, la lumière électrique, difficilement divisible, du système Jablochkoff. La lampe Edison et ses congénères, dont on peut multiplier les becs à l'infini, me paraissent y convenir le mieux. Dans tous les systèmes, les foyers intenses et les candélabres à plusieurs becs ne doivent pas être employés — hormis l'usage décoratif qu'on en peut faire, — en bordure des grands espaces impossibles à éclairer plus immédiatement.

M. Hittorff ne fut pour rien dans la transformation des Champs-Élysées, postérieure de quatre ans à celle de la Place de la Concorde.

On l'a vu précédemment : c'est par le service des Promenades et des Plantations que, pendant la Campagne d'Italie, en 1859, je fis établir des massifs d'arbustes et de fleurs dans les parties des anciens quinconces, dont les ormes étaient morts ou mourants de vieillesse. J'avais fait remplacer par des marronniers ceux des parties conservées, notamment ceux de la grande Avenue et de ses conte-allées multiples, et assainir l'ensemble de cette magnifique promenade par le drainage de nombreux égouts et par des nivellements ménagés avec soin.

Je croyais avoir ainsi préparé une surprise agréable à l'Empereur, pour son retour de la Guerre. Loin de là, ces changements, si bien accueillis du Public, contrariaient le Souverain d'une manière visible. Il n'en dit rien ; mais son silence, au sujet d'une opération si considérable, entièrement accomplie durant son absence relativement courte, était significatif. Jamais, du reste, Il ne m'en parla depuis lors. Je suppose qu'Il retrettait les grands quinconces où la circulation des foules était évidemment plus facile qu'entre les massifs actuels.

Je l'ai déjà dit, au sujet du Service des promenades et Plantations, si l'Empereur n'aimait pas la suppression des arbres existants, il permettait difficilement d'en mettre sur les espaces libres à la vue.

Les plantations de la Plaine de Longchamps ne lui plurent jamais. Jusqu'à l'époque où leur croissance avancée en fit comprendre toute la valeur, il m'accabla de sarcasmes au sujet de l'aspect chétif des 300 000 pieds d'arbres et d'arbustes employés là.

Lors de l'ouverture de l'Avenue de l'Impératrice (aujourd'hui l'Avenue du Bois-de-Boulogne), l'Empereur ne se borna pas à m'interdire de planter les contre-allées. Je devais laisser absolument découvertes les pelouses latérales, et je n'obtins qu'à grand-peine, après bien des instances, l'autorisation de semer d'arbres isolés ou groupés en massifs la moitié de ces tapis de verdure et la plus éloignée de la voie centrale.

C'était encore M. Hittorff que Sa Majesté avait chargé, comme Architecte du Bois de Boulogne et des Champs-Élysées, avant l'organisation du service des Promenades et Plantations, de dresser le projet de cette Avenue, destinée à rapprocher de Paris, pour ainsi dire, l'entrée du Bois.

Or, M. Hittorff crut faire merveille en me proposant une avenue de 40 mètres de largeur, — les grands Boulevards de Paris n'en ayant que 34, en moyenne, — avenue composée d'une chaussée carrossable de 16 mètres et de deux contre-allées de 8 mètres chaque : l'une, réservée aux cavaliers ; l'autre, aux piétons. Naturellement, il comptait planter celles-ci de doubles rangées d'arbres à haute tige pour ombrager les promeneurs.

« Pas d'arbres ! » m'écriai-je, tout d'abord, à sa grande stupéfaction. « L'Empereur n'en veut pas ! Et puis, croyez-vous, Monsieur, que Sa Majesté puisse se contenter de votre boulevard de 40 mètres ? Est-ce donc là ce prolongement du Bois vers Paris qu'Elle désire ? 40 mètres !... Mais, Monsieur, c'est le double, c'est le triple qu'il nous faut. Oui, je dis bien : le triple : 120 mètres ! _ Ajoutez à votre plan deux pelouses quatre fois plus larges que vos contre-allées, c'est-à-dire de 32 mètres chaque, — Je tâcherai que l'Empereur me permette de les faire planter de distance en distance de groupes d'arbres de toutes essences pour en faire une sorte d'*Arboretum*. — Et au delà des pelouses projetées, deux voies de 8 mètres chacune pour desservir les propriétés riveraines que je grèverai d'une servitude *non aedificandi*, sur une profondeur de 10 mètres, qui devra être décorée de parterres, clos, sur l'avenue entre eux, par des grilles. — Nous aurons, de cette manière, 140 mètres d'espace entre les habitations, des deux bords — 100 mètres de plus que dans votre projet actuel ! — Ainsi complété, celui-ci pourra, j'espère, être approuvé par Sa Majesté ! »

L'avenue du Bois-de-Boulogne est exactement conforme au programme que je venais d'improviser dans un mouvement de vivacité causé par le caractère étriqué, banal, du projet de M. Hittorff.

Celui-ci ne pouvait pas se persuader que ce programme fût sérieux. Mais, je lui prouvai le contraire en lui disant : « Veuillez ne pas oublier de joindre, comme annexe, à vos plans rectifiés selon mes données, le dessin de la grille dont les terains en bordure, frappés de servitudes, devront être clos sur l'avenue et séparés entre eux. Vous saurez, avec vote goût parfait, trouver un modèle simple, mais approprié à l'ampleur de la voie nouvelle. »

Alors, il se retira, tout ahuri.

Ce ne fut pas sans résistance que le Conseil d'État laissa passer la clause des servitudes, quand il s'agit de déclarer d'utilité publique le projet de M. Hittorff, refait suivant mes indications. Son Président, M. Barroche, y opposa des arguties de droit que je parvins enfin à tourner. Jamais, du reste, cet ami de M. Berger, ce bourgeois de 1830, ne s'est montré favorable à mon administration.

M. Hittorff ne dessina pas seulement les grilles de l'Avenue ; il fit en outre une élévation des façades obligatoires des maisons qui devaient être édifiées à l'entrée, sur la Place de l'Étoile, façades qu'on dut imposer par voie de conséquence, après l'extension des limites de Paris, aux constructeurs des autres maisons de cette Place agrandie, et qui se trouvèrent si mal en harmonie avec ses vastes proportions, que je dus faire planter, en avant, des massifs d'arbres pour les masquer.

Dès le principe, je m'étais plaint du peu d'élévation donné, comme nombre et comme hauteur d'étages aux maisons projetées à l'entrée de l'Avenue de l'Impératrice. M. Hittorff prétendit qu'il ne saurait l'augmenter sans risquer de nuire à l'effet de l'Arc de Triomphe !... Évidemment, nous aurions pu l'accroître beaucoup sans arriver à un tel résultat. Mais, l'Empereur, qui avait un culte presque superstitieux pour la mémoire de son oncle Napoléon Ier et un respect poussé à l'extrême pour tout ce qui s'y rattachait, se rendit tout de suite à cette observation.

Le même architecte, dont la faveur en Cour était grande, au commencement du Second Empire, comme sous la Restauration et sous le Gouvernement de Juillet, fut encore chargé de faire les plans de la Maison Eugène-Napoléon, connue plus communément sous le nom de « Maison du Collier » ; elle fut édifiée sous sa direction, en 1855 et 1856, dans un terrain, rue de Picpus, allant du Faubourg Saint-antoine au Boulevard Mazas.

On sait que, lors du mariage de l'Empereur, en 1853, le Conseil Municipal avait voté l'hommage à l'Impératrice d'un collier de 600 000 francs, et que la jeune Souveraine exprima le vœu de voir cette somme affectée, de préférence, à la fondation d'un établissement où elle pût recueillir et faire élever à ses frais 200 jeunes ouvrières.

C'est de cet établissement appelé « Maison Eugène-Napoléon » après la naissance du Prince Impérial, en 1856, qu'il s'agit ici. Je n'ai pas besoin d'ajouter que la Ville y consacra beaucoup plus que les 600 000 francs que le Conseil Municipal destinait à l'achat d'un collier ; mais, grâce à la généreuse pensée de l'Impératrice, la population ouvrière de Paris fut dotée d'une précieuse institution.

La dernière construction que M. Hittorff exécuta pour la Ville fut celle de la Mairie du Louvre (Ier arrondissement actuel), rendue nécessaire par la démolition de la Mairie de l'ancien IVe arrondissement, rue du Chevalier du Guet, motivée par l'ouverture de la rue de Rivoli.

L'effet de ce monument ne répondit pas à mon attente. Il faut peut-être en imputer la faute au programme que j'avais donné à l'artiste, et qui, pour avoir été plus réfléchi que celui de l'Avenue de l'Impératrice, n'en reposait pas moins sur une conception difficile à réaliser.

Il s'agissait de donner un pendant, sur la nouvelle Place du Louvre, à l'Église Saint-Germain-l'Auxerrois, malencontreusement posée de travers sur un des côtés, et de sauver cette irrégularité, en la reproduisant sur l'autre, de parti pris. J'avais demandé à l'architecte d'équilibrer la masse de la vieille église par une masse équivalente. Voulant faire mieux, il essaya de reproduire la silhouette de l'Église, dans l'élévation de la Mairie. — c'était l'exagération de ma pensée : l'association, justement pondérée, des actes de l'État Civil et des Cérémonies religieuses qui les consacraient. — J'eus le tort, que je confesse, de ne pas le retenir à temps, comme à Saint-Vincent-de-Paul. Il en résulta ce qu'on voit : un pastiche, en style moderne, du gothique bâtard de l'Église.

Après le dégagement des abords du Louvre, la démolition des bicoques immondes qui déshonoraient le voisinage de la célèbre colonnade avait laissé libre, en face, un vaste espace où se perdait le relief mesquin de la pauvre église, dont la bizarre construction paraissait être un défi jeté par elle au Grand Voyer de Paris. M. Fould, ministre d'État et de la maison de l'Empereur, qui avait dans ses attributions les Bâtiments civils et les Beaux-Arts, les Palais Impériaux et les Musées, m'avait mandé pour me proposer carrément de faire place nette, en démolissant Saint-Germain-l'Auxerrois : cette paroisse presque tout entière venait de disparaître sous le marteau des démolisseurs, et n'était protégée, d'ailleurs, disait-il, par aucune valeur artistique. Sauf le porche de l'Église, au sujet duquel je formulai quelque réserve, je tombai d'accord, en principe, avec le Ministre. Néanmoins, je lui montrai la plus grande répugnance à porter la main sur un monument que me semblaient devoir protéger son antiquité même et, aussi, des souvenirs historiques.

« Je n'ai pas plus que vous, lui disais-je, le culte des vieilles pierres, lorsqu'elles ne sont pas animées d'un souffle artistique ; mais Saint-Germain-l'Auxerrois rappelle une date que j'exècre, comme protestant, et que par cela même je ne me sens pas libre d'effacer du sol parisien, comme Préfet. — Mais, moi aussi, je suis protestant ! interrompit le Ministre. — Ah ?... »

« Je me retins à temps d'ajouter que je le croyais israélite, comme tous les siens, et que personne ne se doutait de ce qu'il venait de me déclarer.

En parenthèse :

Une grande artiste, qui pensait avoir à se plaindre de lui, me demandait même plaisamment, à l'époque où l'Empereur créa quelques Ducs, si M. Fould n'allait pas être nommé « Duc de Villejuif ! »

Donc, je fis bonne contenance, et, sans broncher, continuant ma discussion, je dis au minsitre : « C'est bien pis alors ! Nous voilà deux protestants, et nous comploterions ensemble la démolition de Saint-Germain-l'Auxerrois ? Mais, personne au monde voudrait y voir autre chose qu'une revanche de la Saint-Barthélemy ! »

M. Fould reconnut que j'étais dans le vrai.

C'est à la suite de cet entretien que je cherchai, non sans peine, un agencement de la nouvelle Place dans lequel Saint-Germain-l'Auxerrois eût sa raison d'être. Je crus l'avoir trouvé dans l'élévation de la Mairie, suivant un alignement biais, en sens inverse de celui de l'Église, et la construction d'une tour faisant face à la grande entrée du Louvre, qui leur servirait de lien et relèverait l'ensemble sous prétexte de clocher.

Pour encadrer ce fond de place, deux massifs de maisons à toute hauteur, bâties, d'une part, à l'angle du quai de l'École, d'autre part, à l'angle de la rue de Rivoli, sur l'alignement de la rue du Louvre, parallèlement à la colonnade, vinrent rendre toute leur importance aux belles proportions de celle-ci, que cet immense vide semblait dévorer.

En effet, s'il faut, autour d'un monument, assez d'air pour pemettre au visiteur d'en embrasser l'ensemble, il n'en faut pas top non plus. On peut en juger par l'École Militaire, qui semblait ramper sur le sol depuis que l'Empereur m'avait fait enlever les buttes plantées du Champ-de-Mars, qui lui servaient de cadre.

M. Ballu, chargé d'édifier la tour formant le motif principal de la nouvelle place, en avait fait une œuvre charmante ; mais il dut en diminuer la hauteur, lorsque l'Empereur observa, des Tuileries, que le sommet en paraissait au-dessus du Louvre, à gauche du pavillon central, et accusait ainsi trop nettement le défaut de parallélisme des deux Palais.

Pour justifier cette addition à Saint-Germain-l'Auxerrois, dont le clocher historique suffisait de reste à son service religieux, j'y fis installer un carillon modèle, avec le concours d'une commission composée de savants et d'artistes, et présidée par M. Dumas.

Je n'eus plus de rapports avec M. Hittorff qu'à l'occasion de la Gare du Chemin de fer du Nord, dont M. le Baron James de Rothschild, Président de la Compagnie, lui confia la construction. J'arrêtai, de concert avec l'architecte, le tracé des trois voies d'accès de cette gare : l'Avenue de Denain, qui se dirige de la rue Lafayette, vers le milieu de la Place de Roubaix, ménagée devant la façade ; la rue de Compiègne, conduisant à la Cour de Départ ; la rue de Saint-Quentin, menant à la Cour d'Arrivée. Je fis ouvrir ces deux dernières voies selon ses indications, et il me joua le tour de changer ensuite le plan de sa construction et de déplacer l'entrée des cours de Départ et d'Arrivée, qui ne sont plus en face des rues y conduisant.

Pareille chose m'arriva quand M. le Comte Walewski remplaça M. Fould au Ministère d'État.

M. Fould avait fait dresser un projet du Nouvel Opéra par M. Rohault de Fleury, architecte de l'ancien Opéra, mis en rapport avec moi pour ce travail.

Après approbation des plans, M. Fould conclut avec la Ville un traité qui la chargeait de l'expropriation des terrains nécessaires à l'emplacement du théâtre et des bâtiments l'entourant de trois côtés ; à l'établissement de la grande place sur laquelle s'élevait, comme aujourd'hui, la façade principale, et de celles qu'on voit sur les côtés et le derrière du monument, où débouchaient la Cour de l'Empereur, la Cour des Abonnés et la Cour de l'Administration ; enfin, à l'ouverture des rues Auber, Scribe, Halévy et Meyerbeer, qui, reliant ces diverses places, encadraient les autres parties

Pages suivantes : l'église Saint-Germain-l'Auxerrois.

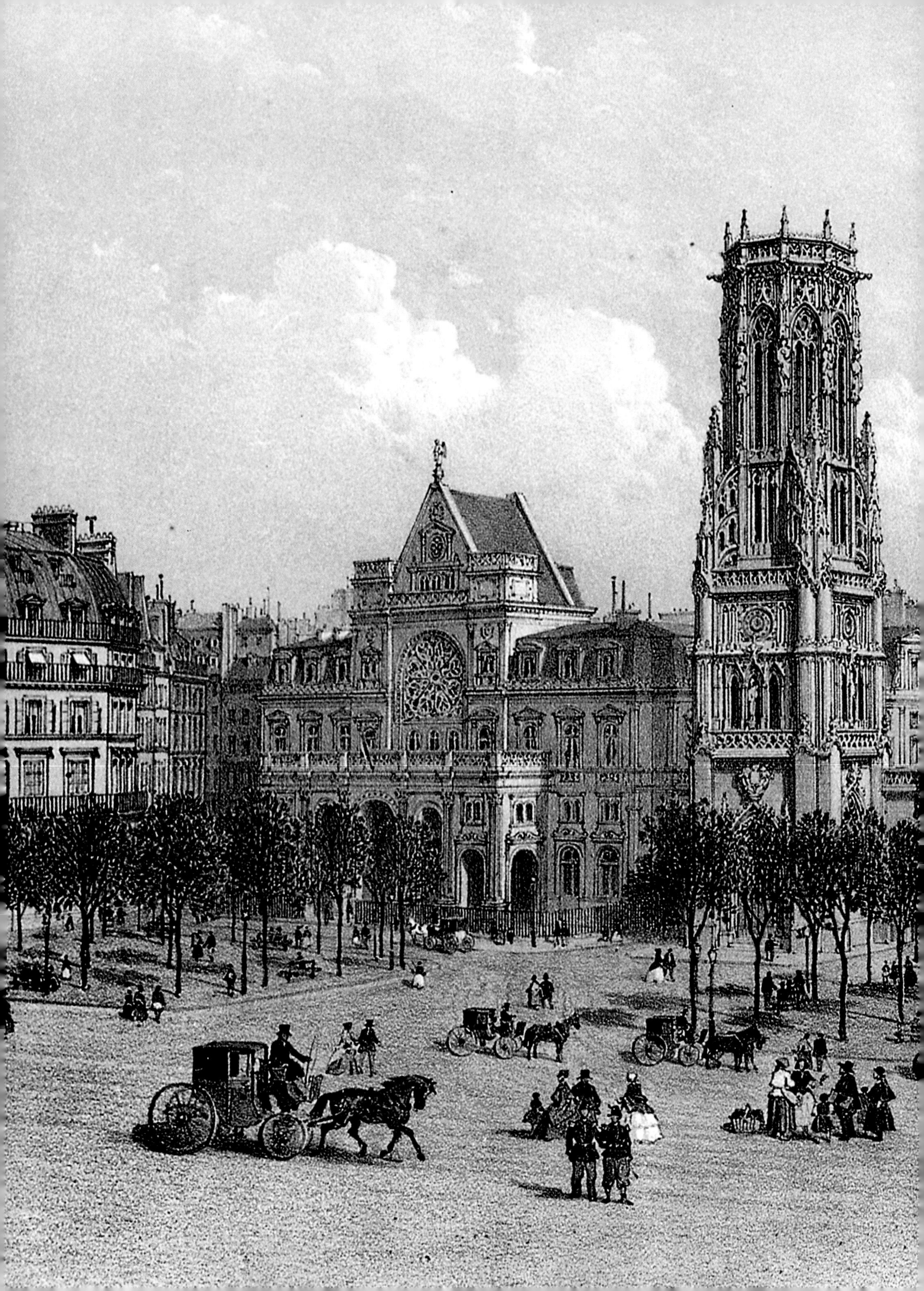

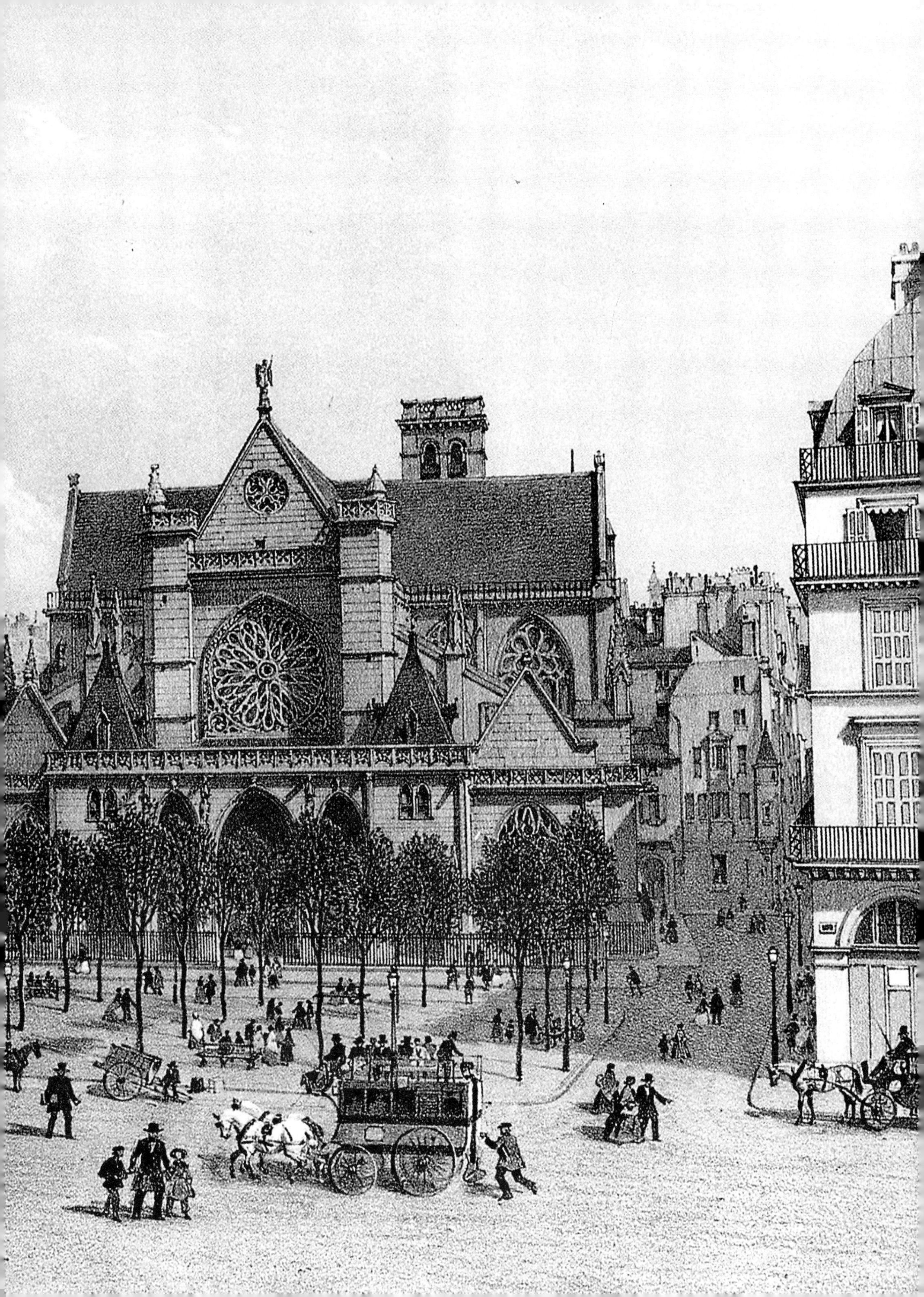

de cet énorme ensemble de constructions, affectant la forme octogonale.

Les expropriations ont lieu ; les voies publiques demandées sont établies ; des constructions privées, — le Grand Hôtel entre autres, — s'élèvent suivant le type fourni par l'Architecte de l'État, type se raccordant avec celui de ses bâtiments secondaires.

Cependant, une question de budget retarde la mise à exécution des plans adoptés. M. Fould est remplacé ; son successeur, sans tenir compte de cette approbation, ni des faits accomplis, ouvre un concours. Le projet de M. Charles Garnier, alors Architecte Ordinaire de la Ville, aujourd'hui mon très aimable confrère à l'Institut, l'emporte, et quand son Opéra s'élève triomphalement au fond de la Place ménagée sur le Boulevard des Capucines, dans l'axe de l'Avenue Napoléon (maintenant, Avenue de l'Opéra), il se trouve médiocrement en harmonie, pour ne rien dire de plus, avec le cadre préparé pour un autre monument, et l'architecture imposée à toutes les maisons voisines n'a plus de raisons d'être !

Nouvelle organisation

La réforme radicale du Service d'Architecture, dont je reconnus bientôt la nécessité, ne pouvait être l'œuvre d'un jour. Il me fallait y procéder graduellement, par une transformation successive de l'ancien état de choses.

Selon mon habitude, je voulus, avant tout, me rendre bien compte du fonctionnement de tous les rouages de ce service, et de la valeur propre de chacun des hommes que j'avais à ma disposition ou dont je pouvais m'assurer le concours. Cette double étude me fit comprendre que, même pour unifier les diverses branches de l'entretien et, à plus forte raison, pour ramener sous une direction commune les travaux neufs de toute nature, je devrais user de ménagements infinis.

Je commençai par débarrasser M. Baltard de la plus grande partie de ses occupations courantes ; mon intention était de le placer à la tête de l'ensemble du service. Je ne lui laissai plus en dehors des grands travaux qu'il achevait, que l'entretien de l'Hôtel de Ville et des Édifices Religieux, et les Beaux-Arts. Je fis des Écoles, des Salles d'Asile communales et des Ouvroirs une section distincte, et j'en confiai l'entretien à M. Uchard, Grand-Prix de Rome, attaché depuis longtemps à la Ville. Quant aux établissements d'Instruction Supérieure et Secondaire, j'en formai avec les Mairies et la Bourse, dont je déchargeai M. Foy, une section nouvelle, dont M. Bailly devint le chef.

Je réservai les travaux neufs les plus considérables aux architectes déjà connus, dont les œuvres antérieures m'offraient les meilleures garanties, et je répartis les moindres entre le plus grand nombre possible d'artistes, choisis parmi ceux qui, dans des rangs secondaires, faisaient preuve de capacités spéciales, ou parmi les architectes d'avenir, notamment, les jeunes Grands-Prix de Rome dont un certain stage, dans les agences de grands travaux, avait mis en relief les aptitudes.

Service ordinaire

Après l'extension des limites de Paris, qui m'obligeait à prendre désormais les distances en très grande considération dans le règlement des attributions des fonctionnaires de tout ordre, je résolus de diviser le Service Ordinaire d'architecture dans la Ville (le Service Permanent), non plus par nature de monuments et d'édifices, mais par sections territoriales comprenant chacune deux des vingt nouveaux arrondissements. C'était, du reste, l'application à Paris du système précédemment adopté pour les arrondissements de Saint-Denis et de Sceaux, qui demeurèrent confiés, l'un à M. Lequeux, l'autre à M. Naissant, mais bien diminués d'importance par l'annexion à Paris des communes ou portions de communes comprises dans le Mur d'enceinte des Fortifications.

Or, M. Baltard était devenu Directeur du Service, et M. Bailly, Architecte en chef divisionnaire, avec MM. Gilbert, Duc et Ballu. D'un autre côté, MM. Foy, Jolivet et Ménager, anciens architectes de sections, d'abord, avec M. Baltard seul, puis, avec MM. Baltard, Uchard et Bailly, avaient pris leur retraite.

M. Uchard restait donc seul de l'organisation précédente. Il fut mis à la tête de la première des nouvelles sections territoriales.

Je lui donnai pour collègues M. Huillard-Roger, que recommandaient à mon attention de très bons services antérieurs ; M. Caillat qui avait fait, de concert avec M. Leroux de Lincy, la remarquable monographie de l'Hôtel de Ville ; MM. Gancel, Garnier, Godebœuf, Le Bouteux, et Vaudremer, cinq Grands-Prix de Rome, et M. Janvier, jeune artiste de grand talent, employé précédemment, avec eux, comme architecte-inspecteur d'agences.

Ces dix élus reçurent le titre d'architectes ordinaires de la Ville.

M. Garnier justifia bientôt sa nomination en devenant, après un concours solennel, architecte de l'Opéra.

Je le remplaçai par un autre de nos jeunes architectes-inspecteurs, qui lui avait sérieusement disputé la palme de ce concours, M. Ginain, comme lui, Grand-Prix de Rome.

MM. Garnier et Ginain sont aujourd'hui mes confrères à l'Institut, comme M. Vaudremer, leur ancien collègue d'alors ; comme M. Bailly, l'un des quatre architectes en chef du nouveau Service ; comme le furent les trois autres : MM. Gilbert, Duc et Ballu, et leur Directeur commun, M. Baltard.

Ces divers choix de l'Académie des Beaux-Arts sont venus successivement sanctionner les miens.

En 1864, je dus porter de 10 à 14 le nombre des sections territoriales et des architectes ordinaires de Paris, dont six seulement restèrent chargés de deux arrondissements.

Les quatre architectes-inspecteurs promus, cette fois, Chefs de Sections, étaient MM. Bonnet, Grand-Prix de Rome, Train, Villain et Varcollier, fils de l'ancien Chef de Division devenu Conseiller de Préfecture de la Seine.

A partir de 1866, chaucun des vingt arrondissements eut son architecte ordinaire.

Les six nouveaux postes furent attribués à MM. Chat, Dejean, Hénard, Lucas, Radigon et Salleron.

Les Architectes ordinaires des vingt arrondissements de Paris et des arrondissements de Saint-Denis et de Sceaux, et les architectes de tout ordre et de toute origine chargés de travaux neufs, relevaient des architectes en chef divisionnaires, qui se trouvaient placés eux-mêmes sous l'autorité du Directeur, M. Baltard.

Tous les projets de travaux, quelle qu'en fût la nature, étaient soumis au Conseil d'Architecture, composé du Directeur, Président, et des quatre Architectes en chef, entre lesquels les diverses parties du Service, groupées en grandes divisions, étaient réparties.

Quand l'exécution de ces projets exigeait le concours d'artistes sculpteurs ou peintres, ils étaient communiqués à la Commission des Beaux-Arts que j'avais instituée à l'Hôtel de Ville et qui siégeait sous ma présidence ; elle comprenait des conseillers municipaux, des membres de l'Institut et des fonctionnaires d'un ordre élevé. Cette Com-

Charles Garnier.

Pages suivantes : l'Hôtel de Ville, la salle du Trône.

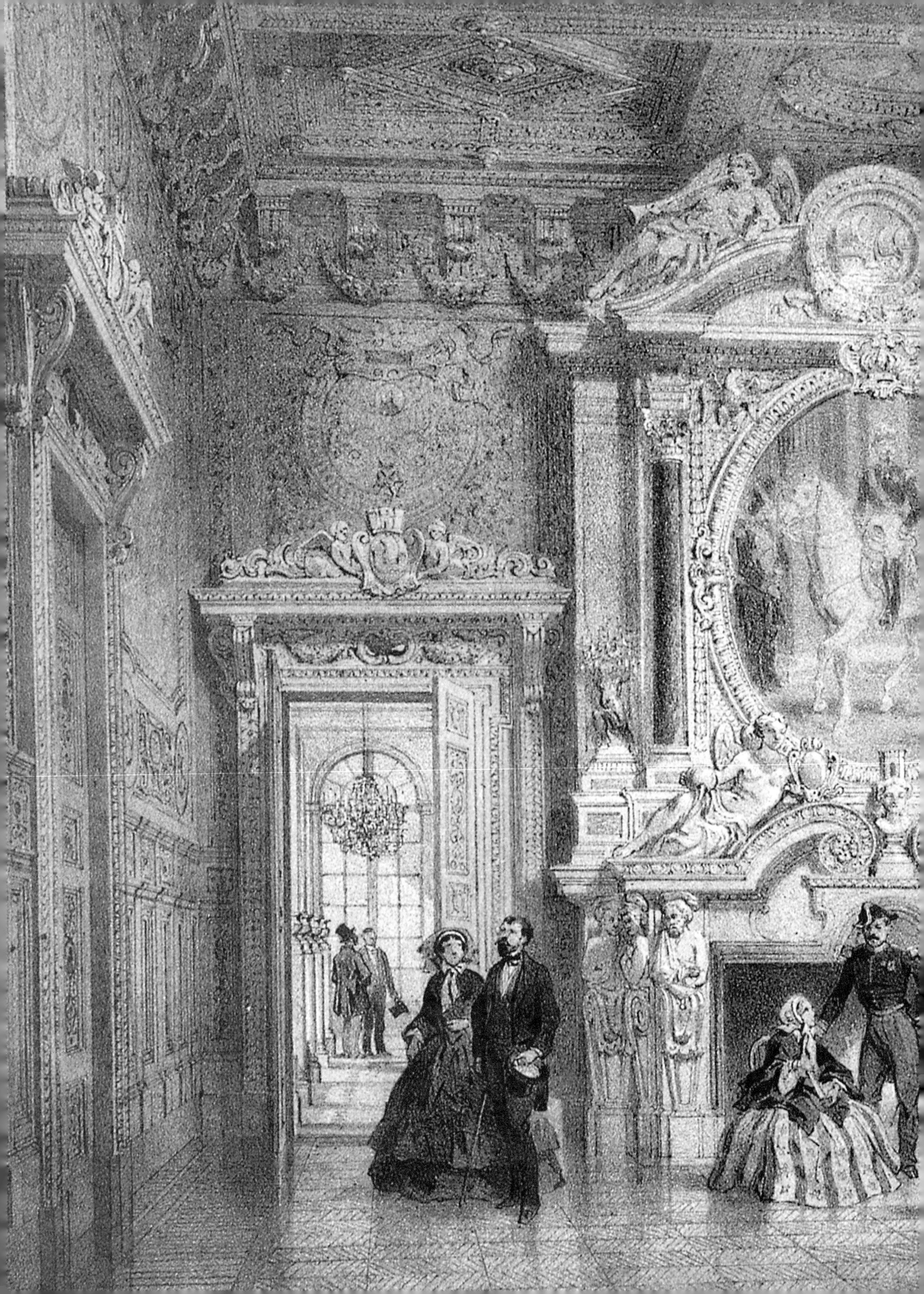

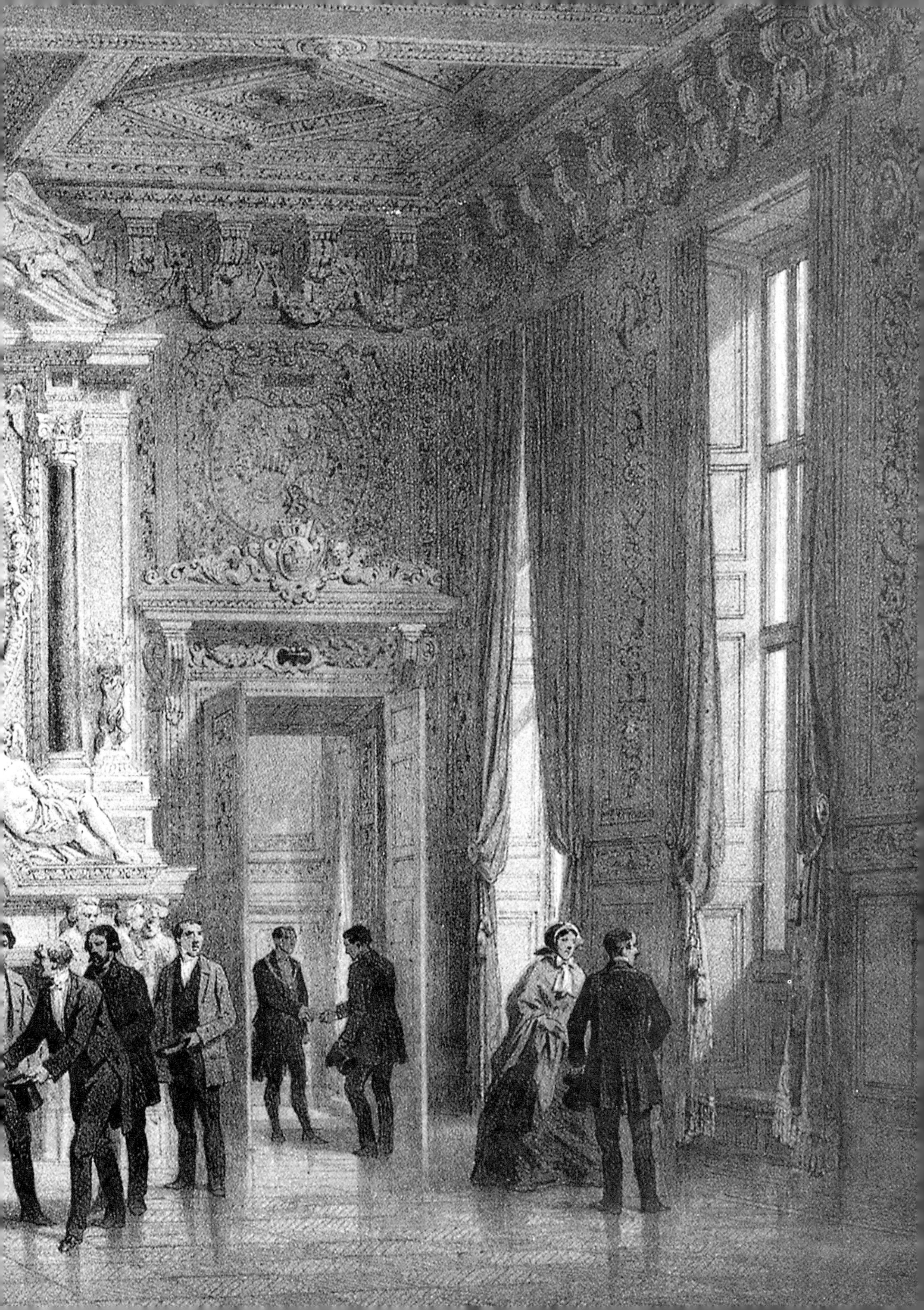

mission donnait son avis sur le choix des artistes à qui la Direction me proposait de faire des commandes, sur les esquisses ou maquettes que ces artistres devaient présenter, avant toute exécution, et sur la réception de leurs œuvres.

Lorsque les projets approuvés par le Conseil d'Architecture me laissaient quelque doute sur leur valeur, ou que je prévoyais des critiques sérieuses, je priais le Ministre compétent de consulter la Commission des Bâtimens civils et de me faire connaître ses conclusions.

M. Baltard avait, pour l'entretien de l'Hôtel de Ville et le détail des Fêtes, le concours d'un architecte spécial, M. Pellieux, assisté d'un inspecteur, et, pour les Beaux-Arts, celui d'un autre architecte, M. Perron.

Comme le Directeur du Service Municipal des Travaux Publics, M. Baltard ne dirigeait pas seulement le service technique d'architecture. Il avait aussi dans ses attributions le travail des Bureaux de l'Hôtel de Ville auquel ce service ressortissait, et qui formaient, au nombre de trois, une Section, sous les ordres de M. Michaux, ancien Sous-Chef de mon Cabinet.

A la Direction était attachés, comme dessinateurs, un architecte ayant rang d'Inspecteur et trois Sous-Inspecteurs.

Chacun des quatre Architectes en chef divisionnaires avait, comme dessinateur, un Architecte-Inspecteur.

Chaque Architecte Ordinaire était assisté d'un Architecte-Inspecteur de travaux.

Tout ce personnel, hiérarchiquement organisé, qui formait le Service permanent d'Architecture, jouissait d'appointements fixes, sujets à retenues en vue des retraites qui lui étaient assurées. Il se devait tout entier à la Ville et ne pouvait entreprendre de travail extérieur qu'en vertu d'une autorisation spéciale.

Grands Travaux

Quant au Service des Travaux neufs, que je prenais parmi les architectes que je jugeais les plus capables, soit du Service permanent choisi de préférence, sans distinction de rang, soit du dehors, on comprend que son organisation variait incessamment, suivant le nombre, l'importance et la durée de ces travaux. On le nommait, par opposition, le service temporaire.

Dans aucun cas, les travaux neufs ne donnaient droit à des honoraires proportionnels à la dépense.

Lorsque j'y employais des architectes du Service permanent, ou, comme je l'ai fait plusieurs fois avec succès, l'architecte du Service des Promenades et Plantations, M. Davioud ; ou bien encore, des Architectes-Voyers en qui j'avais reconnu des aptitudes spéciales pour des œuvres déterminées ; en un mot, des fonctionnaires appointés de la Ville à qui tout leur temps appartenait, on leur allouait une rémunération exceptionnelle en rapport avec cette aggravation de leurs occupations ordinaires.

Quand il s'agissait d'architectes étrangers à mon administration, leur rémunération, naturellement plus élevée, était fixée dans l'arrêté qui les désignait. Elle pouvait être accrue, l'œuvre achevée, par une décision spontanée de l'Administration ; mais, aucun accroissement des dépenses, à moins qu'il ne fût le résultat d'un développement du projet demandé par elle, ne pouvait donner lieu à une allocation supplémentaire.

J'ai dit que, pour chaque chantier, on formait une agence spéciale, composée d'un nombre variable d'inspecteurs, sous-inspecteurs et dessinateurs.

Contrôle

Ce n'était pas une petite difficulté de maintenir, dans le double personnel du Service permanent et du Service temporaire, des habitudes d'ordre et de ponctualité. Les chefs n'avaient pas assez d'autorité personnelle sur leurs subordonnés, quand c'étaient d'anciens camarades d'École, ou de sévérité, lorsqu'ils retrouvaient en eux d'anciens élèves. Quant aux dépenses, à titre d'artistes, les uns et les autres en avaient un médiocre souci. J'ajoute qu'ils n'avaient pas, en général, toutes les connaissances désirables pour la rédaction d'un devis, ni l'application attentive et minutieuse qu'exige la vérification d'un mémoire.

Je dus créer, d'abord, un Service de contrôle des travaux, composé d'un Architecte, Contrôleur en Chef, M. Renaud, et de quatre Architectes Contrôleurs, dont les rapports devaient passer sous mes yeux avant d'être remis au Directeur : en effet, je suspectais avec d'autant plus de raison la sévérité de M. Baltard, que ce service avait été institué contrairement à son avis.

Puis, je fondai une Commission de Révision des devis, à la tête de laquelle fut placé M. Dommey, le premier collaborateur de M. Duc pour les travaux du Palais de Justice. Elle était composée, sous sa Présidence, d'un Réviseur en chef, M. Ferré, et de quatre Réviseurs.

Enfin, je donnai une organisation régulière au Service de Vérification des mémoires, qui, du reste, existait en germe, et je le composai de vingt vérificateurs dans Paris (un pour chaque arrondissement) et de deux pour les arrondissements de Saint-Denis et de Sceaux, placés sous la direction de M. Forget, Réviseur en chef, assisté de quatre Réviseurs divisionnaires.

On voit combien j'étais fondé à dire que la Ville employait plus d'Architectes que d'Ingénieurs.

MM. Baltard et Hittorff, auxquels j'ai consacré des notices très développées dans le Chapitre précédent, et MM. Duc et Ballu, qui me furent présentés immédiatement après eux par le vénérable M. Lesueur, lors de ma réception du Personnel du Service d'Architecture, après mon entrée en fonctions, étaient seuls chargés de l'exécution de Grands Travaux, en 1853.

A l'égard de MM. Baltard et Hittorff, dont la situation et la renommée faisaient, à cette époque, les têtes de colonne de ce Personnel, j'ai donné l'énumération détaillée des constructions qu'ils achevaient et de celles qui leur furent confiées ultérieurement.

Je vais, d'abord, faire de même au sujet de MM. Duc et Ballu. Puis, je passerai successivement en revue les nouveaux édifices que je fis entreprendre par d'autres architectes éminents.

M. Duc

En 1853, M. Duc, Grand-Prix de Rome, n'était pas encore Membre de l'Institut ; mais, il le devint bientôt après.

Cet habile Architecte avait élevé, sous le Gouvernement de 1830 et de concert avec M. Alavoine, la Colonne de Juillet, et restauré, plus récemment, avec le concours de M. Dommey, la Tour de l'Horloge du Palais de Justice, à l'angle de la rue de la Barillerie et du quai du Châtelet. Je le trouvai chargé de l'agrandissement et de l'isolement de ce Palais. Comme on a pu le voir dans un des Chapitres du Second Volume, cette opération était faite au compte de l'État pour la Cour de Cassation et la Cour Impériale ; du Département pour le Tribunal de Première Instance, et le Dépôt des Détenus, et de la Ville pour le Tribunal de Simple Police.

Il avait, cette fois encore, M. Dommey comme collaborateur. En 1861, lorsque celui-ci devint chef du Service de rédaction et de révision des devis dans la direction d'architecture de la Ville, ce fut M. Daumet, aujourd'hui mon confrère à l'Académie des Beaux-Arts, qui le remplaça.

M. Duc était un grand artiste et un homme des mieux élevés, avec lequel les rapports de service étaient aussi agréables que faciles.

Je n'ai pas à faire l'éloge de son talent : il me suffit de rappeler que le Grand Prix d'Architecture (Prix de 100 000 francs), donné par l'Empereur, lui fut décerné par ses pairs.

De concert avec M. Vaudoyer, Architecte indiqué par M. Fortoul, Ministre de l'Instruction Publique, M. Duc fut désigné pour la reconstruction et l'agrandissement de la Sorbonne, à frais communs entre la Ville et l'État. Mais après la pose de la première pierre, solennellement faite par le

Pages suivantes : le Palais de Justice, façade sur le boulevard de Sébastopol (aujourd'hui boulevard du Palais).

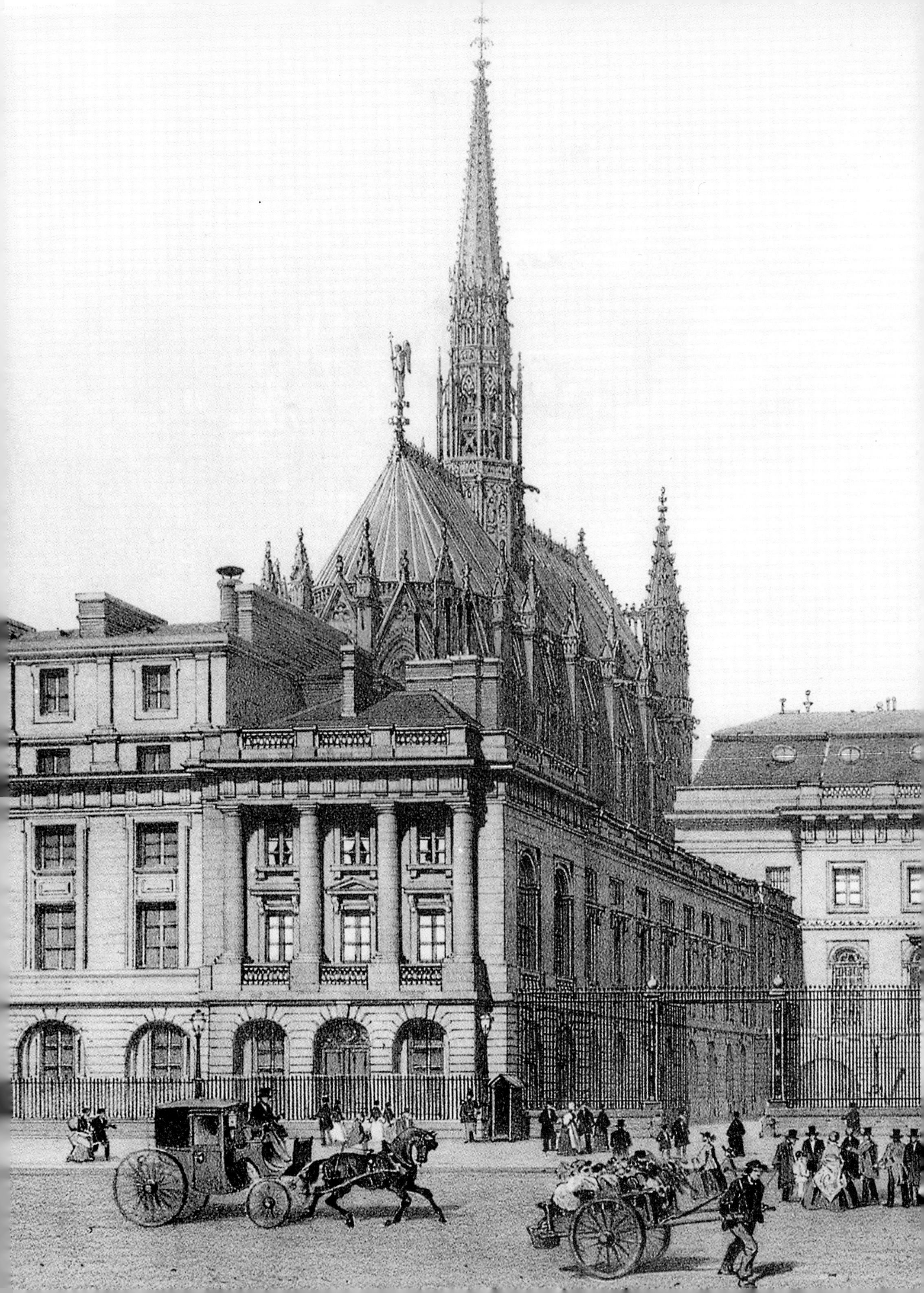

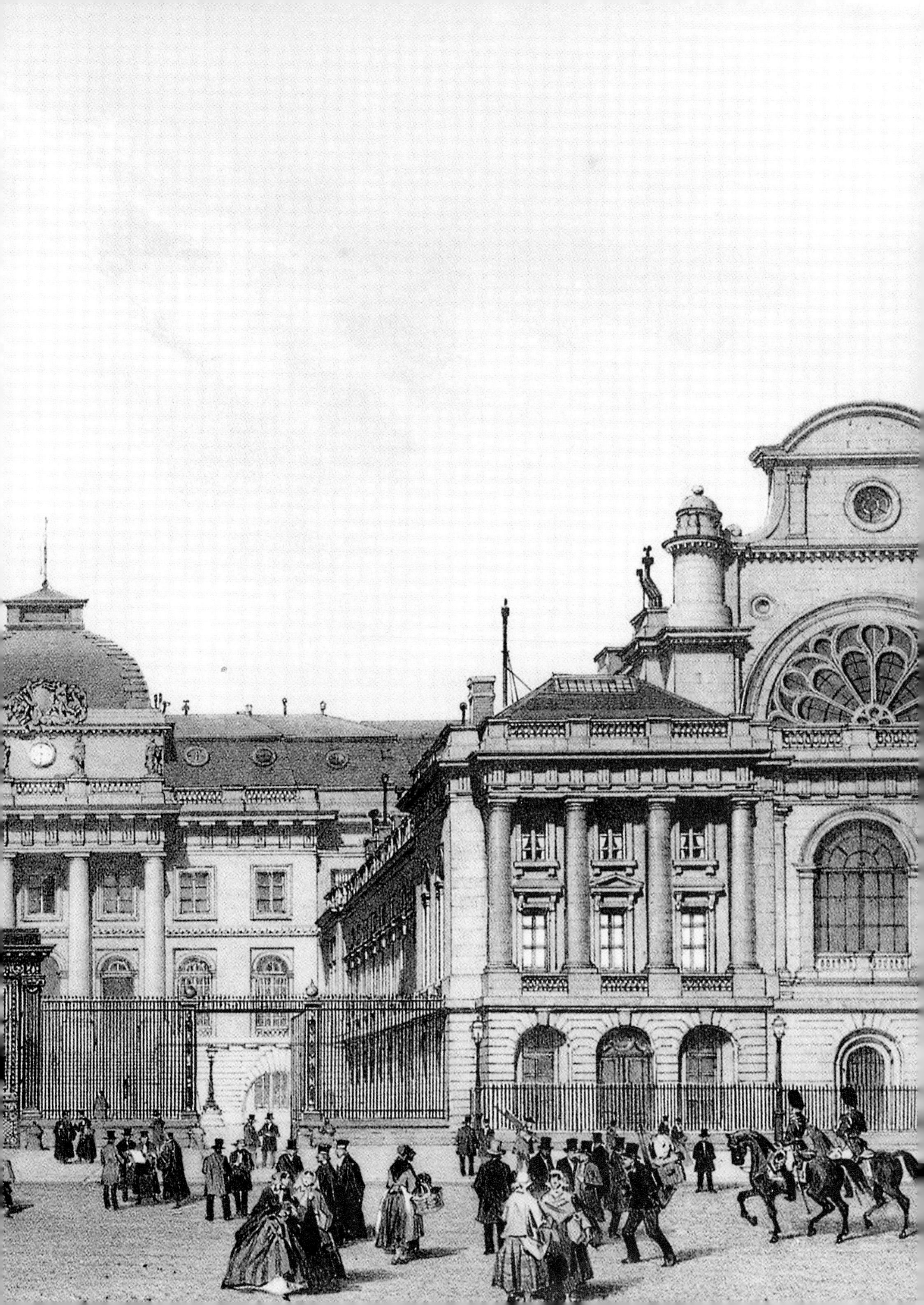

Ministre à l'issue d'une distribution des Prix du Concours général, en 1855, il ne put donner suite à ce beau projet né de cette collaboration de deux artistes émérites, faute d'inscription de la subvention promise au budget de l'État, malgré mes réclamations incessantes.

Une autre raison mit également obstacle à l'exécution du projet de reconstitution du Lycée Louis-le-Grand, que je lui avais fait dresser.

Lors de la translation de l'Hospice des Incurables (Femmes) de la rue de Sèvres à Ivry, les vastes bâtiments de cet établissement magnifique, aux cours bien aérées et plantées de beaux arbres, me semblèrent ne pouvoir être mieux utilisées qu'à l'installation du Lycée qui manquait au Faubourg Saint-Germain. Je me proposai d'y placer Louis-le-Grand.

L'agglomération, dans le quartier Latin, de trois des cinq Lycées Impériaux de Paris, du Collège Municipal Rollin, de l'Institution libre de Sainte-Barbe, sans parler du Collège des Jésuites de la rue des Postes, me paraissait regrettable à tous égards, surtout au point de vue de l'externat. Déjà était décidée la translation du collège Rollin à l'Avenue Trudaine sur le versant de la Butte Montmartre, à égale distance des Lycées Bonaparte (aujourd'hui Condorcet) et Charlemagne. Je croyais plus que suffisant de conserver Henri IV, Saint-Louis et Sainte-Barbe sur la Montagne Sainte-Geneviève. Mais la routine, décorée du nom de tradition, l'emporta, cette fois. Après bien des péripéties, mon projet fut écarté.

Dans ces derniers temps, il a fallu créer un nouveau Lycée pour le Faubourg Saint-Germain, boulevard des Invalides et maintenant (ô sainte routine !) on reconstruit Louis-le-Grand sur l'emplacement trop exigu et peu sain qu'il occupait.

Je fus heureux de faire accepter à M. Duc le poste d'Architecte en chef divisionnaire de la Ville dans mon organisation du Service Municipal d'Architecture.

M. Davioud

Cet habile Architecte remplissait, dans son Service, un rôle assimilable, comme je l'ai dit plus haut, à celui d'un Architecte en chef divisionnaire.

Ailleurs, j'ai parlé des charmantes constructions que lui doivent le Bois de Boulogne, le Bois de Vincennes, les Parcs Monceau, des Buttes-Chaumont et de Montsouris, et les nombreux jardins et squares créés dans Paris sous mon administration. Ce sont, pour la plupart, des œuvres de fantaisie, bien plus que des œuvres d'art. Mais je dois citer ici ses travaux et les monuments qu'il a construits, sous la direction et le contrôle du Service d'architecture.

Elève de l'Ecole des Beaux-Arts, M. Davioud n'était pas un Prix de Rome ; mais il ne s'en fallait que d'un degré, car il avait remporté un second Grand-Prix d'Architecture, et, sans sa mort prématurée, les portes de l'Institut lui auraient été certainement ouvertes. C'était, en effet, un grand artiste.

Il se trouvait dans le Service du Plan de Paris quand, sur la désignation de son chef, M. Deschamps, un autre ancien élève de l'Ecole des Beaux-Arts, et lui-même architecte de valeur, je le donnai pour collaborateur à M. Alphand.

Le premier grand travail dont je le chargeai spécialement, hors de ses fonctions propres, fut la fontaine décorative du vaste pan coupé remplaçant l'angle des Boulevards Saint-Michel et Saint-André, juste en face du Pont Saint-Michel reconstruit, abaissé, notablement élargi, dans le fond de la place qui lui sert de débouché. Le choix de M. Davioud pour une œuvre de cette importance avait été déterminé par le beau caractère de sa fontaine du square des Arts-et-Métiers.

Mes contemporains peuvent seuls témoigner de l'aspect misérable de l'ancienne Place du Pont-Saint-Michel vue du haut du vieux pont qui se dressait en forme de pupitre, lorsque, jeune étudiant en Droit, voilà plus de soixante ans, j'avais à le passer chaque jour pour aller répondre à l'appel des professeurs de ce temps lointain : MM. Delvincourt, Ducauroy, Blondeau, Bugnet, Cotelle, Pardessus et autres !

Parti le matin dès sept heures, du quartier de la Chaussée-d'Antin, que j'habitais avec ma famille, je gagnais d'abord, après bien des détours, la rue Montmartre et la Pointe Saint-Eustache ; je traversais le carreau des Halles, alors à ciel ouvert, au milieu des grands parapluies rouges des marchandes de poisson ; puis, les rues des Lavandières, Saint-Honoré et Saint-Denis ; la place du Châtelet était bien mesquine à cette époque, et la renommée du restaurant du « Veau-qui-Tette » en éclipsait les souvenirs historiques ; je franchissais le vieux Pont-au-Change que je devais plus tard faire également reconstruire, abaisser, élargir ; je longeais ensuite l'ancien Palais de Justice, ayant à ma gauche l'amas ignoble de tapis francs qui déshonorait naguère encore la Cité, et que j'eus la joie de raser plus tard, de fond en comble, - repaires de voleurs et d'assassins, qui semblaient là braver la Police correctionnelle et la Cour d'Assises. Poursuivant ma route par le Pont Saint-Michel, il me fallait franchir la pauvre petite Place où se déversaient, comme dans un cloaque, les eaux des rues de la Harpe, de la Huchette, Saint-André-des-Arts et de l'Hirondelle, au fond de laquelle apparaissait, comme une discordance, l'enseigne du célèbre parfumeur Chardin. Enfin, je m'engageais dans les méandres de la rue de la Harpe, pour gravir ensuite la Montagne Sainte-Geneviève et arriver, par le passage de l'Hôtel d'Harcourt, la rue des Maçons-Sorbonne, la Place Richelieu, la rue de Cluny et la rue des Grès, sur la Place du Panthéon, à l'angle de l'Ecole de Droit !

La belle perspective de la Fontaine Saint-Michel, qu'on a maintenant du nouveau pont, en arrivant sur la Place, agrandie, relevée, assainie et encadrée de maisons magnifiques, est ma revanche du mélancolique spectacle que je dus affronter quatre ans de suite pour conquérir mes grades.

M. Davioud eut comme collaborateurs pour la décoration de sa nouvelle Fontaine : MM. Duret, membre de l'Institut, pour le groupe de l'Archange terrassant le Démon ; M. Guillaume, Grand-Prix de Rome, devenu depuis son confrère à l'Académie des Beaux-Arts ; M. Barre, M. Elias Robert et M. Gumery, aussi Grand-Prix de Rome, pour les statues des Vertus Cardinales (la Force, la Prudence, la Justice et la Tempérance) qui surmontent les chapiteaux des colonnes ; M. Auguste Debay, autre Grand-Prix de Rome, pour les figures du fronton ; enfin, Mme Claude Vignon, pour les rinceaux de la frise d'entablement.

La dépense totale s'est élevée à 500 000 francs.

On peut trouver que les parties saisissantes du Monument auraient plus de valeur avec un peu plus de relief. Mais je tins grand compte à M. Davioud de la solution complète du problème difficile qui lui était posé : masquer absolument les pignons, les croupes et les souches de cheminées des hautes maisons auxquelles la fontaine est adossée.

C'est pourquoi je lui ai confié volontiers l'exécution de plusieurs autres fontaines monumentales, se rattachant plus ou moins à son service spécial, savoir :

Celle qui dut remplacer l'ancien Château-d'Eau, reconnu de proportion insuffisantes pour l'étendue nouvelle du grand carrefour de ce nom, et transporté, sous mon Administration, dans le Marché aux Bestiaux de la Vilette. A son tour, l'œuvre de M. Davioud fit place à la statue de la République. Elle est maintenant à Vincennes ;

Celle de l'Observatoire qui termine le second des squares établis sur le sol de l'Avenue conduisant jadis du Luxembourg à cet établissement ;

Enfin, celles qui décorent les plateaux plantés dont je fis ménager les emplacements des deux côtés du débouché de l'Avenue de l'Opéra sur la Place du Théâtre-Français.

Le nouveau Château-d'Eau, qui rappelait l'ancien, avait été placé droit en face de la Caserne et dans l'axe du Boulevard du Prince-Eugène, au point où l'on voit maintenant cette énorme statue

Pages suivantes : le Palais des Beaux-Arts.

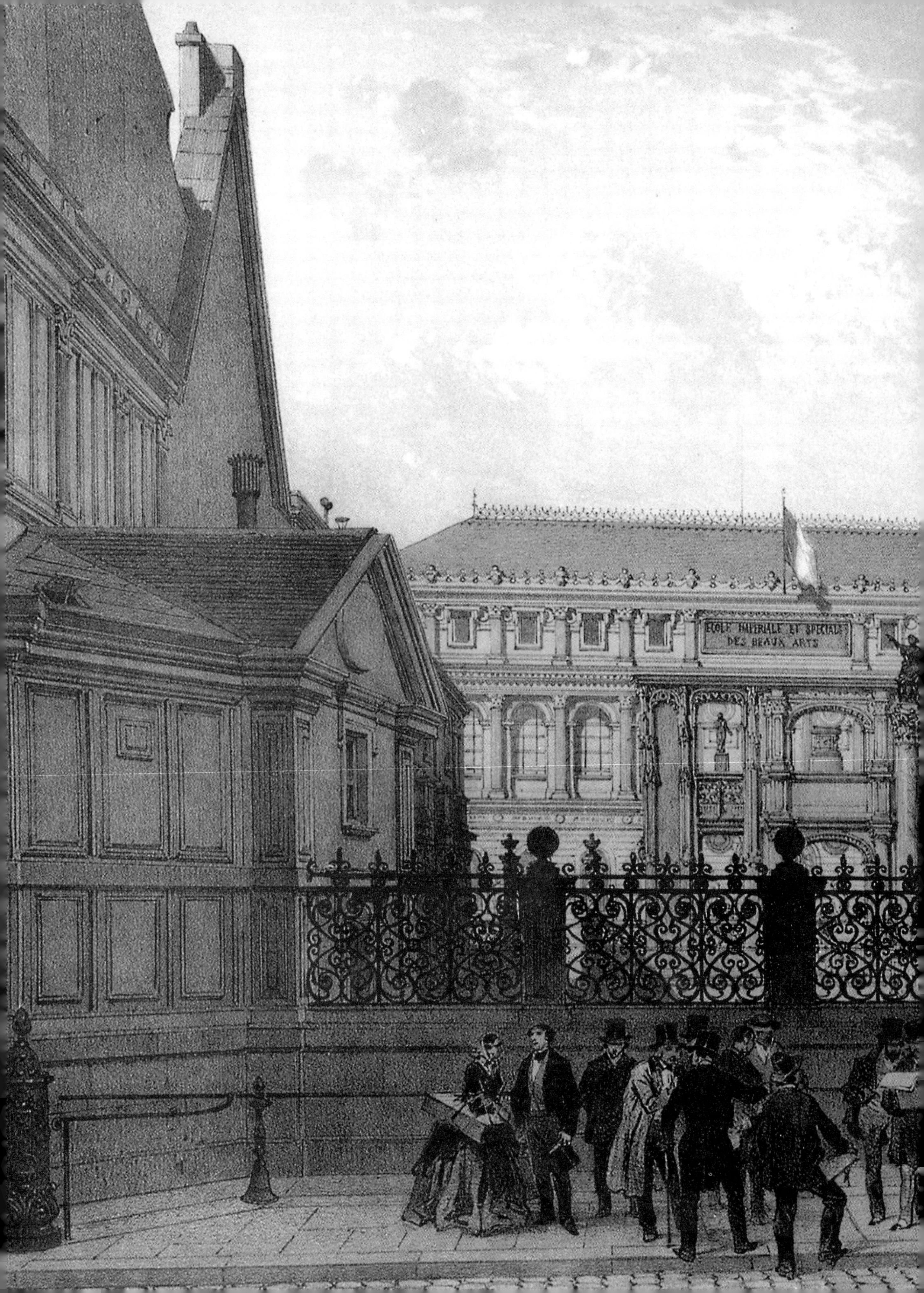
ECOLE IMPERIALE ET SPECIALE
DES BEAUX ARTS

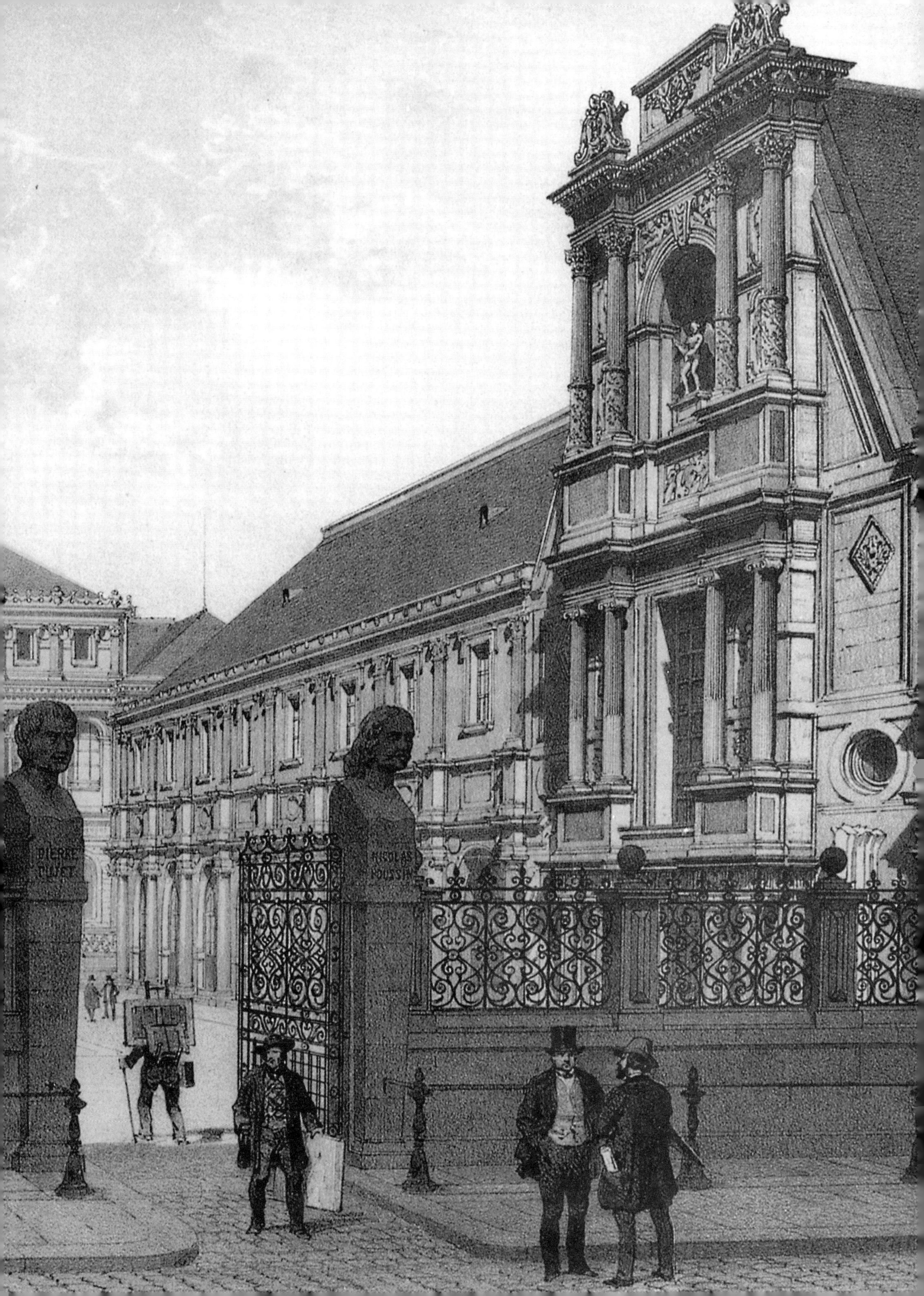
PIERRE
NICOLAS POUSSIN

de la République, un peu bien massive. Toute prévention politique à part, il y produisait un effet plus heureux et une fraîcheur très appréciable l'été.

Ses vasques, graduées, alternaient avec des corbeilles de plantes vertes et de fleurs, rappelant certaines fontaines de Provence, dont j'avais conservé une agréable impression. Elles étaient flanquées des lions de bronze traditionnels, œuvres de Jacquemard.

La dépense n'excéda pas 240 000 francs.

La fontaine de l'Observatoire coûta moins encore (200 000 francs). Cependant elle a plus d'importance artistique.

Une sphère céleste, soutenue par des statues de Carpeaux, représentant les quatre parties du monde, en forme le motif dominant.

Tout en rendant justice à cette grande composition, je lui préfère les fontaines modestes, mais si élégantes de la Place du Théâtre-Français, dont les nymphes, dues aux ciseaux de MM. Carrier-Belleuse et Mathurin Moreau, sont extrêmement gracieuses. Que les proportions de ces petits monuments ne soient pas tout à fait en rapport avec celles des emplacements qu'elles occupent, c'est possible ; mais je n'en suis pas choqué.

La dépense de ces deux fontaines monte à 500 000 fr.

Je passe sous silence comme n'ayant aucun caractère artistique les deux fontaines occupant les angles de la place de la Madeleine et celles du Rond-Point des Champs-Elysées.

M. Davioud fut encore chargé par moi de déplacer la belle fontaine de la Place du Châtelet, dite du Palmier, qui ne se trouvait plus dans l'axe du nouveau Pont au Change, ni même au milieu de la Place, considérablement agrandie pour donner passage au Boulevard de Sébastopol, d'une part, et à la rue Saint-Denis élargie, de l'autre.

Il réussit, après avoir soulevé en bloc tout le monument, à le faire glisser jusque sur ses nouvelles fondations, sans compromettre en rien l'aplomb de sa colonne et de la victoire qui la surmonte.

M. Duban, membre de l'Institut et du Conseil Municipal, qui avait bien voulu diriger le déplacement aux Halles, de la Fontaine des Innocents, restaurée par lui sous l'administration de M. le Comte de Rambuteau, l'avait fait démonter pièce par pièce, et reconstruire dans le petit square disposé pour la recevoir.

C'est sur cette même Place du Châtelet, où j'avais fait encadrer la Fontaine, remise au milieu d'un plateau planté d'arbres, que je pus donner à M. Davioud l'occasion de développer toutes les ressources de son talent, par la construction des deux Théâtres qui s'y font face.

On le sait : l'ouverture du Boulevard du Prince-Eugène entraîna le déblaiement de toute la portion du Boulevard du Temple où florissaient, à raison même de leur rapprochement, disait-on, l'ancien Cirque Olympique, devenu le Cirque Impérial, et la Gaîté, de date plus ancienne, – car elle fut fondée en 1759, pour servir aux représentations du célèbre Nicolet, vouée, malgré son nom, aux plus noirs mélodrames, – que flanquaient, d'un côté, le Théâtre-Lyrique égaré dans ces parages, et de l'autre, les Folies-Dramatiques, les Funambules, le Petit Lazari, les Délassements-Comiques et autres bouis-bouis oubliés.

La Ville n'eut pas à se préoccuper du remplacement plus ou moins désirable de ces derniers établissements.

Quant aux trois premiers, l'Empereur tenait à ce qu'elle assurât de nouvelles salles au Cirque, où se représentaient, concurremment avec des féeries, les grandes épopées militaires faisant vibrer la fibre patriotique des spectateurs, et à la Gaîté, scène populaire entre toutes. Le Théâtre-Lyrique, refuge des jeunes compositeurs, se recommandait par lui-même à ma sollicitude personnelle et à l'intérêt bienveillant des nombreux amis que l'Art Musical comptait à l'Hôtel de Ville.

Le percement du Boulevard de Sébastopol et du tronçon de la rue Réaumur compris entre les rues Saint-Denis et Saint-Martin, comme aussi le dégagement du Conservatoire des Arts et Métiers, qui m'avait fourni le prétexte d'un square dans ce quartier manquant d'air et de verdure, me permettaient de réinstaller la Gaîté sur un terrain libre allant d'une des rues bordant ce jardin à la rue Réaumur, et pas trop éloignée de sa clientèle ordinaire.

Le Cirque exigeait plus d'espace.

Or, le dénivellement de tout le quartier environnant la Place du Châtelet, motivé par l'abaissement à l'Est de la butte que dominait la Tour Saint-Jacques, et par le rechaussement, à l'Ouest, du quai de la Mégisserie et de ses abords, avait nécessité la démolition de toutes les maisons comprises, de la rue des Lavandières et la rue des Arcis, entre la ligne des quais et la rue de Rivoli.

L'Hôtel de la Chambre des Notaires, qui faisait le coin de la Place et du quai de la Mégisserie, a été reconstruit au fond de la Place dans l'axe du nouveau Pont au Change.

Quant au « Veau-qui-Tette », il disparut dans le bouleversement général.

Un grand parallélogramme d'une superficie d'environ 9 400 mètres carrés (près d'un hectare), formé par le prolongement de la rue Saint-Denis, le quai de la Mégisserie, la rue des Lavandières et l'Avenue Victoria, pouvait être affecté au Cirque.

Sur l'autre côté de la Place, un terrain de même largeur, mais beaucoup moins profond, circonscrit par le Boulevard de Sébastopol, le quai de Gesvres, une rue d'isolement (la rue Adam) et la portion de l'Avenue Victoria bordant le square Saint-Jacques, suffisait à l'installation du Théâtre Lyrique.

Le Conseil Municipal adopta ma proposition de replacer sur ces trois points les théâtres dont la suppression n'était pas jugée possible ; mais, ce ne fut qu'après bien des hésitations, surtout au sujet du Cirque et du Théâtre-Lyrique. Il comprit finalement qu'il fallait doter le centre de Paris, déshérité sous ce rapport dans le passé, de deux grands théâtres, facilement accessibles de toutes parts et bien à portée des Arrondissements de la Rive Gauche, auxquels l'Odéon ne pouvait suffire, même avec Bobino, le précurseur du Théâtre de Cluny.

C'était un acte équitable et, en même temps, une mesure de bonne édilité. Car ce centre de Paris, si plein de vie dans la journée, semblait mort le soir, et il convenait de ne rien négliger de ce qui pouvait maintenir l'animation qu'y ramenaient chaque semaine les brillantes réceptions de l'Hôtel de Ville.

Les théâtres de M. Davioud ont été fort discutés. Isolés de toutes parts, ils laissent trop voir les combles élevés, déplaisants à l'œil, dont toute scène est forcément surmontée, pour loger les grandes toiles de fond que les machinistes doivent enlever toutes droites, nul peintre décorateur n'ayant encore su découvrir le moyen de les faire souples, afin qu'on pût les rouler dans les frises.

Le Grand-Théâtre de Bordeaux, si généralement admiré, ce chef-d'œuvre de Louis, architecte du Théâtre-Français de Paris, a des combles bien autrement lourds que ceux des théâtres de la Place du Châtelet. Ils écrasent le reste de l'édifice quand on le voit à distance, comme le permet le voisinage inopportun des Allées de Tourny.

Le programme suivi par l'Architecte des théâtres de la Place du Châtelet, dont toute la responsabilité m'incombe, lui recommandait, comme disposition obligatoire, de border ses théâtres, aux angles et sur les faces latérales, de magasins et boutiques, se prêtant mal, sans doute, aux combinaisons de l'Art pur, mais dont la clientèle et surtout l'éclairage vivifieraient les alentours de ces monuments.

D'ailleurs, le produit de la location de ces magasins et boutiques devait alléger notablement les charges des baux que la Ville consentirait aux Directeurs.

Par la même raison, dans ces baux, la Ville conserva l'éclairage des théâtres à son compte, afin de faire profiter indirectement les locataires de la réduction de moitié que son traité avec la Compagnie Parisienne lui assurait sur le prix du gaz consommé.

Au Cirque, dont l'emplacement avait une grande profondeur, mon programme prescrivait un premier vestibule assez vaste pour abriter les « queues » de spectateurs attendant la distribution des billets et l'ouverture de la salle.

Au Théâtre-Lyrique, je dus me contenter d'une large marquise vitrée couvrant le trottoir.

Pour ces deux théâtres, comme pour la Gaîté, comme pour le Vaudeville, plus tard, il était recommandé, notamment, de multiplier les escaliers et de rendre indépendants ceux des étages supérieurs, afin de faciliter l'évacuation simultanée de toutes les parties de la salle, à la fin du spectacle ; de ménager le plus d'issues possible, pour éviter l'encombrement des foules à la sortie, en cas de paniques ; de remplacer les lustres, qui éborgnent les spectateurs des places hautes, et qui, déterminant des courants d'air de la scène au plafond ouvert, causant des pertes de sonorités regrettables, par des plafonds lumineux imités de ceux que j'avais vus à Londres, en 1855, dans le Palais de la Reine et au Parlement, et dont l'application se faisait alors dans notre Chambre des Députés ;

Intérieur du théâtre du Vaudeville.

enfin, d'établir un système de chauffage et de ventilation perfectionné, d'après les indications d'une commission spéciale constituée sous la Présidence du savant Général Morin, membre de l'Académie des Sciences et Directeur du Conservatoire des Arts et Métiers.

Mes instructions adressées à l'Architecte se résumaient ainsi :

« Faire des nouveaux théâtres des monuments dignes de la capitale de la France ; les construire solidement et les décorer richement ; leur donner des accès larges et faciles ; des salles vastes, bien éclairées, bien aérées, pour que le public y circule aisément, y séjourne commodément ; enfin, mettre à profit les progrès des industries modernes, pour rendre ces théâtres attrayants et confortables. »

Les appareils construits à très grands frais, suivant les indications longuement étudiés de la Commission spéciale de chauffage et de ventilation, marchaient à merveille ; mais ils exigeaient une surveillance attentive des conditions variables de la température et de l'aération des salles, afin de régler le jeu de leurs registres selon les oscillations du thermomètre et du manomètre, et, partant, un personnel spécial et une certaine dépense de charbon et de gaz, pour alimenter les calorifères et les foyers d'appel, dont les Directeurs se sont empressés de se décharger, sous tous les prétextes imaginables. Ils supprimèrent de même, pour épargner des frais minimes, l'usage des escaliers de dégagement des étages supérieurs. Ailleurs on a vu ce que peuvent coûter au public l'insouciance à son égard et la ladrerie de ces entrepreneurs.

Le nouveau Cirque Impérial devait avoir 3 600 places, au lieu de 2 400 que l'ancien contenait et le Théâtre-Lyrique, 1 800 au lieu de 1 400. L'Architecte a sur remplir cette condition, qui l'obligeait, au Cirque, à faire une salle dont aucun modèle n'existait nulle part.

Il résolut le problème en répudiant la forme du fer à cheval qu'affectent en général les salles des grands théâtres et qui permet de faire des deux groupes de loges d'avant-scène, en saillie sur le reste, d'importants sujets décoratifs ; il adoptait la forme semi-circulaire allongée qui élargit le *proscenium* et laisse voir, grâce à la suppression de ces groupes de loges, l'ensemble du spectacle, de toutes les places, distribuées en quatre amphithéâtres étagés autour de la salle. Un rang de baignoires, sous le premier de ces amphithéâtres, et un rang de loges sous le second rompent heureusement la monotonie qui pouvait résulter de ce parti pris.

Toute l'ossature de cette salle est en fer.

La scène, d'une largeur exceptionnelle et d'une longueur peu commune, s'ouvre, au besoin, sur une cour intérieure vitrée, par-dessus laquelle on peut encore en étendre la profondeur jusque dans le magasin de décors qui borde la rue des Lavandières.

La façade du Théâtre, sur la Place, est d'une belle ordonnance. Elle se distingue par une *loggia* ouverte, de cinq arcades, occupant la hauteur de deux étages au-dessus du premier vestibule ; celle du Théâtre-Lyrique, est un peu plus ornée.

Les statues qui la décorent sont de MM. Aiselin, Chatrousse, Chevalier et Robert. La statue du vestibule est de M. Girard.

Les sculptures de la façade du Théâtre-Lyrique sont de MM. Robert, Eude et Captier.

Les dispositions intérieures de ce dernier édifice ne trahissent pas la gêne causée à l'Architecte par le peu de profondeur de son emplacement. La salle, destinée à recevoir un public de moitié moindre et d'habitudes plus élégantes, à trois étages de loges, les baignoires non comprises, avant-scènes avec balcons, et galeries. Elle est richement décorée. Les proportions en sont parfaites, et l'aspect général plus agréable que celui de toute autre salle de Paris.

La grande composition du plafond a été peinte par M. Maillot.

Le nouveau Cirque a coûté 3 379 282 francs ; le nouveau Théâtre-Lyrique, 2 058 570,60 fr.

L'habileté avec laquelle M. Davioud avait su placer commodément 3 600 spectateurs dans la salle du Cirque, me fit songer encore à lui pour la construction d'un grand Orphéon, que je comptais établir sur la Place du Château-d'Eau, entre les Boulevards Saint-Martin et Magenta, en face du boulevard du Prince-Eugène.

Je voulais avoir, dans ce monument consacré à la musique populaire, une salle pouvant contenir 1 200 chanteurs, garçons et filles, choisis parmi les meilleurs élèves des classes de chant de toutes les écoles de Paris, et 10 000 auditeurs.

Le projet en fut complètement dressé, et j'ai pu en soumettre une maquette à l'Empereur.

M. Davioud l'utilisa plus tard, pour la construction de la salle, moins grande, du Trocadéro. Mais, là, sa rotonde à coupole se perd dans l'espace ; les galeries qui prolongent sa colonnade, à droite et à gauche, en amoindrissent, d'ailleurs, l'effet perspectif, et les hautes tours élevées des deux côtés l'écrasent. Le monument n'a pas le caractère grandiose qu'il aurait eu dans les limites relativement restreintes de la Place du Château-d'Eau, encadrée par les hautes constructions qui la bordent.

Une rue d'isolement, où se fut terminée la rue de Bondy, aurait été ouverte, en arrière, entre les deux Boulevards latéraux.

La salle n'aurait pas servi seulement aux séances périodiques de l'Orphéon. On l'eût ouverte aux « Concerts Populaires » fondés par le pauvre Pasdeloup, ce champion infatigable, persévérant jusqu'à la fin, ce martyr de l'Art Musical, que je m'honore d'avoir secondé sans relâche dans ses courageux efforts.

De plus, sur le théâtre où devaient se dresser les estrades des orphéonistes ou des exécutants des concerts populaires, on aurait fait représenter, entre temps, les chefs-d'œuvre du répertoire de nos grandes scènes lyriques, avec le concours de leurs artistes laissés libres par le spectacle du jour, et les ressources de leurs magasins de costumes et de décors.

Les directeurs se seraient bien trouvés de ces séances peu coûteuses, amplement rémunérées par le prix dix mille fois répété de places tarifées de

50 centimes à 3 francs, que les nombreux habitués de l'Orphéon et des Concerts populaires se seraient disputées.

On aurait vu si les chefs-d'œuvre du répertoire classique des Français et de l'Odéon ne devraient pas être offerts également à l'admiration des classes laborieuses.

L'Empereur et l'Impératrice accueillirent avec un empressement très marqué mon idée de faire concurrence, par ces combinaisons diverses, aux distractions malsaines qui dégradent et abrutissent de plus en plus les masses populaires à Paris, et m'encouragèrent beaucoup à poursuivre l'exécution de mes projets.

Le temps m'en a manqué.

L'Administration Municipale Républicaine, en aliénant les terrains que je destinais à ma grande salle d'Orphéon, et qui sont couverts aujourd'hui de maisons de rapport, a rendu complètement impossible désormais la régularisation de la Place du Château-d'Eau, telle que je la comprenais, au moyen du monument utile et décoratif, tout à la fois, que mon Administration n'eût pas manqué d'élever sur ce point.

Grands travaux divers

Entre les nombreux architectes chargés des autres Grands Travaux dont il me reste à parler, je ne saurais établir un ordre de mérite. Je vais donc suivre l'ordre alphabétique pour les nommer, en désignant les œuvres accomplies par chacun d'eux.

M. Aldrophe : Synagogue de la rue de la Victoire et Maison Consistoriale contenant l'habitation du Grand Rabbin de Paris, sur la rue Saint-Georges (1867). — Dépense : 3 260 000 francs.

Cet Architecte, étranger au Service municipal d'Architecture, fut désigné par moi, sur l'indication du Consistoire Israélite, pour l'exécution de l'ensemble des constructions exceptionnelles dont il s'agissait.

M. Bonnet, Grand-Prix de Rome, Architecte d'arrondissement : Hôtel de la Mairie du XIIIe Arrondissement de Paris agrandi, sur le terrain formant trapèze, laissé libre, à cet effet, au point de rencontre de l'Avenue des Gobelins et du Boulevard de l'Hôpital, Place d'Italie, en face de l'Avenue de ce nom (1867). — Coût : 980 000 fr.

Cette œuvre, rendue laborieuse par des travaux de consolidation du terrain au-dessus de plusieurs étages de catacombes, a été fort remarquablement exécutée par l'Architecte, et lui fait honneur.

M. Caillat, Architecte d'arrondissement : Caserne de la Cité ; Hôtel des États-Majors de la Garde de Paris et des Sapeurs-Pompiers, Boulevard du Palais (1862-1867) ; Presbytère de l'Église Saint-Nicolas-du-Chardonnet.

J'ai décrit précédemment la première et de beaucoup la plus importante de ces constructions, de très belle ordonnance. Sa plus grande portion est affectée, provisoirement, aujourd'hui, non plus à servir de caserne, mais à loger des bureaux de la Préfecture de Police, tandis que le Préfet habite l'Hôtel des États-Majors.

Le Presbytère de Saint-Nicolas-du-Chardonnet témoigne aussi du mérite éprouvé de l'architecte.

M. Chat, Architecte d'arrondissement : Nouvelle École Turgot, construite sur un terrain provenant de la Prison des Madelonnettes, démolie pour livrer passage à la rue Turbigo (1866). — Dépense : 1 400 000 francs.

Cette École municipale professionnelle, considérablement agrandie alors, peut recevoir 1 800 externes, divisés en quatre sections ; car les études y durent quatre ans. Elle est pourvue des amphithéâtres et des laboratoires nécessaires à l'enseignement spécial qu'on y donne, et, dans son ensemble, répond bien à sa destination.

La façade sur la rue est d'aspect monumental et les constructions intérieures sont d'un bon style.

M. Gancel, Grand-Prix de Rome, Architecte d'arrondissement : Hôtel de la Mairie du XIe Ar-

La place d'Italie.

rondissement nouveau, sur la Place du Prince-Eugène, entre le Boulevard de ce nom et l'Avenue Parmentier (1862-1867) — Coût : 2 000 000 de francs, mobilier compris.

Cet édifice, en forme de traverse, que la rue Sedaine isole des constructions voisines, est un des mieux réussis de tous ceux du même ordre que je fis construire.

M. Godebœuf, autre Grand-Prix de Rome, Architecte d'arrondissement : Hôtel de la Mairie du XVIe, construit sur l'Avenue de l'Empereur, entre les rues de la Pompe et Mignard, avec façade postérieure sur la rue de Latour (1868). — Dépense, aggravée par les travaux de consolidation du terrain qui recouvrait d'anciennes carrières : 2 350 000 francs.

M. Guillaume : Monument commémoratif de la belle défense de la barrière de Clichy, par le maréchal Moncey contre les Alliés, en 1814, (1868.) — Dépense : 131 800 francs.

En 1863, un concours, ouvert entre 25 architectes et 25 sculpteurs désignés par la Commission des Beaux-Arts pour l'érection de ce monument, donna la victoire à MM. Guillaume et Doublemard.

M. Héret : Église Notre-Dame-de-la-Croix, dont une des façades latérales, à l'Est, borde la chaussée de Ménilmontant, et le chevet, au Nord, la petite Place de ce nom, tandis que l'autre façade latérale, à l'Ouest, longe la rue d'Eupatoria. La façade principale prend accès, au Midi, sur la rue Julien-Lacroix, par un perron, qui n'a pas moins de 50 marches divisées par deux paliers intermédiaires, établi dans le prolongement de l'axe de la rue Étienne Dolet (1863). — Dépense : 2 600 000 fr.

Cette disposition déclive du sol permit à l'Architecte de ménager, sous l'Église, une grande

Pages suivantes : l'église Saint-Sulpice et la fontaine de la place Saint-Sulpice.

ADMINIS^{on} GENERALE
12.
DEMENAGEMENS
MAISON BAILLY
TS.
ENDUS
LIENT
S.12

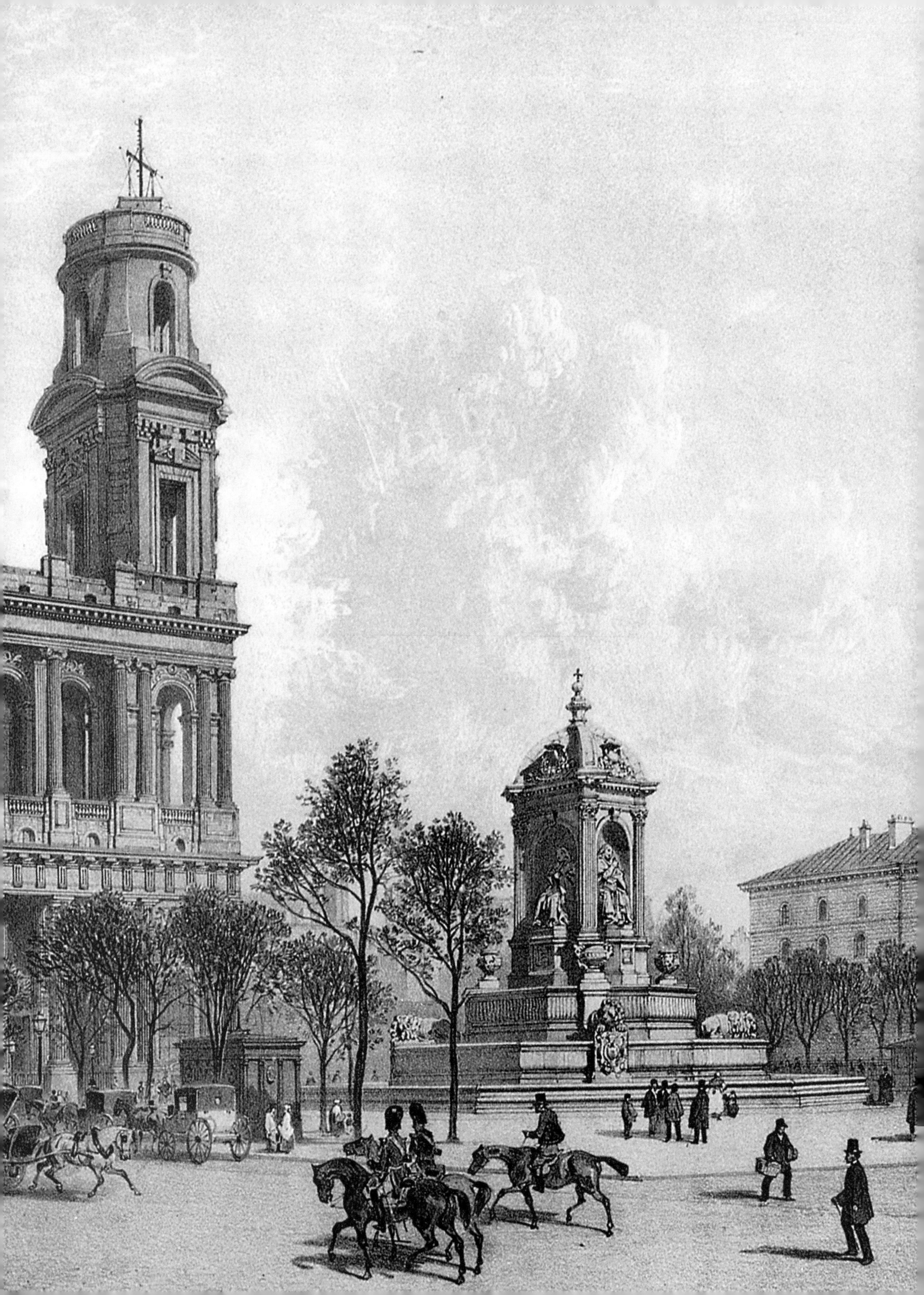

crypte, de facile accès, affectée aux cérémonies funéraires.

Le clocher, à flèche en pierre, surmonte le porche qui précède la nef, dont la charpente est en fer apparent, ainsi que celles des bas-côtés et du transept.

L'aspect de cet édifice religieux, bien conçu dans toutes ses parties, est monumental.

M. Janvier, Architecte d'arrondissement : Grand Abattoir de la Vilette, rue de Flandre.

Ce vaste établissement est une des œuvres les plus considérables accomplies par mon administration, parallèlement aux Grandes Opérations de Voirie, puisque la dépense totale s'en est élevée à plus de 23 millions. Mais, ce ne sont pas les constructions sans caractère architectural qu'elle a motivées, et dont le plan bien combiné justifie le choix de M. Janvier pour la direction d'une pareille entreprise, qui firent son importance.

Le programme de ces constructions, très nombreuses, très diverses, comprenait, indépendamment des logements d'employés, bureaux, magasins, écuries et remises, un large abri pour le Marché à la Criée ; des étables à bœufs et veaux, parcs à moutons, porcheries, pouvant contenir le nombre de têtes nécessaire à la consommation de Paris pendant plusieurs jours : les échaudoirs, brûloirs, pendoirs, etc., etc.

Commencé dans le cours de Septembre 1863, l'Abattoir de la Villette, relié, par un embranchement, au Chemin de Fer de Ceinture, et par un embarcadère au Canal de l'Ourcq, fut mis en service à partir du 1er Janvier 1867.

Je ne dois pas oublier de dire que les millions qu'il coûta furent compensés, dans une très large mesure, par le prix de vente ou la valeur d'emploi des terrains, mieux situés, des anciens Abattoirs qu'il remplaça.

M. Lassus : Église Saint-Jean-Baptiste, à Belleville (1854-1859). — Dépense : 950 000 francs.

Ce monument, d'une belle ordonnance, est dans le style du XIIIe siècle. Deux tours, surmontées de flèches en pierre, se dressent, à droite et à gauche du porche, dont le fronton est orné d'une belle rosace. Le tympan de la porte principale fut décoré de sculptures de M. Perrey qui rappellent divers faits de la vie du Saint. Ces tours donnent à la façade de l'Église une grande importance.

A l'intérieur, la nef est séparée par des piliers à colonnettes en pierre ; sur les bas-côtés s'ouvrent des chapelles établies entre les contreforts de la voûte. Les sacristies, construites à l'extérieur, sur les deux flancs de la chapelle de la Vierge, derrière le chevet de l'Église, sont en communication facile avec le chœur.

M. de Mérindol : Marché du Temple ; Marché Saint-Honoré ; Grand Marché aux Bestiaux de La Villette.

Cet artiste distingué, qui n'appartenait pas à mon administration, fut mis en relations avec elle, comme Architecte du Gouvernement, à l'occasion des bâtiments de l'Ancien Temple, compris dans son service. La plus grande partie en fut cédée, en 1854, à la Ville, par l'État, sous la condition d'y construire un Marché spécial pour les revendeurs de vieux linge, de vieux effets de toute sorte, et les revendeuses à la toilette, qu'abritaient la Rotonde et les baraques y attenant. M. de Mérindol resta chargé de l'entretien de ces abris, pour le compte de la Ville, jusqu'à la réalisation du projet, qui lui fut confiée, avec mon assentiment, par la Compagnie concessionnaire de l'entreprise, et qu'il exécuta de 1863 à 1865.

Dans l'intervalle, M. de Mérindol reçut de moi la mission de reconstruire le Marché Saint-Honoré, qu'on nommait alors Marché des Jacobins, parce qu'il occupait l'emplacement d'un ancien couvent fondé sous l'invocation de Saint-Jacques. Les nouveaux pavillons, en fer, reposent sur des socles de pierre et sont entourés de murs en briques et couverts en zinc.

Mais son œuvre capitale est le Grand Marché aux Bestiaux de La Villette, très largement conçu, très habilement exécuté, suivant le programme de la concession adjugée à la Société « l'Approvisionnement », aux conditions que j'ai précisée ailleurs, et dont la dépense totale excéda 15 millions et demi.

Le choix de M. de Mérindol, comme Architecte, fut soumis à mon approbation, que je n'avais, on le comprend, aucune raison de refuser.

M. Roger, Architecte d'arrondissement : Collège Rollin, avenue Trudaine (1866).

On avait décidé la translation de ce Collège Municipal, des hauteurs du Quartier Latin, où son installation, rue des Postes, était insuffisante, sur les pentes de la Butte-Montmartre dans l'emplacement demeuré libre par la suppression de l'abattoir de ce nom, entre l'Avenue Trudaine et le Boulevard Rochechouart, des rues Turgot et Bochard-de-Saron. Ce fut une mesure capitale, au double point de vue de l'utilité pour les quartiers avoisinants, jusqu'alors dépourvus de tout établissement d'instruction secondaire, et de la grosse dépense qu'elle motiva : près de 7 millions et demi de francs, savoir :

Terrain : 3 129 000 ; Constructions, 4 047 247 ; Mobilier, 276 066.

L'élévation de ce chiffre tient en partie à ce que chacun des 500 internes a sa chambre ou cellule : on a renoncé complètement aux dortoirs communs.

D'ailleurs, ces 500 internes et les 500 externes, pour lesquels ce nouveau Collège fut construit, y sont répartis en quartiers, affectés aux grands, aux moyens, aux petits, aux minimes, et absolument distincts.

L'exécution du plan arrêté par mon administration justifie le choix de l'Architecte.

M. Roguet, Architecte d'arrondissement : Restauration de l'Hôtel Carnavalet (1866).

Je ne mentionne ici, parmi les Grands Travaux d'Architecture entrepris sous mon adminisration, l'œuvre plus modeste de M. Roguet, que pour avoir l'occasion de louer l'intelligence et le goût dont il a fait preuve en vue de l'installation du Musée spécial et de la Bibliothèque de la Ville dans l'ancienne demeure de Mme de Sévigné : le prix d'acquisition ne dépassa guère 90 000 francs.

M. Roguet fut l'utile auxiliaire de M. Baltard, pour la construction des Bâtiments-Annexes de l'Hôtel de Ville.

M. Salleron, Architecte d'arrondissement : Hôtel de la Mairie du XXe, Place des Pyrénées (1867). — Coût : 1 450 000 francs.

La construction de ce monument de bonne apparence, sur un terrain de forme trapézoïdale, isolé sur les quatre côtés par la Place, par l'Avenue de la République, la rue du Japon et la rue Belgrand, présenta de grandes difficultés. La nature glaiseuse du sol exigea l'établissement d'un vaste plateau de béton, sur lequel ses fondations sont assises.

M. Train, Architecte d'arrondissement : Collège Chaptal, transféré de la rue Blanche au haut de la rue de Rome, à l'angle du Boulevard des Batignolles, sur un terrain qu'isolent les rues Andrieu et Bernouilli (1861). — Dépense : près de 5 millions et demi de francs.

Le déplacement de cet établissement municipal d'instruction secondaire, où l'enseignement diffère, en la forme, de celui des Lycées et du Collège Rollin, est, comme la translation de celui-ci, l'une des mesures notables de mon administration.

Rue Blanche, le Collège Chaptal ne recevait que des externes. Ses nouvelles constructions furent disposées pour loger 550 internes et abriter 450 externes, divisés en trois quartiers séparés : le grand, le moyen et le petit collège.

M. Train s'est acquitté de sa tâche d'une manière très remarquable à tous égards.

M. Uchard, doyen des Architectes d'arrondissement : Église Saint-François-Xavier, construite sur la petite Place de ce nom, entre le Boulevard des Invalides et le point de rencontre des Avenues de Breteuil et Duquesne (1861-1865). — Dépense : 3 400 000 francs.

Un premier projet de cet édifice religieux, dressé par M. Lusson, était demeuré sans suite, après les premiers travaux, comme trop considérable et trop onéreux.

Celui de M. Uchard, plus sagement conçu, remplissait parfaitement le but que se proposait la Ville : pourvoir d'une église convenable la Paroisse des Missions, qui n'en avait qu'une provisoire et peu digne. L'exécution répondait bien à ce que j'espérais de l'expérience et du goût de son auteur.

La façade, sobre d'ornements, est décorée d'une rosace importante, au-dessus de la porte principale, et de sculptures occupant le pignon du toit de la nef. Des deux côtés s'élèvent des campaniles d'une hauteur modérée, mais d'un effet satisfaisant.

La voûte de la nef est ornée de peintures de M. Laumière, représentant de saints personnages.

M. Varcollier, Architecte d'arrondissement : Synagogue de la rue des Tournelles ; Maison consistoriale, contenant l'habitation du Grand Rabbin de France, Place des Vosges ; Écoles de Garçons et de Filles contiguës, etc, etc. (1867). — Coût : un million.

Le Temple de la rue des Tournelles, moins luxueusement décoré que celui de la rue de la Victoire, contient deux étages de tribunes, portées par des piliers en fer, et réservées aux hommes, comme le rez-de-chaussée ; deux grands amphithéâtres reçoivent les femmes.

Toute l'ossature des voûtes est en fer.

Les Grands Travaux du Service d'Architecture et des Beaux-Arts figurent au Bilan Général de la transformation de Paris, sous mon édilité, pour une dépense totale de 282 792 696.49 fr. employée, savoir : 193 116 002,77 fr., dans l'ancien Paris, et 89 676 693,72 fr., dans la Zone annexée.

Au sujet de ces entreprises, les personnes curieuses de détails plus complets que les indications résumées dans ce chapitre et les deux précédents, les trouveront avec une collection de plans, coupes, élévations des plus intéressants, dans le beau recueil intitulé : *Paris, Monuments élevés par la Ville*, 1850 à 1880, — publié par M. Félix Narjoux, Architecte de la Ville, sous le patronage de l'Administration Municipale, en 1883.

En mentionnant ce bel ouvrage, je tiens à reproduire ici les passages suivants, relatifs à la Transformation du Paris d'autrefois, par lesquels débute, pour ainsi dire, l'Avant-Propos :

« Il était réservé à notre génération de voir se réaliser cette entreprise immense, qui a usé tant d'hommes, a exigé tant d'années, et absorbé tant de millions.

« La transformation de Paris est une œuvre multiple, embrassant plusieurs grandes divisions, qui se réunissent pour former un ensemble, un tout complet et harmonieux !... »

Aucun lecteur ne supposera qu'un écrivain aussi peu banal attribue un tel résultat à quelque heureux hasard ; chacun restera persuadé qu'en traçant les lignes ci-dessus, dont je lui suis reconnaissant on ne peut plus, cet artiste expérimenté reportait sa pensée je ne dis pas à l'Empereur, pour lequel ses opinions républicaines le rendaient médiocrement sympathique, du moins vers le Préfet qui, malgré tout, le fit entrer à l'Hôtel de Ville, dans le Service de la Voirie. M. Narjoux y occupe maintenant le plus haut grade, qui lui fournit ainsi nombre d'occasions de constater, dès cette époque reculée, qu'une main ferme, dont l'action se faisait constamment sentir jusque dans les moindres parties des Services Municipaux, conduisait tous et chacun, sans déviation possible, au but commun, à l'ensemble harmonieux qu'il met si bien en relief.

Citer mon nom, avant d'aborder l'énumération d'œuvres accomplies, pour la plupart, sous mon administration, était donc absolument inutile pour ne rien dire de plus, à côté de ce témoignage précieux.

FIN

Page de droite : la rue Soufflot.

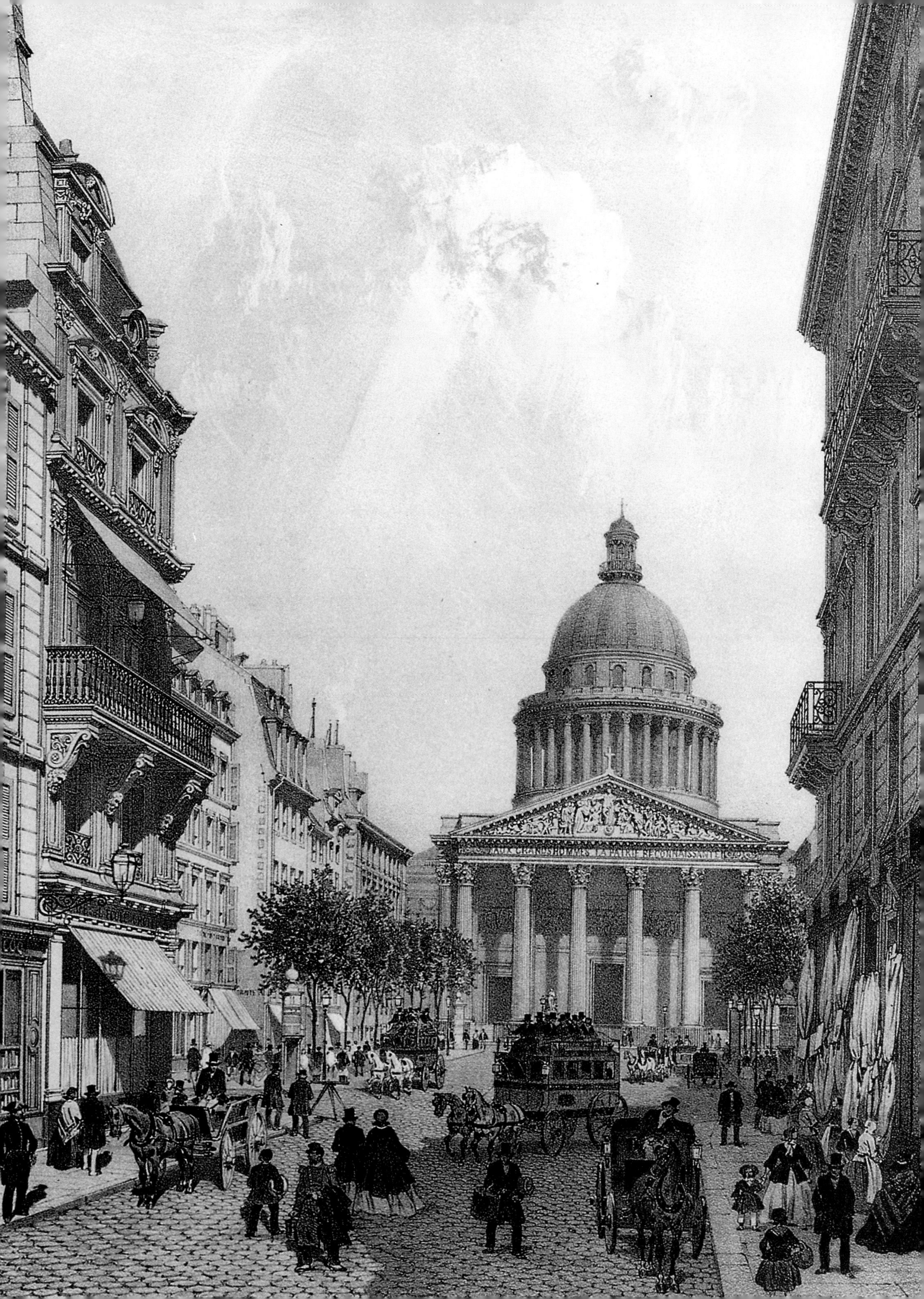
AUX GRANDS HOMMES LA PATRIE RECONNAISSANTE

SOMMAIRE

AVANT-PROPOS p. 5

INTRODUCTION p. 9
L'image du baron Haussmann.
Haussmann et le vieux Paris.
L'œuvre d'Haussmann.

CHAPITRE I
LE PLAN DE PARIS p. 101
Etat des choses en 1853.
M. Deschamps. Mon organisation du service.
Triangulation, levé, nivellement de la ville.
Mes premières opérations de voierie.

CHAPITRE II
LE PLAN DE PARIS p. 123
Le Louvre et les Tuileries. Le Carrousel.
Grande croisée de Paris.
Classement des voies nouvelles.
Premier réseau.

CHAPITRE III
LE PLAN DE PARIS p. 147
Deuxième réseau.
Le Luxembourg. La rue de Médicis.
Troisième réseau.
La rue Caulaincourt.

CHAPITRE IV
VOIE PUBLIQUE p. 185
Le pavé de Paris.
Nettoiement et arrosage.
Eclairage. Concessions.
Stationnements.
Résumé.

CHAPITRE V
PROMENADES ET PLANTATIONS p. 215
L'art des Jardins.
Bois de Boulogne.
Extension jusqu'à la Seine.
Villa de Longchamp et de Madrid.
Champ de courses et d'entraînement.
Travaux de tout ordre.
Concessions diverses. Résumé.

CHAPITRE VI
PROMENADES ET PLANTATIONS p. 241
Le Bois de Vincennes. Cession à la ville.
Travaux de tout ordre.
Promenades intérieures. Champs-Elysées.
Parcs de Monceau, des Buttes-Chaumont,
de Montsouris.
Squares et places plantées.
Arbres d'alignement.

CHAPITRE VII
SERVICE DES EAUX p. 289
Les aqueducs de Rome. Les eaux de Paris.
Améliorations urgentes.

CHAPITRE VIII
SERVICE DES EAUX p. 313
Puisage en Seine proposés.
Etudes nouvelles.
Projet de dérivation d'eaux de sources.
Développement de la distribution.
Mission de M. Mille.

CHAPITRE IX
SERVICE DES EAUX p. 339
Premier vote du conseil municipal.
Contre-projets divers.
Propositions définitives du service.
Distribution des eaux anciennes et nouvelles.
Les égouts. Les vidanges.

CHAPITRE X
SERVICE D'ARCHITECTURE p. 365
Etat des choses en 1853. M. Baltard.
M. Hittorff. Nouvelle organisation.
Service ordinaire. Grands travaux.
Contrôle. M. Duc. M. Davioud.
Grands travaux divers.

BIOGRAPHIE p. 412

BIBLIOGRAPHIE p. 413

TABLEAU CHRONOLOGIQUE
DES PRINCIPALES PERCÉES p. 413

BIOGRAPHIE DU BARON HAUSSMANN

27 mars 1809. Naissance de Georges-Eugène Haussmann au 55, du Faubourg du Roule (actuelle rue du Faubourg Saint-Honoré) dans l'hôtel particulier de la famille.

1820 à 1825. Interne au collège Henri IV (actuel lycée Condorcet) où il rencontre le duc de Chartre, fils du futur Louis-Philippe.

1830. Licencié en droit.

1831. Soutenance de sa thèse de doctorat. Présenté par Casimir Périer au Président du Conseil.

21 mai 1831. Par ordonnance royale il est nommé secrétaire général de la préfecture de la Vienne.

1832. Sous-préfet de la Haute-Loire à Yssengeaux, près du Puy.

17 octobre 1838. Il épouse Mademoiselle Octavie de Laharpe à Bordeaux.

1840. Il est nommé sous-préfet en Ariège, à Saint-Giron.

1841. Sur ordonnance du roi Louis-Philippe, il est nommé sous-préfet de Blaye (Gironde).

1849. Préfet du Var.

1850. Préfet de l'Yonne.

26 novembre 1851. Préfet de Bordeaux.

Octobre 1851. Haussmann reçoit le Prince-Président Louis-Napoléon Bonaparte à Bordeaux, ce qui décidera pour une bonne part de son avenir politique.

1853. Préfet de la Seine.

5 mai 1855. Inauguration de l'Exposition Universelle à Paris.

1er janvier 1860. Il annexe les onze villages périphériques de Paris et donne à la capitale ses limites actuelles.

1867. Exposition Universelle à Paris.

1868. Publication des *Comptes fantastiques d'Haussmann* de Jules Ferry.

28 décembre 1869. Il est démissionné par le ministre Emile Ollivier.

Janvier 1870. Il quitte l'Hôtel de Ville.

4 septembre 1870. Défaite de Sedan et chute du Second Empire. Napoléon III prisonnier puis exilé.

1875. Haussmann prend la direction du Crédit Mobilier puis des magasins Généraux.

1877. Député à Ajaccio.

1879. Début de la rédaction de ses *Mémoires*.

Décembre 1890. Mort d'Octavie Haussmann.

11 janvier 1891. Mort du baron Haussmann.

TABLEAU CHRONOLOGIQUE DES PRINCIPALES PERCÉES

Les différentes étapes de construction des voies
sont indiquées entre parenthèses

VOIE	ACHÈVEMENT
Avenue de l'Alma	1865
Boulevard Arago	1869
Boulevard Beaujon	1863
Rue Claude Bernard	1870
Avenue du Champs de Mars	1860
Rue de la Cité	1866
Rue des Ecoles	
(Harpe-Jean de Beauvais)	1853
(Jean de Beauvais-Monge)	1867
(achèvement)	1868
Place Edmond Rostand	1862
Place de l'Etoile	1868
Avenue de Friedland	1859
Rue Gay-Lussac	1870
Rue Halévy	1862
Boulevard Haussmann	
(Courcelles - Munich)	1863
(Courcelles - Saint-Honoré)	1863
(Miromesnil - Rouen)	1864
(Havre-Chaussée d'Antin)	1867
(Chaussée d'Antin - Taitbout)	1870
(Taitbout - Drouot)	1927
Boulevard Henri IV	1879
Place de l'Hôtel de Ville	1855
Avenue d'Iéna	1866
Rue Lafayette	
(Poissonnière - Chaussée d'Antin)	1867
Avenue Latour-Maubourg	1863
Boulevard Magenta	1866

VOIE	ACHÈVEMENT
Boulevard Malesherbes	1861
Rue de Maubeuge	1867
Rue Monge	1867
Rue Médicis	1862
Place de l'Opéra	1862
Avenue de l'Opéra	1877
Boulevard Ornano	1869
Rue Ordener	1869
Boulevard du Palais	1858
Avenue Parmentier	1866
Avenue Philippe Auguste	
(prolongement)	1869
Rue des Pyrénées	1870
Boulevard Raspail	1907
Rue Réaumur (Opéra - Vivienne)	1868
Avenue de la Reine Hortense	1859
Rue de Rennes (achèvement)	1867
Avenue de la République	1889
Rue de Rivoli	
(Louvre - Saint-Antoine)	1855
Rue de Rouen	1862
Boulevard Saint-Germain	
(Saint-Michel - Concorde)	1877
(Harpe-Halle-aux-Vins)	1861
Boulevard Saint-Marcel	1869
Boulevard Saint-Michel	1862
Boulevard Sébastopol	1858
Boulevard de Strasbourg	1854
Rue Turbigo	1867
Avenue Victoria	1855
Boulevard Voltaire	1862

BIBLIOGRAPHIE SOMMAIRE

ALPHAND A. - Les Promenades de Paris, 2 vol., Paris 1867-1873.
DELORD T. - Histoire du Second Empire, 6 vol., Paris 1869.
DU CAMP M. - Paris, ses organes, ses fonctions, sa vie, 6 vol., Paris 1875.
FREGIER H.A. - Des classes dangereuses de la population dans les grandes villes, 2 vol., Paris 1840.
GIRARD L. - La Deuxième République et le Second Empire, Paris 1981.
HENARD E. - Etude sur les transformations de Paris, Paris 1982.
HAUSSMANN G.E. - Mémoires, 3 vol., Paris 1890-1893.
HAUTECŒUR - Paris de 1715 à nos jours, Paris 1971.
HILLAIRET J. - Dictionnaire historique des rues de Paris, 2 vol., Paris 1985.
LAVEDAN P. - Histoire de l'urbanisme à Paris, Paris 1975.
LE LIVRE DES CENT ET UN - Ouvrage collectif, Paris 1831.
PARIS dans sa Splendeur, ouvrage collectif, 3 vol., Paris 1861.
PARIS GUIDE - Ouvrage collectif, 2 vol., Paris 1867.
ROCHEGUDE - Promenades dans toutes les rues de Paris, 20 vol., Paris 1910.
SIMOND Ch. - Paris de 1800 à 1900, tome 2, Paris 1900.
TEXIER E. - Tableau de Paris, 2 vol., Paris 1852.

DES CARS J. - Haussmann, la gloire du Second Empire, Paris 1978.
DUFRESNE C. - Les Orléans, Paris 1991.
GIRARD L. - Napoléon III, Paris 1986.
LAMEYRE G. - Haussmann, Paris 1958.
SEGUIN P. - Louis Napoléon le Grand, Paris 1990.

BALZAC H. - César Birrotteau, Livre de poche, Paris 1984.
BALZAC H. - La Cousine Bette, Folio, Paris 1989.
DELORD, TEXIER, FREMY - Paris Propriétaire, Seesam, Paris 1988.
GAUTIER Th. - Préface de Paris Démoli, Aubry, Paris 1855.
GONCOURT E. et J. - Journal, 3 vol., Laffont, Paris 1989.
HUGO V. - Choses Vues, 1847-1848, Folio, Paris 1972.
STERN D. - Mémoires, Souvenirs et Journeaux de la Comtesse d'Agoult, Mercure de France, 2 vol., Paris 1990.
SUE E. - Les Mystères de Paris, Laffont, Paris 1989.
ZOLA E. - Le Ventre de Paris, Folio, Paris 1979.

TABLE DES ILLUSTRATIONS

Charles Marville (coll. BHVP) :
P 19, 21, 23, 28, 30, 34, 38, 40, 46, 53, 54, 61, 63, 66, 73, 77, 81, 96, 98, 102, 121, 127, 145, 156, 174, 176, 181, 182, 184, 186, 191, 195, 206, 08, 209, 258, 285, 286, 288, 291, 297, 299, 300, 301, 303, 307, 309, 314, 325, 331, 335, 337, 340, 345, 352, 358, 361, 400 et 403.

Philippe Benoist *(Paris dans sa splendeur*, coll. particulière) :
P 12, 24, 44, 48, 50, 64, 75, 82, 90, 106, 110, 113, 116, 130, 134, 142, 154, 158, 170, 188, 196, 202, 212, 224, 230, 240, 250, 262, 278, 282, 292, 304, 318, 322, 328, 348, 361, 368, 372, 378, 384, 388, 392, 396, 404 et 409.

Gravures de Hochereau *(les Promenades de Paris,* coll. particulière) :
P 114, 115, 160, 178, 201, 216, 223, 238, 243, 244, 246, 247, 248, 252, 255, 257, 264, 273, 274, 275, 276, 277, 280, 284 et 295.

Gravures, *Paris de 1800 à 1900,* Tome 2 (coll. particulière) :
P 27, 47, 52, 67, 88, 124, 136, 138, 149, 150, 152, 173 et 366.

Divers :
P 8 Journal Illustré, 10 Harlingue-Viollet, 15 Harlingue-Viollet, 17 Edmond Morin, 57 Viollet, 69 Jeanniot Meaulle Carnavalet, 71 Lorsay (Roger-Viollet), 79 Gillis, 80 Daumier (collection particulière), 84 Daumier (Collection particulière), 87 Daumier (Collection particulière), 89 Carnavalet, 93 Bertall (Carnavalet), 100 Giraudon (Hachette), 107 Anonyme (BHVP), 161 Guérard, 166 Guérard, 168 Guérard, 192 Bouchot (Carnavalet), 210 L.D. Valnay (Carnavalet), 214 Eustache Lorsay (Carnavalet), 218 Roger-Viollet, 228 Barbant (Roger-Viollet), 232 Pelcocq (Carnavalet), 234 Bohomme, 237 (Carnavalet), 235 A. Provante (Carnavalet), 237 Carnavalet, 254 (Carnavalet), 261 Vierge (Carnavalet), 265 L. Voirin, 266 Norbert Goeneutte, 268 Caillebotte, 270 Stanislas Lépine, 272 Adrien Dauzat, 303 Le Secq (BHVP), 327 Deroy et Smeeton (Carnavalet), 355 Provost (Carnavalet), 356 Relsor (Carnavalet), 374 Anonyme (Carnavalet), 387 Anonyme (Carnavalet), 370 Sotain Tourfaut et Bocourt.

Cartes et plans : Seesam

Il a été tiré de cet ouvrage,
cinquante exemplaires
numérotés de 1 à 50
qui constituent l'édition originale.

Nous remercions pour leur précieuse collaboration :

Pascale van de Walle
Elise de Moncan
Bertrand Dubois
Catherine Kim

Patricia Boulanger
Laurence Mathey

ISBN 2-909301-01-X
© Patrice de Moncan et Christian Mahout
Dépôt légal novembre 1991

Achevé d'imprimé en France en novembre 1991
sur les presses de Sodexic - Chartres
Photogravure CG Couleurs - Levallois
Flashage : Studio Com - Paris
Distribution Sofédis